Le théâtre en France

Le théâtre en France

sous la direction de Jacqueline de Jomaron

2

de la Révolution à nos jours

Publié avec le concours du Centre national des lettres

ARMAND COLIN

103, bd Saint-Michel, 75005 Paris

Direction de l'ouvrage : Jacqueline de Jomaron

Auteurs

Émile Copfermann,	*écrivain, journaliste.*
Michel Corvin,	*professeur à l'université de Paris III.*
Bernard Dort,	*directeur du Théâtre et des Spectacles au ministère de la Culture et de la Communication, professeur au Conservatoire national d'Art dramatique, professeur à l'université de Paris III.*
Bernard Faivre,	*ancien élève de l'ENS, maître de conférences à l'université de Paris X.*
Pierre Frantz,	*professeur agrégé, chargé de cours à l'université de Paris III.*
Jacqueline de Jomaron,	*professeur à l'université de Paris X, directeur de l'Institut d'études théâtrales de Paris X.*
Henri Lagrave,	*professeur émérite à l'université de Bordeaux III.*
Daniel Lindenberg,	*maître de conférences à l'université de Paris VIII.*
Jean-Jacques Roubine,	*ancien élève de l'ENS, professeur à l'université de Paris 7, vice-président de l'université.*
Jean-Pierre Sarrazac,	*maître de conférences à l'université de Paris X, auteur dramatique.*
Colette Scherer,	*ingénieur de recherche, directrice de la Bibliothèque Gaston Baty, Paris III.*
Jacques Scherer,	*ancien élève de l'ENS, professeur émérite à l'université de Paris III.*
Anne Ubersfeld,	*ancienne élève de l'ENS, professeur à l'université de Paris III.*

Maquette de Michel Cabaud

Couverture
L'Indiade ou L'Inde de leurs rêves d'Hélène Cixous, mise en scène d'Ariane Mnouchkine, Cartoucherie, 1987.

Pages de garde
Brand d'Ibsen, décor et mise en scène de Georges Pitoëff, 1928, Archives Pitoëff (J.J.).

La Dispute de Marivaux, décor de Richard Peduzzi, mise en scène de Patrice Chéreau, 1973.

© *Armand Colin Éditeur, Paris, 1989.*
ISBN 2-200-37131-4

SOMMAIRE

Lemaich Desfontaines del.

Le Cœur sculp.

BAL DE LA BASTILLE.

Ce fut précisément sur les ruines de cet affreux monument du despotisme que le Français célébra le premier anniversaire de la liberté. La célérité des préparatifs de cette fête dut étonner sans doute, mais comment exprimer le sentiment qu'on éprouvait en lisant cette inscription

Ici l'on danse.

Première partie

Les tréteaux de la Révolution

1789-1815

Page 6, Le Bal de la Bastille, *le 14 juillet 1790. Au soir de la fête de la Fédération, on dansa sur les fondements même de la Bastille. Des arbres figuraient les huit tours réunies par des guirlandes de lampions. Paris, B.N.*

Ci-contre, Repas fraternel en l'honneur de la Liberté. *Le genre de « manifestation », populaire sans aucun doute, éveille en 1794 la méfiance des autorités jacobines. Paris, B.N.*

THÉÂTRE ET FÊTES DE LA RÉVOLUTION

« La tragédie court les rues. Si je mets les pieds hors de chez moi, j'ai du sang jusqu'à la cheville. J'ai beau secouer en entrant la poussière de mes souliers, je me dis comme Macbeth : *Ce sang ne s'effacera pas !* Adieu donc la tragédie. J'ai vu trop d'Atrées en sabots pour jamais oser en mettre sur la scène. C'est un rude drame que celui où le peuple joue au tyran. Mon ami ce drame-là ne peut se dénouer qu'aux enfers. » (Ducis, lettre écrite pendant la Terreur.)

Repas fraternel en l'honneur de la Liberté

Cette ubiquité du théâtre qui, désertant les salles, aurait envahi la rue ne désolait pas seulement le pauvre Ducis. L'idée est forte, juste ; on suit son fil rouge de Nodier à Duvignaud et à Barthes qui y voyait la mythologisation immédiate de la Révolution, « une de ces grandes circonstances où la vérité, par le sang qu'elle coûte, devient si lourde qu'elle requiert, pour s'exprimer, les formes mêmes de l'amplification théâtrale » (Barthes). La grande Révolution française a fait flamboyer tant d'énergie dramatique, épique, romanesque, éveillé si fortement l'imagination que l'éclipse du théâtre entre *Le Mariage de Figaro* et le mélodrame paraît toute naturelle. Il ne faut pas s'arrêter à cette évidence. Car on peut dire — et ce n'est pas céder au goût du paradoxe — que jamais la vie théâtrale ne fut plus intense que pendant la dernière décennie du XVIIIe siècle. On a tant joué de pièces de théâtre, on en a tant écrit qu'il est difficile d'en indiquer le nombre : 1 637 pièces imprimées recensées par Tourneux dans sa bibliographie, environ 3 000 créations entre 1789 et 1815, selon Marc Régaldo, et près de 40 000 représentations à Paris de 1789 à 1800 selon Emmet Kennedy ; sans compter les reprises de pièces classiques, la persistance du répertoire d'Ancien Régime, les créations de pièces que la censure avait écartées. Mieux : pour la première fois, le théâtre rencontrait une politique culturelle générale qui lui faisait une place de choix, il devenait l'enjeu et le lieu même d'affrontements politiques et idéologiques dont il se faisait souvent l'écho et dont il contribuait à définir les formes.

L'ÉCOLE DE LA RÉPUBLIQUE

*La liberté
surveillée*

La politique des assemblées révolutionnaires dans le domaine du théâtre repose sur deux impératifs partiellement contradictoires. Il s'agit d'assurer la liberté aux entrepreneurs de spectacles, de garantir aux auteurs la propriété de leurs ouvrages, d'abolir le système du privilège qui organisait la vie théâtrale parisienne. La Comédie-Française — comme l'Opéra et la Comédie-Italienne — jouissait d'un régime privilégié qui lui donnait le quasi-monopole du théâtre parlé à Paris. En réalité les troupes de boulevard avaient violé et tourné cette loi de toutes les manières. Et les Comédiens-Français, tout comme l'Académie royale de musique, ne se privaient pas de recourir à tous les moyens mis à leur disposition pour gêner leurs concurrents. Mais on veut aussi intégrer le théâtre à la politique culturelle générale, à l'instruction publique, à la formation morale et politique du citoyen. Le premier aspect de cette politique répond aux vœux des entrepreneurs des boulevards, régulièrement tracassés sous l'Ancien Régime, mais aussi à ceux des auteurs les plus célèbres du temps, qui, conduits par La Harpe, s'étaient adressés dès le mois d'août 1790 à l'Assemblée nationale, faisant valoir que « ces deux mots mêmes *propriété* et *privilège*, si l'on y fait attention, s'excluent nécessairement ». Le 13 janvier 1791, Le Chapelier fait adopter un texte, confirmé, précisé et étendu en juillet-août, qui libère les théâtres du système de l'Ancien Régime. Du même coup disparaît aussi toute censure préalable. Cette loi entérine une évolution qui, du développement des théâtres des boulevards aux libertés qu'ils prenaient depuis 1789, paraissait inévitable. Désormais tout citoyen peut élever un théâtre et y jouer les pièces de son choix sous réserve d'une déclaration à la police municipale et d'un accord avec les auteurs des pièces jouées. Cette base juridique reste valable jusqu'en 1807 et ne sera pas remise en cause directement pendant la dictature terroriste.

La période de l'hégémonie montagnarde devait cependant réduire considérablement la liberté accordée aux théâtres en 1791. Une série de décrets vient remodeler la liberté, lui donner le visage sévère d'une institutrice jacobine qui enseigne et réprime. En août 1793, un décret de la Convention instaure les représentations gratis « par et pour le Peuple » : « A compter du 4 de ce mois... seront représentées trois fois la semaine, sur les théâtres de Paris qui seront désignés par la municipalité, les tragédies de *Brutus, Guillaume Tell, Caïus Gracchus* et autres pièces dramatiques qui retracent les glorieux événements de la Révolution et les vertus des défenseurs de la liberté. Une de ces représentations sera donnée chaque semaine aux frais de la république. » Un décret de la Convention attribue en janvier 1794 une somme de 100 000 livres aux vingt spectacles de Paris qui ont donné chacun quatre représentations « par et pour le Peuple ». Malgré les énormes problèmes financiers de l'État, on voit constamment les diverses instances responsables subventionner les théâtres. Ainsi la Montansier — directrice du Théâtre royal de Versailles, qui a suivi la cour à Paris en 1790 et a pris la direction d'un théâtre du Palais-Royal où elle donne surtout des opéras-comiques — obtient-elle plus de 50 000 livres pour la tournée qu'elle effectue en Belgique en janvier 1793 et, en septembre 1792, Chaumette et Danton obtiennent 25 000 livres pour éponger les dettes d'un autre entrepreneur de spectacles, Boursault. Mais, du même mouvement, on réprime : « Tout théâtre sur lequel seraient représentées des pièces tendant à dépraver l'esprit public et à réveiller la honteuse superstition de la royauté sera fermé, et les directeurs arrêtés et punis selon la rigueur des lois. » A partir d'août 1793 règne donc un flou juridique considérable. Les communes ayant le pouvoir d'interdire les spectacles à n'importe quel moment, auteurs et directeurs prennent leurs précautions en soumettant les œuvres à une lecture préalable de la police ; les deux censeurs officieux assistent même aux répétitions et indiquent les changements nécessaires. A partir de mars 1794, toute équivoque est levée ; le Comité d'instruction publique est chargé de la surveillance et de l'épuration des répertoires. Le contrôle devient de plus en plus sévère, de plus en plus tatillon jusqu'en juin 1794 : on réécrit même le répertoire classique dans l'esprit de la Révolution. Et si les thermidoriens et le Directoire furent plus indulgents, ils ne renoncèrent jamais à la surveillance et à la censure. Pour autant, et il faut le souligner tout de suite, la liberté du théâtre ne put jamais être étouffée, comme ce devait être le cas sous l'Empire : on a joué en pleine Terreur *Épicharis et Néron*, une tragédie de Legouvé qui dénonçait la tyrannie et visait Robespierre. Si les tâches de police relèvent des instances communales, il est significatif que la surveillance du répertoire incombe aux responsables de l'éducation à partir de l'an II. La politique des autorités révolutionnaires ne doit pas être dissociée de son contexte : les débats sur l'éducation du citoyen et l'organisation d'une vie civile nouvelle, de la réforme du calendrier au catéchisme républicain en passant par les costumes et les chants, mais surtout l'instauration d'un système de fêtes nationales et l'organisation de la pompe publique, l'étonnante invention de la Cérémonie laïque et républicaine.

Éclairer le peuple

L'ensemble de cette politique repose sur des convictions largement répandues parmi les membres des Assemblées successives et héritées à la fois de l'idéologie générale des Lumières et d'une expérience partagée par nombre de dirigeants révolutionnaires, celle du théâtre de société, du théâtre des collèges, tel que jésuites et oratoriens avaient coutume de le pratiquer depuis fort longtemps, mais aussi, pour beaucoup, celle des cérémonies et des rites maçonniques. Personne, auteurs dramatiques, comédiens, responsables politiques, quelle que soit leur tendance — de Mirabeau à Bonaparte en passant par Robespierre et Danton —, personne ne doute du pouvoir du théâtre sur son public. En témoigne la très célèbre formule de Danton : « Si Figaro a tué la noblesse, *Charles IX* tuera la royauté. » Cet immense crédit du théâtre fonde les espérances des uns, qui voient en lui la base même d'une pédagogie sensualiste, et les craintes des autres, dont le rousseauisme conforte la hantise d'une contagion corruptrice, et qui choisissent la fête contre le théâtre. Aussi les formules sont-elles stéréotypées qui définissent le théâtre comme « l'école du plaisir et de l'instruction » (Quatremère de Quincy), « l'école des mœurs » (M.-J. Chénier), « les écoles primaires des hommes éclairés et un supplément à l'éducation publique » (Barrère), « un moyen d'instruction entre les mains du philosophe qui éclaire le peuple (...), de bon ordre entre celles de l'administrateur qui le conduit » (Manuel). Dans le droit fil de la tradition classique, on lui demande de contribuer à l'éducation, mais dans un sens politique et moral et en évitant toute mise en évidence des ridicules (pas de « *castigat ridendo mores* » !) pour ne présenter aux spectateurs que des exemples des vertus publiques ou privées (familiales) qui caractérisent le citoyen d'une république, selon Montesquieu ou selon Rousseau. Car cette exemplarité doit être fondatrice : le peuple assemblé s'y régénère, retrouvant dans cette communion une « origine » républicaine selon le modèle imaginaire du théâtre grec. D'où la célébration des héros républicains éternels, Brutus, Guillaume Tell, mais aussi le culte des morts, Rousseau, Voltaire, Marat, Le Peletier, Beaurepaire, et la commémoration immédiate des exploits républicains comme la prise de la Bastille ou la prise de Toulon. C'est à l'aune de cette utopie du théâtre grec, culte civique, national, laïque, qui servait déjà de référence à Diderot, à Mercier, à Rousseau, qu'il faut mesurer tous les projets de la décennie révolutionnaire, leur inscription dans l'architecture (en témoignent les projets proposés aux concours de l'an II) mais aussi la réalité vécue des théâtres et des fêtes. Elle n'est pas seulement présente dans tous les discours programmatiques des dirigeants, mais aussi chez ceux qui en furent les véritables théoriciens (Cabanis, Bouquier, Robespierre, La Révellière-Lépeaux, Boissy d'Anglas, Lakanal, Sieyès) ou qui tentèrent directement sa mise en œuvre (Quatremère de Quincy et David).

> « *Cette démocratie de la mort, telle que je la propose, doit être le complément nécessaire de la démocratie politique* » (Boissy d'Anglas).
>
> « Les Grecs associaient les fêtes funèbres aux grands événements de leur histoire qui, comme celle de tous les peuples, ne pouvait consacrer de grandes actions sans rappeler de grandes pertes et où l'on ne pouvait manquer de retrouver à chaque page, à côté du courage et de la victoire, le cercueil et le néant de la mort. (...) L'histoire renferme surtout le récit d'une de ces fêtes qui, se liant à celui de l'une des plus grandes actions dont l'Antiquité puisse se glorifier, a toujours produit sur toutes les âmes une émotion vive et profonde. Je veux parler des jeux funèbres qui précédèrent, à Lacédémone, le dévouement des Thermopyles ; de cette pompe auguste et sainte où l'on vit les trois cents Spartiates qui, sous la conduite de Léonidas, allaient mourir pour la liberté, célébrer eux-mêmes, en présence de leurs parents, de leurs amis, de leurs concitoyens, les funérailles qui les attendaient. »

Boissy d'Anglas, Essai sur les fêtes nationales adressé à la Convention, *30 juin 1794.*

La République eut-elle vraiment ce théâtre politique dont elle rêvait ? A lire les interminables catalogues de titres de pièces, publiées ou non, représentées ou non, on serait tenté de le penser, et, quand on consulte les ouvrages malveillants de certains historiens (D'Estrée, Carlson), on irait jusqu'à dire qu'elle n'eut que ce qu'elle méritait, un théâtre abject pour un public grossier et sanguinaire. La politique, au sens actuel du mot, était bien là, dans les textes, sur scène et dans la salle (mais dans quelle mesure ?). Elle s'inscrit dans un discours qu'on veut univoque et sans ambiguïté. De là un monologisme écrasant qui semble réduire les textes à la propagande la plus caricaturale. Les traîtres eux-mêmes viennent se désigner dans le discours du juste, du beau, du bien, dont ils partagent totalement l'axiologie. Tous les personnages appartiennent à un espace dramatique homogène. L'exigence d'exemplarité entraîne en effet une réification du sens dans la formule et le discours. Auteurs et censeurs doivent s'efforcer de traquer la moindre ambiguïté, la moindre allusion, sans reculer devant le caviardage ou la redondance infinie. Les sujets traités s'ordonnent selon un axe hiérarchique déjà ancien, qui va des sujets tragiques aux sujets comiques, en passant par la tragédie domestique ou la comédie sérieuse. Selon des dosages variés, ils opposent dans un manichéisme sans surprise les ennemis de la Révolution et ses héros, les mauvais rois (Charles IX, Georges, l'impératrice Catherine, le Pape) et les bons (Henri IV, Louis XII), les tyrans (Néron, Timophane et Denys de Syracuse) et les héros de la liberté (Brutus, Guillaume Tell), les mauvais patriotes (*Le Modéré,* de Dugazon) et les bons (*L'Époux républicain,* de Pompigny), les victimes des prisons et des cloîtres, leurs protecteurs (Voltaire, Fénelon) et leurs persécuteurs intolérants et cruels.

Les bons et les méchants

Face à ce discours scénique univoque, à ce « sens voulu », qu'en était-il du « sens vécu » ? La volonté politique et pédagogique a trouvé ses limites dans la réalité même des représentations. C'était d'abord une question de rapport de forces. Constatons que partout — témoignages et rapports de police convergent — le public est intervenu activement, réalisant de véritables coups de force sémantiques. Véritable censeur, il peut, par son chahut, empêcher une représentation et imposer une autre pièce (ainsi lorsqu'il obligea les Comédiens-Français à jouer *Charles IX*, une tragédie où Chénier dénonçait la faiblesse de ce roi et la collusion de la monarchie avec le fanatisme) ; par ses applaudissements ou ses sifflets, il crée des allusions qui avaient échappé souvent aux détenteurs du discours scénique. Certes le public connaisseur du XVIIIe siècle était coutumier de cette attention au mot, à la phrase, au vers. Mais, comme l'écrit un observateur de la police : les pièces les plus innocentes « contiennent toujours quelque trait, quelque expression qui peut sortir innocente de la bouche d'un acteur mais qui, dans les circonstances où nous sommes, n'entre jamais telle dans l'oreille du spectateur » (rapport de Perrière à Paré). Les moments d'unanimité dans le public sont rares ; ce sont souvent des groupes de spectateurs, parfois organisés au préalable, qui interviennent, manifestent et créent ainsi des « applications analogues aux circonstances ». Dans les périodes de grande effervescence où l'on voit des complots, des traîtres et des suspects partout, où tout devient signe, une couleur, un bijou, une coiffure, un air, il était normal que le sens des représentations théâtrales fût instable et que le public, aidé souvent par des comédiens de connivence, déterminât réellement le sens de l'événement-représentation. Aussi les représentations les plus significatives, politiquement, ne furent pas toujours celles que le titre de la pièce jouée laisserait attendre : *La Chaste Suzanne*, de Radet et Desfontaines, déclencha un tumulte pour cette phrase : « Vous avez été ses dénonciateurs, vous ne sauriez être ses juges » ; on était alors en plein procès du roi et les auteurs et le directeur du Vaudeville furent arrêtés. Mais cette même pièce, au mois de mai, servit de ralliement aux girondins et aux royalistes bordelais et fut jouée à Bordeaux, alternativement au Théâtre de la République et au Théâtre de la Place-Nationale. Au reste, s'il sait être frondeur, le public se plaît aussi à faire répéter aux comédiens les phrases qui lui conviennent ou à les saluer de sonores « Vive la République ! ». Sa liberté réelle, que ne prévoyaient pas les utopies pédagogiques, imposa ainsi une structure de communication assez difficile à contrôler (comme en témoignent les rapports de police) pour n'avoir pas pu être totalement maîtrisée, même pendant le premier semestre de 1794.

MOMENT D'EXCEPTION

Théâtre de la République

« Il se passa avant-hier à ce théâtre une des scènes patriotiques les plus extraordinaires dont puissent faire mention les annales des spectacles. On y donnait une représentation de *Brutus* et du *Modéré*. A cinq heures, la salle était déjà pleine, et parmi les spectateurs il y avait environ cinq à six cents citoyens dont la tête était couverte avec un bonnet rouge ; on en remarquait à toutes les places. Avant le lever du rideau, quelques-uns d'entre eux chantèrent des hymnes et des chansons civiques. L'un de ces citoyens, qu'on nous dit s'appeler Lefèvre, chanta une ronde sur le refrain de laquelle on exécuta une danse jusqu'alors sans doute inusitée. Tous les citoyens et toutes les citoyennes qui étaient dans la salle, se prenant les mains en signe de fraternité, dansaient sans quitter leurs places, chaque fois que le refrain commençait. Ceux du parquet et des deux orchestres étaient montés sur les bancs ; et si des cris répétés de *Vive la République* interrompaient quelquefois les chanteurs, rien n'interrompait du moins la joie de tous les spectateurs. (...) Qu'on se représente quatre mille citoyens, se tenant tous par la main, ne formant qu'un seul tout, et exprimant par leurs chants et par leurs danses, qu'ils n'ont qu'une seule âme, qu'ils ne forment qu'un même vœu, celui du salut de la patrie, et l'on aura une faible idée de ce spectacle mémorable qui ne finit qu'au moment où commença la représentation de *Brutus*. On applaudit dans cette pièce tous les traits de l'héroïsme républicain des Romains, et l'on entendit dans le plus profond silence tout ce que dit Arons en faveur des despotes ou de la royauté. On observa seulement à une des sorties de cet ambassadeur, qu'un citoyen des premières loges cria à *Coblentz, à Coblentz*, et on plaignit le citoyen Baptiste d'avoir à développer le plus beau talent pour rendre ce caractère. »

Journal des spectacles *du tridi 23 du brumaire de l'an II (13 nov. 1793).*

ATHÈNES SUR LES BOULEVARDS

On peut écrire une histoire du théâtre de la Révolution qui est celle de ses tumultes, qui ne lui est pas propre mais décrit les montées de fièvre dans l'« esprit public » et les épisodes des luttes de factions. Tout commence avec *Charles IX*, une tragédie qui évoque la Saint-Barthélemy et que son auteur, Marie-Joseph Chénier, avait fait accepter en 1788 par les Comédiens-Français mais qui avait été interdite par la censure. Une campagne habile appuyée par le public assura à cette pièce, malgré la sourde résistance des comédiens, un succès acquis d'avance. Elle fut enfin jouée le 4 novembre 1789. Avec elle semblait triompher la tragédie nationale tant attendue, avec elle le public semblait imposer sa loi aux comédiens privilégiés. Ce triomphe de Chénier conduisit tout droit à la loi de janvier 1791. Le deuxième grand tumulte accompagna une comédie de Laya, *L'Ami des Lois,* jouée, en janvier 1793, au Théâtre de la Nation. D'inspiration girondine, elle fut interdite par la Commune de Paris car elle ralliait autour d'elle tous les modérés. La Convention en débattit, en plein procès du roi, pour

L'écho des crises

15

faire droit à la demande de Laya, cependant que le public renvoyait Santerre et la Garde nationale qu'il commandait sous les huées. La Commune finit par l'emporter, sinon en droit, du moins par la force et par l'intimidation. Le Théâtre de la Nation devait payer cher son attitude modérantiste : il fut fermé au mois de septembre (au début de la Terreur) au moment où il donnait *Paméla* de François de Neufchâteau. On vit enfin s'affronter durement républicains et muscadins lors des représentations du *Concert de la rue Feydeau* (1795).

C'est ici, bien sûr, une histoire parisienne des tumultes théâtraux qui a souvent été au centre des travaux des historiens. Mais la province n'a pas été en reste ; elle a connu des troubles semblables, répercutant les conflits parisiens, mais aussi exprimant les diverses réalités locales des événements révolutionnaires. Ce fut le cas à Toulouse, par exemple, à Bordeaux qui fait figure de capitale du théâtre et qui connut nombre de manifestations d'un public souvent largement acquis aux royalistes. A Rouen, l'acteur Bordier fut pendu après avoir été accusé de pousser le peuple au pillage ; la Convention devait le réhabiliter ultérieurement. Les deux théâtres de cette ville se signalent par leur civisme et Ribié, ancien acteur de Nicolet, fait jouer les mêmes pièces qui sont représentées à Paris. On peut d'ailleurs remarquer la diffusion nationale du répertoire parisien, même si parfois la province a précédé Paris, comme ce fut le cas au début du XVIIIᵉ siècle (nombre de drames furent d'abord joués en province). Quelques auteurs provinciaux (Barrau à Toulouse) ne suffisent pas à démentir l'évidente hégémonie de Paris.

On peut écrire aussi une histoire de la Révolution par les textes. L'année heureuse, 1790, s'ouvre le 1ᵉʳ janvier par *Le Réveil d'Épiménide* à Paris, une comédie de Carbon de Flins des Oliviers qui salue l'achèvement de la Révolution et présente le nouveau régime, révélé à Épiménide qui s'est éveillé d'un sommeil de plusieurs siècles. Elle se termine par *Nicodème dans la Lune ou la Révolution pacifique* (7 novembre 1790) de Beffroy de Reigny dit le Cousin Jacques. Il semblait alors que toutes les utopies se fussent réalisées, que c'était à la Lune de découvrir la Terre. Mais on voit et on entend, avec les débuts de la guerre, *Le Premier Coup de canon aux frontières* de Plancher Valcour. La radicalisation de l'an II est prônée par Dugazon dans *Le Modéré* (août 1793) et les jacobins sont vilipendés, après Thermidor, dans *L'Intérieur des comités révolutionnaires* (avril 1795) de Ducancel. Le coup d'État du 18 brumaire est évoqué notamment dans *La Girouette de Saint-Cloud* de Barré, Radet et Desfontaines. Mêmes échos dans les fêtes : après l'unanime, la merveilleuse fête de la Fédération du 14 juillet 1790, l'indéniable antagonisme politique, en 1792, de la fête en l'honneur des Suisses de Châteauvieux (15 avril 1792) et la pompe funèbre de Simoneau, le maire d'Étampes, qui lui faisait pièce (3 juin 1792). A la fête de la Raison, avec les accents déchristianisateurs qui caractérisent l'automne 1793, répond la fête de l'Être suprême au printemps 1794, aux accents rousseauistes, qui semble couronner Robespierre.

Prieur, Fête du 20 septembre 1790, célébrée au Champ de Mars en l'honneur des gardes nationaux tombés à Nancy en réprimant la mutinerie des Suisses de Chateauvieux. Ce fut à la fois une fête militaire et funèbre. Paris, musée du Louvre.

On ne saurait en rester cependant à cette image — celle qui a dominé tous les travaux sur le théâtre de cette époque — car elle occulte la dimension spécifique de l'histoire culturelle de la Révolution, centrale dans le travail de Mona Ozouf sur les fêtes, mais aussi de l'histoire du théâtre. La loi de janvier 1791 modifia le théâtre en France de façon irréversible. Le retour à la censure, puis les remises en ordre sous l'Empire n'y purent rien : la création dramatique était entrée dans le domaine de l'initiative individuelle et de l'entreprise privée, en même temps qu'elle devenait — et ce n'est pas vraiment contradictoire en France — une des pierres angulaires de l'édifice culturel *national*, objet de la sollicitude, souvent encombrante, des plus hautes autorités de l'État (qu'on songe au décret signé par Napoléon à Moscou en 1812 sur l'organisation de la Comédie-Française). Cette loi, certes, entérinait une évolution mais elle créait une révolution. Le nombre des théâtres augmente considérablement : à Paris on passe d'une dizaine en 1789 à quatorze en 91, trente-cinq en 92. La concurrence a des effets considérables, fermetures et ouvertures se succèdent ; les théâtres changent de nom. Ils tentent toujours d'adhérer au goût du public qui devient le maître du jeu.

Des temples très profanes

17

On bâtit beaucoup et des salles d'architecture moderne et originale apparaissent. Certes la fin de l'Ancien Régime avait vu se développer une architecture théâtrale sur le modèle italien en ce qui concerne la structure interne, et dotée d'une présence monumentale urbaine, comme en témoignent les réalisations de Victor Louis à Bordeaux, de Soufflot à Lyon, de De Wailly à Paris. La dernière décennie du siècle accentue et confirme ce mouvement. On voit s'élever le Théâtre Louvois de Brongniart en 1791 (dans l'actuel quartier de la Bibliothèque nationale), le Théâtre français comique et lyrique rue de Bondy, avec une belle façade à l'antique, la salle Richelieu, construite par Victor Louis en 1790 au Palais-Royal, qui abrite, après les Variétés-Amusantes, le Théâtre de la République dès 1792. Deux réalisations retiennent particulièrement l'attention : celle du Théâtre de Monsieur, rue Feydeau, qui ouvrit en 1791, fastueux et commode, avec des portes cochères monumentales permettant aux voitures de pénétrer sous la voûte afin d'y déposer les spectateurs, et la salle du Théâtre du Marais, non loin de la place de la Bastille, qui présentait une décoration de style gothique, déjà romantique, et où fut créée *La Mère coupable* de Beaumarchais. La volonté de monumentalisation de l'édifice théâtral se retrouve encore dans les projets architecturaux, aussi bien ceux de Brongniart que ceux qui furent présentés aux concours de l'an II et que nous révèle Werner Szambien. Ces utopies architecturales et dramatiques sont significatives de l'idéologie des élites républicaines : l'arène, dont le modèle sert aussi bien à des projets de théâtres qu'à des plans de structures permanentes pour abriter les fêtes et cérémonies nationales, offre un espace égalitaire, homogène (on évite les loges qui favorisent les « compagnies particulières »), susceptible d'accueillir un peuple nombreux. Antichambres du Panthéon, les théâtres hébergent les bustes des martyrs de la liberté, Marat et Le Peletier, mais aussi ceux de Voltaire et de Brutus, placés le plus souvent à l'avant-scène, « entre colonnes ». C'est dans cet esprit que fut transformée en l'an II la salle du Théâtre de la Nation (remplacée après l'incendie de 1799 par l'actuel Odéon) quand on espérait en faire un « Théâtre du Peuple ».

La configuration institutionnelle se transforma profondément. La Comédie-Française, devenue Théâtre de la Nation, installée dans la salle construite par Peyre et de Wailly sur la rive gauche, se scinda en 1791. Un groupe d'acteurs, acquis aux idées nouvelles et mené par Talma, alla s'installer au Palais-Royal où ils rejoignirent Monvel et fondèrent le Théâtre français de la Liberté et de l'Égalité, plus tard Théâtre de la République, où fut joué le répertoire classique (et surtout la tragédie), dont l'ancien Théâtre-Français avait perdu le monopole, et le théâtre sérieux « national ». Les conservateurs restèrent fidèles à la tradition jusqu'à leur arrestation en septembre 1793. Les Comédiens-Français ne devaient se regrouper à nouveau qu'en 1799. Les autres « grands » théâtres traversent la période plus tranquillement, en s'adaptant aux circonstances. L'Académie royale de musique, installée dans une salle provisoire à la porte Saint-Martin, puis rue de la Loi, conserve son rôle de monter les opéras, mais l'Opéra-Comique, le Théâtre de Monsieur et celui de la Montansier se font une vive concurrence dans le répertoire de l'opéra-comique. Cependant le fait marquant est la prolifération des « petits théâtres ». Certains, sur les boulevards, existaient depuis longtemps, héritiers des spectacles forains, tels l'Ambigu-Comique ou les Associés. D'autres se sont créés qui joueront un rôle important dans le renouvellement du répertoire comme le Théâtre Molière, rue Saint-Martin, ou celui de la Cité. Les deux grands centres de l'activité sont les boulevards et le Palais-Royal, lieu majeur de la vie sociale et de la formation de l'esprit public, où se côtoient tous les milieux, où se concentrent prostituées, « libertines et polissons » qui envahissent le Théâtre du Lycée des Arts et le Théâtre Montansier. Le théâtre devient un centre de la sociabilité urbaine qui aimante le désir et l'argent. Ce phénomène existe aussi plus discrètement dans les grandes villes de province, à Bordeaux, à Toulouse, à Rouen, à Strasbourg. Grimod de La Reynière remarque

Le Théâtre Feydeau : vue intérieure de la salle ; coupe et élévation. Gravure d'Orgiazzi. Paris, musée Carnavalet.

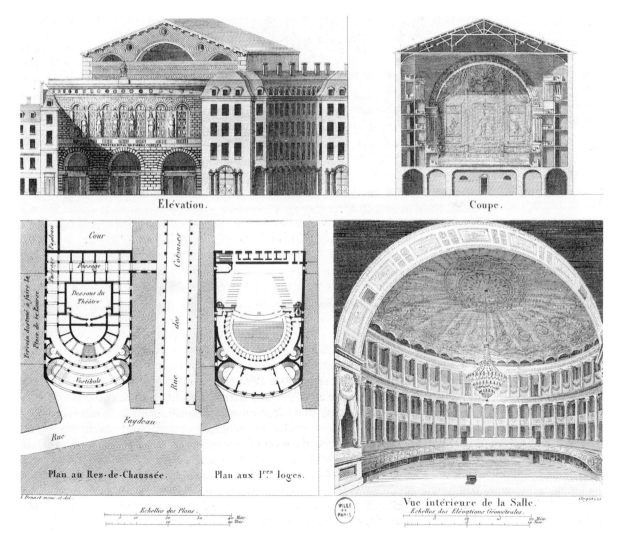

qu'en province, à Lyon en particulier, le spectacle est le lieu des rendez-vous d'affaires. A mi-chemin entre l'église et le café, le forum et le lupanar, le théâtre devient un lieu essentiel pour la nouvelle société des villes. Le public, dont on a déjà évoqué le comportement actif, change profondément. L'émigration, le bouleversement des fortunes ont réduit considérablement le poids des connaisseurs, cependant que viennent au théâtre des couches populaires qui n'y avaient jamais eu accès et des parvenus, friands de distractions, qui trouvent là une occasion de faire un étalage tapageur de leur fortune récente mais ne sont guère cultivés. Les riches et les conservateurs se retrouvaient principalement au Théâtre de Monsieur et aux Variétés (un théâtre du Palais-Royal), les partisans de la Révolution au Théâtre de la République, au Théâtre Molière, rue Saint-Martin et à celui de la Cité. L'indéniable démocratisation devait jouer un rôle considérable sur le répertoire dans une situation de concurrence. En même temps ces nouveaux spectateurs se voyaient proposer des pièces classiques et des divertissements plus ambitieux que ceux qu'ils avaient rencontrés à la Foire et au Boulevard sous l'Ancien Régime.

Les muses en déroute

C'est à la lumière de cette évolution du public et des théâtres qu'il faut examiner la question des genres. On chercherait vainement à situer précisément une rupture. La dernière décennie semble prolonger une évolution qui s'est amorcée dès les années 1750, peut-être même auparavant, lorsque la ville s'est substituée à la cour comme milieu dramatique déterminant, évolution qui conduit à la désagrégation du système des genres auquel la loi de 1791 porte un coup décisif. Le paradoxe est qu'une désagrégation de fait s'est accompagnée d'une conscience maniaque des appartenances et des désignations génériques. La tragédie n'est plus depuis longtemps cette tragédie de cour qui triomphait sous Louis XIV. Vecteur idéologique des Lumières avec Voltaire, elle est porteuse, plus encore que le drame, des espoirs et des efforts de création d'un théâtre national (De Belloy). Marie-Joseph Chénier sut persuader le public qu'il y était parvenu avec *Charles IX* ; on voit en effet se multiplier les sujets tirés de l'histoire de France jusqu'en 1792-1793. Mais la volonté d'effacement d'un passé monarchique et la recherche d'une origine plutôt que d'une histoire, le modèle républicain antique, l'influence de la peinture, de l'architecture, du costume — Talma recevait ses hôtes en toge — favorisèrent à nouveau la tragédie à l'antique au détriment des sujets nationaux et ancrèrent solidement un académisme sans avenir mais paradoxalement durable où s'illustrèrent Chénier et Legouvé et qui contribua à marginaliser toutes les tentatives de création originale dans le théâtre « sérieux ». Chénier revint au sujet antique avec *Caïus Gracchus* (1792) et *Timoléon* (1794), mais l'auteur tragique exemplaire de la Révolution reste Voltaire dont on joua souvent *Brutus* et *La Mort de César*. Chénier innove cependant dans une certaine mesure : il tente de constituer une voix collective, un chœur qui figure le peuple (dans *Timoléon* et *Caïus Gracchus*). Ducis (*Othello*, 1792 ; *Abufar ou la Famille arabe*, 1795), qui tentait d'adapter le style shakespearien au goût français, Arnault qui s'inspirait d'Ossian (*Oscar fils d'Ossian*, 1796), quoique soutenus par Talma, se heurtèrent à l'hostilité du public du Théâtre de la République. On ne tolérait, on n'accueillait la nouveauté que sous le nom de *drame* et de préférence dans un autre théâtre moins prestigieux.

Quand Talma, qui jouait Proculus, un rôle secondaire dans *Brutus* de Voltaire, parut sur la scène en ce début de l'année 1789, sans perruque, vêtu d'un costume romain dessiné par son ami le peintre David, il était conscient d'ouvrir les hostilités avec les tenants de la tradition de la scène tragique. Protagoniste d'une révolution esthétique, il sut admirablement jouer de la révolution politique pour accomplir ses desseins. Artisan de la scission du Théâtre-Français en 1791, il protégea comme il put ses anciens adversaires et se prêta à la réunification de 1799. Sa diction, plus « naturelle », moins soumise à la déclamation de l'alexandrin tragique, son jeu, qui bousculait les conventions de l'époque, et surtout sa révolution dans le costume transformèrent profondément le spectacle tragique. On le voit, bien sûr, défendre les tragédies les plus novatrices, mais surtout incliner sur son axe la sphère des représentations classiques. *Britannicus* ou *Brutus* cessent d'appartenir à un univers de référence dominé par la cour et l'Ancien Régime et deviennent des tragédies — des drames — historiques et profondément politiques. A travers cette réappropriation des auteurs classiques, Talma avait « inventé » le théâtre national tant souhaité par les philosophes.

Coupe du Théâtre des Arts. Dessin. Ce théâtre avait été construit par Victor Louis pour Mademoiselle Montansier (1793) et modifié par Brongniart en 1795. On l'avait appelé Théâtre des Neuf Millions à cause du prix exorbitant qu'il avait coûté. Paris, musée Carnavalet.

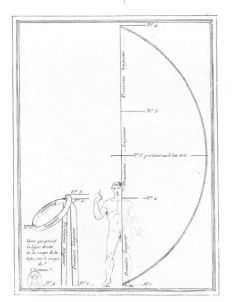

Coupe d'une toge. Gravure provenant du recueil du XIXe siècle, Costumes de Théâtre, *Paris, B.N.*

(*Talma*,
Correspondance avec
Mme de Staël, *Paris,
éd. Montaigne, 1928.*)

TALMA, LETTRE A M. LE COMTE DE BRUHL A BERLIN,
23 MARS 1820.

Certes, je blâme fort les acteurs ou les directeurs qui négligent les costumes, les décorations et tous ces détails qui complètent si bien le charme et l'illusion de la scène. On ne se pénètre pas assez de l'importance du théâtre. Aristote trouvait la tragédie plus instructive que l'histoire, et le théâtre devrait être une des branches de l'enseignement public, et qui serait d'autant plus attrayante que l'instruction s'offrirait sous les formes du plaisir. Les acteurs devraient avoir une plus haute idée de leur état, se regarder, en quelque sorte, comme des professeurs d'histoire ; avec cette opinion d'eux-mêmes, ils se garderaient bien de s'exposer aux reproches qu'on a droit de leur faire. En effet l'étude de l'histoire ne consiste pas dans la simple connaissance des faits. Les mœurs, les usages, les détails de la vie privée y entrent aussi pour beaucoup. Les temps passés n'ont pas été remplis seulement par les rois et les conquérants. Ils l'ont été aussi par les peuples. On les représente aussi sur la scène, et s'il faut de la part de l'auteur, une certaine fidélité dans le développement des faits et des caractères historiques, les acteurs doivent aussi se rapprocher le plus possible de la vérité dans leurs costumes, dans les décorations et dans tous les détails du théâtre. Ils donneront par là une image fidèle des mœurs et des progrès de la civilisation et des arts chez les peuples. Les jeunes gens aiment à venir voir, agir, entendre parler les personnages célèbres qui les ont frappés dans la lecture des historiens et c'est une faute impardonnable que de les leur offrir autrement qu'ils n'étaient, et de jeter par là dans leurs têtes des idées tout à fait fausses. Je me souviens que dans ma jeunesse, en lisant l'histoire, les personnages que j'avais vus sur la scène s'offraient toujours à mon imagination comme les acteurs me les avaient offerts. Je voyais les héros grecs et romains en beaux habits de satin, bien poudrés, bien frisés ; je supposais Agrippine, Hermione ou Andromaque traînant, dans des palais de structure moderne, les longues queues de leurs robes de velours, étoffe que ne connurent jamais ni nos belles Grecques ni nos dames romaines. Je les voyais chargées de diamants qu'on n'apprit à tailler qu'au XVe siècle. Je prenais nos anciens chevaliers, si simples, si rudes, pour des marquis de la Cour de Louis XIV ou de la Régence. Telles sont cependant les idées fausses ou absurdes que l'ignorance ou l'indolence de la plupart de ceux qui sont à la tête des théâtres propagent dans l'esprit du public.

Talma dans La Mort de César *de Voltaire. Acte II, scène I. Au XIXᵉ siècle, la révolution du costume est un fait acquis.*

Le drame est illustré par Beaumarchais avec *La Mère coupable* (1792) et l'on peut enfin jouer *L'Honnête Criminel* de Fenouillot de Falbaire en 1790 (censuré depuis 1767 parce qu'y était dénoncé le sort fait aux protestants dans le royaume). Le style « tragédie bourgeoise » triomphe avec la représentation, en 1798, de *Misanthropie et Repentir* de Kotzebue. La comédie traditionnelle trouve en Collin d'Harleville, Andrieux et Picard des auteurs de qualité, injustement oubliés aujourd'hui. Elle tend souvent à se confondre avec le genre sérieux et moralisateur. Fabre d'Églantine écrit en 1790 une suite au *Misanthrope* de Molière dans l'esprit de la *Lettre à d'Alembert* : c'est *Le Philinte de Molière* (1790) dans lequel, on le devine, Philinte incarne toute l'hypocrisie sociale de l'Ancien Régime, cependant qu'Alceste représente les valeurs de la nouvelle sociabilité bourgeoise. La comédie la plus intéressante et la plus novatrice est une de ces pièces marginales où semble se concentrer l'inventivité dramatique révolutionnaire, *Pinto ou la Journée d'une conspiration* (1800), œuvre dans laquelle Népomucène Lemercier réussit à créer une comédie politique et à arracher les sujets historiques à la tragédie et au drame. Elle fut interdite par le Premier consul. La farce, le « genre poissard » perdurent sur les boulevards. On a là une littérature dramatique dont le rythme d'évolution relève de la longue durée, quelle que soit son actualisation, et qui se fonde sur des archétypes comiques. Madame Angot, la grande héroïne comique du Directoire, doit son succès à son actualité sociale (la poissarde parvenue) mais surtout, autant qu'à Ève Maillot, son « auteur », à l'acteur Corsse qui l'interprétait en travesti et à la tradition du comique poissard. La comédie et l'opéra-comique — les travaux d'E. Kennedy et de M.-L. Netter, encore largement inédits, en apportent la preuve — sont les genres les plus populaires de 1789 à 1799. D'après leurs études quantitatives précises, les deux auteurs les plus joués sont Molière et Beaunoir, un auteur de comédies légères. L'étonnant succès des *Deux Chasseurs et la Laitière* d'Anseaume confirme l'impression de Chateaubriand : les tricoteuses et les sans-culottes aimaient la naïve pastorale, l'amour vainqueur, la morale simple et le village unanime. Il faut corriger l'impression de révolution culturelle qu'on a parfois : du point de vue quantitatif, le répertoire d'Ancien Régime et de pur divertissement l'emporte nettement.

Des stratégies pour captiver	Il y eut cependant innovation esthétique, mais dans les marges où fourmillent les genres intermédiaires aux désignations fantaisistes, aux frontières mêmes du théâtre, de l'opéra, de la fête, de l'art oratoire, dans des expériences inédites du regard, des sensations et des émotions d'une force et d'une nouveauté telles qu'on ne pouvait les oublier. Le « trait (ou fait) historique et patriotique », entre la comédie, le drame et la fête, fait vivre au spectateur un événement récent, le siège de Lille, celui de Dunkerque, la prise de Toulon. Théâtre de l'urgence (les textes sont souvent écrits en quelques jours), il donne corps et image aux mots, rend présent ce qu'on a appris par la rumeur ou les papiers publics, mobilise l'enthousiasme par des salves d'artillerie, des artifices pyrotechniques, des évolutions militaires, des musiques guerrières. Il crée une légende immédiate autour de héros comme Marat ou Viala en les montrant dans un épisode exemplaire de leur vie. Parfois il exemplarise un épisode de la vie privée des grands hommes (*L'Enfance de J.-J. Rousseau*) ou de leur vie publique (*Marat dans le souterrain des Cordeliers*). Souvent il prend en charge un rituel funèbre qui débouche sur une « apothéose », avatar double de l'apothéose dramatique (comme on fit pour Voltaire en couronnant son buste sur scène) et de la panthéonisation qu'on est en train d'inventer (apothéose de Marat, de Beaurepaire, pompe funèbre de Hoche). On assiste alors à la répétition du cortège funèbre, à l'exhibition du corps simulacre/acteur. Le théâtre semble prolonger la fête, la cérémonie, immortalisée par sa répétition, arrachée par la mémoire à l'éphémère.

Théâtre et fête se subvertissent mutuellement quand on voit se jouer mille postures de représentation (politique, allégorique, dramatique), quand s'instaurent tant de modèles de *participation* (esthétiques, religieux, politiques). La fête était déjà sur scène dans *Le Mariage de Figaro* et à l'opéra. On a remarqué que le public populaire de la première moitié du siècle « a tendance à ne voir dans le spectacle qu'un des éléments qui composent une fête » (H. Lagrave). On peut souligner de même l'inexpérience sensible du nouveau spectateur de la Révolution au processus de la représentation tel que l'organise le théâtre à l'italienne. De nombreux témoignages font état de son incapacité à saisir les frontières de la réalité et de la fiction, de l'acteur et du personnage, du jeu théâtral et des situations de communication non fictive (parole publique, appel aux armes, etc.). D'où une participation sur le mode de l'action ou de la sidération magique. On comprend alors la naissance et la fortune rapide du mélodrame au tournant du siècle. Lui seul saura captiver les spectateurs *dans* le protocole théâtral pour en faire réellement un public de théâtre, à sa place, dans une structure de théâtre à l'italienne enfin triomphante ; lui seul aura la force d'imposer à la sensibilité populaire la structure même de la représentation qui correspond à l'âge bourgeois, celle qui exclut de la scène le représenté, le spectateur, enfin maté. Il apparaît à la faveur de la multiplication des drames sombres à la Baculard d'Arnaud, comme *Les Victimes cloîtrées* (1791) de Monvel, du drame « Sturm und Drang » comme *Robert, chef des brigands* de La Martellière, adapté de Schiller, de pièces sentimentales et morales comme *Cange*, de pièces de boulevard à grand spectacle, proches de la pantomime comme celles de Loaisel de Tréogate. Beaucoup de mélos sont des adaptations de romans comme les premiers Pixérécourt, *Victor ou l'Enfant de la forêt* (1798) et *Coelina ou l'Enfant du mystère* (1800) [adaptés de Ducray-Duminil] ou *Montoni* de Duval (adapté d'un roman gothique d'Ann Radcliffe). Le mélodrame doit beaucoup, Pixérécourt le reconnaissait, aux progrès de la mise en scène et à une sensibilité générale aux prestiges de l'illusion visuelle ; c'est du théâtre, de la chanson, mais surtout de l'image.

Un autre type de théâtre, d'une grande originalité, paraît directement lié à la fête : les comédies burlesques politiques. C'est parce qu'une force de dérision grotesque d'origine traditionnelle et carnavalesque se libère, surtout au moment le plus fort de la déchristianisation, à l'automne 1793, que l'on assiste à des mascarades, à des cortèges parodiques avec des ânes mîtrés, des pourceaux couronnés, où « la répugnance générale des hommes de la Révolution pour le déguisement paraît vaincue » (Mona Ozouf). Un théâtre inclassable, comique et violent tout à la fois, dû à des auteurs d'origine petite-bourgeoise (mais pas vraiment « populaire ») surgit en même temps, avec des pièces comme *Encore un curé, Le Souper du pape, La Folie de Georges* (Lebrun-Tossa) ou *Le Jugement dernier des rois* (Sylvain Maréchal). Pour autant ce théâtre n'a jamais eu la forme grossière que les historiens du XIXᵉ siècle lui ont trouvée ; on est loin, avec Maréchal, du langage grossier du *Père Duchesne* et l'on est plutôt frappé par des accents de dignité moralisatrice qui semblent proches de la bourgeoisie jacobine. L'énergie comique où s'exprime, même retenue, une violence obscure, dont les dirigeants révolutionnaires pressentent l'origine populaire, archaïque, immaîtrisable, devait être combattue et le coup d'arrêt donné à la déchristianisation au printemps de l'an II se traduit aussi par la disparition de *La Sainte Omlette* (sic) de Ducancel (attribuée aussi à Dorvigny) et par l'interdiction du *Congrès des rois* de Ève Maillot. Aussi ce théâtre de saturnales moralisées nous paraît-il bien isolé malgré son intérêt dramatique. C'est pourtant son exigence idéologique et liturgique qui paraît le plus proche de notre sensibilité actuelle, qu'ont marquée les expériences dramatiques de la révolution de 1917, celles des années 20 ou celles des années 60.

On touche ici à une question essentielle, celle des rapports entre le théâtre et la religion. Certains projetaient une substitution simple de la scène à la chaire, qui révèle leurs projets didactiques mais implique la prise en compte de la dimension cérémonielle du théâtre. Or, comme l'explique le journal *Les Révolutions de Paris*, « nous avons chassé nos prêtres des églises, ce n'est pas pour en permettre d'autres sur la scène ». La déchristianisation conduit alors à une parodie qui inverse le contenu cérémoniel même du théâtre en liturgie carna-

La messe ou le carnaval

valesque ; mais c'était là justement ce que l'Église de France avait toujours obscurément senti lorsqu'elle condamnait le théâtre. Charlatans, acteurs et prêtres sont semblables thaumaturges. De là une méfiance que l'on trouve aussi bien chez un intellectuel athée comme Anacharsis Cloots que chez ses adversaires les plus déterminés du jacobinisme robespierriste. On voit par exemple Payan interdire, en prairial (1794), toute transposition scénique de la fête de l'Être suprême : « Rapporter sur la scène ce spectacle, c'est le parodier », écrit-il. Cérémonie laïque ou parodie de cérémonie, mais toujours cérémonie d'Ancien Régime pensent les plus radicaux. Les acteurs auxquels la Révolution a donné la dignité et les droits du citoyen, souvent engagés à ses côtés (comme le montrent les exemples de Plancher-Valcour, de Dugazon, de Talma, de Collot d'Herbois), sont cependant regardés avec suspicion et se détournent pour la plupart de la dictature terroriste. Ces préjugés contre les acteurs et le théâtre sont un des éléments qui expliquent la condamnation de la fête de la Raison à l'automne 1793, qui comportait une indéniable dimension théâtrale et où l'on vit, par exemple, l'acteur Monvel dans la fonction de « prédication laïque », en chaire à Saint-Roch. Le rejet du théâtre avait en outre obtenu une légitimité philosophique avec la *Lettre à d'Alembert* (1758) de Jean-Jacques Rousseau. Sa condamnation de Molière — qui, selon lui, dénonçait les ridicules plutôt que les vices — n'avait-elle pas poussé Fabre d'Églantine à une « correction » de la morale du *Misanthrope* ! Surtout, Rousseau avait opposé au monde confiné, inégalitaire et artificiel du théâtre l'harmonie collective, spontanée et républicaine de la fête. Décidément, les dirigeants révolutionnaires préféraient encore au théâtre la fête rousseauiste, aux accents unanimistes, que voulaient être les fêtes de prairial (1794) ou du Directoire.

CÉLÉBRER LA RÉVOLUTION

Des fêtes pour commencer

Si le théâtre, par la force de ses traditions et de son histoire, opposa à l'utopie didactique révolutionnaire une résistance dont témoigne la déception qui s'exprime par exemple dans les débats aux Conseils en l'an VI — au moment où on envisage, sur l'avis de Chénier, de rapporter la loi de 1791, les parlementaires constatent que le théâtre révolutionnaire est encore à venir —, la fête sembla surgir comme une création absolue et conforme aux plans de ses organisateurs. Voici l'immense espace du Champ-de-Mars, entouré par un tertre où se presse pour la fête de la Fédération, ce 14 juillet 1790, la nation française tout entière, réunie autour de son roi et de son héros, La Fayette. Quelque chose se joue dans cet instant, dans ce coup d'œil, comme la naissance du citoyen français. Ses acteurs en furent conscients comme le montrent tous les témoignages. Cet espace, qui est, dans son principe, commun aux fêtes de la Révolution, circulaire, égalitaire, inscrit un projet en rupture avec le paysage urbain, chargé d'une histoire répudiée. « Espace sans qualités » (Mona Ozouf), ouvert autant qu'on le pouvait, il s'oppose trait pour trait à celui du théâtre, nocturne, confiné, inégalitaire, cloisonné de loges et qui ne peut montrer qu'à condition de dissi-

Hubert Robert, Le Cénotaphe de Jean-Jacques Rousseau aux Tuileries *(1794). Paris, musée Carnavalet.*

muler. Il porte la marque d'une volonté créatrice aussi forte que celle des grands despotes bâtisseurs de Versailles, Nancy ou Pétersbourg, mais qui n'aurait bâti que dans l'éphémère ou le présent perpétuel ; car il n'est pas là pour donner place au bâtiment mais au symbole et à l'allégorie : l'autel de la patrie, la pyramide, le cénotaphe, la colonne, la statue, la fontaine, l'arbre et la montagne, l'aérostat qui monte vers le ciel, le feu d'artifice de M. Ruggieri. L'espace obéit au double impératif de la simultanéité (la station) et du récit (le cortège), s'ordonnant en procession religieuse ou en frise antique, jalonnée par l'arrêt au reposoir.

David joue dans ces cérémonies un rôle essentiel. Il en règle souvent le déroulement, dessine chars et accessoires. Conventionnel et proche des milieux dirigeants successifs, il a la chance et le talent de conjuguer une esthétique avec une politique. Sa peinture célèbre les vertus républicaines romaines et les nouveaux héros par des symboles pleins d'énergie (*Le Serment des Horaces,* 1785 ; *Le Serment du Jeu de paume,* etc.) et des scènes évidemment théâtrales. Placées à l'intérieur même de la Convention, deux icônes offrent aux députés l'image tranquille et terrible de leurs premiers martyrs, Marat et Le Peletier de Saint-Fargeau : David sait inscrire la légende dans la réalité de l'événement. Créateur de signes et de symboles qui doivent remplacer ceux de l'Ancien Régime, il les explicite sans relâche et tente de leur donner vie à travers la fête.

27

LA FÊTE DE L'UNITÉ ET DE L'INDIVISIBILITÉ DU 10 AOÛT 1793

Organisée par David, elle était destinée à commémorer la journée du 10 août. La foule suit un itinéraire symbolique marqué par cinq stations. La première sur l'emplacement de la Bastille où s'élève la fontaine de la Régénération ; la seconde où le cortège rencontre, boulevard Poissonnière, les héroïnes des journées d'octobre 1789 (des actrices et des modèles, assises sur des canons, les représentaient). Puis c'est la place de la Révolution, dominée par une statue de la Liberté. Place des Invalides, une statue colossale du Peuple français (Hercule) terrasse l'hydre du fédéralisme. On pénètre enfin sur le Champ-de-Mars, en passant sous un portique auquel est suspendu « un vaste niveau », « le niveau national » qui « plane sur toutes les têtes indistinctement », et on se rassemble autour de l'autel de la patrie. Chacune des stations est marquée par une cérémonie symbolique appropriée. Voici par exemple le programme conçu pour la première :

« Le rassemblement se fera sur l'emplacement de la Bastille. Au milieu de ses décombres, on verra s'élever la fontaine de la Régénération, représentée par la Nature. De ses fécondes mamelles qu'elle pressera de ses mains, jaillira avec abondance l'eau pure et salutaire, dont boiront tour à tour quatre-vingt-six commissaires des envoyés des assemblées primaires, c'est-à-dire un par département ; le plus ancien d'âge aura la préférence ; une seule et même coupe servira pour tous.

« Le président de la Convention nationale, après avoir, par une sorte de libation, arrosé le sol de la Liberté, boira le premier ; il fera successivement passer la coupe aux commissaires des envoyés des assemblées primaires ; ils seront appelés par lettres alphabétiques au son de la caisse et de la trompe ; une salve d'artillerie, à chaque fois qu'un commissaire aura bu, annoncera la consommation de l'acte de fraternité.

« Alors on chantera, sur l'air chéri des enfants de Marseille, des strophes analogues à la cérémonie. Le lieu de la scène sera simple, sa richesse sera prise dans la Nature ; de distance en distance, on verra, tracées sur des pierres, des inscriptions qui rappelleront la chute du monument de notre ancienne servitude ; et les commissaires, après avoir bu tous ensemble, se donneront réciproquement le baiser fraternel. » (David, rapport lu à la Convention le 13 juillet 1793.)

Ces grandes célébrations portent en elles, avec un accent varié selon les circonstances, l'invention d'un passé et la promesse d'un avenir. Rien de plus caractéristique que le rituel du serment prêté où l'avenir se scelle dans le présent pour lui éviter les rigueurs imprévisibles de l'histoire. Le serment réunit la volonté générale et fait baigner le présent dans la lumière utopique mais « ce qui commence dans l'acte fondateur n'est que le recommencement d'une souveraineté oubliée » (J. Starobinski). Rien de plus théâtral en même temps que cet acte de parole où l'on s'accomplit dans son rôle de citoyen et où l'on retrouve un rôle originaire. Les allégories de la fécondité (la fontaine de la Régénération du 10 août 1793), les jeunes citoyennes aux belles draperies, la célébration des âges, les rites bucoliques, la plantation de l'arbre de la liberté sont garants d'un avenir tout entier contenu dans l'ordre naturel. Les fêtes assurent ainsi qu'il n'y aura d'autre temps que celui du calendrier révolutionnaire, celui des saisons, des feuillages qui les entourent si souvent (Tuileries, Champs-Élysées, Champ-de-Mars).

Comme le théâtre, les fêtes doivent inventer à la Révolution une histoire, une légende immédiate, plus exactement, et, pour ce faire, recourent au simulacre (Ozouf) : fausses bastilles, représentations mimées d'assauts et de sièges. La fête, que Rousseau souhaitait sans objet, s'invente un théâtre. Mais, au dire des témoins, ce n'était pas une réussite et le grand jour faisait paraître tout cela assez mesquin. Il n'en va pas de même dans le cas des nombreuses fêtes funèbres que la Révolution fit à ses héros. Le succès des nombreuses fêtes à bustes est là pour le prouver. Processions, discours et inaugurations se succèdent, en l'honneur de Marat, Chalier, Le Peletier, Bara et Viala. La transformation de l'église Sainte-Geneviève en Panthéon permet des cérémonies grandioses comme la translation des cendres de Voltaire (11 juillet 1791). Les cérémonies funéraires elles-mêmes se multiplient. Après celle de Mirabeau, celles de Le Peletier et de

Des légendes pour les héros

Jacques-Louis David, Projet de rideau pour l'Opéra. *Plume et encre grise, lavis gris, mine de plomb. Dessin au carreau (1793). C'est un « triomphe du peuple français » précédé par la mise à mort des tyrans et suivi des martyrs de la liberté. Paris, musée du Louvre.*

Marat, tous deux assassinés, présentent une innovation pathétique de David. Le cadavre des deux héros, nu, mais préparé de manière à la fois sculpturale et vériste (on souligne la blessure), est placé au centre de la cérémonie. Se créait là une ritualisation républicaine de la mort sans au-delà — « la cérémonie même de l'héroïsation en tient lieu » (Michel Vovelle) —, un nouvel imaginaire de la mort apparaissait pris en compte par la société civile. Il est par exemple frappant de voir resurgir cette promenade tragique des cadavres des martyrs en février 1848. Le théâtre, pour sa part, répéta certaines de ces cérémonies qui devenaient ainsi des tragédies immédiates, d'un genre jusqu'alors inconnu, même si le théâtre des tréteaux et la chanson populaire connaissaient depuis longtemps ces formes de création légendaire.

La Commémoration de la prise de la Bastille au Champ de Mars, le 14 juillet 1792. Paris, musée Carnavalet.

Partout présente, la musique assure une émotion unanime. Elle introduit des continuités, permet des rappels thématiques et contribue à l'impression d'unité des arts. Ici encore, c'est sur les marges, à la frontière de la fête et de l'opéra que se développent les créations les plus originales, *L'Offrande à la liberté* de Gossec, par exemple, créée le 30 septembre 1792, opéra sacré, à grand spectacle, vaste variation sur *La Marseillaise*, avec danses, artillerie et panto-mimes ou *Le Camp de Grand-Pré* (1793) du même Gossec, sur un livret de Chénier. A l'opéra, comme dans la fête, les chansons et les hymnes, repris en chœur, sur la scène et dans la salle, assurent à chaque citoyen un rôle actif, se font les vecteurs d'un enthousiasme fraternel et patriotique, animent les allégories que les organisateurs de fêtes appréciaient si vivement. *La Marseillaise* est d'ailleurs chantée dans tous les spectacles de l'an II, souvent de mauvaise grâce après Thermidor. On rejoint ici un problème trop souvent oublié : un spectateur qui chante en chœur un hymne patriotique, mais aussi très souvent un vaudeville dans une comédie, sur un air connu, joue une autre partie que le public moderne.

Si la musique et le réalisme dramatique, accompagnés de formes repérables de participation, assuraient certainement un succès d'émotion aux fêtes, on peut s'interroger en revanche sur ce qui était perçu des signes qui demandent une lecture plus élaborée. Car les pédagogies de David ou de Quatremère de Quincy,

Comprendre, pleurer, participer

La fontaine de la Régénération sur les ruines de la Bastille, 10 août 1793. Allégorie de la Nature féconde. Paris, B.N.

semblables malgré des différences d'accents, usent de l'allégorie et des signes selon une rhétorique dont les arcanes échappaient probablement à la plupart des spectateurs. Si certains symboles étaient compris de tous — ce devait être le cas pour ceux qui désignaient l'Ancien Régime, trône, armoiries, ornements sacerdotaux, à coup sûr, mais aussi pour d'autres plus populaires, statues de la Liberté, éléments de costume —, d'autres qui relevaient d'une culture plus scolaire et s'organisaient dans des discours de syntaxe compliquée, dans des allégories à la rhétorique tortueuse, ne furent sûrement pas perçus (allégories de la régénération, oiseaux emportant vers le ciel des rubans couverts d'inscriptions illisibles). De là les redondances discursives infinies qui accompagnent la fête révolutionnaire, inscriptions et textes programmes dont Judith Schlanger a montré qu'ils manifestent une foi en la supériorité « de l'explicitation du dire sur la prégnance du montrer » chez les organisateurs de fêtes. Ces programmes-récits, ces « ordres de la marche » nous montrent combien la réception et la mémoire de la fête sont tout entières gagnées par l'utopie. Or le pédagogisme utopique ne cessa de gagner du terrain sous le Directoire avec les conceptions du directeur La Révellière-Lépeaux.

Quel était alors le degré de participation populaire ? Certes, l'étonnante généralisation de la fête dans les provinces — du moins quand celles-ci n'étaient ravagées ni par la guerre étrangère, ni par la guerre vendéenne, ni par l'insurrection fédéraliste — est un indice de leur succès. Des grandes fêtes décrites par M. Ozouf à Caen, par M. Vovelle en Provence, jusqu'aux petites fêtes locales, en passant par les banquets fraternels, on les trouve partout. Tantôt elles paraissent imposées par les autorités révolutionnaires, tantôt au contraire elles paraissent plus spontanées, décentralisées, comme les fêtes villageoises. Parfois elles se rapprochent des fêtes qui existaient sous l'Ancien Régime — et dont la réalité, en Provence par exemple, était en pleine mutation —, tantôt elles rompent brutalement avec elles.

On peut constater que, dans l'ensemble, plus la fête se rapproche des liturgies traditionnelles et plus cette participation est intense. On devine ainsi un frémissement autour de la mascarade, du cortège de dérision, de l'arbre de mai et des convulsions paysannes, de certaines fêtes sectionnaires parisiennes, de certains banquets qui n'ont jamais vraiment eu l'aval des dirigeants révolutionnaires. D'où aussi la dimension spécifique du culte de Marat parmi les autres héros du panthéon révolutionnaire : il y avait là une concentration d'énergies autour de formes nouvelles aussi bien que traditionnelles, mais qui investissaient la place laissée libre par la déchristianisation. En même temps, il ne s'agissait pas là d'un simple transfert de sacralité. Ce culte était lui-même antichrétien et laïque (F. P. Bowman), comme on voit dans telle fête en l'honneur du martyr, marquée par un banquet que domine, selon l'expression de *La Feuille du salut public*, « la joie maratiste ». Mais ces formes de participation au culte, à la fête, au théâtre, liturgies à résonances archaïques, furent combattues dès 1794, puis sous le Directoire, avant d'être autorisées à *leur place* (au carnaval, dans les théâtres de mélodrame) sous le Consulat. La puissante sidération du mélodrame vient enfermer la magie dans les salles du boulevard ; le carnaval, ressuscité en 1800, fera le reste jusqu'à ce que lui-même se transforme et que ses acteurs deviennent spectateurs d'un défilé de chars, puis qu'il disparaisse enfin.

Cette aquarelle des architectes Guadet et Prudent restitue (vers 1900) le Théâtre du Palais-Royal, inauguré en 1790, qui accueillit les transfuges de la Comédie-Française, conduits par Talma. Paris, collection J. Lorcey.

Madame ANGOT venant de recevoir une Leçon d'Equitation,
Scene Comique de l'Amphithéatre d'Equitation et de Voltige de M.M. Franconi Pere et Fils.

..... *Nicolas, prends garde de perdre la piste,* ..... *suis moi bien* .... *ce maudit cheval me fera tuer* .....

A Paris, chez Martinet, Libraire, rue du Coq N. 15.

Au début du XIXe siècle, Franconi et ses fils ajoutèrent à leurs démonstrations équestres
des mimodrames ou pantomimes dialogués. On voit ici le personnage célèbre de madame
Angot, la poissarde parvenue, rôle, en général, travesti. Paris, B.N.

Hamlet *de Ducis avec Talma et Mlle Duchesnois. Paris, B.N.*

Attribué à De Machy, Fête de l'Être suprême *(8 juin 1794). Paris, musée Carnavalet.*

Les réformateurs du théâtre, dans les années 1750, n'avaient pas dissocié réforme idéologique et réforme esthétique, régénération philosophique et restauration de la force d'émotion dramatique, les idées et les larmes. C'est pour les avoir dissociées, pour n'avoir aimé sur les « pensers nouveaux » que les « vers antiques », pour avoir identifié le goût de la tragédie et la distinction sociale quand triomphaient les parvenus, que les scènes nobles se sont cramponnées si longtemps à un idéal académique. Il y eut pourtant sur ces mêmes scènes un courant novateur qui passait dans le travail des comédiens les plus célèbres, Monvel, bientôt Mlle Mars, évidemment, et surtout Talma qui transforma l'image tragique en image du drame historique : à la représentation, la tragédie était devenue drame. L'essentiel est là, dans une déstabilisation définitive des genres, dans la modification de l'usage social des textes (classiques ou contemporains), dans de nouvelles mises en rapport entre une société, ses jeux et ses rites. Théâtre et fête contribuèrent à une redéfinition des rapports entre le « peuple » citoyen et ses représentants (mise en scène de la parole publique, uniformes des députés ou des dirigeants de l'Empire), mais aussi entre théâtre populaire, théâtre de divertissement, et théâtre sérieux, destiné aux élites de la culture ou de la société.

Pierre FRANTZ

Page suivante, détail de l'intérieur du Théâtre-Italien (ovation d'un acteur), gravure d'après un tableau d'Eugène Lami. Paris, musée Carnavalet.

Deuxième partie

L'ère
du grand spectacle

1815-1887

Ci-contre, scène de L'Auberge des Adrets. *Lithographie. Paris, bibliothèque des Arts décoratifs.*

LE MOI
ET L'HISTOIRE

LES THÉÂTRES SOUS LA RESTAURATION

Après la Révolution, les théâtres se multiplient ; la Révolution française leur avait donné la liberté dont ils ne jouissaient pas sous l'Ancien Régime : en janvier 1791, un décret autorise « tout citoyen à élever un théâtre public et à y faire représenter des pièces de tous les genres ». La Convention encourage le développement du théâtre comme outil d'éducation politique des masses ; du même coup, un public populaire infiniment plus étendu aspire au plaisir du théâtre. Malgré le coup de frein donné par l'Empire, qui diminue le nombre des salles, les théâtres se multiplient à nouveau sous la Restauration et surtout après 1830, quand la monarchie de Juillet, avec l'abolition au moins théorique de la censure, a rendu à la scène une certaine liberté. A la belle époque du drame romantique, entre 1830 et 1835, on compte, à Paris même, une trentaine de théâtres.

Il y a deux sortes de théâtres distincts par leur structure, par leur fonctionnement financier, et, dans une certaine mesure, par leur répertoire beaucoup plus que par leur public ; les uns qui sont l'Opéra, le Théâtre-Français et l'Odéon sont apparemment les théâtres de l'élite et touchent une subvention des pouvoirs publics. Les autres sont des théâtres privés qui ne vivent que de leur public.

Les théâtres du beau monde

Si on laisse de côté l'Opéra, le principal des théâtres « officiels » est le Théâtre-Français. Il est régi par le décret de Moscou de 1812, que la Restauration s'est gardée de modifier. Il est dirigé par un comité de sociétaires sous l'égide d'un commissaire d'abord impérial, puis royal à partir de 1814 ; le Théâtre-Français trouve dans le Conservatoire royal, lui aussi réorganisé par le même décret, la pépinière de talents dont il a besoin. Ce qui ne lui interdit nullement de faire appel à des comédiens d'une autre origine ; mais toute l'histoire du drame romantique est marquée par la difficulté ou l'impossibilité où se trouvent les auteurs de faire entrer au Théâtre-Français les interprètes qui pourraient les servir. Sans parler de la difficulté des comédiens du drame, Marie Dorval ou Bocage, à s'intégrer dans le giron de la sacro-sainte Comédie-Française.

Le répertoire du Théâtre-Français est classique par vocation ; la subvention qui lui est allouée implique expressément cette mission, de là l'énorme proportion de pièces de Molière, Racine, parfois Marivaux et quelquefois Corneille, bien moins joué à partir de la Restauration (Napoléon proclamait son goût particulier pour lui). A quoi s'ajoutent les comédies et surtout les tragédies de Voltaire et les tragédies néoclassiques contemporaines. On verra les luttes menées pour imposer au Théâtre-Français des formes théâtrales un peu plus modernes. Il ne s'agit pas même du drame romantique dont on connaît les difficultés dans les subventionnés, mais même un néoclassique modéré comme Casimir Delavigne rencontre là des obstacles et s'en venge dans une satire intitulée *Les Comédiens*.

A propos de la subvention, Hugo s'écrie : « La subvention c'est la sujétion ; tout chien à l'attache a le cou pelé. » En fait le débat à la Chambre sur le montant de la subvention accordée à certains théâtres était l'occasion de plaintes dès qu'il pouvait y avoir soupçon de « mauvais goût », de modernisme, ombre d'atteinte aux bonnes mœurs ou à la rigueur, sous la Restauration, opinion libérale (c'est le cas de Casimir Delavigne). Or, ni le Théâtre-Français ni l'Odéon ne sont en situation de se passer de la subvention ni même de la voir diminuer. Il y a là une forme de censure larvée tout aussi efficace que la censure officielle. Au reste, pendant les quelques années de la monarchie de Juillet (de 1830 à 1835) où elle est officiellement supprimée, la censure par le biais de la subvention subsiste : ainsi *Antony* de Dumas ne peut être joué sur la première scène de la monarchie quoiqu'il l'ait été pendant plusieurs mois à la Porte-Saint-Martin et qu'on ait engagé Bocage tout exprès parce que la Comédie-Française est doublement tenue par le pouvoir et par les convenances.

Subvention et censure : les deux formes d'un même mal

Le théâtre est pratiquement toujours soumis à la censure. Pendant les quelques années où elle est interdite par la loi, s'il n'y a plus de censure préalable, reste la censure après coup, c'est-à-dire l'interdiction (celle qui frappa par exemple *Le Roi s'amuse* de Hugo en décembre 1832), procédure d'autant plus perverse qu'elle intervient une fois que les dépenses ont déjà été engagées et qu'elle conduit de ce fait les auteurs et surtout les directeurs de théâtre à pratiquer l'autocensure. D'autant que des interdictions officieuses mais despotiques sont signifiées aux subventionnés : ainsi Thiers enjoignant au Théâtre-Français de ne plus monter de drame romantique. Le Théâtre-Français est alors contraint à un procès qui l'oblige à tenir les engagements qu'il a souscrits envers Hugo et que le ministre lui interdit de remplir. A partir de 1835, la censure est rétablie par la loi. Qui exerce la censure ? des personnages très divers, écrivains, policiers, militaires, journalistes, qui se voient tout à coup confier cette tâche. Inutile de dire qu'il faut rarement chercher un corps de doctrine. Ainsi il peut arriver qu'on interdise une pièce parce qu'elle comporte une situation d'adultère. Le 24 mai 1822 un censeur se demande « s'il est convenable que les souverains soient offerts aux regards du peuple ». En 1829 le ministre Martignac répond à Hugo qui proteste contre l'interdiction de *Marion de Lorme* : « C'est Charles X qu'on y verrait. Nous sommes dans un moment sérieux ; le trône est attaqué de tous côtés ; la violence des partis redouble tous les jours, ce n'est pas l'heure d'exposer aux rires et aux insultes du public la personne royale. » On comprend que Hugo, combattant déterminé contre la censure, ait affirmé : « La censure est mon ennemie littéraire, la censure est mon ennemie politique, la censure est de droit improbe, déloyale et malhonnête. J'accuse la censure. » Dans son plaidoyer lors du procès du *Roi s'amuse*, Hugo soutient une thèse radicale contre toute forme de censure.

La vraie catastrophe des subventionnés, au moins avant 1840 — et après la situation ne s'améliore guère —, c'est le manque de public. Le Théâtre-Français est la salle de spectacle où il est de bon ton de venir s'ennuyer dignement. La bonne société avait sa loge « aux Français », mais y venait le plus rarement possible. Quant au reste de la salle, si l'on sait que, en cette période de monnaie

Scènes où l'on s'ennuie

stable, les frais normaux d'une soirée sont de 1 400 francs et qu'il arrive fréquemment que les recettes soient de 150 ou 200 francs, on mesure l'étendue du désastre ; seules sont au-dessus de l'étiage les représentations où figure un « monstre sacré », Talma ou Mlle Mars, l'inusable merveille que les Parisiens montrent à leurs cousins de province. La faiblesse du répertoire (et de la mise en scène) entretient l'*aura* des monstres sacrés : le théâtre à la lettre ne vivrait pas sans eux. Les classiques sont montés avec une emphase et une raideur, avec une absence d'imagination qui justifie la grogne du public : « J'étais seul l'autre soir au Théâtre-Français, ou presque seul... Ce n'était que Molière » (Musset, *Une soirée perdue)*. Même Molière au Français ne fait plus rire.

L'effort de renouvellement du décor, dont nous parlerons, ne sert pas du tout les œuvres classiques, créées pour un autre espace, et fait ressortir l'insondable médiocrité de la production contemporaine. Bref, les subventionnés sont en crise ; les conservateurs incriminent le régime relativement démocratique du comité et réclament un directeur, ou du moins un administrateur. Et encore le Théâtre-Français est-il dans une situation relativement favorable par rapport à l'Odéon, mal situé sur la rive gauche : le faubourg Saint-Germain de l'aristocratie ne le fréquente guère et les étudiants n'y viennent pas faute d'argent : « Puisqu'il est de fait que la haute aristocratie et les riches du faubourg Saint-Germain répudient un théâtre placé sous leur patronage, il faut, en reconnaissant que le quartier n'est ni assez riche ni assez populeux pour l'entretenir, donner à ses habitants faculté de le fréquenter » (Saint-Romain, *Coup d'œil sur les théâtres,*

Vue des Théâtres du boulevard du Temple *par Potemont (1861). Avec une précision extrême, l'auteur a noté tous les détails des façades des théâtres, du Théâtre Lyrique au Lazary.*

1831). Le répertoire qui est imposé à l'Odéon par son statut de subventionné et le prix des places relativement élevé ne lui permettent pas de se développer. « L'Odéon est toujours désert. Ce n'est pas la faute des directeurs, ce n'est pas la faute des auteurs, c'est la faute de l'Odéon » et de son quartier déserté par « le flot de Paris » (note de Hugo vers 1831).

Les théâtres les plus vivants de Paris sont ceux du boulevard (boulevard du Temple dit boulevard du Crime). Ces théâtres, sans subvention, se spécialisent dans les genres vivants, le mélodrame et le vaudeville. Les principaux théâtres du boulevard sont le Théâtre de la Gaîté, illustré par Pixérécourt et ses grands mélodrames ; le Théâtre de l'Ambigu-Comique où, en 1823, Frédérick Lemaître retourna le mélodrame *L'Auberge des Adrets* de Benjamin Antier en créant un type, le bandit cynique Robert Macaire.

A quoi s'ajoutent le Théâtre des Funambules du mime Baptiste Deburau et le théâtre de la danseuse-acrobate Mme Saqui. Mais le grand théâtre non subventionné reste la Porte-Saint-Martin qui fit cohabiter non sans difficulté les tragédies libérales de Casimir Delavigne, les mélodrames à grand spectacle comme *La Nonne sanglante* et les drames romantiques, ceux d'Alexandre Dumas et de Hugo. On peut dire sans forcer que la Porte-Saint-Martin a assuré au moins l'existence du drame romantique.

Boulevard du Crime

En 1862, le boulevard fut démoli et remplacé par une artère neuve. Paris, musée Carnavalet.

41

DU NEUF ET DU VIEUX NEUF

Sous l'Empire et la Restauration les genres théâtraux sont essentiellement la tragédie et la comédie néoclassiques, et le mélodrame. A quoi s'ajoutent les traductions d'œuvres étrangères, surtout Shakespeare et Schiller, et, sous la Restauration, cette forme nouvelle qu'est la *scène historique*, uniquement destinée à la lecture, mais riche d'avenir théâtral.

Le mélodrame   Le mélodrame est une forme théâtrale beaucoup plus importante qu'il n'y paraît ; c'est au XIXᵉ siècle le seul genre scénique qui unisse toutes les classes de la société. Il naît au XVIIIᵉ siècle d'une sorte d'opéra populaire ou d'opérette, mêlé de textes et de chansons, et, à partir de la Révolution, se charge de contenu tandis que la part musicale diminue : qualifié par Nodier de « moralité de la Révolution », le mélodrame s'épanouit à partir des dernières années du Directoire, comme si, récit d'une « restauration », d'un retour au bonheur d'avant, il était comme le repentir de la Révolution, de la Terreur, et peut-être surtout de la mort du roi. « Tragédie populaire », le mélodrame est théâtre, non du peuple, mais pour le peuple, « une conscience populaire mythique façonnée par la bourgeoisie pour que le peuple... reste peuple » (Ch. Bonn). Genre théâtral « moral », il se présente comme essentiellement pédagogique, professeur de vertu. « La guillotine ayant fait relâche, écrit Nodier, la nécessité des spectacles émouvants et des émotions fortes se faisait sentir encore. » Pixérécourt se vante d'avoir écrit ses mélodrames « avec des idées religieuses et providentielles et des sentiments moraux ». On y voit « de la sensibilité et la juste récompense de la vertu et la punition du crime » (*Dernières Réflexions sur le mélodrame,* 1847). En 1832, il écrit : « Le mélodrame sera toujours un moyen d'instruction pour le peuple parce qu'au moins ce genre est à sa portée. » Justifier la providence, exorciser le mal, telle est la fonction du mélodrame.

Le mélodrame est un genre codé : les types des personnages y sont fixés, les variations en sont faibles et le système rigide. L'axe en est le Traître dont le trait fondamental est l'hypocrisie : « dissimulons » est son mot clé. En face de lui, pour le combattre et le démasquer, le Héros, quelquefois féminin, dont le trait fondamental est le désintéressement : il agit par un pur mouvement de vertu sans espoir de récompense sinon la satisfaction d'avoir puni le Traître, réuni les familles, « sauvé la société ». A côté du Héros, le Niais, personnage populaire dont les maladresses et le parler fruste font rire et qui aide maladroitement les efforts du Héros. Enfin les bénéficiaires de l'action sont les Jeunes Amoureux ; la jeune fille est la victime désignée, c'est elle dont le Traître convoite la fortune et la personne ; souvent enlevée, quelquefois torturée, elle n'est jamais violée, ce qui choquerait les convenances. Reste le personnage le plus important peut-être, le Père, que souvent le Traître a persécuté, qui a eu des malheurs : toute la fonction de l'action dramatique est de le restaurer dans ses droits ; il est le personnage exalté sans mesure : « Un père offensé qui pardonne est la plus parfaite image de la divinité » (Pixérécourt, *L'Homme aux trois visages*). D'une façon tout à fait explicite, le roman familial du mélodrame est l'image de la société : « La société tout entière n'est-elle donc pas une même famille, n'a-t-elle pas le droit de demander à chacun de ceux qui la composent le compte rigoureux de toutes ses actions » (Pixérécourt, *La Chapelle des bois*).

Le canevas de la fable est lui aussi rigoureusement fixé : le point de départ de l'action est un malheur passé ; au début c'est le calme avant l'orage, un bonheur fragile s'installe, mais le méchant ourdit sa trame ; le danger est angoissant et la nature ajoute ses orages aux méchancetés humaines ; mais le Héros veille, aidé de la providence il démasque le Traître et, règle absolue, il le punit. Inutile d'insister sur le conformisme du mélodrame : la société est le bien absolu et tout mal dont l'origine serait sociale ou politique est comme laminé entre le mal moral, œuvre du méchant, et le mal naturel des catastrophes imprévisibles, l'orage, voix de Dieu, l'incendie, l'éruption, le tremblement de terre ou même le simple éboulement de terrain *(La Citerne)*. Structure non historique, le mélodrame n'a guère de mal à respecter les trois unités : unité de temps, une action rapide, et espace fermé, lieu clos idyllique ou dangereux ; sur les marges, la forêt ou la caverne, piège ou refuge ; domaine onirique où la musique trouve son lit tout fait. La caractéristique du langage du mélodrame est son unité ; langage moralisant identique dans la bouche du Héros ou du Traître qui n'hésite pas à se qualifier lui-même de scélérat ou de coquin ; le

Un grand mélodrame de Pixérécourt (IIIᵉ acte). Présence de la Nature. Paris, bibliothèque de l'Arsenal.

Niais, figure populaire, ne tient pas un autre langage, mais légèrement infantilisé. L'unité du discours est l'image de l'unité fantasmatique de la société. Du point de vue scénique, la caractéristique du mélodrame est la prédominance du *visuel*, tableaux organisés, décors parlants, catastrophes naturelles, orages ou éruptions, le mélodrame est théâtre de la fascination du regard.

Après les premiers auteurs de mélodrame, Monvel (*Les Victimes cloîtrées*, 1791) et Loaisel de Tréogate (*La Forêt périlleuse*, 1797), l'auteur le plus célèbre est Guilbert de Pixérécourt dont la carrière est triomphale ; *Coelina* (1800) a mille cinq cents représentations à Paris et en province, *Tékéli* (1803) en a mille trois cents et *Latude* (1834) plus de mille. Dans le public, « le "merveilleux" de la Chaussée-d'Antin lutte dans la foule avec le rustique habitant du faubourg Saint-Antoine ». Les plus grands succès de Pixérécourt (et aussi de Caigniez) se placent sous l'Empire et les premières années de la Restauration. En 1823, Frédérick, dans *L'Auberge des Adrets*, inscrit sur scène à la fois le mélodrame et sa subversion. A partir de 1827, et surtout après 1830, avènement du drame romantique, le mélodrame se modifie, il devient plus pessimiste et se mue en drame populaire : ce sont les grands succès qu'admirait Artaud, *Trente Ans ou la Vie d'un joueur* (Ducange, 1827), où Frédérick était sublime et qu'il joua toute sa vie, et *Dix Ans de la vie d'une femme* (Anicet Bourgeois, 1831), triomphe de Marie Dorval. Le drame romantique influence le mélodrame au point que pour certaines œuvres il devient difficile de faire la différence (*La Vénitienne*, Anicet Bourgeois-Alexandre Dumas, 1834).

Scènes historiques

A partir de 1825, les écrivains libéraux, suivant l'exemple déjà ancien de Louis Sébastien Mercier, écrivent des scènes historiques dialoguées en prose qui ne prétendent pas être du théâtre, encore moins du théâtre joué, mais qui veulent offrir sous une forme dramatisée l'image d'un moment intense de l'histoire de France non sans un certain rapport à l'actualité de la Restauration. Le meilleur théoricien de cette forme littéraire est Ludovic Vitet qui écrit de 1826 à 1829 une sorte de trilogie autour de la Ligue : *Les Barricades, les États de Blois, La Mort de Henri IV*, racontant un conflit dont l'aspect idéologique n'est pas sans parenté avec les conflits contemporains. Les préfaces de ces textes en indiquent le projet : « Ce n'est point une pièce de théâtre qu'on va lire, ce sont des faits historiques présentés sous la forme dramatique et qui ont la prétention d'en composer un drame. (...) Les faits se trouvent disposés si heureusement par l'histoire qu'en se bornant à en faire une copie fidèle, on ne saurait manquer de lui donner quelque chose de théâtral. »

Le genre intéressait les intellectuels libéraux qui se réunissaient dans le salon de Delécluze ; il correspondait au moins en théorie au rêve de Stendhal qui souhaitait voir naître un drame historique en prose, en rapport direct avec les préoccupations contemporaines. Vitet, Rémusat, Loève-Veimars, Dittmer et Cavé font des *scènes historiques*. Mais c'est surtout Mérimée qui en écrit le chef-d'œuvre avec *La Jacquerie* (1828), grande fresque historique d'écriture très neuve.

L'Auberge des Adrets *(1823).*
L'acteur Frédérick Lemaître
crée un type, le bandit cyni-
que Robert Macaire, qui met
à nu les tares de la société et
la complicité du pouvoir et de
la pègre. Paris, bibliothèque
de l'Arsenal.

Le genre officiel qui se survit de l'Empire à une époque relativement tardive dans le XIXe siècle, c'est la tragédie néo- ou pseudo-classique. C'est à elle que vont les suffrages des doctes, mais les recettes dans les théâtres et particulièrement au Théâtre-Français en sont catastrophiques. En pleine bataille d'*Hernani*, l'acteur Joanny, pourtant hugophile, remarque dans son journal à propos de *Gustave Adolphe* : « Quel singulier contraste ! Cette pièce fait le plus grand plaisir et n'attire personne. » Remarque naïve que confirme le livre des recettes. La formule de la tragédie néoclassique est simple et ne varie guère : c'est la suite de la tragédie de Voltaire, elle-même issue d'une infusion d'histoire limitée et d'allusions politiques et philosophiques dans le modèle racinien. Rien ne bouge comme si l'art ne pouvait être qu'immuable. Il y a quelque chose d'étrange dans la persistance de formes mort-nées comme la tragédie voltairienne au milieu des pires bouleversements sociaux. Tout se passe comme si l'art, et particulièrement le théâtre, apparaissait comme un élément de permanence. La vieille tragédie permettait aussi à la bourgeoisie de l'Empire et de la Restauration de se sentir l'héritière du Grand Siècle, de ce *Siècle de Louis XIV* que précisément Voltaire avait célébré. La recette : des formes raciniennes, un phrasé incolore, une fable empruntée en général à l'Antiquité, plus précisément aux Romains, pour une raison évidente : c'est après la Révolution le thème de la « vertu à l'antique ». Dernier point et non le moindre, sous la Restauration en particulier, mais déjà sous l'Empire, la tragédie néoclassique est une *pièce à thèse* : en général bona-partiste ou libérale.

Cette bonne
vieille
tragédie

Les Vêpres siciliennes *de Casimir Delavigne (1819) : tragédie libérale à thèse. Mais l'illustration figure des costumes et une gestuelle romantique.*

Nous ne pouvons faire un sort à toute cette brochette d'auteurs tragiques dont nous verrons les noms au bas de la pétition contre le drame romantique en 1829 ; mais nous citerons, parce qu'il n'est pas sans intérêt, Antoine-Vincent Arnault, que l'on peut tenir pour un disciple de Marie-Joseph Chénier ; il s'était spécialisé dans les sujets romains (*Marius à Minturnes,* 1791 ; *Lucain,* 1792 ; *Horatius Coclès,* 1794 ; *Cincinnatus,* 1795) ; vigoureusement bonapartiste, après le retour des Bourbons, il écrivit un *Germanicus,* allusion transparente à l'Empereur tombé. Plus intéressant parce que hardi et moderniste, l'illustre Népomucène Lemercier ; il osait tout à fait utiliser des thèmes empruntés à l'histoire nationale (*Frédégonde et Brunehaut,* 1821), voire à Shakespeare (*Richard III,* 1821). Courageusement il écrivait en 1797 un *Agamemnon,* contre le régicide, et en 1800 un *Pinto,* contre la tyrannie (entendez celle, naissante, du Premier consul). Du point de vue formel, il ose violer les unités, mélanger le comique et le tragique, bref, faire sa petite révolution à lui tout seul. Mais son style est déplorable, à la fois pseudo-classique et rocailleux. Il haïssait le romantisme et particulièrement Hugo dont il assurait que, lui vivant, il n'entrerait pas à l'Académie ; il ne se trompait pas : Hugo lui succéda et dut faire son éloge.

Le dramaturge illustre de la première moitié du siècle, c'est l'auteur tragique juste-milieu Casimir Delavigne, le personnage du monde littéraire dont la gloire fut la moins contestée. Il se fait connaître de façon éclatante par *Les Messénien-*

nes, poèmes dirigés en 1815 contre l'occupation étrangère, puis, en 1819, c'est le grand drame patriotique et libéral *Les Vêpres siciliennes,* qui lui valut une gloire durable. En 1829, c'est, à la Porte-Saint-Martin, *Marino Faliero,* tragédie libérale. En 1832, il réconforte la Comédie-Française en lui offrant les succès de *Louis XI* et celui des *Enfants d'Édouard,* très pâle resucée shakespearienne ; en 1835 c'est *Don Juan d'Autriche,* réécriture optimiste d'*Hernani,* triomphe éclatant et massif.

Casimir Delavigne réussit à être bien avec tous les règnes, sans la moindre bassesse ; c'est qu'il épousait à tout instant le mouvement même de son siècle et ce qu'on peut appeler sans forcer l'idéologie dominante : « Il rallie le grand public moyen, écrit Jasinski, dont il acquiert la confiance et qu'il touche à coup sûr, pour savoir ce qu'il peut au juste lui demander d'intelligence et d'émotion. »

LE DRAME ROMANTIQUE

On a tendance à privilégier le drame romantique du fait qu'il a produit des œuvres littérairement importantes et qu'il a marqué d'une façon irréversible toute l'histoire du théâtre qui a suivi. On oublie de ce fait que l'histoire du drame romantique est fort courte, à peine plus d'une dizaine d'années, que chacune des manifestations scéniques est l'objet d'une bataille, surtout lorsqu'il s'agit des drames de Hugo, que Vigny écrit très peu, que Musset n'écrit pas pour la scène, que Dumas se cantonne très vite dans des œuvres plus alimentaires que littéraires et que Hugo s'obstine pratiquement seul. Pour une bonne part, l'histoire du drame romantique est celle d'un défi proposé et perdu, mais extraordinairement fertile et prometteur d'avenir. On ne saurait séparer ici l'histoire du théâtre de celle du mouvement romantique dans son ensemble. Les auteurs romantiques considèrent que le lieu véritable de leur victoire n'est pas le livre mais la scène, pour des raisons à la fois sociales et financières : un auteur dramatique à succès ne peut plus être considéré comme un poète maudit, il a la gloire et l'argent.

Or, le romantisme ne peut se comprendre indépendamment des bouleversements qui ont secoué depuis trente ans la France et l'Europe. Même le très conservateur de Bonald avoue que « la littérature est l'expression de la société ». Il n'est plus possible de s'en tenir à des tragédies de cour intemporelles quand tous les habitants d'un pays ont vécu dans leur chair les bouleversements de la Révolution et les guerres de l'Empire, d'autant que l'expansion française en Europe mais aussi l'amertume de la défaite ont stimulé un sentiment national qui rend plus nécessaire et plus vivant le recours à l'histoire nationale.

Les couches populaires ont été acteurs de l'histoire : sans-culottes ou soldats de l'Empire, le peuple a été singulièrement présent. Il devient difficile de l'exclure de la culture et en particulier de cette forme culturelle si l'on peut dire « unanimiste » qu'est le théâtre. Le rêve d'une forme dramatique plus proche des

Les acteurs anglais à Paris : à gauche, Charles Kemble dans le rôle d'Hamlet (Bibliothèque de l'Arsenal), à droite, Harriet Smithson dans le rôle d'Ophélie (Bibliothèque de l'Opéra).

simples gens et qui unirait toutes les couches de la société est une aspiration commune à la plupart des auteurs dramatiques, rêve d'autant plus difficile à réaliser que le nouveau *décorativisme* de la scène française, le luxe des décors font que les spectacles deviennent relativement chers et que la division des lieux scéniques rend utopique, nous le verrons, l'espoir de constituer un public unifié. Il n'en demeure pas moins que le rêve d'un grand public shakespearien occupe les cervelles dès le début du siècle.

Les modèles étrangers

Dès les dernières années du XVIIIe siècle, l'influence de Shakespeare se fait sentir, d'abord à travers ce qu'en dit Voltaire, puis à l'aide de traductions et d'adaptations ; les auteurs de tragédies néoclassiques eux-mêmes ne dédaignent pas par exemple d'adapter *Hamlet,* mais il faut la nouvelle traduction de Letourneur et sa grande préface, l'*Éloge de Shakespeare* par François Guizot, pour que les Français lisent enfin quelque chose qui a au moins un rapport avec Shakespeare.

La première traduction (de Letourneur) date de 1777 et elle produit par exemple toutes les « tragédies shakespeariennes » de Ducis, adaptations néoclassiques des grands drames, *Hamlet* (1769), *Roméo et Juliette* (1772), *Le Roi Lear*

48

Louis Boulanger, décorateur et costumier des drames de Hugo, illustre aussi Shakespeare : ici la scène des Comédiens de Hamlet. *Gravure d'après Devéria et Boulanger, Paris, B.N.*

(1783), *Macbeth* (1784), *Othello* (1792), qui voient disparaître non seulement les « excès » de son modèle, mais le sens même des drames. Les romantiques ont eu l'occasion d'un contact vivant avec le théâtre de Shakespeare quand les comédiens anglais vinrent à Paris jouer *Othello*, entre autres, à la fin de juillet 1822. En fait, l'étrangeté shakespearienne, mais surtout le chauvinisme anti-anglais après 1815 empêchèrent à la lettre les spectateurs d'entendre les pièces : le tollé fut tel que les représentations de la Porte-Saint-Martin durent être interrompues, à la grande indignation par exemple de Stendhal : ce fut l'origine de son *Racine et Shakespeare*. En revanche les mêmes comédiens anglais remportèrent en 1828 un triomphe ; l'enthousiasme est suffisant pour qu'un Berlioz fixe tous ses rêves autour de la vedette anglaise Harriet Smithson, pour leur commun malheur. Mais à partir de cet instant le théâtre de Shakespeare devient un objet culturel. Même le très antiromantique *Courrier des théâtres* publie des résumés des pièces de Shakespeare, y compris les moins connues.

Shakespeare n'est pas le seul modèle étranger : à partir de 1813 (publication de *De l'Allemagne* de Mme de Staël), les auteurs allemands sont sinon lus, du moins évoqués comme textes de référence : ainsi d'abord et avant tout Schiller, mais aussi Lessing dont on peut trouver les traces jusque dans *Le Roi s'amuse* de Hugo (le schéma en est proche de celui d'*Emilia Galotti*). Quant à Schiller, il est connu par des traductions, presque dès la parution des textes allemands : en particulier *Les Brigands* et *Marie Stuart*. En 1820, Pierre Lebrun écrit une *Marie Stuart* plus schillérienne que néoclassique ; Benjamin Constant traduit *Wallenstein*, la grande trilogie de Schiller, et fait précéder cette traduction d'une importante préface que nous retrouverons.

On peut dire que ce n'est pas seulement les théâtres anglais et allemand, mais l'ensemble des théâtres étrangers que la célèbre édition des traductions, procurée par le libraire Ladvocat, rapproche des Français : ainsi les dramaturges espagnols du Siècle d'or, qui exerceront leur influence principale sur Hugo et Dumas.

Une révolution véritable

On peut considérer sans forcer qu'il y a bien eu au théâtre une révolution romantique dont les effets se sont fait sentir bien au-delà du moment où parurent les œuvres qualifiées proprement de romantiques : de Claudel et Maeterlinck à Genet ou même Sartre, une part importante du théâtre du XXe siècle est issue du théâtre romantique.

Le drame romantique s'affirme avant tout comme révolution par rapport aux formes et aux idées qui l'ont précédé : « De nouvelles institutions, écrit Nodier (*Débats*, 8 novembre 1818), sont incompatibles avec une littérature ancienne. » Stendhal plaide pour un théâtre adapté à la vie et aux idéaux contemporains. Qu'est-ce à dire si ce n'est qu'il n'y a en littérature ni goût ni formes immuables et que les bouleversements du monde et de la société ne peuvent pas ne pas retentir sur la littérature, en particulier celle qui est la plus liée à la vie sociale, c'est-à-dire le théâtre. On retrouve ici la thèse de Montesquieu, et celle de De Bonald. Par un singulier paradoxe que nous n'avons pas fini de retrouver, c'est le parti libéral, celui de cette grande bourgeoisie à qui surtout a profité la Révolution, qui récuse toute évolution du goût et s'accroche à l'idéal classique. C'est que la grande bourgeoisie qui arrivera aux affaires et au pouvoir après 1830 se sent bien plus l'héritière de Louis XIV que de la Révolution, c'est elle qui sera l'adversaire le plus résolu du romantisme, surtout au théâtre.

La révolution romantique a un triple aspect : elle est révolution dans les thèmes, essentiellement historiques, elle est révolution dans les formes, enfin elle est révolution dans les idées, la philosophie si l'on peut dire. *Révolution historique* ou plutôt historiciste. C'est un point sur lequel le drame français n'est pas isolé : dans tous les pays, la première revendication d'un auteur de théâtre est non seulement d'écrire une histoire, mais de prendre en compte le mouvement de transformation actuel de la société par référence à des moments antérieurs décisifs du passé national ou même du passé d'autres nations. La grande préoccupation des auteurs est de faire comprendre le présent ou le passé immédiat à la lumière d'un passé plus reculé : « C'est, comme le dit Hugo, le présent tel que nous le faisons, vu à la lumière de l'histoire telle que nos pères l'ont faite » (Préface de *Marie Tudor*). Autrement dit, malgré leurs dénégations parfois, la perspective politique n'est jamais totalement absente des œuvres théâtrales romantiques, même quand ils refusent comme le veut Hugo « la misérable allusion ». C'est qu'il ne s'agit pas d'allusion, mais bien plutôt de proportion ou d'éclairage. Bien plus, la nouveauté ne réside pas tant dans la présence du passé (fréquente dans toutes les formes de théâtre) que dans la prise en compte de l'histoire comme mouvement de la totalité d'une société : il s'agit d'aller bien au-delà d'un conflit de cour ou de diplomatie : la trame du drame se présente comme peinture totalisante d'une époque ; de là la nécessité d'un vaste espace textuel et le gigantisme d'œuvres telles que le *Cromwell* de Hugo, le *Wallenstein* de Schiller, et même, de proportions moindres, *Les Burgraves* ou le *Lorenzaccio* de Musset. Il faut, comme dans Shakespeare, montrer sur scène une histoire qui ne se fait pas seulement dans les antichambres des palais, mais dans les campagnes, les places publiques, chez les marchands, les paysans et les seigneurs, même dans les mauvais lieux. Le *Henri III et sa cour* de Dumas répond à ce schéma comme *Angelo* ou *Cromwell*, et déjà, chez les Allemands, le *Goetz von Berlichingen* de Goethe. Le drame, contrairement à la tragédie, requiert donc une histoire totale, celle que tentera par ailleurs l'historiographie romantique : cette « résurrection totale du passé » dont rêvera Michelet, c'est dès la Restauration le rêve aussi des auteurs dramatiques du romantisme. Et par un paradoxe fécond dont les auteurs sont très conscients, seul un récit gardant le parfum du passé (la fameuse « couleur locale ») doit permettre à l'homme du XIXᵉ siècle de penser sa propre histoire, celle qu'il est en train de vivre : ainsi par exemple dans le *Ruy Blas* de Hugo (1838), la décadence de la monarchie espagnole du

Henri III et sa cour, d'Alexandre Dumas : premier drame romantique au Théâtre-Français. Aquarelle rehaussée de gouache de Tony Johannot. Paris, B.N., A.S.P.

XVIIe siècle éclaire la décadence contemporaine de la monarchie de Louis-Philippe. Mais elle ne peut le faire que si une proportion exacte est préservée : de là la postulation de la vérité historique jusque dans le détail, et par voie de conséquence une certaine forme de *réalisme* qui se manifeste aussi bien par la compréhension en profondeur des luttes (voir par exemple *Lorenzaccio*) que par l'attention à toute la vie concrète du passé (vêtements, meubles, traits de mœurs) : il y a chez les romantiques une volonté de réalisme historique dont les contemporains et même les critiques plus tardifs se sont beaucoup gaussés, le qualifiant de pittoresque mesquin et reprochant au drame son « matérialisme » ; Gustave Planche écrit à propos de *Ruy Blas* que le malheur du drame est de « confondre l'homme et la chose, la vie et la pierre, le cœur et l'étoffe ». Et Jules Janin : « Il a donné des habits à ses héros il n'a plus le temps de leur donner des passions. »

Révolution formelle. C'est le point sur lequel on a surtout insisté jusqu'à présent, oubliant qu'il n'y a de révolution dans les formes que lorsque les formes précédentes ne permettent plus d'exprimer ce qu'il est urgent de dire. On verra plus loin que la polarisation de la querelle autour des unités est une façon de dissimuler les vrais problèmes du drame romantique. Or cette révolution formelle va justement dans le sens du réalisme. Il est trop évident que montrer l'histoire comme mouvement d'une société implique l'obligation de se débarrasser du carcan des trois unités : il faut pouvoir indiquer l'impact des événements en des lieux divers, montrer des milieux sociaux qui peuvent faire l'histoire, assurer au récit une suite temporelle excédant presque par définition les vingt-quatre heures classiques, mais aussi pouvoir montrer quelque part la simultanéité (on peut voir ce travail du simultané aussi bien dans le IVe acte de *Lorenzaccio* que dans le Ier acte du *Richard Darlington* de Dumas ou le dernier acte de *Lucrèce Borgia* de Hugo). Quant à l'unité d'action, si nul ne songe à la mettre en péril, elle peut être vue à un niveau supérieur : les deux conjurations simultanées dans le *Cromwell* de Hugo, le tressage de trois actions différentes et concourantes dans *Lorenzaccio* aboutissant aux mêmes conséquences historiques ne mettent pas en péril cette unité supérieure.

Enfin la mise en sommeil des trois unités permet une liberté plus grande dans la construction d'images visuelles, de tableaux, en relation avec le goût contemporain pour le spectacle. Mais ce dernier point est aussi la raison profonde des difficultés et des échecs au XIXe siècle du drame romantique, et paradoxalement des possibilités accrues dont il jouit au XXe siècle. L'appareil théâtral est alors, on le sait, lourdement décorativiste : on représente les tableaux historiques d'une façon pittoresque et somptueuse, sans oublier le moindre détail de meuble et de costume. Conséquence : il devient impossible de multiplier les changements de décors, trop lents et trop coûteux. Au demeurant c'est toute l'esthétique théâtrale, après la révolution « bourgeoise » achevée par Beaumarchais, qui met le drame romantique en difficulté : à partir du moment où le théâtre est tenu de figurer un lieu réel dans le monde, où il n'est plus seulement le lieu de l'action dramatique, à l'encontre de l'espace élisabéthain, relativement banalisé, il devient paradoxalement difficile de figurer l'histoire, dans son ampleur et sa variété. C'est-à-dire que la révolution formelle, ou plus exactement le code décorativiste de la scène, compromet le projet même de faire de la scène le miroir du monde.

Les auteurs romantiques sont donc condamnés à une esthétique de compromis ou à écrire pour une scène imaginaire sans espoir d'être joués : c'est en France le cas de Musset, du Hugo tardif, comme, en Allemagne, celui de Kleist et de Büchner. Corollaire : seuls ces derniers pourront créer un découpage dramatique nouveau par tableaux courts et non plus par grandes séquences (les actes) : c'est ainsi qu'ont été écrits *Lorenzaccio* ou *Woyzeck*.

Révolution philosophique. Alors que la grande visée du drame romantique est d'écrire l'histoire comme totalité d'un peuple, d'une époque, d'une société, le romantisme est lié avec la grande vague d'individualisme qui caractérise la fin du XVIIIe et le XIXe siècle en Europe et particulièrement en France. Après Rousseau, le préromantisme déjà et bientôt le romantisme sont le temps du *moi*, du héros qui, placé solitairement au centre du récit, s'affirme comme sujet à la fois d'une conscience et d'une action. Le romantisme est le temps de la solitude, des êtres qui ne se sentent plus solidaires, ni économiquement ni affectivement, des autres hommes. Individualisme renouvelé après 1800 par la figure colossale de Napoléon héros romantique. Le héros est occupé à dresser « la pyramide de son être » (Goethe) face au monde, et le schéma type du drame romantique est celui du héros qui affronte le monde, lui met ou tente de lui mettre sa marque et se brise contre ses lois : Hernani, Antony, Lorenzo, Ruy Blas et même Chatterton. Par ce biais, le drame romantique rejoint quelque part la tragédie antique, confrontation du héros et de la cité. Mais dans le drame, ce n'est pas la cité, c'est le héros qui est valorisé jusqu'en son échec face à un univers social entièrement déconsidéré.

De là aussi la fréquence du recours au *mythe* : ainsi toutes les versions possibles en France et à l'étranger du mythe exemplaire de Don Juan (le *Don Juan de Marana*, d'Alexandre Dumas, 1836) ou la *Lucrèce Borgia* de Hugo, réécriture de l'histoire des Borgia. C'est aussi l'histoire de Caïn que Hugo réécrit en imaginant les deux figures fraternelles, affrontées puis réconciliées, de Barberousse l'Empereur et de Job le Révolté (*Les Burgraves*, 1843).

En même temps, et contradictoirement, le drame romantique, justement parce qu'il est le drame d'un héros ou pour mieux dire d'un sujet, s'efforce de sortir du cadre de la psychologie des passions, de mettre en question l'unité du moi et la cohérence de ses motivations, frayant la voie à Dostoïveski, à Proust. Ni Lorenzo ni le Don Carlos de *Hernani* ne se laissent réduire à la limpidité du sujet classique.

De là, le *grotesque*, figure d'un moi divisé, parfois monstrueux, qui fait, tel le Cromwell de Hugo, *homo et vir,* éclater dérisoirement les prétentions du *moi* à l'impérialisme de la personne.

La première attaque sérieuse contre le théâtre classique est en Allemagne le fait de Lessing et de sa *Dramaturgie de Hambourg* (1766), qui annonce évidemment mieux le drame bourgeois que le drame romantique ; mais ces textes décisifs, et qui seront beaucoup lus, marquent une rupture violente avec les idéaux du classicisme français et sont un plaidoyer énergique pour la liberté dans l'art et pour la vérité du contenu et du style contre les conventions dramaturgiques et contre les bienséances de la tragédie. Réaction nationale contre

La théorie avant la pratique

la suprématie du goût français, mais aussi réaction bourgeoise contre un art tenu pour aristocratique et monarchique. Il faut attendre près de quarante ans pour voir reprendre le flambeau de la lutte.

Après Schiller plaidant dès 1781 pour le droit du théâtre à la violence des personnages et des sentiments (Préface des *Brigands*) et pour l'importance du pathétique (1793), mais sans attaquer véritablement la tragédie, c'est August Schlegel qui ouvre le feu : il reprend en les radicalisant les critiques de Lessing contre la suprématie française représentée par les règles contraignantes qui régissent comédie et tragédie (*Cours de littérature dramatique,* professés à Vienne en 1811, traduits en français en 1813). Mais dès 1807 dans sa *Comparaison de la « Phèdre » de Racine avec celle d'Euripide* (à l'avantage de cette dernière), il attaquait « la prétention qu'ont les Français, malgré l'étroitesse de leurs idées, de s'ériger en législateurs universels du goût ». Il plaide en revanche pour le modèle shakespearien et pour la liberté des formes théâtrales. Il faut remarquer que les textes théoriques de Schlegel, ayant été écrits après la presque totalité des drames romantiques allemands, à l'exception de ceux de Büchner, ont eu beaucoup plus d'influence en France qu'en Allemagne.

C'est que Schlegel appartient à ce groupe de Coppet dont les figures de proue sont Mme de Staël en exil, Benjamin Constant et Simonde de Sismondi et qui sert de courroie de transmission entre la littérature dramatique allemande (textes théoriques et œuvres) et le romantisme français. Mme de Staël, quoique amie d'August Schlegel, ne partage pas ses vues étroitement nationalistes, mais elle reprend (*De l'Allemagne*, 1809) ses thèses principales concernant le modèle shakespearien et la libération des formes. Chose plus intéressante encore, elle permet aux Français, au moins par ses résumés, de prendre connaissance des fables et des canevas des œuvres dramatiques allemandes, Lessing, Goethe, principalement Schiller, qui sera le plus lu en France. Mais le vrai théoricien théâtral dans le groupe de Coppet, c'est Benjamin Constant qui, surtout dans la préface à sa propre adaptation du *Wallenstein* de Schiller (1809), écrit la première charte, claire et vigoureuse, quoique encore incomplète, du drame romantique. Il y expose une vue totalisante du drame, contre toute limitation arbitraire des structures spatio-temporelles et du nombre des personnages : « Les Français, même dans celles de leurs tragédies qui sont fondées sur la tradition ou sur l'histoire, ne peignent qu'un fait ou qu'une passion. Les Allemands, dans les leurs, peignent une vie entièrement et un caractère entier. » Ainsi, par voie de conséquence, il demande aux auteurs dramatiques de renoncer « au respect puéril des trois unités », à « la pompe poétique », et, le premier, fait de la « couleur locale » la base de toute vérité. Il y a plus : Constant oppose à la peinture des passions, classique et tragique, la *peinture des caractères* : « En ne peignant qu'une passion au lieu d'embrasser tout un caractère, on obtient des effets plus constamment tragiques, parce que les caractères individuels, toujours mélangés, nuisent à l'unité de l'impression. Mais la vérité y perd peut-être plus encore (...). D'ailleurs, il y a bien moins de variété dans les passions propres à la tragédie que dans les caractères individuels tels que les crée la nature. Les caractères sont innombrables, les passions théâtrales sont en petit nombre. » Texte capital : c'est l'*individualisme romantique* qui trouve ici déjà sa formulation.

Quant à Sismondi, historien et économiste, l'apport de ses *Littératures du midi de l'Europe* (1813) est indispensable à l'histoire des idées et du théâtre : si l'on connaissait déjà Shakespeare, on avait oublié la littérature théâtrale du Siècle d'or espagnol ; à lui la gloire d'avoir fait se ressouvenir de Calderon et de Lope de Vega.

En 1821, François Guizot revoit et rajeunit la traduction de Shakespeare par Letourneur, seule voie d'accès pour le public francophone ; il fait précéder le premier tome d'un important *Éloge de Shakespeare,* par lequel il apporte à une éventuelle révolution dramatique la caution du grand ancêtre. Non seulement il met le drame sous le patronage d'un créateur de formes dont devront s'inspirer les dramaturges, mais, à l'exemple du théâtre élisabéthain, il réclame une démocratisation du théâtre et de ses manifestations, qui restaurerait une « fête populaire » : « Telle est la nature de la poésie dramatique : c'est pour le peuple qu'elle crée, c'est au peuple qu'elle s'adresse. » Mais elle est devenue sous la monarchie « le plaisir favori des classes supérieures », et Guizot demande à l'auteur dramatique de chercher « dans le suffrage d'un public plus large et plus simple de quoi se défendre contre les goûts hautains ». Il plaide donc pour l'élargissement du public de théâtre à toutes les couches sociales. Conseils qui ne tomberont pas dans l'oreille de sourds ; ce sera en particulier la grande pensée de Hugo. Mais, vu les conditions matérielles et sociales, c'est un programme singulièrement difficile à remplir. Aucun dramaturge romantique n'y parviendra vraiment.

On a beaucoup reproché aux écrivains romantiques, en ces temps où la défaite de 1815 et la Sainte-Alliance avaient laissé beaucoup d'amertume, de prendre leurs modèles et leurs théories chez l'étranger, pire, chez l'ennemi ; on vient de voir que ce n'est pas faux. De là à leur imputer des opinions légitimistes et rétrogrades, il n'y avait qu'un pas. Là encore ce n'était pas toujours faux. Faux en tout cas pour Stendhal, libéral et bonapartiste, mais ennemi juré du chauvinisme, et scandalisé par l'accueil haineux que les Parisiens avaient réservé aux comédiens anglais jouant Shakespeare en 1823. Ce fut l'origine de son *Racine et Shakespeare* (1825), œuvre de critique et si l'on peut dire de journaliste, profitant de l'actualité, en particulier du discours d'Auger, à l'Académie, en 1824, contre un romantisme qui n'avait pas encore pénétré au théâtre. La thèse de Stendhal est fort précise ; elle inspirera les auteurs de scènes historiques, mais surtout Dumas et peut-être Musset. Stendhal, « hussard du romantisme », selon la jolie formule de Sainte-Beuve, insiste sur une idée force, la nécessité d'actualiser des formes théâtrales sclérosées : « Le romanticisme (*sic*) est l'art de présenter aux peuples les œuvres littéraires qui, dans l'état actuel de leurs habitudes et de leurs croyances, sont susceptibles de leur donner le plus de plaisir possible. Le classicisme, au contraire, leur présente la littérature qui donnait le plus grand plaisir à leurs arrière-grands-pères. » Stendhal, voltairien et libéral, plaide contre l'universalité du goût et se moque de ces critiques qui traitent les œuvres classiques de « tableaux de tous les temps comme de tous les lieux ». Il est effrayé par « l'ennui » qui se dégage des œuvres modernes néo-classiques : « C'est qu'elles sont en partie calculées sur les exigences des Français de 1670 et non sur les besoins moraux, sur les passions dominantes du Français de 1824. »

Qu'est-ce donc que la « tragédie romantique » pour Stendhal ? « C'est la

La Mort d'Hamlet. *Lithographie de Delacroix (1843). Les illustrations de Shakespeare par Delacroix donnent au drame romantique un modèle visuel singulièrement utile. Paris, B.N.*

tragédie en prose qui dure plusieurs mois et se passe en des lieux divers. » Cela pour l'aspect formel. Le contenu, lui, doit être historique : « Racine ne pouvait traiter la mort de Henri III. La chaîne pesante nommée unité de lieu lui interdisait à jamais ce grand tableau héroïque et enflammé comme les passions du Moyen Age et cependant si près de nous qui sommes si froids. » Stendhal plaide donc pour une « tragédie nationale en prose » qui apporterait aux contemporains les trésors de leur histoire tout en s'appuyant sur les réalités du présent, chose, dit-il, particulièrement difficile du fait de la censure : « Je conseille donc aux classiques de bien aimer la police, autrement ils seraient des ingrats. » Du même coup, Stendhal plaide pour une certaine forme de réalisme, aidé par l'outil littéraire de la prose ; il faudrait au théâtre que « les événements ressemblent à ce qui se passe tous les jours sous nos yeux ».

Le grand manifeste du drame romantique est, on le sait, la Préface de *Cromwell*. Non sans raison. Avec Hugo, nous sortons de l'actualité immédiate, de la lutte contingente et pragmatique. De là l'importance de la *Préface* : Hugo n'est pas en train de rompre des lances pour le drame historique et contre les trois unités, quoiqu'il fasse contre les deux unités (temps et lieu), et en faveur du mot propre et de la couleur locale, une prestation brillante, mais qui reprend des thèses déjà connues, celles par exemple de Schlegel et de Constant. Ce n'est pas le cœur de son propos : ce qu'il expose — et les contemporains ne s'y sont pas trompés —, c'est une théorie de l'art — de l'art comme nécessaire à l'homme — et de sa forme totale et populaire au sens large de ce mot, le drame. Au drame est liée une théorie du beau comme élément *partiel* de la totalité de l'œuvre : « Le beau n'a qu'un type, le laid en a mille. » Ce n'est pas au nom de la seule vérité que Hugo défend le droit de l'artiste au laid, mais au nom de « cette perception plus fraîche et plus excitée » par laquelle l'homme confronté au laid ressaisira la beauté. Thèse esthétique qui a besoin d'une justification et c'est l'histoire qui la donne à Hugo. Une histoire de la littérature et de l'art qui n'a avec celle de Chateaubriand et de son *Génie du christianisme* que des ressemblances superficielles. Ce qu'affirme Hugo, c'est que le drame tel qu'il n'existe pas encore en France en 1827 — et dont il donne à peine le modèle avec *Cromwell* — a pour lui des garants, une tradition : Hugo développe le tableau d'une *contre-culture,* populaire et grotesque qui « s'épanouit au XVIe siècle avec trois Homères grotesques, Rabelais, Shakespeare, Cervantès ». Le drame en est la suite et l'essentiel est de pouvoir tout dire, le mal et le bien, le beau et le laid, le plaisant et l'horrible. Le trait fondamental de la théorie du grotesque chez Hugo n'est pas qu'elle permette au théâtre le mélange des genres, cette tarte à la crème de la critique, et que le goût français a toujours bien du mal à accepter, c'est que le grotesque soit une plongée dans le mal et la mort, mais surtout dans ce « bas » matériel et social, ce « bas » nécessaire à la double émotion indivisible du pathétique et du rire : « Le sublime est en bas », s'écriera-t-il beaucoup plus tard ; et tout de suite, à propos de ses œuvres théâtrales, les critiques lui reprocheront de choisir la « bassesse ». Le « bas », peut-être, mais pas le « commun » : pour pouvoir tout dire, il faut « le prisme de l'art ». Le drame est « miroir de concentration », et pour ne pas sombrer dans le commun, le prosaïsme et la vulgarité, il a besoin de la poésie et de cet outil capital qu'est le vers alexandrin.

La *Lettre à Lord X.* de Vigny servit de préface à l'édition du *More de Venise* (1829). Le poète y plaide pour Shakespeare, pour la liberté de l'art et surtout pour l'usage du mot propre contre le style néoclassique, cette plaie du théâtre : il se moque des « versificateurs pour la scène, je ne veux pas dire poètes. Pour vous en donner quelques exemples entre cent mille, quand on voulait dire des espions, on disait comme Ducis : Ces mortels dont l'État gage la vigilance. »

Vigny a pour désigner la tragédie mourante de jolies formules : « Ô vaine fantasmagorie ! Ombres d'hommes dans une ombre de nature ! vides royaumes !... *Inania regna*. » Lui aussi stigmatise le rôle de la censure bridant la représentation du monde réel : « Les plus pesantes [entraves] sont celles de la censure théâtrale, qui empêche toujours d'approfondir les deux caractères sur lesquels repose toute la civilisation moderne, le Prêtre et le Roi. »

Contrairement à ce qu'on a pu imaginer ou dire, *Cromwell* n'a nullement été écrit pour la Préface, et les contemporains, bien loin de ne lire que cette célèbre Préface, se sont surtout intéressés au drame malgré ou à cause de ses proportions hors de toutes mesures ; il apparaît immédiatement comme le modèle de tout drame romantique, c'est-à-dire de tout drame qui prend l'histoire en compte. Le projet de Hugo est d'être le Walter Scott du théâtre : non le romancier de l'histoire, mais son dramaturge, au carrefour de Shakespeare et de Walter Scott faire le drame de l'histoire. Il ne lui faut pas moins de 6 413 vers pour peindre « toute une époque de crise (...) avec ses mœurs, ses lois, ses modes, son esprit, ses lumières, ses superstitions, ses événements et son peuple que toutes ces causes premières pétrissent tour à tour comme une cire molle » (Préface).

Ce gigantisme est lié à son ambition de tout dire, non seulement l'histoire, une histoire qui ne se réduit plus aux princes mais englobe à présent les masses, mais aussi de montrer le monde et le théâtre. Ambition colossale. Faire une énorme totalité baroque, un *gran teatro del mundo* qui soit à la fois vérité et théâtre, objectivité historique et théâtralité grotesque. L'histoire donc, avec son double visage de résurrection du passé et d'analogie contemporaine, Napoléon et la Restauration ; un lendemain de guerre civile quand la société reste divisée et que le génie même est incapable de recréer une légitimité. Le travail d'écriture de Hugo, en cela typiquement de son siècle et proche du roman, c'est de prendre en compte les détails, la peinture minutieuse de tous les protagonistes avec leurs particularités individuelles.

Le drame se cherche

Le plus important et le plus neuf pour l'avenir du théâtre de ce *Cromwell*, c'est le caractère symbolique et révolutionnaire de sa dramaturgie. Tout d'abord la présence du *théâtre dans le théâtre* avec ses fous spectateurs apportant le jeu de la théâtralité grotesque et donnant par renversement de l'illusion la mesure de la vérité historique. Dérision du code théâtral : nombre des personnages, scènes de foule, répliques discontinues sans énonciateur, disloquant l'alexandrin ; jeu avec la prosodie : fantaisie provocatrice des chansons. Mise en question de la psychologie traditionnelle par l'ambiguïté des personnages, la « duplicité » de tous et d'abord de Cromwell, « Cromwell double, *homo et vir* ». Rien ni personne dans ce drame immense et dérisoire ne peut être pris au sérieux. Dérision du langage : fleurs précieuses du poète Rochester et pluie rocailleuse de citations bibliques, de noms abstrus, de sentences absurdes dans les bouches des puritains. Talma lut au moins en partie le texte manuscrit ; il songea à jouer la pièce mais il mourut avant une réduction que Hugo ne fit jamais. Cette première entrée possible du drame romantique à la Comédie-Française n'eut donc pas lieu.

Quand on est auteur dramatique il vaut mieux être joué. Hugo voudrait bien l'être. Dès 1822, il avait pensé adapter à la scène un roman récent de Walter Scott, *Kenilworth* ; ce roman utilisait un thème bien connu, celui de la séduction d'une jeune bourgeoise par un grand seigneur et du mariage clandestin ; le conflit éclate quand le seigneur est tenté par un autre mariage particulièrement brillant ou par la séduction d'une reine. Thème qu'on retrouvera chez Hugo dans *Marie Tudor* et chez Dumas dans *Richard Darlington*. Hugo, après 1827, achève son adaptation et construit un drame dont le canevas n'est évidemment pas original mais qui est neuf par l'usage de la prose, l'importance donnée à l'espace, le mélange d'histoire et de passion et surtout l'accent mis sur un personnage de marginal bienfaisant, de lutin artiste.

Amy Robsart est jouée à l'Odéon le 13 février 1828 sous le nom de Paul Foucher, beau-frère du poète. Ce fut une catastrophe. Hugo fit front et se nomma, puis mit la pièce dans un tiroir et ne la laissa jamais publier. La prose, la rupture de l'unité de lieu, le personnage grotesque de Flibbertigibbet, tout était fait pour indisposer le public. Cette tentative modeste mais, tout compte fait, peu provocante donne à Hugo la mesure des difficultés qu'il va rencontrer.

S'il est une possibilité pour le drame romantique de forcer la porte autrement mieux défendue de la Comédie-Française, c'est bien par le biais d'une traduction ou d'une adaptation. Vigny tente l'épreuve à la Comédie-Française avec une adaptation d'*Othello, Le More de Venise*. Il faut profiter des bonnes dispositions du commissaire royal, le baron Taylor, voyageur et moderniste. D'ailleurs, un homme qui se noie s'accroche à un serpent, la Comédie est dans un si triste état qu'elle en est à chercher les innovations. Vigny avait commencé avec Émile Deschamps par adapter *Roméo et Juliette,* adaptation reçue au Théâtre-Français le 15 avril 1828. La pièce ne fut jamais jouée ; mais Vigny, frappé par la représentation d'*Othello* donnée par les comédiens anglais, traduit la pièce sous le titre *Le More de Venise* qui est reçue le 17 juillet au théâtre et jouée le 24 octobre 1829. C'est un succès d'estime quoique les (oh ! très légères) outrances de langage aient provoqué des remous dans le public. La pièce, assez convenablement interprétée, n'était pas parfaitement fidèle à Shakespeare. Vigny avait supprimé par exemple le dernier monologue de Iago. Il est clair que l'alexandrin encore classique affaiblissait le texte shakespearien ; ainsi Desdémone, dit Brabantio, a « sur son sein profané, pressé le sein hideux d'un monstre basané ». Le style néoclassique fait, on le voit, des ravages. La vraie victoire du romantisme au théâtre est encore à venir.

La vraie victoire du romantisme a déjà eu lieu le 10 février 1829, au Théâtre-Français, avec *Henri III et sa cour*. Mais la pièce de Dumas, en prose, et qui remporte un succès éclatant, ne suscite guère de polémique. Elle est presque universellement admirée ; Béranger lui donne son suffrage et Dumas est politiquement soutenu par la famille d'Orléans. Brillante, amusante, la pièce est typiquement romantique par le recours à une histoire pittoresque et par la violence passionnelle. En fait elle ne posait pas de problèmes politiques et n'était guère subversive : même sur le terrain formel, elle ne jouait que modérément avec les unités et, surtout, l'usage de la prose empêchait, à ce moment, l'œuvre de prétendre à la haute littérature, celle de la tragédie.

LA BATAILLE D'HERNANI

Pour tous les auteurs romantiques il ne fait pas de doute que c'est à la Comédie-Française que la bataille doit et peut être engagée et gagnée. Non seulement parce que le Théâtre-Français est le théâtre de l'élite, mais justement parce qu'il jouit d'une position officielle et qu'il est à l'origine de toutes les résistances. Dès le 20 janvier 1829, les fournisseurs habituels du Théâtre-Français, les auteurs de tragédies et de comédies néoclassiques écrivent à Charles X et lui demandent d'interdire l'entrée des productions modernes, c'est-à-dire du drame romantique dans le sanctuaire de la tradition. Leurs noms ? Andrieu, Arnault, Jay, Jouy, Népomucène Lemercier, Casimir Bonjour, Viennet. Ils rappellent au roi le rôle de Louis XIV et l'invitent à user de son autorité ; Charles X refuse avec une jolie formule : « Je n'ai comme tous les Français qu'une place au parterre. » Le drame de Dumas peut donc être joué avec succès. Mais Hugo, lui, veut plus et mieux. Il se sait capable de donner au drame ce qui manque aussi bien à *Henri III et sa cour* qu'aux adaptations de Shakespeare par Vigny, la force de l'écriture. Il lui importe aussi de dépasser le pittoresque historique, la brillante couleur locale d'un Dumas pour poser à la façon des grands dramaturges classiques les problèmes du pouvoir. Il engage donc la vraie bataille, celle qui fera de la littérature romantique au théâtre non pas une infralittérature de bazar mais un nouveau classicisme.

Hugo, en juin 1829, peut-être stimulé par la victoire de Dumas, écrit *Marion de Lorme*. Pas de pièce qui baigne davantage dans l'air du temps. Vigny venait d'écrire son *Cinq-Mars ou Une conjuration sous Louis XIII*, roman où apparaît un roi faible dominé par un Richelieu brutal et cauteleux. Même histoire, semble-t-il, dans *Marion* mais profondément différente : Vigny montre l'écrasement de l'aristocratie, Hugo la décadence de la royauté. Les censeurs ne s'y trompèrent pas, ils interdirent la pièce, prenant pour motif l'image négative que le poète donnait d'un roi de France : on risquait des applications directes à Charles X et à son conseiller Polignac.

Pourtant Hugo avait lu sa pièce à toute une série de personnalités, romantiques et autres, qui avaient admiré. Les trois grands théâtres la demandent : la Porte-Saint-Martin, l'Odéon, le comité du Théâtre-Français. Mlle Mars, enthousiaste, voulait jouer Marion. Mais le 2 août, la censure arrête la pièce sur intervention personnelle du ministre de l'Intérieur, Martignac. Ce dernier est un monarchiste modéré, de goût classique. Hugo s'étonne, demande un rendez-vous. Martignac maintient l'interdiction. Hugo monte au roi qui reçoit le poète mais ne cède pas. On offre à Hugo des compensations financières que Hugo refuse avec une insolence courtoise. Le préjudice subi par le drame romantique est grand : la vraie bataille littéraire ne peut s'engager. *Marion*, dont toute l'écriture était placée sous le patronage de Corneille, pouvait réussir plus facilement qu'*Hernani* et rencontrer moins de résistances. La censure empêchait, au moins sous la Restauration (et on verra que sous Louis-Philippe la situation ne

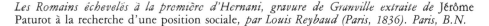

Les Romains échevelés à la première d'Hernani, gravure de Granville extraite de Jérôme Paturot à la recherche d'une position sociale, *par Louis Reybaud (Paris, 1836). Paris, B.N.*

sera guère meilleure), le drame romantique d'accomplir ce qui est sa vocation propre, une peinture sans concession de l'histoire passée, à défaut de la vie politique contemporaine.

On reproche à Hugo d'avoir représenté un monarque français ? Il parlera de l'Espagne. Il a montré un roi faible ? Il montrera un empereur puissant. La pièce est écrite en peu de semaines, immédiatement reçue au Théâtre-Français « par acclamation », c'est-à-dire sans qu'il y ait besoin d'un vote, et mise en répétition aussitôt. Le baron Taylor et le Comédiens-Français voulaient, contrairement à ce qu'on a pu dire, donner sa chance au drame nouveau, et les acteurs étaient tout de même trop sensibles à la pâleur des habituelles productions néoclassiques pour ne pas apprécier une œuvre peut-être étrange, mais vivante et nouvelle. On a beaucoup exagéré (Mme Hugo, Alexandre Dumas) la mauvaise volonté des comédiens. Il semble qu'ils aient fait tout ce qu'il était possible de faire, et même qu'ils aient été stoïques, héroïques, dans la bagarre. Les remarques que Mlle Mars, étoile de la Comédie et détentrice du rôle de Doña Sol, fait à son auteur viennent non tant de sa mauvaise volonté que de la connaissance qu'elle a de son public. Au reste Hugo tient un tel compte de ces remarques qu'il y cède la plupart du temps, au point que c'est une version édulcorée qui est encore jouée sous le second Empire (en 1867). La censure ne désarme pas : si le censeur Brifaut finit par donner son consentement, ce n'est pas sans demander des corrections sévères ; ses attendus sont d'ailleurs pittoresques : « Toutefois malgré tant de vices capitaux, nous sommes d'avis que non seulement il n'y a aucun inconvénient à autoriser la représentation, mais qu'il est d'une sage politique de n'en pas retrancher un seul mot. Il est bon que le public voie jusqu'à quel point d'égarement peut aller l'esprit humain affranchi de toute règle et de toute bienséance. » Cependant il fallut « retrancher le nom de Jésus » (!) et les injures adressées au roi Don Carlos (« lâche, insensé, mauvais roi », etc.). Hugo discute, obtient des concessions. Mais ce n'est pas le seul travail de la censure. Brifaut, au mépris du secret professionnel, traîne dans les salons, répétant des citations, parfois tronquées ou déformées, de la nouvelle pièce : un bouche-à-oreille agressif s'établit. Et puis les classiques se sont laissé surprendre avec *Henri III* ; maintenant ils veillent et ils se préparent à ce qu'il faut bien appeler une cabale. Hugo averti se plaint avec amertume : « Cette pièce qu'ils ont prostituée à leurs journaux, les voilà qui la prostituent à leurs salons. »

Reste la question de la « claque » : si bizarre que cela paraisse à des spectateurs actuels, aucune pièce au XIXe siècle ne peut réussir sans la présence de la claque, qui incite aux applaudissements et fait taire les sifflets. Or, Hugo ne l'ignore pas, la claque est « classique » pour la raison élémentaire que les claqueurs ne vont pas se mettre à dos leurs clients habituels, les auteurs néo-classiques. Hugo demande donc à Taylor : pas de claqueurs, mais des invitations en plus grand nombre pour des amis, placés aux endroits stratégiques, jouant réellement le rôle de la claque. Hugo sait qu'il peut compter non seulement sur les jeunes écrivains et poètes, mais surtout sur les artistes : ce combat pour la liberté de l'art est leur combat ; Hugo confie le sort de sa pièce aux « ateliers », au sculpteur Dusseigneur, au très jeune peintre et poète Théophile Gautier. Hugo leur dit : « Je remets ma pièce entre vos mains, entre vos mains seules. » Certains viendront à presque toutes les représentations. Plus tard Hugo dira à Taylor qui lui reprochera la fougue de ses jeunes amis : « Sans mes amis, la pièce serait tombée. C'est à eux, à leur persistance, à leur courage que je dois le succès d'*Hernani*, ce sont eux qui m'ont ouvert ma carrière dramatique. » Hugo ne peut pas se plaindre ; Taylor ne lésine ni sur les costumes ni même sur les décors (ainsi le superbe décor architecturé du IVe acte par Ciceri). Il a une très bonne distribution, en tête Mlle Mars qui sait dire les vers comme personne et qui est d'une solidité à toute épreuve, puis Joanny, partisan modéré du romantisme au théâtre, enfin Firmin, jeune premier ténébreux qui avait assuré la victoire de *Henri III*.

Les adversaires sont nombreux : d'abord les auteurs classiques et leurs soutiens dans la presse ; on peut dire que la presse est hostile *a priori*, dans son ensemble, au drame romantique, ce qui explique que le romantisme au théâtre n'ait pas pu se développer comme il aurait dû ; les conditions des théâtres au XIXe siècle ne permettent pas un véritable appui populaire au sens large du terme.

Une cabale

Quant aux adversaires politiques, ce sont d'abord les ultras, furieux d'avoir été trahis par un de leurs anciens fidèles, mais surtout les libéraux. Trois jours avant la première d'*Hernani*, Hugo fait paraître sa Préface aux *Poésies* de Charles Dovalle, un curieux manifeste provocant où il affirme « le romantisme n'est autre chose que le libéralisme dans l'art ». Mais les libéraux, et Hugo le sait, sont des adversaires irréductibles ; leur journal, *Le National*, est l'organe de la grande bourgeoisie d'affaires ; Armand Carrel, son directeur, chef du parti

La Bataille d'Hernani, *février 1830. La première représentation. Plus statique qu'on ne pense et plus glorieuse qu'on ne l'imagine. Tableau d'Albert Besnard. Paris, maison de Victor Hugo.*

libéral, écrira, chose presque incroyable, *quatre* articles furibonds contre *Hernani* ; sa thèse est claire, elle montre fort bien où se situe la bataille littéraire, mais aussi politique, du drame romantique. Carrel affirme : la révolution est finie. « Chacun va, vient à peu près comme bon lui semble ; lit, écrit, pense, croit ou ne croit pas, selon qu'il lui plaît, et rien de tout cela ne se pouvait sous l'Ancien Régime. Mais qu'est-ce que la liberté dans l'art, la révolution dans les formes littéraires ajouteront à la liberté et au bien-être de chacun ? »

Et Carrel d'ajouter qu'il y a au théâtre un art pour le peuple, et c'est le mélodrame, lequel ne requiert pas d'effort littéraire. Les positions sont donc claires ; ce qui est en question ce n'est pas seulement la liberté de l'art, la possibilité d'une révolution au théâtre, mais c'est le principe même d'un grand art populaire. Que Hugo n'aille pas s'imaginer qu'il peut unir autour de ses drames un grand public unanime ! S'il veut écrire pour le peuple, qu'il fasse des mélodrames, pour la Porte-Saint-Martin ! Qu'il ne touche pas à la Comédie, scène de l'élite. D'une certaine façon, Hugo et Dumas se le tiendront pour dit.

Une victoire à l'arraché

Malgré les incidents burlesques (les troupes des jeunes combattants, enfermées des heures d'avance dans le théâtre, burent, mangèrent... et pissèrent, les « lieux » étant fermés), malgré le célèbre « gilet rouge » de Gautier (qui en fait

*Plantation du décor de Ciceri pour la première représentation d'*Hernani *(IVᵉ acte), repris...*

était un pourpoint d'un rose ponceau), la représentation du 25 février 1830 fut un succès, presque un triomphe : les spectateurs étaient sidérés devant un langage d'une force, d'une intensité qu'ils ne connaissaient pas, secoués par la violence des situations. Ils applaudirent. Mais dès le lendemain les adversaires s'étaient ressaisis, et toute la suite des représentations, pratiquement jusqu'à la dernière, fut l'occasion d'incroyables tempêtes, dont le *Journal* de Joanny nous donne une idée ; seule, une représentation, réclamée par les jeunes lycéens, se déroula dans le calme, comme si la pièce trouvait là le public de jeunes qu'il lui fallait.

La presse fut dans l'ensemble désastreuse, sauf la revue modérément libérale *Le Globe,* qui fit campagne pour la pièce, avec d'ailleurs des réserves. Mais l'argent protège *Hernani* : la première, malgré les invitations, fait 5 134 francs 20 centimes, *Phèdre* la veille 496,30, et *Pourceaugnac*, le lendemain, glorieusement 465,30. Les recettes de la pièce ne tomberont jamais au-dessous des frais : quand les Comédiens-Français l'arrêtent, elle est encore bénéficiaire.

Bataille perdue, bataille gagnée. Gagnée certes : trente-neuf représentations en 1830. Mais perdue aussi : d'elle date une certaine forme de mépris pour le théâtre de Hugo ; les doctes le refusent au nom de la vraisemblance ou de l'entente de la scène ; et la presse fourbit ses accusations, immoralité, ou barbarie décadente. Le public aime, mais ceux qui aiment n'ont pas d'arguments.

... et adapté en 1867 par Cambon. Paris, Comédie-Française.

Mlle George dans Christine *d'Alexandre Dumas jouée à l'Odéon le 30 mars 1830. Paris, bibliothèque de l'Arsenal.*

« L'on entendit un roi dire : quelle heure est-il ? » La nouveauté de la pièce est d'abord dans l'écriture, mélange toujours efficace de familiarité et de lyrisme. Du point de vue formel, les unités de temps et de lieu sont bien plus nettement violées que dans *Henri III et sa cour* : on passe de l'Espagne à l'Allemagne. D'une façon plus provocatrice encore l'unité d'action se fait non autour d'une crise (comme encore dans *Henri III*), mais autour de la trajectoire d'un héros, Hernani, et peut-être de deux si l'on pense à l'itinéraire de Don Carlos. L'articulation de la passion et de l'histoire se fait d'une façon moins serrée mais plus subtile que dans *Henri III* : c'est tout le problème du pouvoir qui est posé, de sa légitimité d'abord, mais aussi de ses liens meurtriers avec le passé, qui lui interdisent de pouvoir sauver l'avenir. Ce qui a peut-être le plus frappé les contemporains — mais aussi le public d'aujourd'hui — ce sont les scènes d'amour, tout à fait étrangères à la tradition littéraire classique (sauf chez Corneille). Hugo ne craint pas le duo d'amour, et *Hernani* contient les plus beaux qu'il ait écrits, peut-être les plus beaux de tout le théâtre français, jusqu'à la mort d'amour finale. Il y a dans *Hernani*, parallèlement au problème politique de l'empire et de sa légitimité, un côté d'« opéra d'amour », neuf et lumineux.

APRÈS « HERNANI »

Il est clair que, pour des raisons diverses, la pression des auteurs dramatiques « classiques » et corrélativement le poids de la subvention, la Comédie-Française ne peut pas servir comme il le faudrait le drame romantique. Hugo, furieux que les Comédiens-Français aient arrêté *Hernani* en plein succès, retire *Marion de Lorme* (qui avait été reçue en 1829) le 14 novembre 1830. On se souvient que la pièce avait été retenue aussi à l'Odéon et à la Porte-Saint-Martin. Vainement, Mlle Mars, qui veut jouer Marion, sollicite-t-elle le poète. Il choisit d'émigrer à la Porte-Saint-Martin pour deux raisons principales : d'abord ce théâtre lui apportera un public plus populaire, moins esclave du parisianisme et qui le soutiendra mieux ; ensuite un théâtre sans subvention peut mieux résister à la censure : dans son contrat Hugo fait stipuler qu'aucun de ses ouvrages ne sera soumis à la censure.

Ce n'est pas que Hugo et Dumas n'aient tenté de trouver une autre solution : ils essaient de concert de prendre la Comédie-Française à leurs risques et périls et sans subvention à l'exception d'une compensation assurant à la Comédie deux mille francs pour chaque représentation d'un auteur classique. Hugo et Dumas s'affirmaient donc persuadés que le « drame moderne » pouvait triompher tout seul. C'eût été une économie pour l'État mais le gouvernement perdait son droit de regard sur le Théâtre-Français. L'entreprise était financièrement acceptable ; le projet échoua cependant pour des raisons que l'on devine à la fois politiques et littéraires. Hugo le regrette ; il aurait voulu « avoir un théâtre à lui ».

Le drame romantique à la Porte-Saint-Martin

Dumas, lui, s'était assuré une position de repli à l'Odéon où le 30 mars 1830 on avait joué sa *Christine* avec Mlle George, « un immense potiron en forme de femme ». La pièce, trop longue et victime d'une cabale antiromantique, fut réduite par les bons offices de Hugo et de Vigny. Le directeur de l'Odéon, Harel, était un curieux personnage qui avait contracté avec Mlle George, l'ancienne et provisoire égérie de Napoléon, une alliance à la fois sentimentale et professionnelle. Le couple Harel-George fit, pour un temps quand il y émigra, la fortune de la Porte-Saint-Martin. Harel n'avait pas de préjugé ; il avait un sens véritable du théâtre et faisait confiance au romantisme au point de monter *La Nuit vénitienne* de Musset, qui fut un four effroyable. Il fit aussi dès le début une confiance totale à Dumas. Il exigea même de ce dernier, après sa *Christine*, de lui fabriquer, dans le sillage de la révolution de Juillet et de la vogue bonapartiste qui suivit, un *Napoléon Bonaparte* qui n'est pas une bonne pièce mais qui permit à Frédérick Lemaître de pénétrer dans le répertoire du drame romantique. Dès le milieu de l'année 1831, Harel devient directeur de la Porte-Saint-Martin et s'efforce avec persévérance et efficacité d'y faire triompher le drame romantique. Les auteurs trouvaient auprès de lui une liberté presque entière, la possibilité de décors pittoresques sinon somptueux et les meilleurs interprètes du drame : Mlle George, Frédérick Lemaître, Marie Dorval, Bocage. La rupture, d'abord de Hugo, puis, moins éclatante, de Dumas avec Harel a enlevé beaucoup de ses chances à l'épanouissement du drame. Il faut dire que

*Scène finale du premier acte d'*Antony *d'Alexandre Dumas (1831), au Théâtre de la Porte-Saint-Martin. Triomphe de l'amour romantique. Bocage en intéressant blessé. Paris, B.N.*

Harel, qui n'avait pas de subvention et qui était contraint au succès, ne pouvait se permettre d'expérience audacieuse. Le malheur du drame romantique était d'être pris entre les subventions et le commerce.

Dumas en son royaume

      Quand Dumas fait en 1831 jouer *Antony*, il est déjà un auteur dramatique célèbre. Fils d'un général d'Empire en demi disgrâce à cause de ses opinions républicaines, Alexandre Dumas est une force de la nature, un géant débonnaire, quarteron. Très jeune il est entré comme employé au secrétariat de la maison du duc d'Orléans, le futur Louis-Philippe ; il écrit des vaudevilles, s'essaie à une collaboration avec Frédéric Soulié, y renonce et finalement, sous la protection du duc d'Orléans, rencontre avec *Henri III* un énorme succès à la fois littéraire et mondain qui le lance. En 1831, après *Christine* et le malencontreux *Napoléon Bonaparte*, il suit Harel à la Porte-Saint-Martin pour y donner *Antony* joué triomphalement le 3 mai 1831. En fait, la pièce avait déjà été reçue à la Comédie-Française d'où Dumas l'avait retirée pour la porter à la Porte-Saint-Martin. Mais Dumas savait déjà que Harel voulait succéder au directeur Crosnier. On voit que curieusement les premières grandes pièces romantiques, *Christine, Marion de Lorme, Antony,* auraient pu être jouées indifféremment à l'un quelconque des trois grands théâtres du moment. On a vu d'où vient la préférence donnée

Alexandre Dumas vers 1835, dessin par Achille Devéria.

à la Porte-Saint-Martin. Marie Dorval et Bocage se taillent un énorme succès personnel en interprétant le couple des amants fatals. Dumas dit dans ses *Mémoires* : « L'absence des traditions scolastiques, l'habitude de jouer du drame, une certaine sympathie des acteurs pour leurs rôles, sympathie qui n'existait pas au Théâtre-Français, tout cela réhabilitait peu à peu le pauvre *Antony* à mes propres yeux. » Mais l'excellence des interprètes, leur fougue et surtout leur naturel, Marie Dorval victime blessée, Bocage beau ténébreux, ne suffisent pas à expliquer la réussite impressionnante. Ce qui frappe les spectateurs, c'est qu'il s'agit d'un drame moderne avec des personnages contemporains. C'était la passion romantique sans le travestissement de l'histoire. On connaît le thème : Antony, enfant naturel, ne peut à cause de son statut de bâtard épouser la femme qu'il aime. Il la retrouve mariée, elle s'enfuit, il la poursuit, la possède à la faveur d'une surprise ; mais les amants sont bientôt découverts, le mari revient et Adèle d'Harvey supplie Antony de la tuer « pour lui sauver l'honneur ». Antony s'accuse et Dumas explique : « Comme la morale de l'ouvrage était dans ces six mots que Bocage disait d'ailleurs avec une dignité parfaite : *Elle me résistait, je l'ai assassinée*, chacun restait pour les entendre et ne voulait partir qu'après les avoir entendus. » L'œuvre apparaît alors comme une célébration, une fête que la société se donne en glorifiant le héros révolté (et sa « dignité parfaite »), dans le moment même où il proclame la légitimité de sa propre condamnation. Un beau soir, le public, frustré de la dernière réplique par l'erreur d'un machiniste, fit une vraie tempête ; Bocage ayant refusé de reparaître, Dorval, qui jouait Adèle, ressuscita, se souleva sur son coude, déclara : « Vous le voyez, messieurs, je lui résistais, il m'a assassinée », et se recoucha. « Les spectateurs, dit Dumas, se retirèrent enchantés. » Et il ajoute, ce qui est bien intéressant : « Toutes les fois que la société chancelle sur ses bases, on joue *Antony*, mais toutes les fois que la société est sauvée, que la Bourse monte, que la morale triomphe, on supprime *Antony*. » Thermomètre, ou soupape de sûreté, le drame contemporain est entendu avec ses effets.

Le 20 octobre 1831, Dumas fait jouer à l'Odéon, dont Harel est encore directeur, alors qu'il possède déjà la Porte-Saint-Martin, un drame en vers qui n'est pas des meilleurs, *Charles VII chez ses grands vassaux*. Dumas ne sait pas sortir d'une versification pseudo-classique et Mlle George ne pouvait pas jouer le personnage de la jeune Bérangère. En revanche *Richard Darlington*, créé le 10 décembre à la Porte-Saint-Martin, est une pièce étonnante, unissant une fable policière, ou plus exactement criminelle, à une satire virulente et précise de la vie politique. Frédérick qui jouait le rôle-titre y fut sublime de violence et d'ironie ; quelque chose restait en lui du bandit Robert Macaire. Après un intermède à la salle Ventadour pour un drame bien médiocre du nom de *Térésa*, à l'occasion duquel Dumas rencontra pour son malheur sa future femme Ida Ferrier, il revient à la Porte-Saint-Martin pour le triomphe de *La Tour de Nesle*. *La Tour de Nesle*, où s'illustrèrent Mlle George et Bocage, fit quatre mille francs par jour de recette en moyenne (n'oublions pas que le prix des places est de moitié inférieur à celui du Théâtre-Français).

Cette pièce écrite sur un canevas du jeune Gaillardet est une sorte de croisement entre le mélodrame et le drame romantique. En 1833, le 28 décembre, Harel crée un nouveau drame de Dumas, *Angèle*. Drame contemporain comme *Antony* et *Térésa*, remarquable par sa force satirique (Hugo l'admirait), c'est une fois de plus l'histoire d'un ambitieux, mais ce qui est montré ici avec force c'est la versatilité politique des hautes classes toutes prêtes à se coucher devant le nouveau pouvoir. Avec *Angèle*, Harel, qui a constitué une équipe tout à fait efficace pour les drames de Dumas, Mlle George, Ida Ferrier, Bocage (qu'il juge plus souple qu'un Frédérick trop indépendant), accepte l'idée de renoncer au théâtre de Hugo et de se fier entièrement à la production de Dumas. C'est un mauvais calcul : la série des grands drames romantiques de Dumas est terminée. Il donnera encore l'admirable *Kean* (que Sartre reprendra pour l'adapter), peinture amère du rôle de l'artiste dans la société contemporaine, mais c'est aux Variétés, en 1836. Nous retrouverons Dumas au Théâtre-Français et au Théâtre de la Renaissance. Sans se brouiller avec Harel comme le fit Hugo, il s'en éloigne. La fin de la carrière de Dumas est jalonnée de comédies bourgeoises, et d'œuvres plus alimentaires que littéraires au théâtre. Assez vite il optera pour le roman.

Dumas est un étonnant technicien du théâtre, habile à nourrir une intrigue, à composer une scène, à terminer un acte par une réplique éclatante. Il y a déjà du drame bourgeois dans le drame romantique de Dumas, non seulement par l'usage de la prose mais surtout par le caractère contemporain, par le ton pédestre des dialogues, et surtout par la nature même des héros, à l'exception peut-être

*Le comédien dans sa loge.
Frédérick Lemaître dans le
rôle-titre de* Kean *(Théâtre
des Variétés, 1837). L'auteur
de la gravure, Camille Rogier,
fut le peintre et le graveur
romantique de la bohème du
Doyenné (Gérard de Nerval,
Théophile Gautier, Petrus
Borel). Paris, B.N.*

d'Antony. Le canevas en est presque toujours le même : un héros ambitieux,
violent, passionné, fascinant, par son cynisme politique et sa tristesse de mauvais
ange, gravit les degrés de l'ascension sociale et s'effondre, puni de ses fautes ou
de ses crimes. A l'exception d'*Antony*, justement — et encore peut-on s'interroger —, tous les drames de Dumas sont des drames de l'ambition et non des
drames de l'amour, même si l'amour y joue son rôle : la passion dumassienne
c'est le désir de s'élever ou de s'intégrer, d'être le premier dans l'ordre social.

De là le fait que la pièce est toujours centrée autour du héros, héros dont
le discours affirme cyniquement la certitude de sa propre valeur, de sa position,
de sa génialité contre la médiocrité des humains qui l'entourent. Ainsi Richard
Darlington : « La société place autour de chaque homme de génie des instruments, c'est à lui de s'en servir. » C'est par l'affirmation du *moi* romantique, du
sujet qui cherche à mettre sa marque au monde, que le théâtre de Dumas est
romantique. Mais par son traitement de l'espace, il se sépare de Hugo, par
exemple, dont les drames pourraient être joués sans décors et qui suit la leçon
de Beaumarchais. L'espace des drames de Dumas est un espace machiné, et cette
machine spatiale est essentielle à la poursuite de l'intrigue ; ainsi les chambres
communicantes d'Antony et d'Adèle ou la chambre d'Eugénie et sa fenêtre par
laquelle Richard Darlington précipitera sa femme. Espaces réalistes, avec une
opposition signifiante entre les lieux de la vie sociale, place publique, Chambre
des communes, auberge, taverne et les lieux de l'intimité. Presque partout le
travail du réel dans l'espace s'accompagne d'une ouverture sur le hors-scène :

du couloir des Communes on entend la voix de Richard à la tribune et voici dans le même *Richard Darlington* la didascalie du dernier acte : « La chambre d'Eugénie dans une maison de campagne isolée. Eugénie paraît sur un balcon. On aperçoit la cime seule des arbres et l'on doit deviner qu'au-dessous est une immense profondeur. » On voit que ce sont justement les caractéristiques rapprochant les drames de Dumas du drame bourgeois qui lui permettent aussi de conquérir le suffrage de ses contemporains. Le héros de Dumas a la terrifiante puissance du *struggle for life* ; « une force qui va » comme Hernani ? Mais on ne voit que trop où elle va et le héros de Dumas ressemble plus à Rastignac qu'à Chatterton, à Monsieur Thiers qu'à Werther ; ces héros de l'ascension sociale sans exception sont punis de leur tentative de viol de l'ordre de la société.

Heurs et malheurs du drame hugolien

Hugo choisit la Porte-Saint-Martin pour plusieurs raisons. D'abord il se sent plus libre, ensuite, théâtre sans subvention, la Porte-Saint-Martin peut mieux résister à une éventuelle censure ; enfin il aura à sa disposition les prestigieux interprètes du drame : Marie Dorval et Frédérick Lemaître entre autres. En revanche le contrat de Hugo lui imposait de donner à la Porte-Saint-Martin deux grands ouvrages par an, signés. Perspective relativement lourde d'autant que Hugo ne pouvait honorer son contrat par une production alimentaire non signée comme le faisait Dumas.

La première de *Marion de Lorme* eut lieu le 11 août 1831 : « pièce montée avec un soin extrême, richesse des costumes, luxe des décors, beauté des perspectives » (*L'Avenir*, 15 août). Ce fut un succès public quoique la presse restât réticente. On reproche à Hugo le grotesque qui ne fait pas rire, le bouffon lugubre et les plaisanteries funèbres ; autres reproches : le manque d'unité dû à la présence du grotesque et le style heurté, l'alexandrin brisé. Hugo lui-même est mal satisfait : la troupe de la Porte-Saint-Martin l'a déçu. Les acteurs « modernes » ne savent pas dire les vers ; ils n'ont pas non plus la ténacité des Comédiens-Français habitués aux salles vides. Selon Adèle Hugo, Dorval, géniale aux premières représentations, se décourage vite et ne tient pas la distance. Hugo regrette le public intellectuel du Théâtre-Français.

Hugo voudrait ne pas choisir son public, le « populaire » au Boulevard, « l'élite » au Français. Sa perspective : restaurer l'unité du public, prendre au mot l'idéologie libérale qui nie les classes sociales, faire plus d'un siècle avant Vilar un vrai « théâtre national populaire » pour tous. « Hugo hardi novateur a tout à faire : son théâtre, ses acteurs, son public et jusqu'à la critique appelée à le juger », dit un critique, et d'abord faire son public. Il conçoit un projet original : par une sorte de tactique croisée il écrira pour la Comédie-Française un drame grotesque dont le héros sera un bouffon, drame qui ne respectera ni les unités ni les convenances, mais qui sera écrit en vers et de style soutenu. Pour la Porte-Saint-Martin au contraire, il fera une sorte de tragédie des Atrides à la trajectoire simple comme une épure, mais il l'écrira en prose ; les personnages, les espaces, le langage ne se départiront jamais de la dignité aristocratique : un drame de concentration classique ; mais la violence des situations et des images permettra à la vigueur des acteurs du drame moderne de se faire jour sans contrainte. Il voudrait donc investir l'ensemble de la scène française par une double cassure des codes théâtraux : à la Porte-Saint-Martin, hausser le mélodrame en prose à la hauteur de la tragédie par la force de l'écriture. En regard, il voudrait étaler aux yeux du public distingué du Théâtre-Français ce monstre bouffon et bas qu'est Triboulet, fou du roi, bossu, et casser la tragédie par des outrances grotesques de vocabulaire et d'espace.

Il écrit coup sur coup les deux pièces en juin et juillet 1832. On sait ce qu'il en advient. Au Théâtre-Français *Le Roi s'amuse* est un désastre ; nous verrons comment et pourquoi. Mais Harel n'est pas découragé. Il vient demander à la fin de décembre 1832 *Un souper à Ferrare* qui devient *Lucrèce Borgia*. C'est une revanche immédiate. *Lucrèce Borgia* est un triomphe, ce vrai triomphe si doux au cœur d'un auteur dramatique. Mlle George joue Lucrèce et c'est Frédérick qui reçoit le rôle du jeune premier Gennaro. Le rôle et la personnalité de Frédérick sont essentiels pour Hugo. Il avait été l'illustre Robert Macaire et il apportait aux jeunes premiers de Hugo l'« aura » grotesque et violente qui les éloignait de toute fadeur. Le vrai metteur en scène de *Lucrèce*, ce fut Hugo lui-même, aidé par Frédérick qui, dit Adèle, savait tous les rôles et dirigeait dans le détail les acteurs. Hugo, lui, surveille les décors, oblige Harel à changer celui du dernier acte, un peu vulgairement réaliste à son gré, repeint pour la camoufler

Louis Boulanger, Marion de Lorme. *Une mise en scène imaginaire gigantesque.*

la « porte dérobée », donne même le rythme de la musique. C'est la première fois qu'on voit un auteur adopter le rôle complexe qui est celui d'un metteur en scène moderne. Le travail de « mise en scène » était en général assuré par le directeur du théâtre ou quelquefois par un acteur vedette. Il y eut soixante-trois représentations de *Lucrèce* qui rapportèrent à Hugo 10 888 francs, somme énorme.

La presse est de toute façon plus indulgente pour un drame joué au Boulevard et le succès public embarrasse une presse très généralement hostile à Hugo. Il est difficile d'attaquer la forme de *Lucrèce Borgia*, pièce bien faite et bien écrite. Les reproches portent sur le contenu moral. De *La Mode*, légitimiste : « Son système dramatique (celui de Hugo) repose sur cette idée : (...) les sentiments nobles et élevés chez les êtres vils et abjects et les passions basses, honteuses et criminelles chez les personnages les plus respectés et les plus éminents de l'ordre social. » Jugement *a priori,* sans rapport de fait avec *Lucrèce Borgia*. Dans *La Revue des Deux Mondes*, Gustave Planche (libéral) écrit : « Le monde que cette poésie déroule devant nos yeux est un monde sans providence et sans liberté, sans nom, sans autel et sans loi (...). Si le réalisme qui s'impose dans la poésie obtenait gain de cause (...) il faudrait ne plus croire à Dieu et à l'âme. » Ce « matérialisme moral » a des conséquences : « Les passions les plus grossières reprennent le dessus, le peuple se laisse aller, n'est plus guidé. »

Chose curieuse, la situation se gâte très vite entre Hugo et Harel. Ce dernier voit bien que Hugo n'est pas souple et que l'énormité du succès n'a pas désarmé la critique. L'amour de Hugo pour Juliette Drouet, actrice de la troupe, n'arrange pas les choses. Enfin Harel se rend compte qu'il va falloir opter entre Dumas et Hugo. Dumas est plus maniable et ses œuvres rencontrent moins de résistance dans la presse. Dès que les recettes de *Lucrèce* baissent un peu, Harel interrompt la pièce. Hugo se fâche ; on parle de duel ; Harel capitule en expliquant que, de toute manière, s'il tue le poète, il n'aura pas sa prochaine pièce.

Situation paradoxale. Il semble bien que contre la nouvelle pièce de Hugo, écrite dans l'été 1833, il y ait une cabale et que cette cabale provienne du théâtre : Harel préfère Dumas, Dumas veut imposer sa protégée Ida Ferrier ; Hugo s'est fâché avec Bocage et lui a retiré son rôle. Un incident met le feu aux poudres, un ami de Hugo publie contre la volonté du poète dans *Le Journal des débats* un article d'une extrême violence à l'égard de Dumas. Bref la guerre est déclarée à l'intérieur du camp romantique, et *Marie Tudor,* une des plus belles et des plus solides parmi les pièces de Hugo (qui fit un triomphe au T. N. P. avec Maria Casarès), *Marie Tudor,* donc, fait les frais de la bataille. Succès mitigé ; la scène de la confrontation entre la reine et le bourreau, celle que Harel avait supplié que l'on coupe, se fait siffler. On siffle aussi Juliette Drouet, très mauvaise. Mais les autres comédiens ne semblent pas avoir été meilleurs. Le thème de la pièce est voisin de celui d'*Amy Robsart* et de *Christine* : une reine fait condamner le favori qui l'a trahie, s'en repent amèrement et essaie vainement d'empêcher son exécution. Mais bien au-delà de l'anecdote, ce qui était montré c'était le rôle historique de la bourgeoisie poussant le peuple à l'émeute pour obtenir un changement dynastique. *Marie Tudor,* miroir de la révolution de Juillet. C'est dans la préface de Hugo un demi-aveu : « Ce serait le passé ressuscité au profit du présent ; ce serait l'histoire que nos pères ont faite confrontée avec l'histoire que nous faisons. »

La presse est littéralement déchaînée : vulgarité, immoralité, plagiats et, selon les opinions, on accuse Hugo soit d'être révolutionnaire, soit de ne l'être pas : « Il y a de la pique et du bonnet rouge au fond des drames de Hugo » (*L'Écho de la Jeune France,* légitimiste, décembre 1833). « Non, il n'y a rien, absolument rien dans Monsieur Hugo qui ressemble précisément au poète de la jeunesse, au poète révolutionnaire » (*La Tribune,* libérale, 15 novembre). On réclame de lui un « drame bourgeois » ou des « peintures d'actualité ». Ce qu'on remarque, c'est la lutte de Hugo contre l'opinion : « Ayant constamment vécu en état de guerre avec le public et la critique, il a fini par donner à son génie une allure cassante et cavalière » (Charles Rabou, *Le Journal de Paris,* 10 novembre 1833). Harel fléchit ; Hugo l'accuse d'avoir « fait tomber sa pièce ». Il quitte la Porte-Saint-Martin pour n'y jamais revenir. Le temps n'est pas loin où Dumas, prisonnier, tentera aussi de s'évader.

Aucun des auteurs du drame ne méprisait le Théâtre-Français ; ils ne rêvaient tous que d'y retrouver leur place. Dumas se souvenait qu'il y avait connu le triomphe d'*Henri III*, Vigny désirait y faire entrer Marie Dorval qui avait joué à l'Opéra la petite comédie distinguée de son amant, *Quitte pour la peur* (30 mai 1833). Quant à Hugo, on sait ce qu'il en est et que le retour au Théâtre-Français était indispensable à sa stratégie de création d'un *public un*. Hugo le premier fait recevoir *Le Roi s'amuse* au Théâtre-Français le 16 août 1832. La pièce est mise en répétition avec une distribution un peu faible. Hugo avait fait engager Bocage mais Bocage ne veut pas du rôle de François Ier, Mlle Mars refuse le rôle de Blanche. Hugo ne fait pas répéter les comédiens et c'est une erreur : « Les comédiens avaient pris de mauvais plis, leurs rôles s'étaient racornis dans leur tête » (Adèle Hugo).

La représentation du 22 novembre resta mémorable. Toutes les figures illustres de Paris sont présentes. Nerval, Musset, Sainte-Beuve, Balzac, George Sand, Stendhal, Gautier, les amis peintres mais aussi Ingres et Delacroix et Ciceri, Decamps et Gavarni, Liszt et naturellement tous les auteurs dramatiques ennemis, le monde du théâtre, les comédiens, ceux de la Porte-Saint-Martin et ceux du Français qui ne jouent pas. Et les banquiers, les salons, la duchesse d'Abrantès, le duc et la duchesse de Dino-Talleyrand et d'Argout, ministre de l'Intérieur, et pour finir le préfet de police. Cent cinquante places pour les jeunes romantiques. « Quolibets de halles et de carrefours où s'entonnent tour à tour, au milieu des bouffées de vin et de tabac, *La Carmagnole* et *La Marseillaise* … » (*La France nouvelle,* 27 novembre). On s'attendait à une bataille, ce fut une déroute. Les comédiens ne mirent aucune bonne volonté. Le cinquième acte qui voit le bouffon Triboulet pleurer sa fille fut un désastre : « La marée montante des rires, des huées et des sifflets couvrait les sanglots paternels ; l'orage de la scène n'était qu'un doux murmure près de l'orage de la salle » (Adèle Hugo). Hugo fit la nuit même des corrections destinées à rendre le grotesque moins agressif ; mais de toute manière la fable même de la pièce était inacceptable pour le public. L'histoire de ce bouffon de roi dont le roi séduit la fille, qui pour

Le drame romantique à la Comédie-Française

se venger tente de l'assassiner, mais qui, par un quiproquo sanglant, fait tuer au lieu du roi sa propre fille, cette histoire-là était trop forte pour ce public-là.

La pièce tombait mal : le jour de la première un coup de pistolet avait été tiré sur Louis-Philippe sans l'atteindre. La pièce est interdite sous le prétexte officiel qu'elle glorifie le régicide. Du coup la presse s'en donne à cœur joie : « Pièce monstrueuse où se mêlent comme en un chaos, l'horrible, l'ignoble et l'immoral. » Hugo viole à la fois le code des convenances et le code littéraire : « Ainsi vous avez à la fois, dans le même taudis, le meurtre, la prostitution et le vin au litre *(sic)*, c'est-à-dire ce qu'il y a de plus horrible et de plus répugnant au monde (...) l'infirmité physique et la crapule, LA MATIÈRE TOUTE PURE » (Rolle, *Le National,* libéral). Hugo ne fléchit pas : il ne peut faire de procès au gouvernement mais il peut attaquer le théâtre qui s'est soumis à un acte illégal du pouvoir, illégal puisque la censure n'existe plus. Il porte donc plainte contre le Théâtre-Français devant le tribunal de commerce. Si Hugo gagnait, cela servirait plutôt le théâtre qui pourrait enfin jouer la pièce. Mais il ne peut pas gagner et il le sait. Ce qu'il veut faire c'est un baroud d'honneur contre la censure. Odilon Barrot, le grand avocat libéral, plaide pour Hugo et attaque la censure *a posteriori* mais accepte implicitement l'existence d'une certaine censure. Cela ne suffit pas à Hugo qui fait un discours d'une extrême énergie, prophétique : « Aujourd'hui on me fait prendre ma liberté de poète par un censeur, demain on me fera prendre ma liberté de citoyen par un gendarme ; aujourd'hui on m'a banni du théâtre, demain on me déportera. » Le 2 décembre le tribunal de commerce se déclare incompétent ; Hugo a perdu de fait mais gagné moralement.

Jouslin de La Salle était devenu en juin 1833 directeur-gérant de la Comédie. Sa grande pensée est de rajeunir le Théâtre-Français à la fois par le répertoire et par les interprètes. Bocage était entré en 1832 mais n'y resta point. Une sorte de coalition entre Hugo, Vigny et Dumas fit entrer Marie Dorval au Théâtre-Français ; son contrat date de la fin de l'année 1833. Au début de l'année 1834, c'est *Antony* qui devait être repris au Théâtre-Français et Thiers, qui personnellement n'était pas hostile à Dumas, céda à de très fortes pressions (on l'aurait fait tomber sur le budget) ; il interdit la pièce en juillet 1834. Dumas fit un procès à la Comédie et démontra que Thiers avait cédé à une pression politique. Le Théâtre-Français fut condamné à lui payer dix mille francs. Dorval, outre des rôles médiocres dans des pièces médiocres, eut en compensation la reprise d'*Henri III et sa cour* et le rôle de la duchesse de Guise. Le Théâtre-Français était pris entre deux feux. S'il se contentait du répertoire classique ou des pièces pseudo-classiques (un certain *Lord Byron à Venise* d'Ancelot fit scandale par sa médiocrité), il courait à la faillite ; s'il jouait des drames modernes, il encourait la vindicte de la presse et des politiciens. *Le Constitutionnel* (journal quasi officiel) s'écrie : « Le Théâtre-Français ne doit être ni abandonné, ni dégradé, ne doit pas descendre à des exhibitions grotesques et immorales qui font la honte de l'époque, alarment la pudeur publique et portent une atteinte mortelle à la société. »

Chatterton

Les auteurs se disent qu'il faut peut-être pour le Théâtre-Français des œuvres d'un style particulier. Vigny écrit *Chatterton* (juin 1834) à la fois pour donner à Dorval un rôle éclatant et pour porter à la scène une idée qui lui est chère entre toutes : celle de l'artiste esclave et victime de la société. Il y avait eu, il y avait encore quantité de suicides de jeunes écrivains. Ce que Vigny voulait montrer, c'est le suicide du jeune Chatterton, victime à la fois d'une accusation d'imposture, de la misère matérielle et de l'incompréhension des hommes, enfin de son amour impossible pour une femme mariée. Le personnage de cette dernière, Kitty Bell, et sa mort d'amour devant le suicide de Chatterton donnaient à la pièce son aspect dramatique et passionnel. Drame sans action, presque sans mouvement, *Chatterton* était une sorte de tragédie en prose, respectant presque complètement les trois unités, mais romantique par la passion quasi muette des protagonistes et par la lutte impuissante du héros contre la société. C'était une pièce à thèse, sauvée par le personnage de Kitty Bell et la sublime interprétation de Marie Dorval. C'est une astuce d'espace qui assura à la pièce sinon son succès, du moins sa gloire : Dorval avait voulu, au grand scandale des sociétaires « classiques », un escalier, et nul ne sut, avant la première, ce qu'elle comptait en faire : Kitty Bell, ayant vu le cadavre de Chatterton, dans sa chambrette à l'étage, se laissait glisser le long de la rampe et venait tomber sur la dernière marche, pour mourir. Triomphe spectaculaire du *geste* de l'acteur romantique ; les spectateurs étaient bouleversés ; mais la presse fit des gorges chaudes de cette actrice acrobate : « M. de Vigny a demandé à Mme Saqui (acrobate célèbre) si elle pouvait sauter quatre étages en faisant trois tours en l'air et tomber sur l'orteil » (*Courrier des théâtres*) et dans une parodie, on trouve :

> *... un escalier. Escalier, espèce de symbole.*
> *Qui semble nous montrer comment l'art dégringole.*

Malgré le succès personnel de Dorval, la pièce n'eut pas une réussite éclatante, ni en recettes ni en nombre de représentations : le caractère statique et sentencieux de la pièce limitait un peu l'enthousiasme ; cette formule de compromis, le drame romantique, tout en demi-teintes et refusant toute violence de style ou de situation (sauf la dernière), ne faisait pas absolument ses preuves.

Un compromis : *Angelo, tyran de Padoue*

Immédiatement après *Chatterton* et pour profiter de la présence de Dorval à la Comédie, Hugo négocie avec le théâtre pour sa prochaine pièce qui apparemment n'est pas encore écrite : *Angelo, tyran de Padoue* est rédigé du 2 au 19 février 1835 et le contrat signé le 24 février. Outre la création d'*Angelo*, il prévoit la reprise d'*Hernani*, dans un délai de six mois et (enfin !) la création de *Marion de Lorme*, reçue depuis 1829 ; clause grosse d'orages futurs quand on sait l'ostracisme dont une coterie littéraire et politique, qui tient la subvention, menace le drame au Théâtre-Français.

Angelo est, comme *Chatterton*, un drame de compromis : *Angelo,* avec sa clarté d'épure, son petit nombre de personnages, la renonciation aux scènes à discours entrecroisés, les unités presque préservées, le caractère mineur et marginal (au moins en apparence) du volet politique, pouvait ne pas faire scandale.

Quant au grotesque, il était selon une recette que Hugo reprendra dans *Ruy Blas* cantonné dans un seul acte, acte de cour des Miracles qui pouvait être détaché de l'action et que Jouslin supplia Hugo de remiser dans un tiroir ; ce qu'il fit ; il faudra attendre la fin du siècle pour que la pièce soit jouée intégralement. Il y a des pertes : réductions, compromis, coupures ne se font pas sans dégâts : la limitation de la dramaturgie baroque laisse apercevoir un drame « mélo » ; la suppression de l'acte du bouge l'Homodei, le sbire tout-puissant, déséquilibre la pièce en mettant l'accent sur la seule tragédie d'amour au détriment de la plongée dans les bas-fonds du mal individuel et social. La prose, édulcorée, manque un peu d'accent. L'essentiel de la dramaturgie hugolienne est cependant préservé : la tragédie du mal rachetée par le sacrifice volontaire du plus opprimé, la courtisane, la fête nocturne, la succession des nuits, le chant lyrique de l'amour en danger.

Hugo avait obtenu non sans efforts la présence à la fois de Mlle Mars et de Dorval. Il laisse à Mlle Mars le choix du rôle quelle préfère : elle choisit le rôle passionné, sensuel et tendre de la courtisane Tisbe, laissant, peut-être par malice, à Dorval le rôle de la patricienne. Distribution apparemment à contre-tempérament ; en apparence sulement : la délicatesse de Mars compenserait la violence de la comédienne courtisane et Dorval a toujours su jouer à merveille les victimes pures et fragiles : Hugo se sert de l'ambiguïté du rapport rôle-interprète. Quand, après le retrait de Mars, c'est Dorval qui reprend le rôle de la Tisbe, Hugo, déçu, trouve qu'elle « manque d'imprévu » (Adèle Hugo).

La confrontation des deux comédiennes les plus brillantes de l'époque, celle de l'élite et celle du boulevard, excite la curiosité du public. Il y a trente-six représentations du 28 avril au 20 juillet (maladie de Mlle Mars, peut-être diplomatique), pratiquement toutes bénéficiaires. L'avenir du drame de Hugo et plus généralement du drame romantique à la Comédie devrait être assuré. Il n'en est rien. L'accueil de la pièce a été plus modéré que celui des pièces précédentes ; certes on reproche toujours à Hugo d'être lui-même : « Ce sont toujours les mêmes ressorts » (*Chronique de Paris*, 3 mai). « C'est pour le fond, le mélodrame des anciens jours », remarque Charles Maurice (*Courrier des théâtres*, 1er mai). Théophile Gautier, dans un article remarquable de perspicacité, observe : « La cause de la réussite complète d'*Angelo* est l'absence de lyrisme. Cela est honteux à dire de notre public, mais cela est. » Il montre clairement dans le prosaïsme du public l'une des causes des difficultés du drame. Au reste il souligne l'onirisme du drame de Hugo : « Le palais d'*Angelo* (...) a un autre palais inconnu à qui il sert de boîte extérieure et dont il n'est que l'enveloppe, et l'habit pailleté de la Rosemonde n'est autre chose que le suaire oublié d'un fantôme » (*Le Monde dramatique*, 5 juillet).

Procès, reprises

Hugo obtient bien en 1836, comme le stipule son contrat, dix représentations d'*Angelo*, mais non pas celles promises d'*Hernani* et de *Marion*. On sait pourquoi : si Jouslin, tenu pour relativement favorable au drame romantique, cède à Hugo, il est perdu : la subvention ! Mais de toute manière Jouslin est perdu : de sombres intrigues conduisent à son remplacement par le caissier Védel, dont le moins qu'on puisse dire est qu'il ne brille pas par les vertus offensives... Hugo

Mademoiselle Mars. Portrait par Gérard.

réclame l'exécution de son contrat, se fâche ; peine perdue ! Il est contraint au procès. L'avocat de Hugo n'a pas de peine à montrer que les pièces de Hugo sont très largement bénéficiaires (2 900 francs de recettes moyennes) et que la mauvaise volonté du théâtre « est liée à un système général de monopole et d'exclusion contre une doctrine littéraire qui blesse certaines répugnances et porte ombrage à certaines célébrités » (entendez Scribe et Casimir Delavigne). Hugo montre que le théâtre n'est pas responsable, mais qu'il est pieds et poings liés : « En 1832, dit-il, j'ai flétri la censure politique, en 1837, je démasque la censure littéraire. » Le tribunal de commerce lui donne raison et condamne la Comédie à une amende importante et à une astreinte par jour de retard (12 décembre 1837). Hugo obtient donc la reprise d'*Hernani* (douze représentations en 1838) et la création de *Marion* (six représentations en mars 1838). Marie Dorval se taille dans les deux pièces un énorme succès personnel. Les représentations sont paisibles et honorables à tout point de vue, et Hugo fait au théâtre remise de tous dommages et intérêts. L'avenir est préservé.

Pas vraiment : Dorval, écœurée par l'attitude des sociétaires envers elle, s'en va rejoindre Bocage au Gymnase, théâtre des petites comédies sentimentales. Le drame romantique qui a tant besoin de ses interprètes est ainsi découronné.

Alexandre Dumas, lui aussi, avait fini par déserter une Porte-Saint-Martin « livrée aux bêtes ». Lui aussi tente de conquérir la Comédie par une œuvre de compromis ; mais il n'est pas dans son tempérament de faire les choses à moitié, c'est une tragédie antique que le premier romantique à avoir conquis la Comédie lui offre à présent. Et c'est dans l'histoire du théâtre de ces années un « joyeux

L'actrice Marie Dorval. Lithographie d'après Delaroche. Paris, B.N.

épisode » (Descotes). Dire que la pièce est médiocre est un euphémisme. Romantique par la conjonction de l'amour et de la politique (un jeune Gaulois acceptant de tuer Caligula, sur l'ordre de Messaline, pour venger sa fiancée enlevée et mise à mort) la pièce est pseudo-classique par le style, l'alexandrin pompeux, les tirades ampoulées, la structure fidèle à toutes les règles. La Comédie mise sur l'œuvre et fait pour la monter de folles dépenses : il s'agit de prouver que quand le romantisme vient à résipiscence, on le traite royalement. Dumas, sans doute excité par l'exemple de son héros, qui avait fait consul son cheval, voulut des chevaux vivants ; il ne les eut pas, mais il eut des décors et des costumes somptueux. Il eut la meilleure distribution possible, et pour couronner le tout, dans le rôle de la jeune vierge chrétienne, son amie Ida Ferrier, « martyre callipyge ». Rien ne pouvait sauver *Caligula*, qui tomba avec bruit le 26 décembre 1837 et se traîna péniblement jusqu'en mars. Un peu plus tard, Dumas devait revenir au Théâtre-Français avec une comédie qui eut un meilleur sort *Mademoiselle de Belle-Isle* (1839). Mais lui aussi, comme Hugo, a besoin d'une nouvelle scène.

Ni Hugo ni Dumas ne trouvent vraiment leur place ni à la Comédie-Française ni à la Porte-Saint-Martin. Mais peut-être y a-t-il une solution de rechange. Certaines sphères du pouvoir autour du duc d'Orléans, prince héritier, se disent qu'il n'y a peut-être pas intérêt à laisser la monarchie liée à ce qu'il y a de plus conservateur dans la littérature. Il faudrait un second Théâtre-Français moins soumis à la tradition classique. C'est Dumas, ami de toujours des Orléans, et réconcilié avec Hugo, qui lance la chose vers la fin de 1835 et le début de 1836. Hugo et Dumas, qui ne veulent pas prendre en titre la direction d'un théâtre, s'adressent à Anténor Joly qui dans son petit journal *Le Vert-Vert* avait toujours soutenu le « drame moderne ». Le pouvoir accorde donc un théâtre à la « littérature nouvelle » sous la forme d'un privilège signé le 5 novembre 1836. La demande en avait été faite par Hugo, Dumas... et Casimir Delavigne. Le privilège porte le titre de Second Théâtre-Français mais n'est pas assorti de subvention : même le duc d'Orléans, qui patronne l'opération, ne peut accorder des subsides qui seraient immanquablement refusés par le Parlement. Le sort du nouvel établissement est donc financièrement fragile.

Entre-temps le Théâtre-Français a obtenu la réouverture de l'Odéon, second Théâtre-Français. Il faut donc changer le titre. L'argent est apporté par un certain Villeneuve, « vaudevilliste enrichi dans les pompes funèbres ». Cet homme veut de la musique et tout le monde sait bien que ce théâtre sans subvention est condamné à terme s'il n'obtient pas le droit à la musique (opéra-comique et surtout vaudeville). Le nouveau privilège avec musique est signé le 27 septembre 1837. Une difficulté : une clause restrictive pour l'engagement d'artistes des Théâtres nationaux. D'autre part Bocage et Marie Dorval sont au Gymnase, Mlle George à la Porte-Saint-Martin. Hugo veut Frédérick et l'obtient.

A partir du moment où Hugo est assuré d'une scène où il sera relativement libre, il peut écrire une œuvre qui représenterait dans une large mesure son idéal dramatique : il pourra l'écrire en vers et se mettre ainsi à distance du prosaïsme. Il pourra donner au grotesque sa vraie part : part double ; d'abord par un personnage qui soit un vrai grotesque, un marginal, l'« homme de liberté », César de Bazan, aristocrate en guenilles, porteur des contradictions grotesques, puis par le héros lui-même, Ruy Blas, vrai valet de comédie, portant, tel Mascarille, la défroque de son maître ; et pour cela Hugo a besoin de son véritable interprète Frédérick. Frédérick contre toute attente reçoit le rôle-titre,

FRÉDÉRICK LEMAÎTRE

LEMAÎTRE (Frédéric, Antoine, Louis, Prosper, dit Frédérick, 1800-1876). Fils d'un architecte du Havre, il fait ses débuts d'acteur tout jeune, en 1815 ; refusé à l'Odéon à l'unanimité moins une voix en 1819, il est reçu en 1820 : image des contradictions de son génie et de sa vie. Il est d'abord un acteur du Boulevard, c'est-à-dire du Boulevard du Crime, autant dire du mélodrame ; en 1824, il joue à l'Ambigu *L'Auberge des Adrets*, un absurde mélo qu'il vivifie en le tirant à la parodie. Il devient

Photo anonyme de Frédérick Lemaître dans le rôle de Robert Macaire,
bandit contestataire que l'acteur joua toute sa vie.

ainsi l'inventeur d'un personnage grotesque de bandit truculent, Robert
Macaire, dont le pouvoir satirique est immense (il ressemble au Mackie
de *L'Opéra de Quat'Sous* de Brecht), et qui est exclusivement la création
de Frédérick, « l'œuvre de Frédérick, qui y a répandu tout son génie »,
dit Hugo. C'est le drame romantique qui lui permet d'échapper partiellement au rôle de Robert Macaire ; engagé à la Porte-Saint-Martin en
1827-1829, il y retourne en 1833, pour jouer le Gennaro de *Lucrèce
Borgia* (Hugo) : Hugo l'adore et le veut, chaque fois que c'est matériellement possible, pour ses jeunes premiers romantiques, auxquels Frédérick donne l'*aura* grotesque qui leur est, aux yeux de Hugo, indispen-

sable. Après ce triomphe, il retourne au boulevard pour jouer *Robert Macaire*, suite de *L'Auberge des Adrets* (1835). En 1836, Dumas le veut pour jouer *Kean*, aux Variétés. A chaque fois c'est le triomphe de Frédérick. Son plus beau rôle, c'est encore Hugo qui le lui donne avec Ruy Blas, rôle qui « le débarrassait des haillons de Robert Macaire » (Adèle Hugo, 1838). Il est pour Hugo ce qu'il avait déjà été à l'occasion de *Lucrèce Borgia* : non seulement un interprète, mais un conseiller technique et un assistant à la mise en scène : « Il s'occupait des rôles de tout le monde, écrit Adèle Hugo, il savait la pièce par cœur, rien ne lui échappait. » Hugo, qui l'avait exigé lors de la création du Théâtre de la Renaissance, s'efforce, sans succès, dans les années 1840-1843, de le faire entrer au Théâtre-Français, où, comme Rachel l'avait fait pour les interprètes féminines, il eût renouvelé l'interprétation tragique dans un sens plus moderne : il avait été un Kean, un Ruy Blas admirables ; on savait — on ne le savait que trop ! — qu'il pouvait tout jouer.

Le déclin du drame romantique le renvoie au Boulevard : il joue, sublimement, le célèbre mélodrame romantique, *Trente Ans ou la Vie d'un joueur,* et le jouera pendant toute sa carrière. Carrière qu'il terminera encore avec Hugo : c'est le rôle du Juif dans *Marie Tudor* (reprise de 1873). Il meurt le 29 juin 1876.

Traité par Heine de « farceur sublime » et par le critique Charles Maurice de « piquant mystificateur », il était beaucoup plus : plus encore que par sa voix et son sens du phrasé, son jeu frappait par l'inventivité de sa gestuelle ; Adèle Hugo, qui nous laisse les témoignages les plus précis, parle de sa « pantomime superbe » au dernier acte de *Lucrèce Borgia* ; l'acteur du grotesque, de l'excès, de la violence savait aussi travailler dans la pure expressivité de la mimique : « Sa belle tête discrète et mélancolique faisait contraste avec la voluptueuse ivresse des autres convives. » Pour *Ruy Blas*, il avait inventé un jeu de scène ; après avoir « fermé la fenêtre » de Don Salluste, il se retournait brusquement et montrait au public un visage baigné de larmes. Diction et gestuelle « modernes », énergie populaire, souvenir du grotesque Robert Macaire, élégance naturelle, il combinait les traits opposés, qui pouvaient en faire le grand acteur du drame romantique, un acteur dont Hugo nous donne peut-être la meilleure idée : « M. Frédérick a réalisé avec génie le Gennaro que l'auteur avait rêvé. M. Frédérick est élégant et familier, il est plein de fatalité et plein de grâce, il est redoutable et doux ; il est enfant et il est homme ; il charme et il épouvante ; il est modeste, sévère et terrible » (Préf. de l'éd. originale de *Lucrèce Borgia*).

investissant le jeune premier romantique, Ruy Blas ver de terre amoureux d'une étoile, de sa rémanence grotesque Robert Macaire. D'un autre côté, Hugo pourra donner à l'histoire, traitée ici avec une extraordinaire précision minutieuse, son visage non d'allusions contemporaines mais de miroir d'une royauté sur son déclin. Curieusement, si *Hernani* apparaissait comme l'annonce immédiate de la

La « Camerera-Mayor » de
Louis Boulanger pour Ruy
Blas au Théâtre de la Renais-
sance (1838). Paris, maison de
Victor Hugo.

fin d'un règne, si *Marie Tudor* était le miroir de la révolution de Juillet, *Ruy Blas* est comme l'annonce prophétique de la fin de la royauté en France en 1848, dix ans après. Un pessimisme lucide : contrairement à ce qu'on a dit, *Ruy Blas*, le plus accompli peut-être des drames de Hugo, ne montre nullement la victoire du Héros-Peuple par la parole triomphante mais, au contraire, l'inanité de la parole parlementaire et l'impossibilité pour l'homme du peuple d'accéder au pouvoir autrement que sous une défroque qui le rend inefficace.

Hugo s'occupe de sa pièce, dessine les décors, confie les costumes à son décorateur préféré, Louis Boulanger, place lui-même les acteurs. Il refuse la suppression de la rampe et ne veut pas que pour satisfaire un public riche on divise le parterre en stalles : « Il entendait qu'on laissât au public populaire ses places, c'est-à-dire le parterre et les galeries, que c'était pour lui le vrai public, vivant, impressionnable, sans préjugés littéraires, tel qu'il le fallait à l'art libre ; que ce n'était peut-être pas le public de l'Opéra, mais que c'était le public du drame ; que ce public-là n'avait pas l'habitude d'être parqué et isolé dans sa stalle, qu'il n'était jamais plus intelligent et plus content que lorsqu'il était entassé, mêlé, confondu, et que quant à lui, si l'on lui retirait son parterre, il retirerait sa pièce. Les banquettes ne furent pas stallées » (Adèle Hugo). Un texte comme celui-là nous permet de comprendre ce que put être réellement l'audience d'un drame de Hugo, la critique n'en donne qu'une idée fausse : si les doctes ne sont pas contents, le théâtre de Hugo a un public enthousiaste, qui paie sa place, se réjouit et garde des représentations un souvenir ému. La pièce a un incontestable succès populaire. Succès qui s'est perpétué dans le temps ; mais les doctes restèrent de marbre. Balzac parle d'« une infamie en vers » mais n'a pas vu la pièce. Le grotesque et les plaisanteries sensuelles et funèbres de Don César exaspérèrent le goût classique des critiques ; l'amour du laquais et de la reine et, plus encore, le laquais-ministre, serviteur de l'État dévoué, sinon efficace, toutes ces transgressions ont convulsé de rage les gardiens du sérail. Gustave Planche dans *La Revue des Deux Mondes* accuse Hugo de *folie* : « De cet orgueil démesuré à la folie il n'y a qu'un pas et ce pas, M. Hugo vient de le franchir avec *Ruy Blas*. Désormais M. Hugo ne relève plus de la critique littéraire (...) son intelligence n'est plus qu'un chaos ténébreux où s'agitent pêle-mêle des mots dont il a oublié la valeur. »

Dès l'été 1839, malgré l'arrivée de Dorval, il devient clair que le Théâtre de la Renaissance ne va pas bien. Les vaudevilles musicaux ne font pas autant d'argent qu'en espère Fernand de Villeneuve, le *sponsor*. Dumas fait jouer *L'Alchimiste*, drame en vers qui, malgré la présence de Frédérick dans le rôle principal et celle plus discutable d'Ida Ferrier, ne rencontre qu'un médiocre succès. Il faut dire que la fable en est compliquée et que l'alexandrin de Dumas est toujours aussi déplorable. Gérard de Nerval est allé donner son *Léo Burckart* à la Porte-Saint-Martin. Dans l'été 1839, Hugo commence son nouveau drame *Les Jumeaux* dont la base est l'histoire plus ou moins légendaire du Masque de fer, jumeau de Louis XIV. L'œuvre paraît tenir à cœur à Hugo : drame de la fraternité meurtrière, de la raison d'État criminelle, de la paternité douloureuse, il comportait d'étonnantes scènes de rue et un rôle sublime et grotesque à transformations et à déguisements qui ne pouvait convenir qu'à un seul acteur, Frédérick Lemaître. Hugo, chose unique, s'interrompt dans la rédaction d'une pièce dont il déchire peut-être un fragment et qu'il ne reprendra jamais. Ce n'est pas qu'il manque de théâtres : à l'automne, le Théâtre-Français, la Porte-Saint-Martin et la Renaissance veulent tous trois, sans l'avoir vu, le futur drame. Hugo voudrait retourner au Théâtre-Français mais il lui faut Frédérick et malgré ses efforts il échoue à le faire engager.

Malgré de pressantes sollicitations, en particulier de Buloz, nouveau commissaire royal au Théâtre-Français, Hugo hésite. En 1842, après un voyage sur les bords du Rhin et une relecture d'Eschyle, Hugo écrit un drame d'un type nouveau, proprement épique qu'il qualifie de *trilogie*, *Les Burgraves*, où il affronte une fois de plus le problème qui lui tient à cœur depuis *Hernani*, l'opposition de la révolte et de la légitimité, de l'ordre et de la liberté. Dans cette histoire de fratricide manqué où les deux frères se retrouvent dans leur vieillesse, et qui se termine dans la réconciliation et le pardon, Hugo réglait enfin le problème de la lutte fraternelle qui l'obsédait dans *Les Jumeaux*. La pièce, interprétée médiocrement par des comédiens qui n'étaient guère convaincus, laissa le 7 mars 1843 le public plus ébaubi que conquis. Cette collection de vieillards, cette terrible sorcière centenaire, la majesté des alexandrins, les « tunnels » difficiles à passer, autant d'obstacles au succès. A quoi s'est ajoutée la comète de Halley qui apparaissait à la tombée de la nuit et faisait concurrence aux *Burgraves*. Un célèbre quatrain formait la légende d'une caricature de Daumier :

Caricature de Daumier à l'occasion de la représentation des Burgraves *(1843) :*

Hugo lorgnant les voûtes bleues
Soupire et demande tout bas
Pourquoi les astres ont des queues
Quand les Burgraves *n'en n'ont pas.*

Il y a plus sérieux, et c'est la réaction classique autour de l'interprète de génie, la jeune Rachel. En 1838, Rachel joua Camille dans *Horace* puis fut Émilie, Hermione, Ériphyle. Jules Janin dans *Les Débats* la porta brusquement aux nues. Les recettes du Théâtre-Français bondirent de 800 à 4 800 francs. Il serait superficiel de croire que seul le talent de l'actrice fit sa gloire : mais elle donnait l'occasion d'entendre enfin des chefs-d'œuvre que l'on jugeait si ennuyeux et pour lesquels on n'avait qu'une admiration de commande. Le clan classique avait enfin de bonnes raisons de pavoiser. Cette réaction classique fit même applaudir la *Lucrèce* de Ponsard, tragédie qui ne précipita pas, malgré la légende, la chute des *Burgraves* puisque la première eut lieu précisément le soir de la dernière des *Burgraves*. Balzac, qui n'est pas tendre pour Hugo, écrit : « J'ai vu *Lucrèce* ! Quelle mystification ! Hugo a bien mérité par ses sottises que Dieu lui envoyât un Ponsard pour rival. » Chose étrange, c'est, à l'Odéon, les lions du romantisme, Dorval et Bocage, qui jouent *Lucrèce*. C'en est bien fini du drame romantique. Hugo se tait : il n'écrira plus pour une scène même s'il écrit encore des textes de théâtre. Dumas se tourne vers les romans et leurs adaptations scéniques au Théâtre Historique.

Le drame de Hugo est tenu pour le modèle, un peu décevant selon la critique traditionnelle, du drame romantique. Après la Préface de *Cromwell*, Hugo s'efforce de constituer ce drame et de l'accorder aux exigences de la scène.

Dramaturgie de Hugo

Renouvellement de la dramaturgie : le poète joue avec le temps ; souvent presque respectée, l'unité de temps peut être aussi délibérément violée et la durée distendue, ou ponctuée par la présence de nuits (trois nuits dans *Angelo*) ; parfois tout un jeu s'instaure qui fait des cinq actes une suite reproduisant une journée du matin jusqu'à la nuit *(Ruy Blas, Les Burgraves, Hernani)*. Le point litigieux c'est l'unité de lieu : théâtre de l'histoire, le théâtre de Hugo devrait pouvoir utiliser un espace pluriel et mobile mais le code théâtral du temps veut un espace réaliste surchargé par la couleur locale ; corollaire : la lourdeur des décors et le petit nombre des changements, réduisant la vision de l'histoire.

Mais la présence de l'histoire est absolument nécessaire à Hugo. Certes il se défend de la « misérable allusion » mais l'histoire du passé parle du présent : « Ce serait l'histoire que nos pères ont faite confrontée avec l'histoire que nous faisons » (Préface de *Marie Tudor*). De là, à la fois la nécessité d'une vérité minutieuse, seule porteuse d'une proportion possible avec le présent — et d'une certaine torsion, d'un flou qui permet d'insuffler le présent dans le réel passé. L'histoire selon Hugo pose un problème clé. En quel lieu chercher la légitimité du pouvoir s'il est vrai qu'il y a des légitimités qui se sont effritées ou effondrées. Où est le pouvoir dans *Marion*, dans *Marie Tudor*, dans *Angelo*, dans *Ruy Blas* ? *Hernani* ou *Les Burgraves* sont une interrogation sur la nature du pouvoir, sa transformation possible.

Or le pouvoir, légitime ou non, s'arroge droit de vie et de mort sur les êtres qui lui sont soumis : la vie individuelle et la vie de la nation sont intimement unies et l'image de la mort violente infligée par le pouvoir en est la confirmation. Il n'y a pas de crime passionnel chez Hugo, il n'y a de crime qu'historique, même la mort de Don Salluste. De là la confrontation de la reine et du bourreau dans *Marie Tudor* et la parenté de l'un et de l'autre. De là la présence du puissant à l'intérieur de la fable ; Hugo s'écarte de l'usage scottien de l'histoire : chez Walter Scott, le pouvoir est toujours dans la marge. Le paradoxe chez Hugo c'est l'efficacité meurtrière d'un pouvoir faible et dérisoire. Là s'insère le grotesque qui est la loi d'un monde où la puissance a un visage ridicule et mesquin : « Siècle bizarre... Nos grands Césars Sont des lézards » comme le chantent les Fous de *Cromwell*.

Or le grand reproche fait à la dramaturgie de Hugo c'est justement la présence du *grotesque*. Mais le grotesque est loin d'être seulement la juxtaposition du comique et du tragique — ce qu'à la rigueur on supporterait : le quatrième acte de *Ruy Blas* a fini par être accepté parce que le comique *a l'air* d'y être seul. Le grotesque, qui n'est pas toujours comique, c'est la présence simultanée et conjointe du dérisoire et de la mort. Quand on trouve ridicule tel détail (la pluie des cercueils de *Lucrèce Borgia*), on oublie que le grotesque est *prévu* et que le rire et l'angoisse sont programmés du même coup. Les contemporains de Hugo ne l'ont pas supporté : le grotesque suppose par définition que rien, aucun pouvoir spirituel ou temporel, ne mérite un respect sans distance. Le grotesque hugolien compromet subrepticement tout ce qui appelle considération ou révérence. De là les protestations et les refus. D'autant que la source du comique n'est pas le faible, mais bien plutôt le puissant.

Un autre trait de la dramaturgie hugolienne : le recours sans scrupule non au mélodrame, mais à ses outils : rencontres de hasard, cachettes, oubliettes, outils nécessaires à qui ne dispose que de l'espace plein et mimétique de la scène contemporaine. Sans compter la valeur symbolique du poison ou du sbire, métaphores d'un régime hypocrite et policier. Au reste, le drame de Hugo ne dit pas la même chose que le mélodrame, mais précisément le contraire : non pas que tout va s'arranger grâce à la divine providence, puisque rien ne s'arrange, non pas que l'on va restaurer dans ses droits le Père dépossédé, puisqu'il n'y a plus de restauration. Le mélodrame est retourné : il n'y a pas de *sens* de l'histoire, ni de bien qui puisse triompher.

Hugo a toujours refusé le contemporain, c'est-à-dire le drame bourgeois : c'est que l'histoire est le seul point de vue d'où l'on puisse montrer le réel sans y consentir.

Enfin l'esthétique de Hugo est proprement théâtrale non pas seulement par l'attention toute pratique qu'il donne au travail scénique, auquel nous avons vu qu'il ne dédaigne pas de se mêler, ou par l'importance qu'il attache aux acteurs et à leur travail, mais parce qu'elle est une esthétique de l'artifice, du scénique, de la « théâtralité », une esthétique de la surprise, indifférente au « vraisemblable » : « Le théâtre, dit Hugo vers 1834, n'est pas le pays du réel : il y a des arbres de carton, des palais de toile, un ciel de haillons, des diamants de verre, de l'or, du clinquant, du fard sur la pêche, du rouge sur la joue, un soleil qui sort de dessous terre. C'est le pays du vrai. » Dans les pièces de Hugo, les mêmes structures fondamentales se retrouvent, l'une portant sur l'intégration sociale, l'autre sur l'identité. La première est bien connue, c'est celle du drame romantique (Dumas, Vigny). Chez Hugo apparaît toute une « dialectique du maître et de l'esclave », corrélative d'un mouvement (toujours mortel) d'entrée dans les hautes sphères de la société. Le schéma est la lutte du héros, en général pour l'amour d'une femme, contre un puissant qui finit par gagner, même si le héros sacrifie sa vie. Schéma quelquefois nuancé, mais toujours présent. Cette structure conflictuelle se complique en général de la présence d'un troisième personnage : c'est la structure en carré *(tres para una,* sous-titre d'*Hernani*).

Ce qui appartient en propre à Hugo, c'est le drame de l'identité : le héros possède toujours une identité d'emprunt : enfant trouvé (Didier dans *Marion*), enfant camouflé (Gennaro dans *Lucrèce*, Jane dans *Marie Tudor*), enfant volé (Otbert dans *Les Burgraves*), imposteur *(Ruy Blas)* et toute la fable, c'est la

Victor Hugo en 1837. Dessin de Louis Boulanger. Paris, maison de Victor Hugo.

révélation de l'identité. La structure se complique presque toujours d'un échange d'identité entre deux personnages dont la fraternité, fût-elle d'emprunt, est évidente : Ruy Blas et Don César, Gennaro et Maffio, Didier et Saverny, Louis XIV et le Masque de fer *(Les Jumeaux)*, en attendant la double rivalité des frères ennemis dans *Les Burgraves*. Le matériau même du théâtre, outre l'espace, est la parole. Or le statut de la parole chez Hugo est étrange, parole aussi abondante qu'elle est inefficace, impossible. Le discours est plaidoyer devant qui ne peut entendre, paroles qui retombent vaines dans un vide terrifiant. Personne n'écoute personne : c'est le discours de la souris au chat Raminagrobis. C'est non seulement que le maître n'a pas d'oreilles, mais que le sujet qui parle est sans droits, parce que son identité est problématique : Ruy Blas n'est pas Don César, alors qui parle le « Bon appétit, messieurs ! » ? L'identité fausse ou mensongère compromet le statut de vérité de la parole. Donc peu d'actes de langage efficaces : assertions, supplications, malédictions sont toujours suspectes quelque part ; demandes et prières sont toujours contredites par une providence sardonique. Une exception : ce qui est valable et solide, c'est le contrat, implicite ou explicite : Gilbert et la reine Marie, Ruy Blas et Salluste, Hernani et Ruy Gomez, Gennaro et Maffio ; tous contrats porteurs de mort. Dans le monde que dessine le théâtre de Hugo, on respecte les contrats même s'ils sont mortifères, contrats auxquels on ne peut échapper que par un seul moyen à la révélation d'identité : « Je suis Jean d'Aragon », crie Hernani ; « Je m'appelle Ruy Blas et je suis un laquais » ; et Lucrèce : « Je suis ta mère ! »

Tout le théâtre de Hugo tourne autour du problème du sujet, de son statut, de son droit ; et précisément ce que Hugo met en question et compromet, c'est l'impérialisme de la personne humaine. De là contre lui les colères, inexplicables, les haines, inexpiables. C'est que si la parole est folle et le sujet compromis, tout est mis en question. Tout, sauf l'amour, seul principe de valeur. Il n'est pas étonnant que ce théâtre comporte les plus belles scènes d'amour partagé. Un drame de Hugo est toujours quelque part un drame d'amour. Amour au sens le plus général du mot : amour filial, maternel, paternel comme amour de l'amant et de l'amante, amour comme totalité proprement effrayante, force extérieure au social et le dévorant. Et l'affirmation clé n'est pas seulement la liberté de l'amour, c'est celle du droit de la femme à cette liberté. Anarchisme passionnel ? Pas vraiment. Hugo affirme la « moralité » de son théâtre. Et dans la Préface d'*Angelo*, il s'écrie : « Faites circuler dans tout une pensée morale et compatissante. » S'il est une idée-force dans cet humanisme antihumaniste qui est celui du théâtre de Hugo, c'est celle de l'égalité virtuelle des êtres humains, même des monstres, c'est le refus de toute vue paternaliste et *surplombante* de l'humanité souffrante. La certitude qu'il n'est pas juste de juger, qu'on ne peut trier les bons et les méchants (à l'envers du mélodrame), que les monstres sont comme les autres, telle est la morale (subversive) du théâtre de Hugo. Marie Tudor, désarmée devant la mort qu'elle a voulue, Angelo, le tyran, frissonnant devant le pouvoir de Venise, Triboulet, affreusement conscient d'être « le noir démon qui conseille le maître » sont dignes de ce qui est proprement le ressort tragique du théâtre de Hugo, qu'il nomme la *compassion* et qui n'est pas si éloigné de la pitié aristotélicienne. Avec une différence : pour Hugo « le sublime est en bas ».

LE THÉÂTRE « DANS L'ESPRIT »

Une des caractéristiques du théâtre de l'ère bourgeoise aussi bien en France que dans les autres pays, en Allemagne en particulier (songeons à Kleist et Büchner), c'est le fait que beaucoup d'œuvres majeures ne sont pas jouées ou le sont des dizaines d'années, voire un siècle après leur écriture : en France outre le *Cromwell* de Hugo, le théâtre de Mérimée, il y a tout le théâtre de Musset (à part une seule et fâcheuse exception) et, de Hugo encore, le *Théâtre en liberté*.

Il y a un paradoxe à voir l'un des premiers dramaturges français ne pas pouvoir affronter la scène de son temps. La seule pièce jouée de Musset, *La Nuit vénitienne*, montée avec soin par Harel qui y croyait, subit à l'Odéon, le 1er décembre 1830, un désastre bizarre, indiscutablement dû à une cabale classique : on avait été battu sur *Henri III et sa cour*, et même sur *Hernani*, on se vengeait sur le plus petit, le plus jeune, ce débutant de Musset : cela lui apprendrait à faire le romantique ; cette *Nuit vénitienne*, encore un de ces produits pervers de la nouvelle école. Musset renonça par manque de combativité, certes, mais aussi parce que, pénétré de Shakespeare beaucoup plus que de Schiller, il cherchait dans la forme théâtrale le plus de liberté possible. Le grand texte en vers du *Spectacle dans un fauteuil*, *La Coupe et les Lèvres*, est suivi à la fois par des drames en prose et par des comédies, en prose également, qui n'ont ou n'ont pas le titre de proverbe, mais dont la caractéristique est le mélange de jeunes amoureux et de fantoches grotesques et dangereux. Les changements de lieu, l'ambiguïté des personnages, le caractère mortel de la passion amoureuse, avec ce mélange propre à Musset d'une structure de comédie avec un dénouement dramatique, autant de caractéristiques qui intègrent le théâtre de Musset dans l'histoire du romantisme.

Les grandes comédies datent d'avant la rencontre de Musset et de George Sand, ce sont surtout *Les Caprices de Marianne* et l'illustre *Badine* (*On ne badine pas avec l'amour*). A quoi s'ajoutent *Fantasio* (1833) et, après la rupture avec George Sand, ce bouquet final qu'est *Le Chandelier* (1835). Après quoi Musset n'écrit plus guère que des œuvrettes charmantes et mineures. La comédienne Mme Allan ramena l'une des plus jolies, *Un caprice*, d'une tournée en Russie ; elle la fit jouer au Théâtre-Français le 27 novembre 1847 avec un grand succès. Ce qui permit d'adapter et de jouer les autres. Non sans de graves édulcorations : ni la forme ni le contenu (qui déplaisait au puritanisme ambiant) ne permettait qu'on les joue en l'état. Musset se plia de bonne grâce aux remaniements. On joue au Théâtre-Français, en 1848, *Il faut qu'une porte soit ouverte ou fermée*, *Il ne faut jurer de rien*, *André del Sarto*, et, la même année, *Le Chandelier* au Théâtre Historique. En 1851, c'est *Bettine* et *Les Caprices de Marianne*, toujours à la Comédie. Comédies très « théâtrales », elles sont fascinantes par leur intensité sentimentale. Déguisements, fantoches, jeux avec l'identité et le hasard, mensonges, illusions et pièges, tout un réseau baroque et grotesque enveloppe les mouvements dramatiques de l'amour. « Démystification du sérieux dans

Alfred de Musset, drames, comédies et comédies-drames

lequel s'enveloppe la monarchie et du barrage qu'elle oppose à tout ce qu'il y a d'authentique dans l'être humain » (Max Milner).

Mais ce théâtre si « théâtral » comporte deux traits décisifs marquant sa rupture avec la scène : d'abord la succession rapide des lieux, ce qui rend le texte injouable selon le code scénique du XIXe siècle sans de profonds remaniements ; ensuite l'indifférence profonde que Musset oppose aux convenances morales et sociales. Quand Musset fit l'arrangement du *Chandelier*, il changea le dénouement : Jacqueline, bien loin d'accorder ses faveurs à son joli petit soupirant berné, lui signifie son congé !

Les drames de Musset sont écrits d'une autre encre. Le premier, *André del Sarto,* assez facilement adaptable techniquement à la scène, est fort provocant pour le puritanisme victorien : ces amants triomphants par l'effacement suicidaire du mari, s'ils sont romantiques, ne sont véritablement pas moraux. La pièce, admirable de force, est rendue un peu désuète par la violence du style.

A gauche, mise en scène imaginaire, déjà réaliste, d'un Chandelier *(Musset) dont la représentation, en 1850, est bien édulcorée par l'esprit victorien. Paris, B.N.*
A droite,
Musset, André del Sarto *(1831). Le héros mourant porte un toast : « A la mort des arts en Italie ! ». Paris, B.N.*

Tout autant que le problème de la liberté de l'amour malgré le mariage, elle pose le problème tout aussi dramatique et qui obsède Musset de la situation de l'artiste au XIXe siècle, pris entre un mécénat défunt et la commercialisation de son art, qui le laisse sans défense. On a tout dit sur *Lorenzaccio*, grande pièce fort difficile à monter, parce que vraiment non écrite pour la scène, écrite à l'envers si l'on peut dire, comme une démonstration, chaque séquence étant définie par un lieu nouveau. Fable politique tout autant que drame d'un héros central, *Lorenzaccio* est l'histoire des efforts velléitaires que font les Florentins, les Strozzi comme la marquise Cibo, pour se débarrasser de leur duc libertin et tyrannique ; seul le plus proche du duc, son favori, son mignon, réussira un tyrannicide qui n'assurera ni la liberté de Florence ni sa propre intégrité physique et morale. Pièce shakespearienne par l'importance décisive donnée au facteur politique, comme par la complexité du personnage principal, elle n'est contrairement à la légende que fort peu autobiographique ; et Lorenzo ne ressemble à son auteur que par le goût de la débauche. Ce que dit la pièce, dont le rapport à la situation contemporaine est étroit, c'est l'impossibilité pour le héros ou pour la cité de se sauver quand la dégradation est trop profonde, quand il n'y a plus de groupe actif, de *peuple* pour défendre ou recueillir la liberté. Romantique non seulement par ses audaces formelles (les trois unités sont bafouées) mais par le centrage autour d'un héros, ce « Hamlet français » peut aussi être tenu pour l'autocritique du romantisme : le rêve de l'action héroïque est non seulement montré inefficace, mais sapé à la base par l'inadéquation entre l'« épaisseur » du héros et la faiblesse du monde qui l'entoure. La pièce est montée pour la première fois en 1896 au Théâtre Sarah Bernhardt, terriblement tripatouillée par les soins d'Armand d'Artois. Sarah y triompha.

Hugo et le Théâtre *en liberté*

Hugo, après *Les Burgraves,* ne parle plus d'écrire pour le théâtre : il a perdu l'espoir d'être joué ou n'y tient plus ; or pour lui le seul théâtre qui existe est celui qui se produit sur une scène. Onze ans plus tard, en janvier 1854, il dira : « L'envie de faire du théâtre m'a repris, et j'ai souffert en pensant à la complète impossibilité où je suis d'en faire, Bonaparte rendant toute représentation impossible. » Mais il se remet à en écrire, toutes sortes de petits fragments, d'abord, plus ou moins développés, un canevas, une réplique, parfois une vraie scène ou bien déjà une saynète, comme *La Forêt mouillée.* Bien plus tard, après 1865, il écrit plusieurs drames ou comédies centrés autour de l'amour et de la révolte (il n'a jamais oublié la problématique d'*Hernani*), *La Grand-Mère, L'Épée,* les étonnantes *Deux Trouvailles de Gallus,* pièces jumelles autour de la recherche de l'amour, de son triomphe, de son échec. Le chef-d'œuvre est sans doute *Mangeront-ils ?,* histoire mythique, proprement grotesque au sens fort du mot, qui montre une sorcière mourante aidée d'un voleur contraindre un roi sot et tyrannique à lâcher sa proie, les jeunes amants qu'il torture par la faim, puis, pour finir, à abdiquer. L'incroyable désinvolture de l'alexandrin, le lyrisme du discours du voleur et de la sorcière, la grâce des scènes de l'amour affamé, le comique profond des personnages du Roi et de son conseiller Mess Tityrus font de cette pièce un chef-d'œuvre, joué seulement, avec succès, après la dernière guerre.

Une autre tendance dans le *Théâtre en liberté* de Hugo : le mélodrame populaire et son retournement, d'abord dans une courte comédie à quatre personnages, *L'Intervention,* qui échappa de peu à la destruction (1866), histoire d'un échange amoureux heureusement manqué, entre gens de condition sociale différente. Ensuite dans *Mille Francs de récompense,* où réapparaît le marginal, sorte de mélange entre Jean Valjean et les gueux truculents dont Hugo a toujours rêvé ; il y raconte superbement la réparation par le vieux voleur d'une injustice et d'une infamie commises par les puissants ; après quoi le héros finira ses jours au bagne, presque volontairement, en s'écriant : « La vérité finit toujours par être inconnue. » Ces deux pièces, non pas historiques mais contemporaines, que Hugo peut se permettre parce qu'elles n'ont pas vocation (en tout cas immédiate) à la scène, contiennent une forte charge non seulement comique mais surtout satirique ; même la IIIe République ne les a pas vues portées à la scène. Il faut attendre 1961 pour *Mille Francs de récompense* (Hubert Gignoux à la Comédie de l'Est) et 1964 pour *L'Intervention,* que J.-P. Vincent et P. Chéreau montèrent au lycée Louis-le-Grand. Décalées par rapport à l'histoire du théâtre, ces œuvres sont à la fois *réalistes* par le ton, le milieu, les éléments naturalistes et *romantiques,* par la présence du grotesque et la vigueur passionnelle, sentimentale et satirique.

C'est tardivement que Hugo donne au drame romantique peut-être son œuvre majeure avec le terrible et inconnu *Torquemada,* texte à la fois polémique et non manichéen, où les possibilités dramatiques et épiques de Hugo trouvent leur plein accomplissement. Les metteurs en scène reculent devant une œuvre peut-être plus difficile à monter encore que *Cromwell.*

Anne UBERSFELD

Ci-contre, photographie de la fin du XIXe siècle du boulevard du Temple, avec le Théâtre de la Gaîté. Paris, B.N.

LA GRANDE MAGIE

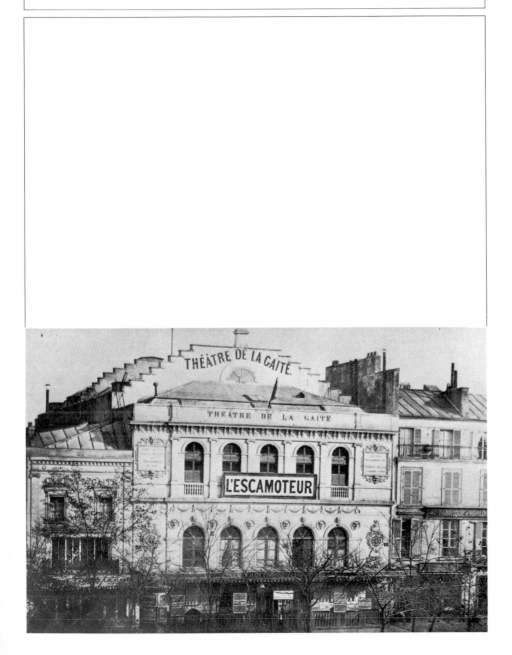

CLOUS EN TOUT GENRE

En ce début du XIXe siècle, un vieux débat se poursuit. Il date du XVIIe siècle, mais il continue de diviser amateurs et professionnels. Il peut ainsi se résumer : un théâtre pour les sens est incompatible avec un théâtre pour l'esprit. L'entendement se passe fort bien de tout déploiement spectaculaire. A l'inverse, le premier (ne) s'épanouit (que) sur des textes-prétextes. Sur des scénarios parfaitement indigents.

Aujourd'hui le débat prend un tour peut-être plus aigu du fait d'une évolution concomitante et à peu près irrésistible, celle des goûts et des pratiques scéniques qui se surdéterminent mutuellement. Les techniques de la représentation se perfectionnent et se transforment rapidement. Le chambardement révolutionnaire a entraîné d'importantes modifications des structures socioculturelles par rapport auxquelles s'était défini un certain théâtre. Enfin l'entreprise théâtrale est de plus en plus tributaire d'un système économique soumis à la loi de la concurrence et aux exigences de la rentabilité. Autant de facteurs qui contribuent à l'avènement d'une nouvelle esthétique de la représentation. On l'appellera l'esthétique du *clou*.

Les terme apparaît tardivement — en 1878, d'après le *Robert* — dans l'argot des spectacles. Le clou, faut-il le rappeler ? c'est d'abord ce à quoi on accroche quelque chose. En l'occurrence, l'admiration du spectateur. Le clou, en somme, c'est l'attraction majeure. La surprise dans sa pochette. L'article singulier a peut-être ici autant d'importance que le nom. Car l'esthétique du clou repose sur le caractère unique, extraordinaire de son objet. Elle peut être comparée à une structure pyramidale : le spectacle tel qu'on l'entend doit être une ascension vers un sommet fabuleux. Et le clou, c'est, par là même, un moteur économique : attirant la curiosité des foules, il est le garant de recettes exceptionnelles.

On voit, d'entrée de jeu, les deux caractéristiques qui, pour la représentation, découlent de cette définition. D'abord l'esthétique du clou n'est que l'avatar le plus récent de cette quête de l'éblouissement qui gouvernait le théâtre français des deux siècles précédents (voir volume I, p. 355). A cet égard, il n'y a pas de solution de continuité idéologique entre la période prérévolutionnaire et celle qui nous intéresse. D'autre part, le clou, nécessairement, induit une pratique théâtrale hétérogène. Car il n'existe que s'il peut être désigné comme tel, c'est-à-dire circonscrit, isolé dans un environnement qui lui sert de cadre. A l'instar du chef-d'œuvre de la peinture, le clou est encadré, mais dans le temps autant que dans l'espace. Autrement dit, des processus calculés mettent le spectateur en état d'attendre, de désirer le moment éblouissant : rebondissements d'une intrigue vers une acmé entrevue, alternance de temps forts (menaces, surprises, rencontres pathétiques...) et de répits (divertissements, intermèdes pittoresques, ballets...) qui sont autant de « miniclous » ayant à peu près la fonction apéritive de l'amuse-gueule !

Souvent, le clou coïncide avec le finale de la représentation pour que le spectateur quitte le théâtre sur la jouissance la plus forte, dans une euphorie maximale. Mais, parfois, il explose plus tôt dans la temporalité du spectacle.

Comme s'il fallait, après ce moment suprême, laisser au public un temps de « décompression ». Répit nécessaire pour accéder à une sérénité heureuse au moment de la sortie du théâtre.

Cette hétérogénéité se répercute à tous les niveaux. La représentation est une succession de *moments* et d'*effets* : entrée de la vedette, duo d'amour, scène d'affrontement ou d'agonie, grand air dans l'opéra, adage et variations de la danseuse, etc. Le tissu conjonctif qui relie ces moments les uns aux autres est plus ou moins lâche, plus ou moins intéressant. Et, selon les genres, on y accorde une attention plus ou moins distraite.

L'engouement pour l'esthétique du clou est partagé par toutes les catégories de public. Par les classes populaires qui, depuis la Révolution, tremblent, rêvent et pleurent au *mélodrame*. Mais aussi par les couches dominantes, bourgeoisie enrichie de plus ou moins fraîche date, aristocratie de monarchie ou d'empire, partagées entre le souci de préserver, donc de célébrer, un pouvoir culturel, et

Dans le film Les Enfants du Paradis *(1944) de Marcel Carné, d'après un scénario de Jacques Prévert, le décor d'Alexandre Trauner évoque l'époque romantique, le Boulevard du Crime dans une fresque populaire où le mime Deburau est interprété par Jean-Louis Barrault.*

_ Monsieur Colimard si vous continuez à lorgner les danseuses d'une façon aussi inconvenante je vous ramène à la maison avant la fin du spectacle

Lithographie de Daumier. Paris, B.N.

une aspiration au plaisir. L'acteur Fleury relève lucidement ce comportement ambigu dans ses *Mémoires* : « Les dames de la nouvelle France donnèrent l'impulsion. Elles avaient leur loge à l'année chez nous [au Théâtre-Français] où elles venaient une ou deux heures montrer leurs diamants ; mais aux Boulevards était leur théâtre de prédilection. Il leur fallait, au moins trois fois par semaine, pour une demi-pistole de catastrophe, d'incendies, et de carnages. »

Typologie du clou

Le clou varie évidemment selon les genres, selon les ressources financières, techniques et humaines des théâtres... Mais l'on peut dire que toutes les formes, tous les instruments de la scène connus à l'époque contribuent, selon des combinaisons diverses, à l'invention de clous nouveaux et surprenants.

Un premier distinguo suggère d'opposer les clous qui mobilisent d'abord le personnel du spectacle à ceux qui reposent principalement sur des prouesses scénographiques. *Bals* et *ballets* sont des formes de clou spécialement appréciées par les amateurs de *mélodrames* et de *féeries*, ainsi que par les abonnés de l'Opéra. Les théâtres spécialisés ont naturellement des chorégraphes appointés. Le ballet associe d'ailleurs danse de virtuosité et pantomime, ce qui permet de l'intégrer plus aisément à l'action représentée. « Point de mélodrame sans son ballet, écrit P. Ginisty. Il est aussi indispensable que la musique. » Deux fonc-

La Sylphide *dans une reconstitution récente (Opéra de Paris, 1979), chorégraphie de Pierre Lacotte d'après la version originale de Philippe Taglioni, avec Ghislaine Thesmar et Michael Denard. Le rôle-titre avait été créé par Marie Taglioni en 1832. Le ballet romantique naissant comblait, avec le mélodrame et la féerie, un besoin de merveilleux et de fantastique auquel le théâtre « littéraire » n'osait pas encore répondre...*

tions lui sont assignées. Intermède brillant et bref, il intervient pour détendre le climat d'angoisse qu'impose l'action mélodramatique. Il contribue aussi au picturalisme que cultive ce type de spectacle. Les moments privilégiés du ballet sont l'ouverture et le finale. Cela se conçoit : la danse exprime visuellement la joie, le bonheur... Or, dans le mélodrame, l'action se déploie entre un bonheur brisé et un bonheur retrouvé. Autrement dit, le ballet d'ouverture permet de représenter de façon spectaculaire l'effondrement du bonheur en introduisant les prémices de l'action. Inversement, au finale, la danse traduit physiquement la résolution du drame, la restauration de l'harmonie.

Les topiques du mélodrame, qui ne sont pas très nombreux, déterminent le « profil » du ballet. Comme souvent au théâtre, le plaisir du public tresse le vertige de la surprise et la sécurité du familier. L'action se passe-t-elle dans nos provinces ? Le ballet sera « campagnard ». Nous conduit-elle dans des pays lointains ? Il sera « exotique ». Nous introduit-elle dans le « grand monde » ? On aura droit à un « bal masqué ». Ajoutez à cela que certains mélodrames, certaines féeries ont recours au ballet « grotesque » ou « fantastique », au ballet « acrobatique » ou « enfantin »... Ce type de clou débordera d'ailleurs ces genres mineurs et s'imposera aussi bien à l'opéra que dans les formes littéraires du théâtre. Le ballet romantique est ainsi une sorte d'emboîtement de numéros dansés correspondant à cette typologie : ballet campagnard, au premier acte de *Giselle* (1841), suivi au second acte du ballet « fantastique » des willis, ces fiancées mortes de désespoir d'amour avant le jour de leurs noces... En 1833, le bal masqué qui clôt le *Gustave III* d'Auber connaît un tel triomphe qu'on le présentera ultérieurement seul, sorti de son contexte dramatique, ramené à son essence de clou.

Le ballet d'opéra va devenir une obligation imposée à tous les compositeurs par la « Grande Boutique » (c'est le surnom que Verdi donnera, exaspéré, à l'Opéra de Paris). Vous êtes un musicien désireux de faire carrière en Europe ? Paris est un point de passage obligé. Mais si vous voulez avoir quelque chance d'être joué sur cette scène illustre, eh bien, surtout n'oubliez pas le ballet dans votre livret et votre partition. Verdi et Wagner passeront sous ces fourches caudines, ce qui nous vaudra le ballet des Quatre Saisons dans *Les Vêpres siciliennes* (1855), la bacchanale de *Tannhäuser* (1861), celle des Sorcières de *Macbeth* (1865). Et Verdi, pourtant au sommet de la gloire, se pliera encore à cette règle intangible avec ses derniers opéras (*Don Carlos*, 1867 ; *Aïda*, 1880 ; *Othello*, 1894).

Cette esthétique du clou assure l'épanouissement de la danse romantique. Placé en 1831 à la tête de l'Académie royale de musique et de danse, le docteur Véron va aussitôt découvrir et exploiter les ressources du genre. Elles se situent dans trois registres : le spectaculaire, le féerique et le fantastique. *La Sylphide* est créée en 1832. La date est importante. On inaugure en effet les premiers « tutus » inventés par Lami. Ils contribuent à exalter l'impalpable légèreté de la ballerine. On y utilise aussi la technique des « vols » bien connue du mélodrame, et l'étoile, Marie Taglioni, dans son rôle de fille-papillon, semble ainsi libérée des contraintes de la pesanteur. Tout cela dans une « forêt » de Ciceri, le plus fameux décorateur de l'époque. La même année, *La Tentation* est une énorme machine qui vise à la réunion de la féerie, du mélodrame, de l'opéra et du ballet. Rien de moins ! Elle mobilise *dix* décorateurs. Requiert *sept cents* costumes ! Elle propose successivement à l'admiration des foules l'intérieur d'un volcan, un château fantastique, un harem, un temple céleste avec un escalier d'or pour le finale... Les clous s'enchaînent les uns aux autres : une chasse démoniaque, un château foudroyé et englouti, un combat céleste d'anges et de démons... Le théâtre lyrique évolue dans le même sens. Véron, pris dans une spirale inflationniste, recherche coûte que coûte des succès retentissants susceptibles de fournir les recettes exceptionnelles nécessaires... à la réalisation de tels succès ! Sous sa houlette, le spectacle d'opéra devient une manière de superproduction. Somptueuse et ruineuse. Elle repose sur une esthétique du tableau qui permet de conduire le spectateur de surprise en émerveillement. Scribe fournit régulièrement des livrets qui ont pour première fonction d'offrir des possibilités de clous. D'en définir la nature, le profil, et de les légitimer du point de vue de la vraisemblance narrative. Faut-il ajouter que, trop souvent, la musique est ravalée au rang subalterne d'accompagnatrice ? Facile et fonctionnelle.

Les mises en scène sont assurées par Edmond Duponchel. Il est prodigue en idées astucieuses, en innovations qui font événement. Ce ne sont que cascades qui gazouillent dans des cadres bucoliques ou grandes eaux qui jaillissent dans des parcs royaux... Il appelle auprès de lui Ciceri et d'autres décorateurs de renom qui s'emploient à trouer l'espace scénique de vertigineuses perspectives. A l'instar du ballet, l'opéra fait sa pâture du fantastique à la mode. En 1831, dans sa mise en scène de *Robert le Diable* (Meyerbeer, livret de Scribe et Delavigne), grâce à l'usage des « trappes anglaises » qui permettent l'apparition des spectres au clair de lune, le tableau du cloître en ruine, avec ses nonnes-fantômes, connaît un triomphe indescriptible.

Autre forme de clou qui mobilise aussi des foules sans toutefois requérir la technique savante du ballet, le *cortège*. Le théâtre et l'opéra vont en user *ad nauseam*. La recette est simple : vous prenez une masse imposante de figurants, vous les affublez de costumes chamarrés, et vous les faites défiler de cour en jardin, de jardin en cour. Plusieurs passages accentuent encore l'effet de masse. Une musique *ad hoc* donnera de l'éclat et de la solennité à ce moment. Et, pour faire bonne mesure, vous pouvez y ajouter quelques animaux, chevaux, lévriers, faucons, chiens d'arrêt, etc. Ils sont particulièrement bien venus dans les épisodes de vénerie. Cortège des électeurs impériaux dans *Hernani* : « Entrent, avec flambeaux et fanfares, le roi de Bohême et le duc de Bavière, tout en drap d'or, couronnes en tête. Nombreux cortège de seigneurs allemands, portant la bannière de l'empire, l'aigle à deux têtes avec l'écusson d'Espagne au milieu. Les soldats s'écartent, se rangent en haie, et font passage aux deux Électeurs, jusqu'à l'empereur qu'ils saluent profondément, et qui leur rend leur salut en soulevant son chapeau. » A signaler que ce défilé fut réglé, finalement, *sans* musique. Manière d'anomalie qui fut appréciée même par les adversaires des romantiques. Dames et gentilshommes peuplent à peu près tous les cortèges opératiques du temps. Et n'oublions pas les pages ! Duponchel en raffole, surtout lorsqu'ils sont joués en travestis ! C. Maurice : « Ses petites et grosses filles habillées en pages lui trottent toujours dans la tête. Il voudrait en mettre jusque dans *Œdipe à Colone* s'il remontait cet opéra » (*Le Courrier des théâtres*, 10 mai 1839). Dans *La Juive* (Halévy, 1835), les chevaux du Cirque Olympique sont embauchés pour participer au cortège de l'empereur Sigismond. A cette occasion, on voit poindre une critique intéressante en ce qu'elle signale une difficulté que la scénographie de l'époque ne parviendra jamais à surmonter complètement. Celle qui résulte de la conjonction de personnages et de figurants avec une perspective factice. Car alors le trompe-l'œil ne peut plus fonctionner. *La Revue du théâtre* fait en effet observer que les maisons de carton des deuxième et troisième plans semblent « avoir été disposées pour gêner le déploiement et les évolutions du cortège qui va passer et dont les cavaliers, en dépit de tout calcul de perspective, paraîtront de niveau avec le deuxième étage ».

Le *costume*, on s'en doute, occupe une place de choix dans les rituels spectaculaires. C'est à lui que le bal masqué du *Gustave III* d'Auber doit une part de son triomphe. Duponchel avait fait réaliser plusieurs centaines de costumes divers pour créer un tourbillon de déguisements et dominos, de figures pittoresques, exotiques, étranges... Pour *La Juive*, trente mille francs, somme énorme pour l'époque, seront affectés à la confection d'armures en *vrai* métal.

Il faudrait aussi dire un mot du *costume truqué*. Il permet, notamment dans la féerie, des effets de fantastique ou de merveilleux grâce à des changements à vue... invisibles ! A la limite, il permet d'introduire dans la représentation des numéros d'acteurs qui feront, par la suite, les beaux soirs du music-hall, tant la virtuosité y est mobilisée comme une fin en soi. A. de Rochefort : « J'ai vu l'acteur Foignet revêtu de vingt-deux costumes qui disparaissaient successivement devant le public, sans que l'acteur quittât la scène, ce qui lui faisait vingt-deux rôles dont il prenait à l'instant la voix, le ton et le caractère. »

Ce dernier exemple le montre de façon caricaturale, l'esthétique du clou conduit à une hypertrophie du quantitatif. Les effets de machinerie doivent être de plus en plus nombreux. Les figurants de véritables foules. Tout doit être de plus en plus surprenant, de plus en plus riche... L'aboutissement d'une telle recherche c'est sans doute le clou qu'on peut appeler *complexe*. S'y retrouvent conjuguées toutes les ressources de l'opéra et du théâtre : protagonistes, comparses, choristes, danseurs et figurants, effets de scénographie, etc. Telle est la scène dite de l'Autodafé dans le *Don Carlos* de Verdi en 1867. Sur le plateau se croisent le cortège des grands d'Espagne et des nobles, le clergé, le peuple, des cohortes de prisonniers flamands, des gardes, le roi, la reine, l'infant... Au fond de la scène doivent flamboyer les bûchers de l'Inquisition et, des cintres, tomber les accents éthérés d'une mystérieuse « voix céleste ». Tel encore le fameux clou d'*Aïda* créée au Caire en 1871 avec son défilé triomphal, ses trompettes qui surplombent le plateau, son ballet, ses théories de prêtres, de guerriers et de captifs...

L'autre grande catégorie de clous en vogue constitue l'apothéose de la scénographie et de la machinerie. Dès 1809, l'apocalypse qui faisait le clou du *Colosse de Rhodes*, un mélodrame de Hapdé, ne comportait pas moins d'une tempête, d'un tremblement de terre, de l'engloutissement de la ville de Rhodes « au milieu des feux souterrains », de l'éruption d'un volcan avec pluie de lave, etc. La didascalie fournit de suggestives précisions : « Le Colosse s'ébranle, s'enfonce à moitié du corps environ, le reste se rompt et tombe dans la mer. Au même moment une montagne s'élève au milieu des flots en furie (...) un volcan s'ouvre sur sa cime... » L'engouement pour ces prouesses techniques est tel qu'aucun théâtre ne peut se permettre de les ignorer, et l'on va, dans ce but, violenter quelque peu textes et livrets du répertoire. Lors d'une reprise du *Don Giovanni* de Mozart, en 1834, Duponchel, histoire de ressusciter son triomphe de *Robert le Diable*, trois ans auparavant, n'hésite pas à transformer en un véritable clou la mort du protagoniste. Il la situe, rapporte *L'Artiste*, dans « un vaste cimetière fantastique où sortaient des tombes, un cierge à la main, les femmes violées par l'Espagnol criant vengeance de leur virginité outragée ».

Même ce temple des traditions qu'est le Théâtre-Français se laisse dévergonder sous la férule dynamique du baron Taylor. En 1825, le *Léonidas* de Pichat enthousiasme par ses débauches d'effets décoratifs. Des trépieds diffusent de l'encens et des feux brillent dans la nuit au sommet des montagnes... Grincements de dents des conservateurs qui voient en Taylor le fourrier du romantisme. L. Halévy, faisant allusion à la mode des dioramas de Daguerre, l'accuse d'abaisser la tragédie en... « tragédiorama » !

Le clou machiné mériterait une analyse de type bachelardien ! C'est qu'il est une mobilisation des songes et des fantasmes et, à ce titre, il requiert les quatre éléments fondamentaux. La *terre*, avec tous les effets d'ensevelissements, tous les souterrains, grottes et antres peuplés de criminels ou de démons infernaux. Le clou emblématique de type « terrien », c'est le *séisme*. De l'*air* relèvent tous les vols féeriques ou fantastiques, les tempêtes, les tourbillons et les cyclones... Mais les deux éléments qui semblent avoir la faveur du clou, ce sont l'*eau* et le *feu*. Ils permettent de ménager les effets les plus spectaculaires. Les clous à dominante liquide sont les tempêtes comme dans *La Citerne* (Pixérécourt, 1809) ou *Christophe Colomb* (Pixérécourt, 1815), les inondations (*La Fille de l'exilé*, Pixérécourt, 1819), les naufrages, tel celui fomenté par Harel pour *La Guerre des servantes* (Théaulon et Alboize, 1837), les marées qui montent inexorablement (*La Fiancée de Lammermoor*, Ducange, 1828).

Mieux que toute évocation, les didascalies de Pixérécourt donnent une idée précise des fastes scéniques requis par ce type de clou. Pour *La Citerne* : « La tempête augmente, les coups de tonnerre se succèdent avec rapidité ; l'air est en feu, les flots amoncelés s'élancent à une hauteur prodigieuse. La grêle et la pluie tombent avec un fracas horrible : toute la nature est en convulsion. On aperçoit dans l'éloignement un vaisseau battu par la tempête et qui fait des signaux de détresse, il tire plusieurs coups de canon, dont on voit le feu et dont le bruit ne se fait entendre que longtemps après. Plusieurs petits bâtiments démâtés passent successivement : l'un d'eux fait explosion et s'abîme à la vue des spectateurs. » Rêverie enfiévrée d'un dramaturge en chambre ? Nullement. Pixérécourt est parfaitement averti des ressources techniques du théâtre de son temps. Il ne décrit que ce qu'il sait pouvoir obtenir à la représentation.

Le *feu* est l'autre grand pourvoyeur de clous scénographiques tant dans la féerie que dans le mélodrame. De bonne heure, et c'est significatif, la « réclame » des théâtres centre la promotion de certains spectacles sur cette mobilisation du feu. Dès les années 1790, le Théâtre des Jeunes Artistes, boulevard Saint-Martin, propose une adaptation par Cuvelier et Hapdé du *Petit Poucet*. Le conte de Perrault devient un spectacle en cinq actes « ornés de chants, danses, costumes nouveaux, évolutions, avec incendie, pluie de feu, explosion et démolition de l'arène du tyran Barbastal ». Toute l'habileté des artificiers n'est pas de trop pour satisfaire cette boulimie. Certains risques, d'ailleurs, ne sont pas toujours maîtrisés : lors de la répétition générale de *Bijou ou l'Enfant de Paris*, une fusée met le feu aux décors. Et les exigences que Pixérécourt impose à l'artificier Chéroy sont à l'origine de l'incendie qui, le 21 février 1835, ravage le Théâtre de la Gaîté.

La mode des éruptions volcaniques semble inépuisable. Il y avait eu, au siècle précédent, celle des *Indes galantes* de Rameau dont l'acte des Incas avait fait sensation (1735). Il y a maintenant celles que propose Daguerre avec ses dioramas. Il y a celles de Pixérécourt dans *Le Belvéder ou la Vallée de l'Etna* (1818), dans *La Tête de mort ou les Ruines de Pompéi* (1827). L'année suivante, c'est encore une éruption qui fait le clou de *La Muette de Portici* d'Auber… On se demande ce que serait devenu le théâtre sans le secours du Vésuve ou de l'Etna ! Ou sans celui du Diable… Car l'enfer est, si l'on ose dire, pain béni pour un tel théâtre. Il permet « les plus affreuses » représentations des tourments qui attendent certains d'entre nous dans l'au-delà. Voyez le *Faust* de Stapfer adapté de Goethe qui se joue à Paris en 1828… Bref, la remarque sarcastique de La Harpe en 1791 n'a rien perdu de son actualité une quarantaine d'années plus tard : « Les incendies sont depuis quelques années la grande ressource des auteurs froids qui, ne pouvant mettre de feu dans leurs pièces, mettent du moins le feu au théâtre » *(Correspondance littéraire)*.

Le clou n'est pas seulement visuel. L'ouïe, facile à impressionner, est aussi prise à partie. Bouleversée, terrifiée ou émerveillée selon les cas. La musique amplifie le retentissement affectif du clou et oriente l'émotion du public. A l'opéra, c'est une occasion de fastueux déploiements orchestraux et choraux. Mais surtout le clou est prétexte à effets sonores qui renforcent sa « vérité » et suscitent l'effroi des foules impressionnables. Tempêtes et orages sont le filon des bruiteurs. Dans *Coelina ou l'Enfant du mystère*, le fameux mélodrame de Pixérécourt qui triomphe en 1799, l'orage commence pendant l'entracte. Il s'amplifie au lever du rideau et ses éclats répercutés « cent fois par l'écho des montagnes » portent « la terreur dans l'âme ». Quant à l'éruption de *La Muette de Portici*, elle est ponctuée par les explosions qu'on imagine, assorties de jets de pierres de toutes grosseurs qu'on fait « tomber du cintre, depuis le Vésuve jusqu'aux marches du palais ».

On se rappelle que les théoriciens du drame préconisaient, avec Diderot et Beaumarchais, un véritable picturalisme scénique. Le clou qui s'inscrit comme un avènement éblouissant dans la temporalité du spectacle est au fond le plus récent avatar de cette théorie. Il est parfois explicitement référé à la peinture de genre. Dans *La Femme à deux maris* (1801), Pixérécourt prévoit une kermesse « dans le genre de Teniers ». Et ce sont des tableaux « d'un luxe asiatique » qui éblouissent le jeune Hugo dans *Les Ruines de Babylone* en 1810. Sous l'Empire, le Cirque Olympique propose des adaptations « libres » (ô combien !) de Shakespeare. Témoin ces *Visions de Macbeth ou les Sorcières d'Écosse*, « tableaux dans le genre de Servandoni » concoctés par Hapdé avec changements à vue, vols de créatures fantastiques, apparitions en tout genre et l'inévitable pluie de feu...

Plus largement, la représentation du mélodrame (mais aussi de la féerie, de l'opéra et parfois du théâtre « littéraire ») est scandée par des effets de tableau. Ce que signale précisément le *Dictionnaire théâtral* en 1824 : « Scène muette à effet, coup de théâtre obligé à la fin de chaque acte de mélodrame. » Voyez, à titre d'exemple, les indications de Hapdé pour le final du deuxième acte du *Pont du Diable* (1806) : « ... Les villageois forment un groupe derrière la grille et lèvent tous les mains en l'air : Toraldi a saisi un des barreaux de cette grille : il succombe à sa rage. *Tableau en avant et en dehors de la grille*. » Ce picturalisme, on le retrouvera tout au long du siècle. En 1839, l'Ambigu et la Renaissance rivalisent en proposant au public deux *Naufrages de la « Méduse »*. Inspirés non seulement par le fait divers historique mais aussi par la fameuse toile qu'il a suggérée à Géricault. Et George Sand de noter dans sa *Correspondance* à propos de l'une ou l'autre de ces représentations : « La scène du radeau fait vraiment illusion et rend jusqu'à la couleur d'un Géricault d'une manière étonnante. » En 1872, *Le Roi Carotte* de Sardou offrira un superbe tableau pompéien avec grouillement de peuple, étals de marchands, défilés de gladiateurs, processions de prêtres et passages de courtisanes. Enfin en 1881 *Les Mille et Une Nuits* seront le prétexte rêvé à une débauche de tableaux divers, parmi lesquels on remarquera spécialement celui de la cour de Cléopâtre et le « ballet des perles » avec ses nageuses qui évoluent dans les airs...

Un tableau « d'un luxe asiatique » : le Sanctuaire d'Isis, *acte III (lithographie de Victor Coindre). Paris, bibliothèque de l'Opéra.*

A travers le clou, par-delà la diversité de ses manifestations, on est tenté d'apercevoir la persistance d'un imaginaire baroque. Le clou, en somme, c'est le moment du retour de Circé. Il donne à voir un monde troublant, un univers en mouvement et qui ne cesse de se faire théâtre. Il a partie liée avec la mort dans ses états les plus spectaculaires, avec la fluidité des choses et des êtres, avec un fantasme de métamorphose généralisée... Dans ce siècle hanté par la reproduction à l'identique du réel, le clou réussit à conférer à ce réel on ne sait quoi de fantastique, à le parer d'un excès qui, parfois, suscite le vertige. En 1836, le tableau de la cour des Miracles dans *La Esmeralda*, opéra adapté de *Notre-Dame de Paris*, est sifflé. Non qu'il soit raté, mais le sens moral entre ici en contradiction avec le plaisir des sens, et le culte de la vérité au théâtre n'englobe pas encore les aspects repoussants du monde... Huit ans plus tard, *Les Mystères de Paris* de Sue et Dinaux mobilisent onze décors de la « plus affreuse vérité » et, comme le note Gautier, « d'une réalité qui dépasse peut-être les bornes ». De fait, le registre privilégié du clou c'est le *merveilleux*. Entendons ce terme en sa plus large acception. Un séisme, une éruption volcanique, un cyclone... par leur couleur exotique aux yeux d'un public français (parisien) ressortissent aussi au merveilleux. Dans la rêverie de tout un chacun, ils se situent non loin des spectres, des démons, et de toutes les opérations de magie que le théâtre sait réaliser.

Bien sûr, les genres en vogue favorisent cette expansion baroquisante. La *féerie* ne mériterait pas son nom si elle n'était pas capable de matérialiser les enchantements les plus improbables. Le *mélodrame*, quant à lui, a élargi son empire par-delà les frontières du monde réel. On peut en dire autant, même si la tonalité est plus élégiaque, du *ballet romantique* et, bien sûr, de l'*opéra*. Il faut dire que les prouesses techniques qui réalisent le clou sont peu ou prou à l'étroit dans la reproduction du réel. Donner à voir un incendie, une mer déchaînée, un naufrage, très bien ! Mais combien plus tentants, pour le machiniste, les jeux sans fin de la métamorphose. C'est en tout cas la norme fondatrice du clou féerique. L'imagination conjointe des scénaristes et des machinistes paraît sans limites. Dans le célèbre *Pied de mouton*, vous auriez pu voir un chapeau se transformer en ballon aérostatique et s'envoler. La table du repas devenir un géant. Une voiture se muer en cage et une tour-prison en « Olympe » où trônent les amants protégés par une escouade d'amours... Dans *Ma Mère l'Oie ou Arlequin et l'Œuf d'or* (1830), Pierrot cherche à entrer dans une maison. Laquelle se met à grandir démesurément, à reprendre sa taille normale puis à se faire minuscule, etc. Le mélodrame n'est pas en reste. Dans *Bijou, enfant de Paris* de Pixérécourt et Brazier (1838), on pouvait voir une cascade d'eau naturelle devenir un flot de lave incandescente...

Souterrain. Décor réalisé par Daguerre en 1817 pour le Théâtre de l'Ambigu-Comique.

Vu que ses scénarios les plus ingénieux ne lui fournissent qu'un nombre somme toute limité d'occasions de métamorphoses, la féerie n'hésite pas à exploiter jusqu'aux homophonies du dialogue. Dans *Pif-Paf* (1876), l'enchanteur Krik-Krok se réjouit, mais un peu vite : « Je suis bien à l'abri dans ma tour, dit-il, elle ne craint rien, elle est en bonnes briques. » Mais la Fée aux Noix, décidément facétieuse, est aux aguets : « Ah, elle est en brick, eh bien voyons ! » Un coup de baguette magique, et voici la tour du malheureux Krik-Krok transformée en un... brick secoué par des flots démontés ! Dans *Les Mille et Une Nuits* (1881), on pénètre dans un laboratoire d'une certaine façon cratylique : l'énonciation du mot suffit à faire surgir la chose qu'il évoque à grand renfort de calembours. Dites simplement : « c'est commode », et vous verrez tout aussitôt surgir un régiment de... commodes !

On nous donne parfois la recette qui permet d'obtenir la métamorphose requise. Dans *La Lampe merveilleuse,* féerie de Merle et Carmouche (1822), on voit Aladin poursuivi par des soldats. Naturellement, pour échapper au péril, il frotte sa lampe magique... « Les soldats se changent soudain en cuisiniers, au moyen d'un encadrement en carton peint qui ne laisse voir que leur figure : ils sont habillés derrière, et une fois tombé, "ça" représente le tablier des cuisiniers... » Voici, dans sa technicité savoureuse, la recette du changement à vue donnée à P. Ginisty par E. Colombier, chef machiniste du Châtelet au début du XXe siècle : « L'artiste est habillé dans le costume qui doit apparaître aux yeux du public, et, par-dessus, il endosse un autre costume, dit "à boyau", pour sa première incarnation. Ce costume est établi de façon à ce que toutes ses parties (habit, gilet, pantalon suivant l'époque) soient cousues ensemble pour éviter les parties d'étoffes inutiles et encombrantes. Puis ce costume, devenu d'une seule pièce, est coupé de haut en bas et de chaque côté, soit en deux parties reliées par une corde à boyau passée dans des anneaux, et dont les extrémités passent de chaque côté de quelques centimètres, à chaque jambe du pantalon. Au moment du changement en scène, l'artiste se place en avant d'une petite trappe ovale de quarante centimètres de long sur vingt de large. Son habilleur, placé dans les dessous du théâtre, ouvre, à la première réplique, cette petite trappe, prend les extrémités du boyau et tire sur cette corde pour l'enlever complètement. Le costume n'est donc plus que simplement posé sur l'artiste. L'habilleur prend ensuite le bas de chaque jambe de pantalon et attend la seconde réplique. A ce signal, il tire le costume par la trappe qui se referme, et l'artiste est transformé instantanément. »

On conçoit que, dans ces conditions, le machiniste soit devenu une vedette à part égale avec le décorateur, le metteur en scène et l'auteur. Il a son nom sur les programmes des féeries. Il est le meilleur garant de bonnes rentrées. Il est l'indispensable cheville ouvrière du succès. En 1865, M. Fournier remonte fastueusement *La Biche au bois.* Les recettes sont fabuleuses. Astucieusement, pour perpétuer et augmenter encore la rentabilité du spectacle, il change tous les mois trois ou quatre tableaux. Décorateurs et machinistes sont sur les dents ! Le machiniste prend sa part des applaudissements. En 1838, à la fin de *Bijou, enfant de Paris*, les spectateurs exigent que le machiniste en chef vienne saluer et ils font à l'illustre Sacré ce que les Américains appellent une *standing ovation*. On connaît également le renom de Camus, chef machiniste de la Gaîté, inventeur de mille truquages originaux, ou celui de Hullin, machiniste attitré de Pixérécourt qui, dans ses didascalies, fournit toutes les astuces techniques imaginées par le premier.

Dès 1801, Boullet avait lucidement prévu cette évolution. Il définissait l'art du théâtre « un art plus que jamais soumis à des tours de force ordonnés par les auteurs des opéras et des pantomimes où le merveilleux, pour produire son effet, a besoin de toutes les ressources du machiniste » *(Essais sur l'art de construire les théâtres, leurs machines et leurs mouvements).*

Dynamique du clou

Ce durable engouement va susciter mille progrès dont, à terme, toutes les formes de spectacles vont bénéficier. Le personnel des théâtres augmente en nombre de façon notable. La troupe du Cirque Olympique comprend une centaine de permanents, trente chevaux avec leurs écuyers, trois décorateurs, Dumay, Philastre et Cambon, une équipe de machinistes dirigée par Sacré, un « truqueur », Laurent, un éclairagiste, un orchestre, un corps de ballet...

D'autre part les salles se construisent ou se transforment en fonction de cette nouvelle esthétique et de ses réquisits. Sous la Restauration, quatre théâtres rivalisent de prouesses scénographiques pour la conquête et l'accroissement d'un public fidèle : la Gaîté, la Porte-Saint-Martin, l'Ambigu-Comique et le Cirque Olympique. En 1826, ce dernier est détruit par un incendie. Reconstruit l'année suivante, il peut se prévaloir d'un des plateaux les plus sophistiqués de l'époque.

La salle du Cirque Olympique. Reconstruit après l'incendie de 1826, il permet, par sa technologie sophistiquée, les spectacles les plus... spectaculaires ! Paris, B.N.

Le metteur en scène dispose d'une aire de 18 mètres de profondeur qui se prolonge par une « arène » de 17 mètres de diamètre. Cette arène est située à la place du parterre et reliée à la scène par une pente douce. S'y ajoutent un « pont volant » au fond et des rampes mobiles qui permettent, le cas échéant, à des cavaliers de descendre des cintres...

La féerie reprend, bien sûr, tout l'héritage du spectacle à machines des siècles précédents et certains clous affichent explicitement cette filiation. On lit, par exemple, dans *Le Pied de mouton* de Martainville, qui fut en 1806, l'un des plus grands succès du genre, des indications de ce type : « Le mur disparaît : un nuage "magnifique" enlève les deux amants » ; « Le fond du théâtre s'ouvre et l'on voit Guzman et Leonora dans un char aérien qui traverse le théâtre... » ; « Les flots grossissent, s'élèvent ; ils atteignent les nuages. » De même, dans *Les Petites Danaïdes* de Désaugiers et Gentil, en 1819, parodie des *Danaïdes* de Salieri, voit-on, comme dans les prologues du XVIIIe siècle, Amour et Hymen se lancer des défis sur leur nuage respectif.

Mais en même temps, la féerie est ouverte au présent et à l'avenir. A l'affût de tout ce qui peut faire nouveauté, clou, les théâtres n'ont garde d'oublier ce merveilleux moderne que constituent, pour le public, les progrès de la technique et de la science. Dès 1839, Laloue, dans *Les Pilules du Diable*, fait entrer en scène et exploser un chemin de fer. Une première, semble-t-il, dans l'histoire du théâtre ! Et, à la fin du siècle, la féerie va chercher un second souffle en exploitant la veine de ce qui ne s'appelle pas encore la science-fiction mais que J. Verne a mis au goût du jour. Ainsi verra-t-on, montés avec les clous qu'on imagine, en 1875 un *Voyage dans la Lune*, en 1882 un *Voyage à travers l'impossible*, tous deux inspirés de J. Verne... Il serait sans doute fastidieux de faire l'inventaire des innovations techniques dont l'esthétique du clou fut à l'origine. Quelques exemples suffiront à donner une idée de leur diversité. L'Ambigu attire les foules en utilisant les « fermes », ces décors rigides montés sur châssis qui peuvent s'élever des « dessous ». Elles permettent à la fois des changements de décors sans interruption de la représentation et des tableaux spectaculaires où se reconnaît l'héritage de Servandoni. Pour *La Fille de l'exilé* (Pixérécourt, 1819), on met en œuvre « trappillons », « bandes d'eau », « chariots », « terrains », « plans », qui permettent d'obtenir un saisissant tableau d'inondation. A l'Opéra, Duponchel améliore l'éclairage au gaz installé dès 1822. La même année, Daguerre invente le fameux diorama qui va être à l'origine de toutes sortes d'effets plus impressionnants les uns que les autres. Il a l'idée, par exemple, de plonger les premiers plans dans l'obscurité de façon à faire ressortir en pleine lumière la perspective et le panorama de la toile de fond. Il utilise aussi un mélange de peintures opaque et transparente grâce auquel il obtient de singuliers effets d'éclairage à la fois par réflexion et par réfraction. Ajoutez à cela le recours aux « transparents » mobiles qui autorisent tous les jeux de lumière imaginables, du brouillard au clair de lune, ainsi que l'animation des paysages grâce aux effets de vagues ou de flammes... En 1829, pour *La Belle au bois dormant*, Ciceri invente le « panorama mobile » qui s'enroule sur des tambours. Cela lui permet de donner la sensation du mouvement d'une barque. L'idée sera souvent reprise...

Ce théâtre se tient aux aguets de tous les progrès technologiques et il trouve très vite à en tirer parti. Dans *Les Quatre Cents Coups du Diable*, on utilise l'air comprimé. Pour imiter le bruit de la tempête (il s'agit de représenter un cyclone). Pour envoyer sur le plateau des objets divers, de la poussière. Pour obtenir des effets de flammes dans les tableaux « infernaux » (la soufflerie est alors dirigée sur des étoffes rougeoyantes découpées et éclairées de façon appropriée)...

A s'en tenir au plan intellectuel, le clou n'aurait eu, c'est vrai, qu'un intérêt anecdotique. Il illustre tout au plus un moment de l'histoire du goût théâtral. Mais on n'oubliera pas qu'il surdétermine toutes les dramaturgies en vogue, du mélodrame à la tragédie néoclassique, du drame romantique à l'opéra, de la féerie au ballet. Mais surtout il donne un coup de fouet sans précédent à l'inventivité des techniciens de la scène. A ce titre, il aura joué un rôle peut-être sous-estimé dans l'avènement des pratiques modernes de la représentation.

Le Théâtre de l'Ambigu-Comique, l'un des hauts lieux du boulevard du Crime (lithographie de Guérard). La ville de Paris ni l'État n'ont voulu s'opposer à la convoitise des promoteurs immobiliers. Malgré les protestations des gens de théâtre et d'autres, ce « monument » de l'histoire de notre théâtre a été remplacé par un anonyme immeuble de rapport. Il reste, pour se consoler, la superbe reconstitution (v. p. 97), par M. Carné et J. Prévert, des Enfants du Paradis... *Paris, musée Carnavalet.*

OÙ L'ON PARLE DE MISE EN SCÈNE

Quoi d'étonnant à ce que le terme de *mise en scène* fasse alors son apparition ? Les techniques de la scène deviennent si complexes, mobilisent un personnel si divers et si nombreux que la nécessité d'un pouvoir de coordination et de régulation s'impose irrésistiblement.

En 1830, le mot est entré dans le langage de la critique journalistique. La presse, toutes tendances confondues, salue la mise en scène d'*Hernani*. *Le Corsaire* : « Une seule chose mérite des éloges sans restriction, c'est la mise en scène. » *Le Courrier des théâtres* : « La mise en scène est magnifique. » *Le Courrier français* : « Décorations, costumes, ce qu'on appelle la mise en scène, suffiraient pour piquer la curiosité publique. » Un peu plus tard, en 1835, *Le Monde dramatique* explicite le sens du terme : « Dès que l'on va répéter sur le théâtre, la première besogne est la mise en scène. La mise en scène est la partie la plus délicate de la représentation. (...) C'est un métier, c'est un art que cela et c'est un art très difficile. »

On le voit, l'expression a un sens différent de celui qu'elle a revêtu aujourd'hui. Plus restrictif aussi. Il ne s'agit nullement alors de proposer au spectateur une lecture singulière, cohérente d'un texte, mais, bien plutôt, de concevoir et de mettre en œuvre une stratégie du spectaculaire par rapport à quoi tout devra être déterminé. Tout ? Ce n'est même pas sûr. L'acteur n'est concerné par la mise en scène ainsi entendue qu'en tant qu'il entre dans l'élaboration d'une image scénique. Le metteur en scène lui indique le lieu et le moment de ses entrées ou de ses sorties. Ou comment contribuer à tel effet. Mais l'interprétation *stricto sensu* est laissée à sa responsabilité. Tout au plus, lorsqu'il s'agit d'œuvres contemporaines, se fait-il éclairer par des conversations avec l'auteur. Dont il tient compte ou non.

Cette situation explique les réserves, voire les critiques que les tenants d'un théâtre « textocentrique », excédés par les déferlements du pur spectacle, ne se privent pas de formuler. On y reviendra. Quoi qu'il en soit, la mise en scène est perçue alors de la façon la plus contradictoire. Pour les uns, elle représente le salut même du théâtre. C'est le point de vue du *Courrier des théâtres* qui note le 11 juin 1836 : « *Cinna* produit deux mille francs avec ses acteurs et ses décorations. Que rapporterait donc *Athalie*, jouée du mieux possible, et secondée d'une mise en scène ! » (A titre de comparaison, on se rappellera que la première d'*Hernani*, le 25 février 1830, malgré un nombre élevé de billets gratuits, avait rapporté 5 134 francs. Que la veille, *Phèdre* n'avait « fait » que... 496,30 francs. Et que la troisième représentation du *Louis XI* de Delavigne, en 1832, procurera une recette de 4 500 francs.)

Pour les autres, la mise en scène est une menace pour le théâtre et la civilisation. Ils s'offusquent de l'existence même du terme. A une date aussi tardive que 1858, J. Janin le prend encore avec des pincettes et une moue de dégoût : « La "mise en scène", un barbarisme qu'il faut employer. » Ou bien : « Dumas (...) est le "metteur en scène", encore un mot de cet abominable argot dramatique. » Le même Janin ne donne pas moins du metteur en scène une définition qui, pour sarcastique qu'elle soit, propose l'acception la plus exacte du terme qu'on puisse trouver à l'époque : « C'est lui qui décide en dernier ressort des entrées et des sorties (...). Il dispose les conspirations, il arrange les émeutes, il est le maître des cérémonies de toute fête un peu compliquée. Avant que le drame éclate, le metteur en scène a vu la pièce entière dans la chambre obscure de son cerveau ; il ne sait pas toujours ce qui s'y fait, ce qui s'y dit, mais il voit l'image en action, la pose des personnages, les fauteuils, la table, le guéridon, le cordon de sonnette. »

Cela dit, de bonne heure, on voit apparaître les prodromes d'une évolution. Pixérécourt, on l'a vu, s'intéresse de fort près au problème de la représentation. Il a compris que, dans ce domaine, la réussite présupposait le travail d'une équipe fortement soudée. Sous sa plume viennent des idées d'un modernisme étonnant. Elles évoquent, comme l'observe justement M. A. Allevy, le fondement de la théorie théâtrale d'un Craig, voire d'un Artaud au siècle suivant. « Une pièce de théâtre, écrit-il, ne peut être bien pensée, bien faite, bien dialoguée, bien répétée, bien jouée que sous les auspices et par les soins d'un seul homme ayant le même goût, le même jugement, le même esprit, le même cœur et la même opinion. »

Dès 1819, De Bonald, dans ses *Mélanges littéraires*, s'en prenait à l'outrecuidante liberté « que prennent quelques auteurs de dispenser les comédiens de toute intelligence en *notant*, dans les pièces, avec une minutieuse exactitude les endroits où ils doivent s'asseoir, se lever, paraître calmes ou agités et varier, de telle ou telle manière, les inflexions de la voix, les attitudes du corps et jusqu'à l'expression de la figure ». Mais comment mieux définir la direction d'acteurs telle qu'on l'entendra un peu plus tard et jusqu'à nos jours ?

Réflexions sur un tandem

Marie Dorval, la grande interprète du théâtre romantique, les circonstances aidant, s'improvise metteur en scène. En tournée, elle écrit à Vigny : « Je mets tout le monde en scène, je règle les décors et on compose la musique séance tenante d'après mes indications » (30 mars 1833). Ce qui témoigne de la permanence d'une tradition d'improvisation remontant à une époque où la fonction, ne s'imposant pas clairement, n'avait pas davantage été précisément définie. Mais, en 1833, dans les théâtres de la capitale, la coordination des techniques de la représentation requiert de plus en plus un « spécialiste ». Or ce spécialiste n'existe pas encore. Sa fonction est assurée par un tandem. Celui du metteur en scène et du décorateur.

Ce metteur en scène-qui-n'existe-pas-encore, c'est souvent l'auteur de la pièce. A la fois parce qu'il a conscience de l'importance de la représentation dans la réussite de son ouvrage, et parce que prendre les choses en main, c'est, pour lui, se donner la garantie de n'être trahi que par lui-même. Et aussi parce qu'il éprouve, comme la plupart de ses contemporains, un réel intérêt pour les fastes du spectacle. Et enfin parce qu'il voit là le lieu d'une stratégie efficace pour maintenir, voire élargir, l'assise de sa notoriété, pour accaparer le maximum de la rémunération symbolique produite par le théâtre. S'il est vrai que le machiniste et le décorateur tendent de plus en plus à se substituer à l'auteur dans la faveur des foules, eh bien ! qu'à cela ne tienne ! Moi, auteur, je me ferai décorateur et machiniste. Donc metteur en scène !...

le page Jaquez — M.lle Despréaux

Aquarelle de Louis Boulanger pour le costume du page Jaquez dans Hernani de Victor Hugo. Mlle Despréaux créa le rôle. Paris, maison de Victor Hugo.

Ci-dessus, Une loge un jour de spectacle gratuit *et ci-contre,* L'Effet du mélodrame, *œuvres de Louis-Léopold Boilly, conçues en pendants (vers 1820), longtemps connues par des gravures et aujourd'hui réunies au musée Lambinet de Versailles :* « ... *Le véritable public des théâtres de mélodrames est le public en manches de chemise et en blouse. Celui-là seul, n'en déplaise aux*

avant-scènes et aux loges, prend au sérieux les fictions dramatiques (...) Le peuple frémit et se passionne, il absorbe le drame par les yeux, par les oreilles, par tous les pores (E. de Mirecourt, Le Boulevard du Crime).

Honoré Daumier, L'Ancienne Comédie-Française, vers 1862-1865. De gauche à droite, on a pu identifier Harpagon, Géronte, Scapin, Matamore (avec ses moustaches), Monsieur de Pourceaugnac (ou Léandre, de profil), Dorine, le docteur Diafoirus. Collection particulière.

Le phénomène, qu'annonçaient d'ailleurs certaines théories théâtrales du XVIIIe siècle, est patent avec la vogue du mélodrame. Pixérécourt, on l'a dit, est son propre metteur en scène. Compétent d'ailleurs, et exigeant. Il s'entoure d'une équipe technique fidèle et imaginative conduite par un décorateur et un machiniste attitrés, Gué et Hullin. Il peut leur demander des prouesses. Les répétitions prennent le temps qu'il faut. *Le Courrier des spectacles* le note, « il faut quelquefois six mois pour en monter un [mélodrame] passablement » (16 mai 1806). Les textes même des pièces reflètent ces nouvelles préoccupations de l'auteur. A l'intention des troupes de province ou des théâtres de l'avenir, il est prodigue en minutieuses indications de régie. Au point que le dialogue semble doublé par une véritable partition. A. Laquiante : « L'auteur du mélodrame témoigne d'une sollicitude incroyable pour la déclamation de son galimatias ; son texte est illustré de notes innombrables à l'adresse des acteurs. On lit à chaque page, imprimés en gros caractères, les mots : vivement, très vivement. Puis, à tout propos : tendrement, souriant, tristement, bien tristement, d'une voix sombre, d'une voix bien cassée, d'une voix terrible, etc. » *(Un hiver à Paris sous le Consulat, 1802-1803)*. Témoignage, s'il en était besoin, que la mise en scène du genre comprend la direction d'acteur. Ce qui s'explique : à la différence de la tragédie, par exemple, le mélodrame n'a pas de traditions. Il fait appel à des interprètes souvent dépourvus d'école. Autant dire qu'ils se soumettent sans difficulté aux indications d'un directeur. Que, comme Pixérécourt ou Hapdé, il soit auréolé de triomphes en série, et sa légitimité devient incontestable.

Les auteurs du drame romantique suivent cette voie. Et pour les mêmes raisons. Le genre qu'ils veulent imposer est sans mémoire ni traditions sinon sans modèles. Et ils ressentent le besoin de le protéger des entreprises de torpillage qu'ils soupçonnent, à tort plus qu'à raison, semble-t-il, le personnel des théâtres de fomenter. Notamment celui du Théâtre-Français. Enfin ils éprouvent un intérêt réel et profond pour cet épanouissement contemporain des arts de la scène. Hugo travaille avec des peintres (Delacroix pour l'éphémère *Amy Robsart*), des décorateurs célèbres (Ciceri pour *Hernani*, *Le Roi s'amuse*...). Lui-même dessine des plans de scène, des esquisses de décor, des projets de costumes. Il dirige les répétitions... Dumas ne procède pas autrement. Il supervise tout. Discute décoration avec les décorateurs (Ciceri, Séchan et Despléchin pour *Henri III et sa cour* en 1829). S'occupe des costumes et des accessoires. Dirige de près ses comédiens, Marie Dorval, Bocage et même l'indirigeable Frédérick Lemaître. Il minute, avec les machinistes, le rythme des changements de décors. Il ne cesse de modifier son texte au gré des répétitions, en fonction des possibilités et des limites des acteurs, en fonction des flottements de tempo, etc.

S'il donne au Français, en 1837, un *Caligula* qui renoue avec le cadre traditionnel de la tragédie « à la romaine », il n'envisage aucunement en revanche d'en revenir à l'ancienne stylisation du théâtre tragique. Conformément à la mode du temps, il impose des débauches de couleur locale. Il spécifie que telle chambre doit être inspirée « de la maison du Faune à Pompéi » (le tourisme italien, à l'époque, est furieusement à la mode !). Que telle autre doit être « soutenue par des colonnes d'ordre dorique ». En 1903, un critique russe reprochera à Stanislavski de monter, non pas comme il le croit, le *Jules César* de Shakespeare, mais une pièce qui pourrait s'intituler *Rome au temps de César*.

De la même façon, la tragédie de Dumas eût mérité de s'intituler *Rome au temps de Caligula*. Avec visite guidée sur le Forum, dans les temples, les bains et les lupanars... Le public aura tout son content de figurants et de cortèges. Dumas avait d'ailleurs souhaité que le char de Caligula fût traîné par des chevaux. Sur la plus illustre scène de France ! Effarement des sociétaires et objections techniques : le théâtre n'est pas accoutumé à utiliser de tels figurants. Il n'est donc pas équipé pour les accueillir et les entretenir. Mais il en faut plus que cela pour désarçonner un Dumas ! Point de chevaux pour le char impérial ? Qu'à cela ne tienne. Prenons... des femmes ! Enfin ce *Caligula*, bien sûr, aura son clou, le festin de Trimalcion. Histoire peut-être de réconcilier les tenants de la culture classique et les zélateurs du théâtre nouveau. Au Théâtre Historique, « hollywoodienne » avant la lettre, la frénésie de Dumas ne sera plus tenue en bride par les freins de la tradition. Pour son *Chevalier de Maison-Rouge*, en 1847, il fait recruter *trois cents* figurants. A charge pour eux de rendre « grouillants », comme on dit, les tableaux révolutionnaires...

A côté des auteurs, voici les metteurs en scène hommes d'affaires. Personnages pittoresques, grands brasseurs d'idées et non moins grands brasseurs d'argent. Ces illustres Gaudissart du théâtre ont nom Duponchel, Laloue, Harel... Ils ont leurs salles et leurs spécialités. Duponchel, on l'a vu, officie à l'Opéra. Laloue au Cirque Olympique (le Théâtre Franconi). Sa spécialité à lui, c'est

Décor de Ciceri pour La Sirène *d'Auber (1855). On voit en quoi il répond à l'attente de son public : il combine virtuosité technique avec les escarpements en « praticables » du second plan, et sens de l'atmosphère « sauvage » et/ou exotique. Paris, bibliothèque de l'Opéra.*

l'Empire ! Entre 1830 et 1848, il éblouit les Parisiens par une série de spectacles fastueux qui célèbrent l'épopée napoléonienne. Esthétique éminemment picturaliste. Scènes de foule. Groupes prenant des poses expressives. Tableaux guerriers et patriotiques directement inspirés des peintures de batailles de l'époque impériale, Gros, Raffet, Horace Vernet... Harel, quant à lui, remet l'Odéon à flot grâce à de grands spectacles historiques commandés à Dumas. Comme, par exemple, ce *Charles VII chez ses grands vassaux* en 1831. La même année, d'ailleurs, il n'hésite pas à marcher sur les plates-bandes de Laloue avec, du même Dumas, un *Napoléon Bonaparte ou Trente Ans de l'histoire de France.* Frédérick Lemaître, la star du Boulevard du Crime, jouera le rôle de l'Empereur ! Toutes ces pratiques excluent radicalement ce qu'on appellera plus tard le « théâtre pauvre ». Le metteur en scène ne serait rien sans moyens financiers, sans une nombreuse équipe artistique et technique. A côté de lui, plus célèbre peut-être, le *décorateur.*

Dès le début du siècle, et la chose va se perpétuer longtemps, les décorateurs se spécialisent. Non point par genre dramatique ou par théâtre, mais en fonction d'une typologie de l'image scénique propre à l'époque. Celui-ci sera le maître des « ciels », celui-là sera requis dès qu'une « forêt » sera nécessaire et, pour les « palais à colonnade », on s'adressera à un troisième. Pour les « apothéoses », par exemple, on ne saurait se passer de Rivière... Cela dit, les plus illustres ne

Décor de Chaperon pour une reprise de Marion de Lorme *en 1873. Chaperon reste fidèle à l'esthétique de Ciceri. Dissymétrie, effets de lointain ménagé par la combinaison du châssis (pour les premiers plans) et de la toile peinte en trompe-l'œil, minutie du détail, exactitude archéologique... Le public est friand des vues du vieux Paris ! Paris, Comédie-Française.*

croient pas déroger en participant à la réalisation de spectacles qui relèvent de genres mineurs. Ciceri, dont la notoriété est européenne, réalise en 1819 les décors des *Petites Danaïdes* et, lors d'une reprise en 1846, T. Gautier ne tarit pas d'admiration sur son tableau de l'enfer. Gustave Doré en personne procurera les décors de... *Turlututu ! Chapeau pointu*. En même temps, ils aident la Comédie-Française à s'adapter au goût du jour. Ciceri dessine un superbe Forum pour le *Sylla* de De Jouy en 1822. Et Taylor, nommé commissaire royal de ce théâtre, va précipiter cette évolution.

Ciceri est l'une des personnalités les plus importantes de la vie théâtrale de la première moitié du siècle. A l'instar de Bérain sous Louis XIV, il règne non seulement sur les scènes de son temps mais aussi sur les fêtes royales. C'est lui qui dessine les costumes du sacre de Charles X. C'est lui qui assure ce qu'il faut bien appeler la mise en scène de la cérémonie de Reims... En 1810, il avait été nommé décorateur en chef de l'Académie de musique. Il aura été le créateur de quelque *quatre cents* décors, et dans son atelier se forment les successeurs qui, tout au long du siècle, perpétueront son esthétique, les Cambon, les Séchan, les Despléchin... On le tient pour le Hubert Robert du théâtre. C'est que son art s'accorde merveilleusement à l'illusionnisme et au picturalisme qui gouvernent la scène de l'époque. Ses ruines, ses sites sauvages, cadres de prédilection du mélodrame, font sensation. Comme ses contemporains, Ciceri est friand de couleur locale et d'exactitude du détail. Il élargit la palette du décorateur, joue en virtuose de la dissymétrie et du trompe-l'œil en combinant toile peinte et châssis découpé... Bref, il jette les bases d'une esthétique de la scène qui restera immuable jusque dans les années 1880.

Ce pontife de la scénographie est curieux de tout ce qui peut favoriser le développement ou le renouvellement de son art. Il témoigne d'un vif intérêt pour les recherches des dramaturges romantiques qui, pour leur part, le considèrent comme l'un des leurs. Il crée, en 1829, les décors d'*Henri III et sa cour*, la même année ceux du *More de Venise* et en 1830, on l'a dit, ceux d'*Hernani*, puis, en 1832, l'un de ceux du *Roi s'amuse*... Pour *Les Burgraves*, Hugo lui avait donné des esquisses et des projets qu'il transpose avec beaucoup de fidélité. C'est que la pluralité des lieux, l'alternance d'intérieurs et d'extérieurs, la diversité des cadres historiques et géographiques, tout cela lui permet de donner libre cours à un génie qui est à la fois celui de l'archéologue et de l'illusionniste...

Un mimétisme bien tempéré

La question de l'exactitude mimétique est à l'ordre du jour. Le formalisme idéalisant qui régissait, peu ou prou, la scénographie des époques antérieures, c'est-à-dire en somme une stylisation plastique et ornementale, semble une catégorie tombée en désuétude. La critique du décor se fait toujours au nom de la vérité et de la reproduction « à l'identique » d'un modèle fourni par la réalité. Une telle critique peut aujourd'hui faire sourire. Du moins aura-t-elle contribué au progrès des techniques d'illusion. Car les analyses les plus intéressantes portent là-dessus. Dès le début du XIXᵉ siècle, Pujoulx juge insatisfaisante la représentation théâtrale du... firmament ! En 1809, Grobert dénonce les inconvénients de la toile peinte, de ce point de vue, et recommande de construire des décors « en relief ». On a déjà eu l'occasion de mentionner le génie inventif de

Daguerre. Avec Prévost, en 1804, il présente ses panoramas. (Il est vrai qu'il ne s'agit pas à proprement parler de théâtre. Mais la technologie mise au point pour ces panoramas, puis pour les dioramas, va intéresser au premier chef la scénographie.) Il imagine de modifier la traditionnelle disposition frontale de la « représentation ». Il installe ses spectateurs au centre d'une rotonde dont la surface interne est peinte. Ce qui permet de démultiplier les points de vue. Combinant la peinture en trompe-l'œil avec des objets en relief installés au premier plan, utilisant habilement les ressources de l'éclairage, Daguerre atteint à une puissance d'illusion encore jamais vue. D'où son succès. Au Panorama-Dramatique, Alaux et le baron Taylor poursuivent des recherches analogues.

Panoramas et dioramas comblent la soif de pittoresque, d'exotisme et de rêve d'un public sédentaire. Ils procurent le plaisir du tourisme sans les inconvénients du voyage ! On peut ainsi découvrir toutes sortes de paysages, vallées alpestres ou perspectives marines. On les voit tour à tour au soleil levant, à la brune ou au clair de lune grâce à des effets d'éclairage mouvant. On peut, par la même voie, jeter un coup d'œil aux villes les plus célèbres... En 1823, Daguerre, dans une énumération à la Prévert, se fait fort de vous montrer « Gênes, Windsor, une vue de l'Alster, Florence, la forêt de Sénart, le lever de la lune, les effets de la mer agitée ».

Cette religion du mimétisme gouverne toutes les formes de spectacles en vogue. Elle va aboutir à une ahurissante surcharge de l'image scénique. Le plateau devient un véritable capharnaüm comme si l'illusion de la vérité découlait de la somme des « détails vrais » qu'on introduit sur la scène. Au point que, coincé entre les lointains en trompe-l'œil dont il doit se garder de détruire l'effet en « remontant » malencontreusement, et les meubles et objets divers qui encombrent les premiers plans, le comédien se retrouve immobilisé comme aux plus beaux jours du théâtre louis-quatorzien.

Mais voyons plutôt le bon côté des choses ! Ce siècle aura au moins découvert l'éminente théâtralité des objets. En 1828, le mélodrame de Marty et Pixerécourt, *La Peste à Marseille*, fait grande impression. Lady Morgan rapporte qu'on y voyait les « morts jetés par la fenêtre sur la scène » et « des corps verdâtres en monceaux ». Pour la mise en scène de *Zampa* (Hérold, 1831), Solomé, dans son cahier de régie, note joliment que, pour la scène du festin, « il y a un paon avec une queue en éventail, une hure de sanglier, un gros pâté, deux plats d'autres choses *(sic)* [...] tout peut se faire en carton et n'est pas très cher ». Et, en 1847, Frédérick Lemaître, jouant *Le Chiffonnier de Paris*, fait sensation en déballant sa hotte pleine de détritus, vieux objets, etc. Théâtralité des choses, théâtralité des animaux ! Fidèle à l'esthétique du clou, Harel procède à une hybridation du théâtre et du cirque. Dans *Charles VII chez ses grands vassaux*, il mobilise chiens, chevaux et faucons pour offrir le plus saisissant cortège de veneurs qu'on ait vu au théâtre. Plus fort, toujours plus fort ! Telle semble être la devise de ce personnage balzacien. L'année suivante, en 1832, pour le clou exotique du *Dick-Rajah* de Saint-Hilaire, il a besoin d'un... éléphant.

Ce culte du vrai a parfois quelque chose de névrotique. On va jusqu'à se préoccuper des détails les plus infimes. Comme si la moindre lacune de la représentation par rapport à son modèle devait ruiner l'illusion théâtrale ! Pour le *Louis XI* de Mély-Janin, en 1827, il parut indispensable que figurât sur le chapeau du roi la « relique de Notre-Dame d'Embrun à laquelle il avait beaucoup de dévotion ». Pauvre spectateur, ce ne sont pas des jumelles qu'il lui faudrait. Mais un télescope !

Pour en finir avec cette hypertrophie vériste, on rêvera sur cette anecdote relatée par *Le Journal des arts* à l'époque du Consulat : « Dans le ballet de *La Fille mal gardée* (...) il y a un repas de moissonneurs ; pour rendre le tableau plus naturel, on leur distribue réellement une soupe aux choux dont l'odeur se répand agréablement dans la salle. Dernièrement, une dame, voyant cette soupe, fut saisie d'une envie de femme grosse ; on lui en offrit poliment une soupière qu'elle expédia en un clin d'œil, ce qui amusa beaucoup les spectateurs ; elle la trouva fort bonne et se promit bien d'en venir manger de nouveau. » Jolie fable sur le vertige et la confusion prétend susciter ce théâtre de l'illusion parfaite...

Tout cela étonne ou fait sourire. Reste que sur ce point il existe un accord profond entre les auteurs, les scénographes et le public. Alors même que Vigny considère avec réserve sinon avec dédain les futilités de la scène, les décors de Séchan pour *Chatterton* (1835) font sensation par tous les effets de réel qu'ils mettent en œuvre : un âtre éclairé de braises incandescentes, une porte vitrée, un escalier praticable imposé par Marie Dorval... Tous ces éléments séduisent, selon A. Séché, par « leur vérité et leur réalisme ». Bizarrement, pourtant, ce mimétisme méticuleux est parfois laxiste. Aujourd'hui, il nous paraît aller de soi que chaque pièce, voire chaque mise en scène d'une même pièce, requière des décors originaux. Mais, à partir du moment où ce qu'on cherche, ce n'est pas tant une « vérité » propre à la pièce qu'une exactitude archéologique ou eth-nologique, une saine gestion suggère de rester fidèle à une vieille habitude. De réutiliser d'une pièce à l'autre les mêmes décors ou les mêmes éléments scéniques. C'est qu'on ne cherche pas à imaginer, disons le salon d'Harpagon en tant qu'il est différent de celui de Monsieur Jourdain ou des *Femmes savantes*, chacun étant supposé « parler » de leur propriétaire, mais seulement un salon qui soit exactement du XVIIe siècle. Cette exactitude-là une fois acquise, ledit salon pourra resservir, *mutatis mutandis*, pour toutes les pièces exigeant un salon louis-quatorzien.

En 1832, la Comédie-Française monte *Le Roi s'amuse*. Cinq actes et quatre décors. L'acte Ier se déroule dans une salle des fêtes du Louvre de François Ier. Le décor, décident les sociétaires, combinera astucieusement et économiquement des éléments empruntés à de précédentes mises en scène d'ouvrages se déroulant grosso modo à la même époque, *Le More de Venise, Henri III et sa cour*, voire le *Charles IX* de M.-J. Chénier créé en 1789 ! Le deuxième acte se passe dans le cul-de-sac Bussy. Le décor sera repris à... *Dominique le possédé* ! Avec le troisième acte, retour au Louvre, dans l'antichambre du roi. Reprise du *More de Venise* et, amputée de son lit, la chambre de Desdémone fera l'affaire. Si bien que les sociétaires n'auront à financer qu'un seul décor, celui des deux derniers actes, les rives de la Seine et la louche taverne de Saltabadil. On ne lésinera pas. On le commandera à Ciceri en le priant de fournir une perspective sur le « vieux » Paris qui fera clou...

On s'accommode également d'une technique d'illusion qui aujourd'hui nous semble passablement approximative. Elle consiste à associer deux modalités différentes dans la représentation d'un même objet. Ainsi, T. Gautier admiret-il que le metteur en scène des *Martyrs* de Donizetti ait réussi à combiner, histoire de faire masse, figurants de chair et de toile peinte. « Une foule immense couvre la place, et les personnages peints s'harmonisent heureusement avec les personnages vivants ; cette transition difficile de la peinture à la réalité est ménagée avec beaucoup d'art » (*La Presse,* 12 avril 1840).

Finalement, l'apport le plus décisif de cette esthétique à l'histoire de la scénographie aura été le *praticable.* Car s'il est un instrument de l'illusion, il est en même temps un outil de la représentation. Un escalier qu'on peut gravir ou descendre fait évidemment plus « vrai » qu'un escalier de toile peinte. Mais surtout il offre au comédien à la fois un plan de jeu autonome et une structure architecturée qui lui fournit points d'appui et tremplin. Le mélodrame fera grand usage de ces praticables qui favorisent tous les effets de surprise. Dès 1799, l'un des tableaux de *Coelina* nous transporte en un lieu sauvage où l'on trouve des escarpements rocheux praticables, un moulin au bord du torrent, praticable, et un pont, lui aussi praticable quoique vermoulu... De même verra-t-on dans *Les Mines de Pologne* un décor de souterrain à plusieurs étages praticables. Le théâtre et l'opéra ne pourront ignorer bien longtemps une pareille innovation. Pour *Le Voyage au mont Saint-Bernard* de Cherubini, Degotti et Boullet conçoivent des décors alpestres avec torrents, glaciers et précipices « en praticables ». Et, pour *Les Huguenots* de Meyerbeer, en 1836, l'immense escalier praticable dans l'acte de Chenonceaux fera sensation. Le music-hall saura s'en souvenir !

Les comédiens semblent avoir rapidement compris les avantages qu'ils pouvaient tirer de cet instrument. Ceux du moins qui ne se sentaient pas tenus par les bienséances d'antan. Lors de la création de *Chatterton* au Français en 1835, Marie Dorval, qui justement vient du mélodrame, exige un escalier praticable. Stupeur des sociétaires. Sarcasmes du vieux Joanny qui ironise sur la volonté de « dégringolade » de sa partenaire. Elle avait en effet imaginé un jeu de scène fort pathétique qui exigeait un semblable escalier : elle criait, elle s'appuyait le dos à la rampe, elle se laissait glisser et s'écroulait sur la dernière marche. Certains abonnés trouvèrent la chose incongrue, choquante même. Mais Joanny, qui était d'une parfaite intégrité professionnelle, fit amende honorable et rendit hommage au sens théâtral de Dorval.

A l'instar des décorateurs, des costumiers spécialisés, voire des peintres qu'intéressent les pratiques de la scène, contribuent à la représentation. Signe des temps ! On commence à prendre conscience de la nécessité d'adapter le costume à la pièce, au personnage et à l'acteur. De l'intégrer de façon cohérente à l'image scénique. Certains témoignages suggèrent qu'on en arrive à une conception toute moderne de la fonction. A. Vacquerie proclame la nécessité d'habiller le personnage d'un vêtement « qui le connaisse, qui parle de lui, qui dise son pays, son temps, son goût, son caractère, sa fortune, ses aventures, qui le trahisse, qui le dénonce ». Brecht dira-t-il tellement mieux ?

D'autre part, l'historicisme et l'archéologisme qui s'affirmaient déjà au siècle précédent deviennent prépondérants. Talma, on le sait, était un partisan résolu du costume étudié d'après l'antique. Il se faisait aider des conseils de David dans ses recherches et il restera fidèle à ce scrupule jusqu'à la fin de sa carrière comme en témoigne encore ce *Léonidas* qu'il crée en 1825. Hugo fait preuve du même

souci. Il donne de minutieuses indications, souvent référées à la peinture de l'époque où il situe son drame. François Ier, au lever du rideau du *Roi s'amuse*, entre « comme l'a peint Titien ». Lui-même met la main à la pâte et, par exemple, dessine d'après un tableau flamand le costume de Triboulet. Frédérick Lemaître, lui aussi, dans un autre registre, témoigne du même souci d'exactitude. Dans *L'Auberge des Adrets*, il n'hésite pas à arborer de « vraies » guenilles... Mais certaines traditions, certain conservatisme ont la vie dure et nuisent à ces efforts. Les abonnés du Français sont d'une vétilleuse pudibonderie. Au troisième acte du *Roi s'amuse*, « entre le roi, vêtu d'un magnifique négligé du matin ». Le public proteste, choqué par ce trait de réalisme ! D'autre part, les acteurs sont responsables du choix de leur costume, spécialement pour les rôles qui sont de leur emploi habituel. Au Français, chaque sociétaire fournit les costumes des rôles dont il ou elle est « chef d'emploi ». Ce qui aboutit à des résultats parfois... déconcertants. A côté des recherches rigoureuses de Talma, certaines initiatives ont un petit air carnavalesque que la presse, maintenant, ne se fait pas faute de dénoncer.

L'illustre Mlle George, la tragédienne favorite de Napoléon Ier, se produit dans *Iphigénie* le 7 février 1815. Compte rendu du *Nain jaune* le 10 : « Toute l'exagération que la licence des jours gras semble permettre dans le choix des travestissements ne saurait autoriser le déguisement sous lequel Mlle George a cru devoir cacher Clytemnestre. » 7 août 1817, Mlle Petit joue Ériphile. « Plusieurs personnes du parterre, rapporte *Le Journal de Paris* du 9, l'ont accusée de s'être drapée avec des serviettes, et elle semblait vraiment avoir pris à tâche de gâter sa jolie figure par une coiffure tout à fait étrange. » A quoi s'ajoute la résistance sourde ou déclarée de certaines comédiennes à cette recherche de la

vérité du costume. C'est qu'elles y voient moins un instrument de la représentation qu'un outil de séduction. Celle-ci, distribuée dans la *Marie Stuart* de
Lebrun, exige d'être habillée... « à la grecque » sous prétexte qu'elle n'a de beau
« que (sa) jambe et (son) pied ». Touchante modestie ! Cette autre, sans doute
par souci de concilier des impératifs contradictoires, veut être vêtue « par moitié
à la romaine et par moitié à l'anglaise ». *Sic !*
    Et l'on connaît les démêlés de Hugo avec ses comédiennes sur le sujet.
Mlle Mars, qui doit jouer Doña Sol, prétend arborer le « kakochnik », cette
coiffure en forme de diadème que portent les femmes russes, dont Gérard l'a
affublée dans son portrait et qui, disait-elle, la « faisait toute jeune ». Réticences
de Hugo qui tente de lui faire comprendre que l'Aragon de Charles Quint n'est
pas la Moscovie de Nicolas Ier... Elle ne cède qu'à moitié. Certes, elle renonce
au kakochnik mais pour se fabriquer un chapeau de son cru dont elle est si
contente qu'elle le réutilisera, quelques années plus tard, dans la Tisbe d'*Angelo*.
Ce drame se passe, on le sait, à Padoue en 1549. Gautier observe, un rien
amusé, qu'elle y porte « quelque chose de décent et de sobre dans le style
troubadour, des turbans et des toques, des jockeys [c'est-à-dire ces volants
attachés près de l'épaule qui font fureur à partir de 1825] aux manches, un
costume avec lequel on eût pu aller en soirée ». Dans *Lucrèce Borgia*, c'est
Juliette Drouet que Hugo impose dans le petit rôle de la Princesse Negroni. La
jeune actrice refuse le costume dessiné par Boulanger. La raison ? Il n'est pas
assez décolleté à ses yeux ! Amoureux mais lucide, Hugo, selon Aubineau, aurait
méchamment déclaré : « Que voulez-vous ! Je ne puis empêcher cette pauvre
fille de montrer sa marchandise. »
    Les progrès de la technologie permettent à la scène de perfectionner, grâce

à l'*éclairage*, son pouvoir d'illusion. Jusque dans les années 1820, la situation n'est pas sensiblement différente de ce qu'elle était au siècle précédent. Corsse, directeur de l'Ambigu, spécifie, pour appâter le chaland, que sa salle est éclairée « aux bougies ». Qui brillent plus et qui fument moins que les chandelles. L'utilisation du gaz date de 1822, mais les traditionnels quinquets se maintiendront jusque dans les années 1830, voire 40. Ces quinquets, pourtant, n'allaient pas sans inconvénients : ils projetaient des cercles lumineux sur les décors ; leur flamme s'éteignait au moindre courant d'air, et leur mèche charbonnait. La fumée altérait les couleurs et faussait l'éclairage...

Mais l'on critique moins ces imperfections matérielles que les défis à la vraisemblance ou au bon sens. En 1809, Grobert réclame une « lumière exactement imitée de celle qui frappe les surfaces éclairées par le soleil ». Il dénonce la trop fameuse rampe qui, « contre la nature », envoie sa lumière de bas en haut, et ces discordances entre les ombres peintes par le décorateur et le sens de l'éclairage. « Si le public pouvait jouir une seule fois de l'effet des lumières répandues sur les objets inférieurs d'après l'imitation seule de la nature, il n'apercevrait plus, dans les tableaux que les théâtres modernes nous offrent, que des caricatures extravagantes aussi éloignées du beau qu'une peinture de paravent peut l'être de l'ouvrage de Raphaël. » Reste que la prise de conscience est rapide et générale. Duponchel voit tout le parti qu'il peut tirer de l'éclairage au gaz pour ses mises en scène fastueuses d'opéras. Frédérick Lemaître, en 1831, joue le rôle-titre de *Richard Darlington*. Legouvé rapporte qu'il « avait fait disposer dans la coulisse un jet de lumière colorée qui, lui tombant sur le visage, le rendait absolument vert » *(Soixante Ans de souvenirs)*. Quant à l'éclairage électrique, il faudra attendre les années 1880 pour le voir se répandre. On n'en aperçoit d'ailleurs pas immédiatement les potentialités et on le réserve à des effets ponctuels (orages, tableaux fantastiques...).

Si on laisse de côté l'opéra, l'opéra-comique et le ballet, genres dont on sait la vogue au XIXe siècle et desquels la *musique* est constitutive, si on laisse aussi de côté le répertoire classique, tragédie et comédie, qui, par tradition, exclut à peu près complètement la musique, reste un certain nombre de formes à succès, telles que le mélodrame, la féerie et la pantomime. Elles ont compris les ressources affectives de la musique. Elles ne se privent pas d'en user. Et parfois d'en abuser ! Dans le mélodrame, la musique est presque constamment présente. Elle est utilisée en ouverture et en interlude où elle assume la même fonction qu'à l'opéra : plonger le public dans le climat du drame, lui signaler d'avoir à se tenir prêt pour compatir aux terribles malheurs qui vont se produire sous ses yeux, et tout bonnement l'inviter au silence. Elle permet d'éviter de brutales solutions de continuité atmosphérique pendant les changements de décors. Elle est, bien sûr, requise pour les ballets et intermèdes dansés.

Mais son emploi s'étend à la représentation même du drame. Elle accompagne entrées et sorties. Souligne et signale les moments pathétiques. En somme, elle s'apparente à la musique de film ! Elle s'entrelace d'ailleurs au dialogue même, en le rehaussant, en le scandant, à peu près comme dans le récitatif accompagné de l'opéra. H. Auger signale que « dans le mélodrame, on a soutenu des monologues entiers par une sorte de trémolo qui, sans couvrir la voix de l'acteur, le soutient dans son débit et occupe les temps ou pauses naturelles à toute diction bien sentie » (*Physiologie du théâtre,* 1840). Elle suggère aussi bien l'ambiance du tableau sur lequel le rideau va se lever, par exemple « les horreurs de la prison », comme le note *Le Journal des débats* du 23 octobre 1821 à propos de la reprise de *Camille ou le Souterrain*, que l'humeur de chaque personnage, « les menaces du tyran, les plaintes de la captive (...), la fureur jalouse d'Alberti », que les convulsions de la nature : « A la tempête figurée des passions succède l'imitation d'une tempête réelle : l'orage éclate et s'apaise, le rideau se lève... » On lui assigne même une fonction mimétique qui l'apparente au bruitage. Pour *Le Pont du Diable* (1806), Hapdé demande une musique qui « annonce l'arrivée précipitée d'une multitude » (II, VI). Pour *La Tête de Bronze* (1808), un accompagnement « exprimant le galop de plusieurs chevaux » (III, XVII).

Le compositeur a d'autant moins de marge d'invention que le public a été peu à peu conditionné à décoder une véritable sémiotique des timbres. La musique devient, au fond, un outil de lecture. *Le Journal des théâtres* du 25 février 1822 le laisse explicitement entendre : « L'harmonie douce et moelleuse de la chanterelle annonce l'amante infortunée, la captive ou la victime. La trompette prélude à l'arrivée du bel inconnu, du libérateur. Le galoubet dit que les paysans viennent et le hautbois en *si* nous apprend que le niais n'est pas loin... » Pourtant, cet élément de la représentation mélodramatique est jugé suffisamment important par les directeurs de théâtre pour qu'ils s'attachent des compositeurs professionnels, tels Quaisain à l'Ambigu ou A. Piccinni, le neveu du célèbre rival de Gluck, à la Porte-Saint-Martin...

Sans doute le drame romantique emprunte-t-il à la scène du mélodrame certains éléments de sa modernité. Mais, visant la Comédie-Française et la reconnaissance « littéraire », il ne pouvait se permettre de donner à la musique une place et un rôle aussi considérables. Reste qu'il multiplie à plaisir les circonstances qui, dans l'action, imposent, et donc légitiment le recours à la musique : défilés, fêtes, bals... Ce sont les « fanfares » qui rehaussent l'entrée des Électeurs et du cortège impérial dans *Hernani* (IV, IV). Au lever du rideau du cinquième acte où se célèbre la noce des héros, dans la nuit, « on entend des fanfares éloignées » (V, I). Elles sont encore prescrites à l'entrée des époux et du cortège nuptial (V, I) et, à la fin de la scène II, elles « s'éteignent par degrés ». Musique également au début du *Roi s'amuse* (la fête royale au Louvre, I, I) et, de la même façon, *Lucrèce Borgia* s'ouvre sur une fête nocturne à Venise. Le palais Barbarigo est « splendidement illuminé et résonnant de fanfares ». Et comme qui dit Venise, dit canaux et gondoles, « on voit passer par moments, dans les ténèbres, des gondoles, chargées de masques et de musiciens, à demi éclairées. Chacune de ces gondoles traverse le fond du théâtre avec une symphonie tantôt gracieuse, tantôt lugubre, qui s'éteint par degrés dans l'éloignement » (première partie, sc. I). Même cliché, padouan cette fois, au début d'*Angelo* : « Un jardin illuminé pour une fête de nuit. A droite, un palais plein de musique et de lumière... » (première journée, sc. I). Tous ces exemples le révèlent, le drame romantique camoufle sous une légitimation événementielle des fonctions que la musique assumait dans le mélodrame : elle est utilisée en ouverture ou en lever de rideau ; elle rehausse la magnificence de la représentation ; elle crée l'atmosphère attendue (on sait, à cet égard, l'usage obsessionnel que le drame romantique, et, parallèlement, l'opéra font du topique de la *fête funèbre* : voyez *Hernani* (Hugo et Verdi), *Lucrèce Borgia* (Hugo et Donizetti), *Lucia di Lammermoor* (Donizetti), *Gustave III* (Auber), *La Traviata, Les Vêpres siciliennes, Un bal masqué* (Verdi)... Enfin, et ce n'est pas l'aspect le moins intéressant de son emploi, elle creuse l'espace, elle élargit la perspective scénique grâce aux effets de sourdine, de lointain et de decrescendo indiqués par les didascalies. Emprunt à l'opéra autant qu'au mélodrame...

La critique de la mise en scène

A une date aussi tardive que 1856, on retrouve sous la plume de Castil-Blaze une argumentation couramment développée dès le XVIIᵉ siècle : la mise en scène ne serait que le camouflage chatoyant de l'indigence. Comme si, occasionnellement fondé, ce reproche pouvait suffire à porter condamnation définitive du principe. Car, après tout, est-ce au metteur en scène qu'il faut s'en prendre de la médiocrité des textes, des livrets ou des partitions ? « Des robes de satin et de velours sur de blanches épaules, des cuirasses d'or éclatantes et curieusement damasquinées, des surcots blasonnés, des jaquettes brodées se promènent à pied, à cheval, en carrosse, en litière, en vaisseau de ligne sur le théâtre avec accompagnement de saxophones et de flageolets » *(Sur l'opéra, vérités dures mais utiles)*.

Toutefois, ce type de critique est parfois moins un rejet de la mise en scène en tant que telle que l'expression d'une nostalgie. Plus rigoureusement entendue, plus soucieuse de stylisation, la mise en scène, au fond, pourrait devenir ce qu'elle n'est pas encore : un art. Dès 1826, par exemple, Tieck observait avec finesse les effets pervers de l'hypertrophie mimétique dans laquelle s'embourbait la représentation de son temps : « On ordonna de grands et coûteux cortèges. Des chevaux — plus il y en a, mieux cela vaut — couvrent de leur bruit les voix de ceux qui parlent. Les feux d'artifice éclatent et angoissent, des lumières recherchées éblouissent, des danseurs de corde et de ballet remplissent les brèches, et les costumes de tous les siècles se rengorgent d'érudition enfantine, (...) comme s'il n'était pas évident que dans l'art du théâtre, comme dans la peinture et dans la sculpture, le costume doit servir les causes les plus élevées, et cent fois sembler inexact aux connaisseurs présomptueux, pour être d'accord avec l'art » *(Dramaturgische Blätter)*.

Une autre critique accompagne la naissance de la mise en scène, qu'on ne va plus guère cesser d'entendre. Elle est liée à la traditionnelle hiérarchisation des valeurs culturelles qui prévaut depuis le XVIIᵉ siècle. Au sommet de l'échelle trône « Sire le Mot », pour reprendre la fameuse expression de G. Baty. Or « Sire le Mot » est un souverain un tantinet paranoïaque. A tout instant, il se croit menacé par la subversion ! Aux purs intellectuels, aux professionnels du verbe, l'avènement de la mise en scène, des techniques et des techniciens qui la rendent possible, apparaît comme le signe d'une conspiration... A cet égard, il est symptomatique que G. Planche, en 1834, utilise la métaphore des vases communicants pour évoquer les innovations de la scène. Comme si ce qui se gagne quelque part devait nécessairement se perdre ailleurs ! « Nous avons inventé le praticable au théâtre, mais nous avons perdu le récit dramatique. » La même année, dans un texte violemment polémique, l'acteur P. Victor s'en prend aux tentatives du baron Taylor pour dépoussiérer la scène du Français. Il évoque les tragédies classiques, « ces chefs-d'œuvre, l'honneur de la France, que vous [Taylor] prétendez favoriser, et que vous abandonnez à la mise en scène la plus repoussante » *(Documents pour servir à l'histoire du Théâtre-Français sous la Restauration)*. Ne croyez pas que Victor se plaint de réalisations archaïques et décaties. Il s'indigne au contraire des débauches de scénographie par quoi Taylor tente de donner au répertoire un coup de jeune !

Cela dit, l'inflation du spectaculaire, le culte tatillon du détail vrai provoquent une réaction intellectualiste plus subtilement argumentée. C'est la position de Barbey et de Banville qui, par la suite, permettra l'évolution et le renouveau des pratiques scéniques. Le théâtre est le royaume du poète. C'est le lieu où les mots doivent pouvoir irradier sans obstacles. Où rien ne doit détourner l'attention d'un texte qui suffit à animer l'espace. A ce titre, la mise en scène apparaît comme un trouble-fête. Elle encombre. Elle distrait de l'essentiel. Il doit y avoir, double idéal du plateau, une scène de l'esprit où l'imagination active du spectateur orientée par le texte assure l'essentiel de la régie. Banville, par exemple, prend comme modèle d'un théâtre selon son cœur les Funambules de Deburau et développe le mythe équivoque de la pauvreté créatrice, « l'inépuisable trouveuse, l'impeccable conseillère, la grande inspiratrice » *(L'Ame de Paris*, 1890). C'est une thèse qui irriguera, de Lugné-Poe à Vilar et à quelques autres, tout un courant de la scène française du XXᵉ siècle...

Dès 1834, G. Planche annonce cette critique intellectualiste en appelant de ses vœux un théâtre « sans costumes, sans trappes, sans changements à vue, sans décoration, un théâtre littéraire enfin » *(De la réforme dramatique)*. Mais peut-être A. Lefranc exagère-t-il quelque peu qui proclame en 1836 que « l'art dramatique a été crucifié (...) entre le machiniste et le décorateur, comme le juste entre deux larrons »...

LES RITES ET LES MYTHES

La fin du XVIIIᵉ siècle avait vu un assagissement du public. D'aucuns disaient : un refroidissement... Mais 1789 bouleverse le cours de cette évolution. Les nouvelles couches sociales qui accèdent au théâtre ont des réactions à fleur de peau, un comportement qui rappelle l'atmosphère des salles du début du XVIIᵉ siècle. Les théâtres du Boulevard accueillent un public populaire, turbulent, le cœur sur la main et fort en gueule. Mais la situation des scènes plus officielles (Comédie-Française et Odéon) n'est pas si différente, notamment lors des matinées du dimanche. Joanny, dans son *Journal*, déplore l'inculture et la naïveté du public de ces matinées, et le *Dictionnaire théâtral* confirme que « plus tranchant et plus impétueux » que celui des soirées en semaine, il crée une ambiance passablement agitée qui oblige les comédiens à jouer « gros » et à « appuyer » leurs effets.

Vrais et faux émois

Aristocratique et bourgeois, le public a d'autres défauts. Inattention, morgue, snobisme... Tard dans le siècle, Sarcey ne cesse de s'en plaindre : « De tous les publics que l'on connaisse, j'ose dire que [celui des « mardis » de la Comédie-Française] est le moins intelligent, le moins attentif, le moins amoureux d'art qu'il y ait au monde. Ce public, c'est un tas de gens "très chics" qui ne viennent que pour se saluer » (*Le Temps*, 1ᵉʳ janvier 1883).

L'histoire littéraire a retenu la fameuse bataille d'*Hernani* en lui attribuant une forte charge symbolique — la lutte de l'esprit novateur contre le conservatisme borné. Mais, au regard de la vie théâtrale du temps, cette singularité doit être considérablement relativisée. Car, et c'est un héritage de la Révolution, il y a eu bien d'autres « batailles » du même genre. Avant comme après *Hernani*.

23 mars 1817. Le Français crée *Germanicus*, une tragédie d'Arnault parfaitement conforme aux normes du genre. La distribution réunit le gratin des sociétaires : Talma, Saint-Prix, Michelot, Firmin, Mlles Duchesnois et George. Mais, lorsque, selon l'usage, Talma au salut nomme l'auteur qui a le malheur d'être notoirement bonapartiste, c'est une mêlée invraisemblable entre libéraux (bonapartistes) et royalistes. « A bas la canaille ! à bas les Jacobins ! » vocifèrent ceux-ci. « A bas les mouchards, à bas les assassins de Brune ! » clament les premiers. Hurlements, horions, bataille rangée, évanouissements... La force publique doit faire évacuer la salle !

En 1822, des acteurs anglais, invités par l'un des directeurs de la Porte-Saint-Martin, Merle, viennent donner aux Parisiens un échantillon de leur talent. Mais la chute de Napoléon est encore toute fraîche dans les esprits et qui dit « anglais » dit « ennemi héréditaire » ! Le soir de *L'École du scandale* (sic), l'orage éclate. Les malheureux Britanniques sont abreuvés d'injures, accablés de projectiles divers. Miss Gaskiel, l'une des actrices de la troupe, tente héroïquement de faire front. Elle reçoit un gros sou sur l'œil et doit être emmenée, évanouie. Merle, soudain moins anglophile, décide, après quelques soirées du même acabit, de remplacer les anglais par un vaudeville français, *Les Ensorcelés*. Peine perdue ! A l'entracte, le public vindicatif se déchaîne à nouveau contre l'administration d'un théâtre coupable d'avoir invité une troupe anglaise. Un spectateur, dit-on, s'empare d'un tambour dans l'orchestre et bat la charge. Alors le rideau se relève, mais cette fois la police a résolu d'employer les grands moyens. Sidéré, le public voit sur la scène une double ligne de gendarmes l'arme au pied ! Panique des uns. Fureur des autres. Le théâtre est mis à sac. Non sans mal, les pandores réussissent à le faire évacuer, et, s'il faut en croire Jouslin de La Salle, « des charges de cavalerie sur les boulevards terminent cette malencontreuse soirée » (*Souvenirs dramatiques*, 1863).

Le *Journal* de Joanny est une véritable chronique des petites escarmouches et des grandes batailles dont le théâtre ne cesse d'être... le théâtre ! A peu près n'importe quoi, semble-t-il, peut mettre le feu aux poudres. De la mauvaise humeur individuelle à la cabale organisée. 14 février 1822. Joanny joue dans *Iphigénie*. Un spectateur n'apprécie pas son interprétation. Il siffle au troisième acte. « Ce même quidam eut l'impudence de recommencer au cinquième acte. Toute la salle se leva contre lui, l'indignation me parut générale. Mon individu fut jeté à la porte avec sa courte honte... » 11 novembre 1823. On donne à

Intérieur d'une loge à l'Opéra, par Eugène Lami. Les fonds de loge, on le voit, n'étaient pas, comme aujourd'hui, dépourvus d'attraits ! Paris, musée Carnavalet.

l'Odéon *Le Tribunal secret* de Tiessé : « Le parterre, l'orchestre, les loges même sont devenus une vaste arène dans laquelle les combattants se sont mêlés en tumulte. » 24 octobre 1829. Création du *More de Venise* au Français. Shakespeare adapté par Vigny. L'élite des sociétaires est distribuée avec Périer dans Iago, Joanny dans Othello et la divine Mlle Mars dans Desdémone. « Grand monde, grand tapage, bruit, confusion, rires, quolibets, sifflets, applaudissements, désapprobation et enthousiasme... »

Replacée dans ce contexte, la bataille d'*Hernani* n'est pas exceptionnelle. Mais peut-être n'a-t-on pas assez souligné sa durée. Joanny enregistre dans son *Journal* les engagements et tumultes divers qui se reproduisent à chaque représentation pendant... deux mois, du 25 février au 26 avril 1830 ! Ainsi, pour la soirée du 10 mars : « Encore un peu plus fort... coups de poing... interruption... police... arrestations... cris... bravos... sifflets... tumulte... foule... » Témoignage lapidaire confirmé et explicité dans *Victor Hugo raconté par un témoin de sa vie* : « Les loges ricanaient, les stalles sifflaient... Chacun protestait à sa façon et selon son caractère. Les uns (...) tournaient le dos à la scène, d'autres (...) disaient "Je n'y tiens plus !" et sortaient au milieu d'un acte en jetant la porte de leur loge avec violence. » La création du *Roi s'amuse* en 1832 suscite, selon les termes du *Courrier des théâtres* du 23 novembre, « une horrible bourrasque ». Enfin, en 1835, *La Revue de Paris* rapporte ce fait divers peu commun : un individu a été arrêté par la police. Il se présente comme « préposé

LE CLAQUEUR.

Nom d'un ; il va falloir chauffer çà ce soir une pièce nouvelle en trois actes ; le comique
veut que j'éclate de rire, l'héroïne veut que je pleure, l'auteur veut que je trépigne jusqu'a
la vieille mère noble, qui désire que je la claque........ en v'là de l'ouvrage

Lithographie de Daumier. Paris, B.N.

aux trognons de pommes des Folies-Dramatiques *(sic)* ». Sa fonction ? « Empêcher, par toutes voies de persuasion ou de force, la projection de ces immondes
reliefs. L'usage du trognon de pomme est tellement invétéré dans ce local que le
pauvre préposé est, dit-on, mort à la peine. » *Si non è vero...*

L'adhésion émotionnelle n'est pas moins agitée et bruyante que les manifestations d'hostilité. A cet égard, la coupure révolutionnaire n'a d'aucune façon
transformé les comportements affectifs. L'on s'émeut, l'on pleure au théâtre avec
autant de facilité qu'un siècle plus tôt. Adèle Dupuis, par exemple, est une star

du Boulevard du Crime, et Deligny de noter à son propos : « [Elle] fit couler tant de pleurs qu'en les réunissant tous, on aurait pu mettre un vaisseau de ligne à flot » (*Histoire de l'Ambigu-Comique*, 1841). L'Hermite du Luxembourg, qui ne craint pas davantage l'hyperbole, assurait que Defresne était capable « de faire évanouir quarante personnes par son regard farouche et son œil roulant sur lui-même dans son orbite » (*Grande Biographie dramatique*, 1824). Les réactions ne sont guère moins intenses face au drame romantique. S'il faut en croire les *Mémoires* de Dumas, la création de son drame *Christine* (Odéon, 1830) suscite une participation telle qu'elle entraîne, comme il était courant au mélodrame, la confusion de l'acteur avec son personnage. Lockroy jouait l'infâme Monaldeschi : « Quand Monaldeschi, sauvé par l'amour de Paula, envoya la bague empoisonnée à Paula, il y eut des cris de fureur contre le lâche assassin. » Et, en 1835, la frémissante Kitty Bell de Marie Dorval dans *Chatterton* bouleverse à tel point les spectateurs que, comme n'en pouvant plus, certains criaient : « Assez ! » Rachel, et plus tard Sarah Bernhardt susciteront des émois de même intensité. Lors de la création par cette dernière de *Lorenzaccio* en 1896, Sarcey évoque en termes étonnants, mais suggestifs, la fascination de tout un public : « C'était dans toute la salle un emballement... non, le mot n'est pas juste : c'était un frémissement de volupté qui avait un je-ne-sais-quoi de religieux (...). A un instant, elle a senti le Dieu passer dans sa voix : *Deus, ecce Deus !* » (*Le Temps*, 7 décembre).

Les réactions à fleur de peau de ce public sont, à nos yeux, d'une surprenante virulence. Sont-elles, dans tous les cas, spontanées ? Rien n'est moins sûr. Car la *claque* est devenue une institution clé de la vie théâtrale du XIXe siècle. A certains nécessaire. Pour d'autres, encombrante. Joanny, qui est la conscience professionnelle même, note avec amertume dans son *Journal* : « J'ai joué tout mon rôle de Verrina [dans le *Fiesque* d'Ancelot] sans un seul coup de main [entendez : sans un seul applaudissement]. Est-ce pour m'en être mal acquitté ? NON. Mais je n'avais point donné de billets aux Chevaliers du Lustre. Et aujourd'hui qu'il existe des claqueurs payés, le public payant n'applaudit plus » (19 septembre 1827). Chaque théâtre a sa claque. Les chefs de claque sont bien connus : le fief de Leblond, c'est l'Opéra-Comique ; Dumas, rapporte Berlioz, dîne fréquemment avec Sauton, le chef du « Bureau des succès » du Gymnase-Dramatique. Mouchette, puis Vacher déploient leurs troupes dans la salle du Français... L'emploi est lucratif et, en cas de succession, il donne lieu à transaction. Le *Dictionnaire théâtral* le précise : « Un fonds de claqueur se négocie comme un fonds d'épicerie ; il s'en est vendu un six mille francs en 1820. » L'armée des claqueurs est fonctionnellement organisée. Il y a les « claquetins » qui dispensent, selon l'occasion, applaudissements, approbations bruyantes ou huées plus ou moins nourris en fonction de la tactique adoptée et de l'objectif visé. Il y a les « dames-claque ». Elles ont en charge l'effusion affective. Leur mission ? Selon le genre ou le moment de la pièce, rire aux éclats, éclater en sanglots ou tomber en pâmoison... Le chef de claque, souvent comparé à un Alexandre ou à un César, médite sa stratégie. A la fois dans l'espace — il choisit soigneusement la disposition de ses troupes dans la salle. Et dans le temps — il détermine tout aussi soigneusement les moments de leurs interventions ; il élabore de savants crescendos d'enthousiasme ou de fureur...

La claque fait fonctionner le système. Les auteurs, les acteurs, quel que soit leur sentiment profond, ne peuvent se permettre de l'ignorer ou de la négliger s'ils veulent défendre leurs œuvres ou soutenir leur réputation. Même un Vigny, tout dédaigneux qu'il soit des réactions de la foule, est obligé de veiller au grain pour sauver son *More de Venise*. Le 27 octobre 1829, il écrit à Hugo : « Je pense que le serpent écrasé sifflera encore demain. Venez mettre aussi le pied sur lui. Que vos amis, cher Victor, viennent à quatre heures et demie, je les ferai entrer avant le public. Après cinq heures, je ne le pourrai plus. » Dans *Les Soirées de l'orchestre*, Berlioz évoque avec beaucoup de verve les pratiques et le langage codé des claqueurs. Surtout, il montre bien que l'efficacité de leur action est liée à un subtil rapport avec les réactions spontanées du public. Par exemple, observe-t-il, « *chauffer un four*, c'est applaudir inutilement un artiste dont le talent est impuissant à émouvoir le public (...). Inversement, *avoir de l'agrément*, c'est être applaudi et par la claque et par une partie du public. Duprez, le jour de son début dans *Guillaume Tell* [de Rossini, en 1837], eut un agrément extraordinaire. » Le rire et l'émotion ne sont pas moins savamment « programmés ». Berlioz encore : « Le mouvement de droite à gauche et de gauche à droite de la tête impériale [celle du chef de claque] éclairée d'un sourire indique qu'il faut rire modérément. Les deux mains de César appliquées avec vigueur l'une contre l'autre et s'élevant un instant en l'air ordonnent un brusque éclat de rire.

Si les deux mains restent en l'air plus longtemps que de coutume, le rire doit se prolonger et être suivi d'une salve d'applaudissements. *Hum !* lancé d'une certaine façon, provoque l'émotion des soldats de César ; ils doivent alors prendre l'air attendri, et laisser échapper, avec quelques larmes, un murmure approbateur. » Mais le « travail » du claqueur ne se limite pas au champ clos de la représentation. Il doit, ou il peut augmenter son efficacité par des actions, préalables et postérieures, d'intoxication. Berlioz : « Pendant les entractes, on doit prôner l'œuvre ou l'artiste dans les corridors, au foyer, au café voisin, chez le marchand de cigares, partout. On doit dire : "C'est un chef-d'œuvre, un talent unique, ébouriffant ! une voix inouïe ! on n'a jamais rien entendu de pareil !" En argot de "métier", cela s'appelle "allumer le public"... »

Non seulement les comédiens sont habitués à ces salles houleuses qui, pour un rien, éclatent en manifestations passionnelles, mais ils en ont besoin. Comme d'une drogue ou, au moins, comme d'un climat qui contribue à survolter leurs capacités d'interprètes. On est frappé de voir avec quel sang-froid Mlle Mars affronte le tumulte dans *Hernani*. Le tapage est tel, parfois, que les acteurs sont obligés de s'interrompre. Qu'à cela ne tienne ! A l'intention des spectateurs pris par le drame, ou peut-être pour se maintenir elle-même « dans » son personnage, elle improvise jusqu'à ce que le calme soit revenu... une pantomime ! Il n'est pas impossible d'ailleurs que sa formation ne soit à l'origine d'une initiative qui est sans doute un réflexe. Legouvé rapporte comment Samson enseignait à ses élèves la technique de l'*entrée* et on en aperçoit clairement la fonction de domptage. D'après Samson, vous devez jeter sur le public un « regard circulaire et accompagné d'un demi-sourire légèrement esquissé sur les lèvres ». Vous attendez que le silence se fasse complètement dans la salle. Et alors vous avancez le bras... (*M. Samson et ses élèves*, 1875).

Rachel dans le rôle d'Hermione dans Andromaque. *Le graveur a admirablement saisi la beauté austère et le feu intérieur de la tragédienne. Paris, bibliothèque de l'Arsenal.*

Un usage nous semble aujourd'hui particulièrement intempestif qui est d'applaudir aux « moments à effets », aux « beaux endroits ». Il n'est pourtant mis en question par personne. Dans ces conditions, l'art de l'acteur consiste d'abord à cerner, dans son rôle, ces endroits, à les « amener » et à les exécuter C'est un art de la prouesse ponctuelle, peu différent, au fond, de celui du chanteur d'opéra ou de la ballerine. Geoffroy, par exemple, recense tous les moments o` Mlle Duchesnois, dans Roxane de *Bajazet*, soulevait les applaudissements. Les effets nouveaux, ingénieux sont immédiatement repérés et salués par les « connaisseurs ». La même Duchesnois, jouant Hermione, avait à dire ces vers au cinquième acte :

> *Je ne choisirai point dans ce désordre extrême !*
> *Tout me sera Pyrrhus, fût-ce Oreste lui-même.*
> *Je mourrai... Mais du moins ma mort me vengera.*
> *Je ne mourrai pas seule, et quelqu'un me suivra.*

« La transition qu'elle a marquée en disant ce "je mourrai" a fait jeter simultanément par tout le public un cri de surprise et d'admiration qui a été aussitôt suivi d'une double salve d'applaudissements » (*Le Journal des débats*, 18 août 1818. Sur la représentation du 15).

A l'inverse, l'absence d'applaudissement est à peu près déshonorante pour un interprète. Elle signe en tout cas un échec irrémédiable... Le 22 juin 1818, Mme Cosson paraît dans Agrippine. *Le Journal des débats* du 24 : « Mme Cosson a trouvé le secret de débiter, sans obtenir un seul applaudissement, la magnifique tirade du quatrième acte : c'est faire l'impossible ; elle a droit à un brevet d'invention. » Hélas, le 9 juillet les choses ne se sont pas améliorées ! « Reçue sans applaudissements, elle a trouvé le secret, assez difficile, de maintenir les spectateurs dans cette paisible disposition. Elle a le plus grand [de tous les défauts] : celui d'être froide et monotone » (*Ibid.*, 11 juillet). Ces usages et ce système de valeurs expliquent assez que l'acteur ait besoin des réactions de son public. De ses manifestations, fussent-elles hostiles. Rien de plus déconcertant, et donc de plus angoissant, pour lui, que des spectateurs impassibles et silencieux. Le 10 février 1840, en pleine gloire, Rachel joue Hermione. Qui, ce soir-là, manque de talent ? Elle ? Ou le public ? Difficile à dire... Toujours est-il que l'inexplicable silence des spectateurs lui fait perdre non seulement ses moyens mais son inspiration : « Cette froideur inaccoutumée l'a glacée elle-même ; elle s'est arrêtée court devant ce parterre immobile. Elle ne peut s'habituer à ce silence ; elle veut que son geste, elle veut que sa parole portent à l'instant même ; sinon, elle hésite, elle se trouble, elle oublie, non pas son rôle, mais le drame dans lequel elle joue ; pour reconquérir les applaudissements qui lui manquent, elle s'abandonne à toutes les exagérations de l'art dramatique ; où elle était irritée, elle devient furieuse ; où elle était grande, elle devient boursouflée » (*Le Journal des débats,* 17 février).

Le système et l'utopie

La répartition et la hiérarchisation des rôles selon le système des *emplois* restent en vigueur dans tous les théâtres, à Paris comme en province. A la fin du cahier de régie d'*Henri III et sa cour*, Albertin, « directeur de la scène près le Théâtre-Français », donne ces conseils de distribution à des directeurs de théâtres provinciaux susceptibles de monter le drame de Dumas : « Dans les troupes (...) qui n'ont qu'un premier rôle, le rôle du duc de Guise doit lui être distribué, et celui de Henri III doit l'être au deuxième ou troisième amoureux, puisque le rôle de Saint-Mégrin appartient invariablement au jeune premier rôle. Tous les autres rôles de l'ouvrage sont faciles à distribuer d'après les emplois et les convenances du personnel. » Cette dernière nuance signale la souplesse qui, sous l'apparente rigidité, permet au système de fonctionner. Sans compter qu'il n'est pas toujours aisé d'affecter un rôle qui n'a pas encore été interprété à tel ou tel emploi...

Eu égard à sa typologie répétitive et sommaire, le mélodrame pouvait se couler sans effort dans le système. Il paraît ainsi normal que Mlle Levesque, douée d'une « figure délicieuse et [d']un organe enchanteur », soit appelée à jouer toutes les vierges persécutées. Ou que les « traîtres » soient confiés à d'Herbouville, puisque, comme le note *L'Opinion du parterre* en 1806, « sa stature élevée, sa figure sauvage et sa diction dure et précise sont autant d'avantages réels pour ces rôles ». Mais les directeurs de théâtre sont des entrepreneurs avisés de sorte que tel qui n'entre dans aucun emploi précis assure à peu près tous les rôles, comme ce Joigny qui, dépourvu de physique fortement caractérisé, se charge, selon l'occasion et le besoin, des « héros », des « traîtres », ou des « vieillards »... En principe, le système a une fonction régulatrice précise, celle d'éviter les conflits individuels au sein d'une troupe. Selon ses capacités, son talent ou son ancienneté, chaque interprète se voit attribuer un stock de rôles relevant de son emploi. Il les assure « en chef » ou « en double » (autrement dit, il est automatiquement distribué dans un rôle que ne peut ou ne veut jouer celui qui est « chef d'emploi »). C'est particulièrement important à la Comédie-Française qui repose sur le principe de la troupe fixe et qui doit assurer en alternance la représentation des pièces les plus diverses, comiques ou dramatiques, classiques ou modernes...

Le mécanisme n'est pourtant pas parfait. Il y a parfois des accrocs. Imaginez que deux stars puissent prétendre aux mêmes emplois... Pour régler le différend qui oppose, sur ce thème, Mlle Mars et Mlle Leverd, il faut faire appel à l'arbitrage du surintendant des théâtres, le comte de Rémusat. Mais le compromis qu'il propose n'apaise pas précisément les passions : à Mlle Mars, Rémusat accorde la part du lion, c'est-à-dire les « grandes coquettes », les « premiers rôles » et les « premières amoureuses ». Mlle Leverd, quant à elle, les jouera en « double », avec droit d'assurer chaque mois trois ou quatre rôles ordinairement dévolus à la première. Fureur de Mlle Leverd...

Lorsqu'il prend la direction de la Comédie-Française, le baron Taylor paraît avoir eu conscience des rigidités d'un système mal adapté au répertoire moderne et peu favorable à l'épanouissement de talents originaux. Il multiplie donc les engagements d'acteurs nouveaux comme pour « casser » la hiérarchie des emplois. Protestations des tenants de la tradition. P. Victor en 1834 : « Chaque acteur a droit aux mêmes rôles ; et toute démarcation d'emploi est détruite. Cette confusion achève de perdre le théâtre : elle enlève aux rôles leur physionomie » (*Documents pour servir à l'histoire du Théâtre-Français sous la Restauration*). Victor adresse d'ailleurs le même reproche à la troupe de l'Odéon, ce qui laisse à penser que Taylor n'était pas le seul à tenter de donner du jeu au système. « Un autre abus, c'est celui de laisser aux acteurs la faculté de s'exercer dans tous les emplois. Si on le poussait plus loin les rôles n'auraient bientôt plus de caractère, les emplois plus de physionomie, les pièces dès lors plus de contrastes ni d'oppositions. Et quand un acteur aurait un talent assez souple, un visage assez mobile pour jouer les rôles les plus opposés, il ne pourrait jamais le faire qu'au détriment de ceux qu'il quitterait » (*op. cit*).

Or la versatilité est l'essence même de l'art du comédien. Il a besoin d'expérimenter des difficultés nouvelles, de confronter son talent à des rôles complètement différents les uns des autres. Mlle Mars joue Célimène et Doña Sol... Quant à Frédérick Lemaître, rien ne l'arrête dans cette voie : il transforme en burlesque un « traître » de mélodrame (Robert Macaire dans *L'Auberge des Adrets* en 1824), il joue des premiers rôles à panache, Buridan, Kean, des ténébreux romantiques, Gennaro de *Lucrèce Borgia* et Ruy Blas... Et, à l'intérieur d'une même pièce, il témoigne d'un véritable génie de la transformation. Dans *Vautrin*, selon Gautier, il est « tantôt vieux baron allemand, au pied bot et bossu ; tantôt ambassadeur mexicain, grand, gros, basané, avec des favoris violents et un toupet pyramidal... » (*Histoire de l'art dramatique*, 18 mars 1840). Tout le théâtre romantique, on le sait, va d'autre part favoriser ce passage d'un registre à l'autre qui correspond tout à fait à ses présupposés esthétiques. Marie Dorval, Bocage... Lemaître, bien sûr, tous les grands interprètes romantiques feront admirer le « naturel » avec lequel ils savent passer du rire aux larmes, de la légèreté au pathétique...

Cette évolution ne sera pas remise en cause : Rachel, qui incarna à peu près toutes les princesses tragiques, joue aussi *Mademoiselle de Belle-Isle* de Dumas. En 1847, elle se risque dans Célimène (en tournée à Londres, il est vrai...). En 1850, en dépit de ses réticences à l'encontre du drame romantique, elle reprend le rôle de la Tisbe dans *Angelo*. La tentation est trop forte : avant elle, Mlle Mars et surtout Dorval s'y sont illustrées... Sarah Bernhardt, à la fin du siècle, aura la diversité d'emplois des *prime donne assolute* à l'opéra. Tour à tour, Phèdre et Lorenzaccio, Doña Maria de Neubourg (*Ruy Blas*) et Hamlet... Et les rôles qu'on écrira pour elle, comme Fedora ou Tosca, combineront les registres les plus opposés.

Quant au *physique*, la critique s'en fait moins, semble-t-il, par rapport à la vraisemblance singulière d'un personnage que par référence à une élégance générale, une norme idéale. C'est un héritage du siècle précédent. Il présuppose non seulement une silhouette, une démarche conformes, mais aussi un savoir technique qui fonde l'art de se présenter et de se tenir en scène. Il est vrai aussi que l'évocation du physique des interprètes est un terrain de polémique facile et que la description d'une silhouette caricaturale renvoie souvent à une hostilité de principe contre une personnalité ou contre le mouvement politico-culturel qu'elle paraît représenter. Bocage, qui fut le spécialiste des rôles de beaux ténébreux du drame romantique, semble avoir dû lutter contre un physique ingrat. On ironise volontiers sur ses longs bras ballants, sur ses genoux cagneux. On lui reproche d'avoir la tête dans les épaules, de marcher avec gaucherie... Mais c'était peut-être, au bout du compte, un avantage. Jouvet, qui avait pu expérimenter le problème, disait qu'il y avait les acteurs « pour » et les acteurs « contre ». Ces derniers doivent prouver à un public réticent qu'ils sont faits pour leur rôle. Cet obstacle à vaincre donne plus d'intensité à leur interprétation et à la relation qu'ils nouent avec le public : « Il faut que le "contre" soit naturel. Là où il est admirable, c'est quand il est le résultat d'un certain manque, de certains défauts : des acteurs qui entrent en scène sans voix, sans masque, et on s'aperçoit que ce sont des gens qui apportent beaucoup plus que ceux qui entrent en scène avec un côté "pour", un côté parfait » (*Tragédie classique et théâtre du XIXᵉ siècle*).

A cet égard, Bocage fut certainement, comme Rachel d'ailleurs, un acteur « contre ». On lui accorde en tout cas un certain génie de la composition, c'est-à-dire la capacité de tirer parti de ses défauts physiques mêmes. Il joue dans *Teresa* de Dumas en 1832. *L'Artiste* applaudit : « C'est bien la longue charpente d'un vieux général de l'Empire, amincie, ossifiée par la souffrance physique, croulant sous le poids de la souffrance morale. » Et, dans *Interdiction* de Souvestre en 1838 : « C'était bien le teint plombé et maladif, la pâleur humide d'un prisonnier que le soleil n'a pas touché depuis quinze ans de ses lèvres d'or, le front dépouillé et poli, la barbe longue et négligée, la poitrine affaissée, les bras tombants, les pas incertains » (Gautier, *Histoire de l'art dramatique*).

La Gazette des théâtres ne se prive pas d'ironiser sur Juliette Drouet que Hugo avait imposée dans Jane de *Marie Tudor*. Jolie assurément ! Mais voyez donc comme elle se tient en scène, « la tête baissée, tellement baissée que toute sa personne formait, à la lettre, un demi-cercle. Voilà que, dans une situation bien attendrissante, son amant, dans l'ouvrage, lui dit : "Levez la tête, Madame, tenez-vous droite !" Jamais application n'arriva plus à propos, n'excita une hilarité plus générale » (10 novembre 1833). Lockroy, qui joue Ethelwood dans la *Catherine Howard* de Dumas, n'est pas mieux traité par *La Revue de Paris* qui daube sur « ces bras toujours pendants, ce dos voûté, sans doute à *la romantique*, cet abdomen qui va faire préparer les chevaux pour son maître... » (1834). L'exemple de Mlle George prouve peut-être qu'il n'y a pas, dans ce domaine, de vision objective. Que le génie de l'acteur, c'est précisément de se faire voir comme il n'est pas. George avait régné sans partage sous l'Empire. La beauté de ses attitudes sculpturales, son port altier, son « feu »... tout en elle convenait à la « reine » de tragédie. Mais en vieillissant elle avait pris un embonpoint qu'elle ne pouvait camoufler. C. Maurice, qui lui était hostile, se déchaînait sans ménagement ni galanterie. *Le Courrier des théâtres* du 31 mars 1830 la traite... d'« immense potiron en forme de femme » ! Et pourtant son jeu intense, sa maîtrise de l'espace et des artifices de la scène paraissent lui avoir permis de transcender les effets de la décrépitude. Dumas la distribue dans Marguerite de Bourgogne (*La Tour de Nesle*, 1832), Hugo dans *Marie Tudor* et dans *Lucrèce Borgia* l'année suivante. Ce ne sont pas précisément des héroïnes décaties. Et son apparition dans le rôle-titre au lever du rideau de la seconde journée de *Marie Tudor* « fut un éblouissement. A demi couchée sur un lit de repos, en robe de velours écarlate, couronnée de diamants, sa beauté était

A gauche, Bocage dans Buridan de La Tour de Nesle. *Avec Frédérick Lemaître, l'un des grands créateurs du drame romantique, et l'un de ceux qui furent le plus férocement brocardés par la presse du temps. Paris, B.N.*

A droite, Mlle George, créatrice du rôle-titre de Marie Tudor. *D'une beauté fabuleuse, selon les uns, d'un grotesque embonpoint selon les autres, en tout cas une « bête de scène » métamorphosée par son art... Paris, B.N.*

vraiment royale » (*Le Constitutionnel,* 11 novembre 1833). De ces apparentes contradictions, Banville donne sans doute la clé. La scène est pour Mlle George le lieu et l'instrument d'une transfiguration. Il l'avait vue, en fin de carrière, dans la *Médée* de Longepierre : « Devenue énorme, on aurait dû penser que cette vieille femme semblerait ridicule en magicienne envolée [sur son char]. Erreur profonde ! Elle était la vraie Médée (...). Le temps féroce (...) n'avait pas pu défigurer cette radieuse Hélène et en faire une vieille femme » (*Mes souvenirs,* 1882).

De façon générale, la hiérarchisation des emplois, la règle de la répartition « en chef » et « en double » creusent un hiatus entre une aspiration de plus en plus exigeante à la vraisemblance de la représentation et les contraintes qu'elles font peser sur les distributions. Le système fait d'un acteur le détenteur d'un rôle jusqu'à sa retraite. D'où des distorsions de plus en plus flagrantes entre le personnage et son interprète. Cas le plus courant : celui-ci a deux ou trois fois l'âge de celui-là. Au Français, les emplois de Mlle Mars étaient ceux de « coquette » et de « jeune première ». Dans *Choses vues*, Hugo rappelle ainsi que « Mlle Mars avait cinquante-deux ans lorsqu'elle créa Doña Sol, personnage de dix-sept ans » (20 mars 1847). Et, à l'article « Fraîcheur » *(sic)* du *Dictionnaire théâtral*, on peut lire cette phrase qui résume lapidairement la situation : « Mlle Bourgoin n'en a plus ; Mlle Mars a l'air d'en avoir ; Mlle Mante en a encore. » Pour ce qui est de la seconde, dans un registre différent, elle semble avoir eu le même génie de la transfiguration scénique que Mlle George : « Mlle Mars a l'âge qu'elle a besoin d'avoir parce qu'elle a la force et la grâce de cet âge... » (*La Revue de Paris,* 1834). Et l'acteur Got qui l'a vue dans Elmire de *Tartuffe* note dans son *Journal* : « Quelle artiste ! Quels yeux ! Quelle voix ! C'est la sincérité, le charme même malgré ses soixante ans » (2 mars 1841). Tous n'ont pas cet art de suspendre le temps. Ou peut-être le regard se fait-il moins indulgent lorsqu'il se porte sur les interprètes masculins. *Le Courrier des théâtres* du 4 juillet 1823 s'en prend vivement à Joanny qui, à quarante-huit ans, s'est laissé distribuer dans *Iphigénie* : « Le rôle d'Achille est un de ceux que son âge devrait le plus lui interdire, et (...) il gâte son talent en voulant ainsi l'étendre vers l'impossible. Qui reconnaîtrait le jeune et bouillant fils de Pélée dans un vieillard frénétique dont la voix entrecoupée et les mouvements convulsifs n'annoncent que le délire, et n'inspirent que la pitié ? »

Malgré ces inconvénients, le système des emplois perdurera bien au-delà de la période qui nous intéresse. Et, s'agissant de la vraisemblance des âges, les choses ne se sont pas sensiblement améliorées au début du XXe siècle. Dans les années 1914, Julia Bartet, l'une des « divines » des années 1880-90, jouait encore Camille de *On ne badine pas avec l'amour*. Une Camille de quelque soixante ans ! Elle « avait à ce moment-là, se rappelle Jouvet, une taille et des appas nécessaires à celles qui chantent l'opéra (car il faut du souffle)... » De même, arrivée à un âge qui la destinait à Athalie ou à Agrippine, Caroline Segond-Weber continuait à jouer « de droit » Hermione, rôle dont elle était le « chef d'emploi ». Selon Jouvet, « elle ressemblait plutôt à une armoire »... Une autre invraisemblance, moins attendue, est également dénoncée, au moins dans la première moitié du siècle. Elle consiste à distribuer des interprètes plus jeunes que leur rôle, soit qu'il s'agisse de personnages jugés peu « rentables », donc laissés à des débutants, soit que certains rôles attirent des interprètes qui n'ont pas encore la maturité requise pour les remplir. Geoffroy s'en prend ainsi à Colson qui a prétendu jouer Agamemnon : « Ses paroles n'ont ni la force, ni le poids, ni l'autorité naturelle que l'âge donne aux discours d'un homme mûr » (*Journal de l'Empire,* 21 juin 1810. Sur la représentation du 18). Évidemment, douze jours plus tard, il n'a guère eu le temps de vieillir ! « Sa jeunesse est un de ses défauts essentiels dans le rôle du roi des rois » (*Ibid.,* 3 juillet 1810. Sur la représentation du 30 juin). De la même façon, près d'un demi-siècle plus tard, Rachel sera-t-elle jugée trop jeune pour interpréter Agrippine comme elle a voulu le faire en 1848, à… vingt-sept ans : « Mlle Rachel a joué à l'impératrice comme les petites filles jouent à la poupée » (J. Janin, *Mlle Rachel et la tragédie,* 1858).

De ces multiples témoignages, on peut tirer quelques conclusions : les spectateurs ressentent un besoin d'adhésion au personnage représenté qui s'est accru avec l'évolution de la représentation et de l'interprétation dans le sens de l'« exactitude » et de la « vérité ». Ce qui conduit à dénoncer tout ce qui s'oppose à cette adhésion, c'est-à-dire toutes les entorses à une stricte vraisemblance. En même temps, on reste sensible à un art, à une « présence » qui balaient les premières objections. Si Joanny est critiqué dans Achille du fait de son âge, c'est moins parce qu'il est trop vieux pour le rôle que parce qu'il n'a pas su le faire oublier… Ce qui atteste le caractère éminemment *vocal* de ce théâtre : ce sont les grandes orgues de Mlle George qui la transforment en reine flamboyante. C'est la musicalité et la fraîcheur de la voix de Mlle Mars qui lui donnent un air d'éternelle jeunesse…

C'est que la conquête du *naturel,* cette permanente utopie du théâtre français, surdétermine de façon prégnante le travail de l'acteur. Elle est la pierre de touche de sa relation avec le public et, par voie de conséquence, le tremplin de son succès. Ce « naturel » n'a sans doute pas exactement la même définition selon les aires socioculturelles. Du côté des tenants de la tradition classique, et sur les scènes officielles, le « naturel » reste celui du XVIIIe siècle. A la fois, comme on l'a dit, une « juste mesure » et une « mesure juste ». Il est fait d'un équilibre entre noblesse et humanité, entre bienséance et expressivité. Mlle Levesque, par exemple, est saluée en ces termes : « Beaucoup de dignité, un organe agréable, une prononciation sans défaut, une pantomime expressive, des gestes sans exagération lui ont mérité l'approbation des connaisseurs, étonnés de trouver à l'Ambigu ce qu'on chercherait quelquefois en vain rue de Richelieu » (L'Hermite du Luxembourg, *Grande Biographie dramatique,* 1824). La voie est étroite entre deux écueils, l'excès et l'insuffisance. Trop de « naturel » fait verser dans la quotidienneté, c'est-à-dire dans une « trivialité », une « bassesse » indignes des grands genres. Mlle Maillard dans Hermione : « Peu de débutantes parlent la tragédie avec autant de simplicité et de naturel ; s'il convient même de lui reprocher quelque chose, c'est de ne pas assez éviter le ton de la vérité familière » (*Journal de Paris,* 12 juin 1808. Sur la représentation du 11). A l'inverse, l'impuissance à masquer le travail, ou la volonté de l'afficher dénoncent un déficit que l'on condamne. Geoffroy : « Mlle Petit paraît avoir étudié son rôle [Phèdre]. Mais elle manque presque tous les effets par l'affectation de les faire valoir, et surtout par le renflement du volume de sa voix, et l'exagération de sa pantomime. Elle a de la sensibilité, de la force, une taille avantageuse :

que lui manque-t-il pour être meilleure ? Du naturel et de la simplicité » (*Le Journal des débats,* 25 novembre 1819. Sur la représentation du 23).

Autre problème qui montre bien le caractère transitoire de la période dans le domaine de l'esthétique interprétative, celui de l'homogénéité du jeu des comédiens au regard de cette question du « naturel ». Car chacun l'entend à sa guise. Plus ou moins, ou pas du tout. Dès lors, la diversité des options et des manières ruine la vraisemblance globale de la représentation. Mlle Maillard : « Sa manière de dire la tragédie a l'inconvénient de n'être pas en harmonie avec celle des autres acteurs et actrices ; elle a un naturel, une simplicité, une franchise, une fermeté, qui s'accordent mal avec les prestiges et les petits moyens de plaire usités dans ce pays » (Geoffroy, *Journal de l'Empire,* 19 mai 1809. Sur la représentation d'*Iphigénie* du 16). Chez les zélateurs de l'esthétique romantique, le « naturel » désigne en fait autre chose : non pas un équilibre formel, mais une sincérité. Non pas le comble de l'art, mais un abandon total aux affects mobilisés par le rôle. Ce « naturel »-là s'accommode donc parfaitement d'excès, de paroxysmes, de ce qu'on appelle des « fautes de goût ». La vie réelle, après tout, se préoccupe peu des bienséances... C'est bien ce « naturel » qui assure les triomphes d'une Marie Dorval. Selon Gautier, elle avait « des cris d'une vérité poignante, des sanglots à briser la poitrine, des intonations si naturelles, des larmes si sincères que le théâtre était oublié, et qu'on ne pouvait croire à une douleur de convention » (*Histoire du romantisme,* 1874). Paradoxe de ce « naturel » : il fonde un art sur l'effacement de lui-même. La meilleure interprétation, c'est celle qu'on ne peut plus percevoir comme telle... Antoine et Stanislavski ne sont pas loin.

Finalement, c'est cette ambiguïté du terme qui explique les critiques des antiromantiques. Dans cette recherche d'un jeu « naturel », ils ne peuvent, ou ne veulent, voir qu'un exhibitionnisme trivial. Ne réclame-t-on pas, en 1840, une censure qui aurait pouvoir d'épurer la scène de toutes les manières « indécentes » de certains acteurs ? Or ce qui passe pour trivialité, ce sont toutes ces innovations de jeu induites par la volonté de prêter aux personnages un comportement qui soit à l'image exacte de la vie courante : « On s'est présenté naturellement sur la scène, on s'y est assis sur les tables, sur les bras des fauteuils, on s'est couché en parlant, on a tourné le dos au public, on s'est peigné avec les doigts, on a joué sans rouge, on a laissé croître barbe et moustache... » (*Le Courrier des théâtres,* 21 juin 1835). Pris entre ces polarités contradictoires, héritiers de pratiques intangibles pour les uns, ridicules et obsolètes pour les autres, les comédiens naviguent au plus près, et le résultat n'est pas toujours exempt de maladresse. Par exemple, *Le Courrier des théâtres* observe que, dans *Henri III et sa cour*, Michelot, qui ordinairement tient les emplois d'« amoureux », de « petits-maîtres » et de « jeunes premiers dramatiques », à l'instigation de Dumas, « a drôlement parlé le rôle du roi. Pour se faire une élocution brève, il est tombé dans une sorte de jappement tout à fait curieux » (12 février 1829).

Au tournant du siècle, c'est-à-dire à une date relativement tardive, la question ne trouve pas encore de réponse satisfaisante. L'interprète du répertoire classique s'inspire maladroitement des innovations à succès des romantiques. Mais il est incapable, à la notable exception de Rachel, de leur assurer une adéquation parfaite au personnage et au genre. De la sorte, la quête du « naturel » s'épuise en une accumulation d'artifices nouveaux immédiatement repérés et dénoncés comme tels. En 1850, Ballande joue Achille. Il a voulu renoncer au casque traditionnel, mais il ne parvient pas à trouver une solution de remplacement appropriée. « Sa tête, chargée de cheveux noirs brusquement relevés sur le front sans art et sans grâce, avait une apparence méphistophélique. Il avait dédaigné le rouge, le bleu — le rouge, tout ce qui fait au théâtre la jeunesse et la beauté — et franchement, tous ces petits expédients faisant défaut, sa figure ne représentait pas un assez bel Achille » (*Le Corsaire*, 17 juillet). Ou, pour dire la même chose autrement : quand on joue Achille, rien ne sert de se faire le visage d'Antony ou l'allure de Chatterton !

Reste qu'en dépit de résultats pas toujours convaincants, et au-delà des clivages partisans, le petit monde du théâtre se retrouve dans une espèce de consensus : d'où qu'il vienne, à quelque théâtre qu'il appartienne, quel que soit son emploi, le comédien se mobilise pour atteindre ce fameux « naturel ». On est frappé de voir qu'un acteur comme Joanny, qui paraît avoir été d'abord un déclamateur, et pas toujours très subtil, se morigène en ce sens dans son *Journal* : « N'oublie jamais qu'il faut jouer pour soi pour bien jouer, que le public est là pour toi comme s'il n'y était pas, qu'en jouant bien pour toi, tu joueras bien pour les autres ; et qu'il ne faut point chercher des effets, mais chercher seulement à être naturel et vrai » (12 mars 1820). L'« art », tel qu'on l'entend, s'oppose, comme au XVIIIᵉ siècle, à la « nature ». C'est qu'il est conçu uniquement comme un stock de « trucs », de « recettes » qui servent de bouées de sauvetage au comédien manquant d'inspiration et de fraîcheur. Joanny, un soir de déprime, joue Procida des *Vêpres siciliennes* : « Autant que je l'ai pu, j'ai appelé l'art à mon secours, mais qu'il est loin de la nature ! » (*Journal,* 3 janvier 1820). Et Rachel était coutumière de ces baisses de tension, de ces « pannes », même à l'intérieur d'une représentation, d'un acte à l'autre. Épuisement physique et nerveux dû à un engagement trop rapide, manque de contact avec le public... Gautier note qu'il lui arrivait souvent de « bouler » la fin de ses rôles et de terminer comme elle pouvait. Sans doute aussi la reprise des mêmes rôles entraîne-t-elle inévitablement un effet de saturation. Alors l'« art » tente-t-il de venir au secours de la tragédienne qui ne parvient plus à « être » son personnage. Rachel joue Hermione en 1849. *Le Journal des théâtres :* « Du moment qu'elle y a écouté l'étude, elle l'a violenté [son rôle] ; du jour où elle l'a trop raisonné, elle l'a exagéré » (19 septembre. Sur la représentation du 17).

NOUVEAUX USAGES POUR INSTRUMENTS ANCIENS

Voix d'or,
voix
de bronze

La relation entre l'acteur et le spectateur est à double sens. Si les réactions, les manifestations de ce dernier surdéterminent l'art du premier, son engagement interprétatif, dans l'autre sens il émane de l'acteur un magnétisme qui subjugue la salle, un charisme qui fonde l'aura de ceux qu'on n'appelle pas encore les « monstres sacrés ». La vedette, à la fois dompteur, sirène et mage ! Ce charisme, quelle que soit son évolution de Talma à Mounet-Sully, de Mlle George à Sarah Bernhardt, de Rachel à Julia Bartet, procède d'une *vocalité,* c'est-à-dire de la magie d'un timbre associée à la virtuosité d'une technique. Ce culte de la voix apparaît comme la marque caractéristique de la Comédie-Française. Dès 1806, Geoffroy remarquait qu'« on va au Théâtre-Français pour entendre beaucoup plus que pour voir » (*Journal de l'Empire,* 7 août). Ne voyez nul regret dans cette affirmation...

Les critiques du temps évaluent les mérites d'un interprète, sur ce plan, en des termes fort proches de ceux qu'on utilise pour caractériser le génie d'une Malibran, d'un Nourrit ou d'une Viardot à l'opéra. Primitivement, la voix est incantatoire. Son timbre ensorcelle, envoûte. On parlera couramment, c'est bien connu, de la « voix d'or » de Sarah Bernhardt. Mais la même image apparaît beaucoup plus tôt dans le siècle et, par exemple, en 1837, à propos de Mlle Mars, *L'Artiste* évoque « cette belle voix qui sonne et qui brille comme l'or ». Et Rachel aussi, aux dires de Jouslin, « avait un organe dont le pouvoir était indicible » *(Souvenirs sur le Théâtre-Français, 1833-1837).* Ce « pouvoir indicible » trouverait assez vite ses limites s'il n'était soutenu par une maîtrise technique. Pour la plupart, les comédiens l'acquièrent au Conservatoire ou grâce à des maîtres indépendants. En même temps l'époque bruisse d'un débat feutré, héritage du XVIIIe siècle, qui oppose inspiration et technique, art et nature. A cet égard, le succès des interprètes du mélodrame, dont la formation se fait ordinairement « sur le tas », tient à une coïncidence entre un état de fait, c'est-à-dire une voix efficace dans la puissance ou l'émotion, mais peu travaillée, et une idéologie de la sincérité et de la spontanéité. Mais, paradoxalement, à l'oreille d'un public peu averti, ce sont les effets les plus outrés, les « trucs » les moins raffinés qui passent pour le gage de la plus grande sincérité !

A l'opposé, un acteur comme Samson privilégiait l'acquisition des plus solides bases techniques. Selon Legouvé, il affirmait : « On n'est maître du public que quand on est maître de soi ; on n'est maître de soi que quand on est maître de sa voix ; on n'est maître de sa voix que quand on apprend à s'en servir » *(M. Samson et ses élèves,* 1875). Il eut d'illustres élèves parmi lesquels Rachel et Sarah Bernhardt. Il avait su de bonne heure prendre la mesure de leurs ressources vocales et interprétatives. Grâce à lui, Rachel avait appris à maîtriser la délicate technique des passages du médium aux registres graves ou aigus ; à commencer une tirade à voix et à tempo retenus de sorte qu'elle atteignait progressivement à une puissance vocale qui n'était jamais incompatible avec la musicalité requise par la déclamation tragique. Il est vrai que, parfois, l'inspiration venait à faire défaut, l'ennui remplaçait la conviction, surtout en fin de carrière. Alors le virtuose jouait uniquement sur sa technique vocale au point d'aboutir à un certain maniérisme. Mlle Mars pouvait se prévaloir d'une « voix juste, nette, merveilleusement accentuée » (*Le Corsaire,* 27 mars 1830). Elle finit par en abuser. G. Planche : « Elle ne parle plus, elle chante ; elle donne à toutes les syllabes de sa phrase une valeur musicale qui pourrait presque se noter » (*Revue des Deux Mondes,* 1836).

De façon générale, on ne laisse pas d'être frappé par la minutie et la précision des analyses critiques que la presse du temps consacre à la technique vocale de l'acteur. Comparé à ses successeurs actuels, le chroniqueur dramatique témoigne d'une sensibilité et d'une compétence tout à fait remarquables. Ainsi le *Journal de l'Empire* du 19 janvier 1806 s'en prend-il vivement à Mlle Duchesnois qui, dans Ériphile, s'était montrée incapable de garder le contrôle de son souffle : « A force de crier, elle a contracté l'habitude la plus sinistre : ce n'est plus qu'en sifflant qu'elle respire ; elle a un sifflet dans la gorge » (sur la représentation d'*Iphigénie* du 16). Geoffroy, dans le même journal, à propos d'une tragédienne de moindre envergure, Mlle Dupuy : « Pour mieux sangloter, elle a pris sa voix dans la tête, et rien ne touche moins que cette voix-là : c'est une voix de poitrine qui est éloquente » (20 février 1808). Et s'il estime Mlle Maillard trop « mesurée », du moins juge-t-il qu'elle « ne fatigue pas les auditeurs par des sons rauques et forcés » (*Journal de l'Empire,* 16 mars 1809). En 1819, Joanny incarne à l'Odéon Procida, le patriote inflexible des *Vêpres siciliennes* de Delavigne. Rôle de « père noble » tout à fait dans l'emploi du comédien. Pourtant *Le Drapeau blanc* du 24 octobre est sévère : « Joanny a beaucoup nui à l'effet de ce rôle par son débit trop lent, trop lourd, et par l'affectation de contenir, dans les sons bas et graves, son organe. » Cet art de la déclamation au bord de la vocalisation et du chant sera perpétué, voire amplifié, à la fin du siècle par la génération des « monstres sacrés », Sarah Bernhardt, Réjane, Julia Bartet, Mounet-Sully, Paul Mounet, Coquelin aîné, etc. On y reviendra.

Le Théâtre-Français passe pour le temple des « connaisseurs » en matière de vocalité. Ailleurs, et notamment sur la scène du mélodrame, la voix est travaillée en force. Sans subtilité excessive. On comprend pourquoi : outre le défaut de formation savante des acteurs qui s'en remettent, pour l'essentiel, à leur instinct, la relation avec la salle est un facteur déterminant. Celle-ci n'est pas peuplée d'auditeurs particulièrement sensibles à la musicalité ou à la subtilité d'une vocalisation. Il faut d'abord que l'acteur s'impose à elle en la domptant. Les décibels, pour ce faire, sont d'ordinaire efficaces... Et puis certains personnages doivent susciter la terreur. Dans un système dramaturgique qui s'appuie sur une typologie sommaire, chaque figure du jeu mélodramatique doit être affectée de la voix que l'on connaît et que l'on attend. « Deville n'a pas une voix assez grave pour représenter le lugubre valet d'un tyran que l'on nomme l'Ours ; de si terribles moustaches, une figure si atroce exigent une voix sombre et sépulcrale » (*Le Journal des débats,* 23 octobre 1821). Bref, les déferlements vocaux qui attendrissent ou terrorisent le bon peuple sont comme la marque de l'interprétation mélodramatique. « Pour soutenir dans ses terribles développements toute une tirade de mélodrame, il faut la voix tonnante et les larges poumons d'un stentor » (J. D. B., *Essai sur l'état actuel des théâtres de Paris et* des *principales villes de l'Empire,* 1813). Une telle particularité n'a évidemment pas échappé aux esprits satiriques, comme en témoigne cette savoureuse évocation de l'acteur Philippe, en 1820 :

> *De ses terribles poumons, plus que formidables,*
> *Les sons partent, étourdissants, épouvantables ;*
> *La salle s'émeut, le public est affecté*
> *Et lui qui les lâcha recule épouvanté...*

Qu'en est-il de la vocalité des interprètes du drame romantique ? Sa dramaturgie, on le sait, est influencée par les techniques de représentation du mélodrame. Mais, d'autre part, il est également vrai qu'il est interprété, à sa création, par des acteurs qui, comme Mlles Mars ou George, Firmin, Michelot ou Joanny, avaient une solide technique et une longue expérience du répertoire classique. Frédérick Lemaître, qui venait du mélodrame, était, certes, un comédien puissant, mais aussi varié et parfois subtil. Quant à Marie Dorval, elle s'imposait par d'autres vertus qu'une déclamation tonitruante...

Si bien que lorsque *Le Courrier des théâtres* s'efforce d'assimiler l'interprète romantique à celui du mélodrame et prétend que pour jouer Hugo ou Dumas il suffit d'avoir « une voix forte, mugissante, ou retentissante, caverneuse ou criarde, mais solide, inflexible, qui mette les oreilles en sang » (24 juin 1835), sans doute faut-il ici faire la part de l'exagération polémique. Cela dit, les circonstances tumultueuses de certaines créations pouvaient en effet contraindre les acteurs à recourir aux techniques de domptage vocal dont ils avaient pu constater l'efficacité sur le Boulevard du Crime. Reste que les plus illustres comédiens romantiques sont jaugés, pour ce qui est de la technique vocale, sans indulgence. Laferrière, à une date tardive il est vrai, critique sévèrement Frédérick Lemaître sur ce plan : « Son organe inégal se produisait trop souvent dans des notes de tête d'un fâcheux effet, lorsque la passion n'y ajoutait pas ses flammes. Enfin il avait la prononciation difficile » (*Mémoires,* 1876). Quant à Bocage, le créateur d'Antony, de Didier dans *Marion De Lorme,* de Buridan... on lui reproche sa voix nasillarde et Lireux, féroce, le traite de... « rhume de cerveau de Frédérick Lemaître » !

C'est dans un tel contexte qu'il faut replacer le magnétisme de Marie Dorval et de Rachel. Si différentes l'une de l'autre à certains égards, ces deux stars avaient en commun de charger d'un poids émotionnel intense les répliques les plus plates. C'était d'ailleurs une spécialité de Dorval dont on retrouve la trace dans l'écriture dramatique, prose et vers, des œuvres conçues à son intention. Elle avait l'art de faire un sort aux phrases suspendues, aux exclamations soupirées, aux incises relevant de ce qu'on appelle aujourd'hui la fonction phatique du langage... Gautier : « Elle a donné un sens aux mots qui n'en avaient pas, et changé en cris de l'âme les phrases les plus insignifiantes. Des choses nulles dans toute autre bouche, dites par elle, donnent la chair de poule à toute la salle. Avec les simples mots "Que me voulez-vous ? Mon Dieu ! Que je suis malheureuse", elle fait pleurer et frissonner » (*Histoire de l'art dramatique en France depuis vingt-cinq ans,* 1858-1859). De Rachel, Musset rapporte à peu près la même chose. Dans Aménaïde du *Tancrède* de Voltaire, elle avait à dire ces deux vers :

Marie Dorval dans le rôle de Catarina dans Angelo, tyran de Padoue *de Victor Hugo. Dessin de Célestin Nanteuil. Paris, maison de Victor Hugo.*

> *Il devait présumer qu'il était impossible*
> *Que jamais je trahisse un si noble lien.*

Musset : « Il est certainement difficile de trouver deux vers plus ordinaires, on peut même dire plus faibles. Cependant, quand Mlle Rachel les prononce, un frémissement électrique parcourt toute la salle » (« De la tragédie », *Revue des Deux Mondes,* 1er novembre 1838).

Il n'y a donc pas une technique vocale, mais bien plutôt des pratiques diverses qui tiennent à la fois à la variété des formations et des sensibilités et à la diversité des contraintes : turbulence du public, écriture du rôle, esthétique du genre... L'acoustique même des théâtres explique parfois le style et les défauts d'une interprétation comme le montre l'intéressant témoignage de P. Victor en 1834 : « On reproche aux acteurs de l'Odéon de crier ; mais ils y sont portés par les dimensions du vaisseau qu'ils ont à remplir. Souvent aussi ils paraissent crier, quoique parlant sans effort ; quelquefois ils s'époumonent et sont à peine entendus. Ces divers effets proviennent de la direction que prend la voix, qui devient forte ou faible, selon qu'elle se dirige sur le relief des combles, ou qu'elle pénètre dans la profondeur des loges ; selon qu'elle est répercutée ou absorbée de sorte qu'on ne peut lui donner aucune direction nette et précise. Il s'ensuit que la salle est favorable aux acteurs qui ne craignent pas de se livrer aux cris, et contraire à ceux qui cherchent moins à frapper fort que juste » *(Documents pour servir à l'histoire du Théâtre-Français sous la Restauration)*.

Ajoutez que, dans ce domaine encore, il n'est d'appréciation que subjective. Le cri qui bouleverse l'un est à l'autre un hurlement insupportable ! D'autre part, les parti pris qui sous-tendent peu ou prou les témoignages de l'époque incitent à les interpréter avec prudence... Quoi qu'il en soit, la vocalité des acteurs, dans ces années 1830, paraît prise entre deux tentations : celle de la déclamation chantante, tour à tour élégiaque et pathétique, héritée de la tradition classique mais mâtinée d'un parlando plus quotidien ou, si l'on veut, plus « naturel » ; celle du cri et de l'éclat paroxystique mis à la mode par le mélo-drame. Opposition un tantinet emblématique que formule, par exemple, Mazères qui déplore que, dans *Henri III et sa cour*, Mlle Mars et Samson soient obligés de « lutter de poumons et de sanglots avec M. Frédérick [Lemaître] et Mme Dorval » *(Revue de Paris, 1829)*. Les antiromantiques ne veulent entendre que vociférations barbares là où les romantiques perçoivent la bouleversante expression d'une sincérité portée à l'incandescence. George Sand le fait bien comprendre lorsqu'elle évoque Marie Dorval : « ... Ces cris qui déchiraient l'âme, ces accents de douleur et de passion qu'on n'entendra plus au théâtre (...), ces cris et ces accents seraient sauvages et grotesques venant de toute autre qu'elle (...). Il fallait une individualité comme la sienne pour les rendre terrifiants et sublimes » *(Histoire de ma vie*, 1856)*.

Mais il y aurait également à prendre en compte la vision des romantiques touchant le jeu des interprètes « classiques ». D'une part, ils en pointent le caractère trop contrôlé (c'est, une fois encore, l'« art » qu'on oppose à la « nature »). Stendhal : « Par moments, elle [Mlle Mars] veut bien faire les gestes d'une folle, mais en ayant soin de vous avertir, par un petit regard fin, qu'elle ne veut point perdre à vos yeux sa supériorité personnelle sur le rôle qu'elle joue » *(Mémoires d'un touriste*, 1838)*. Ce qui est vrai de la gestuelle et de la mimique l'est sans doute, *a fortiori*, de l'engagement vocal... D'autre part, ils font remarquer que l'esthétique romantique a plus ou moins retenti sur le style interprétatif du répertoire classique.

On l'a dit, le *cantando* de la déclamation tragique s'imprègne de *parlando*. Évolution diversement appréciée. Pour les uns, elle est le symptôme d'une décadence. C'est, en gros, la position de Geoffroy. Il salue en ces termes l'acteur Leclerc : « Il sait prononcer et parler, qualité devenue remarquable et rare : sa déclamation paraît un peu cadencée et chantante, parce que nous sommes accoutumés à une familiarité triviale qui avilit le sens pratique *(sic)* » (*Journal de l'Empire,* 1806). Mais, une vingtaine d'années plus tard, le *Dictionnaire théâtral* exprime la position exactement inverse : « Écoutez un instant Desmousseaux (...) il ne s'exprime pas en homme, mais en *componium* à déclamation. On reviendra de cette manière affectée et barbare. La révolution est commencée : Talma et Mlle George parlent, ils ne déclament plus ; et le public applaudit » (article « Déclamation »). F. R. Toreinx en 1829 dénonce également une tradition dont il ne veut voir que le côté caricaturalement artificiel : « Irez-vous, comme Madame telle ou telle, couper régulièrement tous vos vers par ce hoquet dit dramatique, comme si une attaque d'asthme pouvait ajouter beaucoup d'intérêt à la situation de Mérope ou d'Iphigénie ? Non, ce n'est point ainsi que parle la nature » (*Histoire du romantisme*).

Cette évolution paraît générale. Elle dépasse en tout cas largement les tenants de l'esthétique romantique. A quel que bord qu'ils appartiennent, les acteurs ont manifestement le souci d'adhérer à l'idée que leur public se fait du « naturel ». Le *parlando* de Talma et de Mlle George fait sensation dans la tragédie, mais les interprètes romantiques travaillent dans le même esprit. Ils cherchent à échapper à la monotonie du cri frénétique pour imposer un mode d'expression plus varié et plus quotidien. Selon J. Janin, Frédérick Lemaître et Marie Dorval « se mirent en plein mélodrame à parler la belle langue universelle, avec l'accent de tout le monde, à réciter cette prose ampoulée et redondante d'une façon simple et naturelle, à changer ce même drame, où l'on hurlait toujours, en simple comédie, en simple causerie. Ainsi, à eux deux, ces comédiens inspirés firent une révolution complète dans l'art dramatique ».

L'utopie du « naturel » informe non seulement la vocalité de l'acteur au XIXᵉ siècle, mais aussi, bien évidemment, tout le registre de son expressivité physique, sa gestuelle, sa mimique, ce qu'on appelle alors sa *pantomime*. Le XVIIIᵉ siècle, avec les théoriciens du drame, avec la recherche d'effets picturalistes et d'un pathétique non verbal, avait déjà fortement contribué à la diversification des moyens interprétatifs du comédien. Mais il convient aussi de rappeler l'engouement du XIXᵉ siècle pour un genre, sans doute mineur, la *pantomime*. C'est que Deburau, aux Funambules, réussit à lui conférer une étonnante force poétique et à rassembler autour de lui les suffrages populaires et ceux des « intellectuels » les plus exigeants, quelle que soit, par ailleurs, leur position dans le champ idéologico-esthétique. Les romantiques, en particulier, voient en ce Pierrot lunaire l'incarnation même de l'acteur nouveau qu'ils rêvent d'inventer. « Un comédien tout neuf », selon Janin. « Le Napoléon de la Pantomime », proclame Banville. Les professionnels de la scène l'admirent également. Got : « Le côté le plus original de sa manière, car il en avait une, était le tact et la sobriété, ce qui n'est presque qu'une même chose... Or, il est sûr que, plus un art s'élève, plus il se dégage et se simplifie » (*Journal,* 1846). Si Deburau ressuscite, avec ses partenaires, les principales figures de la comédie italienne, Arlequin, Cassandre, Colombine... il s'écarte de sa tradition d'exubérance et d'exhibitionnisme virtuose. Il préfère des incarnations plus intériorisées où sous

Consécration de la pantomime

Autre haut lieu du boulevard du Crime,
le Théâtre des Funambules.
Deburau y donnait ses
mémorables pantomimes. Paris, musée Carnavalet.

l'humour affleure la mélancolie. Son personnage familier de Pierrot, blanc et noir de visage et de vêtement, est irréel. En même temps, d'une mimique, d'un geste, d'une transformation de son allure, il impose avec beaucoup d'exactitude et d'ironie les traits caractéristiques d'une silhouette et d'une situation. Rien d'étonnant à ce que ses couleurs soient le noir et le blanc : le blanc du papier, le noir du crayon ! L'art de Deburau s'apparente à celui du dessinateur chez qui l'esquisse est une œuvre d'art...

Le mélodrame, lui aussi, est grand consommateur de scènes de pantomime, cette fois emphatiquement pathétiques. Soutenues par une musique appropriée, elles font tableau et ont pour fonction de mettre un point d'orgue à l'émotion du public. A tout cela s'ajoute la découverte du jeu des Anglais en 1827. On s'aperçoit en effet qu'ils font grand usage de la pantomime. Particulièrement dans les scènes de folie et d'agonie que le drame, le ballet et l'opéra de l'époque affectionneront tout spécialement. Les acteurs français contemplent par exemple, avec étonnement et admiration, Kean, à la fin de *Richard III.* Frappé à mort, il chancelle longuement. Puis il tombe en arrière. Il brandit encore son épée avec laquelle il esquisse le geste de frapper, mais le geste est comme brouillé par l'épuisement de l'agonie. A terre, il se tord en essayant de proférer quelques mots. Ses lèvres tremblent. Il mord la poussière. Son regard vacille et se trouble...

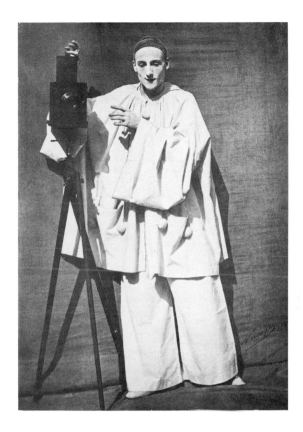

Deburau. Le noir et blanc de la photo de Nadar exalte le blanc et noir du Pierrot. La pantomime est comme une épure théâtrale.

Toutes ces leçons ne seront pas perdues. L'une des clés du succès des acteurs romantiques tenait à ce qu'ils déployaient une grande virtuosité dans ce domaine. C'était le cas, bien sûr, de Frédérick, venu du mélodrame. En 1853, il fascina le public, durant tout le troisième acte du *Vieux Caporal*, avec un rôle muet. Ses « silences » d'ailleurs étaient célèbres : « Quelle éloquence dans ses terribles silences ! Quelles foudres dans le regard, et ensuite quels harmonieux sourires ! » (*La Nouvelle Galerie*, 1854). A la fin de sa carrière, il connut des problèmes de voix. Se retrouvant aphone, il prit le parti de mimer une scène qu'il devait déclamer dans *La Nuit du 4*. Ce fut l'un de ses triomphes. Marie Dorval témoignait d'un talent comparable. Dans les scènes de grand pathétique, elle ne craignait pas, au risque de froisser les bienséances, « d'arracher les fleurs de ses cheveux, de déchirer le satin de sa robe, de se meurtrir le sein et d'ensanglanter son visage » (*Revue de Paris,* 1840). Les triomphes de la Malibran sur la scène lyrique de l'époque, ceux de la Taglioni dans le ballet romantique tiennent à un semblable génie de la pantomime. Au témoignage de Musset, la Malibran « marchait bruyamment, elle courait, elle riait, elle pleurait, se frappait le front, se décoiffait, tout cela sans songer au parterre, mais du moins elle était vraie dans son désordre. Ces pleurs, ces rires, ces cheveux déroulés étaient à elle, et ce n'était pas pour imiter telle ou telle actrice qu'elle se jetait par terre dans *Othello* [de Rossini] » (« Concert de Mlle Garcia », *Revue des Deux Mondes,*

Marie Taglioni dans la Bayadère. *L'une des quatre « muses » de la scène romantique. Elle fut au ballet ce que Marie Dorval fut au drame, Rachel à la tragédie et Maria Malibran à l'opéra. Paris, bibliothèque de l'Opéra.*

janvier 1839). L'évolution est générale. Même à la Comédie-Française où, dans *Léonidas* en 1825, dans *Le More de Venise* en 1829, on utilise des figurants en leur demandant de faire un effort dans le registre mimique et gestuel. Mais les abonnés du Théâtre-Français sont plus timorés que les sociétaires. Dans *Le More de Venise*, ils sont choqués par le « réalisme » de ces jeux de scène que l'on nomme suggestivement « à l'anglaise ». Choqués par la scène d'ivresse de Cassio. Choqués par le déshabillage pourtant fort convenable de Mlle Mars-Desdémone avant le meurtre final.

Une fois de plus les comédiens sont pris entre deux feux. On leur reproche comme un dévergondage leurs efforts de modernisation du jeu, mais on leur reproche aussi leur timidité dans cette voie ! Lors d'une reprise de *Zaïre*, on conseille à Mlle Bourgoin de faire quelques efforts supplémentaires, de « pleurer réellement comme on pleure au théâtre anglais, sans craindre de chiffonner sa toilette et de déranger sa jolie physionomie, car un mouchoir sur les yeux ne saurait suffire pour attendrir un Turc, si galant qu'il soit. Orosmane ne doit céder qu'à des larmes véritables » (*La Pandore*, 10 septembre 1827).

C'est dans ce climat qu'il faut situer les efforts des interprètes romantiques.

*Portrait d'Edmund Kean, acteur romanti-
que dont s'inspira Alexandre Dumas pour
la pièce qui porte son nom. Paris, B.N.*

Ils doivent inventer une nouvelle technique de jeu fondée sur les ressources
expressives du corps. Ils n'ont pas toujours le temps de méditer ce type de
travail, de le peaufiner de façon à lui donner subtilité et naturel. Les contemporains ont remarqué les louables efforts de Firmin pour développer un jeu
« physique » dans *Hernani*, ou ceux de Mlle Mars qui joue l'agonie de Doña
Sol « à la manière anglaise »… Le fait même qu'on donne cette référence marque
assez qu'on ne perçoit guère de spontanéité dans une telle interprétation. A côté
des Anglais, l'autre point de repère, c'est le mélodrame. Mais sa gestuelle
correspond à sa vocalité. Outrancière, frénétique. J. D. B. évoque ainsi les
acteurs du Boulevard du Crime, « ces acteurs dansant, gesticulant ou hurlant,
et qui seront toujours parfaits, s'ils savent passer un entrechat, porter ou parer
une botte et grimacer à propos » (*Essai sur l'état actuel des théâtres de Paris et
des principales villes de l'Empire,* 1813).

La critique voit les acteurs du drame romantique à travers ce prisme, soit
que son parti pris ait besoin d'une référence dévalorisante, soit effectivement
que les interprètes se soient laissés guider par le mimétisme. A. Carrel, par
exemple, reproche aux créateurs d'*Hernani*, tous sociétaires du Français, rappelons-le, cette manière de « vociférer et de secouer les membres qui nous rend,
sur notre première scène, le spectacle des convulsionnaires témoignant la sainteté
du diacre Pâris » (*Le National,* 8 mars 1830). L'évocation est, bien sûr, polémique, mais d'autres témoignages suggèrent qu'elle contient une part de vérité.
Le jeu fébrile de Bocage, le tremblement nerveux dont il affectait tous ses
personnages étaient, à la longue, devenus un maniérisme qui faisait sourire. Au
final du *Roi s'amuse*, Ligier, dans Triboulet, soutenait son monologue d'une
pantomime dont la sobriété ne semble pas avoir été la qualité dominante. On
le voyait « tourmenter sa proie [entendez : le corps de sa fille agonisante] en
mille manières, la saisir, se rouler par terre en la tenant embrassée, rire, pleurer,
puis se ruer de nouveau sur ce corps, le mordre avec les dents (*sic*), déchirer
avec les ongles et l'interroger cent fois » (*L'Artiste,* 1833).

L'une des difficultés auxquelles se heurtaient la plupart des comédiens était manifestement un manque de souplesse technique, ou si l'on veut de polyvalence. Ils paraissent avoir eu le plus grand mal à moduler leur style de jeu en fonction du genre. Limites techniques ? Manque de clairvoyance ? Difficile de trancher. Le mimétisme semble avoir tenu une grande place dans leurs pratiques : imitation des Anglais, imitation de Frédérick, imitation de l'illustre prédécesseur (Talma)… « Pourquoi diable [Ligier] imite-t-il Talma jusque dans ses défauts ? Pourquoi ce branlement continuel de la jambe droite ? Pourquoi ce corps jeté en avant avec les poings sur les hanches ? » (*Nouvelle Biographie théâtrale par un claqueur patenté,* 1826).

Lorsque la vague romantique reflue et que le théâtre s'intéresse à des personnages et à des situations plus proches de la quotidienneté des spectateurs, les comédiens ne voient pas la nécessité, ou sont incapables d'adapter leur gestuelle à cette évolution. Firmin, par exemple, dans *Louise de Lignerolles* de Dinaux et Legouvé, en 1838, joue avec une frénésie qui est devenue complètement discordante : « Il a eu d'un bout à l'autre les gestes d'un épileptique. Il s'est servi de ses bras comme un moulin de ses ailes, et cette surabondance de mouvements inutiles était d'autant plus évidente que l'acteur jouait un rôle tiré de la vie contemporaine. Or ce qui pouvait être sinon pardonné, du moins excusé chez Saint-Mégrin ou Hernani, est sans excuses chez un homme habitué à l'élégance et au calme des salons de Paris » *(Revue de Paris).* Tout se passe comme si les comédiens s'étaient efforcés de moderniser gestuelle et mimique au gré des modes successives sans trop réfléchir à l'adéquation de cet effort au rôle et sans vraiment parvenir à inventer des solutions neuves et appropriées. Si bien qu'ils se voient constamment reprocher d'en faire trop ou pas assez ! Si Bocage passe pour le « plus grand distributeur de gestes qui soit au monde » (Mirecourt, *Bocage,* 1856), à l'inverse, Ida Ferrier que protège Dumas paraît tout à fait insuffisante. Dans le rôle-titre de *Catherine Howard*, « elle ne parle, ne marche, ni ne joue. Elle roule, pousse des sons nasaux où l'on ne distingue pas une syllabe, et croit avoir tout fait quand elle a perpétuellement passé sa grosse main autour de son front, ou qu'elle l'a tenue sous son menton en regardant la rampe » (*Le Courrier des théâtres,* 4 juin 1834). Et les acteurs du Français ne parviennent pas, le cas échéant, à s'affranchir tout à fait de l'emphase gestuelle qu'ils appliquent au répertoire classique lorsqu'ils passent aux genres modernes. Joanny en 1835 joue le Quaker de *Chatterton. Le Courrier des théâtres* : « Un grand acteur le jouerait les mains dans les poches. Joanny s'y démène, le crie (…) et *y fait de bras* comme dans la tragédie » (16 février).

La tragédie elle-même donne lieu à des interprétations où la recherche d'une gestuelle et d'une pantomime conformes au goût du jour aboutit parfois à des résultats déconcertants. Cette évolution d'ailleurs s'est amorcée dès le XVIIIe siècle. Mais n'est pas Mlle Dumesnil ou Talma qui veut ! L'engouement populaire pour le mélodrame, la nécessité de faire entendre des textes difficiles à un public qui n'y est plus préparé ou, tout bonnement, de le séduire, tout cela explique l'inflation gestuelle et mimique qui, dès l'Empire, s'empare de l'interprétation tragique. Geoffroy : « Quoique je n'aie pas compté les gestes qu'elle [Mlle George] faisait à chaque vers, je serais plutôt tenté de croire qu'elle les a augmentés, que diminués. C'est véritablement une pantomime qu'elle joue [dans

Portrait de mademoiselle Duches-
nois. Paris, musée Carnavalet.

Hermione] car souvent on ne l'entend pas, mais ses bras et sa tête vont toujours »
(*Journal de l'Empire,* 13 messidor an XI. Sur la représentation du 12).

Éminente tragédienne et rivale de George, Mlle Duchesnois n'était pas,
semble-t-il, très douée pour ce type de jeu. En 1807, *Le Journal de Paris* lui
reproche, dans Ériphile, « la raideur de ses bras dans plus d'une situation, et la
brusquerie qu'elle met à les jeter, soit en avant, soit en arrière, quelquefois
même au-dessus de sa tête dans les scènes de pantomime » (20 mars. Sur la
représentation du 18). Et, deux ans plus tard, dans Phèdre, elle prend des
initiatives qui déplaisent souverainement à Geoffroy, mais qui illustrent admirablement l'évolution psychologisante de la gestuelle tragique à cette époque et
qui, d'autre part, suggèrent que les origines du jeu romantique et réaliste ne
sont pas seulement à chercher du côté des modèles reconnus, mélodrame et style
anglais. « Mlle Duchesnois a cru devoir accompagner ce vers de l'acte II,
scène V : "Que de soins m'eût coûté cette tête charmante" d'un jeu muet absolument contraire à l'austère dignité de la scène tragique : elle s'arrête trop longtemps à contempler cette "tête charmante", à toiser toute la personne
d'Hippolyte ; son air est riant ; le désir brille dans ses yeux avides ; le plaisir se
peint dans tous ses traits ; ses bras étendus s'apprêtent à saisir la proie qu'elle
dévore de ses regards. Mlle Duchesnois nous avait préparés à cette pantomime
par la manière dont elle a dit le dernier hémistiche de ce vers : "Tel qu'on
dépeint nos dieux, ou tel que je vous vois." Son accent n'a pas été seulement
celui de la passion ; elle y a mêlé un ton de satisfaction amoureuse, commun,
trivial, et très déplacé dans la situation : ce n'était plus la femme de Thésée,
c'était une femme fort ordinaire, qui essaie de débaucher à son profit un jeune
homme timide et sans expérience » (*Journal de l'Empire,* 4 juin 1809. Sur la
représentation du 1er).

Les tragédiennes de moindre envergure ne semblent guère plus heureuses dans leur recherche d'une gestuelle expressive. Nodier reproche à Mlle Petit d'avoir, dans Roxane, des « convulsions de tête », des « tressaillements affectés d'épaule et de poitrine », des « sanglots mécaniques » (*Le Nain jaune,* 16 août 1814). Et le même journal ironise sur l'Andromaque de Mlle Volnais : « Jamais la malheureuse Andromaque ne fut plus tourmentée ; elle s'agite dans tous les sens, fatigue toutes les planches du théâtre (...). Quand elle est entraînée par la chaleur de sa déclamation, elle se livre à un mouvement de tête continuel qui ferait croire qu'elle adresse une réponse affirmative à quelqu'un de l'orchestre » (10 janvier 1815. Sur la représentation du 7).

On discerne, à travers ces critiques répétées, un étonnant manque de sensibilité et de justesse interprétative. Tout se passe comme si le geste, ou plutôt la gesticulation tragique, était la réponse mécanique à une attente du public au lieu d'être la manifestation affective qui caractériserait un personnage et une situation. Voyez Mme Paradol dans la scène d'*Iphigénie* où Clytemnestre supplie Achille (III, V) : « Faiblement émue par cette situation extrême, et cherchant, pour ainsi dire, sa force dans l'agitation de ses bras, elle a multiplié ses gestes avec une précipitation insignifiante » (*Journal de Paris,* 10 septembre 1819. Sur la représentation du 8).

Par contraste, l'art de Talma ou, un peu plus tard, celui de Rachel n'en apparaissent que plus grands. Leurs options frappent par leur justesse et leur cohérence. Geoffroy n'aimait pas Talma. Dans Oreste, il lui reproche de « fréquemment étendre les bras comme pour se faire crucifier » (*Le Journal des débats,* 7 floréal an VIII. Sur la représentation du 5). Mais, après tout, Talma voyait en ce personnage une figure de l'homme innocent persécuté par le destin. Ce qui lui permettait de faire de la scène des « fureurs » non plus (seulement) un numéro de bravoure exhibitionniste, mais l'aboutissement logique, naturel d'un long martyre. Talma d'ailleurs creusera son interprétation en ce sens au point que même Geoffroy rendra les armes. Lors de la représentation du 14 avril 1810, il le trouve, dans le quatrième acte « extrêmement pathétique ; son jeu muet et le mouvement de sa physionomie sont surtout admirables » (*Journal de l'Empire,* 16 avril). Significativement, il lui trouve, dans ce rôle, « trop » de naturel...

Ses « fureurs », elles aussi, deviennent de plus en plus « vraies ». En l'an X, Geoffroy lui reproche des « convulsions frénétiques », « les extravagances d'un fou de Charenton ». Le style est manifestement voisin de celui des acteurs du mélodrame. Mais, dès l'an XI, Geoffroy prend acte d'une amélioration : « Maintenant, il exprime le vrai délire de la passion et du désespoir. Il m'a paru beau, pathétique » (*Journal de l'Empire,* 1801). En 1818, sa folie s'est densifiée, intériorisée : « Il peint si vivement les objets fantastiques dont son imagination est troublée, qu'on partage un moment ses affreuses visions » (*Le Journal de Paris,* 18 août 1818. Sur la représentation du 15). A la fin de sa carrière, il a mis au point une pantomime complexe. « Un certain sourire infernal » crispe son visage, et, selon Couture père, « lorsque repoussé par Hermione, il devient fou de surprise, il cherche à s'affermir sur le sol qui tremble sous ses pieds, s'affaisse sous lui-même parce que le coup est trop imprévu, trop rude pour ses forces » (*Soixante Ans du Théâtre-Français,* 1842). L'évolution est analogue dans Néron. Napoléon, non sans finesse, lui reprochait une exubérance gestuelle inadéquate : « Je voudrais aussi que vous fissiez moins de gestes ; ces natures-là ne se répandent pas au-dehors ; elles sont plus concentrées » (Talma, *Mémoires sur Le Kain et sur l'art dramatique,* 1826). Au cours de la grande confrontation avec Agrippine (IV, II), il avait imaginé d'exprimer son irritation en jouant avec son manteau « comme s'il en examinait la richesse, affectant une grande indifférence aux paroles de sa mère » (M. Descotes, *Les Grands rôles du théâtre de Racine,* 1957). En 1818, il invente d'autres signes mimiques. Outre le « jeu du manteau », comme pour marquer sa fébrilité, « il s'essuie le front et la bouche avec son mouchoir » (*Journal des débats,* 11 juillet. Sur la représentation du 9).

Rachel témoigna d'une intelligence équivalente du geste et de la mimique. Surtout, elle se distinguait de la génération romantique par un refus de l'exubérance et de l'exagération. Sa gestuelle, ses poses étaient plastiquement très élaborées. Leur précision, leur rareté en garantissaient l'efficacité. Dans Roxane, attendue à la fameuse scène du « Sortez ! » (*Bajazet,* V, IV), « elle avait imaginé, rapporte J. Janin, de tourmenter son poignard » (*Mlle Rachel et la tragédie,* 1858). Dans Phèdre, son « entrée » imposait d'emblée, physiquement, le personnage. Gautier : « Elle s'est avancée, pâle comme son propre fantôme, les yeux rougis dans son masque de marbre, les bras dénoués et morts, le corps inerte (…) Il nous a semblé voir non pas Mlle Rachel, mais bien Phèdre elle-même » (*La Presse,* 3 janvier 1843). Et sa mort paraît avoir été un sommet, le *decrescendo* gestuel accompagnant intimement le de *crescendo* des derniers vers. Lireux : « Mlle Rachel expire si réellement qu'on croirait voir les ombres du trépas s'étendre sur son visage alors que son dernier mot expire dans son dernier souffle, et que, par un art incomparable, sa tête, suivant le mouvement des bras alanguis, tombe sans vie sur l'épaule inanimée » (*Le Constitutionnel,* 17 février 1851. Sur la représentation du 11).

La vague romantique, indubitablement, a imprégné l'interprétation tragique. Avec plus ou moins de bonheur, semble-t-il. On a le sentiment qu'elle entraîne une régression stylistique et qu'elle a fait oublier les efforts de Talma. En 1846, Ballande joue Oreste en s'inspirant de la manière de Bocage. Dans la scène des « fureurs », « il cut des roulements d'yeux, ou, tout à coup, un air hébété ; de grands bras levés convulsivement ou l'immobilité d'un idiot » (*Journal des théâtres,* 15 juillet. Sur la représentation du 11). Un peu plus tard, Ligier, qui avait été Borgia dans *La Maréchale d'Ancre*, Triboulet dans *Le Roi s'amuse* et le Caligula de Dumas, reprend le rôle. Dans le même style, mais de façon plus convaincante, semble-t-il : « Dans la scène des fureurs, il frissonnait si visiblement, l'œil hagard, les cheveux hérissés, que le tremblement de sa jambe gauche et de sa jambe droite, au lieu d'être un effet un peu forcé de l'art, n'a plus semblé qu'un mouvement naturel » (Lireux, *Le Constitutionnel,* 7 avril 1851. Sur la représentation du 4). Dans cet environnement, l'art de Rachel paraît littéralement météorique. Il ne doit rien à la mode. Il est d'un dépouillement, d'une intériorité qui fait d'elle peut-être le premier des « monstres sacrés »…

Il semble qu'entre 1800 et 1850 l'expression exubérante des affects se soit imposée indépendamment des genres et de l'esthétique spécifique qu'ils supposaient. Mais, et là réside sans doute l'élément de discrimination essentiel, peu nombreux sont ceux qui réussissent à fonder en cohérence un tel type de jeu et à conférer à leurs personnages l'intensité existentielle qu'ils miment. Marie Dorval, et dans un autre registre Rachel. A l'opéra, Maria Malibran. Les hommes, eux, semblent avoir été moins à l'aise dans l'hystérie. La composition est toujours plus ou moins perceptible. Ressentie comme telle. C'est vrai d'un Talma ou d'un Bocage. C'est vrai surtout d'un Frédérick Lemaître qui assaisonnait volontiers ses interprétations frénétiques d'un zeste d'humour, établissant avec le spectateur à la fois connivence intellectuelle et distance affective. Par exemple, dans Kean, il profite de l'effet de confusion que provoque, dans l'esprit du public, un acteur interprétant un personnage d'acteur, en sorte qu'on ne sait plus très bien s'il faut attribuer le cabotinage au personnage ou à son interprète : il allume un cigare en scène, il offre une prise de tabac au souffleur, etc. Et la transformation drastique qu'il avait imposée, au grand dam de ses auteurs, à *L'Auberge des Adrets*, faisant d'un quelconque mélodrame une parodie échevelée, est trop connue pour qu'on s'y attarde. Voyez la savoureuse reconstitution qu'en ont donnée Prévert et Carné dans *Les Enfants du paradis*...

Significativement, *Le Journal des théâtres,* peut-être victime de l'esprit de sérieux, faisait grief à ce cabotin de génie de s'écouter jouer, « d'appuyer lourdement sur les vers et, pour ainsi dire, [de] savourer son rôle » (28 décembre 1821). Les évocations contemporaines suggèrent toutes une même esthétique distanciée : il se moque des usages traditionnels de la scène ; il joue les conventions du temps en les affichant emphatiquement comme telles ou en les exagérant au point qu'il devient à peu près impossible de les prendre tout à fait au sérieux. *Le Courrier des théâtres,* 24 mars 1836 : « Il joua en tournant le dos au public, en prenant à tout propos son front comme pour indiquer un grand mal de tête, en s'asseyant sur le bras d'un fauteuil, en étouffant une jeune fille dans ses bras par forme d'embrassade, en posant ses lèvres sur les siennes (...) en la frappant avec rage. » Tout autre que lui provoquerait des levées de boucliers offusquées. Mais la puissance de sa personnalité, l'espèce de panache qu'il met dans ses interprétations lui permettent de balayer toutes les résistances. A propos de son incarnation du rôle-titre de *Richard Darlington*, le 10 décembre 1831, *Le Figaro* du 14 note : « Le baiser sur la bouche de sa fiancée, dans le second acte, est une heureuse indécence. Qui s'en est aperçu ? Qui n'a pas applaudi ? »

Marie Dorval, au contraire, semble s'être imposée, à l'intérieur du même cadre esthétique, par un engagement sans distance. Elle a besoin d'adhérer intimement à son personnage. Le moindre élément de stylisation ou d'ironie la paralyse. On sait qu'elle a toujours été mal à l'aise dans les rôles versifiés... A cette différence (fondamentale) près, son jeu ressemble à celui de Frédérick. Elle se moque des bienséances. Elle n'hésite pas à se traîner à terre dans les scènes de supplication qui sont l'une de ses grandes spécialités. En 1843, dans *Lénore* des frères Coignard, elle se roule sur le plateau pour interpréter une scène de blasphème. Avec elle, toute souffrance psychique se traduit corporellement. Ses « évanouissements », ses « folies » étaient célèbres, et elle fascinait par le caractère violemment contrasté de sa personnalité. A la fois pudeur et passion, violence et fragilité... Exemple achevé de comédienne « de nature » pour reprendre l'expression de Diderot, « ... l'art lui venait de l'inspiration ; elle ne calculait pas son jeu geste par geste, elle ne dessinait pas ses entrées et ses sorties avec

L'acteur Frédérick Lemaître évoqué par quelques-uns de ses principaux rôles, notamment Robert Macaire, Richard Darlington, Toussaint-Louverture, Kean. Paris, Bibliothèque historique de la Ville de Paris.

de la craie sur le plancher : elle se mettait dans la situation du personnage, elle l'épousait complètement » (Gautier, *Histoire de l'art dramatique*, 1858-59). Dorval, en somme, est une pure « présence ». C'est-à-dire que tout en elle, de façon parfaitement cohérente, se met au service, moins d'une « interprétation » au sens moderne du terme que d'un affect dominant. Il n'est plus représenté, figuré. Il « est là ». Il irradie le théâtre. Banville : « Qui ne se rappelle (...) ce visage désolé, ces lèvres folles de passion, ces yeux brûlés de larmes, ce corps tremblant, palpitant, ces bras minces, pâles, brisés par la fièvre ? » (*Camées parisiens*, 1883).

LE CRÉPUSCULE DES DIEUX

« Monstres sacrés »... L'expression apparaît fort tardivement. Empruntée, si l'on en croit le Robert, au titre d'une pièce de Cocteau qui date de 1940. Elle a fait fortune pour désigner à la fois un type et une génération d'interprètes. Le type : il associe une haute idée de l'art théâtral assimilé à un sacerdoce, une virtuosité transcendante, un magnétisme d'exception, avec parfois un sens aigu de ce qu'on n'appelle pas encore le « star system »... La génération : elle regroupe une pléiade d'acteurs qui illustrent la scène française du dernier tiers du XIXe siècle et du début du XXe. A titre de repère, en 1880, Mounet-Sully et Coquelin aîné ont trente-neuf ans, Sarah Bernhardt en a trente-six, Albert Lambert, trente-trois, Julia Bartet vingt-six et Réjane vingt-quatre...

Si l'expression est commode, elle n'a guère de pertinence stricte : Sarah Bernhardt mène la vie tapageuse des stars, mais Julia Bartet est une bourgeoise parfaitement discrète. Kean, Frédérick Lemaître... par leur truculence et leur panache sont déjà des « monstres sacrés ». Par son art, on l'a dit, Rachel l'est aussi... Rachel justement meurt prématurément en 1858. Elle n'a que trente-sept ans. En une quinzaine d'années, elle a redonné un lustre incomparable à l'interprétation tragique. Elle dispose d'une parfaite maîtrise de la voix et du geste apprise, on l'a vu, auprès de Samson qui sera aussi le professeur de Sarah Bernhardt. Des interprètes romantiques, elle a appris la liberté d'invention et

SARAH BERNHARDT

l'intériorisation du rôle. Elle ne se contente plus de déclamer un texte, de jouer une situation. Elle semble faire corps avec les grandes héroïnes tragiques qui, à travers son regard fiévreux, sa vocalisation âpre (les épisodes élégiaques lui posaient, dit-on, quelques problèmes), ses gestes dépourvus d'afféterie, à la fois naturels et savamment élaborés, reprennent vie aux yeux d'un public saturé de la frénésie parfois extérieure ou mécanique des interprètes romantiques.

En 1862, Sarah Bernhardt débute au Français dans *Iphigénie.* Elle avait reçu au Conservatoire l'enseignement des dépositaires de la tradition qui considéraient que la virtuosité technique (l'« art »), loin d'être un obstacle, était le meilleur tremplin à l'épanouissement de la « nature ». Pour être plus spectaculaire, sur le plan de l'anecdote — mais l'affairisme, le développement de la presse à scandale, l'esprit « fin de siècle » y ont une bonne part de responsabilité —, la gestion de sa carrière ne diffère pas fondamentalement de celle des vedettes de la période précédente. Tantôt au Français, tantôt sur d'autres scènes, elle s'impose aussi bien dans le répertoire classique que dans des œuvres romantiques ou modernes. Mais après tout, Mlle George, Mlle Mars, Rachel avaient-elles fait autre chose ? Elle est tour à tour Junie, Andromaque ou Phèdre, Doña Sol ou la Reine de *Ruy Blas* ; elle crée des pièces d'Augier, Dumas fils (*La Dame aux camélias*), Sardou (*Fedora, Tosca*), Rostand (*L'Aiglon*)... le plus souvent écrites pour elle. Mais Kitty Bell et Marion De Lorme n'avaient-elles pas été conçues pour Marie Dorval ? Lucrèce Borgia et Marie Tudor pour George ?

Plus singulier, dans le profil de sa carrière, est sans doute le goût très « fin de siècle » qu'elle éprouve pour les rôles masculins joués en travesti. Chérubin,

Julia Bartet dans Antigone (Paris, Arsenal) et Sarah Bernhardt dans Phèdre (B.N., A.S.P.). Costumes à l'antique, gestes sculpturaux. Mais des photos, même d'auteurs illustres, peuvent-elles restituer ces deux « voix d'or » ?
A droite, Sarah Bernhardt dans l'Aiglon qu'elle créa en 1900.

Zanetto dans *Le Passant* de F. Coppée (Odéon, 1869), et surtout les rôles-titres d'*Hamlet*, de *Lorenzaccio* et de *L'Aiglon*. Goût de la provocation ? Peut-être. Mais surtout, semble-t-il, le besoin et la volonté de définir un espace de liberté interprétative, d'invention et de métamorphose que les grands rôles du répertoire ne lui laissent guère — il ne devait pas être aisé d'« inventer » Phèdre après Rachel — et que les créations modernes ne ménagent pas assez, engluées qu'elles sont dans les diverses modalités du réalisme à la mode. *Hamlet* avait été présenté en 1847 par Dumas au Théâtre-Historique (avec P. Meurice). Mais l'événement n'avait pas laissé de traces. *Lorenzaccio*, par choix de son auteur, avait été interdit de représentation. Enfin *L'Aiglon* avait été taillé sur mesure pour elle. Chaque fois, donc, un moment inaugural. Au plus fort sens du terme, un moment de création.

Au moins pour les deux pièces françaises, Sarah va imposer, dans le fait même d'interpréter les rôles-titres en travesti, une manière de tradition, et, par exemple, pour *Lorenzaccio*, elle se perpétuera avec Falconetti, M.-T. Piérat et M. Jamois. Il faudra attendre 1952 pour que G. Philipe s'empare du rôle et le rende au sexe masculin (après lui, P. Vaneck, C. Rich, Ph. Caubère...). Cette volonté démiurgique de faire de l'interprétation théâtrale un art de création *ex nihilo*, Sarah en témoigne clairement. A *L'Écho de Paris*, au moment de *Lorenzaccio*, elle déclare : « J'ai eu la fortune de créer, de faire sortir de mon intelligence et de mon cœur un personnage non encore vu » (10 décembre 1896). Sarah fut, par excellence, on le sait bien, la Voix d'Or. On sait moins, sans doute, le souci qu'elle manifestait d'une gestuelle exactement appropriée à ses rôles. Hiératique comme il convient à la stylisation tragique dans Phèdre ; primesautière et passionnée, jouant du contraste entre quotidienneté et pathétique dans les grandes « amoureuses » que sont Doña Maria de Neubourg, Marguerite Gautier, Fedora ou Tosca... Pour le rôle de Lorenzo, elle invente une corporéité évocatrice. Adolescente, androgyne, féline. Le public est dûment informé par la presse « que tous les jours Mme Sarah Bernhardt fait des armes, car elle se bat dans la pièce de Musset » (*L'Écho de Paris,* 16 octobre 1896). On a sans doute du mal, aujourd'hui, à saisir le caractère audacieux, libérateur d'une telle démarche. Qu'il suffise de rappeler que le corps féminin, à l'époque, est soumis à la tyrannie du corset en dépit des inquiétudes et des avertissements du corps médical. Le corset emprisonne le corps comme une cuirasse. Il lui donne un profil en S ou en cou de cygne. C'est ce qu'on appelle alors, pour une femme, la « ligne-vérité » ! Ce n'est guère avant les années 1910 que les couturiers préconisent l'abandon du corset et la libération du corps...

Mais revenons à *Lorenzaccio*. L'adaptation qu'en donne Armand d'Artois mutile, bien sûr, le chef-d'œuvre de Musset pour le ramener aux proportions et aux formes standardisées d'un drame historique à la française. Mais il est peut-être plus intéressant de repérer, à travers elle, le fonctionnement de l'impérialisme vedettarial. Car sa fonction principale est d'être (de n'être que) le cadre le plus approprié à la prouesse interprétative de la diva. Sans même y penser, Sarcey le signale qui observe que la pièce n'est plus « qu'un monologue énorme, renouvelé de scène en scène, par les personnages qui passent et le relancent sur une réplique » (*Le Temps,* 7 décembre 1896). Et la mise en scène, elle aussi, est surdéterminée par le statut de la star. A la fois discrète et décorative, elle crée l'environnement le plus apte à mettre en valeur le rôle clé et son interprète. « Mise en scène pittoresque », note le critique du *Charivari* du 6 décembre. Mais il ajoute pertinemment : « Mais, encore une fois, Sarah peut dire : "La pièce, c'est moi !". »

Son jeu était une succession de prouesses contrastées. Au deuxième acte, il évoquait le style du mélodrame ou du drame romantique. Intensément corporel, à la manière de Dorval, moins le pathos larmoyant, à la manière de Frédérick, moins le cabotinage ironique. Sarah s'engage à fond physiquement, notamment dans la scène de la leçon d'armes. « Duel à l'italienne, avec appels, cris et bondissements » (*Le Journal,* 4 décembre). « Cris de haine, de fureur » (B. Masson). Le tout couronné par « la crise de nerfs et l'évanouissement final » (*Gil Blas,* 4 décembre). Exploit qui lui valut une « longue ovation » (*ibid.*). On le voit, l'art d'un « monstre sacré » n'est pas seulement, comme on l'a accrédité par la suite, une pyrotechnie vocale. Il est totalisant. Il est la somme des possibilités d'un interprète poussées à leur maximum d'incandescence.

Au troisième acte, c'est la fameuse scène d'introspection, d'explication, de nostalgie... Alors, la Voix d'Or s'empare du théâtre et suscite une indescriptible émotion. B. Masson cite l'enthousiaste témoignage de Sarcey : « Un de ces quarts d'heure d'émotion, dont le souvenir est inoubliable (...). Quelle ampleur de diction ! Quelle accentuation profonde ! (...) On pardonnait tout pour une de ces minutes, où l'on perd le sentiment de soi-même, pour être tout entier suspendu aux lèvres de l'artiste » (*Le Temps,* 7 décembre). Ces formules disent bien ce qu'était le charisme du « monstre sacré ». Un envoûtement collectif grâce aux sortilèges d'un timbre et d'une technique qui n'avaient pas grand-chose à envier aux stars de l'opéra, mais amplifiés par une justesse d'inflexions, une exactitude psychologique que ces dernières, Pauline Viardot et Chaliapine mis à part, ne manifestaient que trop rarement à la même époque.

La vocalisation des « monstres sacrés » frappe aujourd'hui par son amplitude. C'est vrai, bien sûr, de Sarah, mais aussi de Caroline Segond-Weber, de Julia Bartet, ou, côté hommes, de Mounet-Sully, Paul Mounet, Albert Lambert... Elle sait, selon les circonstances, se faire murmure parfaitement audible ou éclat des grandes orgues. La voix de Sarah, se souvenait l'affichiste Mucha, était « sans défaut et si bien maîtrisée qu'elle pouvait murmurer doucement, gronder avec fureur et revenir immédiatement au pianissimo d'un doux carillon » (*Paris-Prague,* 20 avril 1923). Quand on rapproche les témoignages sur Sarah, on se fait une idée de la diversité des ressources qui découlaient de la conjonction d'un instrument unique et d'une maîtrise transcendante. « Notes métalliques qui résonnent comme des appels de clairon », entend l'un. « Cris (...) de fauve blessé », pour l'autre. « Verbe aux cordes d'airain, rugissement de tigre, l'attendrissement d'un enfant, l'insensibilité d'un voluptueux... », voilà ce que perçoit un troisième. Et enfin un quatrième : « ... Sa voix, rauque déjà, sur un certain registre, craquait, furieuse, puis s'éclaircissait, s'harmonisait dans un chant d'allégresse... »

Jouvet avait vu jouer la plupart de ces « monstres sacrés ». Mais, d'une autre génération et partisan d'un théâtre différent, il portait sur eux le regard aigu du technicien peu impressionné par le résultat mais intéressé par les moyens qui permettent d'y atteindre. Il était, par exemple, étonnamment sévère pour

Mounet-Sully dans Œdipe-Roi. *Paradoxalement, la gravure, mieux que la photo, réussit à faire* voir et entendre *un art qui rapproche la tragédie de l'opéra. Paris, musée Carnavalet.*

Julia Bartet dont l'incarnation de Bérénice, en 1893 — c'était une véritable résurrection et quasiment une création *ex nihilo* pour l'époque — avait fait sensation. Jouant Andromaque, expliquait-il à l'une de ses élèves du Conservatoire, « elle ne fait aucun effort pour dire ce texte. Mais c'est placé. C'est une femme qui n'avait aucune sensibilité, c'est-à-dire qu'elle n'avait pas cet émoi dont tu as besoin pour te propulser en scène. Elle faisait tous les soirs la même chose, avec les mêmes inflexions, mais c'était placé » *(Tragédie classique et théâtre du XIXᵉ siècle).* Chez Sarah, il admire un semblable savoir-faire : « Tu verras comme c'est rapide, comme c'est net, comme c'est d'un dessin précis dans la diction. » (Il fait référence à l'enregistrement de la scène de la déclaration de Phèdre à Hippolyte.)

« Un dessin précis »... L'expression conviendrait aussi pour caractériser la gestuelle de ces interprètes. « Sarah jouait sans un geste ; c'était stupéfiant. "Que ces vains ornements, que ces voiles me pèsent !" Elle effleurait à peine sa tempe de la main, c'était tout. C'était simplement l'articulation des vers qu'on entendait, c'était bouleversant... » *(op. cit.).* A titre de comparaison, on peut se référer au jeu de Rachel dans le même épisode. Selon le témoignage de Mme Blaze de

Deux « monstres sacrés » dans une scène fameuse de Ruy Blas. *Mais la photo ne rend ni leur « présence » ni cette puissance de jeu qui subjuguait les contemporains. Paris, B.N., A.S.P.*

Bury, elle semble avoir donné du passage une interprétation plus fébrile, moins stylisée que Sarah : « Elle se renverse dans sa chaise, sa tête soutenue par le sein d'Œnone. Ses membres sont sans force. Avec quelle impatience sa main tremblante s'efforce-t-elle de soulager son front douloureux des "vains ornements" qui l'oppressent » (B. Falk, *Rachel the Immortal*).

On pourrait caractériser de la même façon l'art d'un tragédien tel que Mounet-Sully. C'était un vocaliste de premier ordre. Sa déclamation reposait sur une parfaite maîtrise du souffle : il était capable de dire deux alexandrins sur une seule respiration. Mais il se souciait d'inventer, en chaque occasion, le geste unique le plus intimement associé au sens du texte, donc le plus efficace. Par cette rareté et cette exactitude, le « monstre sacré » se différencie de l'exubérance un tantinet stéréotypée de la gestuelle romantique. « Quand Mounet-Sully jouait Oreste, il regardait Hermione, immobile, et, après la réplique d'Hermione [dans *Andromaque*, II, I et II], il avait un mouvement de bras brusque comme désespéré, et il attaquait *haut*. C'était, dès le début, une sorte de solo désespéré, mais attaqué *haut*. Il avait des gestes brusques comme des déclenchements. » Ce rôle d'Oreste, explique encore Jouvet, Mounet-Sully l'avait travaillé comme un rôle d'opéra. Il le « menait continuellement (...) d'un décalage entre une exaltation vocale et un abattement profond. Rien que par cet effet vocal, il donnait un ton clair, un ton d'homme insensé, aliéné, et brusquement, au moment où il était atteint, il était dans les basses profondes. Cela donnait vocalement un côté fou. Il y avait ce côté grand ténor et brusquement il rentrait dans la voix de basse » *(op. cit.)*.

Les « monstres sacrés » ont sans doute eu le mérite de revenir à des interprétations fondées sur une claire conscience de la singularité esthétique des genres. Mounet-Sully, dans *Ruy Blas*, incarnait le protagoniste « d'une voix vibrante », au témoignage de Sarcey. Mais sa gestuelle était tout aussi flamboyante : « Quand Mounet-Sully, s'avançant d'un pas sournois jusqu'à Don Salluste, lui a tiré prestement l'épée du fourreau, et la brandissant en l'air, d'un geste superbe, semblable à l'ange exterminateur, s'est écrié : "Je crois que vous venez d'insulter votre Reine !", non, rien ne peut dépeindre l'enthousiasme du public... » (*Le Temps,* 7 avril 1889). Et, à la fin, son engagement physique, à la fois intense et exactement pesé, montre bien, une fois encore, la diversité de l'art des « monstres sacrés » : « Et qu'il a été beau encore, lorsque, sortant du cabinet où il a tué Don Salluste, il arrive hagard et, d'un geste automatique, essuie la sueur qui coule de son front » *(ibid.).*

Si les interprétations de Sarah, de Mounet-Sully, de Bartet et des autres sont, pour les contemporains, de véritables révélations, c'est qu'ils ont retrouvé un sens du tragique, voire du cérémonial, que la tentation réaliste des décennies précédentes avait fait quelque peu oublier. A la notable exception de Rachel, semble-t-il, qui à ce titre est bien, redisons-le, la première dans la lignée des « monstres sacrés ». Ce type d'interprète focalise de façon exclusive l'attention et l'émotion du spectateur. Avec lui, il n'y a guère de place pour les autres composantes de la représentation. La mise en scène, on l'a vu, mais aussi les partenaires de ces stars n'étaient, sauf exception, que de simples faire-valoir. A lui seul, le « monstre sacré » se voulait et était tout le théâtre. Ce qui marque à la fois la force du phénomène et ses limites. Plutôt qu'une étape décisive dans l'évolution de la scène moderne, c'est au fond une prestigieuse impasse. L'accent est mis, en effet, non sur la représentation d'une œuvre en tant que totalité, mais sur l'exploit singulier et sur l'enchaînement des prouesses qu'autorisent les moments forts de chaque rôle. Or, la même époque voit naître la définition moderne de la mise en scène considérée comme un art global. Certes, Antoine aura plaisir à travailler avec Réjane. Craig, l'intransigeant, dirigera la Duse... Reste que leur conception du théâtre excluait la prouesse individuelle. Le « monstre sacré » n'était pas l'avenir du théâtre. Son art même ne pouvait s'accommoder d'une autre conception de la représentation où chaque élément ferait sens à sa place et dans des proportions exactement fixées par un responsable souverain. Où le grand rôle ne serait plus, à lui seul, le noyau incandescent du théâtre. Mais simplement, comme on dit, *primus inter pares !*

Non, le « monstre sacré » n'était pas l'avenir du théâtre, puisque cet avenir, c'était la mise en scène. Il était l'aboutissement magnifique de plus de deux siècles d'évolution de l'art de l'acteur. Une évolution qui touchait à sa fin. Le « monstre sacré », c'était le théâtre au singulier. La mise en scène moderne, ç'allait être le théâtre au pluriel. Le « monstre sacré » ou le crépuscule des dieux...

Jean-Jacques ROUBINE

Ci-contre, Réjane et Huguenet dans La Robe rouge, *d'Eugène Brieux, comédie créée au Vaudeville en 1900.*

LA TENTATION DU VAUDEVILLE

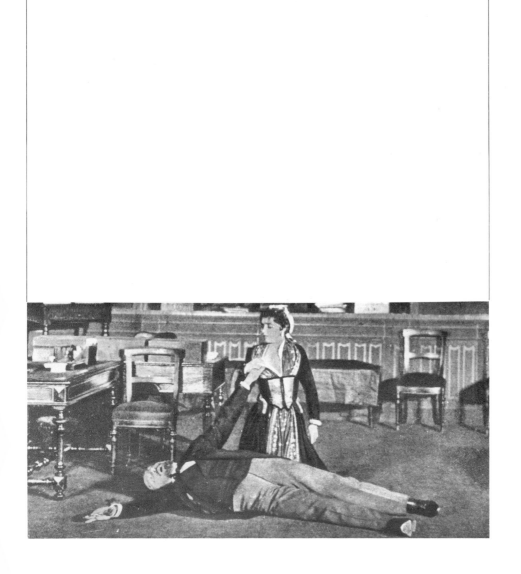

La comédie de mœurs ou « comédie bourgeoise » naît vers 1815 au carrefour de deux anciens genres : la vieille comédie « d'intrigue » de Dancourt et de ses innombrables épigones, et le vaudeville, né au XVIIIe siècle du polissage de la vieille farce scatologique et grivoise, désormais accommodée de « couplets » ; sous la Restauration, une fusion s'opère irrésistiblement entre le vaudeville moralisé et la comédie d'intrigue, devenue plus « bourgeoise » dans son propos. Le grand artisan de cette fusion sera Eugène Scribe. Au nom de Scribe est attachée l'idée d'une révolution dans la technique de composition : la « pièce bien faite ». Les éléments de la pièce bien faite sont l'exécution du plan et l'« art des préparations ». Scribe comparait en effet la dramaturgie à l'architecture. Si un bâtiment n'est pas édifié selon les lois de l'équilibre et les règles de l'ordonnance, il ne tiendra pas... Quant à l'art des préparations, que Dumas père nommait « la première loi du théâtre », il tient en une formule : le public veut qu'au théâtre tout soit « à la fois préparé et imprévu ». Pour mesurer le succès du nouveau vaudeville auprès du public en question, on peut, en passant, méditer ces chiffres : en 1882, il y aura vingt-six salles permanentes à Paris ; trois sont consacrées uniquement au vaudeville (le Palais-Royal, les Nouveautés, l'Athénée-Comique) et sept jouent surtout du vaudeville (le Vaudeville, le Gymnase — le théâtre de Scribe —, les Variétés, la Renaissance, le Cluny, les Menus-Plaisirs et le Déjazet).

Vaudeville et comédie de mœurs

Le « vaudeville » n'est pas toute la comédie bourgeoise du XIXe siècle. Mais il est certain que, sans lui, on ne saurait rendre compte de son succès et de ses techniques. Qu'est-ce exactement que le vaudeville ? Ce n'est pas, à l'origine, un genre dramatique, mais un type de chanson populaire, né, s'il faut en croire les spécialistes, en Normandie à la fin de la guerre de Cent Ans. Peut-être pour railler les envahisseurs anglais, un artisan nommé Olivier Basselin, natif de Vire, aurait composé des chansons satiriques sur des airs populaires. Par extension, le *vau-de-vire* aurait fini par désigner toute espèce de chanson populaire de circonstance, et ce dès le XVIe siècle. A ce moment une contamination se serait produite entre *vau-de-vire* et une autre expression, désignant un genre très voisin, les *voix-de-ville*, d'où serait né notre *vaudeville*. Mais jusqu'à la fin du XVIIe siècle, il ne s'agit que du « vaudeville-chanson », au sens où l'illustrent encore nos modernes « chansonniers ». Ce furent d'abord les Comédiens-Italiens, puis, après leur éviction, les acteurs des théâtres « de foire » qui introduisirent les airs chantés dans les spectacles, donnant ainsi naissance aux « comédies en vaudeville », que l'on abrégea plus tard en « vaudeville » tout court. C'est à la veille de la Révolution que le vaudeville, ayant supplanté l'ariette à l'italienne, eut définitivement pignon sur rue avec ses auteurs et ses salles attitrées. La caractéristique essentielle du genre est claire : ce sont les « couplets » chantés qui constituent soit la totalité de la pièce, soit une part variable, entrecoupant la plupart du temps les scènes parlées. De son origine populaire, le vaudeville avait longtemps gardé une liberté par rapport à la morale traditionnelle. Le vaudeville devint ensuite conformiste, conservant néanmoins une certaine vulgarité de ton. Aussi peut-on comprendre que ce soient les événements survenus en France de 1789 à la fin du siècle qui aient fourni l'occasion de son irrésistible essor ; non pas certes en tant que source d'inspiration — il fallut attendre le drame historique pour cela — mais parce que « las des événements sanglants de la Révolution et leurs séquelles, las de la guerre qui sévissait depuis 1792, le public cherchait avant tout à se divertir. Bien plus que la comédie en cinq actes et en vers, le vaudeville, avec le mélodrame, allait pouvoir satisfaire à ses besoins » (Henry Gidel). Désormais, et pour tout le siècle, ce sera l'explosion. « Vaudeville-anecdotique » et « vaudeville-farce » se partageront les faveurs du public, et les salles parisiennes. Mais il leur reste à conquérir leurs lettres de noblesse. Ce sera le sens de toute la longue marche qui, de Scribe à Feydeau, conduira le vaudeville à rejoindre la vieille comédie au panthéon des genres qui honorent les plus grands, en produisant des hybrides qui finiront par prendre la place des cadres rigides de jadis. Car un jour viendra — vers 1860 — où la chanson disparaîtra du vaudeville, largement fondu, il est vrai, avec la comédie de mœurs, elle-même héritière du « genre sérieux » du XVIIIe siècle. Le temps paraîtra loin brusquement où un Dumas fils était contraint d'ajouter des couplets à sa *Dame*

Les Théâtres, *gravure coloriée extraite du* Nain jaune *(1815). Paris, B.N.*

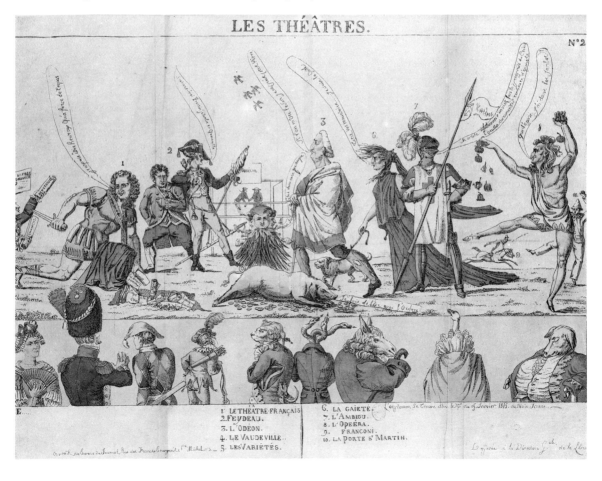

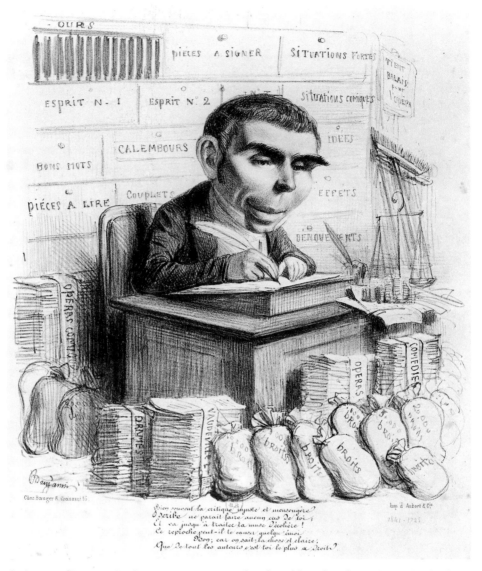

Caricature d'Eugène Scribe, par Benjamin Roubaud, publiée dans le Panthéon charivarique *(1841). Paris, B.N.*

aux camélias... en 1852. Un fait nouveau contribua à l'élimination de ce fardeau archaïque : la brusque montée en puissance, autour de ces mêmes années fastes du second Empire, de l'opérette. En fait on peut dire que c'est Offenbach qui permettra Feydeau... En effet l'opérette prend le relais, pour des générations de public populaire, de la demande tournée vers la musique « facile » et les situations stéréotypées, permettant surtout les émotions élémentaires et les mises en scène à grand spectacle. Sa grande chance fut de commencer sous les auspices d'une société — celle de Napoléon III — vouée à la « vie parisienne » version aristocratique et cosmopolite. Jacques Offenbach empruntera à la culture classique de l'Hellade des thèmes dont il est intéressant de se dire qu'ils furent représentés au même moment et au même endroit que le *Tannhaüser* de Richard Wagner, autre annonciateur des temps nouveaux. Tournons-nous maintenant vers le genre, qui, tous flonfons éteints, allait recevoir le privilège de faire désormais les belles soirées du bourgeois : la *comédie de mœurs*, héritière clandestine, d'abord, sans complexes, ensuite, du vieux vaudeville. La volonté de distraire est toujours présente, mais le souci d'éduquer le public, de lui faire la morale, va dans le sens de l'évolution politique et sociale.

Il serait difficile de comprendre dans quel contexte s'est épanouie la comédie de mœurs de Scribe à Augier, et comment elle est « redevenue » vaudeville de Labiche à Feydeau, si on ne tenait pas compte d'un paramètre fondamental : le rapport du public à la politique. Dans le premier cas en effet, on peut dire avec Louis Allard : « Le public (...) juge, comme les critiques, d'après les opinions politiques de l'auteur... » et évoquer tout ce qui va avec cette ambiance de politisation à outrance, la cabale payée, les « claqueurs », les auteurs obligés de composer avec eux, etc. Toute une part importante de l'œuvre de Scribe est inintelligible sans cette idée de plusieurs publics auxquels il faut essayer de ne pas déplaire, malgré leurs profondes divergences. Ce n'est pas que Scribe ait été un pur opportuniste sans convictions propres. L'examen des « comédies politiques » de Scribe, que Jacques Rolland a mené avec soin en 1911, puis en 1934, prouve tout à fait le contraire. A propos de *Bertrand et Raton*, un de ses plus grand succès, représenté en 1833, Rolland écrit très pertinemment à notre sens : « Scribe prétendait tirer d'un exemple historique la philosophie des révolutions et railler les *Ratons* naïfs et vaniteux qui croient conduire des mouvements populaires alors qu'ils sont uniquement les instruments aveugles d'ambitieux plus rusés et qu'ils se brûlent les doigts pour tirer les marrons du feu en faveur des *Bertrands* de la politique » (*Bertrand et Raton,* d'ailleurs sous-titré : *L'Art de conspirer,* est censé dérouler son action au Danemark comme *Hamlet* !). Car la réputation de Scribe dépasse de beaucoup celle d'un auteur dramatique : idole du public « bourgeois », l'auteur du *Mariage d'argent* devient pour tous les tenants de l'art pour l'art, pour les romantiques de toutes les générations, le repoussoir absolu. Il est vrai, comme nous l'avons vu, qu'il donnait suffisamment de verges pour se faire battre. Même un homme aussi pondéré que Gustave Planche, rédacteur à *La Revue des Deux Mondes*, écrivait, vers 1840, que pour Scribe « le but de la comédie n'est autre que l'éloge perpétuel de la richesse et le ridicule infligé aux hommes qui ne savent pas devenir riches ». Mais lorsque Hugo écrit avec cruauté que « M. Thiers, M. Scribe, M. Horace Vernet, c'est le même homme. Talents faciles, clairs, rapides, sans imagination, sans style... », il s'agit évidemment de tout autre chose que du rapport de Scribe, homme que bien des témoignages décrivent par ailleurs comme généreux, aux riches et aux pauvres. Il y va de la confusion, intolérable pour la nouvelle religion de l'art, du sacré et du profane, comme Baudelaire le dit sans ambages : « Il y a une chose mille fois plus dangereuse que le bourgeois, c'est *l'artiste bourgeois*, qui a

Vaudeville et politique

été créé pour s'interposer entre le public et le génie. Il les cache l'un à l'autre... Si on supprimait celui-ci, l'épicier porterait Eugène Delacroix en triomphe » (*Curiosités esthétiques*). En fait Scribe, dès 1832, en avait pris son parti, déclarant toujours trouver sur sa route, depuis 1815, « les républicains, les carlistes et les romantiques, en un mot les ultras de tout bord ».

Nul mieux qu'Henry Becque, nous le verrons, n'a su, avec une impartialité d'autant plus insoupçonnable que tout, en fait, semble séparer les deux auteurs, le rebelle et l'officiel, rendre justice à la technique dramatique de Scribe : « Scribe a été un auteur dramatique exceptionnel. Sa première qualité, en effet, est la connaissance du théâtre, une perception très nette de l'harmonie et des proportions scéniques. Il ne sait pas seulement faire une pièce, il sait faire toutes les pièces. Il a pu, en sortant des petits imbroglios, s'élever à la comédie en cinq actes, entreprendre des opéras où il a montré sa grandeur véritable. Il n'a pas forcé son talent ; il lui a demandé chaque fois, je ne dis pas l'impossible, mais le nécessaire. » Faisons la part d'un « second degré » éventuel, car Becque, homme d'esprit qui sait être pince-sans-rire, manie très bien ce genre redoutable qu'est l'éloge assassin. Pourtant on peut prendre cet hommage à la lettre. Dans les lignes qui suivent, Becque se montre d'ailleurs sévère, parlant de l'imagination « moyenne » de cet « observateur superficiel et pressé » que fut Eugène Scribe. Il conclut sans appel : « Scribe n'a pas de style, c'est un point, malheureusement pour lui, sur lequel tout le monde est d'accord. » Becque, en fait, peut tirer du « cas Scribe » une leçon plus générale : on peut être « un auteur dramatique exceptionnel » sans être poète. Or Hugo a été les deux...

Pour en revenir à Scribe, voici encore à son sujet l'oraison funèbre d'Antoine : « 1861 - Mort de Scribe, merveilleux arrangeur, inventeur presque de génie et qui a assisté tout vif aux premières démolitions de sa gloire. On l'appelait un "notaire dramatique", mais il fut un véritable chef de file pendant près d'un demi-siècle et s'imposa au public dans tous les genres. » Scribe a eu, en tout cas, le génie de la stratégie. Véritable Napoléon du plateau, il lie son sort à celui d'un lieu tout nouveau, dont il transformera le handicap en un atout maître. En effet le « Gymnase-Dramatique », qui ouvre en 1820, est au départ tenu de jouer les pièces du répertoire... en un acte, pas davantage. Mais la salle attire bientôt un nouveau public, plutôt jeune et « middle-class ». Chance supplémentaire, la duchesse de Berry — belle-fille du roi Louis XVIII — patronne le Gymnase-Dramatique à partir de 1824 ! On parle dès lors du « Théâtre de Madame ». Mais ce n'est là qu'un lever de rideau. La révolution de 1830, en mettant définitivement le tiers état au pouvoir, émancipe Scribe des contraintes imposées à un art considéré, malgré tout, comme vulgaire. Le vaudeville n'est plus confiné, ni dans un lieu réservé ni à une topique et une écriture particulières. Comme le dit très bien Jules Marsan : « Maître de l'opéra, avec la complicité de Meyerbeer, le vaudeville peut conquérir sur la scène du Français ses lettres de noblesse. Il s'étire en cinq actes, il prend une importance et une dignité nouvelles. Il s'élève au grand art. Aux pièces de jadis, *L'Ours et le Pacha*, *La Volière du frère Philippe*, *Le Coiffeur et le Perruquier*, *Le Secrétaire et le Cuisinier*, succèdent — sur un autre ton et d'un autre sérieux — *Bertrand et Raton*, *Une chaîne*, *La Calomnie*, en attendant *Adrienne Lecouvreur*. Il se fait historique, satirique, philosophique. Et il reste le vaudeville. »

C'est en effet de la promotion du vaudeville au rang d'un nouveau « genre sérieux » qu'il s'agit. Scribe mène la bataille du « bon sens » (le sens commun des classes moyennes qui ont fait son succès contre le romantisme aristocratique ou « bohème »). Les honneurs les plus officiels vont donc s'abattre sur lui : en 1827, il avait déjà reçu la Légion d'honneur ; en 1834, c'est l'Académie française qui l'« immortalise ». Point de mire, Scribe est aussi, logiquement, une cible. Pour Théophile Gautier, pour Gérard de Nerval, pour Flaubert, bref pour tous les tenants de l'art pour l'art, Scribe est bien plus qu'un dramaturge quasi officiel : il est l'incarnation même de l'art « bourgeois », du « philistinisme ».

Les Fourchambault, *d'Émile Augier, fondateur de la pièce ''sociale''. La pièce fut créée à la Comédie-Française en 1878 (V^e acte). Paris, B.N.*

Les contemporains n'ont guère fait de cadeaux à Scribe : à la remorque de son public quant au fond, il serait un néant quant à la forme. Voilà en tout cas l'image que la critique romantique a renvoyée de lui, et qui lui a collé à la peau jusqu'à ce que l'oubli à peu près total ne le recouvre. Tout au plus lui reconnaît-on l'art de la *construction* et de la progression dramatique (la fameuse « pièce bien faite ») tout en suggérant que c'est là une manière d'habile escamotage du contenu, en résonance avec les attentes d'un public qui veut à la fois être tenu en haleine et conforté dans ses préjugés, bref « être pris comme confident et pour dupe » selon le témoignage même de Legouvé, coauteur de beaucoup de ses pièces. Mais le théâtre de Scribe est-il aussi vide qu'il est convenu, depuis les Banville et les Gautier, de le répéter ? Les plus récents auteurs à lui avoir consacré un livre, les Américains Helene Koon et Richard Switzer, semblent en douter. Ils invoquent le témoignage insolite de... Sören Kierkegaard. Le grand penseur danois, qui ne manquait jamais une représentation de Scribe lors des tournées qui passaient par son lointain pays, cite abondamment, rappellent-ils, l'auteur du *Verre d'eau* dans ses œuvres, où le théâtre jouit d'un statut tout à fait exemplaire. Kierkegaard était en effet convaincu que les personnages de Scribe étaient remarquablement « authentiques », et n'étaient donc pas indignes d'illustrer, à l'égal de ceux de Molière ou de Schiller, des aspects fondamentaux de la condition humaine. Scribe a eu d'autres admirateurs en Scandinavie : Ibsen, par exemple, qui lui a emprunté la technique de la « pièce bien faite ».

La dénonciation des faux-semblants, des illusions et autres miroirs aux alouettes est bien entendu constitutive de la comédie en Europe, sans même vouloir remonter jusqu'à Aristophane. La dénonciation du mensonge social est une tradition dont on sait par ailleurs qu'elle est bien illustrée en France, de *Tartuffe* aux *Mains sales*. Scribe ne s'en montre nullement indigne. Une partie non négligeable de son œuvre est en effet consacrée à ce que l'une des plus significatives d'entre elles appelle le « puff », et que nous appelons aujourd'hui... le « bluff ». Dans la pièce qui porte le titre *Le Puff* ou *Mensonge ou vérité*, le personnage, porte-parole de l'auteur, Desgaudets, explique : « Le *puff* ou *peuff* comme disent nos voisins d'outre-mer... importation anglaise, mais d'une nécessité si grande que le mot a acquis ses lettres de naturalisation... le *puff* est l'art de penser et de faire écrire à son profit. C'est le mensonge passé à l'état de spécialisation, à la portée de tout le monde et circulant librement. »

Par un de ces paradoxes dont l'histoire littéraire n'est pas avare, les tenants de l'« art pour l'art », dont Scribe — qui le leur rend bien — est la bête noire, lui emprunteront pourtant la dénonciation, sous le même vocable de « puff » devenu chez eux aussi proverbial que notre « look », de l'art et de la pensée devenus de vulgaires marchandises. Et il est vrai que, sans forcer la note, on pourrait parfois croire que Scribe veut nous faire entendre que dans la société moderne, tout se vend et s'achète : les réputations, les « beaux partis », etc.

Sur ce point, Scribe, sans avoir lu *Le Manifeste communiste*, est, dans une simple veine balzacienne, inépuisable. On passe donc perpétuellement chez lui du *Mariage d'argent*, dont le titre se suffit à lui-même, à la *Camaraderie*, non moins éternelle, au nom de laquelle les « cénacles littéraires », ou prétendus tels, se font la courte échelle en empruntant son aura de mystère à la franc-maçonnerie. « C'était bien la peine de faire une loi contre les associations », s'écrie un personnage de *La Camaraderie*. D'autres titres montrent qu'il s'agit chez Scribe d'une préoccupation qui vient de loin : *Le Solliciteur* (1817), *La Charlatanerie* (1825), bref, toujours le « puff » sur fond d'« illusions perdues ».

Dans d'autres œuvres, l'inépuisable dramaturge se hisse à une véritable philosophie sociale, fondée, comme dira plus tard Vilfredo Pareto, sur l'idée de la « circulation des élites ». C'est par exemple *Avant, pendant, après,* qui fait pendant à une pièce qui fera beaucoup de bruit : *Les Trois Aristocraties* d'Étienne Arago. Dans les deux cas, l'histoire se ferme dans un « happy-end » par le triomphe de l'aristocratie du talent (le vrai, bien sûr !) sur celles de l'épée et de l'argent... A moins que ce ne soit par leur coopération fraternelle. On voit que, pour les dramaturges d'après 1830, mettre en scène la lutte des classes n'a rien de sulfureux. Car, sur scène, comme à la tribune du Parlement, elle a sa solution : le juste milieu, ou, comme disent les littérateurs, le « bon sens ».

L'unique pensée de Scribe, comme après lui d'Augier, est le droit des « couches nouvelles » à faire partie de la « Société » au même titre que les élites plus anciennes. Ces auteurs réécrivent cent fois *Le Mariage de Figaro*. Parmi ces classes moyennes en pleine ascension, Scribe se fait le chantre des artistes, qui pourtant ne le lui rendent guère. Voici Olivier, peintre, dans *Le Mariage d'argent*, déclarant à son ami Poligni qui est tout surpris de lui savoir des « économies » : « Eh ! oui vraiment ! Un peintre cela t'étonne ! Je sais que ce n'est pas la mode, et qu'autrefois les financiers, les spéculateurs, et les sots de toutes les classes se croyaient le privilège exclusif de faire fortune, et nous laissaient toujours dans leurs bonnes plaisanteries l'hôpital en perspective. Mais depuis quelque temps les beaux-arts se révoltent, et sont décidés à ne plus se laisser mourir de faim... Nous avons des confrères qui sont barons. »

Il ne serait donc pas exagéré de dire que Scribe est autant un maître de la « pièce à thèse » qu'un ouvrier accompli de la « pièce bien faite ». C'est même en cela qu'il rompt avec la tradition du vaudeville grivois et fonde la « comédie de mœurs », qui renoue en fait avec le « genre sérieux » voulu par les Diderot et les Mercier. Laissons-lui d'ailleurs la parole sur ce point : « Il faut chasser du vaudeville tous les rôles banals, comme Picard les a chassés de la comédie. En un mot, je veux suivre l'exemple de Molière, et tâcher de dépeindre les mœurs de notre époque (...) mettre en scène les généraux et colonels de l'Empire. Du militaire, nous passerons au civil et nous descendrons, s'il le faut, à la boutique. Notaires, avoués, bourgeois, courtauds de magasin. » Alexandre Dumas (père) ne dira pas autre chose dans ses *Souvenirs dramatiques* : « M. Scribe a fait en 1816 la même révolution que nous avons faite dans le drame ; M. Scribe est tombé au milieu des successeurs de Piron, de Collé, de Panard, comme nous sommes tombés au milieu des successeurs de Corneille, de Racine, de Voltaire. »

Dépossédée de la partie la plus « digestive » de son public, la comédie de mœurs est tout naturellement portée à pousser son avantage du côté de l'art moral ou de l'art social. C'est ce dernier « créneau », comme nous dirions aujourd'hui, qu'occupe tout spécialement Émile Augier. On a souvent observé à son propos qu'il semblait avoir eu pour ambition de projeter sur scène l'univers

Du "genre sérieux" à l'art social : Émile Augier

de Balzac. Lui-même se voyait comme un Molière du XIXᵉ siècle. Justifiée ou pas, cette revendication généalogique est à rapprocher de ce que nous savons du statut nouveau du dramaturge en tant que porte-drapeau de l'anti-romantisme, de l'anti-bohème. Plus que Scribe, Augier s'est voulu un réformateur de l'art théâtral, dans le sens où allait irrésistiblement son époque : culte de la vérité, à la fois dans le sens social et scientifique.

Était-il foncièrement indigne de ce rôle, que ses contemporains lui ont reconnu, mais que la postérité, c'est le moins que l'on puisse dire, n'a pas validé ? Certains jugements remontant au zénith de sa gloire permettent sans doute de comprendre pourquoi il a été si rapidement oublié au profit de talents moins féconds parfois, mais plus radicaux dans leur parti de « réalisme ». Écoutons par exemple Zola : « *Les Lionnes pauvres* sont certainement une des meilleures pièces du répertoire moderne. Ce qui frappe dans l'œuvre, ce n'est pas la hardiesse du sujet, qu'on aurait pu traiter plus hardiment (…) ce qui me frappe, c'est la simplicité de l'action, la vigueur de la facture. (…) Maintenant comment se fait-il qu'une comédie telle que *Les Lionnes pauvres,* si remarquable, si pleine de talent, ne soit pas une œuvre de génie ? » Et Zola de répondre : « Je crois qu'en dehors de la question d'exécution, il y a dans *Les Lionnes pauvres* tout un côté du plan général qui a rapetissé l'idée, qui l'a banalisée en l'accommodant aux nécessités scéniques. » Zola met ainsi le doigt sur la grande faiblesse de l'homme qui aurait voulu être le Diderot du XIXᵉ siècle : l'écriture.

En effet, si Scribe reste, pour le meilleur et pour le pire, l'inventeur de la « pièce bien faite » et l'homme qui a fait du vaudeville une institution respectable, il appartiendra pourtant à Émile Augier d'en être le rénovateur, et de préparer l'usage corrosif que feront les Becque et les Mirbeau de cette forme éprouvée, aux usages si peu dérangeants pendant la monarchie de Juillet. C'est en effet la révolution de 1848 qui va donner à Augier — comme à Dumas fils — l'impulsion nécessaire pour passer d'un théâtre de consommation à un théâtre sinon de contestation, du moins un peu critique.

Rien ne laissait pourtant deviner chez le jeune Augier un futur « non-conformiste ». Il était né à Valence d'un père conseiller d'État, et descendait par lui de Pigault-Lebrun, dramaturge aujourd'hui totalement oublié, mais que Baudelaire, entre autres, admirait… Élève du lycée Henri-IV, il commence à y écrire des pièces dans le style de Walter Scott, mais vire rapidement à des pastiches néoclassiques, qui le font reconnaître comme un membre à part entière de la soporifique « école du bon sens » de François Ponsard, le rénovateur de la tragédie en alexandrins ! Heureusement pour lui, il choisit une autre voie à partir de 1845 — il n'a que vingt-cinq ans — avec *Un homme de bien*, une comédie de mœurs qui met en scène une sorte de Tartuffe louis-philippard. Il n'abandonnera jamais plus cette veine, au cours d'une carrière aussi longue, féconde, et couverte d'honneurs que celle de Scribe qu'il supplante après la révolution de 1848. En cette année historique, il fait monter une pièce dont le cadre rappelle l'Italie de la Renaissance chère à Musset ; bien lui en prend puisque l'année suivante il collabore avec le même Musset pour signer *L'Habit vert.* En 1853, comprenant que l'esprit de l'époque n'est plus du tout au « bon sens » dans sa version ampoulée, il passe définitivement à la prose. C'est le *Mariage d'Olympe* qui offre l'intérêt supplémentaire de prendre le contrepied de

La Dame aux camélias que beaucoup considéraient comme une scandaleuse apologie des courtisanes...

Du reste de son œuvre, que jamais aucun théâtre ne joue plus aujourd'hui, surnagent quelques pièces, dont la critique sociale et politique est le moteur avoué : *Les Lionnes pauvres, Le Fils de Giboyer, Les Effrontés.* De cette dernière, par exemple, Léon Blum a pu dire... qu'elle l'avait converti au socialisme. *Le Fils de Giboyer* a peut-être fait perdre la foi à quelques spectateurs, puisqu'il s'agit d'une charge à fond contre le cléricalisme de châtelains rétrogrades, cherchant à s'assurer le concours de quelques petits-bourgeois vaniteux et d'un plumitif famélique dont, finalement, l'amour-propre n'acceptera pas ce marché. L'audace est bien limitée en fait : Augier brocarde les légitimistes, au moment précisément où ils deviennent un problème pour le régime de Napoléon III ! Rien de plus conforme en fait à ce que doit être la carrière d'un homme de lettres sans histoires que la carrière d'Émile Augier sous le Second Empire. En 1856, pour assurer son image, il publie un volume de *Poésies.* Ce qui facilite son élection, en 1858, soit un an après les condamnations retentissantes de ses confrères Baudelaire et Flaubert, à l'Académie. En 1864, il aborde, suprême consécration, la réflexion politique : c'est *La Question électorale*, toujours au bon moment, bien sûr (virage de l'Empire vers un régime parlementaire). En 1869, il se retire dans sa propriété de Croissy, près de Louveciennes, où il est le voisin de Flaubert. Après 1871, il tente un « come-back » à la scène avec *Jean de Thommeray.* Le four qui s'ensuit convainc tout un chacun, à commencer par lui-même, que les temps ont changé et ne sont plus à ce type de comédie moralisante dont Becque dira, cruellement : « On a dit bien souvent d'Augier qu'il continuait Molière. C'est là une erreur de la vieille critique passée, à ajouter à tant d'autres. Molière est toujours un auteur comique et Augier n'est jamais un auteur comique. C'est bien une différence. » Peut-être est-ce pour cela qu'Augier entame une troisième carrière qui le conduira à Bayreuth, où il figure dans le « happy-few » des pèlerins français en 1883, après la mort du Maître, et à patronner de jeunes dramaturges, au premier rang desquels Eugène Labiche, qu'il considérait comme son successeur, et dont il préface, en 1877, les *Œuvres complètes.*

Avec Victorien Sardou, c'est à une résurgence de la tradition de Scribe que nous assistons. Issu d'une famille provençale, ayant fait de bonnes études, baignant dans une esthétique totale à la Hugo, le jeune Sardou ressemble beaucoup au Frédéric de *L'Éducation sentimentale.* Il commence par proposer à la grande Rachel une « pièce suédoise » en vers — de longueur proportionnée au statut social des personnages ! — qu'elle refuse en lui conseillant d'écrire plutôt une « pièce grecque »... Sardou, comme beaucoup de ses contemporains, passera donc d'une ambition de tragique au métier de vaudevilliste, sans renoncer pour autant à la dimension historique, voire civique. Après des débuts très laborieux, il occupera la situation d'auteur à succès pendant près d'un demi-siècle, des *Pattes de mouche* (1861) à *L'Affaire des Poisons* (1907). Ses recettes, ses « ficelles », comme il a dit lui-même, sont de même nature que les procédés d'Eugène Scribe, sans que pour autant cela soit la preuve de leur absence

Un héritier de Scribe : Victorien Sardou

d'inspiration quant au fond. Il est à noter à ce sujet qu'un Henry Becque, habituellement si sévère pour les « faiseurs », voyait en lui un des plus grands auteurs de sa génération. Il est vrai que Sardou fut un des rares appuis de l'auteur des *Corbeaux*, ce qui l'honore. Auteur de vaudevilles assez classiques sous le second Empire, il revient en partie au genre historique sous la IIIe République. Une œuvre typique, dont le succès annonçait des adaptations cinématographiques futures, est *Madame Sans-Gêne* (1893) qui réduit les figures de la légende napoléonienne à des héros de comédie légère. En 1893, cela passa très bien. Deux ans auparavant, la mise en scène de la Terreur révolutionnaire avait soulevé bien d'autres orages : *Thermidor* fut un épisode important de l'histoire des passions françaises. Couronnant une série d'intrusions de l'amuseur léger dans les plates-bandes de la politique, qui avait commencé avec son *Rabagras* de 1872 — contemporain et proche par l'inspiration du *Candidat* de Flaubert —, le débat national qui suivit cette satire des « Grands Ancêtres » de la République donna l'occasion à Clemenceau de dire que la Révolution était « un bloc », et provoqua, à terme, la fin de la censure au théâtre. « Un des personnages les plus extraordinaires de la vie théâtrale dans la deuxième moitié du XIXe siècle » (G. Sigaux), Sardou le fut donc bien, et pas seulement parce qu'il traduisit Érasme ou s'intéressa aux phénomènes parapsychologiques et au spiritisme... Comme l'avait compris son ami Henry Becque, il est le véritable héritier de

Scène vaudevillesque et presque caricaturale de Vous n'avez rien à déclarer ? *de Georges Courteline.*

Scribe, et conserve de lui le goût du travail bien fait, ainsi que le sens de questions de société qui retiennent l'attention du public (*Divorçons !* en 1880, quatre ans avant le vote de la loi Naquet, qui, comme on le sait, rétablit le divorce, supprimé depuis 1816). Avec lui s'achève une tradition de complicité entre l'auteur et son public, que seul le cinéma de l'entre-deux-guerres saura renouer, avec un René Clair ou un Abel Gance, par exemple.

La liberté débridée dont jouissent — brièvement — tous les genres théâtraux en 1848 clôt en fait toute une époque. La comédie de mœurs, devenue pour quelque mois une arme politique sans masque, ne retrouvera jamais son ancien statut. La censure, rétablie en 1850 dans toute sa rigueur napoléonienne, n'est pas seule en cause ; autrement inexorable est l'évolution du public, tant dans sa composition que dans ses goûts. Par une espèce de schizophrénie douce qui caractérise toutes les sociétés « victoriennes », ce public veut à la fois voir les piliers de la société protégés et satisfaire son goût naturel pour la gaudriole et le comique, qui délassent sans exiger un effort intellectuel ou une méditation éthique trop dérangeants... Dans ce contexte, sans lequel la solitude d'un Baudelaire ou d'un Flaubert ne sont pas intelligibles, va donc apparaître le nouveau genre roi : l'opérette. Face à ce défi, qui attire les foules de la nouvelle bour-

Le déclin de la comédie de mœurs

Victorien Sardou au cours d'une répétition de Madame Sans-Gêne *au Théâtre du Vaudeville (1893). Paris, bibliothèque de l'Arsenal.*

geoisie financière, peu cultivée et cosmopolite, vers Offenbach — et vers combien d'autres qui n'ont pas son génie ! — la comédie de mœurs se scinde. Soit elle fait retour à ses origines et redevient vaudeville : c'est Labiche, dont le nom jusqu'à ce jour s'identifie avec le souvenir nostalgique de la « fête impériale », tout comme Offenbach, mais avec moins d'alibis nobles. A ce prix, elle peut attirer ce « brave et bon public de bonne bourgeoisie » dont parle le jeune Sarcey. Au fond n'est-il pas arrivé au vaudeville ce qui a marqué le destin du mélodrame, à savoir la transmutation en genre noble plus apparente que réelle ? Le drame historique dans lequel s'illustre Hugo a d'autres prétentions littéraires et un autre public que Pixérécourt ; mais survienne Alexandre Dumas et il sera difficile de ne pas voir que Shakespeare n'a pas franchi la Manche... De même savons-nous aujourd'hui que les efforts de respectabilité de Scribe et de quelques-uns de ses contemporains, qui font de nécessité vertu sous le régime pubibond de la Restauration, ne sont qu'une péripétie dans la longue histoire du vaudeville. C'est ainsi que sans forcer à notre sens la note, Henry Gidel nous apprend à reconnaître, des derniers Mohicans postrévolutionnaires du théâtre de la Foire à *La Valise en carton* de Mme Dorin, la trace du vaudeville éternel. Mais la contribution originale de Scribe est d'avoir compris que du vaudeville pouvait naître une forme supérieure d'art, comme Molière avait vu le destin de la comédie, émancipée de la farce ou des jeux plus élaborés de la *commedia dell'arte*. « En ces sortes de vaudeville, l'art ne peut entrer en discussion, on est donc obligé de se rabattre sur des questions de métier », disait Jean Jullien au début de son célèbre article de *La Plume*, « Le procédé ». Le rejet du vaudeville en dehors de l'art véritable (rappelons que nous sommes en 1891, au moment des premiers grands succès de Feydeau) ne peut se comprendre sans tenir compte de la campagne naturaliste, « expérimentale », de Jullien. Ce dernier part d'une métaphore originale : le procédé de fabrication d'un vaudeville est comparable à la jurisprudence ; « le tout est de trouver un bon article, après la pièce vient toute seule ». Un seul article du Code civil, par exemple, celui où il est dit que les époux pourront *réciproquement* demander le divorce pour injures graves, etc., pourra engendrer un vaudeville rien que par l'utilisation de situations plus stéréotypées les unes que les autres, empruntées aux modèles qui surabondent dans le répertoire du genre. Or « le procédé que nous venons d'indiquer pour bâtir une pièce sur un article de code est exactement celui qu'emploient nos maîtres pour établir une comédie de mœurs d'après une thèse, ou d'après l'énoncé d'un travers mondain. L'auteur ne sait pas, a priori, quels seront les faits et gestes de ses personnages, il a une idée, un point de départ, un dénouement (pas toujours) ; il ne lui reste plus qu'à faire développer par des types « théâtres », déformés selon les besoins de la cause, une action qu'il fournira d'éléments plus ou moins vraisemblables, mais propres à faire valoir la thèse ».

Conséquence de toutes ces « combinaisons » auxquelles « la raison humaine est étrangère » : la lassitude du public. Une révolution copernicienne s'impose donc en dramaturgie : « Au lieu d'adapter à une idée philosophique, à un problème de sociologie un monde d'invention... [tirer] de la vie réelle la philosophie de leur pièce et la solution du problème. » Inutile d'insister sur la parenté étroite entre ce programme et celui de Zola dans *Le Roman expérimental*. Mais il faut tout de suite noter qu'en 1891 le naturalisme est plutôt sur le déclin. Par contre, Antoine est au zénith et Becque a connu ses plus grands succès. D'où l'injustice évidemment commise à l'égard du vaudeville et de la comédie arbitrairement amalgamés au couple Sardou-Sarcey, pour laisser place nette à la nouvelle école réaliste et d'« induction », opposée à la vieille école de « déduction » comme Bacon et Descartes « au péripatétisme et à la scolastique ».

En fait, plus qu'une relégation du vaudeville et de la comédie de mœurs, le sévère réquisitoire de Jullien annonce une bifurcation dans l'histoire du genre. Il y aura désormais, de Becque à Salacrou, un avenir pour une écriture à la fois réaliste et héritière de tous les artifices savoureux de la tradition vaudevillesque, et il y aura le « Boulevard », qui comme nos lecteurs pourront s'en convaincre à la lecture d'un autre chapitre, est un mot qui recouvre d'ailleurs des marchandises de nature et de qualité fort diverses. La « théorie critique » multiplie parfois le talent, il est douteux qu'elle y supplée jamais.

Un prédicateur : Dumas fils

La place qu'Alexandre Dumas fils a occupée de son temps dans la culture française peut nous sembler aujourd'hui extravagante. Scribe ne se considérait que comme un amuseur, dans la lignée de Molière il est vrai. Augier posait au moraliste. Mais Dumas s'est toujours pris pour un penseur de premier rang, illusion qu'il semble avoir fait partager à ses pairs. Sinon comment Émile Faguet aurait-il pu écrire froidement que sa mort « était la perte la plus sensible que la littérature française ait faite depuis Ernest Renan » ? Quant à Paul Bourget, il consacre à Dumas un des chapitres de ses *Essais de psychologie contemporaine*, dans sa galerie des « conducteurs d'esprits » et des « moralistes » dignes d'être proposés à la jeunesse. Mais, en fait, Dumas fils appartient il de quelque façon à la comédie ? Certes non. Cependant l'auteur de *La Question du divorce* entretient des rapports de cousinage — et de rivalité — avec ce qu'on peut appeler l'« école bourgeoise » de Scribe et d'Augier, et dont le recours au « castigat ridendo » n'est qu'un des moyens. Avec lui, en quelque sorte, la comédie de mœurs devient drame de mœurs et renoue, par contre, comme on le voit bien dans sa pièce la plus célèbre, *La Dame aux camélias* (1852), avec un autre genre populaire : le mélodrame.

Étranger à tout « comique », le grave et vertueux Dumas fils se rattache pourtant, quelque part, à un Scribe ou un Augier. Comment ? Mais tout simplement par la critique romantique de la « bourgeoisie », la même exactement qui fournit à Labiche ses effets les plus désopilants. Écoutons Lebonnard dans une des pièces les plus implacables de Dumas, *Une visite de noces* : « Autrement dit, tu es comme tous les hommes : tu as deux morales, selon les circonstances ; tu raisonnais jadis en célibataire, tu raisonnes maintenant en mari. Ça s'appelle égoïsme avant, ingratitude après. Lovelace est mort ! Vive Prudhomme ! » Nous revoici donc plongés dans l'univers du « puff », de l'arrivisme effréné engendrant le double discours permanent, de la scission irrémédiable entre l'être et le paraître, bref de l'inauthenticité. Pas étonnant, vraiment, que Kierkegaard se soit intéressé à la comédie de mœurs à la française, et qu'il ait pu ainsi féconder lui-même les Ibsen et les Strindberg... C'est le sens — dérisoire à nos yeux — de la fameuse querelle du « Tue-la ! ». On a cru que l'auteur de *La Dame aux camélias* préconisait par cette réplique d'un homme à son ami trompé le meurtre de la femme adultère. En réalité, il voulait dévoiler la logique profonde de l'« honneur » masculin, tapie derrière le juridisme et l'hypocrisie sociale qui aboutissaient à décriminaliser, par exemple, le « crime passionnel », comme il avait déjà voulu révéler ce non-dit formidable de la société de son temps : le rôle caché de la prostitution et des courtisanes.

Un génie isolé :
Henry Becque

Après 1870, au fur et à mesure que le public du vaudeville, devenu définitivement la respectable « comédie de mœurs », se restreint du fait d'une sélection par le haut et par le bas, les voies de la légitimation définitive sont déblayées. Comme l'écrit très justement Jules Marsan : « La Comédie-Française a cessé de bouder. Elle ne se contente pas de les accueillir et de reprendre les pièces refusées jadis ; elle est à l'affût de leurs productions nouvelles. » La fin du siècle va en effet voir surgir le théâtre d'art (d'Antoine à Lugné-Poe), amorce du futur empire du metteur en scène, tandis que le mélodrame poursuit sa longue agonie avant de renaître de ses cendres dans le cinéma commençant. Mais cette consécration tardive cache un échec, qui tient à ce que le « renouveau » auquel Augier et Dumas avaient ambitieusement lié leurs noms n'a pas tenu ses promesses. La lutte contre Scribe et ses conventions au nom d'un réalisme à la Balzac n'a accouché que d'un « compromis », d'une « combinaison bâtarde » (Marsan) entre l'intrigue romanesque et la pièce bien faite. Il appartiendra à un isolé de la génération suivante d'accomplir la révolution dramatique qu'ils n'ont pas su mener à son terme.

Henry Becque est en effet une des plus curieuses figures de l'histoire du théâtre français. Auteur dramatique bien sûr, mais aussi théoricien, moraliste, dans la grande lignée des Vauvenargues et des Chamfort. On lui doit la plus féroce dénonciation des mœurs théâtrales de son temps, à comparer utilement aux analyses de Zola, dont la position très solide au sein de l'institution littéraire explique le ton plus mesuré. Si c'est Feydeau qui donne la touche du génie au versant « vaudeville » de la comédie de mœurs, c'est Henry Becque qui en accomplit le côté « drame bourgeois ». Cet auteur, que notre époque tarde à redécouvrir pleinement, est en fait le seul nom que la France puisse aligner à côté de ceux d'un Strindberg ou d'un Shaw, pour la même période. Comme beaucoup d'hommes de lettres français de son siècle, c'est un petit-bourgeois, dont les débuts auront été laborieux, et qui n'arriva jamais au statut auquel il aspirait, ni même sans doute à extérioriser la totalité de l'œuvre qu'il portait en lui. Son théâtre complet, cas tout à fait exceptionnel, ne comporte en effet pas plus de quatre volumes ! Il est vrai qu'il a d'abord cherché sa voie ailleurs que dans l'art. Obligé d'interrompre ses études sans même avoir passé son baccalauréat (comme Zola, il a d'abord été, tels beaucoup de jeunes gens pauvres et intelligents du second Empire, tenté par l'action politique), il lui en restera toujours quelque chose, ne serait-ce que dans le rapport ambivalent qu'il en gardera à ses anciens camarades du Quartier latin, devenus des politiciens influents de la IIIe République. C'est pourtant vers les feux de la rampe, au sens classique, qu'il se tournera, fort de l'appui que lui donne dans le Tout-Paris son nouvel employeur, le comte Potocki. Ses premières œuvres sont d'ailleurs hétéroclites et n'annoncent guère en tout cas le Becque de la maturité. Qu'il s'agisse

Scène du dernier acte de La Parisienne, *comédie de Henry Becque créée au Théâtre de la Renaissance en 1885. La pièce échoua à la création mais connut un triomphe en 1909 grâce à la comédienne Berthe Cerny. Paris, B.N., A.S.P.*

de l'opéra *(sic)* Sardanapale, composé avec son ami le compositeur Victorin Joncières, ou de *Michel Pauper,* pièce « sociale ». Après un succès d'estime et quelques échecs, Henry Becque ne trouvera la voie du succès qu'avec *La Navette* et *Les Honnêtes Femmes* (1878-1880). Mais c'est avec *Les Corbeaux* (1882) que Becque deviendra un maître pour toute une génération de jeunes dramaturges et un modèle pour le « Théâtre-Libre » de son ami Antoine. Or, en butte à la haine efficace de Sarcey, le tout-puissant critique — qui ne lui pardonne pas ses dénonciations lucides de la corruption régnant sur la scène française du fait des directeurs et de leurs complices dans la presse —, et à l'indifférence du milieu dramatique très peu soucieux d'art, Becque aura le plus grand mal à imposer son chef-d'œuvre à la Comédie-Française ; il est vrai que la noirceur de cette pièce, qui montre la ruine d'une veuve et de ses filles, dépouillées par un notaire et des financiers sans scrupules, pouvait faire hésiter les pusillanimes. Pourtant, il ne faudrait pas commettre le contresens de faire de Becque un auteur « engagé » ; il a clairement mis personnellement les choses au point : « Un auteur dramatique, permettez-moi de le dire, est un être un peu à part ; il ne ressemble ni au philosophe, ni au moraliste, ni à l'homme politique. » Pour un motif un peu analogue, il n'apprécie guère l'école « naturaliste » avec laquelle on s'est obstiné à le confondre : « C'est que les idées ne comptent pas pour un auteur dramatique, il n'y a que les caractères qui comptent » *(Querelles littéraires).* Plus que Zola, Aristophane était, pour lui, « un vieux camarade ».

179

Malgré un certain succès mondain, et quelques fidèles amitiés (Antoine, Victorien Sardou, le philosophe Caro), Becque n'atteindra jamais le statut dont il rêvait. *La Parisienne* (1890), la plus « vaudevillesque » de ses pièces, sera un demi-échec, et *Les Polichinelles*, une satire très dure du milieu politique, resteront inachevés. Il ne sera donc jamais académicien, et mourra vieux garçon et pauvre.

Lui-même définira son écriture comme celle de la « comédie rosse », ce qui mesure évidemment le chemin parcouru depuis la comédie rose d'un Scribe. Gaston Baty a dit de lui : « Becque, c'est le Manet du théâtre. Il accomplit, comme Manet, une besogne de libération. Et l'influence de Manet fut si profonde qu'elle demeura dans la réaction contre lui-même. » La comparaison en effet avec les grands impressionnistes s'impose, ne serait-ce qu'en raison des difficultés incroyables qu'ils eurent à se faire reconnaître en tant qu'artistes par la critique.

On trouve parmi les défenseurs des impressionnistes un auteur de théâtre qu'il serait injuste d'oublier : Octave Mirbeau qui, passé d'une position assez conservatrice au soutien de la gauche parlementaire, collabora à la prestigieuse *Revue blanche* comme dreyfusard, puis au *Libertaire* et à *L'Assiette au beurre*, revue politique, critique et d'humour 1900. Mirbeau n'est pas Becque. Mais parmi les neuf pièces qu'il a fait représenter entre 1897 et 1909, on doit retenir *Les affaires sont les affaires* (1903), œuvre d'un observateur et d'un polémiste.

Le continent Labiche

On a souvent remarqué la prodigieuse fécondité de Labiche. Il « écrivait facilement, rapidement, joyeusement, nerveusement » (P. Soupault). Émile Augier pensait que son ami avait écrit cent soixante pièces ; il semble en réalité qu'il en ait écrit cent soixante-quinze ! dont seulement cinquante-sept furent jugées par lui dignes de figurer dans son *Théâtre complet*. Plus étonnant encore, il traitait ces morceaux si sévèrement sélectionnés de « farces ». Ce qui était d'ailleurs, d'un certain point de vue, la stricte vérité. Le genre exact auquel Labiche donnera ses lettres de noblesse est en effet le « vaudeville-farce », qui s'oppose, selon la typologie remise en vigueur par M. Henry Gidel, au « vaudeville anecdotique » et moralisateur représenté par Scribe et une foule d'autres auteurs. Comme son ami Augier, Labiche a hésité avant de prendre la voie, jugée jusqu'à lui peu compatible avec la « vraie » gloire littéraire, du vaudeville désopilant. Il avait tâté du roman d'analyse (*La Clef des champs*, 1839), et de la critique journalistique, puis hésité entre le drame sérieux et le vaudeville ; ce n'est qu'en 1844, avec le succès du *Major Cravachon*, qu'il aura trouvé définitivement sa véritable veine. Son triomphe sera complet avec l'extraordinaire succès du *Chapeau de paille d'Italie*, dont Sarcey n'hésitera pas à dire qu'il marque « une révolution dans le vaudeville » ; Sarcey suivait donc le public, qui faisait à Labiche un plébiscite qu'il refusait à Augier et Dumas fils, dont la renommée ne dépassait guère l'élite cultivée et raisonneuse. Or les vieux préjugés contre le vaudeville, toujours considéré par les doctes comme un genre populaire et grossier, ne désarmaient pas pour autant. Sarcey raconte que le directeur du Palais-Royal (où fut créé *Le Chapeau...*), Dormeuil, traita Labiche d'imbécile lors de la générale, et refusa d'assister à la première. C'est, pour Labiche, qui n'en a cure, la période par excellence du « vaudeville de mouvement », mécanique rigoureuse fondée pour l'essentiel sur le quiproquo ; le ou les personnages

Affiche pour Un chapeau de paille d'Italie, *de Labiche et Marc-Michel, pièce créée au Théâtre de la Montansier en août 1851.*

sont toujours pris pour un ou des autres. Le quiproquo s'étend aussi, à l'occasion, aux lieux et aux situations ; soit en raison de l'aveuglement ou de la bêtise d'un des personnages, soit par machination ; en général l'un se greffe sur l'autre. Pris dans une nasse, les héros de la farce tentent n'importe quel stratagème pour se dégager, à commencer par des pirouettes verbales d'un comique irrésistible. C'est le fameux : « Il est modeste, modeste comme tous les plongeurs » de Monsieur Perrichon à qui l'on vient de faire remarquer que l'homme qui l'a prétendûment sauvé de la noyade n'en a jamais fait état ! Coq-à-l'âne, acharnement logique dans l'invraisemblance, et vieux comique de répétition : telles sont les « ficelles » du métier de Labiche ; Feydeau s'en souviendra. Ajoutons que ce métier ne s'exerce pas dans la solitude absolue : sur l'immensité de son œuvre, Labiche n'aura écrit que *six* pièces sans un collaborateur. D'où les accusations récurrentes de n'avoir fait que signer certains textes sortis de son « atelier » ; Henry Becque, par exemple, soutiendra toujours que *Le Misanthrope et l'Auvergnat* était, en fait, de son oncle Martin Lubize.

Eugène Labiche est-il secrètement, voire « inconsciemment », un critique féroce de la bourgeoisie, un Brecht qui s'ignore ? On sait que c'est en tout cas de cette manière que l'ont interprété le surréaliste Philippe Soupault, et les jeunes metteurs en scène marxisants des années 60, en Allemagne (Peter Stein) puis en

France (Patrice Chéreau et Jean-Pierre Vincent, dont les mises en scènes respectives de *L'Affaire de la rue de Lourcine* et de *La Cagnotte* sont restées mémorables). Nous avons aujourd'hui de bonnes raisons de penser que ces séduisantes variations reposent sur un malentendu fort répandu, qui consiste en gros à rabattre le « bourgeois », au sens romantique et « art-pour-l'art » du mot — le « philistin » autrement dit — sur son acception sociologique classique. Labiche ne cherche sans doute pas à faire rire son public de lui-même, ce qui serait une gageure, mais à lui faire partager le mépris de l'artiste pour le « salaud » — comme dira un siècle plus tard Jean-Paul Sartre —, englué dans son « esprit de sérieux ». Et le plaisir que nous prenons encore à Labiche — certainement l'auteur comique français le plus joué dans le monde après Molière — vient justement de l'universalité de ses caractères. On peut penser que l'apolitisme obligé de la scène sous le second Empire (si l'on ne prend pas trop au sérieux les fausses audaces d'un Augier ou d'un Dumas fils) est le handicap dont Labiche a fait une force. Au reste, nous savons que Labiche, qui se retira « noblement » dans une propriété de Sologne dès que les revenus tirés de son œuvre le lui permirent, était aussi sordidement intéressé et politiquement pusillanime que ses personnages les plus typiques.

Aquarelle de Lheritier illustrant La Cagnotte *de Labiche et Delacour avec dédicace de l'artiste à Labiche.*

Georges Feydeau parachève l'histoire de la comédie de mœurs au XIXᵉ siècle, non seulement parce qu'il en est, à nos yeux, l'auteur le plus génial, mais parce que, plus encore qu'un Labiche, plus fidèle pourtant aux règles du genre (les chansons qui entrecoupent l'action), il incarne un vaudeville enfin débarrassé de tout complexe vis-à-vis du « grand art ». Peut-être parce qu'il a commencé personnellement à en tâter avant de trouver sa voie... Georges Feydeau, fils d'un écrivain célèbre sous le second Empire, était de toute manière nourri dans le sérail. Mais Ernest Feydeau meurt précocement, et le jeune Georges, pensionnaire de Sainte-Barbe, commence par écrire des brouillons de drames... à la manière de Dumas fils. Le jeune homme quitte rapidement le collège pour les coulisses des théâtres et le genre larmoyant pour l'inspiration plus caustique qui restera la sienne. Il fait ses premières armes dans de petits cercles de jeunes artistes, qui vont présenter leur production (placée sous le patronage de Hugo plus que sous celui de Zola) aux grands comédiens du moment. A ce moment, Feydeau, qui n'a pas encore vingt ans, hésite encore entre la vocation d'auteur et celle d'acteur. Il faudra le succès de *Tailleur pour dames*, en 1887, pour le faire sortir de l'obscurité et opter définitivement, par là même, pour le métier de vaudevilliste. En quoi donc consiste ce métier chez celui qui le porta à une perfection indépassable ? Henry Gidel, le meilleur spécialiste contemporain de Feydeau et du vaudeville, en a très clairement dégagé le mécanisme essentiel ; à savoir l'« idée génératrice », en général totalement à rebours du sens commun,

Georges Feydeau : l'apogée du vaudeville

L'Affaire de la rue de Lourcine, *comédie musicale d'après Labiche, version scénique, mise en scène et décor de Patrice Chéreau. « Théâtre de critique », soulignant le fait du jeu : l'un des premiers (1966) spectacles qui impose le jeune metteur en scène.*

de la vraisemblance la plus élémentaire, d'où découleront, avec une logique implacable, les conséquences les plus folles. Pour soutenir ce défi, il existe un certain nombre de procédés éprouvés : la péripétie, qui est un événement imprévu — l'exemple le plus classique étant la rencontre intempestive du mari et de l'amant, ou toute autre variante de la même situation... Et, bien sûr, l'éternel *quiproquo* ou encore le mouvement perpétuel, qui est ce que le public a surtout retenu de Feydeau quand il a tout oublié... Comme le disait déjà Labiche : « Une pièce est une bête à mille pattes qui doit toujours être en route. Si elle se ralentit, le public bâille. Si elle s'arrête, il siffle. » Rien de plus vrai, et c'est de l'avoir compris que Georges Feydeau est devenu le symbole même de la comédie légère en France. Pourtant on aurait grand tort de le réduire à la seule « mécanique » de ses pièces, fût-elle de précision. Tout comme celles des plus grands maîtres du genre sérieux, les œuvres de Feydeau, y compris les plus délirantes, ont un contenu. Leurs titres mêmes indiquent une véritable obsession des rapports conflictuels, de préférence entre les sexes. A sa manière, l'univers de Feydeau est aussi misogyne, ou en tout cas aussi désespéré sur toute possibilité de compréhension réelle entre les êtres, que celui de Strindberg. Témoin ce dialogue, si souvent cité, au premier tableau du *Dindon* : « Est-ce qu'elle compte Pluplu, pour moi ! Il n'y a qu'une femme à mes yeux, il n'y en a qu'une, c'est vous ! Qu'importe l'autel sur lequel je sacrifie, si c'est à vous que va l'holocauste !

— Comment donc, vous êtes bien aimable.

— Mon corps, mon moi est auprès de Pluplu, mais c'est à vous que se rapporte ma pensée ! Je suis près d'elle et je cherche à m'imaginer que c'est vous !... C'est elle que mes bras enserrent et c'est vous que je crois tenir embrassée ! Je lui dis : "Tais-toi, que je n'entende pas ta voix." Je ferme les yeux et je l'appelle Lucienne.

— Mais c'est de l'usurpation ! Mais je ne veux pas ! Et elle accepte ça ?

— Pluplu ? Très bien ! Elle se croit même obligée de faire comme moi ; elle ferme les yeux et elle m'appelle Clément. »

Aussi faut-il accueillir avec prudence ce qu'un critique, qui croyait sans doute bien faire, disait de *L'Hôtel du libre-échange* : « C'est toujours d'un mari ou d'une femme en faute qu'il s'agit, et l'art consiste toujours à ramener au second acte dans un même endroit les personnages qui ne devraient pas s'y rencontrer et qui, en se fuyant les uns les autres, tombent éperdus les uns sur les autres. Mais ce thème sans prétention — vous le jetteriez dans le creuset de Schopenhauer, il est certain que vous n'en tireriez pas une goutte de philosophie... » Rien de moins certain, cependant. Sans qu'il soit besoin de convoquer les noms les plus intimidants du pessimisme philosophique, il est probable que Feydeau avait, secrètement, quelque « prétention ». Son esprit caustique, qui ne le cède guère à celui d'un Jules Renard ou d'un Becque, en donne des preuves abondantes, si, par aventure, son théâtre n'y suffisait pas. Sur son travail, ce « paresseux » incroyablement fécond disait : « Je n'écris jamais de scénario. Je vois une situation, je la prends ; puis je pars sans savoir où, au hasard. Je vais... je cours la poste... Arrivé devant l'obstacle, je le saute, sans jamais l'éviter, sans tricherie et sans expédients : j'ai posé en principe qu'on se tire de tout ! »

On aura remarqué le renversement complet de méthode par rapport à un

*Scène d'*Occupe-toi d'Amélie *de Georges Feydeau, créée au Théâtre des Nouveautés, avec Cassive sous le couvre-pieds.*

Scribe, dont nous savons par Legouvé qu'il commençait par... son dénouement, construisant le reste de la pièce par rapport à ce dernier acte, objet de tous ses soins. Peut-on, pour autant, dire que les pièces de Feydeau soient moins « bien faites » que celles de son devancier ? Elles sont surtout faites *autrement* avec un rythme qui annonce le cinéma burlesque du XXᵉ siècle, laissant donc bien loin derrière elles les vieux « trucs » d'un théâtre destiné à un public à l'entendement plus lent... Car il ne faut jamais oublier que Feydeau s'adresse, dans les années 1890, à un public qui sait lire et écrire, et dont le goût est formé par la grande littérature réaliste du XIXᵉ siècle, et pour une grande part par l'« esprit parisien » du Boulevard, ce qui n'était certes pas le cas des lourds courtauds de boutique ou autres petits-bourgeois louis-philippards qui formaient les gros bataillons de l'assistance des œuvres de Scribe, d'Augier, ou même encore de celle de Labiche, qu'il fallait encore « reposer » par des couplets ! Le public de Feydeau, lui, comprend au « quart de tour », et le mécanisme d'enfer du vaudeville, longtemps comprimé, peut enfin jouer à plein. Il joue à plein, en entraînant avec lui, par sa nature même, cette critique de la vie comme songe, et de la société comme convention aussi mal fondée que celle du plateau dont nous avons pu voir qu'elle était plus que latente chez Scribe. Ce n'est pas gratuitement qu'à propos du premier acte d'*Occupe-toi d'Amélie,* Jean Cassou a pu se sentir autorisé à parler du « fulgurant pirandellisme » de la scène du mariage « où tous les personnages, rassemblés en une truculente noce, assistent, dans une vraie salle

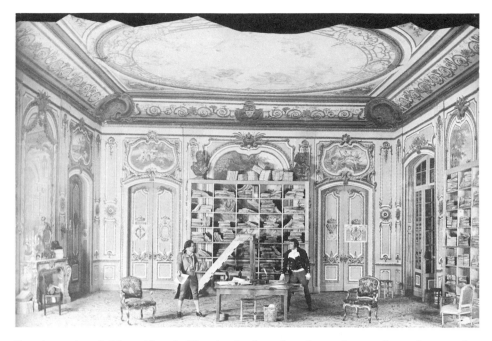

Représentation de Thermidor *de Victorien Sardou, dont la création eut lieu à la Comédie-Française en 1891. Paris, B.N., A.S.P.*

A PROPOS DE LA CENSURE

Dès le lendemain du coup d'État du 18 brumaire, le nouveau régime institue une censure préalable des pièces de théâtre confiée au « bureau des mœurs » du ministère de la Police. Si l'on excepte de rares périodes de liberté en fonction de conjonctures politiques révolutionnaires (1830, 1848, 1870), elle restera en vigueur jusqu'en 1904 ; on ne saurait comprendre certaines prudences ou certaines stratégies d'écriture de la comédie ou du vaudeville au XIXᵉ siècle sans tenir compte de l'arbitraire des censeurs, qui allaient jusqu'à conseiller l'adjonction de scènes ou imposer des dénouements aux auteurs ! Ainsi la censure n'autorisa *Les Lionnes pauvres* d'Émile Augier (1855) qu'à condition qu'une des héroïnes contracte la variole entre le quatrième et le cinquième acte, pour « prix de sa perversité » ! En 1891, *Thermidor,* de Victorien Sardou, provoqua un débat à la Chambre, et fut finalement interdit, sous la pression, cette fois, de la gauche républicaine. Il fallut l'apparition d'un concurrent redoutable (le cinéma) pour que se fasse jour un consensus sur la fameuse « liberté des théâtres ».

Notons pour finir que la censure a été beaucoup plus « indulgente » vis-à-vis du vaudeville que vis-à-vis de tout autre genre, ce qui explique peut-être bien des « vocations ».

de mairie, à un vrai mariage, alors qu'ils croient assister à un faux mariage, c'est-à-dire, conformément à leur propre destination spécifique, à leur fonction essentielle, participer à une farce. »

Comme l'a bien souligné H. Gidel, c'est précisément son ancrage dans une grande tradition nationale et populaire — la farce — qui explique à la fois l'impact persistant de Feydeau en particulier et du vaudeville en général sur le public et le « lectorat » du théâtre (il existe !) et le discrédit dont ils ont longtemps souffert du côté de l'intelligentsia légitimée et légitimante.

Du vaudeville sans chansons, on est donc passé à ce que nous appelons le « théâtre de boulevard ». Ce dernier véhicule encore aujourd'hui l'essentiel de l'héritage de la comédie de mœurs, avec une nuance qui reste péjorative, comme le fut autrefois celle que comportait le terme même de vauveville. Au surplus, ne confond-on pas couramment « boulevard » et théâtre privé, au mépris de la réalité. Autrefois méprisé pour son caractère trop « peuple », le vaudeville d'aujourd'hui évoquerait-il seulement la « digestion » des repas ? Il faut pourtant constater qu'une certaine justice commence à être rendue à un genre, sans lequel, nous l'avons vu, un génie de première grandeur comme Becque n'aurait pas été concevable. Après le retour à Labiche, qui date déjà de l'entre-deux-guerres, et que les années 60 et 70 ont confirmé, de Michel Debré (président des Amis de Labiche) à Patrice Chéreau, s'amorce depuis un certain temps un regain d'intérêt pour l'indépassable Feydeau. Et demain, pourquoi pas Scribe et Augier, qu'oublient peut-être un peu trop — pour ne parler que d'eux — les gardiens attitrés de nos temples du Répertoire ?

Daniel LINDENBERG

Page suivante, Au théâtre, *monotype de Degas. Paris, Institut d'Art et d'Archéologie.*

Troisième partie

L'avènement de la mise en scène

1887-1951

Ci-contre, dessin de Toulouse-Lautrec représentant Antoine et Firmin Gémier dans Une faillite *de Björnson, créée au Théâtre-Libre en 1893. Paris, B.N.*

RECONSTRUIRE LE RÉEL OU SUGGÉRER L'INDICIBLE

Durant les années 1880 une nouvelle figure apparaît dans le théâtre français, qui va reléguer l'auteur dramatique et l'acteur au second plan. Il s'agit du *metteur en scène*. Certes l'expression a déjà cours depuis l'époque romantique ; mais elle désignait alors une sorte de régisseur — quelquefois un acteur, quelquefois le décorateur, ou le directeur du théâtre, voire l'auteur lui-même — qui se bornait à ordonner la représentation et à en régler le spectaculaire, sans que son intervention implique encore une mise en perspective ou une interprétation particulière de l'œuvre représentée. Cependant, comme le souligne Marie-Antoinette Allévy dans son ouvrage de 1938 sur *La Mise en scène en France dans la première moitié du XIXe siècle*, « peu à peu, au cours du XIXe siècle (...) on passe insensiblement de la "régie", c'est-à-dire d'une ordonnance toute objective, consistant dans la description de l'animation théâtrale et des accessoires nécessaires au jeu, à ce que nous appelons actuellement "mise en scène", c'est-à-dire une interprétation personnelle suggérée par l'œuvre dramatique et coordonnant tous les éléments d'un spectacle, souvent d'après une esthétique particulière ».

En d'autres termes, la mise en scène devient un art autonome, qui non seulement tient sous sa coupe les autres arts et techniques concourant à la représentation — jeu, décoration, musique, éclairages, etc. — mais donne aussi une interprétation singulière de l'œuvre initiale, à savoir le poème dramatique. Et cette émergence — ou cette émancipation — de la mise en scène intervient au moment où les théories naturalistes confèrent une importance capitale (on dit « scientifique », à l'époque) au décor, au costume, au jeu et à la « pantomime » des acteurs. Fait symptomatique : c'est en 1884 que paraît *L'Art de la mise en scène* de Becq de Fouquières, étude qui donne ses lettres de noblesse théoriques à cette fonction et à ce métier.

André Antoine incarnera, dès 1887, la figure du metteur en scène moderne, qui, précisément, sera le héraut du naturalisme sur la scène. Et c'est encore Antoine qui, dans sa *Causerie sur la mise en scène* de 1903, définit le plus clairement l'art de la mise en scène et le statut du metteur en scène, dans un dépassement qualitatif de la traditionnelle régie. La mise en scène, explique Antoine, comprend deux parties complémentaires : la « matérielle », que l'on connaît le mieux — décors, costumes, mise en place des acteurs —, mais aussi l'« immatérielle, c'est-à-dire l'interprétation et le mouvement du dialogue ». Celui qui saura jouer de cette dialectique du « matériel » et de l'« immatériel » — *le metteur en scène moderne* — deviendra du même coup une sorte de coauteur sinon de la pièce du moins du spectacle.

S'ouvre alors, dans le théâtre mondial, une ère de la mise en scène — ou du metteur en scène — dans laquelle nous vivons encore aujourd'hui. Le style et les convictions naturalistes d'Antoine ont été depuis longtemps discutés et même combattus, notamment par les champions de la « réaction idéaliste » au théâtre, Paul Fort et Lugné-Poe, ou, plus tard, par un Copeau, par un Jouvet ; il n'en reste pas moins qu'Antoine reste aux yeux de tous le père de la mise en scène et des metteurs en scène modernes. Il serait toutefois exagéré, aujourd'hui comme naguère, de prétendre que l'art de la mise en scène a définitivement éclipsé ou assujetti celui de l'auteur dramatique, puisque ce sont encore des écrivains ou des poètes — principalement Zola, pour le naturalisme, et Mallarmé, pour le symbolisme — qui sont paradoxalement à l'origine, dans les années 1880-1900, de l'avènement et du formidable développement de la mise en scène.

« Quel avenir accordez-vous au théâtre naturaliste ? » demande, en 1891, Jules Huret à Émile Zola. Et le maître de Médan de répondre : « Rien ne s'est fait du jour au lendemain. On arrive à mettre peu à peu sur la scène des œuvres de vérité plus grande. Attendons. Le théâtre est toujours en retard sur le reste de la littérature. » Sous l'optimisme débonnaire du propos, on ne peut pas ne pas déceler la blessure du grand romancier qui, à l'instar de Stendhal, Balzac et Flaubert, a rêvé quelque temps de devenir également le génie dramatique de son temps. A l'époque où Huret mène son *Enquête sur l'évolution littéraire*, Zola est reconnu comme le théoricien et le pionnier de ce théâtre naturaliste qui s'impose depuis 1887 sur la scène du Théâtre-Libre, mais les réalisations théâtrales du créateur des *Rougon-Macquart* n'ont pas tenu la promesse des idées et paraissent décevantes au regard des bouillonnantes chroniques dramatiques données naguère au *Bien public* (1876-1878) puis au *Voltaire* (1878-1880) et rassemblées, dès 1881, en deux volumes, *Le Naturalisme au théâtre* et *Nos auteurs dramatiques*.

En fait, la carrière d'auteur dramatique de Zola, à l'image de celle de Diderot au milieu du XVIIIᵉ siècle, est une suite de déceptions et de dilations. Ce sont d'abord les trois « pièces sifflées » : *Thérèse Raquin* (1873), adaptée par l'auteur lui-même de son roman — et qui, malgré ses faiblesses, peut être considérée comme le prototype du drame naturaliste — ainsi que *Les Héritiers Rabourdin* (1874) et *Bouton de rose* (1878), deux œuvres secondaires de ton farcesque. Puis vient la série des adaptations théâtrales des romans, confiées à ces « ficeliers » (le mot est de Zola ; Edmond de Goncourt parlait, lui, de « carcassiers ») que sont Busnach et Gastineau : *Nana* (1881), *Pot-Bouille* (1883), *Le Ventre de Paris* (1887), *Germinal* (1888). Autant d'insuccès que précède, en 1879, le triomphe ambigu de *L'Assommoir*. La transposition théâtrale que donne Busnach de ce chef-d'œuvre du roman naturaliste est, en effet, des plus artificielles : *anthologique*, elle découpe l'œuvre initiale en morceaux de bravoure et s'attache principalement au pittoresque des lieux (hôtel garni, lavoir, « assommoir ») ; *mélodramatique*, elle surajoute à la fiction zolienne une intrigue de pur feuilleton à la faveur de laquelle Coupeau est assassiné par une maîtresse délaissée... Certes, Zola reviendra tardivement au théâtre, sans le filtre de l'adaptation, mais ce sera à travers des genres mineurs ou parathéâtraux tels que la féerie et le drame lyrique : *Messidor* en 1898, *L'Ouragan* en 1901, etc. Globalement, Zola dramaturge mérite le reproche que lui fait, en 1891, Jean Jullien, théoricien et auteur du théâtre naturaliste : avoir tenté, en confiant ses romans à de piètres artisans de l'écriture dramatique, « l'accouplement de la carpe et du lapin ». « Si le grand maître du naturalisme, ajoute Jullien, avait persévéré dans la voie qu'il s'était tracée, s'il s'était perfectionné dans sa manière, plutôt que d'abandonner ses sujets aux manipulations de M. Busnach, s'il avait cherché une structure, une facture, une forme plus en rapport avec la conception qu'il avait du dramatique,

*Retard
du drame
sur le roman*

il n'est pas douteux qu'il eût depuis longtemps tiré le théâtre du marais d'absurdités dans lequel pataugent auteurs, directeurs et comédiens. »

Quant aux autres romanciers proches du naturalisme, qu'il s'agisse des Goncourt (*Henriette Maréchal* en 1865 ; *Germinie Lacerteux,* adaptée du roman par Edmond de Goncourt en 1888), de Daudet ou d'autres, plus obscurs — Ajalbert, Alexis, Céard —, qui adaptent pour le Théâtre-Libre certains romans de Zola et des Goncourt, leurs tentatives restent sporadiques et peu convaincantes. Au point que Henry Becque — qui mène, à l'écart de toute école littéraire, sa carrière d'auteur dramatique solitaire et irascible (*Michel Pauper,* 1870 ; *Les Corbeaux,* 1882 ; *La Parisienne,* 1885) — prend pour cible de ses polémiques le « parti des blackboulés » constitué par ces romanciers qui, de Flaubert à Zola, en passant par les Goncourt, abordent le théâtre de façon aussi velléitaire que dogmatique. Avec le recul historique, le jugement devient plus nuancé : Becque et, surtout, Jullien n'ont pas tort de rendre le laxisme de Zola et consorts responsable de ce que le naturalisme n'ait pas produit - en *France* ; car, à l'étranger, avec Ibsen, Strindberg, Tchekhov, Hauptmann, Björnson, il en va différemment — une forme dramatique originale et puissante ; mais, par contre, ils sous-estiment le rôle d'*éducateur* du drame que peut jouer, à la fin du XIXe siècle, le roman naturaliste. Depuis les travaux de Mikhaïl Bakhtine, nous connaissons la fonction émancipatrice que le roman a tenue, à plusieurs reprises dans l'histoire, par rapport aux autres genres littéraires : « La *romanisation* des autres genres, écrit Bakhtine, n'est pas leur soumission à des canons qui ne sont pas les leurs. Au contraire, il s'agit de leur libération de tout ce qui est conventionnel, nécrosé, ampoulé, amorphe, de tout ce qui freine leur propre évolution, et les transforme en stylisations des formes périmées. »

Or la théorie dramaturgique de Zola s'inscrit pleinement, tant en ce qui concerne la scène qu'en ce qui concerne le drame lui-même, dans cette ligne utopique d'un roman qui œuvre à la transformation, à la modernisation du théâtre. La théorie zolienne prône la *romanisation* (ou doit-on dire, en anticipant sur Brecht, l'*épicisation* ?) de l'œuvre dramatique. Contre quoi s'insurge Zola, sinon contre la « forme canonique » du théâtre de son temps, une forme pétrifiée, abstraite ou exotique, héritée à la fois du classicisme, du romantisme et d'un drame bourgeois qu'on aurait dévoyé ? Qu'il livre bataille à des auteurs comme Augier, Sardou, comme Dumas fils ou le critique Francisque Sarcey, champion de la « pièce bien faite », Zola proteste toujours contre la même tendance à instituer le théâtre en art schizophrène, fonctionnant de façon purement mécanique ou rhétorique, coupé de la réalité et ennemi de la vérité : agitation et déclamation postromantiques, hiératisme néotragique, ballet géométrique, avec force entrées et sorties, de pantins dépourvus de toute humanité. Croisade en faveur de la vérité au théâtre, qui rappelle à bien des égards celle que menèrent un siècle plus tôt, au nom du « naturel », Diderot, Beaumarchais et Sébastien Mercier.

Mais la théorie zolienne ne se limite pas à une lutte contre les conventions obsolètes combinée avec une réactivation des idées de Diderot. Elle se préoccupe également de fixer de nouvelles règles, d'instaurer une nouvelle convention : une *convention vivante et consciente* dont le roman naturaliste serait le garant. Elle s'efforce de fonder une méthode, dérivée de celle du « roman expérimental », où l'écrivain de théâtre (adoptant un point de vue analogue à celui de Claude Bernard dans la médecine, d'Auguste Comte dans la philosophie, de Hippolyte Taine dans l'histoire littéraire) s'érigerait lui aussi en observateur et en analyste de la société contemporaine. Lorsque Zola reprend à son compte la notion dramaturgique, déjà élaborée par Diderot, de *tableau*, il l'élargit considérablement (comme Sébastien Mercier avait tenté de le faire) et l'applique non plus à la description exclusive du milieu bourgeois mais à celle, *panoramique,* de tout « le/les milieu/x contemporain/s ». Sur les traces du roman naturaliste, le drame nouveau devra inscrire son action et sa dimension spectaculaire dans tous les recoins de ce paysage social que le théâtre a jusqu'alors dissimulé, occulté. Qu'est-ce que le drame naturaliste, selon Zola ? « Un fait se déroulant dans sa réalité et soulevant chez les personnages des passions et des sentiments, dont l'analyse exacte serait le seul intérêt de la pièce. Et cela dans le milieu contemporain avec le peuple qui nous entoure. » Dans cette perspective, le tableau dramatique est pareil à un cadre mobile, ou à un curseur parcourant la société

L'Assommoir, *drame en dix tableaux de Busnach et Gastineau d'après le roman d'É. Zola (1897). Avec leur talent de « ficeliers », Busnach et Gastineau tirent de saisissants tableaux dramatiques des grands romans de Zola. Ici « adaptation » signifie « trahison ». Paris, B.N., A.S.P.*

française de la fin du XIXe siècle dans toute son étendue et permettant de dégager une vision critique du monde réel. Tension entre le détail et la totalité, dialectique du *fragment* à la faveur de laquelle le drame quotidien peut accéder à la dimension épique et où le dramaturge, à égalité avec le romancier, est invité non seulement à dire vrai mais aussi à « *faire grand* ».

Le Naturalisme au théâtre : « J'imagine qu'un auteur place un acte dans le carré des Halles centrales. Le décor serait superbe, d'une vie grouillante et d'une plantation hardie. Et que d'autres décors à prendre pour des drames populaires : l'intérieur d'une usine, l'intérieur d'une mine, la foire aux pains d'épice, une gare, un quai aux fleurs, un champ de courses, etc. Tous les cadres de la vie moderne peuvent y passer... » L'insistance de Zola sur les décors réels n'est cependant pas à mettre au compte d'une inflation de la dimension scénographique et illustrative du théâtre naturaliste. Elle est, au contraire, proprement *dramaturgique* et participe de la « romanisation » du drame. Car, précise Zola, les décors « ont pris au théâtre l'importance que la description a prise dans nos romans ». Le décor n'est pas un supplément esthétique, mais, dans l'idéologie déterministe et positiviste de l'époque, une fonction dramatique vitale : « la nature (...) dans son action sur l'homme ». La matrice du drame nouveau se trouve donc dans les parties descriptives du roman naturaliste. Le roman sert de tuteur au drame et tente de le hisser à son propre niveau. « Le théâtre rêvé par Zola, note Bernard Dort, ne fait appel à la nature que par personne interposée : c'est à travers le roman du XIXe siècle, à travers les œuvres de Balzac, de Flaubert et les siennes propres, que Zola entend faire monter la réalité sur la scène. Cette réalité est une réalité déjà élaborée : elle est devenue littérature romanesque. Zola y revient sans cesse : plus encore que la rupture entre le "monde vivant" et le "monde littéraire", celle qu'il déplore c'est celle qui s'est consommée entre le "monde à part" du théâtre et le monde du roman qui reste, lui, ouvert sur la société, qui reflète, décrit et analyse celle-ci. »

Contrairement à Becque et Jullien, nous avons aujourd'hui le sentiment que la « romanisation » du drame, à l'époque du naturalisme, n'aura pas été excessive, mais au contraire *insuffisante*. Qu'elle n'a pas été jusqu'à son aboutissement : une forme dramatique qui ait intégré plus résolument cette volonté de description des milieux sociaux et, surtout, qui eût fait jouer à plein la dialectique du fragment et de la totalité, bref du *tableau dramatique*.

L'échec relatif du naturalisme au théâtre — en France s'entend —, c'est d'avoir fait supporter par le seul décor cette fonction descriptive qu'auraient dû tenir avec lui l'écriture et la structure dramatiques. Zola *(Thérèse Raquin)*, victime du même syndrome que Diderot, et ses adaptateurs proposent certes des *tableaux*, mais qu'ils persistent à fondre dans une économie dramatique générale en *actes* et en *scènes*. Une économie fondée sur la hantise du vide, de l'interruption, de la rupture, du discontinu, de l'inachevé — en un mot, de l'*œuvre ouverte*. Ce faisant ils contreviennent totalement au principe fragmentaire de la « tranche de la vie » tel que Jean Jullien l'a établi en tirant la conséquence des idées de Zola : « Ce n'est donc qu'une tranche de la vie que nous pouvons mettre en scène, écrit Jullien, l'exposition en sera faite par l'action même et le dénouement ne sera qu'un arrêt facultatif qui laissera par-delà la pièce le champ libre aux réflexions du spectateur. »

Faute de ce choix d'une stricte découpe en tableaux, la description se perd dans le décor et le drame naturaliste français se trouve en état d'hémorragie permanente. Malaise que traduit bien Alphonse Daudet lorsqu'il note, après la représentation d'une adaptation de Zola : « Nous aurions voulu qu'une voix s'élevât tout à coup sur le théâtre, pour dire quelques descriptions du livre de Zola, mettre en face du décor la belle langue imagée et forte dont il est sorti. » Manque parfaitement circonscrit par Edmond de Goncourt qui cherche, lui, dans son adaptation de *Germinie Lacerteux*, une dramaturgie discontinue « à la Shakespeare » et qui distribue son drame « en tableaux, mais en tableaux non à l'imitation des actes, ainsi qu'on a l'habitude de le faire, en tableaux donnant un morceau de l'action dans toute sa brièveté ».

Il ne serait sans doute pas raisonnable de s'étonner que Zola n'ait pas réalisé, dans les dernières années du XIXe siècle, cette dramaturgie moderne du tableau que Brecht mettra au point beaucoup plus tard. Mais on est, par contre, en droit de regretter que la romanisation du drame, mis à part quelques tentatives isolées dont celle de *Germinie Lacerteux*, n'ait pas entraîné, en France, une véritable refonte de la forme dramatique, semblable par exemple à cette forme

Antoine, même après les années Théâtre Libre, restera fidèle au maître Zola. Il met en scène en 1902 au Théâtre-Antoine La Terre *de Ch. Hugot et R. de Saint-Arroman, d'après Zola. Paris, B.N., A.S.P.*

« en stations » que Strindberg met au point à partir du *Chemin de Damas* ou à cette forme polyphonique (« compliquée comme un roman ») inventée en Russie par Tchekhov.

Dès les premières lignes du *Naturalisme au théâtre*, Zola proclame son attente d'un grand réformateur, « un tempérament puissant dont le cerveau vînt révolutionner les conventions admises et planter enfin le véritable drame humain à la place des mensonges ridicules qui s'étalent aujourd'hui. Je m'imagine ce créateur enjambant les ficelles des habiles, crevant les cadres imposés, élargissant la scène jusqu'à la mettre de plain-pied avec la salle, donnant un frisson de vie aux arbres peints des coulisses, amenant par la toile de fond le grand air libre de la vie réelle ». A l'origine, ces lignes constituent sans doute un autoportrait anticipé, une projection de Zola lui-même dans la figure du maître du drame naturaliste. Mais, *a posteriori* et compte tenu de l'incapacité du créateur des *Rougon-Macquart* à s'affirmer dans le domaine dramatique, c'est un autre visage qui s'inscrit en creux dans cette évocation : non plus celui d'un écrivain, mais

Une lecture au Théâtre-Libre... Homme aux multiples talents — metteur en scène, comédien, cinéaste, critique —, Antoine fut aussi, tant au Théâtre-Libre qu'au Théâtre-Antoine et à l'Odéon, un grand directeur. Paris, Bibliothèque historique de la Ville de Paris.

celui d'un metteur en scène, l'inventeur de la mise en scène moderne, André Antoine.

La substitution prend un sens profond. Elle explique peut-être que, à partir de cette époque, en France, la mise en scène prenne le pas sur l'œuvre dramatique et devienne — que l'on s'en réjouisse ou qu'on le déplore — le lieu des principales mutations esthétiques.

La scène
naturaliste

Nouvelle preuve du retard du théâtre sur le reste de la littérature : cette année 1887 où André Antoine va ouvrir — le 30 mars — le Théâtre-Libre, très vite consacré scène naturaliste, est aussi celle de l'article de Brunetière *Banqueroute du naturalisme* et du *Manifeste des Cinq* par lequel d'anciens zolistes — Bonnetain, Descaves, Guiches, Margueritte et Rosny — se désolidarisent du maître et abjurent le naturalisme.

De l'œuvre si importante d'Antoine, directeur, acteur, metteur en scène du Théâtre-Libre — installé à Montmartre dans la petite salle d'un cercle d'amateurs —, ensuite fondateur du Théâtre-Antoine (1897) sur le Boulevard, directeur du Théâtre de l'Odéon (1906-1914), cinéaste d'avant-garde (le premier à tourner en extérieurs), critique dramatique et cinématographique, la postérité retient surtout une légende : celle, populiste, d'un modeste employé du gaz, d'un « amateur » prétendant révolutionner l'art de la scène, d'une force de la nature naïve et obstinée qui aurait voulu présenter sur le plateau du théâtre la réalité toute crue.

Entre le véritable Antoine, acteur et metteur en scène très subtil et inventif, et nous, s'interpose l'écran de nos mythologies. D'un côté, la critique conservatrice se sert, aujourd'hui comme hier, des options théâtrales d'Antoine comme d'un repoussoir et ne retient du metteur en scène du Théâtre-Libre que sa prétendue mégalomanie vériste : les quartiers de viande bien saignants exposés sur la scène et les fontaines jaillissantes... De l'autre côté, le sort que la critique progressiste réserve à Antoine n'est guère plus enviable : son entreprise aurait été considérablement limitée par les préjugés « scientistes » de son époque et son art se serait cantonné dans le « réalisme illusionniste » (D. Bablet), voire dans un « illusionnisme myope » et ignorant des « lois de l'optique théâtrale » (P. Feyler).

Bref, à cet ancien employé, on est moins reconnaissant de l'esthétique nouvelle qu'il a tenté d'établir que du coup de balai qu'il a pu donner pour débarrasser la scène française des conventions poussiéreuses : décors insignifiants et interchangeables, toiles peintes, costumes plus luxueux qu'accordés aux personnages, acteurs cabotins et « phonographiers » venant à l'avant-scène pour y déclamer leurs rôles en faisant des clins d'œil au public, etc.

André Antoine, ce serait l'intrusion dans l'art théâtral de l'audace rustique : des décors exacts comme des horaires des trains, des pendules qui sonnent à l'heure (ô Giraudoux !), une interprétation sobre et quasi élémentaire de l'ensemble des acteurs, une certaine timidité — ou discrétion — qui permet de jouer comme si les spectateurs, plongés dans l'obscurité, n'étaient pas là et même ce rien de goujaterie qui consiste à jouer, par moments, en tournant le dos au public ! En résumé, une imitation quasi servile de la réalité et une absence totale de *théâtralité*. André Antoine, le néoprimitif ! André Antoine, ou le *degré zéro* du théâtre moderne ! Denis Bablet : « Adepte de la théorie des milieux, [Antoine] voulut faire de la scène la copie exacte de la réalité ; sans sélection ni synthèse, il accumula les détails descriptifs, et il lui arriva de confondre l'objet et sa figuration, la vie et sa représentation, de substituer la réalité à son image (...). Cela dit la réaction d'Antoine au nom de la vérité fut salutaire. Sa révolte contre le mensonge théâtral sous toutes ses formes, mensonge des personnages, fausseté du jeu des acteurs, artifices fallacieux des décors, était nécessaire (...). Viendrait le moment où l'on s'apercevrait que pour montrer le réel il n'était point besoin de nier la théâtralité. »

Ce que dénie ici Denis Bablet à Antoine et dont nous voudrions, au contraire, prouver l'existence, c'est la *dimension sémiologique* de son théâtre : sa capacité d'opérer, au-delà de la simple accumulation des « détails descriptifs », une véritable synthèse esthétique ; sa volonté de constituer la représentation théâtrale non point en copie conforme de la réalité mais en reconstruction artistique du réel. Il serait bien entendu absurde de nier que les spectacles du Théâtre-Libre ont abondamment sacrifié à ce que nous appellerions aujourd'hui l'« effet de réel »... A preuve, la fameuse théorie du quatrième mur, suggérée par Diderot et Zola et exposée par Antoine dans sa *Causerie sur la mise en scène* (1903) : « Pour qu'un décor fût original, ingénieux et caractéristique, il faudrait l'établir d'abord, d'après une chose vue, paysage ou intérieur ; il faudrait l'établir, si c'est un intérieur, avec ses quatre faces, ses quatre murs, sans se soucier de celui qui disparaîtra plus tard pour laisser pénétrer le regard du spectateur. » Pour Antoine — à cet égard, zoliste de stricte obédience — non seulement le décor (conçu comme un *analogon* du « milieu » des romans naturalistes) existe avant le personnage et détermine ses comportements, mais encore il doit parvenir à faire oublier qu'il est décor, *artefact*. Le spectateur est ainsi installé en position de voyeur, épiant les personnages à travers le quatrième mur présent-absent.

On pourrait aussi imputer à la recherche du vérisme et de l'illusion, de l'illusion *par* le vérisme, la plupart des autres grandes réformes scéniques du fondateur du Théâtre-Libre : l'exigence du jeu naturel, au plus près du ton réel de la conversation ; le soin mis à régler les scènes de foule, à l'exemple de la troupe allemande des Meininger ; le rôle décisif dévolu à l'éclairage électrique ; l'obscurité faite dans la salle, selon le principe wagnérien ; le choix d'accessoires vrais se substituant définitivement à l'« objet peint sur le décor » ; la « profondeur de champ » donnée à l'image théâtrale, grâce notamment à des plantations obliques du décor que l'on retrouve, à la même époque, chez le Russe Stanislavski, l'autre grand metteur en scène du naturalisme... Mais une telle interprétation serait réductrice.

Lorsque, en écho à Diderot et Beaumarchais, Antoine recommande d'« établir la maison complète autour du lieu de l'action », de façon que le spectateur puisse entrevoir, à travers fenêtres ou portes entrebâillées, l'*arrière-monde* de la scène, lorsqu'il accorde tout son intérêt aux plantations des décors, qu'il souhaite les plus originales et les plus saisissantes possibles (à l'encontre de ces « quatre ou cinq plantations classiques, plus ou moins ornées suivant le goût des directeurs ou le talent des décorateurs, mais toujours identiquement les

Antoine, très grand comédien moderne : ici dans La Terre, *jouée au Théâtre-Antoine, il interprète le père Fouan.*

mêmes »), lorsqu'il vise le décor « caractéristique », Antoine, à l'évidence, ne se contente pas du procédé illusionniste et voyeuriste de la fenêtre ouverte au hasard sur la vie : il organise la représentation théâtrale à partir d'un *point de vue* strictement déterminé, sur le plan esthétique comme sur le plan philosophique. C'est bien un *microcosme* — j'entends : non pas une portion accidentellement découpée mais un *raccourci signifiant* de l'existence, doté d'une valeur *symbolique* — que le grand metteur en scène naturaliste donne à voir sur la scène. Foin donc de la prétendue exhaustivité et non-sélectivité des mises en scène d'Antoine !

Quant au reproche de simple « accumulation » qu'adresse Denis Bablet à l'esthétique d'Antoine, on peut se demander s'il ne constitue pas un éloge involontaire... L'accumulation de détails signifiants, qui préside en effet à l'art scénique naturaliste mais qui est déjà présente dans l'écriture d'un Zola ou d'un Ibsen, me paraît tout le contraire d'un expédient ou d'une carence sémiologique : elle ne reproduit pas sur le plateau le chaos du monde réel ; elle représente, au contraire, une tentative de donner un sens aux données foisonnantes et anarchiques du réel. « Il faudrait dans les décorations d'intérieur, prescrit Antoine, ne pas craindre la profusion des petits objets, la diversité des petits accessoires. Rien ne donne à un intérieur un aspect plus habité. Ce sont ces imperceptibles choses qui font le sens intime, le caractère profond du milieu qu'on a voulu reconstituer. » Ces « imperceptibles choses qui font le sens... », toute l'économie du théâtre naturaliste est contenue dans cette formule. Une économie — c'est-à-dire une esthétique et une morale du théâtre — qui, pour être *pointilliste*, n'en forme pas moins un système cohérent. D'autant que l'« imperceptible chose » (le détail) est ambivalente, qu'elle sert tout autant à l'action dramatique proprement dite qu'à la description du milieu : « Un crayon retourné, une tasse renversée seront aussi significatifs, d'un effet aussi certain sur l'esprit du spectateur que les exagérations grandiloquentes du théâtre romantique » (Antoine, dans la plaquette de 1890 du Théâtre-Libre).

Le souci d'exactitude dans les détails contribue à la fois à donner de la vérité à l'action et au jeu et à introduire dans la représentation cette dimension descriptive, *narrative,* cette dimension de « romanisation » fondamentale dans la théorie zolienne et, plus largement, dans le renouvellement du théâtre depuis la fin du XIXe siècle jusqu'à aujourd'hui. « Un décor exact, note Zola dans *Le Naturalisme au théâtre*, un salon par exemple avec ses meubles, ses jardinières, ses bibelots, pose tout de suite une situation, dit le monde où l'on est, raconte les habitudes des personnages. Et comme les acteurs y sont à l'aise, comme ils y vivent bien de la vie qu'ils doivent vivre. »

De ce jeu naturel, précisément, qu'enseigne Antoine et dont il donne lui-même l'exemple, il serait tout aussi faux de prétendre qu'il est entièrement soumis au critère de l'illusion théâtrale. Dans la lignée qui va de Diderot — dont on sait le crédit qu'il accorde à la *pantomime* — jusqu'à Brecht et à son concept de *gestus,* Antoine marque une étape importante d'une *regestualisation* du théâtre à la faveur de laquelle les gestes de l'acteur redeviennent signifiants. A ces spectacles qui absentaient le corps de l'acteur au profit exclusif de sa voix, les mises en scène du Théâtre-Libre répondent en donnant la parole à une sorte de corps intégral : « Le mouvement, indique Antoine dans sa *Causerie...*, est le moyen d'expression le plus intense de l'acteur (...) toute sa personne physique fait partie du personnage qu'il représente, et (...) à certains moments de l'action ses mains, son dos, ses pieds peuvent être plus éloquents qu'une tirade. »

Cependant, le qualificatif de « réalisme illusionniste », qui est toujours accolé à Antoine, peut en partie s'expliquer — sinon se justifier — par le fait que la majorité des œuvres montées au Théâtre-Libre (adaptations de grands romans naturalistes ; pièces étrangères de Tolstoï, Ibsen, Strindberg, Verga, Hauptmann, etc. ; créations originales des dramaturges de la génération de 1887 : Ferdinand Icres, Jean Jullien, Georges Ancey, pour ne citer que les moins oubliés) restent confinées dans des scènes d'intérieur à peu de personnages et manquent pour le moins d'ouverture épique. Durant sa direction du Théâtre de l'Odéon, Antoine peut aborder le répertoire classique et les grands textes du passé : Corneille, Molière, Racine et surtout Shakespeare. Ses mises en scène accèdent alors à une plus grande « théâtralité » et jouent avec la convention.

Dans ses spectacles shakespeariens, notamment *Jules César* (1906), *Coriolan* et *Roméo et Juliette* (1910), Antoine abolit le quatrième mur et rétablit l'usage du proscenium. Afin de faciliter les changements de lieu et de permettre des actions simultanées, il s'inspire tantôt de la scène élisabéthaine tantôt du dispositif médiéval à mansions. S'instaure dans les mises en scène d'Antoine de cette époque, grâce au compartimentage de la scène, un compromis dynamique, une tension quasi brechtienne — ou meyerholdienne — entre les notations décoratives et figuratives (ce qu'Antoine appelle le « réalisé ») et des valeurs

Programme du peintre et décorateur norvégien Edvard Munch pour Peer Gynt *à l'Œuvre (1896). En l'absence des esquisses de décors, aujourd'hui disparus, les programmes des peintres témoignent de la collaboration de Lugné-Poe et des meilleurs peintres de son époque. Paris, B.N., A.S.P.*

purement architectoniques (et décorativement « neutres », comme le souligne Antoine).

Le directeur de l'Odéon, ex-fondateur du Théâtre-Libre, inaugure ainsi un geste capital de la mise en scène moderne : la *fragmentation*. Antoine ne se borne pas à faire table rase des vieilles conventions romantiques et bourgeoises, il prépare aussi l'instrument qui fera faire ses progrès décisifs à l'art scénique du XXᵉ siècle : le *montage*.

Tranchant sur la plupart des « petites revues » qui, dans les quinze dernières années du XIXᵉ siècle, prônent un théâtre d'option poétique et idéaliste, la revue *Art et critique* (1889-90) s'efforce d'organiser une véritable confrontation entre le naturalisme du Théâtre-Libre et les positions de ses détracteurs symbolistes. Jean Jullien, qui dirige cette publication, voudrait voir s'établir sinon une syn-

"A rebours" ?

thèse du moins une coexistence harmonieuse entre les partisans d'un « théâtre d'observation » et ceux d'un « théâtre d'imagination ».

Fidèle à son idéal du « théâtre vivant », c'est-à-dire d'une dramaturgie qui combinerait, comme dans l'Antiquité grecque ou au temps de Shakespeare, l'investigation du monde réel et l'exploration du monde invisible, le directeur d'*Art et critique* mène un double combat : critiquer ses propres compagnons, les auteurs du Théâtre-Libre, lorsque, sacrifiant à la « nouvelle convention » d'un théâtre « rosse » — ou « mufle » ou « cruelliste » —, ils dénaturent la leçon de Zola ; ouvrir ses colonnes à Verlaine et Mallarmé, maîtres des symbolistes, ou à Louis Germain — afin qu'il puisse lancer, le 5 avril 1890, son appel pour la création d'un Théâtre Idéaliste — ou encore au jeune Lugné-Poe qui, transfuge du Théâtre-Libre, ne tardera pas à se lancer dans l'aventure de l'Œuvre.

Contrairement à ce qu'a écrit Jacques Robichez, Jean Jullien ne fait pas « profession d'éclectisme » mais juge simplement, avec une sagesse peu commune, que « le réalisme ne nuit en rien au féerique, [qu']il en est le complément. L'un est le jour, la lumière ; l'autre la nuit splendidement éclairée ; la beauté du jour ne détruit pas le charme de la nuit, l'un fait valoir l'autre ; ainsi le théâtre idéaliste doit vivre à côté du théâtre vrai, en attendant qu'un maître les affronte tous deux ». Las, ce rêve de complémentarité et d'équilibre, porté par l'éphémère revue *Art et critique,* ne se concrétisera nullement et les hommes de théâtre symbolistes ne répondront à l'excès de matérialisme — ou de « positivisme » — qu'ils reprochent aux naturalistes que par un *spiritualisme* lui-même excessif. De ce rendez-vous manqué avec un possible âge d'or du théâtre, Jean Jullien dresse

Le décor (en authentique sapin de Norvège) d'un des principaux spectacles naturalistes d'Antoine au Théâtre-Libre : Le Canard sauvage *d'Ibsen, au Théâtre-Antoine, 1906. Paris, B.N., A.S.P.*

d'ailleurs le constat, en 1891 — année où le Théâtre-Libre et le Théâtre d'Art, que vient de fonder le jeune poète Paul Fort, se regardent en chiens de faïence — dans sa réponse à l'enquête de Jules Huret où, le premier, il distingue que le théâtre symboliste « n'est qu'une œuvre de réaction qui comme toute réaction sera vague et stérile »...

De fait, il suffit de parcourir les « petites revues » de l'époque *(Revue wagnérienne, Revue d'art dramatique, Revue indépendante,* etc.) ou encore *Théâtre d'Art,* publication de Paul Fort et de ses amis, pour se convaincre que le clan théâtral du mouvement symboliste ne trouve son unité que dans une protestation révulsée à l'encontre des spectacles du Théâtre-Libre. Rachilde, à la fois dramaturge symboliste *(Madame la Mort, L'Araignée de cristal)* et soutien très actif du Théâtre d'Art puis de l'Œuvre, porte la polémique à son paroxysme, qui écrit que « le mot de Cambronne [est] la plus haute expression de l'art naturaliste » et prétend qu'on ne se rend chez Antoine que pour « aller croquer du fœtus derrière un rang de chapeaux à plumes trottoiresques » *(sic).*

Le Théâtre-Libre a été parrainé par les romanciers ; Paul Fort et Rachilde, eux, battent le rappel des poètes en espérant que le Théâtre d'Art « sera peut-être un jour le théâtre de Verlaine, de Maeterlinck, de Mallarmé, de Charles Morice, de Moréas, d'Henri de Régnier, de Viélé-Griffin ». Faire appel à l'esprit des « mardis » de Mallarmé et aux poètes français — qu'ils soient romantiques, idéalistes, parnassiens ou symbolistes —, cela revient avant tout à proclamer son intention de s'élever le plus haut possible au-dessus de cette « fange » qu'a répandue sur la scène le courant naturaliste.

Le théâtre naturaliste met à l'étal l'homme physiologique ; le théâtre symboliste portera aux nues, jusqu'à des hauteurs proprement mystiques, l'homme métaphysique. Théâtre non plus du corps et des « bas instincts », mais, selon l'expression donnée par Édouard Schuré, dramaturge et théoricien, « théâtre de l'âme »... Au Théâtre-Libre, on met en évidence ces forces matérielles ou « naturelles » dont les naturalistes prétendent qu'elles gouvernent les individus ; le Théâtre d'Art et son successeur, l'Œuvre, ne se préoccuperont, au contraire, que de *suggérer* ces puissances invisibles, cosmiques et occultes, qui décident des destinées humaines.

Ainsi le théâtre symboliste — que l'on pourrait aussi bien appeler « anti-naturaliste » — se laisse tout autant définir par sa haine profonde de l'*élément-terre* (et par son corollaire : un certain mépris pour la réalité matérielle du théâtre) que par son aspiration vers le ciel et les hautes sphères de l'esprit : « La terre, proclamait Villiers de L'Isle-Adam, précurseur du théâtre symboliste, par la voix d'Axel, la terre est gonflée, comme une bulle brillante, de misères et de mensonges, et, fille du néant originel, crève au moindre souffle (...) de ceux qui s'en approchent ! Éloignons-nous d'elle, tout à fait ! » Répudiation hasardeuse, exil dangereux dont le théâtre symboliste français ne se remettra que tardivement, lorsque Paul Claudel, grâce à sa métaphore de « L'Arbre » (titre du recueil de ses premiers drames : *Tête d'or,* première version, 1889 ; *La Ville,* première version, 1892 ; *L'Échange,* première version, 1894, etc.) réconciliera la terre et le ciel, l'« ici-bas » et l'« au-delà ».

La parabole dramatique claudélienne constitue en effet une forme théâtrale où le plus concret renvoie au plus abstrait et où le sensible porte l'empreinte du spirituel ; elle englobe dans le même processus le détail quotidien et la totalité symbolique. Mais, à l'époque où se joue le sort du théâtre symboliste, Claudel écrit un théâtre réputé injouable (Lugné-Poe ne créera *L'Annonce faite à Marie* qu'en 1912), un théâtre qui échappe à la scène et ne s'accomplit, Mallarmé en félicite son auteur, que *dans le livre*. Il s'avère donc que le théâtre symboliste, en dehors du météore Alfred Jarry, dont Lugné-Poe crée en 1896 l'*Ubu roi* (mais la pièce fait penser à une sorte de présurréalisme ou, à la rigueur, à quelque parodie farcesque ou carnavalesque de cette dramaturgie), ne dispose guère d'auteurs d'envergure. Et ce malgré le zèle des Rachilde, des Maurice Beaubourg, Édouard Dujardin, Édouard Schuré... Paul Fort convie les spectateurs du Théâtre d'Art à des soirées fort lyriques et déclamatoires, mais très peu... théâtrales ! Rachilde elle-même doit en convenir qui avoue dès 1894, ainsi que le rapporte Jacques Robichez : « Il n'y a pas de dramaturges chez les jeunes. Le Théâtre de Paul Fort est encore plus mort du manque de pièces que d'autre chose. »

Afin de remédier à cette carence des auteurs français, Lugné-Poe acclimate quelques grands dramaturges nordiques : principalement les Scandinaves — Björnson, Strindberg et, surtout, Ibsen ; mais également l'Allemand Hauptmann et un Belge écrivant en français, le poète symboliste des *Serres chaudes*, Maurice Maeterlinck, qui a déjà été distingué par Paul Fort.

Il est frappant de constater qu'Antoine, sauf pour Maeterlinck (mais il a eu un projet concernant *La Princesse Maleine*), monte lui aussi, voire crée en France, ces auteurs étrangers. Au-delà de la concurrence entre le maître et son ancien disciple Lugné-Poe, cette coïncidence apporte une nouvelle preuve de la *réversibilité* du naturalisme et du symbolisme. Certes l'attention du directeur du Théâtre-Libre, lorsqu'il monte *Les Revenants* (1890) ou *Le Canard sauvage* (1891) d'Ibsen, est plutôt retenue par l'influence des « lois » de l'hérédité familiale et sociale sur la destinée des personnages que par ces drames de conscience et ces tourments subjectifs dignes de « surhommes » nietzschéens que met en valeur le directeur de l'Œuvre mettant en scène *Rosmersholm* et *Un ennemi du peuple* (1893), *Solness le constructeur* (1894), *Jean-Gabriel Borkmann* (1897), etc. Certes Lugné-Poe ne tardera pas à se tourner vers les œuvres de jeunesse d'Ibsen — *Brand,* montée en 1895, et *Peer Gynt*, en 1896 — parce qu'elles constituent, du fait de leur contenu philosophique et de leur forme de « poèmes dramatiques », un défi très « idéaliste » à la représentation théâtrale. Mais l'essentiel est que des dramaturges comme Ibsen ou Hauptmann se trouvent en bascule permanente entre naturalisme et symbolisme, entre vie quotidienne et monde des idées, à la recherche de cette synthèse dont parlait Jean Jullien et qu'un Strindberg, dans des pièces telles que *Le Chemin de Damas* et *Le Songe*, appelées « jeux de rêve » ou « rêves naturalistes », est peut-être le seul à réaliser.

Le fonds commun au naturalisme et au symbolisme, c'est un même assujettissement des êtres, des individus à un principe supérieur. Dans un cas, cette toute-puissance s'appelle la « nature » ; dans l'autre le « cosmos ». *Fatum* dont le tragique serait quelque peu relativisé par l'optimisme scientifique de l'école naturaliste et, au contraire, exalté par le pessimisme et les convictions schopenhaueriennes des symbolistes. La fatalité, chez les naturalistes, se manifeste dans un « milieu » parfaitement circonscrit ; chez les symbolistes, elle irradie dans l'univers entier.

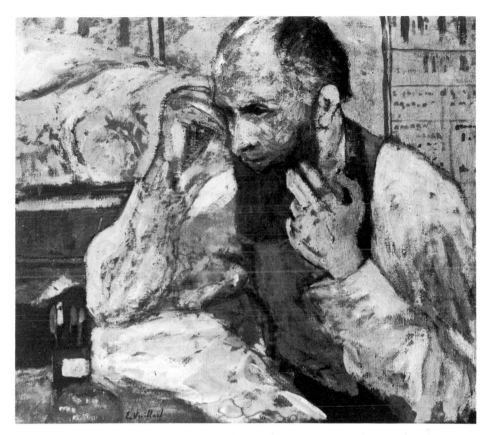

Portrait de Lugné-Poe ajustant sa barbe dans sa loge. Panneau de la décoration du Foyer de la Comédie des Champs-Élysées par Vuillard (1913). © SPADEM 1989.

Le *tout* et non plus la *partie*, c'est sur cette question dramaturgique que les symbolistes, malgré la faiblesse de leurs productions, apportent une exigence nouvelle : reconquérir, après le huis clos et les visions fragmentaires (en « tranches de la vie ») du Théâtre-Libre, le « *théâtre du monde* ». A rebours de l'esprit analytique cher au positivisme, le théâtre symboliste prétend capter sur la scène, grâce au jeu de la suggestion et des correspondances, un univers — mental plus que physique — dans toute son extension. Déjà le héros d'*Axel* (1872) du précurseur Villiers de L'Isle-Adam traversait non point *le* monde mais, successivement, *plusieurs mondes* : monde passionnel, monde tragique, monde religieux, monde occulte. Mais, sous l'influence du drame wagnérien, les dramaturges symbolistes vont emprunter aux anciennes légendes, surtout médiévales, des exemples de quêtes spirituelles, avec chutes et rédemptions (Schuré, par exemple, composera un *Merlin l'enchanteur*) et multiplier les pérégrinations dramatiques. A tel point que Dorothy Knowles, dans son ouvrage sur *La Réaction idéaliste au théâtre depuis 1890*, note que si les symbolistes avaient complètement appliqué leurs théories, « ils auraient éloigné le théâtre de toute vraisemblance et l'auraient transformé en un livre de légendes ». Cette étoffe légendaire du théâtre symboliste ne trahit pas seulement un désir de s'évader de l'« ici et maintenant » vers un « ailleurs et de toute éternité », elle témoigne également d'un effort pour élargir au maximum, dans le temps et l'espace, le microcosme dramatique et le faire accéder aux dimensions du *macrocosme.*

Gageure que tiendra plus tard Claudel, avec *Le Soulier de satin* (1924), « drame » dont la « scène (...) est le monde » et où « l'auteur s'est permis de comprimer les pays et les époques, de même qu'à la distance voulue plusieurs lignes de montagnes séparées ne sont qu'un seul horizon ». Mais défi déjà relevé par Maeterlinck dont les pièces ne cessent de mettre en résonance une petite communauté, familiale ou non, avec le cosmos : dans *Intérieur*, pièce limite du dramaturge belge, créée en 1895 par Lugné-Poe, les spectateurs de l'Œuvre, au lieu de pénétrer dans le drame des parents qui perdent par noyade une de leurs filles, perçoivent de l'extérieur les ondes que cet événement tragique répand tout autour de cette maison du malheur...

Ici se situe la véritable frontière avec le naturalisme, dans cette mise en relation du plus petit et du plus grand, de la vie intime, domestique et de la vie cosmique. Ouverture poétique et dramaturgique dont Apollinaire se fera, en 1918, le meilleur interprète dans le Prologue aux *Mamelles de Tirésias* : « Il est juste que le dramaturge se serve/De tous les mirages qu'il a à sa disposition (...) Et qu'il ne tienne pas plus compte du temps/Que de l'espace (...) Non pas dans le seul but/De photographier ce qu'on appelle une tranche de vie/Mais pour faire surgir la vie même dans toute sa vérité/Car la pièce doit être un univers complet (...) C'est-à-dire la nature même/Et non pas seulement/La représentation d'un petit morceau/De ce qui nous entoure ou de ce qui s'est jadis passé. »

L'ambition des symbolistes est de réinstaurer le théâtre dans sa triple dimension rituelle, sacrée et tragique. Joséphin Péladan, figure très étrange du symbolisme — rose-croix, il revendique le titre de « Sâr » ou de « Mage » — mène une véritable croisade en faveur d'un renouveau de la tragédie, publiant un intéressant essai aux accents nietzschéens intitulé *Origine et Esthétique de la tragédie* et écrivant, parmi de nombreuses autres pièces ou « wagnéries », une adaptation très libre — et très christianisée — de la trilogie de Prométhée (dont il réinvente complètement les parties manquantes). Cependant, là encore, c'est Maeterlinck qui fixera la tonalité fondamentale du tragique dans la société moderne : le *tragique quotidien* « qui est bien plus réel, bien plus profond et bien plus conforme à notre être véritable que le tragique des grandes aventures (...). Il ne s'agit plus ici de la lutte déterminée d'un être contre un être, de la lutte d'un désir contre un autre désir ou de l'éternel combat de la passion et du devoir. Il s'agirait plutôt de faire voir ce qu'il y a d'étonnant dans le seul fait de vivre. Il s'agirait plutôt de faire voir l'existence d'une âme en elle-même, au milieu d'une immensité qui n'est jamais inactive. Il s'agirait plutôt de faire entendre, par-dessus les dialogues ordinaires de la raison et des sentiments, le dialogue plus solennel et ininterrompu de l'être et de sa destinée ».

Mais, pour un Maeterlinck qui parvient quelquefois à donner sens tragique, sur une scène, à la « vie ordinaire » et « immobile », combien de dramaturges mineurs chez qui cette dilatation de l'âme entraîne aussitôt la dissolution non

Programme de Toulouse-Lautrec pour L'Argent *d'Émile Fabre, mise en scène Antoine,*
Théâtre-Antoine, 1889.

Affiche d'A. Steinlen (1900) pour L'Assommoir *de Zola, au Théâtre de la Porte-Saint-Martin.
Dirigées par Lucien Guitry, ces représentations virent « tout Paris se précipiter ».
Paris, musée Carnavalet.*

Affiches d'A. Mucha, pour Sarah Bernhardt. A gauche, celle de l'actrice (1896) dans La Dame aux camélias, *de Dumas fils, était affichée dans les villes au cours des tournées. Celle de droite (1894) célèbre la création « miraculeuse » de Sarah dans* Gismonda *de V. Sardou. Paris, musée Carnavalet.*

Affiche de P. Colin pour Maya *de Simon Gantillon, mise en scène par G. Baty en 1924.*
Paris, B.N., A.S.P. © ADAGP 1989.

seulement de l'action dramatique mais aussi, tout bonnement, de l'œuvre théâtrale elle-même ! Combien de pièces de ce tournant du siècle qui se perdent dans un mysticisme ou un ésotérisme des plus évanescents !

Avant l'arrivée sur la scène française de Claudel, que de théâtres qui se soldent en abstractions squelettiques et pâles allégories, et mériteraient bien le sarcasme qu'adressait Zola, quelques années auparavant, aux auteurs de tendance idéaliste : « Ils commencent par reculer au fond des âges le sujet qu'ils ont choisi (...). Ensuite, ils généralisent au lieu d'individualiser ; leurs personnages ne sont plus des êtres vivants, mais des sentiments, des arguments, des passions déduites et raisonnées (...) l'un représentant le devoir, l'autre le patriotisme, un troisième la superstition, un quatrième l'amour maternel, et ainsi de suite, toutes les idées abstraites y passent à la file. »

De même que le texte des pièces de Maeterlinck plonge dans l'indicible et l'ineffable, les spectacles orchestrés par Paul Fort et Lugné-Poe chevauchent l'*irreprésentable*. On se demande même si les symbolistes, plutôt que d'imposer un théâtre idéaliste, ne se contentent pas d'idéaliser le théâtre.

Car il faut bien reconnaître que le théâtre symboliste hante beaucoup plus les têtes que les scènes. Et Mallarmé lui-même n'a pas peu contribué à cette *sublimation*, qui, d'une part, proclame que la scène est le « plancher divin », qu'elle est « notre seule magnificence », qu'elle constitue un « assemblage miraculeux de tout ce qu'il faut pour façonner de la divinité » mais qui, d'autre part, désigne le Livre comme le cadre le mieux approprié pour cette « fête » ou « solennité » qu'est le théâtre et ne rêve que de « mise en scène spirituelle ».

En amont du courant symboliste, cette attitude somme toute réfractaire au théâtre comme représentation, comme lieu de la *mimesis*, que partagent avec Mallarmé de nombreux écrivains et poètes de l'époque ; en aval, de très jeunes directeurs et metteurs en scène qui soit ignorent tout du métier, tel Paul Fort, soit proclament, à l'instar de Lugné-Poe : « Notre désir est et restera de faire connaître des œuvres (...) où l'idée seule dominera et nous n'attachons qu'une importance médiocre au côté matériel dénommé : théâtre. » La scène symboliste naît ainsi sous le signe d'un idéalisme qui confine à l'apraxie. Tout comme le Théâtre-Libre, le Théâtre d'Art (1891-1893) et l'Œuvre (à partir de 1893) sont issus de cercles amateurs ; mais la ressemblance ne va pas plus loin : Paul Fort, le jeune poète de dix-huit ans, et Lugné-Poe, l'élève turbulent du Conservatoire, sont issus de milieux artistiques et littéraires aux antipodes de celui, populaire, qui a pu faire d'André Antoine un directeur-metteur en scène avisé et pragmatique.

L'aventure théâtrale de Paul Fort commence avec la création du Théâtre Mixte (1890), lequel fusionne très vite avec le Théâtre Idéaliste de Louis Germain — qui existe depuis quelques mois, mais n'a encore donné aucun spectacle ! — et devient Théâtre d'Art. L'intention de ce quasi adolescent, qui deviendra plus tard le « Prince des Poètes », est de riposter au matérialisme honni du Théâtre-Libre par un idéalisme et un symbolisme militants. Quant au programme de Paul Fort, il paraît aussi dérisoire que généreux, ainsi que le reconnaîtra Camille Mauclair, partisan du symbolisme et pilier de l'Œuvre : « Si un mouvement

*Théâtre
des ombres*

littéraire a jamais été incapable, de par ses principes mêmes, de se manifester au théâtre, c'est bien le symbolisme (...). Le programme de Paul Fort était splendide. Il comprenait toutes les pièces injouées ou injouables, et toutes les grandes épopées, depuis le Ramayana jusqu'à la Bible, des dialogues de Platon à ceux de Renan, de *La Tempête* à *Axel*, de Marlowe au drame chinois, d'Eschyle au Père éternel. Il y en avait pour deux cents ans à tout le moins. »

L'expérience hasardeuse et chaotique du Théâtre d'Art dure deux ans. Jusqu'à ce jour de mai 1893 où, à l'occasion de la création de *Pelléas et Mélisande*, Aurélien Marie Lugné, dit Lugné-Poe — qui a créé lui-même, au lycée Condorcet, un groupe théâtral (le Cercle des Escholiers), qui a été comédien et régisseur chez Antoine, qui vient de participer en tant qu'acteur et que metteur en scène à l'expérience du Théâtre d'Art —, prend le pouvoir et le relais. S'ouvre alors, avec la mise en scène de *Rosmersholm* d'Ibsen (octobre 1893), la carrière du Théâtre de l'Œuvre... Carrière fort longue (jusqu'en 1929) mais qui ne reste attachée au symbolisme que jusqu'en 1897, date à laquelle Lugné-Poe, désespérant à son tour de voir naître des œuvres dramatiques intéressantes du mouvement symboliste, choisit un répertoire très éclectique, de Romain Rolland à Claudel, de Shakespeare à Tolstoï et Gorki.

Toutefois, cette impuissance du symbolisme à susciter une dramaturgie de qualité (impuissance qui se vérifie également au Théâtre des Poètes de Charles Léger et au Théâtre-Libre, à partir du moment où Paul Larochelle, homme de théâtre proche des symbolistes, y prend la succession d'Antoine) ne doit pas nous faire oublier que Paul Fort, discrètement, et Lugné-Poe, beaucoup plus nettement, ont pu développer, à la faveur de ces années de « réaction idéaliste », un art scénique très particulier — et totalement opposé à celui d'Antoine —, notamment en ce qui concerne la décoration et le jeu de l'acteur. Comme chez les naturalistes, la mise en scène va prédominer, non l'écriture dramatique. Et si le symbolisme connaît une postérité au théâtre, c'est uniquement comme pratique scénique. Par exemple à travers l'intervention des peintres « nabis » (Sérusier, Gauguin, Maurice Denis, Bonnard, Vuillard... tous amis de jeunesse de Lugné-Poe) dans le domaine décoratif, telle qu'elle se perpétuera au Théâtre des Arts, ouvert par Jacques Rouché en 1909.

L'un des auteurs montés par Paul Fort, Pierre Quillard, a écrit un essai intitulé *De l'inutilité absolue de la mise en scène exacte*, dans lequel il proclame que « la parole crée le décor comme tout le reste ». Et plusieurs spectacles du Théâtre d'Art donnent en effet des gages à cette conception de la mise en scène où le verbe serait prééminent, voire quasi exclusif ; en particulier, la représentation en 1891 d'un poème dramatique du susnommé Quillard — *La Fille aux mains coupées* — que Jacques Robichez évoque ainsi dans son livre sur *Le Symbolisme au théâtre* : « ... une œuvre saine et humaine, tel était le poème que les acteurs du Théâtre d'Art interprétèrent à voix lente et monotone, en gestes graves, derrière un rideau de mousseline. Au fond, le décor de Sérusier, une toile d'or encadrée de draperies rouges et semée d'anges multicolores. Au proscenium, en deçà du rideau, une récitante en longue tunique bleue reliait les répliques des personnages, expliquait leurs sentiments, leurs gestes, leurs allées et venues rythmées dans une prose poétique. » Cette description est canonique ; il suffirait d'y changer quelques détails pour se faire une idée d'un grand nombre

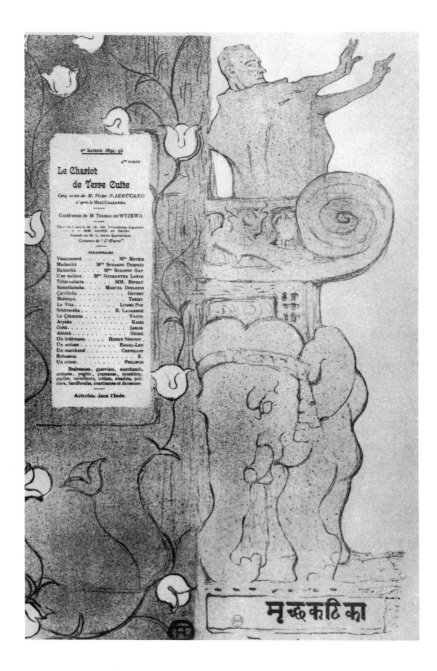

Programme de Toulouse-Lautrec pour Le Chariot de Terre cuite, *attribué au Roi Soudraka, adaptation V. Barrucand, mise en scène Lugné-Poe, Nouveau-Théâtre, 1895. Félix Fénéon fut l'un des créateurs de* La Revue indépendante, *qui a groupé les Symbolistes. Paris, B.N.*

Programme de Toulouse-Lautrec pour La Gitane *de Jean Richepin, avec une mise en scène d'Antoine au Théâtre Antoine (1900). Albi, musée Toulouse-Lautrec.*

de mises en scène symbolistes de Fort ou Lugné ; on y trouve toutes les caractéristiques du nouvel art scénique : d'abord, le ton déclamatoire — allant jusqu'à la psalmodie — des acteurs, leurs voix caverneuses, leurs poses hiératiques et leurs déplacements solennels (chez Lugné-Poe, note Robichez, les personnages deviendront de « pures silhouettes ») ; ensuite, l'« éloignement » de l'action derrière un rideau transparent et son enchâssement par un récitatif (en 1894, pour *La Gardienne* de Henri de Régnier, Lugné demandera à un groupe d'acteurs d'évoluer sans proférer un mot entre un rideau de tulle et la toile peinte de Vuillard, tandis que d'autres acteurs, dissimulés dans la fosse d'orchestre, déclameront le poème dramatique) ; enfin, une décoration suggestive, parfois allégorique, très liée à l'art de ces peintres « nabis » pour lesquels il s'agit de « rendre sensible l'Idée qui est derrière la chose ».

L'épuration maximale des moyens scéniques autour du verbe-roi n'est cependant pas la règle absolue et intangible de la mise en scène symboliste. L'ascétisme dominant peut, en effet, être contredit par des expérimentations assez hardies dans le domaine de la décoration ou dans celui de la musique, voire dans le domaine... olfactif. C'est que le symbolisme se nourrit de la théorie wagnérienne de la fusion des arts au creuset du théâtre (de l'utopie d'un « théâtre total » où le texte tiendrait le rôle que tient la « mélodie continue » dans le drame musical wagnérien) aussi bien que de l'idée baudelairienne d'une correspondance entre les arts. Ainsi que l'a très bien vu Denis Bablet, le théâtre symboliste est sujet à des oscillations et à des contradictions : « Tantôt il fait confiance au verbe pour susciter l'activité créatrice de l'imagination du public et il limite alors le rôle des moyens d'expression scéniques, tantôt il multiplie ces moyens et tente de les unir en un spectacle "total" capable de toucher simultanément tous les sens du spectateur. »

Le comble de cet art *analogique* est sans doute atteint lorsque Paul Fort, qui a en tête le « les parfums, les couleurs et les sons se répondent » de Baudelaire, orchestre, pour la représentation de l'adaptation du *Cantique des cantiques* par Paul-Napoléon Roinard, texte, musique, projections colorées et vaporisations de parfums !... Toujours est-il que la dématérialisation du théâtre à laquelle se livrent les symbolistes n'aboutit pas à une disparition mais, au contraire, à une exaltation — sur fond de rituel et de cérémonie — de l'art de la scène. La dénonciation des apparences, si chère au mouvement symboliste, se fait en grand apparat de théâtralité. Paradoxe d'un théâtre de texte qui est susceptible de basculer dans le pur spectaculaire, dans une vision onirique du théâtre propre à rendre jaloux le Robert Wilson du *Regard du sourd*... « J'ai fait souvent ce rêve, écrit François de Nion dans la *Revue indépendante* en 1889, d'un théâtre qui serait tel : de très beaux décors baignés de lumière, une vision de terrasses blanches, d'escaliers de marbre blanc descendant vers des jardins aux bleuâtres perspectives ; une invisible mélodie flotterait, enveloppant tout comme une atmosphère, des courants de sons, lents et calmes comme des ondes. Et dans ces décors marcheraient gravement, merveilleusement drapés et modelés (...) dans de voluptueuses étoffes aux nuances faites pour le plaisir des yeux, des hommes et des femmes, des femmes surtout, aux poses nobles et belles, aux actions majestueuses ou jolies, qui de temps en temps laisseraient tomber au milieu des clartés, des harmonies, des rythmes, un vers, un très vague vers d'une sonorité parfaite... »

Il y a certainement, dans les mises en scène de Lugné-Poe comme dans cette « évocation » de François de Nion, une modernité théâtrale en gésine. Mais une modernité qui ne perce que rarement : lorsque la scène est investie par un texte qui puisse être un intercesseur valable de ce *théâtre des ombres*, de ce théâtre de l'éviction — ou de l'exténuation — du vivant que Lugné-Poe ne rencontrera que deux fois dans des œuvres de langue française : quand il monte certaines pièces de Maeterlinck (*Pelléas*, déjà citée ; *Intérieur*, 1895) ou lorsqu'il se confronte, en 1896, à *Ubu roi* de Jarry.

« L'absence de l'homme me semble indispensable », professe Maeterlinck, tirant ainsi l'ultime conséquence esthétique de ses convictions spiritualistes... « Le poème se retire au fur et à mesure que l'homme avance », précise en 1890 celui qui, bientôt, ne voudra plus écrire de théâtre que pour les marionnettes. « Il faudrait peut-être écarter entièrement l'être vivant de la scène. Il n'est pas dit que l'on ne retournerait pas ainsi à un art des siècles très anciens, dont les masques des tragiques grecs portent peut-être les dernières traces (...). L'être humain sera-t-il remplacé par une ombre, un reflet, une projection de formes symboliques, par un être qui aurait les allures de la vie sans avoir la vie. »

Quant aux figures grotesques inventées par Jarry dans *Ubu roi*, elles s'apparentent plus à la comédie selon Aristophane ou au drame satirique de l'Antiquité qu'au théâtre d'Eschyle, et constituent peut-être l'envers, la dérision de ces marionnettes tragiques rêvées par Maeterlinck. Le « moins qu'humain » rejoint ici le « plus qu'humain » ; Ubu devient surhumain — c'est-à-dire *mythique* — à force de bassesse et participe du même coup de cette stylisation extrême qui sied parfaitement à l'art de Sérusier et de Bonnard. Sous la férule de Lugné-Poe et avec la complicité de Toulouse-Lautrec, Vuillard et Ranson, ces deux grands peintres « nabis », réalisent, pour *Ubu roi*, un décor coloré et animé où l'humour le dispute à la métaphysique et qui est bien dans la note de ce qu'annonce Jarry dans sa Conférence préliminaire aux spectateurs : « Vous verrez des portes s'ouvrir sur des plaines de neige sous un ciel bleu, des cheminées garnies de pendules se fendre afin de servir de portes, et des palmiers verdir au pied des lits pour que les broutent de petits éléphants perchés sur des étagères... »

Maeterlinck, Jarry... Deux rendez-vous majeurs où l'art scénique et la dramaturgie de l'époque symboliste sont enfin en osmose. En fait, deux exceptions dans un paysage théâtral doublement miséreux : sauf Maeterlinck et Jarry, misère totale de l'écriture dramatique en langue française (les pièces importantes au répertoire de l'Œuvre sont celles du Norvégien Ibsen) ; misère relative de la représentation, dans la mesure où Lugné-Poe et ses collaborateurs restent à l'écart de cette grande révolution scénique, fondée sur la simplification et la « synthétisation » du décor et de la mise en scène, qui s'accomplit alors un peu partout en Europe grâce au Suisse Adolphe Appia, à l'Allemand Georg Fuchs, au Russe Meyerhold, à l'Anglais Gordon Craig. Une révolution dont Jacques Rouché, qui fonde en 1909 le Théâtre des Arts et publie l'année suivante son *Art théâtral moderne*, sera dans notre pays le héraut. Une révolution qui, par-delà les velléités de Paul Fort et de Lugné-Poe, n'aboutira vraiment en France qu'avec l'ouverture, en 1913, du Vieux-Colombier par Jacques Copeau. Alors seulement, sous le signe d'une restauration de la « convention » et du « tréteau nu », l'art théâtral d'Antoine pourra paraître (provisoirement ?) périmé.

Jean-Pierre SARRAZAC

Ci-contre, le « tréteau nu » des Fourberies de Scapin *de Molière. Théâtre du Vieux-Colombier, avril 1920. Paris, B.N., A.S.P.*

JACQUES COPEAU : LE TRÉTEAU NU

L'histoire du Vieux-Colombier, fondé par Jacques Copeau en 1913, est fort brève : huit mois de spectacles avant la guerre ; deux saisons à New York en 1917-1919, à peine cinq saisons après le retour en France. En 1924, Copeau quitte Paris et abandonne son théâtre. Pourtant, cette courte expérience va imprégner la théorie et la pratique des animateurs du théâtre français, non seulement entre les deux guerres, mais bien au-delà.

"Un essai de rénovation dramatique"

En 1913, Copeau a trente-quatre ans. Jusqu'alors homme de lettres et directeur de *La Nouvelle Revue française*, qu'il a fondée en 1909 avec Gide, Schlumberger et quelques autres, sa connaissance du théâtre est avant tout littéraire et critique. Jacques Rouché, à qui il doit beaucoup, lui a confié en 1907 la chronique dramatique de *La Grande Revue* (où il succède à Léon Blum) et a mis au répertoire du Théâtre des Arts, en 1911, l'adaptation par Copeau, en collaboration avec J. Croué, des *Frères Karamazov*.

Mais Copeau exprime vite des réserves sur les conceptions développées par Rouché dans *L'Art théâtral moderne*, où il découvre pourtant la portée des recherches étrangères, celles d'Appia, de Craig, celles de Meyerhold et sa collaboration avec les peintres. Le manifeste accompagnant la création du Vieux-Colombier (et qui paraîtra dans la *NRF* en septembre 1913 sous le titre « Un essai de rénovation dramatique ») résonne d'un ton nouveau, personnel et passionné. Copeau s'y indigne de l'industrialisation effrénée et des « pratiques infâmes » de la scène française. Il annonce sa détermination « d'élever sur des fondations absolument intactes un théâtre nouveau », de lutter contre le vedettariat, d'assainir le théâtre par un répertoire de qualité, où les classiques, présentés comme « un constant exemple et l'antidote du faux goût », seront l'objet d'une vénération particulière. Hommage rendu à Antoine, Rouché, et aux novateurs étrangers, tels Fuchs, Reinhardt, Meyerhold, Copeau prend néanmoins clairement ses distances. Il prône un retour à une convention faite de simplicité et de naturel et, répudiant les formules décoratives, nie l'importance de toute machinerie, s'écriant : « Que les autres prestiges s'évanouissent et, pour l'œuvre nouvelle, qu'on nous laisse un tréteau nu ! » La mise en scène, définie comme « le dessin d'une action dramatique », s'attachera essentiellement à l'interprétation, négligeant décors et accessoires.

Le Vieux-Colombier concrétise ces principes à la fois moraux et esthétiques. Copeau réunit une troupe jeune (entre autres, Louis Jouvet, Charles Dullin, Suzanne Bing, Blanche Albane, Romain Bouquet, Valentine Tessier) qui forme une communauté enthousiaste, sous la houlette d'un « patron » à la discipline stricte. L'ancienne salle de l'Athénée-Saint-Germain est rénovée et dotée d'un proscenium qui rapproche acteurs et public. A l'affiche, l'élisabéthain Heywood (*Une femme tuée par la douceur*), Molière (*L'Amour médecin, L'Avare, La Jalousie du barbouillé*), Musset (*Barberine*), Claudel (*L'Échange*), Jules Renard et quelques amis de la maison, Schlumberger, Ghéon, Martin du Gard. Commencée dans l'indifférence, poursuivie avec maintes réserves de la part de la critique (on surnomme le Vieux-Colombier « Les Folies Calvin »), la saison se termine par un triomphe. Le 18 mai 1914, *La Nuit des rois* fait date dans l'histoire des mises en scène shakespeariennes en France. L'esthétique de Copeau s'incarne avec bonheur dans ce spectacle : extrême stylisation du décor, équilibre entre l'élément poétique et la franche comédie, troupe homogène de comédiens enjoués. Pour la première fois la foule se presse au théâtre, le plaisir des spectateurs répondant à celui des comédiens. La guerre brise net cet élan : la troupe est dispersée, Jouvet et Dullin mobilisés, Copeau lui-même se trouvant réformé.

Fermées jusqu'en 1915, les salles de théâtre ne rouvrent que pour s'orienter « résolument vers la gaudriole » (Pierre Brisson). Les créations de Gémier dans le cadre de la Société Shakespeare, en 1917, et, la même année, celle de *Parade* (Cocteau, Picasso, Satie, Ballets russes), la première des *Mamelles de Tirésias* d'Apollinaire sont les seules exceptions notables. Mais la « flamme » qui, selon lui-même, avait animé Copeau ne s'éteint pas. Ses rencontres avec Craig à Florence, Appia et Jaques-Dalcroze en Suisse, sa correspondance avec Jouvet et Dullin aux armées, ses visites fréquentes au cirque, ses essais d'école avec Suzanne Bing viendront nourrir ses réflexions. A la demande du gouvernement français, Copeau accepte, en 1917, une mission culturelle aux États-Unis. Il s'installe, avec sa troupe partiellement reconstituée, au Garrick Theatre de New York, avec Dullin et Jouvet démobilisés. Au cours de deux saisons (1917-1919), souvent contrainte par un répertoire de commande, la compagnie présente quarante-quatre pièces et donne trois cents représentations ! Le passionnant volume des *Registres IV du Vieux-Colombier*, publié grâce à Marie-Hélène Dasté

Le second souffle

A gauche, la salle du Vieux-Colombier et son nouveau dispositif, après le retour des États-Unis, en 1919. A droite, maquette de costume pour le valet Tibia des Caprices de Marianne *de Musset. New York, Garrick Theatre, mise en scène Copeau, 16 décembre 1918. Paris, B.N., A.S.P.*

et Suzanne Maistre Saint-Denis, témoigne au travers de la correspondance de Copeau avec ses amis (Gide, Schlumberger, Martin du Gard, Suarès, Rivière, etc.) d'un rythme inhumain de travail et d'incessantes difficultés financières. Il révèle l'homme dans ses tendresses comme dans ses duretés, éclaire ses rapports parfois douloureux avec Dullin et Jouvet, et dont la cause semble bien être le « despotisme absolu » (le mot est de Copeau) avec lequel le « patron » veut mener la barque.

A son retour, moralement et physiquement épuisé, Copeau rouvre néanmoins le Vieux-Colombier. Il l'équipe d'un dispositif fixe, déjà expérimenté à New York et dont il a longuement préparé les plans avec Jouvet. A l'arrière de la scène, un ensemble architecturé offre des aires de jeu surélevées, communiquant avec des escaliers, sous lesquels peut être utilisée une « inner-stage » d'inspiration élisabéthaine. Ce cadre immuable et abstrait, pur instrument de jeu, ne sera modifié que par quelques tentures et quelques accessoires pour la quarantaine de pièces montées jusqu'en 1924. *Le Paquebot Tenacity* de Vildrac et *Le Carrosse du Saint-Sacrement* de Mérimée marquent, en 1920, le sommet du Vieux-Colombier d'après-guerre. « C'est le temps — rappellera Copeau — où les pouvoirs publics nous découvrirent, où les snobs nous assaillirent, où se répandit dans Paris la fable de notre prospérité. » Il ajoute avec lucidité que « rien n'est plus dangereux et souvent plus funeste qu'un grand succès pour un petit théâtre. Cela le porte sur un plan qui n'est pas le sien ». Les créations de *Cromedeyre-le-Vieil* (Jules Romains), *La Mort de Sparte* (Schlumberger), *Saül*

Décor pour Saül *de Gide : de simples rideaux cachent ici le dispositif architecturé. L'"inner-stage" est utilisée pour l'antre de la sorcière. Théâtre du Vieux-Colombier, 16 juin 1922. Paris. B.N., A.S.P.*

(Gide), les mises en scène du *Conte d'hiver,* du *Mariage de Figaro,* du *Misanthrope,* de *La Princesse Turandot,* de *La Locandiera* jalonnent des saisons inégales. En 1923, *La Maison natale* de Copeau, qu'il pensait être le modèle de cette « comédie nouvelle » dont il rêvait, est un échec total.

LA SCÈNE ET L'ACTEUR

La scène telle que je l'ai conçue et dont nous avons commencé d'ébaucher la réalisation, c'est-à-dire : débarrassée, aussi nue que possible, attendant quelque chose et prête à recevoir sa forme de l'action qui s'y déroule, cette scène n'est jamais si belle qu'à son état naturel, primitif et vacant, lorsque rien ne s'y passe et qu'elle repose, silencieuse, faiblement éclairée par la demi-lumière du jour. C'est ainsi que je l'ai contemplée et mieux comprise, une fois la saison terminée : vraie dans sa surface plane, altérée déjà par son dispositif construit, lequel n'est qu'une hypothèse prématurée des besoins de la représentation, une accommodation à ses nécessités pressenties, étrangères et dont notre esprit, lors même qu'il conçoit le plus librement, n'est pas débarrassé. Quand j'ai revu la scène rendue à elle-même, en juillet dernier, j'ai compris que tout ce qui avait passé sur elle, durant la saison, accessoires, costumes, acteurs, lumières, n'avait fait que la défigurer.

C'est donc de la scène qu'il faut partir (...).

Comme réalisation théâtrale, *Les Fourberies de Scapin* restent ce que nous avons fait de plus caractéristique, de plus simple et de plus vrai (...). D'où la joie particulière des acteurs, et ce sentiment d'être *chez nous* que nous éprouvions. D'où probablement aussi la particulière jubilation du public et notre communication plus aisée avec lui, notre action plus forte sur lui.

Dans le même ordre : *L'Amour médecin* et *La Jalousie du barbouillé* de la première année, le premier acte du *Médecin malgré lui* à New York.

Dans un ordre un peu différent mais voisin, et dans la même voie : *La Nuit des rois* et surtout *Pelléas et Mélisande* (à New York), où se lisait déjà l'utilisation naturelle d'un embryon de grande architecture.

Mais telle qu'est notre scène il faudrait s'en servir sans rien d'ajouté, ni escaliers, ni praticables ou faciles effets de lumières, dans toute sa vérité et implacabilité (...).

L'acteur, sur la scène, ne fait jamais rien réellement. Il imite vaguement, sans en avoir la connaissance, certaines activités, avec un sens plus ou moins habile de l'effet à produire. Aux répétitions, pour des raisons multiples (notamment l'absurde privation des accessoires de jeu), on ne le voit jamais faire ce qu'il aura à faire à la représentation, on ne le voit jamais faire une chose, même la plus élémentaire, authentique-

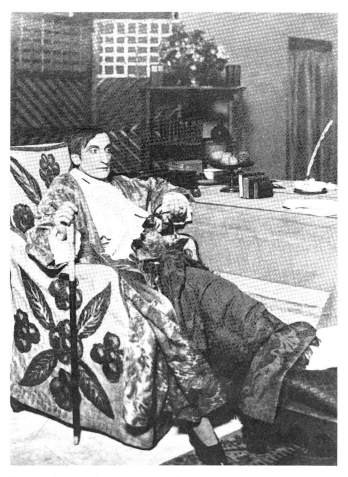

Jacques Copeau dans Le Carrosse du Saint-Sacrement *de Mérimée.*

ment. Il croit qu'il le fera à la représentation, c'est-à-dire qu'à la représentation il retrouvera d'instinct l'équivalent théâtral que son habitude a substitué à l'action authentique, et qui est toujours le même. Même les acteurs, comme Bouquet, qui sont consciencieux et aiment les choses bien réglées, ne vont jamais au bout d'une indication neuve. Ils la dénaturent en la traduisant. On dirait qu'ils n'osent pas, ou simplement qu'ils ne se laissent pas aller, comme si leur corps, sur la scène, se trouvait soustrait aux lois de la pesanteur ou de la durée.

Il faut ajouter que la comédie moderne, littéraire, intellectuelle, de conversation ou de discussion, a singulièrement appauvri les moyens physiques de l'acteur.

Nous allons essayer de donner à nos élèves *la connaissance et l'expérience du corps humain.* Mais il ne s'agit pas, par des méthodes appropriées, de former des athlètes. D'ailleurs nous ne le pourrions pas. Il ne s'agit pas de développer une attitude ou affectation corporelle quelconque, de créer des habitudes esthétiques pour remplacer des habitudes inesthétiques.

Il faut obtenir que des corps normalement développés

puissent se plier, se donner à n'importe quelle action qu'ils entreprennent. Il faut que chez eux tout mouvement s'accompagne d'un état de conscience intime, particulier au mouvement accompli.

La connaissance et la maîtrise des mouvements du corps, pas plus que celles des mouvements de la physionomie, ne doivent procéder de l'imitation de soi-même, ou d'autrui, ou des images peintes ou sculptées. Sans bannir l'observation humaine ou les connaissances esthétiques de l'éducation du comédien, on peut dire que ce n'est pas en tâchant de produire les signes extérieurs de la passion observés sur un visage, ni en observant l'altération de son propre visage dans un miroir que ce comédien réglera l'intensité de son expression dramatique. Il lui faudra connaître du dedans les passions qu'il exprime, soit par l'expérience personnelle, soit par cette sorte de divination propre à l'artiste. Et il lui faudra acquérir la connaissance anatomique, la maîtrise musculaire de son instrument, son propre visage. De même, ce n'est pas en étudiant pour les imiter les chefs-d'œuvre de la peinture et de la statuaire que l'acteur réalisera dans son propre corps la beauté plastique, si son propre corps ne lui procure pas par le jeu naturel de ses éléments musculaires et articulaires la conscience de cette beauté. Il ne suffit pas d'avoir observé du dehors les attitudes et mouvements des artisans et ouvriers dans l'exercice de leurs métiers. Il faut en avoir fait soi-même l'expérience. L'artiste dramatique au repos ou en action a du spectacle qu'il donne une connaissance intérieure. Au moment où il les exprime, la passion ou le mouvement dramatique dont il est l'interprète ont cessé d'être pour lui objet d'étude mais n'ont pas cessé d'être objet de conscience. Il les dirige, mais il en est possédé.

Pas d'*affectation* d'aucune sorte, ni du corps, ni de l'esprit, ni de la voix. Nous cherchons une harmonie perdue.

Pas d'athlétisme voulu, archaïque, pour ainsi dire littéraire. Il se peut que l'athlète complet fût parfaitement à sa place sur la scène grecque. Il était le produit d'une éducation sociale, artistique, religieuse, harmonieuse et complète. Aujourd'hui l'athlète est un spécialiste. Quand Gémier l'appelle sur son théâtre, au milieu de ses acteurs adipeux ou malingres, il faut avoir l'œil bien gâté pour ne pas voir que l'effet produit est ridicule.

L'acteur physiquement trop développé est un cabotin du muscle, un virtuose de l'académie, exécrable sur la scène comme tout autre virtuose, aussi déplacé que le danseur académique d'opéra ou que le rythmicien de Dalcroze, ou que le chanteur à voix dans un intermède de comédie.

Nos élèves étant choisis normaux, sans infirmités physiques, nous leur donnerons d'abord la *force de résistance* indispensable à notre métier, le *souffle*, l'*équilibre du cœur*, le *calme musculaire*, la *maîtrise de ses nerfs*.

Jacques Copeau

Extrait d'un texte rédigé en vue d'une première organisation du Vieux-Colombier à la rentrée de la saison 1920-21.

Les photographies de ces spectacles ne témoignent guère aujourd'hui d'innovations foncières de mise en scène. Il est vrai qu'il manque à ces documents figés une partie essentielle du travail de Copeau, pour qui l'œuvre dramatique trouve son expression dans le jeu. Son admiration pour Molière (manifestée dans les Notices, rédigées pour les *Œuvres complètes*) l'a conduit très vite à l'étude de la *commedia dell'arte* et à la certitude que « les paroles ne sont que les arêtes vives d'un enchaînement de pauses et de mouvements ».

*Une
pédagogie
globale
du théâtre*

Cette conviction de l'essentialité du jeu amène Copeau à pratiquer, à l'instar de Stanislavski, une pédagogie fervente. « L'idée de l'École et l'idée de théâtre sont une seule et même idée. Elles sont nées ensemble », rappellera-t-il en 1920. Sa tentative pédagogique débute en effet en 1913, durant l'été qui précède l'ouverture du Vieux-Colombier. Il installe sa jeune troupe hors de Paris, dans sa propriété du Limon. Au cours de cette retraite laborieuse, il met en place un schéma d'enseignement où alternent études de textes et exercices physiques. Durant la guerre, il tente, avec l'aide de Suzanne Bing, un premier essai d'école avec de jeunes professionnels et une douzaine d'enfants. L'École du Vieux-Colombier ouvre en 1920. L'ambition de Copeau, en réaction contre les « recettes » des vedettes parisiennes, est d'opérer un retour vers les sources du jeu, de développer concurremment la personnalité morale, culturelle et physique du comédien. Le programme comprend des cours théoriques, assurés notamment par Jules Romains, directeur des études (prosodie poétique), Louis Jouvet (architecture théâtrale) et Copeau lui-même (théorie du théâtre). La formation physique est mise au premier plan : les Fratellini entraînent les élèves à l'acrobatie, et la culture physique est orientée vers la maîtrise du souffle, des muscles et des nerfs. Outre les séances d'improvisation, technique alors nouvelle et promise à l'avenir que l'on sait, fonctionnent divers ateliers (décors, costumes, masques, menuiserie).

Lorsqu'en 1924 Copeau abandonne brusquement école et théâtre, c'est pour faire retraite. Il part cependant entouré de quelques disciples (dont Michel Saint-Denis, son neveu, Léon Chancerel et Georges Chenevière) et de quelques élèves (dont Marie-Hélène Copeau, Jean Dasté, Aman Maistre, Étienne Decroux). Aussi la retraite bourguignonne est-elle d'abord une sorte de laboratoire, prolongement de l'École. Si, très vite, et en particulier pour des raisons financières — on vit chichement à Morteuil, puis à Pernand —, le groupe présente de petits spectacles, ils sont le fruit d'une recherche commune, où formation et éducation continuent d'avoir la première place. De 1925 à 1929, les « Copiaus » (nom donné aux comédiens par les paysans bourguignons) jouent dans les villes et les villages du voisinage des divertissements à l'occasion des fêtes locales, puis au cours de tournées plus larges, avec ou sans Copeau, des farces de Molière et des créations collectives avec danses et chansons. La nouveauté de l'expérience ? Entretenir une relation suivie avec une société provinciale et agricole. Approfondir la réflexion de Copeau sur le public (nous en reparlerons). Ses limites ? Un retour à « l'état de naïveté », une utilisation passéiste du folklore local pour les diverses *Jolies Danses de mai*, *Filles à marier*, et *Danses des villes et des champs* du répertoire. Nul n'a jugé plus sévèrement ce travail que Copeau lui-même, avec

Été 1913. Retraite à la campagne, dans la petite propriété de Copeau, au Limon, avant l'ouverture du Vieux-Colombier. La troupe mène une vie laborieuse et disciplinée. Ici, leçon de gymnastique ; on y reconnaît Dullin, Jouvet, Roger Karl. Paris, B.N., A.S.P.

une rigueur somme toute bien excessive : « Ils travaillaient à mes côtés, livrés à eux-mêmes la plupart du temps, sur des données incomplètes, avec des matériaux insuffisants, selon des méthodes inachevées. » Le groupe des « Copiaus » n'en a pas moins constitué, avant comme après la Seconde Guerre mondiale, une pépinière d'animateurs très actifs et dont beaucoup prendront la direction des théâtres de la décentralisation.

LES COPIAUS

Une forme dramatique neuve, claire, vivante, pourvue de tous les moyens d'expression que comporte le théâtre, s'adressant au peuple entier, traduisant pour lui les formes, les idées, les sentiments, les conflits et les caractères du monde moderne : voilà, je pense, ce que notre époque demande. Voilà ce que, depuis bien longtemps, nous ambitionnons de réaliser sans fraude.

C'est pourquoi nous avons tout d'abord tenté de rendre à la scène une innocence. Nous l'avons dépouillée de ses faux prestiges et de quelques futilités. Nous avons dressé ce tréteau nu que l'imagination du poète devait transfigurer. Mais le poète, jusqu'à présent, ne travaille guère avec nous. Il a ses routines qui nous entravent, ou ses ambitions pour lesquelles il nous délaisse.

Nous avons tâché d'instruire l'acteur, de l'élever, afin que s'ébauchât dans toute sa personne, afin qu'en lui et dans son action sur la scène fût postulé le style de cette œuvre nouvelle que notre temps s'obstinait à nous refuser. De ces premières indications une génération d'acteurs et de metteurs en scène est sortie. Ils s'efforcent, avec courage, de favoriser une production littéraire encore rare et tout à fait incertaine dans son orientation.

Pour nous, nous étant persuadés que de nos accommodements avec l'époque rien de fécond ne pourrait résulter, las de piétiner sur place, comme nous avions tourné le dos depuis 1913 au théâtre dit « du boulevard », nous résolûmes de tourner le dos au théâtre dit « d'avant-garde », où bien des contrefaçons et des mensonges commençaient de se glisser. Fin 1924, nous avons risqué le tout pour le tout. Nous avons voulu que cette idée de « rénovation » dont nous nous efforcions depuis si longtemps de définir la portée et de connaître les conditions eût au moins pour nous son sens plein. Nous avons recommencé. Nous sommes retournés en arrière pour contrôler ce que nous savions, apprendre ce que nous ignorions, expérimenter ce que nous pressentions, ne plus progresser désormais que selon notre vocation, ne plus rien faire que de vrai, construire petitement mais purement.

C'est dans cet esprit que travaille le groupe des *Copiaus*.

Leur éducation a été basée sur l'interrogation consciencieuse des problèmes du métier, sur une remise en question personnelle des éléments de la création dramatique. Leurs maîtres les ont guidés vers ces découvertes intimes par lesquelles il faut passer pour entrer en possession d'une technique, quelle qu'elle soit. Leur discipline consiste à ne rien éluder, à ne jamais faire semblant, à ne jamais rien exprimer ni même concevoir qu'on ne soit personnellement, authentiquement capable de concevoir et d'exprimer. Ils se sont appliqués à ressaisir du dedans les principes, à enraciner dans leurs corps, leurs cœurs, leurs esprits une expérience directe des lois du théâtre et le sentiment de leur nécessité. Et ils ont été ainsi ramenés à un état de naïveté, qui n'a rien d'une attitude factice et littéraire, qui est leur position naturelle en présence d'un monde de possibilités où rien ne leur est corrompu par des habitudes d'imitation, ni dénaturé par une virtuosité apprise... Ils en sont là. Ils ne prétendent pas au-delà, pour le moment. Loin de se prévaloir d'une suffisance, ils se tiennent à un point de départ (...).

Il est temps que les *Copiaus* soient connus pour ce qu'ils sont par eux-mêmes, jugés sur ce qu'ils autorisent d'espoirs. Il est temps que le public devienne leur maître. Certaines choses de notre métier, le public seul nous les enseigne. Il est temps que ces jeunes gens s'exposent. Et qu'ils s'exposent *seuls*. Le

Les Copiaus. Paris, B.N., A.S.P.

Texte probablement destiné à un programme de tournée des Copiaus en Suisse, mai 1928. Inédit jusqu'à sa parution dans Théâtre en Europe, *n° 9, janvier 1986.*

nom qu'ils portent, s'il leur valut un premier crédit, ne doit plus que les obliger. Je trouve qu'ils méritent cette liberté et cette épreuve.

Public de la Suisse romande je vous les envoie (...).

Le jour où je sentirai mon pied faiblir sur le tréteau, le jour où la voix me manquera, où je ferai définitivement retraite entre ces trois collines d'où la vue s'étend jusqu'à la ligne du Jura, je voudrais qu'à ce moment-là quelque chose encore de moi continuât de courir le monde, quelque chose de plus robuste, de plus jeune et de plus grand que moi, dont il me fût permis de dire : c'est pour cela que j'ai travaillé.

Jacques Copeau

En 1929, Copeau a cinquante ans, l'âge, sans doute, de mettre en pratique son expérience dans un cadre plus officiel. Il espère alors obtenir la direction de la Comédie-Française, mais sans succès. Désormais sans troupe, il mènera une activité théâtrale marginale : critiques dramatiques, tournées de conférences et de « lectures » de pièces, en France et dans de très nombreux pays étrangers, en Europe du Nord et en Europe centrale, au Proche-Orient, en Afrique ; mises en scène de plein air à Florence et dans divers théâtres parisiens, dont la Comédie-Française (*Le Misanthrope*, 1936, *Bajazet* et *Asmodée* de Mauriac, 1937). Copeau en devient enfin « administrateur provisoire » (à la suite d'un accident survenu à Édouard Bourdet), le 14 mai 1940, quelques jours après le début de la grande offensive allemande. La guerre et l'Occupation ne lui permettent pas de donner sa mesure. Après avoir monté *Le Carrosse du Saint-Sacrement*, *Le Cid* (où il engage Jean-Louis Barrault pour tenir le rôle de Rodrigue) et *La Nuit des rois*, il est contraint de démissionner en mars 1941. Retiré en Bourgogne, il dirige encore *Le Miracle du pain doré* aux Hospices de Beaune, où il mourra en 1949.

Marginalité active

« Ma vocation théâtrale n'a jamais été autre chose que le besoin impérieux de me vouer à un culte » : le « mysticisme » de Copeau (dénoncé dès avant sa conversion, survenue en 1924), son « jansénisme », son « dogmatisme », maintes fois soulignés, n'en ont pas moins donné force de conviction à une tentative qui, menée à ses débuts dans l'ascétisme, exigeait une éthique du théâtre. C'est pourquoi l'expérience du Vieux-Colombier, pour brève qu'elle fut, garde encore, auprès de beaucoup d'hommes de théâtre, valeur d'exemplarité. Outre l'idée féconde que la lutte contre « les » traditions passe par un retour à « la » tradition, son apport le plus indéniable est d'ordre pédagogique. Si Zola, déjà, avait dénoncé l'enseignement sclérosé du Conservatoire, et Antoine souligné la nécessité d'une « troupe d'ensemble », Copeau reste le premier à avoir concrétisé la réforme de l'enseignement du comédien. Ce faisant, il a ouvert la voie à une filiation qui, développée avant la guerre de 1940 (Dullin, Chancerel pour ne citer qu'eux), se manifeste de plus en plus de nos jours. Dans certains théâtres, notamment le Théâtre du Soleil, dans de nombreux cours, dans ou hors des écoles officielles, la prise de conscience du corps, l'improvisation, le jeu dramatique sont la base des exercices. En matière de mise en scène, un purisme indéniable a conduit Copeau à confier la force prééminente au texte, à la parole, donc à l'acteur, porteur, sur un plateau dépouillé de tous les signes du spectacle. En ce sens, et aussi, non sans chauvinisme, au nom de la « modération du goût français », il a, sans doute, face aux révolutions scéniques allemandes ou russes, orienté vers l'isolement, de façon contraignante, l'école de mise en scène française, du Cartel à Vilar.

Jacqueline de JOMARON

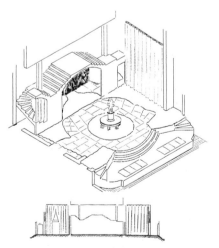

Ci-dessus, vue axonométrique d'un décor des Frères Karamazov *pour le Vieux-Colombier, 1918.*

Ci-contre, de gauche à droite, Georges Pitoëff, Charles Dullin (agenouillé), Gaston Baty, Louis Jouvet.

ILS ÉTAIENT QUATRE...

Les conditions de l'activité théâtrale ne connaissent aucun changement après la guerre de 1914-1918. L'État se borne à subventionner la Comédie-Française, l'Opéra, l'Opéra-Comique et l'Odéon. A la même époque, il en va bien différemment dans d'autres pays, comme l'Allemagne et l'U.R.S.S., par exemple. Les troupes de théâtre allemandes disposent de salles nombreuses, techniquement bien équipées, financées par l'État ou les municipalités de province, et susceptibles d'accueillir un vaste public. En U.R.S.S., la révolution donne au théâtre, rattaché au commissariat à l'Éducation nationale, et financé par l'État, un élan si foudroyant que les expériences les plus diverses connaissent (au moins jusqu'en 1930) un extraordinaire foisonnement et touchent un immense public. En France, par contre, la province ne connaît que de rares tournées, tandis que les théâtres d'art parisiens qui vont s'inspirer de la tentative de Copeau ne disposent que de petites salles : condamnés à un public réduit, ils ne vivent qu'à coups d'expédients et de mécénat circonstanciel.

Tentant de regrouper leurs forces, quatre metteurs en scène vont constituer un Cartel dû à l'initiative de Louis Jouvet. Le 6 juillet 1927, Gaston Baty, Charles Dullin, Louis Jouvet et Georges Pitoëff (auxquels se joindra plus tard René Rocher), alors directeurs respectifs du Studio des Champs-Élysées, du Théâtre de l'Atelier, de la Comédie des Champs-Élysées et du Théâtre des Mathurins, fondent une association, « basée sur l'estime professionnelle et le respect réciproque ». Leur accord consacre une solidarité déjà ancienne. Dullin et Jouvet ont participé ensemble à l'expérience du Vieux-Colombier, partenaires dans maints spectacles à Paris comme à New York. Lors de la brève existence (1921) de la Comédie-Montaigne-Gémier, Baty et Dullin ont collaboré avec Gémier, le premier comme metteur en scène, le second comme acteur et directeur de l'École d'art dramatique Firmin Gémier. Bientôt les « quatre » vont se trouver réunis autour de Jacques Hébertot, directeur des deux salles du Théâtre des Champs-Élysées (le Grand Théâtre et la Comédie). En février 1922, Hébertot, après un voyage à Genève pour voir les spectacles de Pitoëff, l'invite à Paris et l'installe à la Comédie. La même année, il s'adjoint Jouvet comme directeur technique pour ses deux salles et lui confie le soin d'en aménager une troisième, le Studio, dont Baty prendra la direction en 1924. Dans un esprit résolument novateur, Hébertot tente de réaliser avenue Montaigne un centre d'art international, comme Paris n'en a jamais connu jusqu'alors. Outre des pièces de théâtre, il programme des opéras, des ballets, des concerts, des conférences. Sont invités, entre autres, la compagnie d'Ermete Zacconi, Stanislavski et son Théâtre d'Art, les London Players, les Ballets suédois de Rolf de Maré, Isadora Duncan, Loïe Fuller, Landa Wandowska. Expérience passionnante, mais ruineuse : Hébertot est contraint, dès 1924, d'abandonner l'avenue Montaigne. Après avoir déployé une intense activité de journaliste et de conférencier, il deviendra directeur des Mathurins en 1936, de l'Œuvre en 1938, avant de fonder, en 1940, le Théâtre Hébertot.

L'idée d'un Cartel entre quatre hommes de théâtre solidaires « dans toutes affaires où les intérêts professionnels ou moraux de l'un d'eux seront en jeu » doit beaucoup à l'éthique de Copeau. Il s'agit d'une association faite sur des bases morales (exemple unique dans l'histoire du théâtre), en réaction contre l'envahissement du théâtre commercial et les abus de pouvoir de la critique. Dans la pratique, cette association va leur permettre de mettre au point une politique d'abonnements et de publicité, de coordonner leur répertoire et leurs tournées. Elle laisse aux quatre hommes, très différents par leur origine et leurs réalisations, une totale indépendance artistique. Le Cartel n'a donc nullement constitué un mouvement esthétique cohérent comme le naturalisme ou le symbolisme. Les quatre hommes (dont le travail ne peut être présenté qu'individuellement) se sont simplement trouvés d'accord pour réaffirmer, après Antoine, la spécificité de la mise en scène comme art autonome, et estimer, à la suite de Copeau, que la rénovation du théâtre devait désormais passer par un retour à la convention. Pour le public, le mot « cartel » a simplement évoqué l'idée d'une « famille d'élection » (France Anders), luttant, dans des conditions très difficiles, avec une passion commune pour un théâtre de qualité.

LOUIS JOUVET OU L'EXIGENCE

Lorsqu'il rencontre Jacques Copeau, en 1911, Louis Jouvet a vingt-quatre ans. Autodidacte, il a beaucoup lu, et longuement médité sur les problèmes du théâtre et son histoire. Encore étudiant en pharmacie (il sera diplômé en 1913), il a débuté sur les scènes du mélodrame et dès 1907 fondé le Groupe, puis le Théâtre d'Action d'art, dédié « à la jeunesse ». Au Théâtre des Arts, où Jacques Rouché l'a engagé pour reprendre le rôle du Père Zossima dans *Les Frères Karamazov*, Copeau pressent ses qualités exceptionnelles, techniques et morales, et, lors de la fondation du Vieux-Colombier, l'engage dans sa troupe. Jouvet devient vite son collaborateur le plus précieux, son second, son régisseur, son confident, et l'un de ses acteurs les plus appréciés. Leur collaboration se termine en 1922, où, sur l'invitation d'Hébertot, Jouvet accepte la direction technique des deux scènes du Théâtre des Champs-Élysées. Devenu en 1924 directeur et metteur en scène de la Comédie, il connaît des années financièrement difficiles jusqu'à sa rencontre avec Giraudoux (*Siegfried*, 1928), événement décisif d'une carrière dont la réussite ne faiblira plus. En 1934, il s'installe de façon définitive au Théâtre de l'Athénée, l'année même où il est nommé professeur à ce Conservatoire, où, jeune homme, il s'était présenté à trois reprises sans succès. Durant la guerre, les autorités d'Occupation interdisant à Jouvet de jouer une partie de son répertoire, il ferme son théâtre et entreprend à la tête de sa compagnie une longue et difficile tournée, en Suisse d'abord, puis en Amérique latine (1941-1945). A son retour, Jouvet déploie une activité inlassable, partageant son temps entre l'Athénée et le Conservatoire, tournant dans plusieurs films, assurant la présidence de la Société du théâtre, créée en 1932 à l'initiative de Copeau. Peu avant sa mort, le 16 août 1951, il est nommé conseiller des Arts et Lettres pour les questions relatives à la décentralisation, dont il était, comme son ami Dullin, un partisan sans réserve.

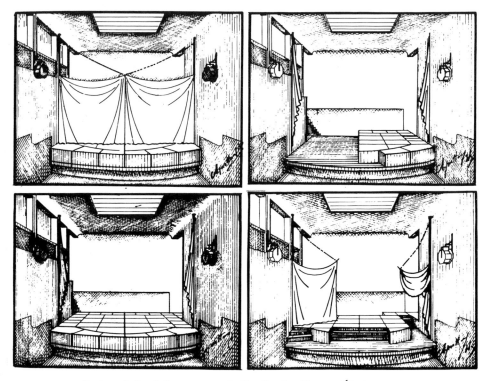

Projets de Louis Jouvet pour le Studio des Champs-Élysées, 1923.

« Acteur, spectateur, machiniste et costumier, accessoiriste, peintre, souffleur et éclairagiste, j'ai assumé tous les rôles. » Ainsi se présente Jouvet dans
sa préface au livre de Sabbattini, *Pratique pour fabriquer scènes et machines de
théâtre*. Il rappelle, à cette occasion, que toute sa connaissance du théâtre vient
des années de sa jeunesse, passées sur le plateau dans l'amitié des machinistes,
à apprendre « les lois physiques du simulacre », « à faire vrai l'invraisemblable ». En 1918, Copeau estimait qu'il n'y avait peut-être pas un seul réalisateur
comme lui en France, et son ami et collaborateur Léon Chancerel a évoqué le
« maître ouvrier du plateau (...) tapissier, menuisier, électricien, inventeur et
constructeur d'un modèle de projecteur à écrans mobiles aussi souple et efficace
que simple (...). Le Jouvet des croquis, des plans, des épures, des maquettes »,
qui travaille dans la précision, au millimètre près. Ses lettres à Copeau, pendant
la guerre et durant le séjour new-yorkais, foisonnent de projets de dispositifs
sans cesse remodifiés. Trois réalisations majeures ont ponctué son travail de
scénographe : le dispositif du Garrick Theatre à New York, en 1917, inspiré de
la scène élisabéthaine ; le dispositif fixe du Vieux-Colombier en 1919 ; l'aménagement du Studio du Vieux-Colombier en 1923, où il opte pour une formule
plus souple, une petite scène modulable.

A la Comédie des Champs-Élysées, Jouvet crée lui-même ses propres décors :
nets, stylisés, à la géométrie cocasse, inondés d'une lumière blanche et uniforme,

conçus comme « une équivalence sensible du texte ». Après 1926, il se fait aider pour l'exécution, ou même pour la conception, par des décorateurs (entre autres Paul Colin, Lucien Aguettand, Léon Leyritz). A l'occasion de la mise en scène de *La Machine infernale* de Cocteau, en 1934, il rencontre Christian Bérard, qui, mis à part les collaborations occasionnelles de Guillaume Mounin ou de Pavel Tchelitchev, deviendra le décorateur officiel de l'Athénée. Bérard, peintre à la mode, « démon de Jouvet et génie boulevardier du costume », dira Vilar, infléchira parfois les spectacles de l'Athénée vers un certain « parisianisme » et un décorativisme raffiné. Non sans parvenir, dans ses meilleures réussites, à un équilibre heureux entre la couleur et les formes stylisées (*L'École des femmes*, *La Folle de Chaillot*).

Le répertoire de Jouvet, qui restera presque exclusivement français, ne se caractérise pas, dans les premières années de la Comédie, par une grande originalité. Il se limite aux auteurs de l'époque, Jules Romains (avec le succès de *Knock*), Marcel Achard, alors à ses débuts, Bernard Zimmer, Jean Sarment ; quelques œuvres jouées au Vieux-Colombier, après qu'à la fermeture du théâtre Jouvet a intégré à sa troupe Valentine Tessier, Jeanne Lory, Romain Bouquet, Auguste Béverio, devenus disponibles. Mais, en 1928, la création de *Siegfried*

"D'abord un beau langage"

Décor de Louis Jouvet pour Knock *de Jules Romains, Comédie des Champs-Élysées 1923. Stylisation maxima, ironie, pour un spectacle éclairé d'une lumière franche, sans ombres.*

La Guerre de Troie n'aura pas lieu *de Giraudoux. Mise en scène Jouvet, décor de Mariano Andreu, Théâtre de l'Athénée, 1935. Paris, B.N., A.S.P.*

*Louis Jouvet (dans le costume du « mendiant ») et Jean Giraudoux lors d'une répétition d'*Électre, *Théâtre de l'Athénée, 1937.*

Louis Jouvet (le chevalier Hans) et Madeleine Ozeray (Ondine) dans Ondine *de Giraudoux,*
Théâtre de l'Athénée, 1939. Mise en scène Jouvet, décor Tchelitchev.

de Giraudoux, auteur encore discuté par la critique littéraire et peu connu du
grand public, fait événement dans la vie théâtrale parisienne. Jouvet vient de
rencontrer l'auteur le plus proche de ses conceptions. Si le grand théâtre est
avant tout, pour Jouvet, un « beau langage », élément premier des « communications affectives » qui doivent s'instaurer avec le public, de même, pour
Giraudoux, c'est le style qui « renvoie sur les spectateurs mille reflets, mille
irisations ». L'étroite collaboration qui va s'établir entre les deux hommes est
l'une des dominantes de l'activité théâtrale entre les deux guerres. Phénomène
assez exceptionnel en effet, où un dramaturge, intégré à l'entreprise théâtrale,
intimement mêlé à la troupe, trouve dans tel ou tel acteur non seulement un
interprète, mais un « inspirateur » pour ses personnages. Jouvet, le premier :
« Mon intimité avec lui est si grande, notre attelage dramatique si bien noué,
que l'apparition larvaire en une minute a pris déjà sa bouche, son œil narquois
et sa prononciation », écrira Giraudoux dans *Visitations*. Mais aussi Valentine
Tessier, « inspiratrice » du rôle d'Alcmène dans *Amphitryon 38*, Madeleine
Ozeray de celui d'Hélène dans *La guerre de Troie*. De *Siegfried* à *Ondine* chaque
spectacle est le fruit d'un travail commun, Giraudoux reprenant et corrigeant
parfois sur les suggestions de son metteur en scène, au point qu'il a pu écrire :
« En fait, l'auteur dramatique a maintenant deux Muses, l'une avant l'écriture,
qui est Thalie, l'autre après, qui est pour moi Jouvet. » Le travail de Jouvet
pour les mises en scène des pièces de Giraudoux a consisté d'abord à trouver

pour lui et pour ses acteurs (Pierre Renoir, entré dans la troupe pour *Siegfried*, Madeleine Ozeray) une diction capable de soutenir la langue trop exclusivement littéraire de Giraudoux : nous y reviendrons.

Molière :
des œuvres
"énigma-
tiques"

Après la mort de Giraudoux, en 1944, Jouvet, désemparé, se consacrera essentiellement (mis à part *Les Bonnes* de Genet en 1947, et *Le Diable et le Bon Dieu* de Sartre) à Molière, dont il avait, dès 1936, monté avec un immense succès *L'École des femmes*. « Les pièces de Molière, écrit Jouvet, sont aussi énigmatiques que notre vie. Impénétrables, irréductibles, elles gardent leur perpétuelle vertu de sollicitation », ajoutant : « le service du théâtre est fait d'une perpétuelle mémoire fondée sur un constant oubli, d'une dévotion à la tradition théâtrale qui doit exclure toutes traditions. » En ce sens, la mise en scène de *L'École des femmes* a fait date et dépoussiéré, par sa verve et son allégresse, une tradition endormie. Le décor de Bérard, aboutissement de longues recherches de Jouvet pour un dispositif à la fois unique et diversifié, utilisait la machinerie : dans un ciel bleu, une haute maison blanche (où Agnès est recluse) dont les murs fermés en éperon laissent libre une avant-scène puis révèlent, en s'écartant, un petit jardin aux plates-bandes fleuries. Le mouvement de ces murs vient rythmer la représentation. Dans le rôle d'Arnolphe, Jouvet rencontre un des succès les plus significatifs de sa carrière. En 1947, il sort *Dom Juan* d'un long purgatoire, en donnant deux cents représentations, plus que depuis sa création par Molière. Rompant avec la tradition d'un Dom Juan essentiellement séducteur, il analyse la pièce comme une pièce religieuse : « C'est de salut et de damnation dont il est question. » Dom Juan est un homme qui voudrait croire, mais qui ne peut pas, « quelqu'un qui n'a pas la grâce, une espèce de maudit ». Dans les décors somptueux de Bérard, au baroquisme macabre, la pièce connaît un immense succès. Jouvet campe un seigneur espagnol de grande allure, cynique et impénétrable, tel qu'en témoigne une de ses photographies qui évoque le Rembrandt des *Syndics*. Quoi qu'il en ait dit, il reste dans notre mémoire comme un séducteur incomparable, dont la sensualité s'exprime, aussi bien dans la scène des paysannes qu'avec Elvire, par la seule intensité du regard.

« La mise en scène qui réussit a toujours raison », a dit Jouvet. Tel ne fut pas le cas de *Tartuffe* en 1951 : la représentation, qui baignait dans l'atmosphère sévère du décor de Braque (Bérard est mort en 1949), entraîne une levée de boucliers. On critique notamment la tristesse du spectacle, le final spectaculaire où le mur du fond s'élève devant six messieurs du Parlement emperruqués, le choix de Gabrielle Dorziat, Dorine d'âge mûr et, surtout, l'interprétation du rôle de Tartuffe. Un Tartuffe de grande envergure, sorte d'aventurier plus inquiétant que comique, professant une religion équivoque à force d'ostentation, mais que rien, selon le metteur en scène, ne nous permet de croire feinte. Sa « séduction sombrement angélique », selon l'expression de François Mauriac, justifiait l'amour d'Orgon (Pierre Renoir). Cependant certains critiques ont souligné l'exceptionnelle intelligence du texte et, dans une lettre personnelle, Jouhandeau le remercie d'avoir eu le courage de donner un accent de gravité à une « comédie dont ce n'est pas une révélation de dire que le fond est tragique, bien que la tradition s'entête à nous le dérober ». La lecture scrupuleuse faite par Jouvet des œuvres de Molière (dont la « profondeur », disait-il, cause un vertige « qui se confond avec la sensation de penser »), étayée par d'énormes dossiers de recherches, reste aujourd'hui une contribution importante à la réflexion critique sur le plus célèbre de nos auteurs.

LOUIS JOUVET, INTERPRÈTE D'ARNOLPHE ET DE TARTUFFE

« Sans doute est-ce Louis Jouvet qui, en Arnolphe, dans *L'École des femmes*, me fit, le premier, prendre la mesure de ce que peut être et faire un grand acteur. (...) Certes, Jouvet y jouait encore sur la mécanique, sur le pantin. Ce vieillard emperruqué, à tête de clown, couvert de rubans et de fanfreluches, il nous le présentait, d'emblée, comme une marionnette. Mais cette marionnette était bouffie de satisfaction à interpréter un grand personnage : celui d'Arnolphe, précisément, qui croit avoir mis tous les atouts de son côté et qui affiche son assurance, non sans quelque excès, à la manière d'un comédien de second rang qui jouerait un roi de tragédie (peut-être était-ce ainsi que Molière jouait Nicomède ?) : avec des rengorgements nobles, des complaisances pour ses propres formules et

Décor de Christian Bérard pour L'École des Femmes *de Molière, mise en scène Jouvet, Athénée, 1936 : le jardin fermé. Les murs s'écartaient et se refermaient plusieurs fois à la vue du public, permettant l'alternance des scènes d'intérieur et d'extérieur.* © SPADEM 1989.

ses propres aptitudes, des rires de dédain, voire de mépris, à
l'égard des autres, qui sonnaient haut, trop haut pour le dia-
pason d'un tuteur. Puis, progressivement, la marionnette se
défaisait, par sursauts, et les rires se figeaient en de longs,
douloureux et burlesques hoquets. Arnolphe commençait à
transpirer : la sueur coulait sur son visage de parade, en
délayant le blanc et le rouge — et Jouvet, de tirer de dessous
ses chausses un grand mouchoir blanc, de se tamponner le
visage, de le passer sous sa perruque. Il se tâtait même sur tout
le corps, en dérangeant ses vêtements de parade, comme pour
s'assurer qu'il existait encore, qu'il était toujours celui qu'il
croyait être. Du reste, le spectateur, lui non plus, ne savait
plus très bien à qui, d'Arnolphe triomphant ou d'Arnolphe
déconfit, il avait affaire, à moins que ce ne soit à Jouvet lui-
même assistant à la déroute de son propre personnage... Il y
avait là quelque chose de proprement vertigineux. Non seule-

Ci-dessus, Louis Jouvet dans le rôle de Dom Juan de Molière, Théâtre de l'Athénée, 1947.

Ci-contre, Louis Jouvet dans le rôle d'Arnolphe de L'École des Femmes, *1936.*

ment une oscillation, un va-et-vient continuels entre le tragique et le comique, entre le pathétique et le burlesque, mais encore un perpétuel échange entre le héros et l'acteur, entre le passé et le présent, le texte et le corps, la maîtrise et l'abandon. (...)

Ici, il ne suffisait plus de parler d'interprétation. L'Arnolphe de Jouvet n'était pas ceci ou cela : un bouffon ou un bourgeois, un tyran ou une victime, un comique ou un tragique. Il l'était tout ensemble, plus autre chose — plus l'acteur Jouvet se jouant lui-même dans un rôle où, sans doute, l'acteur et l'auteur Molière s'était aussi joué lui-même, à la fois époux trompé, père abusif et tragédien raté.

Dans cette *École des femmes*, sur la scène de l'Athénée, tout au long de cette mise à nu (qui était aussi une mise à mort) d'Arnolphe-Jouvet, rythmée par l'ouverture et la fermeture du petit jardin sur chariots roulants qu'avait peint, sur les indications de Jouvet, Christian Bérard, avait lieu, pour nous, devant nos yeux, quelque chose qui n'aurait pu se produire nulle part ailleurs qu'au théâtre : non la construction d'un personnage à partir d'un texte, mais un jeu multiple, fascinant, entre un acteur, son image et les mille et une virtualités d'un personnage. On ne voyait pas l'Arnolphe de Molière joué par Jouvet ; on le saisissait en quelque sorte de tous les côtés à la fois. Et on s'en trouvait submergé — sans perdre toutefois le sentiment de notre distance à son égard : un sentiment qui pouvait aller jusqu'à la répulsion. Je retrouvai le même plaisir et la même inquiétude au *Tartuffe* de Jouvet (je n'ai malheureusement pas vu son *Dom Juan*). Je sais : la conception que Jouvet se faisait du personnage était celle d'un Tartuffe sincère, d'un vrai dévôt trahi par sa chair et par ses ambitions, bref d'un Tartuffe existentiel (nous étions en 1950 : Sartre régnait encore sans conteste, et Jouvet allait, peu après, monter — plus, semble-t-il, par estime pour Sartre que par admiration pour l'œuvre — *Le Diable et le Bon Dieu*). Mais à cette conception, le Tartuffe de Jouvet ne pouvait, en aucune manière, se réduire. Il était bien plus que cela : le comédien, de nouveau, l'emportait sur l'interprète, le démultipliant. Il montrait, certes, un Tartuffe sincère, mais, le montrant, le jouant ainsi, il jetait un doute sur cette sincérité. Celle-ci n'était plus la vérité de Tartuffe. Elle entrait aussi dans son jeu. Jouvet jouait insincèrement (du reste, comment faire autrement ?) un Tartuffe sincère. L'acteur se délectait à dire, à détailler les discours de Tartuffe à Elmire. Ils y gagnaient la dimension inattendue d'une idéologie religieuse qui parlait par la bouche de Tartuffe, plutôt que celui-ci n'en employait, hypocritement, la terminologie. Et la liberté du comédien s'accroissait de ce qu'elle nous faisait voir Tartuffe pris à son propre piège (au piège aussi du langage de l'époque). Ne voyons là-dedans nul cabotinage — au moins au sens péjoratif du mot — ni l'étalage d'une supériorité un peu trop histrionique d'un acteur qui sait sur le personnage qui ne sait pas, mais, de nouveau, ce jeu multiple où acteur et personnage se prêtent assistance, voire se compromettent. Car parfois, aussi, celui-ci semblait prendre le pas sur celui-là. Jouvet ne risquait-il pas de demeurer prisonnier de Tartuffe ? Entre eux, s'instaurait une sorte de lutte pour la vie (ce qui veut dire aussi, sous peine de mort). Je n'irai pas jusqu'à dire que Jouvet transformât *Tartuffe* en *Kean*. Un tel combat n'avait rien de romantique. Il ne boursoufflait pas le jeu. Au contraire : il lui donnait comme un espace plus large où se déployer. Il creusait, au cœur de la représentation même et de son enracinement dans le corps du comédien, un vertige proprement théâtral sur la possibilité sinon d'être Tartuffe du moins de jouer effectivement le rôle de Tartuffe, hier et aujourd'hui, au milieu d'une solide famille bourgeoise, évoquée avec un luxe qui n'avait rien d'ostentatoire (les décors de Braque y étaient pour beaucoup : ils se réduisaient pourtant à trois parois de couleur). »

Bernard Dort, « Sur deux comédiens : Louis Jouvet et Jean Vilar », Cahiers Théâtre Louvain, n° 37 (extraits).

On ne saurait parler de Jouvet comédien sans rappeler le grand acteur populaire dont le cinéma nous restitue la silhouette mince, la diction saccadée, le regard ironique et fulgurant, seule image vivante que peuvent connaître de lui les générations nouvelles. Jouvet a tourné plus de trente films. Aussi peut-on le voir et le revoir sous l'un ou l'autre de ses aspects : tel qu'il était dans la vie, professeur au Conservatoire, exigeant, gouailleur et bourru dans *Entrée des artistes*, brillant démonstrateur de ses talents de composition dans le double rôle de *Copie conforme* (film par ailleurs quelconque et presque autoparodique), interprète du Docteur Knock, dans le film tiré de la « pièce saint-bernard, protectrice et tutélaire » qu'il reprit, de 1923 à sa mort, à raison de cinquante représentations par saison. Cependant c'est au théâtre qu'allait toute la passion de Jouvet et à son métier de comédien de théâtre l'essentiel de ses réflexions. Les notes qu'il jetait, la nuit, au sortir de scène, forment la matière de ses livres, *Réflexions du comédien, Témoignages sur le théâtre, Le Comédien désincarné*. Il médite sans cesse sur cette « incompréhensible aventure de possession et de dépossession de soi », et, se référant au *Paradoxe sur le comédien* de Diderot, dépasse, avec l'expérience du praticien tenace, le dilemme du dédoublement. Pour lui, l'art du théâtre ne saurait être ni d'artifice pur ni de pure spontanéité. Il voit dans un travail minutieux, lent et acharné la possibilité pour l'interprète de s'ouvrir peu à peu au personnage. Ses leçons au Conservatoire, sténographiées sur le vif (*Molière et la comédie classique, Tragédie classique et théâtre du XIXe siècle*) nous montrent un maître exigeant : c'est par un effort obstiné, artisanal, par les reprises multiples d'une même tirade que l'élève parviendra à « comprendre, sentir, éprouver », pour Jouvet seul secret du métier d'un véritable artiste.

Affirmant l'impossibilité d'être, d'« incarner » Dom Juan, Tartuffe ou Hamlet, « aux abords de cet inexplicable et informulable où ils se tiennent », il estime que le comédien ne peut que « témoigner » pour eux, mettant à leur service une technique, une voix, un visage. C'est pourquoi le comédien « doit garder par-dessus tout le souci d'une composition lucide, explicative et détachée de lui », comme il l'écrit, quelques jours avant sa mort, dans une lettre à Pierre Renoir, où il fait du reste allusion à Brecht. Jouvet qualifiait ses livres de « documents cliniques d'un esprit anxieux » : ils restent comme une des rares tentatives entreprises au XXe siècle par un acteur pour élucider les problèmes posés par un métier où l'on doit « vivre une vie que l'on n'a pas vécue ».

"Possession et dépossession de soi"

239

CHARLES DULLIN : UNE INLASSABLE COURSE AUX TRÉSORS

Une foi passionnée en son métier a également animé Charles Dullin, directeur de théâtre, metteur en scène, mais avant tout acteur et directeur d'acteurs. Savoyard d'origine, Dullin arrive à Paris en 1905, débute, comme Louis Jouvet, dans des salles de quartier, et récite des poèmes au Lapin agile, où il fait la connaissance d'Apollinaire, Picasso, Max Jacob. Après deux saisons à l'Odéon où Antoine l'a engagé, il fonde à la fête à Neu-Neu, avec Saturnin Fabre, un théâtre forain dont l'existence sera brève. Le rôle de Smerdiakov dans *Les Frères Karamazov*, au Théâtre des Arts, le révèle comme comédien et lui donne l'occasion de rencontrer Copeau. Il sera l'un des acteurs les plus appréciés du public du Vieux-Colombier, comme de la critique française et américaine. Il quitte Copeau à New York, en 1919, et, de retour à Paris, collabore un moment avec Gémier. C'est à trente-six ans qu'il décide, en 1921, de fonder sa propre entreprise, l'Atelier, qu'il installe, au bout d'un an, place Dancourt, dans l'ex-Petit Théâtre Montmartre, où il réalisera ses spectacles les plus célèbres. Désireux d'atteindre un public plus large, il accepte, en 1941, la direction du Théâtre Sarah-Bernhardt, rebaptisé Théâtre de la Cité par l'occupant allemand antisémite et dont il sera chassé en 1947, à soixante-deux ans. Désormais sans théâtre, sans argent, il jouera essentiellement en province jusqu'à sa mort, en 1949, quelques mois après celle de Copeau.

Le goût du spectacle

Metteur en scène, Dullin affirme, à la suite de Copeau, n'être qu'un « artisan » au service de l'œuvre dramatique, « l'exécuteur testamentaire de l'écrivain » ; il rejoint Jouvet en déclarant « le maître du théâtre, c'est l'auteur ». Mais son goût personnel pour le spectacle, qu'il a hautement revendiqué, assouplit notablement cette religion du texte, du reste attribuée, souvent sans nuances, à tous les animateurs du Cartel. Ses mises en scène n'ont ni le dépouillement de celles de Copeau ni la rigueur de celles de Jouvet : souvent exubérantes, bariolées parfois, elles combinent tous les ingrédients de la théâtralité, couleur, son, plastique et rythme. Il est significatif que Dullin, lors de la venue de Meyerhold à Paris en 1930, admire en lui un créateur de formes, « un poète de la scène », qui « écrit avec des gestes, des rythmes, avec toute une langue théâtrale ». Il s'est par ailleurs passionné pour le théâtre japonais, pour lui « source d'inventions scéniques, de symboles dramatiques (...) et pourtant débordant de vie ». Il admire dans le célèbre acteur chinois Mai Lan Fang, interprète à soixante ans de jeunes héroïnes, le modèle de cette « transposition poétique » objet de ses propres préoccupations d'acteur et de metteur en scène. Ennemi de tout système, animé d'un goût de l'expérimentation inlassable, dont le nom donné à son théâtre, l'Atelier, reste un symbole, Dullin s'adapte aux œuvres qu'il crée sans qu'on puisse trouver dans son travail de style précis. Sa recherche d'« une sorte de *commedia dell'arte* donnant une main à la tragédie et l'autre à la pièce satirique » (B. Crémieux) l'a conduit à des réalisations diverses et inégales. D'autant que, peu attentif à l'argent, et de ce fait harcelé toute sa vie par les

Charles Dullin dans le rôle de Volpone, Théâtre de l'Atelier, 1928.

difficultés financières, souvent réduit, comme il le rappelle, à « imiter les frères mendiants » auprès de quelques abonnés et de quelques amis, il a dû parfois créer dans la hâte avec des moyens matériels insuffisants. Dullin n'oublie pas la leçon de Copeau lorsqu'il affirme : « Le plus beau théâtre du monde c'est un chef-d'œuvre sur quatre tréteaux ; c'est le manteau noir d'Hamlet évoquant à lui seul Elseneur. » A ses débuts, il utilise en effet les tréteaux et les rideaux, comme dans *La vie est un songe* (1922), pièce pour laquelle Antonin Artaud crée un dispositif architecturé, sobre et rigoureux. Mais, peu à peu, après des tentatives scénographiques variées (plans inclinés, scènes tournantes), suivant une évolution somme toute comparable à celle de Jouvet, il fait appel à des décorateurs ou à des peintres illustrateurs (Jean Hugo, Touchagues, Lucien Coutaud, André Barsacq, André Masson) qui vont donner à ses spectacles un caractère souvent très décoratif. En 1922, Dullin jouait *l'Avare* (dont il a fait plusieurs mises en scène) devant des tapisseries neutres, avec trois sièges et un lustre. Dans la dernière version (1940), l'ingéniosité du dispositif de Lucien Bonnaud, combinant plusieurs lieux scéniques en un seul, rappelle les recherches de Bérard-Jouvet pour *L'École des femmes*. Le coût élevé de certains décors pour la grande scène du Théâtre de la Cité ne sera pas sans contribuer à l'accroissement de son déficit.

« Il ne faut jamais — disait Dullin — jouer pour le public, mais il faut le forcer à jouer de lui-même avec nous. » Le public de l'Atelier que Dullin, plus que tout autre à son époque, a considéré comme « un des éléments essentiels du spectacle » (il fonde une revue, *Correspondance,* pour dialoguer avec lui) a souvent vibré dans une atmosphère de fête. La vitalité de la troupe, composée de jeunes acteurs, ses élèves, capables de danser, de cabrioler, de chanter, animait des réalisations d'ensemble, soutenues par d'habiles effets d'éclairage et une musique de scène signée de noms célèbres, Sauguet, Milhaud, Auric, Honegger, jeunes compositeurs du « groupe des Six ». *Les Oiseaux* d'Aristophane (1938) restent un exemple de ces spectacles pleins d'entrain et de fantaisie : décor bleu azur de Lucien Coutaud, dieux coiffés de têtes postiches aux masques saugrenus, entrée sur pas de danse de la volière multicolore, rythmes de blues et de fox-trot, conçus par Georges Auric pour entraîner le public dans le jeu théâtral. Mais on ne saurait limiter l'œuvre de Dullin à la seule fantaisie, et nombre de ses spectacles ont atteint une grandeur et un lyrisme austères, nourris de pathétique et d'âpreté.

"Une machine actuelle"

Dès 1921, le programme de l'Atelier annonce un retour « à la grande tradition du spectacle ». Sur soixante-seize pièces mises en scène avant 1939, trente et une seront en effet empruntées aux classiques : Aristophane (*Les Oiseaux, La Paix, Plutus*), les Élisabéthains (*Volpone* de Ben Jonson, *Dommage qu'elle soit une prostituée* de Ford, *Richard III, Comme il vous plaira, Jules César* et — après la guerre — *Le Roi Lear* de Shakespeare), les Espagnols du Siècle d'or (*La vie est un songe, Le Médecin de son honneur* de Calderon, *Les Olives* de Lope de Rueda) et, pour les auteurs français, Molière (*L'Avare, George Dandin*), Corneille *(Cinna),* Musset *(Carmosine).* C'est du reste avec les classiques que Dullin a rencontré ses plus grands succès : *La vie est un songe,* maintes fois reprise, *Volpone* (1928), première réussite financière de l'Atelier, dont les représentations prolongées finiront par lasser Dullin, *Richard III* (1933), monté sans argent, et dont Brasillach a évoqué la beauté : « Rarement sans doute, avec des moyens si simples, avait-on vu Charles Dullin réussir à nous imposer de pareilles images de folie et de grandeur : il suffit de se rappeler ce combat mimé par douze figurants, ce ballet de la guerre dansé par des comédiens anonymes, tandis que surgissait, pareil à un guerrier d'Hokusaï, ployé sous la lance immense et lourde, le bossu royal, et que résonnaient les tambours de la bataille » ; *Cinna,* enfin, dans un ingénieux décor architecturé de Pierre Sonrel, ultime création, en 1947, au Théâtre Sarah-Bernhardt, joué devant des salles combles.

Face aux classiques, la position de Dullin annonce celle de certains metteurs en scène de l'après-guerre : le théâtre ne saurait être un musée, mais « une machine actuelle », répondant aux préoccupations contemporaines. C'est pourquoi, il opte pour des adaptations, parfois proches du texte comme le *Richard III* d'André Obey, parfois plus libres, comme l'*Antigone* de Cocteau, le *Volpone* de Jules Romains, *Les Oiseaux* de Bernard Zimmer, *La Paix* de François Porché. Pour Aristophane, il transpose la partie politique de l'œuvre dans des sortes de « revues » modernes : caricature des notables dans *Les Oiseaux,* répliques actualisées dans *La Paix,* satire des capitalistes dans *Plutus. Mercadet ou le*

Faiseur, pièce réaliste de Balzac, devient une sorte d'opérette allègre et parodique, qui fait au passage allusion à l'affaire Stavisky. Dans *Jules César,* en 1937, la tragédie politique prend une résonance telle que François Mauriac peut écrire : « Mussolini, Franco, le peuple de Rome, celui de Barcelone sont joués ici au naturel. » C'est pourquoi, certains des spectacles de l'Atelier, appréciés en fonction de la politique française du moment, ont donné lieu à des manifestations diverses, comme ce sera le cas, après la guerre, au T.N.P. Du reste, comme Jean Vilar, qui fut son élève, Dullin aurait eu l'étoffe d'un animateur de grand théâtre populaire, si les circonstances ne lui avaient pas été défavorables. En 1933, à la mort de Gémier, il n'a pu obtenir sa succession au Théâtre national populaire, et sa direction du Théâtre de la Cité a souffert de commencer sous l'Occupation. En 1947, la Ville de Paris lui reprochant son exploitation déficitaire, il est sommé de démissionner, à moins qu'il n'adapte son répertoire (sur la suggestion du président du conseil municipal) à « l'intellectualité moyenne » de l'époque, et pratique un théâtre vraiment « populaire » du type de celui d'en face, le Châtelet, où se presse le public. Incapable d'un tel reniement, Dullin préfère partir.

A droite, Charles Dullin dans le rôle de Pisthétairos des Oiseaux *d'Aristophane, adaptation de B. Zimmer, Théâtre de l'Atelier, 1928. A gauche, maquette de décor de Lucien Coutaud pour* Les Oiseaux *d'Aristophane. Paris, B.N., A.S.P.*

Si Dullin a monté avec passion les auteurs classiques, il n'en a pas moins désiré fournir aux jeunes auteurs contemporains (plus de la moitié de son répertoire) une scène d'essai, et présenter des formes originales en accord avec l'époque, sans hésiter à prendre des risques financiers. Mais, à maintes reprises, il exprime sa déception : « Beaucoup de jeunes auteurs, mais peu d'auteurs nouveaux. » Plus littérateurs qu'auteurs dramatiques, devenus des « hommes de cabinet » sans contact avec les réalités de la scène, les auteurs d'alors, par leur carence, ont selon lui laissé la direction du mouvement théâtral aux metteurs en scène et aux acteurs. Il déplore leur manque de collaboration avec les théâtres qui les jouent. Il aurait souhaité les intégrer à l'entreprise théâtrale, comme il l'avait réussi avec les musiciens et les décorateurs, et a même rêvé d'une « école d'auteurs » à l'Atelier. Parmi les dramaturges de l'époque qu'il a mis à son répertoire, entre autres Marcel Achard, Jean Sarment, Jules Romains, Bernard Zimmer, Steve Passeur, Armand Salacrou, c'est avec ce dernier qu'il a pu réaliser une étroite collaboration telle qu'il la souhaitait. Malgré l'échec retentissant de *Patchouli* (1930), il n'hésite pas à monter les pièces suivantes de l'écrivain, trouvant enfin une audience avec *La Terre est ronde* (1938) et, plus encore, avec *L'Archipel Lenoir* (1947), sa dernière création parisienne au Théâtre Montparnasse, où l'a accueilli Marguerite Jamois, une de ses toutes premières élèves. Dullin a par ailleurs révélé Sartre au théâtre, en jouant, en 1943, et non sans courage, *Les Mouches*, qui connut un éreintement rapide et total et des recettes

A gauche, maquette du décor des Mouches *de J.-P. Sartre, établie par Henri-Georges Adam, Théâtre de la Cité, 1943.* © ADAGP 1989.
A droite, masque du Grand-Prêtre par Henri-Georges Adam pour Les Mouches *de J.-P. Sartre, Théâtre de la Cité, 1943. Paris, B.N., A.S.P.,* © ADAGP 1989.

lamentables. Montant, dès 1922, *La Volupté de l'honneur* il a également révélé Pirandello, en présence de qui il créera, deux ans plus tard, *Chacun sa vérité*, une de ses mises en scène les plus célèbres.

« Supprimez le Dullin réalisateur et animateur, il resterait le vrai Dullin, celui qui a "fait", instruit, façonné tous les autres Dullin comme des prolongements de lui-même, mais toujours contrôlés par lui, l'acteur. » Cette opinion de Jean Sarment apparaît d'autant plus pertinente que le seul livre publié par Dullin de son vivant s'intitule *Souvenirs et notes de travail d'un acteur*. C'est bien en tant qu'acteur sûr de lui (formé à l'école du mélodrame, qu'il ne reniera jamais) passé chez Antoine, puis au Vieux-Colombier, qu'il crée à trente-six ans un théâtre-école, pour aider de jeunes comédiens à devenir ces « acteurs-héros », pour lui base essentielle du théâtre. Son interprétation personnelle des rôles principaux, en apportant à ses spectacles un lyrisme particulier, ce « lyrisme à dents serrées » dont parle Benjamin Crémieux, a contribué au premier chef aux succès de l'Atelier.

L'"acteur-héros"

DULLIN ET SMERDIAKOV

« J'écrivis une longue étude sur Smerdiakov, compacte, bourrée de généralités, dans laquelle j'analysai avec minutie le caractère ; tout y était prévu de ce que je devais faire, depuis la façon de marcher jusqu'au tremblement des lèvres à l'approche de la crise d'épilepsie, cela contribua à m'embrouiller un peu plus, à m'enlever pour un temps de la spontanéité et du naturel. Comme je répétai avec beaucoup de sincérité et de flamme, le metteur en scène et les adaptateurs eux-mêmes avaient tendance à exploiter cette véhémence. Je sentais cependant qu'elle m'éloignait du modèle (...).

Le 5 avril 1911, jour de la générale, j'étais désemparé : Durec la veille m'avait dit : « Quand il y aura le contact avec le public ce sera parfait ». Ce mot *parfait* me coupait bras et jambes. Si cela ne devait être que parfait autant aller se fiche à la Seine, tout de suite. Quelques heures avant la représentation, j'errai aux alentours du Parc Monceau, la tête en feu ; je trouvai la façon dont je jouais ma dernière scène pitoyable ; je la ressassai intérieurement sans prononcer les mots. Tout à coup, quand j'arrivai au moment où je demande à Ivan de me montrer une dernière fois les *fameux roubles* et que je lui lance : « Adieu, Ivan Féodorovitch ! » j'éprouvai un besoin irrésistible de courir.

Je longeai à ce moment la grille du Parc Monceau et je me mis malgré moi à courir le long de cette grille, comme si je voulais rattraper mon personnage que j'entrevoyais de l'autre côté de la grille, grimpant l'escalier pour aller se pendre. Le soir à la représentation je butai sur la marche de cet escalier tragique où précisément j'avais eu avec Ivan l'entretien qui

245

précède le crime et comme dans un cauchemar je grimpai ces marches à la façon du fantôme que j'avais entrevu dans un éclair d'étrange lucidité.

Cette manifestation à la fois animale et spirituelle, où l'âme et le corps éprouvent le besoin de se fondre en quelque sorte pour extérioriser un personnage, me donnait la possession de ce personnage et me dictait en même temps d'une manière plus générale une des grandes lois de l'art du comédien. J'avais eu jusqu'alors une tendance fâcheuse à freiner l'instinct au profit de la composition ; je donnais à l'intelligence du texte, à sa force verbale, aux nuances littéraires, une importance, qui enlevait de la vérité et de la vie au jeu ; malgré ma formation à l'école du mélodrame, peut-être même en réaction contre cette école ; malgré mon passage chez « Antoine » qui avait agi sur moi dans le sens opposé, en ramenant tout à une vérité quotidienne, à un rationalisme impitoyable, aussi faux que l'amphigourisme romantique que j'avais connu chez les acteurs de mélo ; le besoin de me décrasser l'esprit en m'appuyant sur la poésie du texte, sur le génie du poète, m'entraînait vers une sorte de récitation poétique ; dans mon ardeur de néophyte, je posai le problème de l'extérieur ; je faisais dire avec raison : « Dullin... oui... un acteur intelligent » et c'était un reproche grave sous son aspect plutôt flatteur. Smerdiakov m'apprit à me servir de mes vrais moyens. Je puis dire que depuis ce temps-là, aussi bien comme acteur que comme metteur en scène, je me suis efforcé de ne jamais laisser le sens critique et l'intelligence prendre le pas sur l'instinct, ce qui ne veut pas dire que j'y sois toujours parvenu. »

*Charles Dullin :
« Naissance et vie des personnages » (à propos du rôle de Smerdiakov dans* Les Frères Karamazov, *Théâtre des Arts, 1911) in* Souvenirs et notes de travail d'un acteur, *1946.*

Malgré son physique frêle, les rhumatismes qui déformaient son dos, son « visage de paysan méfiant », il fut, grâce à un travail continu sur lui-même, un acteur d'une étonnante capacité de mimétisme. Les enregistrements témoignent encore de sa voix rauque, à la diction parfaite, passant d'une étrange douceur à de brusques accents de puissance. Son interprétation d'Harpagon (qu'il joue jusqu'à la fin de sa vie à la limite de ses forces), jugée parfois trop dramatique et trop « dostoïevskienne », a fait date, comme celle de « Volpone le Renard ». En Richard III, monstre troublant de séduction au cours de la scène avec Lady Anne, il apparaît, après le couronnement, « ivre de meurtres et d'ambitions, pareil, dans sa robe dorée, à une vieille femme, [tournoyant] sur la scène comme une feuille morte, livré à tous les vents » (Brasillach). Dans *Le Roi Lear*, une de ses dernières créations, Dullin a laissé, avec sa couronne dérisoire faite de trois grosses fleurs, une vision inoubliable de folie tragique aux jeunes gens que nous étions, et qui, en ce printemps de 1945, lui lançaient en hommage, en réponse à d'injustes critiques l'accusant de retour au mélodrame, des bouquets de muguet du haut du poulailler.

Dès août 1921, quelques mois, par conséquent, après la création de l'École du Vieux-Colombier, Dullin annonce que l'Atelier sera d'abord une « école nouvelle du comédien », déclarant : « Nous ne faisons que reprendre le harnais délaissé par les comédiens modernes plus avides de gain que de vraie beauté. » Le programme, plus souplement organisé, mais à bien des égards comparable à celui de Copeau, fait alterner cours pratiques (improvisation, diction, jeu théâtral, mime, danse) et cours théoriques (histoire du théâtre et histoire de l'art). Le but de Dullin est aussi d'alimenter sa troupe et de garder, en marge des exigences contraignantes de son exploitation théâtrale, un centre d'études et d'expériences avec la collaboration de jeunes artistes, d'écrivains et de musiciens. Antonin Artaud, qui a fait ses débuts à l'Atelier, évoque les exercices des élèves : « On joue avec le tréfonds de son cœur, avec ses mains, avec ses pieds, avec tous ses membres. On sent l'objet, on le hume, on le palpe, on le voit, on

La classe de Charles Dullin, avec Alain Cuny.

Charles Dullin dans le rôle d'Harpagon.

l'écoute, et il n'y a rien, et il n'y a pas d'accessoires. Les Japonais sont nos maîtres directs, et nos inspirateurs. »

Dullin, secondé par Lucien Arnaud, a dirigé son école jusqu'à la fin de sa vie. Si Jouvet, sans conteste professeur de grande classe, mais de tempérament plus solitaire et plus secret, n'eut que l'audience limitée du Conservatoire, Dullin, avec son goût pour le travail en équipe, a exercé durant vingt-huit ans une influence profonde sur des générations de jeunes acteurs. Nombre des meilleurs comédiens de notre époque sont sortis de l'école de Charles Dullin : Marguerite Jamois, Jany Holt, Jean Marchat, Raymond Rouleau, Madeleine Robinson, Michel Vitold, Agnès Capri, Alain Cuny, Jean Marais, Marcel Marceau et bien d'autres... C'est à l'Atelier que, simple figurant dans *Le Faiseur* en 1935, Jean Vilar prit contact avec un plateau, et que Jean-Louis Barrault mit en scène, la même année, son premier spectacle, *Autour d'une mère*.

GEORGES PITOËFF, POÈTE DE LA SCÈNE

Les origines russes de Georges Pitoëff éclairent la place originale qu'il a tenue au sein du Cartel par son répertoire comme par son œuvre de décorateur. Lors de son mariage avec Ludmilla de Smanov, à Paris en 1915, quelques jours avant son départ pour la Suisse où commence sa carrière de metteur en scène de pièces en langue française, Pitoëff a trente ans. Ce n'est nullement, comme on l'a cru à ses débuts à Genève, un esthète passionné, un amateur. Sa connaissance du théâtre est exceptionnelle et sa formation professionnelle complète. Né à Tiflis, il se rend quotidiennement, dès l'enfance, au théâtre que dirige son père. Durant ses études d'ingénieur à Moscou, il fréquente assidûment le Théâtre d'Art de Stanislavski. Après un séjour de trois ans à Paris, où la révolution de 1905 a conduit sa famille, il est, en 1908, appelé à Pétersbourg par la grande actrice Véra Kommisarjevskaïa et débute comme acteur dans son théâtre. Il y rencontre les symbolistes qui entourent l'artiste, tels Blok, Brioussov, des metteurs en scène tels Evreïnov, Kommisarjevski, Meyerhold, des peintres-décorateurs comme Bakst, Larionov, Gontcharova et se trouve au cœur des discussions qui ont entouré la naissance de nouvelles formes théâtrales. Devenu acteur et régisseur au théâtre ambulant de Gaïdebourov, il parcourt toute la Russie, jouant devant les publics les plus divers. En 1911, un stage en Allemagne, à Hellerau, l'initie à la rythmique de Jaques-Dalcroze. Il dirige pour la première fois un théâtre en 1913, Notre Théâtre, situé dans un quartier ouvrier de Pétersbourg. Ouvert dès cette époque à un répertoire européen, il met à l'affiche Ibsen, Schnitzler, Hauptmann, Wilde et pratique un théâtre à l'opposé du réalisme stanislavskien.

Pitoëff quitte définitivement la Russie en 1914 pour rejoindre son père à Paris, où il découvre avec enthousiasme le travail de Copeau, avec qui il se liera d'amitié. A Genève, lieu d'asile, durant la guerre, de l'intelligentsia cosmopolite, le Théâtre Pitoëff deviendra vite, après de modestes débuts, un foyer d'art très actif. L'échec en 1921 d'un projet de collaboration entre le Vieux-Colombier et le Théâtre Pitoëff n'est pas étranger à son désir de quitter la Suisse. L'invitation d'Hébertot, qui l'accueille à la Comédie des Champs-Élysées de 1922 à 1924, lui fournit l'occasion de son installation définitive à Paris avec sa compagnie. Elle est composée de comédiens suisses (dont Michel Simon, Jean Hort, Alfred Penay, Alice Reichen), d'un Italien (Léonard Culotti, qui deviendra son directeur technique avant d'être celui de J.-L. Barrault), de Russes et d'une seule Française (Héléna Manson). Beaucoup resteront dans la troupe jusqu'à la mort de Pitoëff — sauf Michel Simon qui abandonne son engagement dès 1923.

Après le départ d'Hébertot de l'avenue Montaigne, commence pour Pitoëff une longue période d'errance, qui le conduit de théâtre en théâtre, où il tentera de résoudre ses incessantes difficultés financières par de grandes tournées à l'étranger. Ce n'est qu'en 1934 qu'il pourra louer le Théâtre des Mathurins, où il se fixe enfin, sans que les soucis d'argent lui soient pour autant épargnés. Malade depuis quelques années, il risque en toute lucidité sa vie pour jouer en 1939 Stockmann dans *Un ennemi du peuple* d'Ibsen, succès triomphal qu'il doit arrêter après quinze représentations. Il meurt peu après.

Deux convictions ont animé Pitoëff : que le théâtre se doit « de donner le plus de pièces possible sous peine d'ankylose » et que, par l'œuvre de leurs poètes, les hommes de tous les pays puissent se connaître et se rencontrer. Ainsi a-t-il mis en scène soixante-quinze pièces en Suisse et cent une à Paris, appartenant à un répertoire international. Sa sensibilité, formée par Tchékhov et les symbolistes russes, le conduit à exprimer d'abord ce qu'il appelait « l'âme moderne » et donc à choisir un répertoire essentiellement contemporain (mis à part Shakespeare). Pitoëff a joué Tolstoï et révélé à Paris Blok, Andreïev et surtout Tchékhov, dont il a traduit avec Ludmilla *Oncle Vania, La Mouette, Les Trois Sœurs*. Si Dullin avait, avant lui, monté *La Volupté de l'honneur*, c'est la première des *Six Personnages en quête d'auteur* qui, le 10 avril 1923, marque le début en France de l'histoire de Pirandello. Il s'est acharné à faire apprécier — sans grand succès, mis à part *Sainte Jeanne* — le théâtre de Bernard Shaw, dont il monte huit pièces. Prenant le relais de Lugné-Poe, il présente cinq pièces d'Ibsen (dont *Les Revenants, Maison de Poupée*, maintes fois repris, *Le Canard sauvage*). Parlant plusieurs langues, il est sans cesse à l'affût de toute manifestation nouvelle à Londres, New York, Berlin ou Vienne, et peu d'œuvres essentielles de l'époque lui ont échappé. Il joue Mackenzie, Synge, O'Neill, Strindberg, Hamsun, Maeterlinck, Crommelynck, Ramuz, Schnitzler, D'Annunzio, Molnar, Tagore, etc. Parmi les auteurs français, Lenormand, Claudel, Gide, Cocteau, Supervielle, Anouilh. Ressentant avec force les inquiétudes de l'entre-deux-guerres, il choisit, à partir de 1931, des œuvres traitant de l'antisémitisme ou du militarisme, comme *Les Hommes* de Vialar, *Achtung Parade* d'Angermayer, *Les Juifs* de Tchirikov, *Joe et Cie* de Bergman, *Les Criminels* de Bruckner, auteur interdit en Allemagne, *Angelica* de Ferrero, exilé antifasciste. Cette soif passionnée de créations nouvelles ne fut pas étrangère à ses difficultés matérielles ni à l'imperfection de certaines réalisations. Il déclarait que, faute d'avoir eu les moyens de l'alternance, sa vie s'était passée « entre deux feux » : « En cas d'insuccès, je dois songer à un nouveau spectacle, le monter dans la crainte ou dans la hâte. En cas de succès, c'est presque pire. Au bout d'une cinquantaine de représentations, la répétition des mêmes scènes, des mêmes gestes me cause un insupportable malaise. »

A la fois metteur en scène, comédien, décorateur et traducteur de nombreuses pièces, Pitoëff n'a laissé que de rares articles et quelques interviews. Mais ces « idées jetées au hasard » n'en formulent pas moins avec précision ses conceptions essentielles. Avec la force d'Antoine et avec plus de netteté que Jouvet ou Dullin, Pitoëff affirme la spécificité de la mise en scène : l'art scénique est un art véritable, « absolument indépendant » et le metteur en scène un « créateur à part entière » entièrement libre : « Lorsque la pièce arrive sur le plateau, la mission de l'écrivain est terminée. » Par ailleurs, partageant l'opinion d'Appia qu'il a fort bien connu à Genève, Pitoëff insiste sur la primauté à accorder à l'acteur dans le spectacle : « L'arbitraire du *temps* et du *déplacement* cédera la place à la précision absolue réclamée par l'acteur. Ce n'est pas toujours le texte qui les exigera, ils naîtront dans la pensée ou le sentiment de l'acteur pour se résoudre en texte. » Objets, décors, costumes ne sont là que pour servir

Sainte Jeanne *de Shaw, Théâtre des Arts, 1925. Tableau V. Mise en scène et décor de Pitoëff. Le triptyque posé sur un praticable de trois marches, élément fixe, est « habillé » de façon différente au cours des huit tableaux. Ici le déambulatoire de la cathédrale de Reims. Pitoëff dans Charles VII.*

Le Juif du Pape *d'Edmond Fleg, Théâtre des Arts, 1925. Décors de Pitoëff, exécutés par Alexeieff. Pitoëff joue dans ce spectacle sur la violence des éclairages, la somptuosité des costumes et la composition en fresque.*

sa « force mystérieuse » : ils aideront cette force à passer la rampe ou bien seront des « loques inutiles ». Le décor doit d'abord permettre à l'acteur de se mouvoir dans un espace à sa mesure. Il doit encore — sur ce point Pitoëff rejoint Craig — servir de support au drame dont il est l'émanation et le symbole.

« Une mise en scène est un ensemble. Tout se tient. Si le metteur en scène peut dessiner les maquettes, il *doit* le faire », estime Pitoëff, ajoutant : « Une fortune entière ne me ferait pas jouer dans les décors des autres. » Son œuvre de décorateur reste, avec son répertoire, son apport spécifique le plus original. L'esthétique de ses maquettes, schémas synthétiques colorés, aux formes géométriques et à l'extrême dépouillement décoratif, s'éclaire d'abord en référence au courant moderniste russe qui a marqué sa jeunesse, à Larionov, à Malevitch, à la liaison faite par Kandinsky entre le « spirituel » et l'« abstrait ». A la scène, selon la pièce, Pitoëff libère l'espace ou l'occupe dans toute sa hauteur. Tantôt de simples rideaux de velours forment, à l'aide de quelques accessoires, le décor ouaté des salons de Tchékhov et d'Ibsen ou, agrémentés d'un arbre stylisé et d'un banc, constituent l'espace de nombreux jardins. Tantôt il utilise des décors à compartiments, ou simultanés, des plateaux démembrés en zigzag comme ceux des expressionnistes allemands. Parfois de simples rubans colorés sur fond de velours noir ou une toile abstraite suffisent à créer l'atmosphère du lieu. Souvent, comme « l'éclair d'une révélation », disait Jouvet, un élément de la scénographie visualise le thème moteur de la pièce : l'ascenseur du théâtre fait tomber du ciel les Six Personnages, un triptyque garde, de tableau en tableau, conçu comme des enluminures, la ligne maîtresse du drame de *Sainte Jeanne*, un médaillon ovale distancie les péripéties surannées de *La Dame aux camélias*, deux fauteuils à bascule au centre de la scène matérialisent, dans *Un ennemi du peuple*, la versatilité des personnages qui viennent s'y asseoir. Parmi les plus grandes réussites de Pitoëff figurent ses mises en scène des drames shakespeariens, dont nous reparlerons. « Il fut très exactement, écrira Jouvet, un poète de la scène » (« Hommage à Pitoëff », *Opéra*, 4 mai 1949).

*Et puis,
il y avait
Ludmilla*

Rarement, sans doute, régisseur et comédienne furent plus exactement complémentaires que Georges et Ludmilla Pitoëff. « Une mise en scène, écrit Lenormand, ne s'organisait en lui que s'il pouvait lui donner pour centre émotif et visuel la personne de Ludmilla. Son amour et sa création artistique étaient inextricablement liés. » Ludmilla apporta à Georges une aide qu'on peut qualifier de mystique. Elle fut aussi un atout essentiel des entreprises les plus aventureuses de son mari. C'est son nom qui attirait le public et, grâce à elle, les critiques les moins bien disposés consacraient au spectacle le plus anticommercial quelques lignes chaleureuses. Toutes les qualités qui firent de Ludmilla Pitoëff une grande actrice, sa voix pure, réfléchie, son pouvoir d'envoûtement venu de la conviction qui engageait le plus profond d'elle-même, sa fantaisie et sa drôlerie, ont permis des affinités exceptionnelles entre elle et les héroïnes de Tchékhov, d'Ibsen et la Sainte Jeanne de Shaw, son plus grand succès : la jeunesse se pressait en foule et les snobs remontaient vers onze heures le boulevard des Batignolles pour voir Jeanne pleurer et baltutier dans la scène de l'abjuration. Beaucoup de pièces furent créées sous son influence, parce qu'elle y trouvait des rôles, qui, disait-

La maison des Criminels *de Bruckner, présentée en coupe, sur trois étages. Décor de Pitoëff, Théâtre des Arts, 1929.*

Liliom *de Molnar, Comédie des Champs-Élysées, 1923. Dernier tableau. Liliom (Georges Pitoëff), Julie (Ludmilla), Marie (Héléna Manson).*

elle, « la consolaient, la faisaient rêver et participer au rythme universel ». Pour elle, Georges monta la *Médée* de Sénèque, *Amal ou la Lettre du Roi,* poème de l'attente mystique, où elle interprétait, comme bien d'autres fois, un jeune garçon, mais aussi *La Dame aux camélias,* qu'il exécrait, et d'autres pièces qu'il n'aimait guère.

Metteur en scène reconnu, Pitoëff, comédien, donna souvent prise à la critique que lassaient son accent russe prononcé et la monotonie de son débit. Mais sa « présence » lui valut des admirateurs passionnés. Lucien Dubech notait « qu'il se tirait de n'importe quel rôle à force d'intelligence ». Il réussit en effet, sans avoir recours au maquillage, des rôles apparemment antithétiques : les idéalistes visionnaires, versions multiples d'Hamlet (le plus grand succès de sa carrière), les tourmentés, les névrosés, les alcooliques (Oswald des *Revenants*, Nikita de *La Puissance des ténèbres*, Henri IV de Pirandello), rôles qu'il interprétait avec une passion intérieure telle qu'elle le poussait au jeu expressionniste, mais aussi les cyniques et les roublards (Jean de *Mademoiselle Julie*). Ses dons comiques, dont il usa par intermittence, l'ont fait plusieurs fois comparer à Chaplin.

Le Singe velu *d'O'Neill, Théâtre des Arts, 1929. Trois cercles concentriques de diamètre décroissant et découpés dans des châssis sont le cadre unique pour les huit tableaux de la pièce. Ici, New York, Cinquième Avenue.*

La Belle au bois *de Supervielle, mise en scène et décor de Pitoëff, Théâtre de l'Avenue, 1932.*
La Belle : *Ludmilla* ; *Barbe-bleue* : *Georges* ; *Le chat botté* : *Jean Riveyre. Archives Pitoëff.*

La Ronde *de Schnitzler, Théâtre de l'Avenue, 1932. Mise en scène et décor de Pitoëff.*
Ludmilla Pitoëff, changeant de costume et de maquillage, joue tous les rôles de la pièce.

Antoine, Copeau, d'autres encore ont reproché à Pitoëff d'accorder une attention trop exclusive au jeu de sa femme et au sien, aux dépens de l'homogénéité du spectacle. Incarner avec elle un couple d'amants — et ils en incarnèrent beaucoup — était bien son vœu le plus cher, vœu qui le poussa, à cinquante ans, à interpréter Roméo aux côtés d'une mère de sept enfants ! Le fils aîné, Sacha, continuera l'œuvre de son père et la dernière fille, Aniouta, écrira dans son beau livre, *Ludmilla ma mère,* la chronique légendaire des Pitoëff.

LUDMILLA

« Ludmilla Pitoëff n'élève jamais la voix ; mais elle n'a pas plus tôt commencé à parler que l'auditeur a perdu toute envie d'être autre part que là : ici. L'âme est atteinte. Quelqu'un a trouvé le moyen de m'atteindre avec le timbre propre, avec l'inflexion indispensable (...). Quelle fortune pour moi que cette bouche délicieuse m'expliquant, au jeu de ces deux timbres tour à tour que je connais si bien, ma faiblesse et mon malheur, avec une suavité raisonnable ! Et que le français est beau sous ces lèvres irréprochables ! Quelle justesse, dans le placement de l'atome intellectuel et sonore qui confère à la phrase son équilibre, et que cet infaillible tact, avec une résonance poignante, sur la corde exquise ! L'alexandrin n'est plus là pour nous imposer son arithmétique et tout ce fastidieux artifice de ricochets. Il n'y a qu'une âme — Philomèle qui invente au fur et à mesure sa prosodie (...).

Et je n'ai rien dit de la justesse lente, de la lente arrivée à la justesse des attitudes et des mouvements, qui ne fait qu'un sur la partition avec le développement de la mélodie. De ce déplacement à mesure sur la portée à trois dimensions, de cette barre avec autorité qu'est la personne, pomme du bras et de la main. De ces trouvailles de gestes déchirantes, et je dirai presque attentatoires à ces régions en nous où l'âme aveuglément veille sur ses trésors les plus sacrés. »

Paul Claudel, Le Figaro littéraire, *25 janvier 1947.*

ET GEORGES PITOËFF

« Tout ce qui devrait le desservir plaide pour lui, son rire à dents découvertes, la fêlure inguérissable de sa voix, une sorte d'insouciance profonde, une agilité, une aisance de va-nu-pieds (...). Que lui reprocherai-je encore ? L'enthousiasme, son élan vital. La singulière sensualité qu'il apporte à se nourrir d'un baiser, donné en scène au mépris de tout maquillage (...) ce besoin de délirer, ne fût-ce que cruellement... et puis ce rebondissement après un échec. Ai-je dit assez de mal de Pitoëff ? »

Colette, Le Journal, *19 novembre 1933.*

« Intérieurement il était Hamlet. Mais il se sentait Roméo. Nous touchons là au secret essentiel de l'acteur, à la source de ses illusions et de ses déceptions. Un amour que le temps n'a pas entamé le poussera toujours à jouer les amoureux, même si son tempérament de comédien le lui interdit. Dans sa vie dite réelle — dans celle qu'il menait hors du théâtre — à l'égard de Ludmilla Georges était Roméo. C'est pour cela qu'il lui semblait naturel de couler dans le personnage cette exaltation lyrique et charnelle qui l'habita de sa jeunesse à sa mort. Avec une autre Juliette que Ludmilla, il n'aurait ni pu, ni voulu jouer Roméo. »

Georges (Louis Laine) et Ludmilla (Marthe) dans L'Échange *de Claudel, Théâtre des Mathurins, 1937.*

Phèdre *de Racine, Théâtre Montparnasse, 1940. Mise en scène Gaston Baty, décor Émile Bertin, costumes Marie-Hélène Dasté, musique de Rameau. La mort de Phèdre interprétée par Marguerite Jamois. Paris, B.N., A.S.P.*

MARGUERITE JAMOIS

« L'étoile des spectacles de Gaston Baty fut Marguerite Jamois. C'est avec les yeux qu'elle joue et, si je puis m'exprimer ainsi, du bout des lèvres. Sous ses yeux dans lesquels des marées débordent, sa bouche est comme une lame gisante qui palpite pour bondir, pour vivre.

Pour moi, c'est dans *Le Dibbouk* que Marguerite Jamois fit sa grande création. On connaît l'argument de cette pièce. Un jeune étudiant en théologie est contraint de se séparer de la femme qu'il aime et qui lui a été, *théologiquement*, destinée. L'étudiant meurt à l'instant où il va dévoiler son grand secret et la façon dont tout cela se passe peut le faire croire déjà mort quand il révèle son secret. A l'instant de la mort, son esprit se met à rôder et vient s'incarner dans cette femme ; et, dans une scène extraordinaire, Marguerite Jamois parle avec la voix même de l'homme qui réclame ce qui lui a été destiné, c'est-à-dire la femme, c'est-à-dire elle-même.

J'ai vu Jamois dans presque toutes ces créations. Je l'ai vue jouer, les yeux clos et la bouche fermée, des êtres fermés. Dans cette œuvre elle incarnait un être enfermé en lui-même, mais qui parle du plus profond de lui ; et la voix avec laquelle cet être revendiquait son bien est l'une des choses les plus terribles que j'ai entendues. »

Antonin Artaud,
« Le théâtre d'après-
guerre à Paris »
(Œuvres complètes,
tome VIII).

« Je me souviens de Sarah dans Phèdre, sublime, certes, mais pas une minute je n'oubliais qu'elle était Sarah Bernhardt. Pour la première fois, à Montparnasse, j'ai vu la fille de Minos et de Pasiphaé. Jamois a compris qu'elle ne sortait pas seulement des ténèbres d'une chambre, mais de longues années d'une lutte épuisante (...).

... Regarde-la bien ! à demi-dévorée déjà par cette flamme qu'on ne voit pas, "cette flamme noire". Thésée lui fait peur, certes, mais moins que le ciel qui palpite, au centre de la scène, ce ciel peuplé de ses aïeux... Il faut que le poison ait déjà envahi ses veines pour qu'elle pressente que ce gouffre d'azur sombre n'est pas le séjour d'une éternelle implacabilité. Oserais-je dire qu'à ce moment de la mort Mlle Jamois touche au sublime ? Sur ce lent chemin par où elle descend chez les morts, dans une solitude totale, sa voix participe déjà à cette paix de l'âme qui approche des rivages où Dieu déferle. »

François Mauriac,
Temps présent,
5 avril 1940.

Pour *Phèdre* (1940), l'approche « historiciste » se précise, touche au sens même de l'œuvre et met au premier plan son contenu janséniste. « Le panneau central, essentiel, écrit Baty, c'est l'âme de Phèdre, chrétienne, hérétique et torturée. Non plus Trézène. Non plus Versailles. Port-Royal. » A l'interprète (Marguerite Jamois) d'exprimer à la fois « le grondement assourdi des instincts déchaînés au fond des abîmes légendaires et l'âpreté janséniste » ; aux grands lustres dorés, devant un décor abstrait (cyclorama et rideaux), d'évoquer l'époque louis-quatorzienne. L'analyse dramaturgique (violemment critiquée) faite par Baty de *Bérénice* (1946) met l'accent non sur la reine mais sur Titus, héros déchiré par les valeurs chrétiennes. Dans un décor sobre de Pierre Sonrel, une grande louve dorée est le seul signe de « romanité ».

Les tentatives multiformes de Baty ont suscité des polémiques durant toute sa carrière. Certaines d'entre elles, en particulier sa « lecture » des classiques et ses adaptations de roman, apparaissent comme novatrices pour l'époque, annonçant la direction prise, après la guerre, par la mise en scène contemporaine. Son œuvre théorique contient par ailleurs une réflexion approfondie sur la nature spectaculaire du théâtre, rendue confuse cependant par sa hantise d'un théâtre-communion, en décalage total avec la réalité sociale de l'époque. Au-delà de l'éclectisme de sa pratique, seule, sans doute, sa science des éclairages donne à ses réalisations une véritable unité d'inspiration.

« UN ÉTAT D'ESPRIT D'ENSEMBLE »

Comme le soulignera Copeau, le mouvement théâtral de l'entre-deux-guerres reste, en France, le fait de petits théâtres, qui ne dépassaient guère cinq cents places et auxquels a manqué un large public. Au terme d'une vie consacrée à la scène, Baty, Dullin, Jouvet et Pitoëff ont bien senti les limites et les insuffisances de leurs expériences, se trouvant d'accord pour déplorer l'indifférence de l'État à leurs efforts et pour préconiser l'urgence d'une décentralisation. Qualifiant ce mouvement d'« île pour l'élite », Bernard Dort insiste, d'autre part, sur l'isolement du théâtre français en Europe, rappelant une remarque de Brecht, faite en 1936 : « Voici quelques années, lorsqu'on parlait de théâtre moderne, on citait les théâtres de Moscou, de New York et de Berlin. Peut-être évoquait-on encore tel spectacle de Jouvet à Paris et de Cochran à Londres (...) mais on peut dire que le théâtre moderne ne comptait que trois capitales. » Il est vrai que les metteurs en scène français, pour qui la scène italienne garde son prestige centenaire, n'ont pas fait preuve d'innovations scénographiques révolutionnaires, comparables aux recherches allemandes et russes, foisonnantes et novatrices. Les tentatives de Baty et de Jouvet pour utiliser le Théâtre Pigalle, construit en 1929 par Henri de Rothschild et équipé selon les techniques les plus récentes de la scénographie, se soldent par des demi-échecs, dus en partie à la complexité d'une machinerie à laquelle ils étaient peu préparés (et peut-être même hostiles).

Autre fait notable : le travail accompli par les théâtres du Cartel, mis à part Baty, a été surtout le fait d'acteurs. Dépassant leur métier d'interprète, Dullin, Jouvet, Pitoëff ont pris en main les destinées du théâtre, élargissant leur profession d'origine à celle de metteur en scène, rôle-clé du théâtre contemporain. Cela ne fut pas sans marquer leurs réalisations, conçues le plus souvent à partir d'une méditation approfondie de tel ou tel rôle. Le travail minutieux et acharné de Jouvet, tournant autour de rôles phares, détermine bien évidemment les constructions scéniques de *Dom Juan* ou de *Tartuffe*. Pitoëff médite durant vingt ans sur *Hamlet* avant d'oser le jouer : de ses réflexions sur l'interprétation à donner du personnage naît sa certitude que, pour Shakespeare, convient seul un décor unique et épuré, « où l'acteur, supportant le texte, devient roi ».

Le désir de ces acteurs de renouveler leurs rôles n'est pas étranger au nombre surprenant de spectacles qu'ils ont réalisés. Cette soif de créations nouvelles n'était guère compatible avec l'efficacité commerciale de théâtres assujettis à la loi du profit. Pourtant, c'est afin de prendre des risques en toute liberté que ces acteurs-metteurs en scène ont également assumé la fonction de directeur, rendue alors périlleuse par l'absence de subventions de l'État. Le recours aux mécénats circonstanciels, l'appel aux « fonds de garantie » ou aux associations de spectateurs n'ont pas suffi à Dullin et Pitoëff, sans cesse au bord de la faillite et morts dans la misère. Jouvet lui-même, avant de consacrer une bonne partie de l'argent qu'il gagnait au cinéma à payer les frais de son théâtre, a connu des saisons désastreuses. Baty, disposant de plus de temps, et dont la gestion rigoureuse a fait vivre le Théâtre Montparnasse, n'en a pas moins traversé, à ses débuts, des moments difficiles. Si l'on n'a pas de projecteur, déclarait-il en

1925, « il n'y a qu'à prendre une boîte de biscuits Olivet et des feuilles de colophane pour la couleur ». Le caractère encore artisanal de ces entreprises (avec la noblesse et les limites que sous-tend cette formule) n'avait pas, sous certains aspects, que des inconvénients. Aujourd'hui, les charges sociales entraînées par la tarification syndicale des salaires, l'abondance du personnel administratif, les cahiers des charges pèsent lourdement sur les théâtres les mieux subventionnés. A l'époque du Cartel, les directeurs disposaient d'une troupe fixe, raisonnablement (et parfois mal) payée — y compris les « vedettes », moins « médiatisées » que de nos jours —, d'équipes administratives et techniques très réduites. Enfin, ces « animateurs » avaient réussi, grâce à leur ascendant personnel, à former des troupes soudées. L'Atelier gardera longtemps le caractère de phalanstère de ses débuts. Pour *Voulez-vous jouer avec môa ?* de Marcel Achard, le décorateur Touchagues « s'arrange » pour ne pas dépasser les 290 francs accordés par Dullin, construisant la piste du cirque avec de vieux bouts de bois, vendant d'autre part une de ses aquarelles, tandis que Lucien Arnaud fait des cachets en récitant des poèmes. Au moment de la création de *La Ronde* de Schnitzler, la troupe de Pitoëff, qui l'a toujours suivi dans ses entreprises les plus hasardeuses, propose, face au manque total d'argent, de jouer « sans conditions », et sera finalement payée au pourcentage sur recettes. Anecdotes certes, mais significatives de cet « état d'esprit d'ensemble » dont parle Jean Vilar dans sa *Lettre au directeur*, où tous, comédiens et techniciens, se sentent concernés par la réussite du spectacle, condition essentielle, selon lui, d'une direction efficace.

LA COMÉDIE-FRANÇAISE : UNE CRISE LATENTE

L'entrée à la Comédie-Française de Baty, Copeau, Dullin, Jouvet, appelés en 1936 à seconder le nouvel administrateur, Édouard Bourdet, apparaît bien comme la reconnaissance de fait de l'importance du mouvement des petits théâtres. Cette intrusion révolutionnaire du théâtre privé sur la scène nationale consacre du même coup le prestige du rôle du metteur en scène en France. Jusqu'à cette date, Émile Fabre, à la tête de la Grande Maison depuis 1915, recevait une subvention notoirement insuffisante, bien inférieure à celles de l'Opéra et de l'Opéra-Comique. Auteur dramatique, d'ailleurs estimé, joué chez Antoine, puis chez Gémier, il était sans préjugé contre les nouveautés, mais n'en avait pas moins maintenu la Comédie-Française hors de toute innovation esthétique. A son actif figurent l'inscription, parmi les classiques, d'Henri Becque et de Jules Renard, l'organisation de cycles pour commémorer le tricentenaire de Molière (1922), le romantisme (1927), le théâtre du XVIIIe siècle (1932). Quant au comité de lecture — dont Fabre ne faisait pas partie —, il accueille indifféremment, entre les deux guerres, des pièces de Géraldy, Marcel Achard, Jean Sarment, Saint-Georges de Bouhélier (et, en 1933, cependant, *L'Otage* de Claudel).

Dès 1924, Antoine souligne dans un article la crise latente qui mine l'institution : absence de pouvoir d'un administrateur dont la caisse est vide, mutations hasardeuses de comédiens mal payés, improvisation permanente du comité de lecture dans le choix des pièces nouvelles. De nombreux comédiens, Pierre Fresnay, André Luguet, Hélène Perdrière, Jean Marchat quitteront successivement la maison. Y demeurent cependant des acteurs célèbres : au lendemain de la guerre de 1914-1918, des anciens, tenaces, comme Mme Segond-Weber, et Albert Lambert qui prolonge la lignée des Mounet-Sully ; dans les années 30, Jean Yonnel, Pierre Bertin, Fernand Ledoux et, parmi les actrices, Béatrix Dussane, Mary Marquet, Madeleine Renaud, Berthe Bovy, Annie Ducaux, Colonna Romano.

En 1935, la réfection de la salle donne lieu à une soirée d'inauguration qu'évoque ainsi Pierre Brisson : « Ce fut d'une détresse poignante. L'opposition entre la fraîcheur des peintures et l'état de la troupe prête à une ironie trop facile (...). Était-il possible que ce spectacle de patronage, ces tirades hurlées de Phèdre, de Rodrigue, de Don Gormas marquassent l'état actuel d'un des plus glorieux théâtres du monde ? Était-il possible que tout cela fut enregistré, accepté, sanctionné avec une totale indifférence par les autorités en plastron blanc que groupait cette soirée funèbre ? » Ajoutant, non sans quelque exagération : « Redire de la Comédie-Française qu'elle a cessé d'être un théâtre pour devenir un cimetière ne serait même plus exact. Les cimetières, eux, du moins sont gardés. »

Lors de l'arrivée au pouvoir du Front populaire, le ministre de l'Éducation nationale, Jean Zay, prenant conscience de la situation financièrement désastreuse du théâtre national, augmente considérablement, nous le verrons plus loin, sa subvention. Copeau, Baty, Dullin et Jouvet n'auront guère le temps d'en profiter et de faire toutes leurs preuves. La guerre, en les dispersant, va interrompre cette expérience novatrice.

Jacqueline de JOMARON

Ci-contre, maquette de décor pour Macbeth *de Shakespeare, par Pitoëff, 1921 : « représentation plastique du plan sur lequel Macbeth évolue en entier ». Paris, B.N., A.S.P.*

EN QUÊTE DE TEXTES

A LA DÉCOUVERTE DE L'ÉTRANGER

Dans le débat toujours ouvert sur la place et la fonction du texte dans la représentation théâtrale, on insiste beaucoup, aujourd'hui encore, sur le déplacement d'accent qu'aurait opéré dans le spectacle l'arrivée du metteur en scène, ce tard venu dans l'histoire du théâtre. On dénonce volontiers les distorsions qu'il aurait fait subir au texte ainsi que sa mise en tutelle de l'acteur. On oublie cependant de souligner que les metteurs en scène ont beaucoup œuvré pour porter la littérature au théâtre ; que ce sont eux, en particulier, qui ont ouvert notre répertoire aux auteurs étrangers. A la fin du XIXe siècle, Paris est dans une ignorance quasi totale du répertoire des capitales étrangères, alors que la littérature scénique française (représentée par Sardou, Scribe et Dumas fils) jouit à la même époque de la faveur des scènes européennes, de Berlin à Moscou. Aussi Antoine fait-il preuve d'une hardiesse qu'on aurait pu alors qualifier de révolutionnaire en faisant figurer, dès 1888, au répertoire du Théâtre-Libre, les œuvres de grands dramaturges étrangers, ouvrant ainsi une ère nouvelle dans l'histoire de la scène française. A sa suite, Lugné-Poe et Pitoëff, Dullin et Baty dans une moindre mesure, feront connaître nombre de pièces étrangères, nordiques, allemandes, anglaises, russes ou italiennes dont certaines figurent parmi les chefs-d'œuvre de la littérature dramatique.

La vague scandinave

Les auteurs scandinaves, Ibsen, Strindberg, Björnson, ont été révélés à peu près au même moment par les deux théâtres concurrents et de statut similaire, le Théâtre-Libre d'Antoine et le Théâtre de l'Œuvre de Lugné-Poe. Sans surestimer l'impact des « premières » de l'époque devant un public somme toute restreint, la création des *Revenants* d'Ibsen par Antoine, en 1890, reste un événement d'importance. Mis à part quelques articles dans *La Revue dramatique* en 1887 et les premières traductions du comte Prozor, au retentissement très limité, Ibsen était à peu près inconnu en France. L'accueil de la critique aux *Revenants* reste prudent, et sera carrément hostile, l'année suivante, pour *Le Canard sauvage*. Sarcey, entre autres, se livre à des variations douteuses sur le canard, canard aux olives, canard à la rouennaise, canard aux ronds d'orange... Si le public des petites salles est limité, les quotidiens et périodiques parisiens consacrent au théâtre, plus qu'ils ne le font aujourd'hui, d'importants articles. Certains critiques sont célèbres : Jules Lemaître, Francisque Sarcey, Émile Faguet, Jean Jullien ou Paul Léautaud...

Outre le désir sincère d'ouvrir son théâtre aux auteurs étrangers, Antoine s'y voit poussé par la relative faiblesse de la dramaturgie naturaliste française (analysée plus haut par J.-P. Sarrazac). Ibsen va donc lui servir (comme Tolstoï, comme Hauptmann) de cheval de bataille pour l'introduction d'une esthétique naturaliste en France. Avec Lugné-Poe, par une de ces ironies de l'histoire ou par ce que Jean-Pierre Sarrazac qualifie plus haut de « réversibilité du naturalisme et du symbolisme », Ibsen devient au contraire le porte-drapeau du symbolisme.

Maquette de Gaston Baty pour Le Malade imaginaire, *de Molière, Théâtre de l'Avenue, 1929. Probablement la fin de la pièce. Paris, B.N., A.S.P.*

Ci-dessus, maquette de Georges Pitoëff pour le prologue de Liliom de Molnar, 1923. Lignes, couleurs, lampions ne sont là que « pour dessiner les visions de la vie » de l'employé du manège. Artaud, qui a joué dans le spectacle, note dans une lettre à Genica Athanasiou : « Il fallait représenter le mouvement de la foire. Et tout a l'air de tourner dans le décor. » L'abstraction de la vision plastique rappelle certaines toiles de Kandinsky.

Ci-contre, maquette de Georges Pitoëff pour Roméo et Juliette de Shakespeare monté en 1937, Mathurins.

La tension dramatique s'exprime par la géométrisation des formes, où domine le triangle, l'élan des cyprès vers le ciel. Décor unique, synthétique, qui réunit, face à face, la maison des Capulet et celle des Montaigu ainsi que la chapelle de Frère Laurent. Paris, B.N. A.S.P.

Esquisse de Christian Bérard pour l'École des Femmes de Molière, mise en scène Jouvet, 1936.
Ici, le jardin ouvert. Paris, B.N., A.S.P., © SPADEM 1989.

Après *La Dame de la mer*, présentée en 1892 aux Escholiers, Lugné monte coup sur coup à l'Œuvre, entre 1892 et 1896, *Rosmersholm, Un ennemi du peuple, Solness le Constructeur, Brand, Les Soutiens de la société, Peer Gynt*. Sous l'influence des symbolistes et de Maeterlinck il opère une lecture bien particulière d'Ibsen dont l'analyse d'Henri de Régnier donne une idée : il y a, selon lui, dans les personnages d'Ibsen, « des remous d'âme qui tout à coup se creusent en vortex et laissent voir en leur spirale tortueuse le fond des songes les plus intérieurs (...). Au-delà de l'être normal et superficiel s'en révèle un autre, à nu, plus étrange et véridique. Les personnages sont comme leurs propres spectres ». C'est pourquoi le « clergyman somnambule » (selon le sobriquet donné à Lugné par Jules Lemaître) et ses acteurs vont psalmodier les répliques d'Ibsen, devant de simples « fictions ornementales » conçues par Denis ou Vuillard, les peintres nabis amis du metteur en scène. Après 1897, Lugné-Poe, rompant avec le symbolisme, contribuera de façon capitale à la diffusion de l'œuvre de l'auteur norvégien, à Paris et en tournées. Mais la réputation d'hermétisme d'Ibsen contractée durant ces « cinq années de captivité chez les symbolistes » (J. Robichez) durera longtemps.

Programme d'Edvard Munch pour Jean-Gabriel Borkman, *d'Ibsen, mise en scène Lugné-Poe, Théâtre de L'Œuvre, 1897. Paris, B.N., A.S.P.*

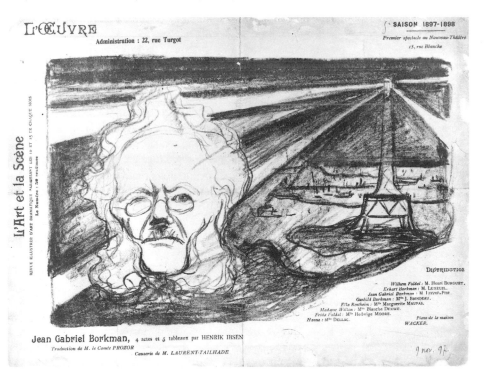

Projets de décor de Pitoëff pour Quand nous nous réveillerons d'entre les morts *d'Ibsen.*

C'est Georges Pitoëff surtout qui fera comprendre et aimer Ibsen en France. Prenant le relais de Lugné-Poe, il monte entre les deux guerres *Les Revenants, Brand, Maison de poupée, Le Canard sauvage* et *Un ennemi du peuple.* Modifiant les traductions de Prozor, qui avaient également contribué à obscurcir Ibsen, se dégageant de tout naturalisme comme de tout symbolisme, Pitoëff s'attache au contenu psychologique de chaque œuvre, et fait travailler ses acteurs en vue d'exprimer ce « réalisme intérieur », pour lui caractéristique première de ce théâtre. Il simplifie à l'extrême les décors, dont le plus abstrait et le plus beau reste celui de *Brand* qu'il monte en 1928 pour le centenaire d'Ibsen : à l'exclusion de tout accessoire, un jeu de draperies de velours noir, triangulaires, ingénieusement transformables, plissées en biseau et fixées à même le sol, suggère la nature âpre et sauvage des fjords et des montagnes de glace. En 1934, la mise en scène du *Canard sauvage* au Vieux-Colombier (avec Lugné-Poe dans le rôle du Vieil Ekdal) est l'occasion d'une mise au point des critiques. Ibsen est devenu pour Robert Kemp d'une « transparence cristalline » et André Bellessort s'écrie : « J'ai enfin compris pourquoi *Le Canard sauvage* est un chef-d'œuvre. » Bref, Pitoëff a rendu la « clarté » à un auteur jugé « obscur », il l'a, selon le mot de Lucien Dubech, « débarbouillé ». Notons par ailleurs qu'Ibsen entre au répertoire de la Comédie-Française en 1921 avec *Un ennemi du peuple* et *Hedda Gabler* en 1925. *Peer Gynt* sera joué à l'Odéon en 1937.

La première représentation d'une œuvre du Suédois Strindberg est celle de *Mademoiselle Julie*, montée au Théâtre-Libre le 16 janvier 1893. *Père* suivra en décembre 1894, précédé en janvier de la même année par la mise en scène des *Créanciers* par Lugné-Poe. Ces représentations, peu nombreuses, n'assurent à Strindberg qu'une brève notoriété. Sa véritable percée ne se fera que plus tard, en 1921, lors de la mise en scène de *La Danse de mort* au Théâtre de l'Œuvre.

Le songe ou jeu de rêves *de Strindberg, mise en scène d'Antonin Artaud, Théâtre Alfred-Jarry, 1928. Paris, collection particulière.*

La pièce eut un succès immédiat, avec plusieurs reprises à Paris et des tournées à travers la France et la Belgique. « L'horizon strindbergien des Français s'était donc un petit peu élargi », et Strindberg était désormais « classé parmi les naturalistes dissidents ou attardés » (M. Gravier). Grâce à la Librairie Stock, un volume révèle, en 1925, un texte poétique essentiel, *Le Songe,* autre versant, mystique cette fois, « de la montagne strindbergienne » (M. Gravier). Fasciné par la lecture du texte, Antonin Artaud décide de faire figurer *Le Songe* au programme du troisième spectacle du Théâtre Alfred-Jarry (1928) « à cause de son caractère exceptionnel, parce que l'onirisme y tient le plus grand rôle, parce que personne n'osait le monter à Paris, parce qu'il fut traduit par Strindberg lui-même (...) enfin pour appliquer et développer sur une grande échelle les méthodes de mise en scène qui sont propres au Théâtre Alfred-Jarry ». Le décor créé par Artaud pour imiter la forme du rêve, son incohérence et son apparente logique, est ainsi évoqué par Benjamin Crémieux :

> « On connaît les tableaux de Chirico, ces juxtapositions contrastées de temples antiques, d'instruments de laboratoire et d'objets usuels, d'où émane une si grande force de suggestion. M. Artaud a adopté une méthode analogue dont il a tiré un saisissant parti. Le décor est composé de quelques objets violemment vrais, dont le rapprochement entre eux ou le rapprochement avec les costumes des acteurs, le texte récité par eux, fait jaillir une poésie incluse en eux et jusqu'alors invisible (...). Il s'agit proprement de la réintégration d'une magie (...), de la remise à jour de rapports nouveaux entre les êtres et les choses. »

Mais, de façon navrante, le spectacle est troublé par les surréalistes, qui commencent à l'époque à tenir Artaud pour un « hérétique ». La police intervenant dans des conditions confuses, aucune représentation correcte de la pièce ne put avoir lieu.

Georges Pitoëff dans le rôle de Nikita de La Puissance des ténèbres *de Tolstoï, Comédie des Champs-Élysées, 1923. Archives J. Jomaron.*

Ce n'est qu'une quinzaine d'années plus tard que Strindberg réapparaît sur nos scènes. L'interdiction des pièces anglo-saxonnes par la censure allemande incite les directeurs de théâtre à monter des auteurs des pays neutres... Jean Vilar fera des débuts remarqués en présentant une des pièces du Théâtre intime, *Orage,* au Théâtre de Poche (1943).

Certaines pièces du Norvégien Björnson ont figuré épisodiquement au répertoire des théâtres français : *Une faillite* au Théâtre-Libre, *Au-delà des forces humaines* chez Lugné-Poe et chez Pitoëff, qui montera également *Au seuil du royaume* de Knut Hamsun.

La campagne entreprise en faveur du roman russe, à la fin du XIXᵉ siècle, par le comte de Vogüé (diplomate et homme de lettres) se situe dans la perspective d'un rapprochement diplomatique, alors souhaité, entre la France et la Russie. *Guerre et Paix* de Tolstoï est traduit en 1879. Aussi, lorsqu'Antoine monte, dès février 1888, *La Puissance des ténèbres*, la pièce, patronnée par le comte de Vogüé et Zola, victime, en outre, de la censure tsariste, est attendue avec intérêt. Bien qu'Antoine ait noté dans ses souvenirs que la représentation fut triomphale, elle suscite en réalité des réactions particulièrement chauvines. Les « trois grands » en place, Augier, Dumas fils et Sardou, s'en prennent à la faiblesse de la dramaturgie, suivis par Sarcey, et par Faguet qui parle de « mélo » sans progression dramatique. Seul Jules Lemaître est ébranlé : « C'est comme si je découvrais l'humanité... » Et c'est un milieu très limité qui s'intéresse à Tolstoï : en fait, celui de l'École normale supérieure où, en 1895, enseigne Romain Rolland : « L'amour de Tolstoï nous réunit tous », note-t-il à l'époque.

Avant 1914, Tolstoï ne sera présent sur les scènes françaises qu'au travers d'adaptations : *Résurrection,* adapté par Henri Bataille (Odéon, 1902), *Anna Karénine* dans une spectaculaire mise en scène de Gémier (Théâtre Antoine, 1907), *La Sonate à Kreutzer,* adaptée par Savoir et Noguère (Théâtre de l'Œuvre, 1910).

En février 1921, Pitoëff, venu de Suisse en tournée, présente à nouveau *La Puissance des ténèbres.* Il n'est pas exagéré de qualifier cette fois d'émerveillé l'accueil de la critique. « La pièce, écrira Lenormand, fut, dès son entrée au répertoire de Pitoëff, une espèce de miracle (...). Je ne sais ce qui aidait le mieux à évoquer cette sordide Russie. Les formes ? Les couleurs ? La terre slave était là, justifiant les passions. » Antoine, dont la mise en scène, plus de vingt ans plus tôt, s'était voulue une démonstration de l'art naturaliste, souligne avec finesse que, chez les Pitoëff, le réalisme s'exprime par d'autres voies que par la scénographie : aucun acteur occidental, note-t-il, ne pourrait conférer à l'interprétation une vérité comparable. En 1923, Pitoëff crée, avec *La Petite Baraque* de Blok, *Toutes les qualités viennent d'Elle* — « Elle », c'est la vodka —, la dernière œuvre dramatique de Tolstoï, courte pièce aujourd'hui encore inédite en français. Occasion pour les critiques (ces critiques français dont Pitoëff notait qu'ils ont « une horreur congénitale des symboles ») d'opposer tout à coup la clarté du naturalisme de Tolstoï à l'obscurité du symbolisme de Blok. *Le Cadavre vivant,* sans doute une des meilleures pièces de l'auteur, est monté par Pitoëff en 1928 pour le centenaire de celui-ci. Le succès auprès du public et de la critique tient au « charme slave » du deuxième tableau qui se déroule dans un cabaret tzigane. Ludmilla danse et chante — avec sa mère Anna Smanova — et, « dans la pénombre que font mouvoir quelques bougies, parmi les corps vautrés et les bouteilles vidées, s'élève la voix du désespoir russe ». De quoi « solliciter le rêve... » (A. Bellesort).

Mais les Pitoëff ont surtout révélé Tchékhov. Seuls entre les deux guerres à jouer l'auteur russe, traduisant ses principales pièces, ils ont peu à peu assuré sa fortune en France. Il a fallu des années pour que le dialogue tchékhovien, son contrepoint de silences deviennent intelligibles aux spectateurs français. D'abord déconcertée par un art qui manque de ce « ramassement », de cette « architecture » propre au goût français (Jean Schlumberger à propos d'*Oncle*

La Mouette *de Tchekhov, Théâtre des Mathurins, 1939. Mise en scène Pitoëff. De gauche à droite, Ludmilla Pitoëff, Marcel Géniat, Émile Drain, Flory, Louis Salou, François Simon, Alice Reichen. Archives Pitoëff.*

Vania, 1921), encore effarée par « ce peuple entier atteint de neurasthénie collective — comment peut-on avoir l'âme slave ? » (Lucien Dubech à propos des *Trois Sœurs*, en 1929), la critique célèbre Tchékhov comme un classique lors de la reprise de *La Mouette* en 1939. La pièce est comparée à *Antigone*, à *Bérénice*. Pitoëff pouvait être à l'aise dans ses décors, rideaux de velours et voilages légers. La « Sainte Russie » surgissait du texte (R. Kemp), incarnée par deux acteurs, pour qui leur origine, leur appartenance à la société prérévolutionnaire décrite par Tchékhov étaient des atouts considérables. « Avec Tchékhov, nul besoin de transposer », notait Ludmilla. Et Robert Kemp : « Le théâtre de Tchékhov s'accorde à leur dolorisme délicat. La voix de Tchékhov est leur voix (...). Nous n'aurions point d'artistes pour jouer comme eux *La Mouette*, avec ces sourires près des larmes, ces chants en sourdine, ces mélopées qui font écho à Moussorgski. »

Les dramaturges russes, non seulement les symbolistes, Blok et Andreïev, révélés par Pitoëff et taxés d'obscurité totale, mais Tolstoï, Tchékhov et Gorki, ont déconcerté par leur facture une critique longtemps chauvine et un public habitué aux pièces « bien faites ». Ainsi *Dans les bas-fonds* de Gorki a rencontré un accueil très mitigé, en 1905 à l'Œuvre (Lugné-Poe) comme en 1922 à la Comédie des Champs-Élysées (Pitoëff). Le critique du *Figaro* exprime l'opinion générale : Gorki, par une suite de tableaux véristes, nie toutes les exigences de l'art dramatique. C'est le film de Jean Renoir, avec Gabin et Jouvet, qui populari-sera l'œuvre en 1937.

Le théâtre italien fut d'abord représenté en France par la venue de grands acteurs, Eleonora Duse, Ermete Novelli, Fregoli. En 1897, la Duse, vedette internationale, interprète *La Dame aux camélias* au Théâtre de la Renaissance que dirige alors Sarah Bernhardt. La même année, à l'occasion d'un cycle consacré au théâtre étranger, l'Odéon exhume Goldoni, Gozzi et Ruzzante. Par contre *Cavalleria rusticana*, monté en 1909 par Antoine, ne suffira pas à imposer Verga chez nous. Pas plus que *Le Roi Bombance* de Marinetti, monté par Lugné-Poe en 1909 (et accueilli par un beau tumulte), ne fera apprécier les futuristes aux Parisiens. Seule, Louise Lara tentera de les faire connaître, en 1918, au groupe Art et Liberté. En fait, c'est D'Annunzio qui occupe la vedette en France

Le sorcier italien

A gauche, Ludmilla Pitoëff dans le rôle de la belle-fille des Six personnages en quête d'auteur *de Pirandello, Comédie des Champs-Élysées, 1923. Archives Pitoëff.*

A droite, esquisse de Léon Bakst, la Mort de saint Sébastien pour Le Mystère de saint Sébastien *de D'Annunzio (1911). Paris, bibliothèque de l'Arsenal.* © SPADEM *1989.*

avant Pirandello. Il y commence sa carrière dramatique avec *Le Songe d'une matinée de printemps*, créé en italien par la Duse en 1897, et *La Ville morte*, interprétée en français par Sarah Bernhardt l'année suivante. Et c'est en France qu'il l'achèvera avec trois pièces écrites en français, *Le Mystère de saint Sébastien* (1911), *La Pisanelle* et *Le Chèvrefeuille*(1913).

Si Pitoëff n'a pas révélé Pirandello au public français, le fait est dû au hasard : un accident survenu à Ludmilla retarda la création des *Six Personnages en quête d'auteur*, prévue pour la saison 1922-23. Ce fut donc Dullin qui monta le premier *La Volupté de l'honneur*, le 20 décembre 1922. La pièce, qui accompagnait à l'affiche l'*Antigone* de Cocteau, n'eut qu'un retentissement limité. C'est la première des *Six Personnages* qui, le 10 avril 1923 — une des dates les plus mémorables de l'histoire du théâtre en France entre les deux guerres — marque le véritable début de la gloire de Pirandello. Pierre Brisson l'évoquera dans *Le Théâtre des Années folles* :

> « Pirandello conquit du soir au lendemain sa réputation de sorcier de l'art
> dramatique (...). Ce fut une fenêtre brusquement ouverte, une irruption de songes
> habillés de neuf sur la scène (...). Leur descente verdâtre dans l'ascenseur au fond
> du théâtre, leur apparition silencieuse sur le plateau nu ; la façon dont ils tour-
> noyaient dans l'ébauche de leur drame, leurs luttes intestines de personnages à demi

Chacun sa vérité de Pirandello, Comédie-Française, 1937. Mise en scène Dullin, décor Suzanne Lalique. Ici, la première entrée de Madame Frola par un long vestibule sombre.

fixés (...) leurs tâtonnements, leurs angoisses, leur gêne horrifiée devant les acteurs chargés de leur interprétation, la satire des milieux de théâtre et, à côté de cette satire ou plutôt incorporée à elle, l'obscure gestation qui mettait en cause les secrets les moins formulables de la création dramatique ; tout cela, enchevêtré sans effort, constituait un spectacle dont l'inattendu et les supercheries troublaient étrangement l'auditoire (...). Les *Six Personnages* marquèrent une date en faisant brusquement vieillir le répertoire sur lequel on vivait encore. »

Le succès fut si grand que les directeurs de théâtre se disputèrent aussitôt les pièces de Pirandello (traduites, ou parfois adaptées, par Benjamin Crémieux) : cinq pièces furent créées entre 1923 et 1926 et, malgré un certain reflux de l'engouement du public, six autres entre 1927 et 1936, date de la mort de l'auteur. En 1925, Alfred Mortier pouvait écrire : « Pirandello for ever ? Aimez-vous Pirandello ? Il est partout, à l'Atelier, à la Renaissance, au Théâtre des Arts. Il est joué dans trois théâtres à la fois, fait sans précédent pour un auteur étranger. » Presque tous les metteurs en scène importants (à l'exception de Copeau et de Jouvet) ont contribué à imposer Pirandello : Dullin (*Chacun sa vérité*, 1924, mise en scène reprise lors de l'entrée de la pièce au répertoire de la Comédie-Française, en 1937), Baty (*Comme tu me veux*, avec Marguerite Jamois,

A gauche, Henri IV de Pirandello, mise en scène de Pitoëff, Théâtre des Arts, 1925. La fin de la pièce. Henri IV, après son meurtre, relève sur ses épaules le décor dont l'écroulement avait visualisé la dissociation d'une conscience malade : le pseudo-fou se trouvera muré comme dans une cage.

A droite, Georges Pitoëff, outrageusement maquillé, dans une saisissante composition dans le rôle d'Henri IV.

1935), Pitoëff (*Henri IV*, 1925, *Comme ci ou comme ça,* 1926, *Ce soir on improvise,* 1935). En outre, Pirandello a, plus qu'aucun autre auteur étranger, influencé les auteurs dramatiques français. Dans son étude sur « Pirandello et le théâtre français », Bernard Dort a dépisté chez nombre d'entre eux, même si ce n'est que d'une façon artificielle et extérieure, des « éléments de la structure pirandellienne » : supériorité de la comédie sur la vie, incertitude de la personnalité, identité imposée par le regard des autres, etc. En 1957, à la suite d'une enquête menée par *Arts* auprès de quelques auteurs dramatiques, qui reconnaissaient tous leur dette envers Pirandello, Georges Neveux pouvait écrire : « Sans Pirandello (...) nous n'aurions eu ni Salacrou, ni Anouilh, ni aujourd'hui Ionesco, ni... mais je m'arrête, cette énumération serait interminable. » Il faudrait en effet y ajouter peut-être Jules Romains, Gantillon, Lenormand, sans parler de Camus et plus encore du Sartre de *Huis clos* et des *Séquestrés d'Altona.*

La tension franco-allemande explique aisément que les pièces d'outre-Rhin soient peu jouées à Paris avant et après la guerre de 1914-1918. Hauptmann bénéficie de quelques mises en scène, dont *Les Tisserands* et *L'Assomption d'Hannele Matterne* (Antoine), *La Cloche engloutie* (Lugné-Poe). Pitoëff monte une pièce pacifiste d'Angermayer, *Achtung Parade,* des pièces des écrivains autrichiens Schnitzler *(Liebeleï, Les Derniers Masques)* et Bruckner *(Les Criminels, La Créature)* dont Raymond Rouleau a également mis en scène *Le Mal de la jeunesse*.

Quant aux œuvres de langue anglaise, c'est encore au répertoire de Pitoëff qu'elles ont le plus souvent figuré, comme nous l'avons dit plus haut.

Shakespeare à neuf

Certes on ne peut, avec Shakespeare, parler de révélation. Au siècle des Lumières, la France découvre progressivement un auteur ignoré du Grand Siècle. Voltaire et l'abbé Prévost l'ont lu dans le texte et vu représenter. Les adaptations des pièces de Shakespeare se multiplient à la fin du XVIIIe siècle, dont celles de Ducis auront le succès le plus durable. A l'époque romantique, comme l'a montré plus haut Anne Ubersfeld, Shakespeare n'a guère cessé d'être au centre du débat qui a opposé tenants du classicisme et défenseurs du théâtre nouveau. La *Préface de Cromwell* est contemporaine de la venue des acteurs anglais qui, de septembre 1827 à juillet 1829, jouent à l'Odéon et aux Italiens un répertoire où Shakespeare a la meilleure part. Delacroix, qui les avait déjà vus à Londres, exécute des lithographies pour *Hamlet*. Les grandes adaptations romantiques vont suivre, dont *Le More de Venise* de Vigny, dans des décors somptueux de Ciceri, et *L'Hamlet* de Dumas (bien loin de l'original), qui sera repris à la Comédie-Française, en 1886, avec Mounet-Sully et dans d'énormes décors aux lourdes machineries.

C'est donc à travers une langue étrangère mal comprise, des adaptations et des trahisons, les travestissements de l'opéra (*Hamlet* d'Ambroise Thomas ou *Roméo et Juliette* de Gounod) que Shakespeare avait jusqu'alors atteint les spectateurs français. Mais à partir des années 1900, les metteurs en scène vont rompre avec une tradition vieille d'un siècle. Refusant les « digests » de Shakespeare et les adaptations infidèles, recherchant de nouvelles solutions scéniques, aidés par les progrès de l'éclairage, ils vont assurer au dramaturge anglais un succès qui ne se démentira plus.

Antoine, Copeau, Pitoëff se sont montrés les plus soucieux de la fidélité au texte. *Le Roi Lear,* monté en 1904 par Antoine, est la première pièce de Shakespeare jouée dans une version intégrale, dans la traduction de Pierre Loti et Émile Vedel. Entre 1906 et 1912, à l'Odéon, il présente *Jules César, Coriolan, Roméo et Juliette* avec le même souci du texte. Pour *La Nuit des rois* créée au Vieux-Colombier en 1913, la traduction de Théodore Lascaris est l'objet d'une patiente mise au point de Copeau avec ses comédiens, afin, comme il l'écrira dans l'introduction des *Tragédies,* « de concilier un maximum d'aisance dans notre langue avec un maximum de respect et de fidélité envers le texte original ». Il assure lui-même, en collaboration avec Suzanne Bing, la traduction du *Conte d'hiver*, joué pour l'inauguration du nouveau dispositif du Vieux-Colombier, le 10 février 1920. Après Antoine et son ami Copeau, Pitoëff, angliciste lui-même, choisit, après de longues hésitations, les traductions qu'il estime les plus fidèles : celle de Guy de Pourtalès pour *Mesure pour mesure* et celle de Marcel Schwob pour son premier *Hamlet*. En vue d'une reprise, en 1922, il s'adresse à Gide qui, renonçant à terminer ce travail (il le terminera plus tard à la demande de

Hamlet fait jouer aux comédiens la scène de l'empoisonnement de son père. Lithographie de Delacroix (1818). Paris, B.N.

J.-L. Barrault), lui écrit : « Comment, sans trahir Shakespeare, sans le *quitter*, établir un texte, français, clair, facile à comprendre aussitôt (car il s'agit non de le lire, mais de l'entendre dit sur la scène), sonore, et dont les images surabondantes et inconséquentes ne choquent point trop le besoin de logique de l'esprit français ? » (lettre du 26 juillet 1922). Pour *Macbeth*, Pitoëff retient la traduction scrupuleuse vers à vers d'Alexandre Beljame et se charge lui-même, avec l'aide de Pierre-Jean Jouve, de celle de *Roméo et Juliette*. Pour lui, traduire Shakespeare est déjà une « mutilation », une « chose criminelle » aussi faut-il au moins en respecter l'intégralité : « Que diriez-vous, déclarait-il à un journaliste qui lui reprochait la longueur du spectacle *(Roméo et Juliette)*, si on adaptait une symphonie de Beethoven pour en réduire l'exécution ? (...) Je crois tout de même que l'audition d'un chef-d'œuvre a plus d'importance que l'heure du dîner ou le souci de ne pas se coucher trop tard. »

Dullin, nous l'avons vu, a toujours préféré les adaptations aux traductions ; il confie celle de *Richard III* à André Obey, celles de *Jules César* et du *Roi Lear* à Simone Jollivet. Quant à Baty, peut-être par goût du paradoxe et surtout par souci de l'efficacité scénique, il choisit la première version d'*Hamlet* (in-quarto 1603), connue des seuls spécialistes, traduite par Lascaris, et dont la représentation ne dure que deux heures et demie. Il traduit lui-même, « avec la piété filiale qui convient », *Macbeth*, en effectuant quelques remaniements, notamment dans le rôle des sorcières, en vue de la représentation, où elles encadrent littéralement l'action et « paraissent à chaque instant manipuler les personnages à leur insu, mêlant ainsi étroitement le naturel et le surnaturel » (Gérard Lieber).

Sur les pièces de Shakespeare, Antoine peut exercer son grand talent, hérité des Meininger, à diriger les scènes de foules. Jules César *à l'Odéon, 1907.*

La Nuit des rois, *mise en scène Jacques Copeau, Vieux-Colombier, 1914. Un décor unique fait de tentures, des accessoires rudimentaires suffisent à créer le cadre de l'action. Présentée dans sa version intégrale*, La Nuit des rois *constitue une date importante dans l'histoire des représentations shakespeariennes en France.*

Mais jouer les pièces de Shakespeare dans leur intégralité n'allait pas sans poser des problèmes techniques difficiles sur nos scènes à l'italienne, si différentes de la scène élisabéthaine. La recherche d'une nouvelle organisation du plateau et d'un style de représentation conforme à la conception du temps dramatique et du rythme de l'œuvre shakespearienne devait aller de pair avec une transformation complète du décor et de sa fonction dans la mise en scène. Antoine, encore une fois le premier, résout le problème des multiples changements de lieux du *Roi Lear*, en jouant les scènes intermédiaires devant des draperies qui s'ouvrent pour les scènes majeures, situées par des éléments décoratifs réduits. Les vingt-neuf scènes de *Coriolan* se déroulent de façon ininterrompue dans un décor synthétique : au centre de la scène, un portique romain, qu'un rideau masque ou démasque, sert de cadre à une arrière-scène avec ses décors successifs. Camille de Sainte-Croix, aujourd'hui bien oublié, champion des Universités populaires et désireux de rendre sa simplicité à l'art théâtral, fait jouer, dans le cadre de la Société Shakespeare qu'il a fondée en 1909, de jeunes élèves du Conservatoire devant des « tableaux-rideaux » aisément maniables. Jean Variot conçoit une scénographie architecturale aux plates-formes unies pour l'*Hamlet* monté par Lugné-Poe en 1913 (Théâtre Antoine). La même année, le dispositif de *La Nuit des rois* au Vieux-Colombier (dont nous avons plus haut évoqué le succès) est aussi simple qu'ingénieux : quelques tentures ménagent une allée centrale sur une arrière-scène, tandis que la fosse d'orchestre, recouverte, permet deux plans de jeux. Quelques accessoires, des cubes tenant lieu de sièges, constituent le cadre d'une action menée sur un rythme allègre. Nettement plus

Maquette du décor de Richard III *établie par G. Vakalo, mise en scène Dullin, L'Atelier, 1933.*

luxueuses seront, en pleine guerre, dans le cadre de la Société Shakespeare qu'il a fondée à son tour, les mises en scène par Gémier du *Marchand de Venise*(1917) et d'*Antoine et Cléopâtre* (1918) : il rompt avec l'espace scénique traditionnel en projetant vers le spectateur, par un immense praticable en escaliers, la masse de ses figurants, notamment pour l'« orgie » chez Cléopâtre, violemment critiquée.

Pour Pitoëff, il s'agit de transposer dans des décors « épurés », mais esthétiquement modernes, la simplicité du cadre élisabéthain. Grand inventeur de décors, il cherche la représentation plastique qui lui paraît la plus adéquate à traduire la conception qu'il s'est faite de chaque œuvre. Pour *Hamlet*, et après Craig, il tente d'abord (1920) de présenter vingt-quatre visions (salles ou remparts) à l'aide de panneaux mobiles abstraits, gris acier, montés sur pivots. En 1927, afin de ne pas freiner la rapidité du rythme, il ne garde qu'une seule des combinaisons possibles. Le décor unique de *Macbeth* (1921), lieu de « pure imagination », sorte de caverne architecturale aux formes agressives, flanquée d'une série de passerelles et d'escaliers du plus bas au plus haut de la scène, est à la fois « le grand escalier de l'histoire » et « l'échelle de tous les possibles ». Pour *Roméo et Juliette* (1937), le décor unique, inspiré des primitifs italiens, comporte des zones de jeu triangulaires juxtaposées : ici, ce sont les lignes élancées des cyprès, les arêtes aiguës des triangles qui symbolisent l'élan spirituel qui anime avant tout, pour Pitoëff, la tragédie. Cette variété dans l'expression

beau…
de S…
notre
cet a…
les fo…
sacre…
Jean …

I…
repré
mise …
que s…
mis à
posté…
achev
d'or,
1906,
diplo…
tôt m
pièces
lui so
par M
se lais
Marie
Malak
jusqu'

L
lectur
passic
intelle
que s…
jeunes
en pa…
Copea
leur c…
l'uniq
Foyer
qui C
Malak
une g…
célèbr

E…
disgrâ
écrivai
discrèt
faite à

hélas, bi
sans len
Théâtre
des cor
qu'elles
leur ign
construc
assez m
définitio
caractéri
forces er
de « L'C
l'occasio

Hen
théâtre …
abordés.
de Strin…

A gauche,
écran, à l
Pitoëff.

scénique constitue son apport spécifique le plus important aux mises en scène des œuvres de Shakespeare.

La même volonté de synthèse caractérise les décors de Baty. Mais elle s'accompagne du désir d'utiliser la scénographie en vue de puissants effets suggestifs. Pour *Macbeth* (1942), par exemple, il conçoit un décor unique mobile, un château sur des trappes : descendu sous la fosse d'orchestre, ses superstructures figurent les rochers de la lande ; après le premier tableau, il s'élève lentement accompagné d'une ponctuation sonore et lumineuse ; après la chute du tyran, il semble s'enfoncer sous terre. La mise en scène par Dullin du *Roi Lear*, qui reçut un accueil hostile, apparaît aujourd'hui fort intéressante et fort moderne à certains égards : des écrans descendent et montent, manœuvrés à vue par des machinistes costumés et coiffés d'un heaume, tandis que dans la scène de la tempête, les élèves de l'École Dullin, intégrés au dispositif, « feux-follets » ou « hommes-arbres », miment le déchaînement de la nature en correspondance avec l'état mental de Lear.

Il serait enfin injuste de ne pas citer ici les plus grandes réussites dans le domaine de l'interprétation, étant donné la terrible difficulté que représente le texte de Shakespeare pour les comédiens français : dans le rôle de Shylock, Gémier ; dans celui d'Hamlet, et après Sarah Bernhardt, deux actrices, Suzanne Després et Marguerite Jamois, ainsi que Georges Pitoëff ; Charles Dullin en Richard III et Pierre Renoir en Macbeth.

A droite, maquette de Gaston Baty pour Le Premier Hamlet *de Shakespeare, Théâtre de l'Avenue, 1928. L'effigie du roi défunt est sculptée sur le pilier et éclairée au moment des apparitions du spectre. B.N., A.S.P.*

A gauche, Charles Dullin dans le rôle de Lear. Théâtre de la Cité, 1945.

Étude de décor de Jean Variot pour L'Annonce faite à Marie *de Claudel, mise en scène Lugné-Poe, Salle Malakoff, 1912. Acte II.*

analyses de Craig, comme ses commentaires sur les danses d'Extrême-Orient de ceux d'Artaud à propos du théâtre balinais.

Les textes variés, non, du reste, exempts de contradictions, réunis dans *Mes idées sur le théâtre*, témoignent que Claudel a abordé tous les problèmes qui se sont posés au théâtre moderne, d'Appia et Craig à Copeau, de Meyerhold à Brecht. Avec quelques constantes qui lui sont personnelles : l'importance de la diction, le rôle essentiel de la musique, précisé au cours de sa longue collaboration avec Darius Milhaud, conçue comme un acteur véritable du drame, soutenant le rythme et l'imposant. Anticipant le travail du metteur en scène, Claudel s'amuse à faire des croquis de décors pour *Les Choéphores, Protée*, etc. Il suggère, après Piscator, l'utilisation du cinéma qui doit donner « couronnement et perspective à l'action dramatique engagée au premier plan par des personnages réels » (à propos de *L'Histoire de Tobie et Sara*). Les lettres de Claudel à ses metteurs en scène, parfois aimables, parfois plus brutales, fourmillent de minutieux conseils, témoignant de son aptitude constante à visualiser le spectacle qui se prépare. Pour *L'Échange* par exemple, il écrit à Copeau : « Je voudrais que Marthe eût l'air d'une femme vraie entre trois marionnettes sinistres (...). Louis Laine avec une cravate écarlate, Nageoire, costume d'été avec cravate et ceinture vertes, Lechy blouse groseille, cravate bleue, et couverte de diamants. » Et à Pitoëff : « Je désire beaucoup que l'on joue tout de suite avec les accessoires. Par exemple, que Marthe couse tout de suite avec un vrai manteau, du vrai fil, une vraie aiguille : qu'elle l'enfile, qu'elle coupe le fil avec ses dents, etc. De même Th. Pollock : il lui faut du vrai papier, un gros paquet (…). *Vous* : vous êtes trop uniformément dans le rêve, la faiblesse, la mélancolie (…). Au deuxième acte, il (Louis Laine) doit montrer les dents, il doit avoir une espèce de rage contre cette femme qui se croit des droits sur lui (…). Il l'arrache de lui comme un vêtement, il la foule aux pieds (…). Mais il ne faut pas que d'un bout à l'autre il ait l'air d'une épave, d'un somnambule, d'une andouille ! »

Enfin Claudel est profondément convaincu que la « création » ne s'arrête pas à la publication du texte. Les répétitions auxquelles il assiste lui permettent de modifier, de reconstruire, d'achever ses œuvres. Comme l'a bien montré Michel Lioure, c'est du contact avec le théâtre que sont nées la conception de l'*Annonce*, l'élaboration du dénouement de *L'Otage*, la refonte de *L'Échange*, de *Partage de midi* et du *Soulier de satin*.

Jacqueline de JOMARON

Ci-contre, une représentation de Chacun cherche son trésor, *de Maurice Pottecher au Théâtre du Peuple de Bussang (Vosges).*

UN THÉÂTRE
« POUR LE PEUPLE »

Sous la IIIe République, les dernières années du XIXe siècle et le début du XXe voient se développer en France le mouvement socialiste. Malgré la diversité de ses écoles, il devient une des composantes essentielles de la vie politique tandis que le syndicalisme prend son essor (la Fédération des Bourses du travail se constitue en 1892, la C.G.T. naît en 1895). L'affaire Dreyfus (1894-1899), en rapprochant dans l'action travailleurs manuels et intellectuels, a convaincu ces derniers que la consolidation de la démocratie passait par la participation active à la vie sociale et à l'instruction du peuple. L'école primaire ne suffit plus : ensemble, déclare Jaurès, nous chasserons les « fantômes de la nuit ». Le souci culturel des ouvriers se manifeste par la création des Universités populaires : les « Soirées de Montreuil » (1896), la « Coopération des Idées » (1898), dirigée, faubourg Saint-Antoine par G. Deherme. Dans le sillage de l'affaire Dreyfus, ces Universités vont, de 1899 à 1901, éclore un peu partout, à Paris, en banlieue, en province. Conférences et fêtes éducatives s'institutionnalisent en leur sein, ainsi que des sections théâtrales, l'idée se faisant jour que le théâtre est un puissant moyen d'instruction. Déjà, à son retour de déportation en Nouvelle-Calédonie, après 1880, Louise Michel avait écrit des mélodrames populaires au service de la « Sociale » : joués devant un public prolétaire, ils étaient destinés à poursuivre « l'irresponsabilité par l'ignorance et la superstition » et à développer des thèses féministes.

"Par l'Art, pour l'Humanité"

Dès 1895, Maurice Pottecher avait créé à Bussang, petit village des Vosges, le premier « Théâtre du Peuple ». Pottecher, homme de lettres, ami d'André Suarès, de Marcel Schwob, de Jules Renard, admirateur de Ferry et de Jaurès, dreyfusard et sympathisant socialiste, met, très jeune, l'éducation du peuple au centre de ses préoccupations. Face aux théâtres parisiens, caractérisés par « les concessions au goût du public, les ambitions des directeurs, et les intrigues des acteurs », il veut créer un théâtre désintéressé, susceptible d'exercer une « influence morale », et « dédié au peuple tout entier ». Ce théâtre doit réunir sur les mêmes gradins « le premier des philosophes de la nation et le dernier des portefaix de la halle, le financier le plus opulent et le plus dénué des traîne-misère ». Le fronton du théâtre de Bussang, élevé sur le versant d'une colline au-dessus du village, porte la devise : « Par l'Art, pour l'Humanité ». La scène, où grâce à deux portes roulantes le décor naturel de la forêt vosgienne remplace parfois les toiles peintes, construite en bois et en fer, de 15 mètres de largeur sur 10 de profondeur et de hauteur, domine une vaste prairie : entourée de galeries couvertes, celle-ci peut accueillir plus de deux mille spectateurs. Le répertoire (sauf exception) ne comporte pas d'œuvres classiques, mais des pièces nouvelles que Pottecher souhaite « d'une grande simplicité de lignes, exemptes de complication et de subtilité ». Il écrira lui-même, souvent en collaboration avec les gens du village, une cinquantaine de drames, comédies, pièces légendaires ou historiques, qui n'échappent pas toujours, du reste, au moralisme et aux bons sentiments. La troupe du Théâtre de Bussang, composée essentiellement d'amateurs vosgiens, donnera régulièrement (sauf durant les deux guerres) des représentations bi-annuelles, en août et septembre, y compris après la mort de Pottecher (1960) et jusqu'à nos jours.

*Le Théâtre du peuple
à Bussang, un jour
de représentation,* La
Revue universelle, *1901.*
Paris, B.N.

Pour régionale qu'en soit la portée, cette expérience reste la première tentative concrète d'un « théâtre du peuple », en faveur duquel, à partir de 1899, nombre d'écrivains et d'intellectuels vont faire campagne, notamment dans la *Revue d'art dramatique*. Le comité de rédaction, dont fera partie Romain Rolland, adresse une lettre ouverte à Leygues, alors ministre de l'Instruction publique, le priant d'appuyer la création d'un théâtre populaire à Paris, de nommer un délégué chargé d'étudier à l'étranger les formules déjà mises en œuvre par le Volkstheater de Berlin, le Schillertheater de Vienne ou la Maison du Peuple de Bruxelles. Le comité propose encore — mais sans succès — l'organisation d'un congrès international sur le théâtre populaire à l'occasion de l'Exposition universelle de 1900. La revue lance un concours, où le meilleur projet de théâtre du peuple obtiendra un prix de 500 francs. Le jury, composé, entre autres, de Robert de Flers, Anatole France, Jean Jullien, Octave Mirbeau, Romain Rolland, Émile Zola, retient le texte d'Eugène Morel. Ce document contient déjà les grandes lignes de bien des réalisations postérieures à la Seconde Guerre mondiale (soutien de l'État, troupes professionnelles, système d'abonnements). Si le ministre Leygues s'intéresse un temps au projet, le groupe de la *Revue d'art dramatique* prend vite conscience qu'il est vain d'attendre une aide efficace de l'État, qui se borne à financer l'Opéra et la Comédie-Française et dont le rôle est, comme l'écrit Romain Rolland, « de pétrifier tout ce qu'il touche, de faire d'un idéal vivant un idéal bureaucratique ».

Cependant, grâce à des initiatives privées, au soutien des syndicats et de quelques socialistes, des essais de théâtre « pour le peuple » se développent à Paris. Dès 1897, le « Théâtre Civique » de Louis Lumet, défini dans son premier manifeste comme « une arme de combat » contre la « pourriture » des cafés-concerts et des music-halls (où le public, y compris populaire, se presse nombreux), donne dans divers quartiers ouvriers des représentations gratuites, témoignant ainsi de « sa haine contre le grand corrupteur moderne, l'Argent ». Au programme, des pièces de Mirbeau, des lectures de Vallès, de Hugo, des spectacles contre la guerre, des débats sur la justice avec la participation de Jaurès.

*Premières
tentatives
parisiennes*

Fondé par quelques ouvriers, faubourg Saint-Antoine, dans le cadre de l'Université populaire, le « Théâtre de la Coopération des Idées », dirigé par Henri Dargel, présente près de deux cents pièces de 1899 à 1902. Son répertoire, des plus éclectiques, obtient un grand succès, malgré les petites dimensions de la salle. Il traversera même la Seine pour jouer à l'Athénée Saint-Germain, le futur Vieux-Colombier, et demeurera en activité jusqu'en 1914. En 1903, le « Théâtre du Peuple » de Belleville ouvre au cœur du Paris ouvrier une salle de mille places, pratique des prix très bas (de 25 centimes à 1 franc ; à la même époque les tarifs réduits de l'Odéon vont de 1 à 6,50 francs), met au point un système d'abonnements payables par versements hebdomadaires (de 15 à 25 francs pour vingt représentations) et une combinaison d'abonnements collectifs, en s'adressant aux syndicats et aux Universités populaires. La même année, le « Théâtre du Peuple » d'Henri Beaulieu entreprend un effort artistique notable en jouant Hauptmann, Tolstoï, Anatole France, Romain Rolland, mais se heurte à l'esprit petit-bourgeois du quartier : le public des Batignolles, qui assimile volontiers coût et qualité, se méfie de la modicité du prix des places. Préjugé qui, pour le théâtre populaire, perdurera, y compris jusqu'à nos jours !

LE THÉÂTRE DU PEUPLE A LA « COOPÉRATION DES IDÉES »

« Qu'est-ce que le Peuple, en tant que public du Théâtre du Peuple ? Où commence-t-il ? où finit-il ? Il n'y a rien de plus controversé. Nous connaissons au moins trois opinions sur la matière. Ceux qui savent le latin, en ont déjà deux pour eux tout seuls : — C'est bien simple, professent les uns, c'est "Populus" — Pas du tout, ripostent les autres, c'est "Plebs". La dispute n'est pas près de finir. Quant à ceux qui ne savent pas le latin, ils pensent bonnement que le Peuple c'est le Peuple et que cela s'entend de reste. Nous serions assez de cet avis.

Frappés de ce que l'instruction primaire de leurs pareils, arrêtée au seuil de la jeunesse, a de beaucoup trop incomplet, et, par conséquent, de dangereux ; désireux aussi d'échapper à l'oppression des organisations électorales, où l'on affirme beaucoup, mais où l'on ne pense guère ; quelques ouvriers, mettant en commun leur désir de raisonner, ainsi que les quelques livres qu'ils possédaient, convinrent de se rencontrer à date fixe, un soir par semaine, pour causer.

Ce fut, aux débuts, dans l'arrière-boutique d'un marchand de vins, rue des Boulets, en 1886.

La "Coopération des Idées" est donc née dans une boutique de marchand de vins. Antithèse piquante particulièrement propre aux effets de rhétorique.

Cette réunion toutefois ne portait pas de nom. Celui de la "Coopération des Idées" ne vint que plus tard. Ce fut d'abord, avant d'être celui d'un groupe, le titre d'une feuille volante, lancée en 1894, par M. Deherme, et où s'affirmèrent les principes d'où devaient sortir, comme d'un germe vivant, les Universités populaires : prolonger l'instruction primaire de l'apprenti et la compléter par l'instruction éthique-sociale ; mettre à portée du cœur, de l'esprit, des sens du prolétaire, le plus possible de beauté morale, scientifique, artistique, beauté qu'il ne rencontre jamais autour de lui, qu'il ne peut aller chercher au loin, faute de temps et de ressources, et dont il finit par perdre le besoin et le goût, innés pourtant dans son cœur ; faire vivre devant lui, par la parole de conférenciers compétents et sincères, non pas une opinion mais toutes les opinions, en adoptant sur ce point l'unique devise : n'exclure que l'exclusion ; l'obliger ainsi à faire un choix parmi ces vues contradictoires, et, par cela même, à penser personnellement ; lui permettre de trouver ailleurs qu'à l'homicide cabaret, à l'ignoble café-concert, à l'infâme bal de barrière, la douceur de se reposer, de s'instruire, de se distraire, de s'amuser en commun, de vivre enfin. »

Ainsi, de 1895 à 1914 s'est développé un théâtre, encore très marginal, d'inspiration socialiste, anarchiste ou féministe, dont les auteurs sont parfois célèbres, comme Octave Mirbeau ou Brieux. Parmi les acteurs — le plus souvent des amateurs militants — on trouve quelques professionnels : en 1894, Gémier joue dans *La Pâque socialiste* de Veyrin, pour l'inauguration de la Maison du Peuple de Montmartre ; pour celle du Théâtre Civique, Mévisto, célèbre acteur du Théâtre-Libre, figure en 1897 dans la distribution ; Louis Jouvet, encore débutant, se produit en 1909 à l'Université du faubourg Saint-Antoine.

Le bilan de ces diverses tentatives sera fait dans le livre de Romain Rolland, *Le Théâtre du Peuple*, paru en 1903 aux Cahiers de la quinzaine et dédié à Maurice Pottecher. A cette date, Romain Rolland a lui-même écrit plusieurs œuvres dramatiques, dont quatre des huit pièces qui formeront le cycle du « Théâtre de la Révolution » : en 1898, *Les Loups* ; en 1899, *Danton* et *Le Triomphe de la raison* ; en 1902, *Le Quatorze Juillet*. Théâtre engagé, tentative, comme l'écrit l'auteur dans la préface du *Quatorze Juillet* pour « rallumer l'héroïsme et la foi de la nation aux flammes de l'épopée révolutionnaire, afin que l'œuvre interrompue en 1794 soit reprise et achevée par un peuple plus mûr et plus conscient de ses destinées ». C'est en pleine affaire Dreyfus et en présence de Zola que la première des *Loups*, montée à l'Œuvre par Lugné-Poe en 1898, va déclencher un vrai tumulte. Au-delà des intentions d'un auteur qui publiera plus tard *Au-dessus de la mêlée*, l'action de la pièce (à Mayence, en 1793, les officiers républicains abandonnés par Custine exécutent un jeune officier dénoncé comme traître à l'aide d'un faux) provoque de violentes altercations entre dreyfusards et antidreyfusards. Par contre, en 1902, au Théâtre Civique, une représentation de *Danton*, donnée au profit des tullistes du Nord, alors en grève, et précédée d'un discours de Jaurès, reçoit l'ovation d'un public ouvrier.

"Un art nouveau pour un monde nouveau"

Fruit des réflexions et des projets élaborés au sein de la *Revue d'art dramatique, Le Théâtre du Peuple* contient aussi, comme l'indique le sous-titre, un « essai » très personnel de l'auteur sur « l'esthétique d'un théâtre nouveau ».

Le théâtre du peuple, écrit Romain Rolland « n'est pas un article de mode et un jeu de dilettantes. C'est l'expression impérieuse d'une société nouvelle, sa voix et sa pensée ; et c'est, par la force des choses dans les périodes de crise, sa machine de guerre contre une société caduque et vieillie (...). Il ne s'agit pas de nouveaux vieux théâtres, dont le titre seul est neuf, de théâtres bourgeois qui tâchent de donner le change en se disant populaires (...). Il s'agit de fonder un art nouveau pour un monde nouveau. »

Une ingénieuse affiche.

(DOCUMENT GAI)

L'affiche suivante dont nous garantissons l'authenticité vient d'être placardée sur les murs de la ville de X. Par sa couleur et ses caractères elle se rapproche le plus possible du type officiel.

ORDONNANCE :

HABITANTS DE (le nom de la ville).

Le Théâtre (ici le nom du théâtre) va rouvrir ses portes le 30 courant dans le but de procurer à toutes les classes sociales un moment d'allégresse et d'expansion *(sic)*.

A cet effet, il donnera chaque jour une représentation composée de quatre sections distinctes. Ces représentations commenceront à 5 h. 1/2 de l'après-midi pour finir à 11 h. du soir.

MÈRES DE FAMILLE : à partir de 5 h. 1/2, conduisez vos filles et vos enfants à la section enfantine. Tout y est moral et instructif.

OUVRIERS : Accourez à la section de 6 h. 1/2; vous vous y délasserez de vos rudes labeurs.

UNION DES CLASSES : Venez en foule à partir de 9 h. 1/2. Vous y trouverez toutes les catégories sociales réunies et fusionnées !

SICALYPTIQUES *(sic)* : à partir de 10 h. 1/2 section libre : tangos, sévillanes, danse du ventre, chanson des puces, petites femmes en déshabillé, etc.

Il y en a pour tous les goûts, pour tous les âges. Qu'on se le dise !

Pour copie conforme :

HENRY LYONNET.

Document : contribution à la campagne en faveur d'un théâtre populaire.

Animé d'une foi passionnée dans l'avenir, Romain Rolland n'y va pas par quatre chemins et récuse tout le répertoire du passé. Selon lui, le peuple s'ennuie aux pièces classiques. Si les caractères de Corneille sont d'essence populaire, sa langue et son style sont devenus aujourd'hui obscurs. L'œuvre de Racine est celle d'un dilettante de génie qui fait de l'art pour l'art destiné aux seuls aristocrates. Les fureurs du drame romantique « peau de lion jetée sur la niaiserie », plus près de la bohème que de la révolution, maintiennent le peuple dans l'inertie de même que « l'indigence poétique » du Père Dumas et le « chauvinisme fanfaron » de Rostand. Quant au théâtre de boulevard, bon pour une bourgeoisie dégénérée, c'est une insulte à la nation. Du répertoire étranger, l'auteur ne retient guère que Schiller, et, dans le théâtre contemporain, Hauptmann et Tolstoï, encore que leurs « longs cris de misère » et leurs « lugubres récits » ne puissent distraire des pauvres gens déjà accablés par la vie. Or, « joie, force, intelligence » (c'est-à-dire délassement, source d'énergie, éveil de la pensée) sont les maîtres mots d'un théâtre pour le peuple, qui doit éviter « la pédagogie morale comme le dilettantisme indifférent ». Sous le patronage des grands précurseurs, Rousseau, Diderot, Louis Sébastien Mercier, Chénier, Romain Rolland propose un théâtre « simple et fort », où, selon la formule de Michelet « la puissance créatrice du cœur, la jeune imagination des populations toutes neuves, nous dispensent de tant de moyens matériels, de décorations prestigieuses ».

Ce théâtre nouveau puisera son inspiration dans l'histoire de France et dans celle des autres peuples, dans les drames sociaux, les légendes et les contes. Pour le reste, une seule condition nécessaire « c'est que la scène, comme la salle, puisse s'ouvrir à des foules, contenir un peuple et les actions d'un peuple ». Enfin Romain Rolland, après avoir prôné le développement de grandes fêtes civiques et de bals populaires, conclut ainsi : « Vous voulez un art du peuple ? Commencez par avoir un peuple, un peuple qui ait l'esprit assez libre pour en jouir, un peuple qui ait des loisirs (...) un peuple que n'abrutissent pas toutes les superstitions, les fanatismes de droite ou de gauche, un peuple maître de soi. » Dix ans plus tard, l'auteur, quelque peu désabusé, demande, dans la préface de la deuxième édition de son livre, l'indulgence de ses lecteurs pour l'intransigeance passionnée et la « frénésie de justice » de sa jeunesse. *Le Théâtre du Peuple* n'en reste pas moins un document historique dont le lyrisme reflète les espoirs d'une génération. Les propositions radicales et généreuses de l'auteur contiennent les lignes essentielles d'un programme d'importance décisive dans le mouvement ultérieur en faveur d'un théâtre populaire, en France et dans d'autres pays, en particulier en Russie.

Les propositions de Romain Rolland trouvent à l'époque un écho direct auprès de Firmin Gémier, qui, dès 1902, avait mis en scène *Le Quatorze Juillet* au Théâtre de la Renaissance. Né en 1869, à Aubervilliers, dans une famille de petits aubergistes, Gémier, autodidacte, fait ses débuts comme interprète de mélodrames de quartier, au Théâtre de Belleville et à celui du Château-d'Eau. De ces expériences, dont il rappellera qu'elles ont influencé toute sa carrière, il gardera la conviction que « c'est le peuple qu'il importe de divertir et d'émouvoir ». La retentissante carrière d'acteur de Gémier commence au Théâtre-Libre,

"Le théâtre populaire, aventure majeure"

où Antoine lui confie un très grand nombre de rôles. Il passe ensuite à l'Œuvre, chez Lugné-Poe, et crée, notamment, le rôle du Père Ubu en 1896. De 1900 à 1906, où il succédera à son ancien patron à la tête du Théâtre Antoine, qu'il dirigera jusqu'en 1921, Gémier, passant d'un théâtre à l'autre, déploie, comme acteur et comme metteur en scène, une intense activité, tandis que ses options personnelles se précisent. Profondément socialiste de cœur, ami de Pottecher dont il suit avec intérêt les expériences de Bussang, il veut, à son tour, lutter contre le théâtre de boulevard, mettre en scène de véritables épopées nationales dans de vastes salles sans caractère ségrégatif, où les places seront d'un prix modique, les programmes et les vestiaires gratuits. En 1903, Gémier avait accepté, avec enthousiasme, de mettre en scène, en Suisse, la commémoration du centenaire de l'entrée du canton de Vaud dans la Confédération helvétique. Sur une scène de plein air de 900 mètres de large, au flanc d'une colline près de Lausanne, il fait manœuvrer deux mille quatre cents personnages qui retracent l'histoire du canton depuis le Moyen Age, devant vingt mille spectateurs qui participent à l'action par leurs chants. Ce spectacle de masse, qui a marqué une date dans l'histoire de la mise en scène européenne, sera suivi, en 1904, de la *Fête des vignerons* de Vevey : Gémier fait converger des embarcations chargées de plus de mille cinq cents interprètes et figurants, vers une scène sur pilotis, avec le lac pour toile de fond. A Paris, au milieu d'un répertoire qui n'échappe pas toujours aux « dangers d'un éclectisme incohérent » — dénoncés par Romain Rolland comme défaut majeur d'un théâtre pour le peuple —, il porte à la scène deux pièces d'Émile Fabre : *La Vie sociale*, critique des mœurs électorales dans

Le Quatorze Juillet *de Romain Rolland, Théâtre Gémier (?) 1920 (?). Acte III : cour intérieure de la Bastille. Paris, B.N., A.S.P.*

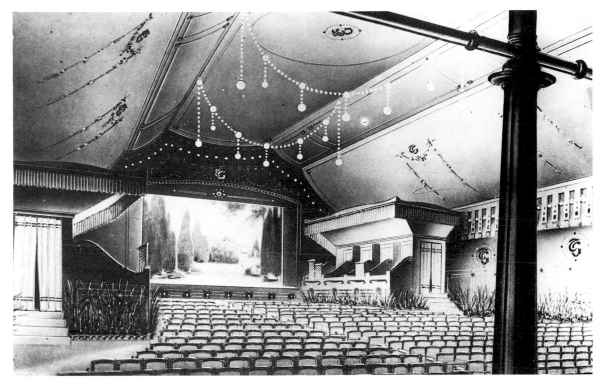

La salle "transportable" du Théâtre Ambulant de Firmin Gémier, 1911.

Les locomobiles du Théâtre Ambulant de Firmin Gémier, 1911.

Œdipe, roi de Thèbes *de Saint-Georges de Bouhélier, Cirque d'Hiver, 1919. Mise en scène Gémier, véritable spectacle « olympique ». Paris, B.N., A.S.P.*

une ville de province, *Les Ventres dorés,* satire des milieux financiers, pièces qui lui donnent l'occasion de transformer le plateau en tribune.

Mais Gémier rêve du « vrai » théâtre, celui qui se déplace, va au-devant de la foule, comme autrefois les baladins, et il se lance, en 1911, dans l'étonnante aventure du Théâtre National Ambulant. Pour l'inauguration, il fait dresser, place des Invalides, la gigantesque tente qui va le suivre, de ville en ville, dans le nord de la France. En présence de Joseph Caillaux, président du Conseil, et de Paul Boncour, la cantatrice Lucienne Bréval, vêtue d'un péplum blanc et brandissant le drapeau aux trois couleurs, chante *La Marseillaise*. Pour faire connaître le théâtre à la province défavorisée, Gémier, sans songer à utiliser des dispositifs plus légers, transporte dans son périple tout le Théâtre Antoine. Trente-huit voitures, tirées par huit tracteurs à vapeur, chargées de nombreux décors compliqués, de tout le matériel d'éclairage, de la charpente métallique nécessaire à la construction d'une salle confortable de 1 650 places, sans compter les loges des artistes et divers ateliers. Quant aux « pièces nationales » qu'il rêvait de présenter à toute la France, ce sont, en fait, celles de son répertoire parisien, *Anna Karénine,* avec ses champs de courses et le « passage du train », ou *Le Sous-marin « Hirondelle »,* avec ses machines. La lourdeur du matériel et les tribulations picaresques de ces voyages rendent impossible, dès 1913, et malgré un très grand succès public, la continuation d'une entreprise ruineuse et techniquement utopique.

La généreuse éthique sociale de Gémier ne s'accompagnait pas encore d'une rupture esthétique avec la tradition de la scène française. Bientôt le metteur en scène va méditer l'exemple de Max Reinhardt, dont il verra plusieurs spectacles à Paris et à Bruxelles en 1912 et 1913. C'est en louant, en 1919, à cinquante ans, le Cirque d'Hiver, que Gémier s'évade enfin de l'édifice théâtral et trouve un espace pour matérialiser son rêve d'une grande fête pour le peuple. Il y crée *Œdipe, roi de Thèbes* de Saint-Georges de Bouhélier (1919), où « la légende d'Œdipe, librement transposée, devient une sorte de tragédie populaire » (Baty). Gémier supprime la piste, abat la moitié des gradins, construit une vaste scène à deux étages, que relient des escaliers latéraux et un immense escalier central. Véritable spectacle « olympique », *Œdipe* comporte des intermèdes, des jeux athlétiques exécutés par deux cents sportifs, des cortèges de danseuses, des défilés d'animaux. De savants éclairages sont réglés par Gaston Baty, devenu son assistant, et à qui il confiera, l'année suivante, la mise en scène de *La Grande Pastorale*, Nativité provençale, corsée de farandoleurs, de tambourinaires et d'animaux dressés.

Après des années de démarches, Gémier réussit enfin, en 1920, près de vingt ans après les propositions de Romain Rolland, à obtenir le soutien de l'État pour la fondation d'un Théâtre national populaire. Aristide Briand fait voter à la Chambre un crédit de 100 000 francs (somme encouragement plus que subvention efficace) et le Théâtre national populaire s'installe dans la salle du Trocadéro, de plus de 5 000 places. L'inauguration, le 11 novembre 1920, est grandiose. En exergue au programme, la phrase de Bailly, maire de Paris sous la Révolution : « Le théâtre, où beaucoup d'hommes se rassemblent et s'électrisent mutuellement, est une partie de l'enseignement public. » Dans des décors d'Émile Bertin, la représentation déroule une ample fresque historique, à travers une succession de tableaux : sont évoqués la cour de Louis XVI, Rousseau, Voltaire, *La Marseillaise* de Rude, les luttes ouvrières de 1830 et 1848, celles des travailleurs sous la IIIe République. Choristes de l'Opéra, élèves du Conservatoire, groupements sportifs participent aux mimes et aux chants patriotiques. Mais, bien vite, Gémier va mesurer la marge entre ses aspirations et une entreprise acculée, faute de subventions suffisantes, à l'accueil de troupes plus riches et à une sorte de fonctionnariat. Dans un hommage à son prédécesseur, Jean Vilar évoquera plus tard la salle « aberrante » du Trocadéro, « fort andalou », « instrument de travail mortel (...) bon pour le peuple ». Bien que gardant la direction du Théâtre national populaire jusqu'à sa mort, en 1933, Gémier se détachera bien vite de cette « salle capharnaüm », pour continuer ailleurs, à la Comédie-Montaigne, puis à l'Odéon, la dernière partie de son œuvre. Après sa disparition, la candidature de Dullin à sa succession n'ayant pas été retenue, le Trocadéro restera condamné à la médiocrité. Il sera fermé en 1935 et le palais de Chaillot inauguré à l'occasion de l'Exposition internationale des arts et techniques de 1937.

Malgré des invraisemblances de programmation et un idéalisme aux limites du chimérique, Gémier a posé les bases du T.N.P. de Jean Vilar, celles de la décentralisation théâtrale et des subventions de l'État. S'ouvrant à des perspectives internationales, il créera encore, en 1926, la Société universelle du théâtre, esquisse de l'Institut du théâtre de l'Unesco.

"L'homme moderne est seul"

Contemporaine des spectacles de masse de Gémier, l'expérience de Copeau au Vieux-Colombier s'est, dès le départ, située dans la perspective d'un théâtre d'essai : petite salle de 400 places, public « restreint et choisi », d'abord composé de « l'élite cultivée, d'étudiants, d'artistes » ; répertoire caractérisé, à l'opposé des propositions radicales de Romain Rolland, par une vénération pour les chefs-d'œuvre classiques. Pourtant, dès 1918, lors d'une conférence en Amérique, Copeau déclarait : « Le théâtre est un art essentiellement populaire. Et je ne suis pas de ceux qui voudraient en faire un régal de délicats. » Mais il émettait aussitôt des réserves : le public moderne, ancré dans une société matérialiste, uniquement préoccupée de bien-être, a-t-il besoin du théâtre ? Loin de l'optimisme de Rolland ou Gémier, Copeau, d'abord soucieux à l'époque de son travail personnel, se situe hors de la société et de l'histoire. Mais grâce à l'expérience des *Copiaus*, où il touche un public populaire, « toutes classes mêlées » et à ses mises en scène de plein air à Florence devant un vaste auditoire (*Mistere de Santa Uliva* dans le cloître de Santa Croce en 1933 et *Savonarole* sur la place de la Seigneurie en 1935), sa réflexion sur le public s'approfondit.

Elle trouvera sa formulation définitive dans *Le Théâtre populaire*, paru aux Presses de la Cité, en 1941. Cette vaste méditation sur le théâtre de l'avenir, écrite en termes inspirés, parfois déconcertante par l'idéologie non exempte d'étranges contradictions qui la sous-tend, s'adresse à la jeunesse. Après l'évocation des foules grecques et de celles du Moyen Age, Copeau constate que l'homme moderne est seul. Or, le grand théâtre populaire ne peut exister sans la poussée d'un consensus social et la volonté d'un État fort, soucieux du problème théâtral. Rendant un hommage appuyé et sans réserves à Pottecher, Romain Rolland et Gémier, il constate que ces tentatives n'ont pu être menées jusqu'au bout faute d'un soutien de l'État, y compris sous le Front populaire : « La commande est un garant de fécondité. L'approbation ou l'improbation venues d'en haut sont de bons préservatifs contre les désordres du goût public. » La solution — à l'opposé idéologique, certes, de celle de ses prédécesseurs — est désormais, pour lui, dans le « renouvellement des forces internes [qui se] confondra avec l'aspiration unanime du pays, avec l'unique devoir des Français d'aujourd'hui : la réfection de la France (...). Ce qu'il nous faut c'est le Théâtre de la nation. Ce n'est pas un théâtre de classe et de revendication. »

Parallèlement, Copeau opère une critique sans complaisance de son propre travail au Vieux-Colombier : à ces « laboratoires techniques » que furent les théâtres d'avant-garde, « il a manqué un vrai public ». La qualité rare des plaisirs offerts aux spectateurs, « ne leur conférait pas la grandeur », « plaisirs de luxe », plaisirs « égoïstes », qui « n'avaient pas plus de *sens* que n'en ont les plaisirs vulgaires ». Copeau fait alors nombre de propositions concrètes et fécondes : nécessité de la décentralisation, subventions par l'État d'une grande école de comédiens et de jeunes compagnies volantes capables d'utiliser des salles de village sans perfectionnements techniques, aménagement des théâtres existants, construction de vastes salles municipales confiée à des scénographes avertis des besoins dramatiques, tarifs accessibles à tous, multiplication des festivals, compénétration des littératures mondiales. Ce sont ces propositions-là que retiendront les disciples et les successeurs de Copeau.

Rejetant « l'idéalisme de Romain Rolland, comme le paternalisme de Copeau ou le scoutisme de Chancerel » (B. Dort), un théâtre militant, délibérément politique, se développe en France à partir des années 20. D'inspiration révolutionnaire, il s'inscrit dans la mouvance de l'Internationale communiste. Le Théâtre Fédéral (1924), puis le théâtre de la Jeunesse communiste, « L'Étoile rouge » (1925), se proposent de « développer, sur le plan artistique, la propagande du parti dans les masses ». Le Théâtre Fédéral présente, à Paris et en province, *Le Feu* d'Henri Barbusse et *La Mère* de Gorki. Bientôt, le contexte politique (recrudescence, à partir de 1928, des luttes sociales, conséquences de la crise mondiale, aggravation considérable du chômage en 1933) entraîne la prolifération de nombreux groupes de théâtre amateur ouvriers, qui prennent leurs modèles dans les expériences d'agit-prop russes et allemandes. Tels le « Groupe de choc Prémices », parrainé par Léon Moussinac, « Mars », dirigé par Sylvain Itkine (qui mourra assassiné par la Gestapo) ou « Les Blouses bleues » de Bobigny (référence au groupe d'agit-prop moscovite « La Blouse bleue »). Ainsi sont présentés, dans les arrondissements et les municipalités ouvrières, nombre de courtes pièces, comme celles publiées en 1929 par Vaillant-Couturier (*Les Trois Conscrits, Le Monstre, Asie*) ou des chœurs parlés, restituant schématiquement l'actualité politique.

Fondée en 1931 comme section nationale de l'Union Internationale du Théâtre Ouvrier (U.I.T.O.), sous l'égide de l'Union soviétique et des communistes allemands, la Fédération du Théâtre Ouvrier Français (F.T.O.F.) devient l'organe fédérateur des divers groupes. Sa revue, *La Scène ouvrière* (mensuelle de février 1931 à la fin de 1932), fournit des matériaux de base pour alimenter le répertoire tout en assurant la liaison avec le théâtre ouvrier international. En marge de la F.T.O.F., Léon Moussinac crée le Théâtre international ouvrier, dont il tente de faire un théâtre professionnel, au contenu révolutionnaire, comparable aux expériences de Brecht. Installé aux Bouffes du Nord, le T.I.O. inscrit à son répertoire Ivanov, Gorki, Brecht. En fait, les mises en scène du *Train blindé* d'Ivanov, et de *Miracle à Berlin* de H. Chlumberg ne rencontrent qu'un écho limité à l'élite intellectuelle, en dépit de la mise en place des « Amis du T.I.O. », fugace préfiguration des « Amis du T.N.P. » de Jean Vilar. Cette brève expérience (1932-1933), qui échoue faute d'argent, offre l'intérêt d'avoir mis en avant, dans l'unique numéro des *Cahiers* du T.I.O., l'idée, nouvelle en France, qu'une œuvre au contenu révolutionnaire doit s'accompagner obligatoirement de la recherche de formes scéniques nouvelles, comme en ont créées, à la même époque, Meyerhold et Brecht.

Agit-prop en France

L'année 1933 voit la multiplication de manifestations sur la base de l'antifascisme avec la mobilisation intense des intellectuels et des artistes. Dans la perspective du Front populaire, la F.T.O.F. modifie son orientation étroitement communiste et cherche un appui auprès des professionnels, tels « Le Rideau de Paris » de Marcel Herrand et les animateurs du Cartel. Pitoëff, en particulier, montera en collaboration avec la F.T.O.F. plusieurs spectacles aux Mathurins. Le Groupe Octobre, par ailleurs, va désormais occuper une place de premier plan dans le théâtre d'agitation.

Né du groupe « Prémices », le Groupe Octobre comprend des comédiens (Raymond Bussières, Yves Deniaud) et des cinéastes (Yves Allégret, Jean-Paul Le Chanois, qui deviendra en 1934 secrétaire général de la F.T.O.F.) autour de Marcel Duhamel (le « mécène »), de Lou Tchimoukow (spécialement chargé de la régie), et des frères Prévert. Indépendant du parti communiste, composé d'hommes de gauche de diverses tendances, le groupe se démarque d'un théâtre strictement militant, tout en utilisant des procédés de l'agit-prop. Jacques Prévert, qui vient du surréalisme, écrit la majorité des sketches, pièces et chœurs parlés dans un esprit satirique, burlesque et corrosif, voire loufoque, dont l'impact sur le public ouvrier est considérable. Octobre donnera des représentations dans les lieux les plus divers, cours d'usines, cafés, fêtes de *L'Humanité*, grands magasins, et participera, en 1933, avec les Blouses bleues de Bobigny, aux Olympiades du théâtre ouvrier de Moscou, où il remportera le premier prix. De 1931 à 1936, le groupe présente un très grand nombre de spectacles, parmi lesquels : *Vive la presse* (1932), sketch qui vilipende la « presse pourrie » dans la perspective des élections. *La Bataille de Fontenoy* (1933) « théâtre aux armées

---

CITROËN

Dans les sales quartiers de misère
Ce sont de petites lueurs qui luisent.
Quelque chose de faiblard, de discret, des petites lanternes, des quinquets.
Mais sur Paris endormi,
Une grande lumière grimpe sur la tour
Une lumière toute crue...
Citroën, Citroën...
C'est le nom d'un petit homme,
Un petit homme avec des chiffres dans la tête,
Un petit homme avec un sale regard derrière son lorgnon,
Un petit homme qui ne connaît qu'une seule chanson.
Toujours la même...
Bénéfice net...
Millions, millions...
Une chanson avec des chiffres qui tombent en rond...
500 voitures, 600 voitures par jour...
Trottinettes, caravanes, expéditions, auto-chenilles, camions...
Bénéfice net...
Millions, millions, citron, citron.
Même en rêve il entend son nom.

500, 600, 700 voitures, 800 auto-camions, 800 tanks par jour...
2 000 corbillards par jour...
Et que ça roule !
Il sourit, il continue sa chanson...
Il n'entend pas la voix des hommes qui fabriquent.
Il n'entend pas la voix des ouvriers.
Il s'en fout des ouvriers !
Un ouvrier c'est comme un vieux pneu...
Quand il y en a un qui crève, on ne l'entend pas crever.
Citroën n'écoute pas...
Citroën n'entend pas...
Il est dur de la feuille pour ce qui est des ouvriers.
Pourtant au casino il entend bien la voix du croupier...
Un million M. Citroën, un million !
S'il gagne, c'est tant mieux. C'est gagné.
S'il perd ce n'est pas lui qui perd...
Ce sont ses ouvriers !
Ce sont ses ouvriers !
C'est toujours ceux qui fabriquent qui en fin de compte sont
fabriqués...
Et le voilà qui se promène à Deauville
Le voilà à Cannes qui sort du casino
Le voilà à Nice qui fait le beau sur la promenade des Anglais
En petit veston clair
Beau temps aujourd'hui !
Le voilà qui se promène... qui prend l'air
A Paris aussi il prend l'air
Il prend l'air des ouvriers
Il leur prend l'air, le temps, la vie
Et quand il y en a un qui crache ses poumons dans l'atelier
Ses poumons abîmés par le sable et les acides,
Il lui refuse une bouteille de lait
Une bouteille de lait ? Qu'est ce que ça peut lui foutre
Il n'est pas laitier... Il est Citroën.
Il a son nom sur la tour
Il a des colonels sous ses ordres
Des généraux gardes-chiourme, espions
Les journalistes mangent dans sa main
Le Préfet de police rampe sur son paillasson
Citron ? Citron ?
Millions, millions...
Mais ceux qu'on a trop longtemps tondus en caniche
Ceux-là gardent encore une mâchoire de loup
Pour mordre
Pour se défendre
Pour attaquer
Pour faire la grève.
Pour occuper les usines
Pour faire la grève
La grève, la grève...
VIVE LA GRÈVE !

Jacques Prévert

Chœur parlé à l'occasion du conflit-phare de 1933 (grève aux usines Citroën de Saint-Ouen). Texte inédit, polycopié, publié par L'Autre Journal, *18-24 juin 1986.*

satirique » de Prévert, où, selon Marcel Duhamel, « le Capital, le Sabre et le Goupillon venaient déconner à pleins tuyaux pour être à leur tour éjectés et remplacés par un chœur parlé des plus percutants » ; *L'Avènement de Hitler* (1933), « l'homme de paille pour foutre le feu » ; *Sauvez les nègres de Scottsborough* (1933), chœur parlé de Lou Tchimoukow, participation à la campagne européenne en faveur de neuf Noirs d'Alabama, injustement condamnés à mort pour un viol de femmes blanches ; *Citroën* (1933), chœur parlé joué durant les trois mois de grève de l'usine et repris lors des grèves de 1936 par les Faucons rouges (socialistes) ; *Actualités 34*, durant les émeutes de février ; *La Famille Tuyau de poêle* (1935), satire du théâtre bourgeois ; *Le Tableau des merveilles* (1936), adapté de Cervantès par Prévert à la demande de Jean-Louis Barrault. Ce dernier met en scène le spectacle, qui comporte une excellente distribution, Barrault lui-même, Blin, Bussières, Baquet, le jeune Mouloudji, etc. *Le Tableau des merveilles* sera le dernier acte collectif du Groupe Octobre. Comme le dira Prévert, il devenait de bon ton en 1936 « de remplacer *L'Internationale* par *La Marseillaise* ». Même son de cloche chez Blin pour qui le changement de tactique du parti communiste « ne pouvait plus nous convenir, nous dont l'existence et le programme étaient entièrement anticolonialistes, antipoliciers, antimilitaristes, anticurés et, dans une certaine mesure, antisocial-démocrates ».

Le 14 juillet 1936, les cent vingt troupes de la F.T.O.F. (qui va disparaître la même année) participent au grand défilé de la victoire du Front populaire. Au retour de la Bastille, les ouvriers se pressent aux portes de l'Alhambra, où se joue *Quatorze Juillet* de Romain Rolland, pour lequel Picasso a peint le rideau de scène, Albert Roussel et Darius Milhaud ont composé l'ouverture et les partitions d'entracte. Cette « brillante apothéose théâtrale » (M. Fauré) sera le chant du cygne du théâtre militant et populaire. En 1937, un essai de théâtre de masse au Vélodrome d'Hiver (*Naissance d'une cité* de Jean-Richard Bloch) se soldera par un échec.

"Un monde nouveau" ?

En dépit de la relative réussite d'expériences évoquées plus haut, le « théâtre du peuple » (formule du reste issue de la Révolution) s'est révélé une utopie généreuse, en profond décalage avec la réalité des conditions sociales et politiques sous la IIIe République. Recréer au-delà des siècles la ferveur et l'unanimité attribuées aux foules de la Grèce antique (Copeau), la communauté religieuse des spectateurs du Moyen Age (transposée par Gémier en « religion laïque ») l'« ivresse fraternelle » des fêtes civiques de la Révolution française (Rolland) relevait d'une ambition qui se heurtait à un corps social divisé, et dominé par la culture des notables. Passé le temps des Universités populaires, l'engagement des intellectuels pour apporter au peuple instruction et culture s'affaiblit, tandis que s'évanouissent les espérances de paix sociale. Comme le note l'historienne Madeleine Rebérioux, « des corps constitués, au centre desquels se dresse l'Université, fonctionnent comme un appareil de reproduction des valeurs élaborées, au cours du XIXe siècle, par la bonne bourgeoisie ». Ainsi Romain Rolland lui-même note-t-il, en 1913, dans la préface de la deuxième édition de son *Théâtre du peuple*, « qu'un art du peuple ne fleurit pas aisément d'une vieille terre ». Ne pouvant que constater, au cours des « années folles », que le grand public délaisse le théâtre pour les chansonniers, les opérettes, le cinéma et les matchs de boxe, tous les tenants du théâtre populaire ont eu une conscience claire de l'impasse. Aussi leur projection nostalgique sur les grandes formes théâtrales du passé s'accompagne-t-elle du rêve d'un hypothétique changement de la société. Même si les perspectives idéologiques de l'un et de l'autre sont bien différentes, Copeau rejoindra Romain Rolland sur ce point : « Je ne vois de vraies transformations au théâtre qu'en raison et en fonction d'une transformation sociale. »

La question d'un répertoire nouveau, écrit pour un théâtre « accessible à tous » (selon la formule consacrée par la Russie prérévolutionnaire), n'a pas été résolue — sauf, un moment peut-être, par le « Théâtre de la Révolution » de Romain Rolland. Mais Jean-Richard Bloch, dans son essai « Le théâtre du peuple : critique d'une utopie » (paru en 1920 dans *Carnaval est mort*), observe, en réponse à Rolland, que c'en est bien fini du mythe de la Révolution française, remplacé par celui de la révolution internationale. Constatant l'incompréhension fondamentale qui « sépare une bourgeoise nourrie aux idéologies des humanistes et un peuple élevé en pleines préoccupations techniques », il dénonce

Rideau de Picasso pour Quatorze Juillet *de Romain Rolland, 14 juillet 1936, L'Alhambra. Paris, musée Picasso,* © SPADEM *et* MAYA *1989.*

l'« inacceptable caractère didactique » de toutes les tentatives destinées à fournir un répertoire au théâtre populaire. « Ou le peuple, écrit-il, se donne (un théâtre) à lui-même, ou il ne l'aura jamais. » Si les troupes d'amateurs ouvriers ont eu un certain impact sur le public populaire, c'est d'abord en raison du contexte politique français des années 30. C'est aussi parce que, sans confondre « nation » et « peuple », elles ont mis en question le théâtre traditionnel, en utilisant des procédés nouveaux venus de la Russie et de l'Allemagne. Il est indéniable que la maîtrise de ces formes nouvelles dont a fait preuve le Groupe Octobre est la raison d'un succès de quelques années, lié étroitement à la montée du Front populaire.

Jacqueline de JOMARON

Ci-contre, photomontage de Roger Vitrac et Antonin Artaud, pour illustrer, note ce dernier, « *l'esprit dans lequel nous nous efforçons de nous tenir* » *(Le Théâtre Alfred Jarry et l'hostilité publique, O.C.II).*

SUBVERSIONS :
DE JARRY À ARTAUD

Jarry, Artaud, ces deux noms sont les phares d'une époque qui les méconnut passablement ; plutôt n'ont-ils été appréciés — le premier surtout — que par des esprits, ou qui méprisaient le théâtre, ou en avaient une idée si scandaleuse que leurs éloges contribuèrent à leur faire perdre tout crédit. On parlera donc ici de toute une veine souterraine et maudite du théâtre : elle rassemble les dramaturges les plus disparates, unis, négativement, par un commun déni du théâtre soit en tant que genre (avec ses lois, ses contraintes, ses recettes), soit en tant qu'art (dans ses rapports à la société et à l'homme), le genre et l'art pouvant évidemment conjuguer leurs impératifs dérisoires pour provoquer l'apparemment radicale destruction dada.

L'ignorance du fonctionnement élémentaire du théâtre (H. Rousseau, R. Roussel) produit le même effet que la fantaisie roublarde d'un Apollinaire ou d'un Albert-Birot : dans les deux cas on a affaire à des blagues indignes d'étude ; l'esthétique antiartistique et antihumaniste de Jarry, incarnée au théâtre par cette espèce de monstre en forme de poire nommé Ubu, est de même conséquence que l'investissement désespéré d'Artaud en un théâtre qui dirait l'essence de l'homme ; la plongée dans l'illogisme brutal des pulsions et des rêves (chez Vitrac et quelques autres surréalistes) rejoint le symbolisme très clairement déchiffrable d'un Yvan Goll ou d'un Georges Ribemont-Dessaignes : de quelque côté qu'on envisage ces œuvres, nommées assez artificiellement — et comme par souci de réduire la turbulence de personnalités inclassables — tantôt cubistes, tantôt dada, tantôt surréalistes, leur seul commun ciment, au vrai, fut de passer presque totalement inaperçues de leurs contemporains.

L'écart entre leur esthétique et l'horizon d'attente du public était trop large pour qu'elles aient eu la chance de subir l'épreuve de la scène. Les metteurs en scène les plus ouverts à la production contemporaine, tel Pitoëff, montaient de l'Anouilh ou du Cocteau. Il fallait être aussi passionnés d'expérimentation théâtrale et délivrés de tout souci de rentabilité que Louise Lara et Édouard Autant pour faire connaître à une poignée d'invités, dans leur Grenier jaune, les pièces de Pierre Albert-Birot, d'Aragon, de Ribemont-Dessaignes, de Goll ou d'Apollinaire. Acquis, un peu sans discernement, à ce qui se faisait de plus moderne, en poésie comme au théâtre, ils firent connaître les futuristes dès 1918, montèrent *Couleur du temps* d'Apollinaire la même année, *Le Bondieu* d'Albert-Birot en 1923, avant de consacrer une large part de leurs efforts à Ribemont-Dessaignes (*L'Empereur de Chine* en 1925, *Le Bourreau du Pérou* et *Larmes de couteau* en 1926, *Sanatorium* en 1930). *L'Armoire à glace un beau soir* d'Aragon sera jouée en 1926 ainsi qu'*Assurance contre le suicide* de Goll. Soucieux avant tout d'inventer des formes décoratives et scénographiques nouvelles, le « Père Système » — c'est ainsi qu'on nommait Édouard Autant — avait tendance à soumettre toutes les œuvres à la pierre de touche de son esprit de synthèse où le symbolisme s'alliait avec le didactisme mais laissait peu de place au « lâchez-tout » barbare ou poétique de dada et des surréalistes. De toute façon il importe assez peu : ces dramaturges (et théoriciens en la personne d'Artaud) méritent qu'on s'arrête à eux pour l'influence profonde exercée, directement ou indirectement, sur le théâtre des années 50, non pour l'accueil reçu de leur temps.

Il est vain de se scandaliser du silence ou du mépris dans lequel ces pièces ont été tenues. Il ne pouvait en être autrement : le théâtre, en effet, en 1920 comme en 1680, était un art de société ; le consommateur détermine le produit. Or les publics de théâtre, en 1920-1930, tout multiples qu'ils sont, représentent des groupes homogènes, des classes de consommateurs. Sans vouloir les citer tous : le grand public, de bourgeois ou d'employés, qui fait ses délices du Boulevard (Guitry, Pagnol, bientôt Achard et Bourdet) ; - le public cultivé qui s'intéresse à « ce qui se fait » mais reste très tributaire de son approche littéraire du théâtre : « Le théâtre authentique est littérature. Et il n'est que cela » (P. Brisson, 1930) ; il va voir Vildrac, Lenormand, Salacrou, Giraudoux et les grands étrangers ; il représente l'aile marchante du public, mais à petits pas ; - le public intellectuel, groupé en coteries et chapelles où l'on cultive le frisson esthétique dans des réunions parathéâtrales autour des poètes simultanéistes ou postsymbolistes, ou d'égéries comme Mme Rachilde et Adrienne Monnier. Groupes exactement nommés : « théâtres à côté » ; le public artiste enfin, et qui n'en est pas un. En effet il est constitué par les artistes eux-mêmes : entre eux et pour eux, à l'occasion d'une manifestation-provocation, ils pourront bien « monter » un spectacle (comme *Le Cœur à gaz*, à la galerie Montaigne en 1921), mais essentiellement à usage interne, pour se prouver que le groupe existe. Rien à voir donc ni avec le système d'échange (acquis culturel contre prix d'une place), ni avec le désintéressement et la communion dans les valeurs de l'esprit qui régissent les autres publics.

Ce non-public artiste, paradoxal et instable en son principe, présente cependant l'intérêt majeur de fonder l'autonomie du théâtre qui cesse d'être un art pour autrui (le public) et devient art pour lui-même. Phénomène de repli sur soi qu'on peut bien considérer comme contraire à la définition même du théâtre, mais indispensable en période de mutation sociale profonde pour s'interroger sur la finalité et les moyens d'un art. L'autonomie que les arts plastiques avaient conquise depuis une génération environ, le théâtre la conquiert à son tour, justement, vers 1920, mais beaucoup plus timidement qu'on pourrait l'imaginer. Pour des raisons qui tiennent aux pesanteurs sociologiques et culturelles du théâtre mais surtout aux différents points d'impact de la susdite autonomie.

L'autonomie s'exerce d'abord à l'égard du public dont on ne cherchera plus à solliciter l'approbation par le respect de quelques normes impératives (les bienséances du langage) ni par le choix d'une thématique flatteuse (un sujet et un message). Là l'autonomie est vite atteinte sous forme de rejet : qu'on songe (cela nous renvoie en 1896) au « merdre » d'Ubu et à son effet immédiat ! Autonomie à l'égard de l'esthétique théâtrale elle-même dans ses couches à la fois profondes et superficielles : profondes quand il s'agit des règles fondamentales de la communication, de la construction du personnage, de ses rapports avec la fable, de l'insertion du tout dans l'espace et le temps ; superficielles quand il s'agit de la clarté de l'exposition et du développement de l'intrigue, du jeu d'entrées et de changement de lieux, de l'enchaînement du dialogue et de son rythme... Dans le premier cas des lois sont en cause, dans le second des habitudes.

De cette triple formulation de l'autonomie faisons l'application à *Ubu roi* : autonomie dans sa relation au public, certes, puisque la pièce n'a été montée que cinq fois entre 1896 et 1950. Mais qu'en est-il de son autonomie esthétique ? Elle est beaucoup moins radicale qu'on pourrait le croire et il faut se méfier du « détruisons même les ruines » de Jarry. Quand il écrit son article essentiel, « De l'inutilité du théâtre au théâtre », il parle au nom d'un théâtre rénové, réintégré dans ses vraies valeurs, débarrassé de tout relent de réalisme et de toutes les conventions invisibles à force d'être familières. Jarry promet donc le théâtre à la mort, mais pour une résurrection et au nom de l'Art majuscule. Ce qui situe d'emblée le projet de Jarry à un niveau strictement esthétique à l'exclusion de toute intention sociale ou philosophique : son œuvre n'est ni satirique ni farcesque. S'il est important, dramaturgiquement, de souligner son appartenance à la pataphysique c'est que cette « science des solutions imaginaires », antihumaniste et irrationaliste, affirme l'équivalence de toutes choses par identité des contraires : le oui vaut le non, le bien le mal, le tragique le comique dans une ouverture du sens qui va jusqu'au flottement et à l'indifférenciation. Le théâtre de Jarry est le premier où tout point de vue privilégié de l'auteur à travers ses personnages et la fable est banni. Cette pureté, qui fait d'abstraction et d'absolu deux synonymes, ce dessèchement empruntent des voies dramaturgiques précises résumables en synthèse, stylisation, artifice, réduction du complexe à l'un, du contingent au type.

Jarry souhaite, sans y parvenir totalement, l'éviction du comédien de chair au profit d'un acteur-marionnette, portant masque, doté d'une voix fabriquée et d'une gestuelle supposée universelle puisque simple et réduite à une pantomime mécanisée de guignol. Son choix se porte sur un « décor, parfaitement exact » en ceci qu'il présente, en simultané, sur une toile peinte, tous les lieux de l'action, sans aucun souci de vraisemblance ni de progressivité temporelle. Temps et espace sont, dans la fable, constamment écrasés comme accidents secondaires, comme béquilles mentales pour le « non-esprit », dont on doit faire l'économie. Le spectateur est confronté à un schéma archétypal, visiblement inspiré de Shakespeare pour ce qui concerne *Ubu roi*, mais qui n'a nullement besoin de cette caution car l'important réside dans l'affirmation répétitive, et abstraite à force de répétition, de pulsions brutes : l'ambition, la cupidité, la goinfrerie, la lâcheté. Toute psychologie étant évacuée, l'action se réduit à une épure où les épisodes n'ont d'autre intérêt que d'exercer une « abstraction qui marche ». Constamment en mouvement, le théâtre de Jarry refuse la réflexivité qui s'attarde, commente, s'interroge. L'intrigue, pas encore aussi ramassée qu'elle le sera dans les piécettes futuristes réduites à des « comprimés explosifs », se focalise sur le personnage, le « personnage-un », sorte de figure emblématique de l'Action, en ce qu'elle a d'intemporel et de déshumanisé. Qu'on assiste à la construction et à la démolition conjointe du « héros » peut sembler en contradiction avec toutes les lois de la cohérence et de la stabilité du personnage, mais là n'est pas la question, même si cette utilisation à rebours d'un canon classique n'a pas peu contribué à laisser l'image d'un Jarry iconoclaste.

Le personnage, à vrai dire, est un, parce qu'il est réduit à rien, vidé de toute intériorité, taillé en silhouette, à coups de serpe, dans le bois des marionnettes. « L'âme est un tic », c'est-à-dire un comportement, un geste. Dès lors « le plus parfait parce que le plus rudimentaire » des personnages, Ubu, atteint la stature du mythe, sorte de forme creuse que l'on peut charger de toutes les intentions qu'on voudra — « double ignoble » du public éventuellement, comme le dira Jarry lui-même —, mais qui doit d'être mythe de ce qu'elle est insaisissable. Il n'y a pas de dialogue ni de rencontre possibles avec Ubu : il est l'Autre ; il gêne, il scandalise même ; il n'est pas de ce monde, de notre monde : sa grossièreté, son obscénité, sa laideur morale l'aident à marquer ses distances, mais ce ne sont que signes de son altérité profonde : il n'est pas l'image des vilenies humaines projetée, en ombre, sur le fond de la caverne platonicienne, il en est l'Idée.

Summum d'abstraction et ambition démiurgique à la fois, la seconde ne se réalisant que par la première : il n'est possible de faire concurrence au Créateur qu'en créant un être de mots, que le théâtre seul peut faire sortir du néant en dotant sa facticité avouée des apparences du vivant. Il y a quelque chose de désespéré dans cette recherche : Jarry n'est pas gai. Pourtant Jarry fait rire et il le doit au premier chef à son langage. Langage d'une extrême variété que le

Affichette-programme de la main de Jarry (1896) : elle annonce la naissance d'un monstre qui, n'ayant plus rien d'humain ni dans sa silhouette ni dans son comportement, fait sortir le théâtre de son anthropomorphisme séculaire. Paris, B.N., A.S.P.

fameux « merdre » ne saurait résumer. Jarry parle le Jarry ; il est l'habitant d'un monde dont il est seul à connaître les mots de passe. Ce « bâton à phynance », cette « machine à décerveler », ce « petit bout de bois dans les oneilles », cette « giborgne », cette « trappe à nobles » ou autres, sont plus que des mots : des choses qui, dans leur irréalité, dotent d'une réalité inquiétante les agissements du gros Ubu. Parodie et rupture des niveaux de langue, de l'archaïque au savant et de l'argotique au familier, clins d'œil d'intellectuel, calembours de potache, platitude et emphase, déformations et charabia, tout lui est bon pour creuser davantage l'écart avec le beau langage, seul autorisé jusqu'alors à restituer du monde une image reconnaissable. Or justement Jarry travaille à rendre le théâtre méconnaissable.

Jarry est bien l'inventeur d'un art nouveau. Ce n'est pas un hasard si Artaud et Breton l'ont considéré comme un maître, Breton qui écrivait : « La littérature, à partir de Jarry, se déplace dangereusement en terrain miné. »

LE THÉÂTRE ALFRED-JARRY

Si l'on devait mesurer, dans l'histoire du théâtre, l'importance d'Antonin Artaud au nombre de ses réalisations, sa place ne serait que marginale en regard de celle de ses contemporains. La profondeur avec laquelle il a pensé le théâtre s'est essentiellement traduite dans les textes successifs, où, sa vie durant, il a formulé les exigences d'un art qu'il avait choisi comme lieu de son rapport au monde. Cependant, pour rares qu'elles soient, et avec les limites que leur ont imposé de désastreuses conditions matérielles, ses réalisations n'en restent pas moins, avec ses projets écrits de mises en scène, la référence concrète qui éclaire les conceptions théâtrales formulées, en termes inspirés de poète, dans les essais du *Théâtre et son double*.

En 1926, Artaud fonde, avec Robert Aron et Roger Vitrac, le Théâtre Alfred-Jarry. Dans les manifestes qui accompagnent l'événement est avant tout affirmée l'idée d'un « théâtre pur », en rupture avec toute la pratique de l'époque. Artaud et ses amis ne visent à rien de moins qu'à « remonter aux sources humaines ou inhumaines du théâtre et à le ressusciter totalement ». Il s'agit de « remettre au jour cette vieille idée, au fond jamais réalisée du spectacle intégral », où le texte, « réalité distincte », ne sera nullement respecté dans son esprit, mais utilisé simplement « quant au déplacement d'air que son énonciation provoque ». Le Théâtre Alfred-Jarry ne saurait être une entreprise esthétique, une œuvre d'art : il a été créé « pour se servir du théâtre et non pour le servir ». Le spectateur qui s'y rendra saura « qu'il vient s'offrir à une opération véritable où, non seulement son esprit, mais ses sens et sa chair sont en jeu ».

Les 1er et 2 juin 1927, au Théâtre de Grenelle, la première représentation du Théâtre Alfred-Jarry comporte une pochade musicale d'Artaud, *Ventre brûlé ou la Mère folle*, trois tableaux des *Mystères de l'amour* de Vitrac, et *Gigogne* de Max Robur (Robert Aron). Pour ce spectacle, où les documents — comme pour les suivants — sont peu nombreux, on

Couverture de Gaston-Louis Roux pour la brochure Le Théâtre Alfred Jarry et l'hostilité publique, *par ailleurs illustrée de huit photomontages réalisés par Artaud et Roger Vitrac. Paris. B.N., A.S.P.*

trouve cependant chez les critiques quelques notations précieuses : dans *Ventre brûlé*, brève hallucination, qui montre sous une apparence satirique la concurrence créée au théâtre par le cinéma, la dernière partie se déroule derrière un rideau de lumière : un cortège funèbre passe dans le fond du plateau tandis qu'un « jet de lumière violette vitriole tout à coup les acteurs ». La musique pour percussions, composée par Maxime Jacob, est faite de rythmes élémentaires, de « pulsations monotones et frénétiques ». *Les Mystères de l'amour*, drame surréaliste sur l'amour fou, « œuvre ironique qui concrétisait à la scène l'inquiétude, la double solitude, les arrière-pensées criminelles et l'érotisme des amants », sont joués *a contrario* du texte, les acteurs accordant leurs mouvements non aux actes, mais aux pensées inconscientes des personnages.

Au programme du deuxième spectacle, à la Comédie des Champs-Élysées, le 14 janvier 1928, le troisième acte de *Partage de midi*, « joué contre la volonté de l'auteur » et « en vertu de cet axiome qu'une œuvre imprimée appartient à tout le monde ». Volonté de scandale, Artaud ayant précisé que la pièce était de M. Paul Claudel, ambassadeur de France aux États-Unis, « un infâme traître », de même que dans la projection inattendue de *La Mère* de Poudovkine, film que le ministre de l'Intérieur venait d'interdire. On peut s'interroger sur le choix du troisième acte de *Partage*. Cet acte plonge brutalement la pièce dans un climat d'angoisse créé par la situation : Ysé et Amalric cernés, dans une maison isolée de la Chine, par une insurrection. Mais il contient aussi nombre d'effets proprement théâtraux, dont on peut penser qu'Artaud pouvait tirer parti dans l'optique qui était la sienne : cris sauvages de la foule, rumeur montante ; arrivée spectaculaire de Mesa, ombre reflétée dans un miroir ; retour d'Ysé en état de transe hypnotique ; jeux d'éclairages, lampes qui s'éteignent, etc. Pour le décor, Artaud crée des « figures nouvelles », des « arrangements » d'objets, matelas, dont l'un suspendu au-dessus d'un lit de fer, l'autre par terre au bout d'une corde, petits écrans de bambou, etc. « La scène, écrit-il à Jean Prévost, représentait le désordre, l'anxiété, la menace. » Quant aux acteurs, « pour eux, le théâtre, c'est leurs nerfs, et ils recherchent un théâtre de nerfs. A tort et à travers, ils saupoudrent le texte de cris, de gémissements, de contorsions, de plaintes. Car si le texte ne sert pas à faire sursauter le spectateur sur sa chaise, à quoi sert-il ? »

Pour le troisième spectacle, le 2 juin 1928, en matinée, au Théâtre de l'Avenue, Artaud met en scène *Le Songe* de Strindberg, représentation dont nous reparlerons plus loin.

Le quatrième et dernier spectacle est la création, les 24 et 29 décembre 1928, à la Comédie des Champs-Élysées, de *Victor ou les Enfants au pouvoir*, écrit par Vitrac spécialement pour le Théâtre Alfred-Jarry. Artaud définira *Victor* comme un drame bourgeois, « tantôt lyrique, tantôt ironique, tantôt direct », dirigé « contre la famille, avec comme discriminants : l'adultère, l'inceste, la scatologie, la colère, la poésie surréaliste, le patriotisme, la folie, la honte, la mort ». Il fait, dans le décor, se heurter des meubles bourgeois d'un réalisme chaotique et des accessoires spécifiquement théâtraux, déformés et gigantesques : un énorme gâteau d'anniversaire, garni de grands cierges d'église trône sur la table de la salle à manger (acte I) ; un immense palmier envahit le salon de sa végétation (acte II).

Le Théâtre Alfred-Jarry, incapable de faire face aux difficultés qui avaient, dès le départ, pesé sur l'entreprise, dut arrêter des représentations qui n'avaient réuni qu'un groupe d'intellectuels. Bien que Robert Aron ait précisé, dans sa conférence préliminaire aux activités du Théâtre, que les spectateurs ne seraient plus séparés de la scène par la rampe, les trois organisateurs durent se contenter, faute d'argent, de louer des salles tout à fait traditionnelles, auxquelles il était impossible d'apporter des modifications techniques. Malgré des répétitions hâtives et des moyens de fortune, le travail de mise en scène d'Artaud témoigne d'une grande rigueur, aussi bien dans la composition picturale d'images scéniques dont « la poésie anarchique » remettait en cause toutes les relations d'objet à objet, que dans l'enchaînement de la représentation. Voici du reste comment Artaud présente, dans la brochure-bilan de 1930, *Le Théâtre Alfred-Jarry et l'hostilité publique*, le déroulement idéal d'un spectacle : « La pièce ainsi réglée dans les détails et dans l'ensemble obéissant à un rythme choisi se déroulera à la manière d'un rouleau de musique perforé dans un piano mécanique, sans jeu entre les répliques, sans flottement dans les gestes et donnera à la salle *l'impression d'une fatalité et du déterminisme le plus précis.* »

Témoignent encore de cette précision programmée les projets de mises en scène écrits pour *La Sonate des spectres* de Strindberg et *Le Coup de Trafalgar* où tout est prévu acte par acte (*Œuvres complètes,* tome II). A partir de 1931, Artaud cherche, à travers d'innombrables démarches, toujours sans succès, à réaliser cette « scène cruelle » qu'il porte en lui. Sa seule tentative aboutie fut, en mai 1935, la mise en scène des *Cenci*, sur la petite scène des Folies-Wagram, expérience profondément neuve, dont il précisera qu'elle n'a fait qu'introduire, sans le réaliser vraiment, le « théâtre de la cruauté ».

Jacqueline de Jomaron

Durant la même décennie que Jarry, un dramaturge tout à fait inconnu (puisque ses deux pièces ne seront publiées, par Tzara, qu'en 1947 et qu'une seule, *La Vengeance d'une orpheline russe*, sera mise en scène, par J. Rougerie, en 1966) avait, sur le papier, provoqué une déflagration semblable. Henri Rousseau, dit le Douanier, ressemble d'ailleurs par plus d'un trait, mais poussé au système, à Jarry : mêmes raccourcis et accélérations de l'espace et du temps, même recours à la simplification dans *Une visite à l'Exposition de 1889* (écrite sans doute la même année) et la *Vengeance* (1899). L'originalité de Rousseau est ailleurs. Peintre, il fait *poser* ses personnages : il les immobilise et essaie de recomposer le mouvement en additionnant les instantanés. Il sépare donc ce que la dramaturgie classique s'était ingéniée à unir, elle qui faisait du mouvement, désormais pris au sens figuré, une qualité de l'action parlée. Chez Rousseau, pour que l'intrigue « avance », il faut que le lieu bouge. Peintre encore et obsédé par le transfert du réel sur la toile (d'où son attention passionnée au détail), Rousseau se livre à une transsubstantiation semblable : le tableau, au sens figuré et théâtral, devient tableau au sens concret et pictural.

Incapable de conjuguer présence et mouvement, Rousseau l'est aussi, et à plus forte raison, de mettre le langage de ses personnages en harmonie avec leur situation. Ils ne connaissent pas en effet un des postulats de la communication normale, le principe de sélection selon lequel, pour transmettre des informations et faire avancer le dialogue, il est indispensable de choisir et de réduire : ne pas le faire c'est provoquer l'asphyxie par engorgement, détruire le contenu du dialogue avec son rythme. Tout dire revient à casser totalement l'enchaînement des répliques, à introduire la contradiction entre le sens et la forme. Rousseau inaugure inconsciemment un moment crucial de l'histoire du théâtre : la réflexion sur lui-même comme langage et comme genre. Pour le langage on est constamment ramené, chez lui, à la matière verbale ; le langage perd toute transparence. Ce qui est dit — d'une extrême platitude — n'importe plus, mais la seule façon de le dire. Et, pour le genre, de même que dans la *Vengeance* « H. Rousseau a peut-être tué le mélodrame, en le démystifiant par excès de mystification » (J. Rougerie), de même *Une visite*, en tant que vaudeville naïf et lent, provoque le retournement involontaire d'un genre dont les codes paraissaient inébranlables.

Avec Jarry et Rousseau, les structures, les catégories, les moyens d'expression du théâtre sont en train d'éclater. Elles ne le feront plus pendant une bonne vingtaine d'années. L'élévation de la surprise au rang de principe esthétique fondateur est l'apport majeur d'Apollinaire au théâtre. Mais la surprise n'est

Un peintre égaré au théâtre

guère plus que l'art de mystifier et de présenter avec un sérieux imperturbable des bouffonneries sans danger. Pince-sans-rire professionnel, Apollinaire prend constamment les spectateurs à contre-pied et les oblige, sous couvert de galéjades, à se pencher sur le problème crucial de la repopulation de la France ! Le Prologue de ses *Mamelles de Tirésias* (1917) est cependant d'une autre portée que la pièce elle-même, tout ambigu qu'il est : il présente à la fois le théâtre comme lieu de convergence de tous les arts et comme le moyen pour le dramaturge-démiurge d'affirmer son autonomie à l'égard de ses matériaux. Proclamation de spécificité que les contemporains d'Apollinaire sauront entendre chacun dans son style : dans la fantaisie poétique comme Cocteau avec ses *Mariés de la tour Eiffel* (1921), dans la pochade mirlitonesque comme Max Jacob, dans *Le Siège de Jérusalem*, « drame céleste » (1914), ou *Entrepôt Voltaire* (1921), dans le vaudeville détraqué comme Erik Satie avec son *Piège de Méduse* (1921, mise en scène de P. Bertin), dans le symbolisme politisé comme Goll avec son *Mathusalem* (écrit en 1919, monté à Paris en 1927 par J. Painlevé), frère cadet d'Ubu, mais descendu de l'empyrée du mythe pour se muer en caricature moralisatrice du capitalisme bête et méchant. Ici et là on cultive le raccourci absurde, l'effacement du personnage homogène au profit des forces contradictoires qui le constituent, l'interférence inopinée du réel et de l'imaginaire, le court-circuit des tons et le mélange des règnes. Avec le risque que la transgression des formes dramatiques ne tourne à la blague et ne réduise à rien d'autre qu'un éclat de rire le travail de sape entrepris jadis par Jarry.

Dada-massacre

Enfin Dada vint, insolent, tonitruant, en Hercule de foire du désastre, riant de tout et de lui-même sur fond de désespoir et de violence, tels que les temps lui avaient appris, pendant cinq ans de guerre, à en faire la triste expérience. Comme il ne croit à rien et particulièrement pas à la compétence du métier, il abordera le théâtre en Huron, moins désireux de détruire une esthétique, selon un projet mûrement réfléchi comme le fit Jarry, que de saccager les plates-bandes de la culture, à la diable, en voyou innocent. Comme le disait Tzara à propos de son *Cœur à gaz* (1921) : « C'est la seule et la plus grande escroquerie du siècle en trois actes, elle ne portera bonheur qu'aux imbéciles industrialisés qui croient à l'existence des génies. Les interprètes sont priés de donner à cette pièce l'attention due à un chef-d'œuvre de la force de *Macbeth* et de *Chantecler*, mais de traiter l'auteur, qui n'est pas un génie, avec peu de respect et de constater le manque de sérieux du texte qui n'apporte aucune nouveauté sur la technique du théâtre. » Voire. Puisque Tzara a qualifié lui-même son œuvre de « pièce de théâtre », traitons-la comme telle. Grâce au choix de personnages-organes (nommés Oreille, Bouche, Nez...), Tzara essaie de traduire les pulsions vitales essentielles, les expressions physiologiques pures et ainsi de remonter à la spontanéité cellulaire, par-delà l'artificielle recomposition en un tout, l'homme, où la tête primerait tous les autres membres.

Éclatement d'images-sensations alors ? Peut-être pas car on est en mesure de déceler des rapports de personnages, une évolution de ces rapports et, malgré qu'on en ait, une organisation dramaturgique latente. Mais, au niveau de l'écriture délibérée, pourrait-on dire, Tzara fait tout ce qu'il peut pour brouiller les pistes. Il est le premier à se moquer de sa pièce. Le langage surtout reste le principal obstacle à toute approche de son théâtre : il serait présomptueux de vouloir le franchir, et distinguer entre ses aspects parodiques (par répétition et mimétisme du quotidien), poétiques et automatiques permet tout au plus de le contourner. Comment par exemple rendre compte théâtralement — mais est-ce bien nécessaire ? — du sens (ou des sens) d'une réplique comme celle-ci : « Il s'aplatit comme une tache de papier argenté et quelques gouttes quelques souvenirs quelques feuilles certifiaient la cruauté d'une faune fervente et réelle. Vent rideau du vide secoue. Son ventre est plein de tant de monnaies étrangères. Le vide boit le vide : l'air est venu avec des yeux bleus, c'est pour cela qu'il prend tout le temps des cachets d'aspirine. Une fois par jour nous avortons de nos obscurités. » Alors qu'on pourrait croire Tzara sapant les schémas traditionnels de la dramaturgie par le biais d'un nouveau langage de théâtre on s'aperçoit — et le résultat est beaucoup plus positif — qu'il fonde un nouveau théâtre du langage : car le langage est l'être même de son théâtre, le seul personnage ; c'est de lui que procèdent les situations, les mouvements scéniques et sans doute l'évolution même de l'action. Tzara a systématisé, sans l'inventer, l'emploi de la « littéralité » du langage. Par ce mot il faut entendre la métaphore visualisée sur scène en gestes et en objets : dire que le cheval est le symbole de la sexualité, c'est banalité, mais mettre sur scène, non un cheval avec des sentiments d'homme, mais une femme avec des réactions de jument, c'est faire un usage littéral du langage et, du même coup, donner un contenu nouveau aux structures internes du théâtre : le personnage et le conflit auquel il s'affrontera seront totalement

Les Mamelles de Tirésias *d'Apollinaire, mise en scène (1917) par Pierre Albert-Birot (directeur de la revue* Sic*) à mi-chemin des marionnettes d'*Ubu-roi *et de* Parade *de Cocteau-Picasso. Paris, B.N.*

Une Manifestation "Sic" : *Les Mamelles de Tirésias*

EDMOND VALLÉE   JULIETTE NORVILLE   LOUISE MARION   HOWARD   GUILLAUME APOLLINAIRE

déterminés par cette nouvelle acception des mots. Le dramaturge les prend au pied de l'image et leur confère l'opacité de la chair : ils ne possédaient jusqu'alors que la transparence de l'esprit.

Ainsi, au moment où il écrit un mot-image, le dramaturge le projette mentalement sur la scène et la scène lui renvoie le reflet de cette création plastique. Il ne faudrait pas croire que les spectateurs puissent accéder d'emblée à cette perception nouvelle, car Tzara se garde bien d'expliciter ses intentions. Aussi l'irritation que ressent le spectateur à l'audition d'un poème scénique dada est-elle doublement provoquée ; son attention est sans cesse sollicitée puis déçue quand elle se dispose à prêter la vie à des personnages qui n'accéderont jamais à l'être et resteront du domaine de la poésie ; son attente est encore trompée quand elle devrait se mettre en éveil pour saisir le rapport secret qui lie un personnage à un mot, et qu'elle le manque faute d'avoir évité l'écueil des évidences sensibles. Le théâtre dada est l'histoire d'un malentendu permanent.

Selon le principe adopté, seules nous intéressent les œuvres qui, quelle que soit leur appartenance d'école, accomplissent sur le terrain de l'esthétique théâtrale un travail original de sape ou de renouvellement. Tel n'est pas le cas de G. Ribemont-Dessaignes, malgré la qualité évidente de ses deux œuvres majeures, *L'Empereur de Chine* et *Le Bourreau du Pérou* : toutes deux sont des paraboles sur le mystère de la connaissance de soi et du monde, des paraboles sur le mystère d'une humanité perpétuellement lancée à la poursuite de son ombre et perpétuellement irritée de ne saisir que vide ou contradictions. A travers la dérision et la violence, à travers les réflexions sur les mathématiques, l'amour, la mort et le pouvoir, c'est toujours l'acte de la conquête du Tout qui se joue. La rage destructrice de Ribemont-Dessaignes n'est qu'un moyen détourné de traduire sa tentation d'angélisme : l'absolu ne s'atteint que par soustraction du relatif : « Nous allons enfin savoir, lorsqu'il n'y a plus rien, ce qui reste. » Les personnages de Ribemont-Dessaignes ne se pardonnent pas de n'être que des hommes et font payer au prix du sang et de la ruine la conscience qu'ils ont de leur misère. Que cette philosophie soit dada ou non, il n'importe. Il importe seulement que, malgré les ruptures de ton, la réduction de maints personnages à des silhouettes ou à des abstractions, l'incursion de l'onirique, le recours à un langage tantôt ramassé jusqu'à la sécheresse (« Raser, raser, raser. Explosion de cervelles. A nu, à nu »), tantôt dilaté jusqu'au lyrisme (« Asservissement des astres. Préparation à longue distance des éclipses et de l'apparition des comètes. / Cristallisation du caprice des étoiles filantes. / Zone d'influence sur l'infiniment grand. / Extension vers l'infiniment petit. / Capture des particules au sein des colloïdes... / La pesanteur. »), le théâtre de Ribemont-Dessaignes reste, *grosso modo,* de facture classique.

Il en va tout autrement de Raymond Roussel, pourtant antérieur à Dada et qui n'a cessé de faire cavalier seul malgré son annexion par les surréalistes. Or, si Breton, au lieu d'écrire : « Roussel est surréaliste dans l'anecdote » avait écrit : « ... dans la narration », il aurait mis le doigt sur la nouveauté foncière de son esthétique : elle repose sur la dérive étroitement dirigée du langage et aboutit à une totale absorption du théâtre par le récit. Les personnages en scène (dans *Locus solus*, 1922, *L'Étoile au front*, 1924, et *La Poussière de soleils*, 1926) ne sont que les récitants d'un ailleurs (temps et espace) qui les annule en tant

Maquette de Josef Sima pour la chambre d'Alcaline dans Le Bourreau du Pérou *de Georges Ribemont-Dessaignes. Paris, collection particulière.*

qu'acteurs : ils n'ont rien d'autre à faire que dire, à perte de répliques. Le « procédé » selon lequel Roussel a écrit ses pièces et qui consiste à combler par les inventions les plus abracadabrantes l'entre-deux de deux phrases-matrices presque homophones (par exemple : « au clair de la lune mon ami Pierrot » et « eau glaire de là l'anémone à midi négro ») compte moins, théâtralement, que le résultat : un monde si plein de mots qu'il en est comme pétrifié, pris dans les glaces d'une narration tentaculaire. La respiration nécessaire au développement dramatique repose sur l'alternance rythmique et contrôlée de présence et d'absence, d'expressivité et de réflexivité, d'attaques et de replis, de silences et de paroles : elle est ignorée par Roussel. C'est une façon radicale d'exclure le théâtre du théâtre et de faire la démonstration, par la négative, qu'un personnage n'est pas un parleur, un dialogue un commentaire, une action une rhapsodie. Roussel est sans doute le dramaturge contemporain qui mérite le mieux d'être considéré, au sens strict, comme l'inventeur de l'antithéâtre.

Les surréalistes admirèrent sans doute Roussel, mais pour de fausses raisons ; « Légendes charmantes, écrivait Desnos, où les personnages sont tragiquement réduits au rôle de pièces d'échecs soumises à une passion : curiosité, vices, amour », phrases qui signalent un trait commun : le théâtre ne retient les surréalistes qu'à proportion de la force et de la pertinence du contenu.

Breton a bien conscience que, dans tous les domaines où une certaine logique s'impose, Dada a « surtout voulu attirer l'attention sur le torpillage », tandis que le surréalisme, par le recours notamment à l'automatisme, parviendrait à « mettre à l'abri de ce torpillage un bâtiment quelconque », fût-il « vaisseau fantôme ». Le théâtre a-t-il fait partie de l'escadre ? Il ne le semble pas. Car les surréalistes jugent le théâtre — bâtiment et œuvres — si lourdement grevé de contraintes sociologiques et esthétiques qu'il fait eau de toutes parts et qu'il vaut mieux contribuer à le faire sombrer.

Dans cette stratégie du sabordage, l'attitude des surréalistes est double : une attitude antithéâtrale (mais encore littéraire) de démolition des catégories dramaturgiques usuelles. Sur ce terrain le surréalisme redouble Dada en l'enrichissant : espace et temps atomisés, cohérence de la fable mise à mal par discontinuité et fragmentation (*S'il vous plaît,* 1920 au Théâtre de l'Œuvre), animation d'entités non anthropomorphes (*Vous m'oublierez,* 1920 à la salle Gaveau) ; on injecte au théâtre, pour le dénaturer, une dose de mélodrame subverti ou de roman-feuilleton (*S'il vous plaît, Le Trésor des Jésuites* [joué à Prague en 1935]) ; on brise l'enchaînement du dialogue en proposant des soliloques parallèles (*S'il vous plaît).* Mais, signés Breton et Soupault, ces textes — où la clarté sémantique immédiate n'est pas occultée — offrent une écriture, automatique ou délibérée, ouverte parce que poétique : elle exalte les pouvoirs du langage et du langage le plus littéraire.

A cet égard les deux pièces d'Aragon (surtout *L'Armoire à glace un beau soir*) sont exemplaires : Aragon propose un théâtre où l'imaginaire est constamment sollicité, de la façon la plus libre et la plus folle (charrette à bras qui se déplace toute seule et qui parle, arc électrique doté d'une existence de personnage, scène qui se passe sur un glacier) mais, en même temps, ce ne sont là que des images sorties du cerveau du rêveur Frédéric et destinées à disparaître comme des songes. Le moment théâtral est comme une sorte de parenthèse onirique, traversée de fées et d'étoiles filantes, insérée entre les deux phrases clés : « Encore une fois le cœur de l'homme » (au début) et : « Un homme seul qui traverse le décor » (à la fin). Frédéric revit pour son compte et sur le mode de l'imagerie moderne la fable d'*On ne badine pas avec l'amour,* avec références presque explicites à Musset. L'image n'y est scénique qu'à titre d'ornement ou de facteur d'ambiance : elle n'est pas le but de l'œuvre ni le levier pour soulever une réalité autre que psychologique. Plus encore, on pourrait dire que la plénitude littéraire des textes d'Aragon — où les didascalies décrivent dans les moindres détails les possibilités d'imager la scène — provoque par contrecoup la fermeture de l'œuvre sur elle-même : elle est tellement parfaite qu'elle se satisfait d'être lue. Là encore la référence à Musset est possible : les surréalistes n'auraient-ils pas écrit, pour une large part, un « théâtre dans un fauteuil » ?

Dans une attitude plus constructive la révolution surréaliste se portera, au théâtre, sur le contenu : on introduira des thèmes, le rêve, l'amour, l'inconscient, la violence des pulsions morbides, la révolte adolescente. Le théâtre sera une occasion de *dire,* dans un rapport de communication autre (c'est-à-dire devant un public éventuel) mais non dans une forme scénique nouvelle, ce que la poésie, le roman et les manifestes pourraient très bien exprimer autrement. Passons sur l'exemple calamiteux des *Détraquées* de Palau pour lesquelles Breton manifestait

Henri Rousseau (dit Le Douanier Rousseau), Soir de Carnaval, *1886, The Philadelphia Museum of Art, The Louis E. Stern Collection.*

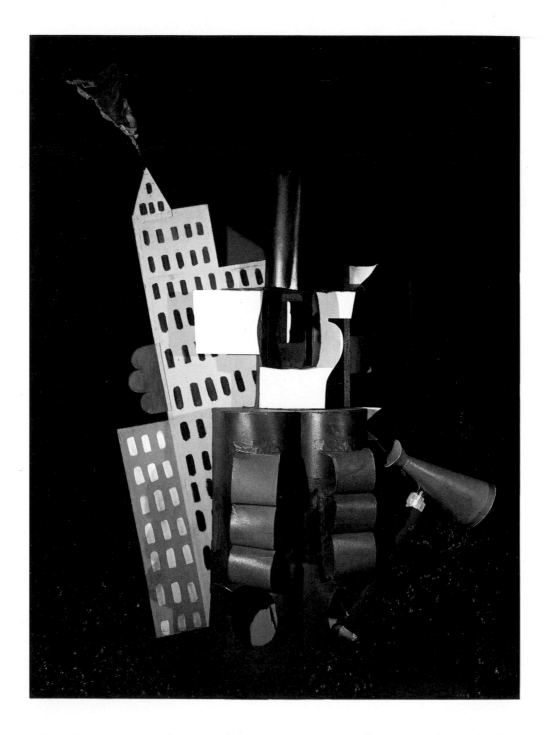

Picasso, Les « Managers » français (à droite) et américain (à gauche) pour Parade *(1917). Cons-tructions cubistes de trois mètres de haut, « hommes-décors, parade foraine, personnages à la danse mécanisée ». Reconstitutions au Théâtre de la Monnaie de Bruxelles.*

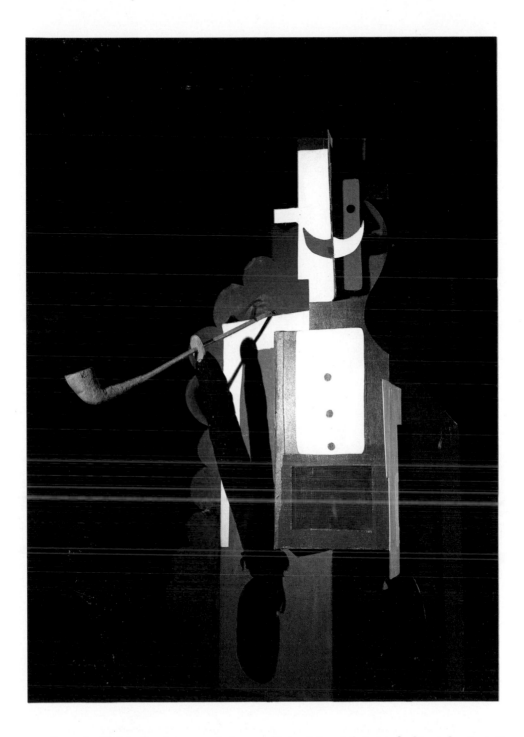

...« *Il est résulté dans* Parade *une sorte de surréalisme où je vois le point de départ de cet esprit nouveau qui [...] se promet de modifier de fond en comble les arts* » *(Apollinaire, « Parade »* et l'esprit nouveau, *publié dans le programme).* © SPADEM, 1989...

Antonin Artaud, projet de costume pour une Danse du Feu *destiné à l'actrice*
Genica Athanasiou, qui a interprété de nombreux rôles dans la troupe de
Dullin, à l'Atelier (A. Artaud, Dessins et portraits, *Chirmer-Gallimard).*
Collection particulière.

« une admiration sans borne », et retenons *La Place de l'Étoile* de Desnos (1949, C. Harari) qualifiée d'« antipoème » par son auteur, et toutes les pièces, comme *Le Droit de varech* (1930) de Georges Hugnet ou *Le Roi pêcheur* (1949, M. Herrand), de Julien Gracq, où la pensée s'élève jusqu'au mythe. De théâtre, peu ou point.

Il n'en va pas de même avec Vitrac, sans doute le seul surréaliste authentiquement dramaturge : dans ce théâtre de situations et d'actes, le contenu thématique est intégré, indissolublement lié au contenant scénique ; il n'y a plus de différence de nature, mais seulement de réalisation, entre l'écriture théâtrale et l'écriture scénique. Il s'agit dès lors de transmettre au niveau des sens, en les transformant en images et actions scéniques, des forces aussi fondamentales et banales que la mort (avec le personnage d'Ida Mortemart dans *Victor ou les Enfants au pouvoir*, Théâtre Alfred-Jarry, A. Artaud, 1928) ou la souffrance d'être au monde et d'y affirmer son identité (dans les petites pièces telles que *Le Peintre*, 1929 ou *L'Éphémère*, 1930). Mieux, la mort, c'est Ida Mortemart, la souffrance d'être au monde, c'est Victor, la perception subjective du monde adulte par les enfants, c'est le petit Maurice Parchemin du *Peintre*. Sournoisement, dans *Les Mystères de l'amour* (Théâtre Alfred-Jarry, A. Artaud, 1927), Vitrac efface les frontières entre la salle et la scène, ce qui lui permet de projeter d'emblée le spectateur dans le rêve et ses métamorphoses sans qu'il sache trop s'il a quitté le monde réel, ce réel conventionnel dont se nourrit le théâtre traditionnel. Le public, piégé, a l'impression que le sol se dérobe sous ses pas ; il est affronté, à son corps défendant, à une sorte de scandale : le dramaturge ne joue plus le jeu, il provoque par des mots qui se changent « en coups de feu et en vertiges », par des dénégations qui disent la vérité, par des violences qui désignent l'amour-fou. Le scandale c'est encore Ida Mortemart, la femme du monde qui pète : Artaud l'avait bien compris et tenta d'en convaincre l'actrice qui devait tenir le rôle : « Il y a dans cette pièce une perversité incontestable (...). Nous sommes ici en pleine magie, en pleine déchéance humaine. La réalité qui s'exprime, le fait par son côté le plus aigu, mais aussi le plus oblique et le plus détourné. La signification même des choses se dégage de leur âpreté, et l'âpreté d'une sorte de nudité parfaite (...). » Le meilleur critique de Vitrac est bien Artaud qui voyait en lui un « chirurgien de l'esprit », capable d'élucider « l'activité occulte illogique ». *Les Mystères de l'amour* ne sont pas une simple pièce de théâtre avec une action et des personnages reconnaissables comme tels malgré leur fragmentation et leurs contradictions, mais une « alchimie de l'amour » où « chaque sentiment devient à l'instant un acte », où « chacun des états de l'esprit s'inscrit avec des images immédiates ». Vitrac réussit la conjonction jusque-là impossible de l'être et du faire, du discours et du vécu, du miroir et de son reflet.

Artaud photographié par Man Ray (1926).

Artaud, le voyant

Reste, précisément, Artaud : il avance d'un même pas dans le théâtre et dans sa vie ; il va jusqu'au bout de lui-même en mettant en cause le théâtre comme représentation et comme discours ; c'est moins le fait de parler (le moyen de la parole) qui est refusé par Artaud que l'*absence* du discours à l'acte théâtral : la parole est toujours un commentaire de l'ailleurs, de l'avant ou de l'invisible (le psychique), un jeu d'ombres sur une réalité qui n'est jamais présente, parce qu'elle n'est jamais incarnée dans le *hic et nunc* du corps et du cri. Se mettre en danger par le théâtre, « vider collectivement des abcès », implique nécessairement de rejeter la représentation (présentation à nouveau), la répétition qui est négation du temps théâtral dans ce qu'il a de primordial. Le paradoxe crucifiant d'Artaud est de vouloir atteindre à un certain humus psychique fondamental mais par le biais d'une expérience, et d'une expérience unique. En un sens il s'agit de tout dire en une seule fois, de mettre en jeu l'essentiel mais par le truchement du contingent et du circonstanciel d'une prestation spectaculaire.

Artaud propose à la fois une technique et une métaphysique : dépasser le théâtre mais avec les moyens du théâtre ; instaurer un langage homogène de signes où toutes les composantes visuelles et auditives (y compris la parole articulée) se fondraient en une même théâtralité, d'une part, et, en même temps, faire que ces signes échappent totalement au spectaculaire, au ludique et au conceptuel. Ambition intenable. D'un côté des phrases comme : « Tout ce qui est dans l'amour, dans le crime, dans la guerre ou dans la folie, il faut que le théâtre nous le rende, s'il veut retrouver sa nécessité » ou : la cruauté « se confond (...) avec la notion d'une sorte d'aride pureté morale qui ne craint pas de payer de la vie le prix qu'il faut payer » ; de l'autre ces phrases sommes qui résument tout le parcours, d'une esthétique ancrée sur l'exploitation du possible à une ontologie exigeant l'explosion même de son objet : « La peste prend des images qui dorment, un désordre latent et les pousse tout à coup jusqu'aux gestes les plus extrêmes ; et le théâtre lui aussi prend des gestes et les pousse à bout (...) ; car il ne peut y avoir théâtre qu'à partir *du moment où commence réellement l'impossible* et où la poésie qui se passe sur la scène alimente et surchauffe des symboles réalisés. »

Ce déchirement ne peut mener qu'à l'aphasie : tout dire en une seule fois crée une sorte d'engorgement, d'asphyxie du discours scénique. En termes commerciaux ou simplement esthétiques, la tentative d'Artaud ne peut être qu'un échec : Artaud ne consomme pas du théâtre ; il ne donne pas du théâtre à consommer ; il se consume et il voudrait que le public — conception angélique d'une correspondance entre la poussée du créateur et la contre-poussée du récepteur — adopte la même démarche. Son théâtre, Artaud l'a rêvé et il ne l'a pas réalisé, sans doute par excès d'ambition, par volonté contradictoire de couper tous les ponts et de porter en même temps la révolution sur le front de la

Gracieusement attachée à la roue d'Ixion, Lady Abdy, en Béatrice, ravale Les Cenci *à un grand-guignol de luxe. Il est vrai qu'elle commanditait le spectacle. Le travail de la lumière, cependant, rend compte des intentions d'Artaud, par ses découpes brutales et ses effets de contre-jour. Décor de Balthus, Théâtre des Folies-Wagram, 1935.*

technique théâtrale (jeu de l'acteur, lumières, décor, son). De fait, à la lecture, *Les Cenci* (1935) donnent bien l'impression, simplement, d'un théâtre postromantique (Shelley y est pour quelque chose) dont les aspects novateurs sont moins dans les thèmes envisagés (l'inceste était déjà dans *Le Roi s'amuse* ou *Lucrèce Borgia*) que dans une volonté de dénaturer le langage en le métamorphosant en gestes et en cris. Mais, malgré la richesse des intentions, il semble bien que la pesanteur du contenu et la pauvreté des moyens scéniques aient empêché Artaud de réaliser son grand œuvre. Il reste les écrits théoriques d'Artaud qui doivent être lus comme de véritables actes de théâtre.

En somme et pour en revenir à la notion de subversion, il semble bien que la plupart des surréalistes aient été prisonniers de la forme ancienne de la dramaturgie classique et aient porté leur combat sur le terrain de leur ennemi, ce qui est la meilleure façon d'être vaincu ; qu'ils aient d'autre part été prisonniers du texte écrit : leurs essais ont donc été soit de dérision du passé, soit d'exaltation de concepts nouveaux dans une forme *littéraire* nouvelle, s'imaginant qu'il suffirait de court-circuiter les catégories logiques de l'enchaînement discursif ou de laisser les images verbales exploser librement pour que, du même coup, l'image scénique s'en trouve régénérée. Ne s'imaginant même pas cela, car les surréalistes ne croyaient pas au théâtre. Quant à l'ordre nouveau — ordre non de tranquillité et de sagesse, mais de menace et d'inconfort — que la subversion suppose, il peut être entraperçu dans quelques œuvres de Vitrac et inépuisablement médité dans les écrits théoriques d'Artaud.

Michel CORVIN

Ci-contre, croquis de Bouet pour Mon Père avait raison, *de Sacha Guitry, paru sur la couverture du* Journal amusant *du 25 octobre 1919. Paris, B.N.*

LE BOULEVARD EN QUESTION

Paradoxalement le théâtre de Boulevard est né à et, presque, de la disparition du théâtre des boulevards. Sans remonter à la grande époque, prérévolutionnaire, où le boulevard du Temple brassait les publics les plus divers en leur offrant une gamme de spectacles allant de la féerie au mélodrame, il suffit de songer aux *Enfants du paradis* pour imaginer, sous la Restauration ou le second Empire, la foule se pressant aux pantomimes de Deburau, aux mélodrames de Ponson du Terrail ou aux vaudevilles de Scribe tout aussi bien. Plus on avancera dans le siècle, plus les publics se spécialiseront et se sépareront : du côté Bastille, le petit peuple amateur de marionnettes, d'acrobates, de tout le spectaculaire visuel, du côté Opéra le public bourgeois qui va faire du vaudeville son objet de consommation culturelle privilégié. Lequel vaudeville est encore, comme genre, assez flou puisque, sur un fond obligé de divertissement, il mêle la pièce d'intrigue à base de rebondissements, de poursuites et de quiproquos à la comédie à couplets faite de fantaisie, voire de bouffonnerie, sans exclure — ce sera le talent propre de Labiche — la peinture quasi entomologique de la petite bourgeoisie. Feydeau, Courteline, Tristan Bernard prendront le relais de Labiche dans la faveur du public, sans qu'on puisse avancer que ce qu'ils écrivent relève exclusivement du vaudeville et, d'autre part, soit suffisamment apparenté pour tracer les contours esthétiques un peu précis du théâtre de Boulevard. Le définir comme un théâtre de divertissement joué dans la vingtaine de théâtres situés sur les boulevards ou dans leur voisinage est un critère par trop superficiel et secondaire ; d'autant que la Comédie-Française et l'Odéon ont été longtemps des

Dans cette œuvre de Vuillard (1913) présentant Le Petit Café *de Tristan Bernard (ce panneau décoratif se trouve à la Comédie des Champs-Élysées), on perçoit à quel point la scène est le reflet de la salle, au Boulevard.* © SPADEM *1989.*

foyers de création accueillant des pièces qui ressortissent au pur Boulevard. Parisien, le Boulevard l'est par plus d'un trait, certes, mais sans que cette localisation permette de cerner une identité esthétique.

Le théâtre de Boulevard, de plus, présente deux versants : celui du divertissement avec lequel on a trop tendance à le confondre et un second, occupé par tout un pan du théâtre sérieux issu de la tradition de l'analyse psychologique « à la française ». Il n'y a pas de différence de nature entre les deux formes du Boulevard : l'une et l'autre recourent aux moyens de la rhétorique (insistance expressive, redondance, concentration des effets, symétries et oppositions), l'un, pour provoquer l'émotion par l'emphase et le pathos et l'autre pour emporter la conviction par le rire. Des deux côtés on a affaire à une littérature démonstrative qui ne saurait se satisfaire d'une simple intrigue, qu'elle soit plaisante ou dramatique. Encore que le théâtre d'intrigue soit la tentation du Boulevard gai comme le mélodrame est la tentation du Boulevard sérieux. Mais le naturalisme, dont l'influence sourde ou directe a marqué tous les écrivains nés à la littérature avant 1900, sert d'antidote au mélodrame comme au vaudeville. Aussi le Boulevard ne saurait-il être qu'une forme hybride dont le territoire mal délimité a l'avantage d'accueillir aussi bien la comédie (de mœurs, légère, satirique ou de caractère) que le drame (social et psychologique). Leurs caractéristiques communes, malgré les différences de ton, sont thématiques d'abord : le Boulevard ne s'intéresse aux hommes que sous l'angle de leur vie privée ; le domaine exploité est celui de l'amour, du couple, de la famille, soit du social quotidien. Le particulier seul mobilise le Boulevard, mais le particulier à l'usage du plus grand nombre. Là réside le didactisme : dans un constant désir de tirer de l'anecdote une perspective d'ensemble sur l'état de la société ou des leçons de conduite pour la vie de tout un chacun. Attitude doublement paradoxale puisqu'à première vue le Boulevard comique ne songe qu'à faire rire et le Boulevard sérieux qu'à présenter des études de cas, intéressants à proportion de leur caractère exceptionnel. La synthèse des deux n'a guère d'exemple. Le cas est exceptionnel - et la réussite elle-même fut et reste exceptionnelle - de *Cyrano de Bergerac* (1897, Théâtre de la Porte-Saint-Martin, avec Coquelin dans le rôle titre) d'Edmond Rostand. Comédie à la fois héroïque et bourgeoise, poème romanesque constamment baigné d'humour et de fantaisie, *Cyrano* va au-devant des goûts d'un public semi-populaire qui apprécie le mouvement et la couleur et, plus encore, le panache sentimental et verbal. *Cyrano* rend l'émotion intelligente et met les jeux de l'esprit au service du cœur. Le dosage est si subtil que dans aucune de ses pièces, antérieures (*La Samaritaine* avec Sarah Bernhardt) ou postérieures (*L'Aiglon*, 1900, avec Sarah Bernhardt et Lucien Guitry ; *Chantecler*, 1910, avec Lucien Guitry), Rostand n'en a retrouvé la formule.

LE TRAVAIL DE L'ÉCRIVAIN ROSTAND
DANS *CYRANO DE BERGERAC*

Cette pièce ne *veut* rien dire : elle ne cherche pas à convaincre le spectateur d'une thèse, d'une philosophie ; elle se présente comme une construction parfaite, fermée sur elle-même, qu'il est tout aussi impossible de « délabyrinther » que les sentiments de Christian (III, v). On ne démêle jamais non plus si le pastiche constant est auto-ironique et conscient de l'être, ou s'il n'est que le résultat d'une cleptomanie littéraire très poussée et sans vergogne. La ruse d'une telle écriture est de maintenir l'ambiguïté (pastiche conscient/vol éhonté) au niveau du récepteur. C'est à lui de décider de sa qualité d'ironie ou de virtuosité. Ce mécanisme d'autoconservation du texte lui a en tout cas valu les succès que l'on sait. Il a trouvé un écho dénégateur chez les critiques : nous savons bien que c'est du toc, mais nous y prenons plaisir et pourtant nous nous y connaissons... La fable est on ne peut plus « claire » : Cyrano se trouve laid, n'ose regarder son nez en face et dire son amour ; il se bat et disserte pour faire diversion, séduit Roxane par corps interposé, meurt sans que ses mérites aient été reconnus.

Le tout est méthodiquement et stoïquement mis en forme dans des vers et des rimes faciles, cocasses, parodiant nos vieux souvenirs classiques, n'obscurcissant jamais le sens du texte : la forme, le signifiant se résolvent toujours dans un signifié ; il n'y a aucun résidu « mallarméen ». Chaque personnage apporte sa pierre à l'édifice versifié ; il retombe toujours à peu près sur ses pieds, même si les fréquentes stichomythies (échanges rapides entre les locuteurs) et les césures baladeuses hachent le vers au point de le réduire à un rythme ou une musique vide de sens, mais régulière. Malgré un tel tripatouillage du vers, le mouvement de la scène est toujours discernable et la situation lumineuse. (...)

Et quelle maîtrise dans l'écriture scénique et l'usage de la théâtralité ! En amont de la réalisation scénique, le texte est déjà composé de manière à produire immédiatement un effet dramatique. Le dramaturge veille à l'alternance et à l'équilibre des scènes de foule et des scènes plus restreintes ; il manie les masses des personnages et des tirades avec le même souci architectural de contraste et d'harmonie ; il centre discours et actions sur le personnage de Cyrano, lequel provoque et subit tour à tour le mouvement et l'animation des groupes. Leurs discours sont toujours énoncés en contrepoint à ses pointes spirituelles. Le découpage classique en scènes à l'intérieur des actes est totalement anachronique et contraire à la progression des actions, non pas en fonction de l'entrée ou de la sortie des protagonistes, mais selon une progression continue et épique des motifs centrés sur le sort de Cyrano.

La pièce raconte une histoire à épisodes sans jamais perdre de vue le rôle central du héros, elle accumule les preuves de son panache. Or, déjà en 1897, raconter une histoire poignante n'allait plus de soi, car la mode était aux pièces à thèse ou aux pièces « épiques » sans début ni fin (Tchékhov, Strindberg). Rompant avec l'idée de l'avant-garde d'alors que le théâtre doit contenir un message, Rostand ne craint pas de s'aliéner le jugement des doctes et des nouveaux maîtres de la vie théâ-

Créé par Coquelin en 1897, Cyrano de Bergerac *sera joué par les acteurs les plus prestigieux, de Le Bargy (1913) à Pierre Fresnay (1928), Pierre Dux (1954), Jacques Weber (1983) pour n'en citer que quelques-uns. Paris, B.N., A.S.P.*

trale : les metteurs en scène. Il parie sur un héros sans peur et sans reproche, sur une histoire populaire, sur une dramaturgie aussi éloignée du naturalisme du Théâtre Libre d'Antoine que du symbolisme du Théâtre d'Art de Paul Fort et du Théâtre de l'Œuvre de Lugné-Poe. En même temps, il profite parfaitement de l'« invention » récente de la mise en scène, quelque dix ans plus tôt. Au naturalisme, il emprunte les indications scéniques d'une grande précision : psychologie, intonations, déplacements, tout est noté en détail. L'écriture est plus scénique que littéraire et dramatique : elle prévoit tous les effets, limite la parole à un des systèmes de la scène, organise un écho sonore entre le texte et le geste.

Le souci maniaque du détail vrai n'exclut d'ailleurs pas une stylisation et une abstraction des lieux, des milieux, des groupes et des motivations. On le remarque lorsqu'on examine la composition de chaque acte, la progression toujours préalablement motivée et régulière de l'action, la simplification de chaque nouveau groupe ou épisode qui confirme la grandeur d'âme de Cyrano et la série de ses échecs sentimentaux. Le sens de la fable et de la mise en scène sort d'ailleurs renforcé par le choix de situations paroxystiques, paradoxales, paraboliques du personnage hors du commun qu'est Cyrano : lui et Rostand sont tous deux, chacun à sa manière, en quête de la « scène à faire ».

Le texte de Cyrano tient autant d'une partition que d'un dialogue dramatique : les masses verbales sont réparties en fonction d'un mouvement continu de la fable et d'une ponctuation du double désir de Cyrano (se battre avec les hommes/écrire ou parler à une femme). Les stichomythies organisent l'orchestration tant phonique et visuelle des sources de la parole. Ainsi *sertis* (et non *servis*) dans le jeu scénique, les échanges verbaux prennent une coloration dramatique qui doit beaucoup au jeu de l'acteur et à l'occupation de l'espace scénique. Ils prolongent l'ébauche de la mise en scène par le drame romantique et anticipent sur l'écriture purement scénique de la toute nouvelle mise en scène.

Si Rostand pose ainsi au metteur en scène, témoignant dans son travail d'écrivain de ses préoccupations d'homme de théâtre, il n'en arrive pourtant pas à l'étape suivante où le regard du metteur en scène se dissocie totalement de celui de l'auteur, pour donner son sens, par la scène et l'acteur, au texte resté jusqu'ici lettre morte. Et, curieusement, la pièce n'a guère inspiré de discours critique et parodique de la mise en scène. Les choses sont-elles pour autant si claires et immuables que la mise en scène doive nécessairement s'incliner devant la dépouille mortelle du texte ? En tous cas, la tradition de l'interprétation de la pièce est étrangement figée (et ce jusqu'au *Cyrano* de Jacques Weber dans la mise en scène de Jérôme Savary). Il est vrai qu'une mise en scène parodique anéantirait le charme de la construction verbale et héroïque. (...)

La partition théâtrale est thématiquement renforcée par un redoublement de la théâtralité à l'intérieur de chaque situation. La scène est déjà l'enjeu d'un théâtre dans le théâtre, conformément à la vision baroque du *theatrum mundi*, mais aussi à une anticipation de Pirandello, Genet, voire Beckett. Conscient de l'ironie tragique de l'histoire, comme le Lorenzaccio de Musset ou le Danton de Büchner, Cyrano ne cesse de jouer son rôle, « d'être le vieil ami qui vient pour être drôle » (Roxane, V, v). Au premier acte, il bat les acteurs de l'Hôtel de Bourgogne sur leur propre terrain. Les poètes se restaurent après l'effort, tandis que Ragueneau rimaille et que Cyrano s'enivre de ses propres déclarations (II). Cyrano souffle son rôle à Christian, s'identifie au personnage au point de faire *monter* l'*animal* de force au balcon de la précieuse (III). Les cadets jouent à la guéguerre (IV). Seul, l'acte final, jetant bas les masques, remplace la théâtralité du bouffon par la ferveur bigote ou la résignation mondaine : le mélodrame nous fait prendre en pitié un héros autrefois si valeureux.

Patrice Pavis, Extraits des commentaires de Cyrano de Bergerac, *Livre de Poche, 1984.*

Brieux, Bataille, Capus, Hervieu, Porto-Riche, de Curel, Bernstein, voilà
des auteurs qu'il est bien difficile de ranger sous la bannière unique du Boulevard.
D'abord parce que plusieurs d'entre eux étaient des hommes faits (sinon des
quinquagénaires) en 1900 et qu'ils s'étaient formés à l'école de Dumas fils et
d'É. Augier sans souci, et bien loin en ce qui concerne Brieux et Bataille, d'aller
au-devant des goûts du public, ensuite et surtout parce que leur ambition est de
provoquer un débat d'idées, non un plaisir esthétique, sur des problèmes sociaux
ou moraux de première importance. Leur théâtre est investi d'une haute fonction
éducative et agit comme un révélateur des hypocrisies et des abus. Leur commun
propos est de dénoncer la condition de la femme dans ses rapports à l'amour,
à l'argent, à la famille, au travail. Féministes et pessimistes, ils soulignent tout
ce qui favorise et surtout contrarie la naissance, pour la femme, d'une existence
autonome, libérée des contraintes imposées par les mâles. On peut sourire
aujourd'hui de cette naïveté didactique, mais l'enjeu vers 1900 était de taille : il
y allait de l'éclatement même de la structure sociale, passant d'un État féodal de
vassalité à un État moderne d'individualisme égalitaire. Somme toute, cent ans
après la Déclaration des droits de l'homme, c'était, enfin, la Déclaration des
droits de la femme. *Les Avariés* de Brieux, interdits par la censure, ont été joués
à Paris quatre ans après avoir été répétés chez Antoine, en 1901 : il y est traité
des ravages de la syphilis mais surtout de la mauvaise foi et de l'égoïsme des
mâles et des riches ; *Maternité* (1903), où Antoine tenait le rôle principal, appelle
de ses vœux une nouvelle législation qui autoriserait l'avortement pour motifs
médicaux ou sociaux, car : « Les coupables ce sont les hommes, les hommes !
tous les hommes ! » Dans *Les Remplaçantes* (1901) est stigmatisé l'esclavage
organisé des nourrices montées de leur campagne à Paris, au détriment de leurs
propres familles. Brieux prononce, par la bouche d'un médecin de campagne,
un grand discours sur la nécessité pour les Parisiennes de la bourgeoisie d'allaiter
elles-mêmes leurs enfants ! Qu'il s'attaque aux mœurs politiques (*L'Engrenage*,
1894), qu'il écrive drames (*Suzette*, 1909) ou comédies (*Les Hannetons*, 1906,
Le Berceau, 1898), Brieux se livre avec férocité au saccage des préjugés amoureux,
familiaux et sociaux d'où l'argent n'est jamais absent.

Plus psychologique, Henry Bataille inscrit tout autant ses drames dans la
société contemporaine. *La Marche nuptiale* (1905) développe deux thèmes : celui
des conditions qui régissent la plupart des mariages, celui de la difficile adaptation à la vie commune de deux êtres issus de classes sociales différentes.
L'héroïne en mourra. H. Bataille a toujours eu un talent particulier pour choquer
son public : avec *L'Enchantement* (1900) où l'héroïne est une petite hystérique,
avec *Maman Colibri* (1904) où une matrone débauche un collégien, avec *L'Enfant
de l'amour* (1911) qui peint les bas-fonds d'un monde interlope. Surtout avec *Le
Phalène* (1913) et *La Possession* (1922), sa dernière pièce. « Théâtre morbide et
déliquescent, faisandé... on tombe dans la plus misérable animalité », telles sont
les aménités qui ont salué *Le Phalène*, peinture d'une jeune artiste qui, se sachant
phtisique, décide de jouir à tout-va de la vie et de son corps. Avant de se
suicider au cyanure, elle se montre nue à tous ses anciens amoureux assemblés !
La convention du corps féminin, glorieux à condition d'être adulé par ses
admirateurs mâles, est battue en brèche par le sursaut d'indépendance, poussé
jusqu'à l'autodestruction, d'une femme qui se veut totalement libre. La mort est

encore la sanction de cette revendication intempestive dans *La Possession*, sorte de contre-épreuve du *Phalène* : Jessie Cordier est une nouvelle Manon Lescaut, « possédée » par les hommes ; elle prend sa revanche en les jouant les uns contre les autres et en poussant au suicide son amour de jeunesse. Comme l'a dit Bataille : « Il n'y a pas encore pour une femme, si elle n'est pas artiste, savante ou rentière, la possibilité de vivre d'une vie indépendante et élevée. » Elle est objet de plaisir et devrait s'accepter comme telle, passivement, alors que Jessie, brutale et cynique, se vend au plus offrant dans une scène d'un érotisme très direct. Il était bon en 1922 que certaines choses fussent dites avec discrétion et surtout qu'elles fussent dites par les hommes !

En comparaison le théâtre d'idées de F. de Curel, par son caractère allégorique et ses ambitions philosophiques, échappe totalement au Boulevard : ce n'est pas chez lui qu'il faut chercher la pièce « bien faite » ! *Le Repas du lion* (1897) développe à n'en plus finir des discours sur le devoir des riches, l'union des classes, le rachat des fautes : le socialisme révolutionnaire s'affronte au christianisme social en tirades que Sarcey jugeait antithéâtrales au possible. *La Fille sauvage* (1902), « synthèse de l'humanité » au dire même de son auteur, raconte le passage de l'état primitif à la civilisation et le retour à la barbarie à travers l'histoire d'une sauvageonne cocassement soumise aux rituels les plus petitement bourgeois de l'éducation « puérile et honnête » ! Bien qu'inspiré de l'histoire récente, *Terre inhumaine* (1922) ne parvient pas à inscrire le propos (peut-on être amants en temps de guerre quand l'un est français et l'autre allemande ?) dans une fable qui échappe au schématisme et aux effets de drapeau. La guerre de 14 n'a pas non plus porté chance à M. Raynal dont *Le Tombeau sous l'Arc de triomphe* (1924), d'un souffle autrement large, n'évite pas, par sa grandiloquence domestique, de ravaler le débat sur le sacrifice nécessaire à de mesquines querelles par où se signe l'emprise du Boulevard, avec son personnel (la famille) et ses thèmes (jalousie, conflit des générations), sur un théâtre qui devrait s'en détourner.

Avec Paul Hervieu, auteur d'un « théâtre algébrique », le drame reste tendu et violent même si la situation se restreint délibérément aux relations amoureuses ou familiales : *Les Tenailles* (1895), ou comment on reste, mari et femme, unis à jamais malgré une haine réciproque ; *La Course au flambeau* (1901), ou comment les rapports affectueux de trois générations de femmes sont corrompus par l'argent. L'argent, l'honneur, le mensonge forment encore la trame de *Le Destin est maître* (1914), dernière pièce d'Hervieu, tandis que *Bagatelle* (1912), comédie sur les alternatives du cœur, est attachant, au moins dans son premier acte, avec ses jeux de couples qui se cherchent ou feignent de s'éviter sous l'égide d'une vieille châtelaine jouant les entremetteuses bénévoles. Dans ses meilleurs moments Hervieu est à la fois philosophe et humoriste, réformateur grave et observateur souriant. Par là, mais par là seulement, il se rapproche d'Alfred Capus dont l'amertume évite à tout prix la dramatisation (*L'Oiseau blessé*, 1908). Capus tend tout naturellement vers la comédie des mœurs les plus contemporaines, celles des hommes d'affaires véreux (*Monsieur Piégeois*, 1905), celles des Parisiennes pauvres lancées dans la course au bonheur tout en évitant le double danger d'un mariage sans joie ou d'une liaison irrégulière (*La Veine*, 1901). Capus est attentif à l'évolution de l'esprit féminin puisque dès 1906, dans *Les*

Passagères, il montre comment les femmes s'attaquent aux hommes et se déclarent ouvertement, thème que reprendra trente ans plus tard É. Bourdet dans *Le Sexe faible*. En avance sur son temps, Porto-Riche l'était aussi : si la situation du *Vieil Homme* (1911) est pesante et conventionnelle, la pièce est riche de toutes les contradictions du cœur, moins cependant qu'*Amoureuse* (1891) ou que *Le Passé* (1897). Le dialogue ici est vif et rapide, le ton vraiment marivaudien et l'idée bien propre à faire sortir la pièce de Boulevard de la sécheresse démonstrative où elle s'enferme le plus souvent : le passé pèse d'un poids irrémédiable qui pourrit toute tentative de renouvellement ; elle l'aime, il l'aime, mais il est définitivement disqualifié par sa conduite antérieure et ils se séparent comme la Princesse de Clèves et le Prince de Nemours, sans raison. C'est élégant sans afféterie et dramatique sans complaisance.

On s'étonnerait de ne pas rencontrer, dans cette revue succincte, le nom d'Henri Lavedan : il a tout naturellement sa place à côté des Brieux et autres Capus, avec son *Prince d'Aurec* (1892), satire acerbe de l'inutilité des nobles,

Firmin Gémier et Simone Le Bargy (la future Madame Simone) dans La Rafale de Bernstein, mise en scène de l'auteur au Théâtre du Gymnase, 1905. C'est l'instant (acte II, scène 4) où le Baron Lebourg dit à sa fille Hélène : « Je vais te poser quelques questions et j'y ferai moi-même les réponses !... » C'est l'affrontement de deux fortes personnalités faisant donner les grandes orgues du dramatisme, comme Bernstein aime à en exploiter toutes les variations.

avec *Le Duel* (1905), comédie dramatique faisant s'affronter deux frères, l'un libre penseur, l'autre prêtre, autour de la même femme. Tout cela (sans parler des *Deux Noblesses* [1897] et de *Servir* [1913], tragédie militaire et cornélienne en col dur) est terriblement verbeux et démodé. Et pourtant, le même Lavedan, d'ailleurs également fêté pour ses deux types de production, est aussi l'auteur d'une comédie presque burlesque, *Le Nouveau Jeu* (1898) : à travers l'invention d'une langue, sorte de « sublimation d'argot », comme disait Sarcey, la rapidité du dialogue pétillant d'esprit traduit la vivacité des pulsions de personnages dont les désirs sont réduits à des stimuli et la philosophie à des formulations de Haï-Kaï farceurs. Sans doute le public, dont les motivations nous restent très largement inconnaissables, appréciait-il, dans les deux faces de Lavedan, plus encore que le contenu, les qualités de composition et la maîtrise du bon artisan, fabricant sans défaut de pièces « bien faites ».

Tous ces écrivains avaient quasiment achevé leur carrière en 1914, laissant la place à celui qui, pendant un demi-siècle, allait être le porte-drapeau du Boulevard du drame, Henri Bernstein. Sa première pièce, *Le Marché*, montée par Antoine, date de 1900 et sa dernière de 1952 ! Bien qu'on l'ait appelé « le dramaturge suprême du fait-divers naturaliste » (J. Ernest-Charles), le statut social de ses personnages (hommes politiques, journalistes, hommes et femmes du monde et du demi-monde) n'est pas étudié pour lui-même ; il sert de support et d'amplificateur à l'analyse psychologique bâtie sur un système d'oppositions brutales jusqu'à l'abstraction et dirigées jusqu'à n'être plus que prétextes complaisants à développements moralisateurs dont Bernstein était peut-être lui-même le premier embarrassé. Il se soucie d'abord en effet d'isoler un sentiment ou une passion chimiquement purs (la jalousie dans *Samson* [1907], la vengeance d'une femme mariée contre son gré dans *La Griffe* [1906], la revendication du bonheur par un quinquagénaire [*Le Cap des tempêtes*, 1937], l'anxiété dans *La Galerie des glaces* [1924]) et de les porter, à travers une ou plusieurs situations, à leur point extrême de résolution. Les contemporains ont surtout été sensibles, pour en être choqués souvent, à la « violence des situations, au choc furieux des passions, à l'outrance des mots », et Faguet considérait Bernstein comme le restaurateur du « genre frénétique », en descendance directe du Boulevard du Crime ! Il est vrai que chez lui le dramatisme est tonitruant et la verbosité incoercible. Mais Bernstein a su évoluer : de la peinture des turpitudes de l'âme à celle de ses beautés (par exemple dans *L'Assaut,* 1912) et de l'épure didactique, où le commentaire psychologique absorbe et annule toute psychologie vivante, à une approche plus nuancée, presque romanesque, des états d'âme : le rythme, l'atmosphère, les cheminements souterrains des sentiments dans *Mélo* (1930), *Espoir* (1934), et *Le Cœur* (1935) élargissent l'horizon bernsteinien même s'ils en diluent quelque peu les contours. Tragédie bourgeoise, tragédie moderne, a-t-on dit, néoclassicisme à coup sûr par la place privilégiée qu'occupe le personnage et par le recours à une action simple, chargée de peu de matière : Bernstein est alors en passe de devenir le moraliste de la banalité.

Ses études de femmes sont peut-être ce qui reste de plus attachant : quand il laisse s'exprimer leur sensualité directe ou tortueuse dans des pièces moins tendues vers un but démonstratif (comme par exemple dans *Le Détour*, 1902) ; quand il piétine les conventions, bien avant que Bataille ne le fasse dans *Le*

Phalène ou *La Possession*, en brossant avec l'héroïne de *Samson* le portrait d'une femme qui affirme son droit à l'autonomie contre sa famille et contre les lois de l'argent. Les femmes mènent dans tout le Boulevard sérieux, à coups de violences ou de mensonges, un combat douloureux contre la suprématie du mâle. Une mutation sociale profonde est en gestation dont ce théâtre porte témoignage. Dès lors la figuration de la femme, chez Bernstein et quelques autres, est tout autre chose que l'incarnation de schémas psychiques stéréotypés.

Peut-être l'inquiétude provoquée par le changement de statut de la femme a-t-elle suscité, inconsciemment, le contre-feu du Boulevard léger dont les représentants, goguenards ou insinuants, continuent à traiter les femmes comme des bibelots de prix, objet de toute leur attention mais objets tout de même. Quand ils ne tournent pas à la blague les ferments de dissension conjugale dont les Brieux et Bataille faisaient « tout un drame ». Guitry est incontestablement le maître de ce scepticisme souriant.

L'empire a été fondé par Lucien, père de Sacha. A eux deux, pendant près de quatre-vingts ans, il n'y a guère eu de saison où leur patronyme n'ait été à l'affiche d'un des théâtres de Boulevard, à la Renaissance naturellement, que dirigea Lucien, mais aussi aux Variétés, au Gymnase, au Vaudeville, à la Porte-Saint-Martin, à l'Odéon. Lucien a joué tout ce que l'époque a produit de plus célèbre, ou qu'il a rendu célèbre, de *La Dame aux camélias* à *Chantecler*, en passant par M. Donnay, A. France, J. Lemaître, Brieux, Bourget, Bernstein, Capus, Bataille et Courteline. Avant de former avec Sacha, après une longue brouille, le couple indissoluble de l'auteur-fils et de l'acteur-père (dans *Mon père avait raison*, 1919) l'un et l'autre fondus en une entité nouvelle, celle du comédien-personnage, dans la pièce précisément titrée *Le Comédien* (1921). Bataille écrivait à propos de Lucien : « Guitry se contente de se porter à la scène (...) et le voici qui ne faisait pas autre chose que de continuer à vivre en public, déballant ses gestes coutumiers, ses soucis, ses querelles, sur un ton à peine plus élevé que celui qu'il employait tout à l'heure, chez lui ou chez son amie. Et le théâtre, du coup, ne devenait plus qu'une indiscrétion passionnée. » C'est déjà, mot pour mot, le portrait de Sacha. Car la fascination exercée par Guitry ne résulte ni de sa philosophie du plaisir ni de son élégance de style, mais de la confusion permanente qu'il instaure entre sa personnalité d'homme — et d'homme à femmes — et les personnages qu'il incarne. Rien n'est plus artificiel dès lors puisque tout l'est. En ne prenant pas la peine de se dépersonnaliser le comédien Guitry atteint d'emblée au « naturel » de son personnage qui consiste à être Guitry soi-même. L'impudeur de Guitry racontant sa vie privée sur scène en termes à peine voilés a quelque chose de royal ou, si l'on préfère, d'inattaquable : on ne saura jamais si les personnages de Guitry ne sont que des reflets ou si Guitry lui-même n'est qu'un personnage. Mais, comme on dit, quel personnage ! Guitry prend constamment son spectateur à contre-pied : en lui donnant pour fiction ce qui est écho de la réalité, en recourant aussi à des situations de fabliau, mais désamorcées. Rien ne se passe de ce qui devrait arriver : le mari (ou le vieil amant) surprend le jeune amant dans les bras de sa maîtresse et, bien loin de provoquer un esclandre, il accueille son rival à bras

L'empire Guitry

ouverts ; on attend un jaloux et c'est l'usurpateur qui refuse le partage (*Le Veilleur de nuit*, 1911) ; ou encore, bien loin de cacher son adultère, une femme (dans *N'écoutez pas, mesdames*, 1942) demande à son mari de l'aider à refaire sa vie en choisissant avec elle un remplaçant qui lui agrée, à elle, Madeleine, mais aussi au mari ! Guitry s'amuse à contrarier l'attente et par là il l'excite davantage. Théâtre du jeu.

Une autre source de la fascination de Guitry réside dans le pouvoir démiurgique dont se dote son langage. Le moteur de l'intrigue (mettons *La Prise de Berg-op-Zoom*, 1913, ou *Faisons un rêve*, 1916) est bien la stratégie amoureuse : comment « avoir » une femme, mais en adoptant une tactique insolite et en provoquant les progrès de la liaison par le seul discours. Ce discours séducteur possède une force magique qui permet de transmuer, sans heurt, le désir en plaisir. Sans doute y a-t-il du Feydeau, et beaucoup, chez Guitry, dans l'exploitation des quiproquos ; ils ont pour intérêt dramaturgique de mettre l'auteur, plus encore que ses personnages, dans des situations impossibles : comment va-t-il réussir à dénouer les fils qu'il a lui-même emmêlés, voilà un jeu auquel le spectateur prend un plaisir intense. La stratégie amoureuse est double chez Guitry : il y a celle du personnage pour arriver à ses fins (en général il triomphe, et vite, des femmes, même honnêtes) et celle de l'auteur qui s'intéresse à l'affrontement pur, comme au jeu d'échecs. Stratégie et tactique sans conflit ou plutôt sans risque d'issue malheureuse du conflit ; jeu sans enjeu. La force du théâtre du Boulevard est ici d'être proprement insignifiant.

Il y a du Feydeau encore chez Guitry par la multiplication des apartés qui rendent le public complice, mais, à la différence de Feydeau, Guitry ne fait reposer sa dramaturgie ni sur le quiproquo ni sur l'aparté, mais plutôt sur l'expansion du monologue. Il est étincelant moins par ses bons mots (d'auteur) que par sa dialectique : comment le commissaire amoureux (dans *La Prise*) réussit à convaincre Paulette non qu'il l'aime, mais qu'elle *doit* l'aimer, c'est-à-dire tomber dans ses bras ; comment l'avocat de *Faisons un rêve* parvient, dans son monologue téléphonique du II, à aspirer littéralement à lui la femme qu'il désire ; il commente le trajet qu'elle est censée accomplir de chez elle à chez lui, la prend au lasso de ses paroles, la ravit, au sens premier du terme, jusqu'au moment où elle apparaît, conquise, dans son dos.

Mais Guitry a trop conscience du pouvoir du langage pour ne pas en être quelque peu effrayé. Si l'on peut tout *faire* avec des mots, il n'y a plus moyen de distinguer le réel de l'imaginaire, le vrai du faux. Le Daniel de *N'écoutez pas, mesdames* en arrive à faire l'apologie du mensonge : jamais, dit-il, sa femme n'est si jolie que lorsqu'elle ment, mais il ne prend pas garde qu'elle lui ment au moment précis où il croit qu'elle lui dit la vérité ! Leçon de modestie conjugale certes, mais aussi de théâtralité galopante. Toutes les valeurs, passant par le prisme du théâtre, sont réduites à l'indifférenciation. Pyrrhonisme à la Montaigne, pourrait-on dire.

Ci-contre, Sacha Guitry entre Pauline Carton (à droite) et Arletty dans Désiré *(1927). Le dialogue engageant d'un œil et d'une bouche situe* Désiré *à son vrai niveau : celui d'une entreprise de séduction où deux partenaires rivalisent de charme. Le Boulevard ou le plaisir de plaire. Collection Jacques Lorcey.*

Guitry est le Montaigne des alcôves, promenant à travers la vie une sagesse faite d'observation amusée, d'attention à autrui — la femme — dont il accepte la frivolité et l'inconstance avec une indifférence parfaite, où il se glisse un égoïsme assez forcené. Il est l'homme du désir sans la douleur du manque, et du plaisir sans l'ennui de la satiété ; il jouit à ses propres yeux — vanité —, aux yeux des femmes — séduction — et aux yeux de ses contemporains — prestige — d'une telle souveraineté (là il est le Louis XIV des boudoirs) qu'il transforme ses pièces en manuels pratiques du bonheur, émaillés de vérités générales dont certaines ont, pour l'époque, un petit air révolutionnaire.

En amateur passionné du langage, Guitry écrit un théâtre de tête, non de chair, même s'il n'y est question, le plus souvent, que du corps. Mais comme c'est du corps interdit, le sexe, le langage est encore requis comme médiateur obligé qui permet d'en parler « sans y toucher ». Et médiateur parce que transgresseur : la transgression, plus que les jeux d'intrigue et de situations, fait la force et l'attrait de Guitry ; morale, elle vise à affirmer les droits du plaisir contre les conventions, donc de l'individu, même femme, contre la société. Mais cette transgression — critique dans son essence, même si elle est complaisante dans son exploitation destinée à ces « voyeurs d'oreille » que sont les spectateurs — n'est que verbale. Il est extrêmement rare que l'impudeur des mots soit relayée par l'impudeur des gestes. Les toutes premières pièces de Guitry combinent les deux : Nono (dans la pièce du même nom, 1905) s'offre sans vergogne, les seins tendus ; et dans *Les Zoaques* (1906), Henri caresse les jambes de la chanteuse de caf'conc' Kiki, l'embrasse dans le cou, la fait asseoir sur ses genoux, dégrafe son corsage... Tripotage et déshabillage ajoutent une dimension érotique à ce que la transgression a déjà de social : car, dans *Nono* comme dans *Les Zoaques*, les cocottes, avec leur langage et leurs mœurs, sont promues à la dignité de personnages, ennoblies par le talent de l'auteur. Théâtre d'alcôve alors ? Oui, et même de trottoir. Mais Éros est domestiqué par les chaînes du langage ; il en devient fréquentable, même par des bourgeois qui se respectent. La transgression par le langage est le point de rencontre entre le traditionalisme de la forme — on parle — et le libertinage du contenu — on couche —, l'un équilibrant, dédouanant, masquant l'autre. De cette rencontre jaillit l'étincelle érogène, le chatouillement libidinal, si caractéristiques du théâtre de Boulevard.

La comédie d'intrigue

Le vaudeville a été identifié à Feydeau, à juste titre puisque Feydeau en a fait sa spécialité, abusivement car bien d'autres de ses contemporains comme Tristan Bernard, de Flers (avec Caillavet ou de Croisset) en ont tâté, mais sous sa forme aménagée de comédie d'intrigue, sans parler de ceux qui, appartenant à la génération suivante comme Verneuil ou Deval, ont retenu du vaudeville des leçons de mécanique dramatique et d'artifice efficace sans s'interdire de l'humaniser par des touches de psychologie individuelle ou sociale.

Un Courteline, déjà, se situe à mi-chemin de la comédie de mœurs et de la comédie d'intrigue dans ses tableautins où le réalisme de la peinture fait bon ménage avec la caricature (*Le commissaire est bon enfant*, 1899). Courteline est très marqué par tout ce qui concerne l'armée et la justice ; il les passe en une railleuse revue de détail dans *Un client sérieux* (1896), *L'Article 330* (1900), *Les*

Balances (1901), *Lidoire* (1891), *Les Gaîtés de l'escadron* (1895). Ailleurs Courteline se présente comme un amer tendre qui s'en prend aux femmes aussi bien qu'aux hommes, les uns lâches ou violents, les autres menteuses et vaines ; il dégage de son observation une philosophie désabusée, sarcastique et comique quand elle reste dans les limites de pièces courtes (*La Paix chez soi* [1903], *La Peur des coups* [1894], *Boubouroche* [1893]), mélancolique et quelque peu banale quand elle se donne du champ dans des pièces longues (*La Cruche*, 1909) : Courteline alors fait du texte, et du bon, mais on voit trop la main de l'auteur. Son meilleur réside dans un alliage incongru de petits faits vrais et de bouffonnerie absurde (*Les Boulingrin*, 1898, *Le gendarme est sans pitié*, 1899) : vaudeville et satire s'épaulent et s'exacerbent jusqu'à créer un monde fou, grinçant de vérité.

La vérité, au contraire, chez J. Renard, est triste et le sourire reste pincé. Renard, cet « écorché vif » selon le mot d'A. Billy, manifeste, à travers ses personnages, un goût de l'échec remâché comme par délectation morose. En dehors de *Poil de carotte* (1900), sorte de règlement de compte passionné et assez bavard, Renard situe sa tonalité habituelle dans des échanges en mi-teinte où, à fleurets mouchetés, les êtres, unis ou désunis, amoureux ou blasés, confient aux mots le soin d'agir à leur place (dans *Le Plaisir de rompre*, 1897 et *Le Pain*

Louise Lara, Dehelly et Silvain dans Boubouroche *de Courteline lors de son entrée au Français (1910). Le trio obligé du Boulevard : la femme, l'amant et... le placard. Avec quelque chose en plus, le talent de Courteline et son amertume qui font toute la différence.*

de ménage, 1898). Renard a le souffle court et s'il hausse le ton (dans *La Bigote,* 1899) le thème militant, l'anticléricalisme, est moins caractéristique que son ordinaire désenchantement : c'est l'histoire d'un couple qui « à force de silence a fini par s'entendre ». *Monsieur Vernet* (1903) ajoute à cette constante la variation, naturaliste, d'un portrait original : celui du bourgeois Vernet, sorte de Homais conscient de lui-même et qui, incarné par Antoine, acquérait une justesse et une complexité dignes du roman d'où la pièce était adaptée. On ne dira jamais assez, à cet égard, ce que le théâtre de l'époque, y compris le théâtre de Boulevard, doit à Antoine comme acteur, comme directeur de théâtre (au Théâtre Antoine et à l'Odéon) et comme critique dramatique. De quel soutien en particulier Antoine a été pour ce douteur exigeant qu'était Renard !

Si le balancier « vaudeville » oscille avec Courteline et plus encore avec Renard du côté « réalisme », il revient du côté « intrigue » avec Tristan Bernard et de Flers. Bernard a écrit de tout : des « proverbes de château » (*Une aimable lingère,* 1899), des opéras bouffes (*La Petite Femme de Loth,* 1900), des vaudevilles, riches en cascades de quiproquos comme *Le Cordon bleu* (1920), des bluettes bon enfant dont certaines ont fait sa réputation (*L'Anglais tel qu'on le parle,* 1897). Bernard signale sa personnalité propre par une sorte de sagesse douce-amère : ses personnages-pantins comme le Georges de *La Volonté de l'homme* (1917) sont moins des abouliques que des désabusés ; ils tirent de leurs tentatives impossibles d'aventures cette leçon peu réjouissante : « C'est le bonheur... je m'y ferai... je m'y ferai. »

De Flers et Caillavet, en faisant de leur *Habit vert* (1912) une fantaisie satirique sur les mœurs du grand monde et les ridicules des académiciens, font bénéficier une intrigue amoureuse somme toute banale de la peinture de cet univers peu connu. En compagnie de De Croisset, De Flers hausse le ton, mais sans atteindre à la violence du Brieux de *L'Engrenage,* dans *Les Nouveaux Messieurs* (1925), portrait sans complaisance des milieux politiques de la IIIᵉ République. Cette comédie sociale, déparée par un grossissement caricatural, était placée par Antoine sur le pied du *Mariage de Figaro* ! Comédie d'intrigue et de caractère que *Les Vignes du seigneur* (1923) où Victor Boucher et André Luguet faisaient merveille : la fausse ivrognerie du héros peut bien donner prétexte à numéro de comédien, mais le support psychologique (l'hésitation scrupuleuse d'un amoureux transi) de cette supercherie est bien mince, et la couture des deux thèmes artificielle. La génération des anciens semble s'essouffler.

1923, date des *Vignes du seigneur,* est aussi la date où Elvire Popesco, tout juste arrivée en France, joue pour la première fois avec Louis Verneuil dans *Ma cousine de Varsovie,* pièce écrite pour elle par ce même Verneuil. Il a été l'homme-orchestre du théâtre de pure intrigue pendant une vingtaine d'années : impresario, cinéaste, auteur, acteur, compositeur, dessinateur, directeur de théâtre ; il produit plus de trente pièces en quinze ans, quatre-vingts œuvres de tout genre en vingt-cinq ans, et durant la seule saison 1933-34 il est à l'affiche de cinq théâtres parisiens ! Ce qu'il écrit est toujours habile, bien fait, en particulier pendant la période Popesco, pour mettre en valeur l'ingénuité brutale et le volcanisme sentimental de cette « Réjane roumaine » (dans *Pile ou face* [1924] par exemple). Habile encore dans l'invention de situations insolites exploitées dans toutes leurs conséquences comiques (*Le Fauteuil 47,* 1923, *Mon crime,* 1934) et, à l'inverse, dans l'acclimatation d'un vaudeville vraisemblable enrichi de touches assez nuancées d'analyse psychologique. Ainsi dans *Le Train pour Venise* (1934) : comment un mari, pour empêcher sa femme de le tromper, circonvient l'amant potentiel et réussit à le neutraliser à force de petits soins et d'amitié feinte.

L'horizon dramatique, encombré comme il l'est dans les années 20 par Guitry et Verneuil, laisse peu d'espace à un nouveau venu comme Jacques Deval pour se faire sa place au soleil. La position qu'il occupera sera celle, paradoxalement, de l'éclectisme : brillance du style dans ses premières pièces (*Une faible femme,* 1920) ; gravité du ton (*Le Bien-Aimé,* 1924), ces deux pièces servies par la grande Falconetti ; fantaisie psychologique sur la volonté (*Dans sa candeur naïve,* 1926) ; adaptation moderne de *Roméo* (*L'Age de Juliette,* 1935) ; presque vaudeville (*Beauté,* 1923) ; exploitation du talent exotique d'E. Popesco dans *Tovaritch* (1934). Parfois Deval vise plus haut et se livre à des études de cas

Mise en place du décor du Paon *de Francis de Croisset, créé en 1904 à la Comédie-Française. Au centre Mitzy Dalti, puis de gauche à droite, Francis de Croisset, Maurice de Féraudy et Jules Claretie. Paris, B.N., A.S.P.*

assez bernsteiniennes. *Étienne* (1930), par exemple, est l'histoire d'un affreux jojo qui comprend tout mieux que les adultes (le Victor de Vitrac n'est pas loin) ; c'est pâteux et sentimental mais efficace (à en juger par la presse de l'époque) du fait de cette insistance même. *Mademoiselle* (1932) est à la fois une étude de mœurs sur la bourgeoisie des années 30, vaine et égoïste, et une étude de caractère à la Flaubert ou à la Maupassant sur le destin d'une vieille fille qui adopte, dans un élan irrépressible d'instinct maternel, l'enfant naturel que la fille de la maison s'est fait faire par un Égyptien de passage. *Lundi 8 heures* (1933) frôle le pessimisme naturaliste : c'est une pièce à sketches sur l'envers des grands dîners (et donc de la bonne société) dont C. Farrère, grandiose, écrivait : « Si telle est, tout de bon, la société où nous vivons, Lénine et Staline n'ont qu'à se lever et le Commandeur peut entrer sans frapper et s'asseoir. » Il y a peu à dire sur la production récente de J. Deval, désormais plus disparate qu'éclectique (*Romancero*, 1963, *Et l'Enfer, Isabelle ?* 1963, *Un homme comblé*, 1964).

Une mécanique bien rodée

Arrivé à ce point il est bon de prendre du Boulevard une vue quelque peu surplombante et d'en déterminer les lignes de force dramaturgiques. On a déjà dit que c'est un théâtre de l'effet, à la fois préparé et imprévu, du moins en ce qui concerne la construction de la fable : le versant gai du Boulevard essaie de surprendre par des situations insolites, mais, une fois posées, elles se développent avec une tranquille assurance, exploitant toutes les variations de la donnée initiale ; c'est encore plus vrai du Boulevard sérieux qui cherche avant tout, à travers une situation, à exercer les virtualités d'un caractère. Aussi le Boulevard exige-t-il des personnages solidement ancrés dans leur être, fût-il contradictoire : ce qui peut aller du rôle codé, schématique et proche de la marionnette, au cas psychologique complexe, à condition que cette complexité reste verbalisable, explicable. L'ineffable et l'irrationnel n'ont rien à faire au Boulevard.

Que le Boulevard fasse rire ou pleurer, la pièce est réussie si elle est « bien faite ». La recette de ce secret de fabrication a été donnée par P. Audiat à propos de *Ma sœur de luxe* d'A. Birabeau : « Pour une pièce bien faite, c'est une pièce bien faite ; M. André Birabeau connaît le public, il lui sert exactement ce qu'il demande : de l'audace mais pas trop, de la morale, mais point ennuyeuse ; du rire mais sans débridé, et du sentiment, mais point pleurnichard. » On le voit, les catégories esthétiques de P. Audiat sont plutôt morales et font appel à ce sens de la mesure où les critiques se sont plu à reconnaître le meilleur de l'esprit français, côté public comme côté auteur. On a du mal aujourd'hui à partager ce jugement, tant les procédures rhétoriques utilisées paraissent pesantes et visibles. L'attente du public et son système de références a beaucoup changé, ce qui rend vaine toute évaluation qui prétendrait s'appuyer sur des critères objectifs et permanents.

En fait une pièce est « bien faite » lorsqu'elle rassemble une somme de réponses aux questions que l'habileté de l'auteur consiste à faire se poser au spectateur. Mieux, elle en appelle à son intelligence et le rend capable d'anticiper les réponses. Pourtant cette pièce bien faite est le plus souvent totalement artificielle, mais d'un artifice rendu invisible, car les exigences de l'intelligence du spectateur ne sont pas grandes et, surtout, entrent en conflit avec une autre exigence, celle de l'effet ; il faut, pour qu'ils soient appréciés, je dirais plus, pour qu'ils soient perçus, que le dialogue, les sentiments, les situations, les personnages soient construits selon les lois immuables de la rhétorique. La satisfaction du spectateur résulte donc de la rencontre de deux types de conventions : conventions dramaturgiques de composition, conventions formelles d'écriture. C'est dire que le système d'attente du spectateur est étroitement contrôlé et que la surprise, la rupture de ton, la fantaisie n'y ont de place que si elles sont soigneusement... préparées. Contradiction sans doute, mais elle aussi invisible, car l'attitude première du spectateur n'est pas de vigilante attention : il est, avant même d'entrer dans la salle, bon public ; il vient au théâtre pour se faire hypnotiser et son rire révèle seulement les rêves heureux de son sommeil.

Quant aux thèmes, si on les envisage globalement sous la rubrique « famille-couple-sexe », on se rend compte qu'ils plaisent parce qu'ils recoupent les pré-occupations quotidiennes des spectateurs mais surtout parce qu'ils confient au seul langage le soin d'évoquer les réalités charnelles interdites ; par le langage on assiste, osmose étrange et séduisante, à la correspondance, à l'échange même du contenant et du contenu : plaisir du dialogue et dialogue du plaisir. Par là le Boulevard signale son caractère traditionaliste, hautement « classique » : c'est un théâtre-conversation où le commentaire explicatif, dans le Boulevard sérieux, « mange » l'action, où l'auteur, à peine dissimulé derrière les répliques de ses personnages, empêche, dans le Boulevard gai, l'illusion scénique de prendre corps.

Le Boulevard gai possède un caractère ludique qu'il doit pour une large part aux fameux « mots d'auteur ». Mots qui, clins d'œil appuyés destinés aux spectateurs, témoignent de la présence diffuse mais permanente de l'écrivain, assez habile pour mener constamment un double jeu de langue, le sens second étant évidemment le plus important, à la fois par sa charge érotique et par la connivence qu'il établit avec le public. Ces mots, il y en a de toute sorte : des calembours, des à-peu-près, des glissements du sens propre au sens figuré, des détournements de formules toutes faites ou proverbiales, des effets de rime, des symétries rythmiques et syntaxiques, en somme tous les procédés de strabisme langagier qui provoquent un dédoublement du sens, le vrai réservé à ceux qui savent (les spectateurs complices) le faux aux victimes du héros. A cette nuance près, importante, que le mot d'auteur est souvent pour le plaisir : moins le plaisir de l'allusion érotique (qu'on peut tenir pour fonctionnelle dans ce type de théâtre) que pour le plaisir de travailler la pâte verbale. Le Boulevard n'a donc guère besoin de metteur en scène : l'auteur se suffit à lui-même, relayé bien sûr par des interprètes de talent (V. Boucher, L. Guitry, Y. Printemps...). Et quand un auteur perçoit l'intérêt de la mise en scène, il l'assure lui-même (Bataille, Guitry et Bernstein surtout). Présence encore de l'auteur déguisé en moraliste dans la présentation sentencieuse de son message : sous son habillage impersonnel et généralisateur elle renvoie à l'expérience supérieure d'une sorte de délégué de la Sagesse : l'auteur ! Et comme le théâtre de Boulevard avance masqué, il enrobe volontiers ses maximes d'images familières quand il ne méta-phorise pas totalement sa pensée. Du fait que les écrivains de Boulevard exploi-tent peu les ressources de la scène, ce maniement artisanal de la matière sonore leur donne l'illusion de travailler dans le concret.

DES MOTS D'AUTEUR

La famille n'est qu'une boutique dont le mariage est la porte basse *(H. Lavedan).*

Je suis acculé à la grandeur d'âme *(T. Bernard).*

Si une femme ne peut que se vendre ou se donner, elle a toujours le droit de se reprendre *(H. Bataille).*

Rien de tel comme un coup de fer rouge sur l'amour-propre des gens pour cicatriser leurs scrupules *(G. Courteline).*

Si je vous avais dit adieu, je ne serais pas parti *(G. de Porto-Riche).*

Comme une femme ment mal quand on sait qu'elle ment *(R. de Flers).*

Une femme ne rougit que si elle est injustement accusée *(S. Guitry).*

Je me suis toujours demandé ce qu'on pouvait faire avec une femme en dehors de l'amour *(S. Guitry).*

Tout nous trahit lorsque nous trahissons *(S. Guitry).*

Impassible n'est pas français *(J. Deval).*

Chez l'homme le premier mouvement est toujours le mauvais. Il est vrai que le second est pire *(A. Savoir).*

Moins une femme donne, plus elle reçoit *(A. Savoir).*

Je me repose de vos fatigues *(P. et J.-P. Veber).*

Quand le vin est tiré il faut le boire, même s'il est bon *(M. Pagnol).*

Vous les chauves, vous avez votre âge de bonne heure *(M. Achard).*

En vieillissant on ne devient pas sage. Seulement on est fou depuis plus longtemps *(M. Achard).*

Les femmes ont une crédulité sans bornes parce qu'elles croient être seules à savoir bien mentir *(J. Natanson).*

L'avenir ce n'est jamais que du passé qui a un peu d'avance *(C.-A. Puget).*

C'est ça l'équilibre : une certaine vitesse dans l'aveuglement *(C.-A. Puget).*

On épouse l'être qu'on aime, c'est avec une autre qu'on vit *(J. Anouilh).*

Seuls les menteurs voient la vérité. Parce que, seuls, ils voient la différence *(F. Marceau).*

Tous les hommes sont différents, mais tous les maris sont pareils *(M.-G. Sauvajon).*

Il faut être libre de tout pour être libre de soi *(F. Sagan).*

Ma sœur est vraiment une femme perdue : même ses pantoufles ont des talons *(Barillet et Grédy).*

Vous savez, vous, la différence qu'il y a entre un bon mot d'auteur et un mauvais ? Oui, l'auteur. *(F. Dorin).*

Surtout quand l'auteur est acteur : il sait que le public vient assister à la performance de « monstres » (sacrés, mais monstres tout de même) capables de toutes les métamorphoses gestuelles et vocales. Le monologue téléphonique de l'acte II de *Faisons un rêve* est un tour de force de cet ordre. Mais la métamorphose se greffe sur le fond constant d'un tempérament exceptionnel : on vient voir Guitry ou Popesco tels qu'en eux-mêmes sans que jamais ils disparaissent sous leurs personnages. Pour le texte, semblablement : le Boulevard est un théâtre de variations sur l'invariant d'un univers obligé ; même personnel que dans la tragédie classique : les maris, les femmes, les amis, les amants, les parents, les confidents (appelés ici valets et bonnes). Théâtre de l'affrontement intime parfaitement défini par Guitry disant : « Je suis contre les femmes, tout contre » ; la deuxième partie de la phrase transforme le conflit en partie fine, mais le schéma originel est le même, d'une concentration en un lieu clos d'intérêts et de désirs divergents : comment s'en débarrasser ou comment s'en emparer, ces deux propositions stratégiques résument un bon nombre de scénarios de pièces. Moins que dans un vaudeville, mais dans une proportion encore élevée, les personnages passent leur temps à se cacher les uns des autres. Encore proche de Feydeau, Guitry, dans *Les Zoaques*, reprend le schéma de *L'Hôtel du libre-échange* : mari et femme se succèdent avec leur maîtresse et amant respectifs dans la même chambre sans se rencontrer. Quand il repose uniquement sur une situation, le Boulevard exploite souvent ce jeu de cache-cache. Si mécanique qu'il soit, ce procédé permet de tirer parti de l'espace scénique, seule catégorie dramatique dont semblent se soucier les auteurs.

On a beaucoup daubé l'éternel salon bourgeois ; on a stigmatisé le luxe des matériaux et des costumes, luxe dont le décor fait les frais, car encombré d'objets inutiles, il se suffit d'être décoratif. Sa fonctionnalité est réduite aux dimensions de l'espace laissé libre : quelques circulations transversales et une possibilité de va-et-vient latéral, obligeant à un jeu étriqué et frontal. En fait, dans cet anonyme salon bourgeois, lieu quasi géométrique des échanges, meublé des « commodités de la conversation », les personnages sont des parleurs et des assis ; ils ne font guère que changer de sièges. Dès lors l'espace du Boulevard est aussi peu individualisé et marqué que le « palais à volonté » de la tragédie classique ; il est plutôt le non-lieu, propre par sa neutralité à laisser s'entrechoquer les mots. C'est si vrai qu'on finit par évacuer totalement l'espace : bien des pièces se contentent d'apartés et de quiproquos, équivalents langagiers des ruses qu'on entretient d'ordinaire avec le lieu scénique.

Deux tendances majeures semblent définir le Boulevard : d'un côté, théâtre pléthorique, il ne se refuse rien, ni en mots, ni en dialogues, ni en personnages, ni en situations et pourtant il lui manque une vraie langue : il use d'une langue parlée totalement écrite, sauf chez Porto-Riche qui a le sens du dialogue éclaté, chez de Croisset, Guitry et quelques autres. Ce n'est pas un langage véhiculaire d'émotions ou d'idées, mais un langage autoréflexif tenu par le seul émetteur-auteur qui ne manque pas une occasion (les mots d'auteur !) de signaler qu'il en est le propriétaire exclusif et heureux. C'est donc un exercice d'écriture.

D'un autre côté le Boulevard, le Boulevard gai bien évidemment, ne se prend pas au sérieux : il joue avec lui-même et s'amuse à démonter le mécanisme

La Navette d'Henry Becque, reprise de 1932 avec Pierre Bertin et Berthe Bovy. Le Boulevard est tellement représentatif de la Belle Époque qu'il exige la « pièce en costumes » : la redingote et la robe à drapés sont comme l'uniforme du vieux marcheur et de la cocotte ; et le personnel du Boulevard est aussi immuable que ses costumes. Paris, B.N., A.S.P.

de son fonctionnement, par une sorte de plaisir à rendre le public encore plus complice du jeu en le faisant pénétrer dans les secrets de fabrication et en étalant sous ses yeux, en prestidigitateur, le tas de rouages dont le seul auteur sait reconstituer l'harmonieuse combinaison. Théâtre dans le théâtre, théâtre sur le théâtre, toutes les constructions en miroir, des plus simples aux plus subtiles, ont été exploitées par le Boulevard et dès les années 20. Qu'on songe seulement à trois titres de Guitry : *Le Comédien, On ne joue pas pour s'amuser* (1925) ou *Quand jouons-nous la comédie ?* (1935). C'est du théâtre au second degré : on rit de rire ; on participe à la gratuité du n'importe quoi que l'on (c'est-à-dire l'auteur et le spectateur ensemble) fait semblant de prendre pour quelque chose. Le théâtre, à ce compte, n'est qu'un jeu formel : il n'a rien à dire, mais il le dit bien.

Les années 30 marquent un tournant où la personnalité propre des dramaturges se conjugue avec l'évolution des mœurs pour amener le Boulevard à
couvrir un champ si ouvert que les catégories dramaturgiques et thématiques
précédemment analysées deviennent largement inopérantes : on ne sait plus ce
qui est Boulevard et ce qui ne l'est plus car la frontière passe souvent à l'intérieur
de l'œuvre d'un écrivain quand ce n'est pas à l'intérieur d'une même œuvre. Les
hybrides se multiplient : ainsi *Topaze* est-il qualifié par Pierre Brisson de « vaudeville satirique » tandis qu'il reproche au *Sexe faible* de Bourdet de « trahir son
intention première [de satire] en glissant vers le simple divertissement boulevardier ». Certains thèmes s'épuisent et, perdant toute valeur de scandale, perdent
tout intérêt dramatique (les relations sexuelles pré- ou paraconjugales, les conflits
d'autorité interfamiliaux). Si Bourdet avec *Le Sexe faible* (titre à antiphrase)
traite encore du vieux thème de la femme dominatrice, dans *La Prisonnière*
(1926) ou *La Fleur des pois* (1932) il s'attaque à l'homosexualité, sujet tabou
certes, mais moins riche que celui des *Temps difficiles* (1934) où la répercussion
de la crise économique l'amène à faire l'éloge du capitalisme et de la bourgeoisie
d'affaires, sans en déguiser les tares : Bourdet excelle dans la notation juste qui
démasque, sans appuyer, l'hypocrisie et la mauvaise foi de ses grands bourgeois ;
son art du dialogue repose sur un usage subtil de l'allusion et de la réplique
suspendue. Il est significatif d'autre part que Bourdet, Anouilh, Pagnol et bientôt
Aymé et Marceau partagent le même souci vengeur d'en finir avec une société
qui se repaît d'apparences et d'apparat. Cette réaction est trop générale, elle est

Victor Boucher (le 2ᵉ à droite) a réglé la mise en scène du Sexe faible *d'Édouard Bourdet à
La Michodière (1929). Décor et costumes modernes pour une satire des mœurs nouvelles,
dont les femmes font les frais.*

représentée par des écrivains trop divers pour être attribuée à l'esprit de revanche de quelques laissés-pour-compte aigris et orgueilleux (dont Topaze serait le portrait) : la société de l'entre-deux-guerres suinte le mensonge et le faux-semblant et la crise des années 30 a été le révélateur de sa fragilité. Que des dramaturges considérés comme du second rayon, aujourd'hui, lui disent son fait est tout à l'honneur de leur lucidité, même si leur dramaturgie n'est pas exempte d'effets accrocheurs : les écrivains tendent à leur public le miroir de ses propres travers. La différence entre les plus grands (Bourdet) et les moindres (Pagnol) réside dans l'insistance pédagogique des uns et l'habileté des autres, capables de s'effacer derrière des personnages assez autonomes pour laisser échapper, quasi inconsciemment, les traits de leur vilenie.

Pagnol a d'autres titres de gloire que son assez naïf *Topaze* (1928) qui, dans son long réquisitoire terminal, fait révéler par son héros le secret du Grand Mécanisme : « Les hommes ne sont pas bons. C'est la force qui mène le monde ! » Déjà dans ses *Marchands de gloire* (1925) [en collaboration avec P. Nivois] l'indignation devant l'exploitation *post mortem* des héros de 14 et devant les maquignonnages des politiciens donnait lieu à une farce mâtinée de mélodrame, au schématisme de guignol. « Étude de mœurs et peinture de caractères », disait Antoine, sans doute meilleur juge que nous de l'accent de vérité d'une telle œuvre ! Le vrai coup de génie de Pagnol fut sa trilogie marseillaise : *Marius, Fanny, César* (1929-1937) ont séduit par leur habileté à faire vibrer la fibre émotive et à exploiter la couleur locale (langue et mœurs). Il y a mieux dans ces œuvres : pour la première fois le Boulevard sort dans la rue, il cesse de se confiner dans l'air raréfié des salons pour convoquer le monde environnant, le « grouillement ensoleillé » (Antoine) de Marseille. Dans *Marius*, le personnage important est le port, avec ses lumières, sa brume, ses appels de sirène et ses grands navires qui glissent sur les chenaux. Dès lors tout devient vrai et la plus mélodramatique des situations prend des allures de tragédie déchirante : Marius et Fanny ce sont les Titus et Bérénice des calanques. La saga continue dans *Fanny*, plus intimiste mais toujours égayée de scènes de genre, avec son César omniprésent, volcanique et tendre, qui mériterait que la pièce soit sous-titrée : « la souffrance d'un père ».

Avec *César* s'affirme ce qui va élargir encore la respiration du Boulevard : le cinéma, devenu vraiment concurrentiel depuis qu'il est parlant et que Pagnol s'annexe au lieu de le mépriser ou de l'ignorer : « L'art dramatique a trouvé aujourd'hui un moyen d'expression qui englobe tous les autres et qui donne au dramaturge la plus entière liberté : ce moyen, c'est le film parlant ». Ainsi s'exprime Pagnol qui va basculer du côté du cinéma avec *La Fille du puisatier* (1941) et *La Femme du boulanger* (1938) mais dont déjà le *César* est, pour une part, un scénario présentant un découpage très précis de séquences, avec ses tableaux sans dialogue, l'alternance rapide d'intérieurs et d'extérieurs, ses travellings, ses scènes simultanées : l'espace théâtral en est totalement bouleversé. Il faut ajouter que servi par des acteurs de l'envergure de Raimu en César, de Fresnay en Marius et d'O. Demazis en Fanny, la trilogie de Pagnol a hissé le Boulevard au rang de théâtre vraiment populaire.

Populaire aussi, bien que ressortissant au genre fatigué du vaudeville, va être une pièce comme *Bichon* (1935) : quiproquos, rencontres intempestives, mots qui traduisent la logique de l'absurde dans l'enchaînement des situations, difficultés d'adaptation du héros sans cesse en retard sur l'événement et promis à des catastrophes toujours plus plaisantes, telle est la vieille recette dont J. de Letraz pourvoyeur infatigable du Boulevard (il aurait écrit quelque deux cents pièces !) a fait un triomphe.

Devant cet échantillonnage on se rend compte que le Boulevard se renouvelle en éclatant tout en restant très marqué par ses habitudes et soucieux de ne pas dérouter son public. De cette diversité on jugera mieux en examinant l'ensemble d'une saison théâtrale.

Elle a été choisie car on relève à l'affiche des grands noms de la génération précédente (de Croisset, Bernstein), des grands noms de la dramaturgie contemporaine (Bourdet, Achard) ainsi que ceux des fournisseurs habituels du Boulevard (Vernois), certains célèbres depuis fort longtemps (Veber, Gavault, Guitry, Mirande), d'autres de plus fraîche date (de Letraz, Roger-Ferdinand, dont la pièce date de 1924, tandis qu'Anouilh, né en 1910, est encore un jeune homme).

Paris sur Boulevard : la saison 1932-33

Sur trente-huit pièces qui furent présentées cette saison-là dans les théâtres dits de Boulevard, vingt-quatre seulement ont été étudiées pour la raison simple que les autres sont introuvables ; elles n'ont pas été publiées. Est-ce pour cause de succès insuffisant ? Il se peut, mais aussi pour la raison que le théâtre de Boulevard, aujourd'hui comme hier, s'édite peu en dehors des revues ou recueils spécialisés (*L'Illustration*, *La Petite Illustration*, *Les Œuvres libres*). Pourtant certaines œuvres comme *Le Paradis perdu* de P. Gavault ou *Avril* de L. Verneuil sont signées de noms très connus. On s'aperçoit cependant que si le Théâtre Saint-Georges fait toute sa saison avec *Trois et une* de D. Amiel et le Gymnase avec *Bonheur* de Bernstein, les Variétés ont besoin de quatre pièces dont *Châteaux en Espagne* de Guitry pour boucler la saison, l'Athénée de cinq et la Renaissance de six ! Le théâtre de Boulevard serait-il en crise ? Oui, si l'on en croit M. Pagnol qui, cette même année, jette un cri d'alarme ; il prédit que « dans un an, tous les théâtres de la capitale auront fermé leurs portes ! » Les causes de cette crise tiennent à l'expansion fulgurante du cinéma, au trop grand nombre d'adaptations d'auteurs étrangers (en fait il n'y en a eu que trois durant cette saison) et au tarissement de la création dramatique : la grande comédie dramatique des Bataille et Hervieu est morte, disparue la pièce à thèse sociale et philosophique de Brieux et de Curel. La comédie de mœurs ou la comédie légère ont tout supplanté. Ainsi s'exprime le critique de *La Petite Illustration*.

A ces causes esthétiques s'ajoutent des raisons économiques : peu de salles de spectacle sont disponibles pour de nouvelles pièces ; les théâtres sont tenus par quelques auteurs ou acteurs (Bernstein au Gymnase, Victor Boucher à la Michodière, Fresnay au Théâtre Michel) qui n'y font jouer que les pièces où ils peuvent se tailler la part du lion. C'est l'ère des vedettes avec ce que cela comporte de puissance d'attraction sur le public mais aussi d'ostracisme à l'égard de tout le reste (pièces et acteurs de second rang). C'est ainsi que Fresnay fait, dans son théâtre, les beaux soirs de *Valentin le Désossé* de C.-A. Puget, de *Teddy and Partner* d'Y. Noé et de *La Femme en blanc* de M. Achard ; Claude Dauphin et C. Lysès de *Ma sœur de luxe* d'A. Birabeau ; A. Luget de *Trois et une* de Denys Amiel ; E. Popesco d'*Une femme ravie* de L. Verneuil ; V. Boucher de *La Fleur des pois* de Bourdet et de *Vol nuptial* de F. de Croisset. Guitry et Jacqueline Delubac se mettent au service de *Châteaux en Espagne* du Maître, tandis que Charles Boyer, Michel Simon, Jean Debucourt, Yvonne Printemps, Simone Renant — sans doute la distribution d'ensemble, de toutes la plus éblouissante — mènent *Bonheur* de Bernstein au triomphe.

Essayons d'établir une typologie de ces différentes pièces : les catégories traditionnelles (théâtre de situation, de mœurs, de caractère) restent opératoires et rendent compte de la très grande majorité des œuvres à condition qu'on admette qu'aucune n'est entièrement enfermée dans un genre. Beaucoup (le tiers environ) reposent pour une large part sur une situation : le secrétaire du grand clown se fait passer pour son maître pour séduire une femme du monde qui n'est elle-même qu'une femme de chambre *(Teddy and Partner)* ; trois frères (un sportif, un banquier, un musicien) se disputent les faveurs d'une jolie femme ; qui les obtiendra ? *(Trois et une)*. Le comique de situation peut reposer sur une énigme policière ou sur la révélation progressive d'un secret : *Une poule sur un mur*, de L. Marchand, *Cette nuit-là*, *La Femme en blanc* ; mais l'intérêt est ailleurs : *Cette nuit-là* (adapté du hongrois par Amiel) contient surtout une revendication féministe et *La Femme en blanc* analyse surtout l'amour irrésistible autant que difficile d'une jeune fille pour l'amant de sa mère, morte vingt ans plus tôt, suicidée, pour l'amour dudit amant. Même si les quiproquos sont l'aliment premier de la pièce *(Une Femme ravie, Peau d'Espagne)*, le temps du vaudeville est passé *(Bichon* est l'exception qui confirme la règle) et toutes ces pièces évoluent vers la comédie sentimentale ; les meilleures vers un marivaudage à la hussarde, alliage détonant qui rend assez bien compte d'un dialogue tout entier consacré aux affaires de cœur, mais coulé dans une forme moderne par son vocabulaire, son rythme et son mouvement (dans *Trois et une* et *Peau d'Espagne* de Jean Sarment notamment).

La comédie de mœurs offre bien davantage de variété : elle est ouverte à l'influence des milieux les plus divers, même si, souvent, le cadre social n'est guère plus qu'un prétexte pour masquer la banalité d'une situation ou colorer d'un jour nouveau des problèmes plus généraux : la revendication de l'autonomie, pour une femme, dans *Le Vol nuptial* (de Croisset) s'inscrit dans le milieu de l'aviation héroïque des années 30 ; on assiste à un accès de jalousie professionnelle entre l'aviateur et l'aviatrice, à la ville mari et femme et qui règlent leurs problèmes de préséance à coups de raids et de liaisons aéropostales risquées. Si *Jeanne* de Duvernois s'apitoie encore sur les malheurs de l'avortement, *La Fleur des pois* de Bourdet tire de la peinture de l'homosexualité un parti autrement fort, parce que satirique et social : il y a de la charge dans cette présentation inversée des rapports sexuels mais beaucoup de verve aussi dans la dénonciation de toutes les fausses valeurs : les princesses sont d'anciennes blanchisseuses et les artistes mondains des faiseurs. La satire peut être plus ou moins âpre : celle de la justice dans *La Main dans le sac* de P. et J.-P. Véber reste assez courtelinesque ; celle des riches exploitant la classe montante des ingénieurs talentueux mais désargentés, plus morale que sociale, dans *3 %* de Roger-Ferdinand ; celle du journalisme et de ses tares également dans *Édition spéciale,* tel qu'adapté de l'américain par Henri Torrès. Finalement c'est le milieu du spectacle que les auteurs de théâtre connaissent le mieux ! Il est le support de trois pièces, très différentes de ton et d'intention : *La Voie lactée, Teddy and Partner, Bonheur.* La plus riche, documentairement parlant, est la première, due à la plume d'Alfred Savoir : cette histoire d'auteur-acteur qui ne vit que pour le théâtre et n'a de vie privée que par le théâtre, jusqu'à épouser sa comédienne préférée au cours d'une séance de travail où l'on répète une cérémonie de mariage, fait songer inévitablement à Guitry ! Théâtre dans le théâtre et théâtre sur le théâtre donc !

Restent les comédies de caractère : elles sont peu nombreuses (quatre) mais sans doute les plus originales parce qu'elles vont jusqu'au bout de leur propos. *Valentin le Désossé* de C.-A. Puget est un peu marginal : cette évocation historique et pittoresque de la butte Montmartre des années 1870 a surtout pour intérêt de mettre en valeur la performance d'un comédien (Fresnay) passant de son rôle de clerc de notaire étriqué à celui de danseur dégingandé et fou d'amour. Le parti de Guitry, dans *Châteaux en Espagne,* est déjà plus riche quoiqu'il ne s'écarte guère de l'autobiographie : le séduisant Jean arrive rapidement à ses fins auprès de la belle Geneviève mais après huit jours de bonheur en Espagne, il s'éloigne d'elle. C'est Don Juan ascète, et ascète pour mieux sauvegarder son

De gauche à droite, Andrée Guize, Michel Simon, Victor Boucher et Arletty à La Michodière (1936) dans Fric-Frac *de Bourdet. Rencontre rare d'une pièce savoureuse par son évocation du « milieu », avec son langage et ses mauvais garçons, et d'un trio d'acteurs exceptionnels d'abattage. Il y a quelque chose de mythique, de plus, dans les personnalités d'Arletty et de Michel Simon.*

appétit de bonheur. A l'inverse l'Aurélie de Germaine Lefrancq, dans la pièce du même nom, est sœur des héroïnes de Crommelynck : c'est une hobereaute survoltée, revendiquant dans un langage de haute graisse son droit au bonheur sexuel. C'est dru, pittoresque et vrai ! Si le Jean de Guitry renonce par satiété, l'Aurélie de Lefrancq explose de désirs inassouvis : bonne image, par-delà les schématismes dramatiques, de la situation respective de l'homme et de la femme dans ces années 30. Quant à Bernstein il livre avec *Bonheur* une de ses pièces les plus curieuses : le personnage principal n'est pas le plus important. Yvonne Printemps incarne sans doute le rôle de la grande vedette qui tombe amoureuse de l'anarchiste qui a essayé de la tuer, et ce passage de l'état de star à celui de midinette avait tout pour exalter les qualités de la comédienne. Mais l'essentiel réside dans l'analyse psychologique d'un cas, celui du perdant : il tire sur la star mais sans que ses convictions politiques y soient pour grand-chose ; il aime sa victime et est aimé d'elle mais il ne peut se faire à l'idée de posséder ; il ne peut envisager la vie en termes de faire et d'avoir et il part, incapable de rien « réaliser ». L'absence de bavardage inutile, dans cette pièce, et l'humour dont était chargé le rôle du directeur artistique (confié à Michel Simon) font d'autant mieux percevoir comme démodée l'autre pièce porteuse du même titre : écrite par K. Bramson, auteur nordique prolifique, elle expose en longues tirades la thèse que pour assurer le bonheur de l'homme qu'elle aime l'héroïne est amenée à lui mentir sur la liaison qu'elle entretient avec son meilleur ami. Situation de vaudeville tirée au tragique, avec des sabots de plomb.

On retiendra de cette rapide revue une poignée de pièces, certaines — et c'est sans surprise — parce que signées des noms les plus connus (Bernstein, Savoir, Amiel, Achard, Bourdet), d'autres parce qu'elles acclimatent au théâtre les techniques du cinéma : le flash-back dans *La Femme en blanc*, où le récit du passé devient vision ; l'emploi, dans *Édition spéciale*, de trois scènes tournantes, de décors à compartiments et à étages qui autorisent une quarantaine de tableaux et la succession rapide, voire la simultanéité des scènes, comme dans un montage cinématographique. Quant aux dramaturges (Gandera, Guitton, Gavault) dont les pièces n'ont pas été retrouvées, on sait seulement qu'ils sont les auteurs fêtés de comédies bouffes (P. Gavault est l'auteur de *Ma tante d'Honfleur* et de *La Petite Chocolatière*), de comédies-vaudevilles ou d'opérettes, genres qui se survivent mais jettent vraiment, en 1930, leurs derniers feux.

Marginaux et francs-tireurs

S'ils signent leurs œuvres d'un trait trop personnel, les dramaturges ont toute chance de sortir du cadre du Boulevard, à moins qu'on en fasse les contours si lâches que le terme de « comédie » signifie seulement, comme au Grand Siècle, « pièce de théâtre ». Sinon à quel titre ranger, par exemple, Anouilh parmi les auteurs du Boulevard ? En disant peut-être — ce qui serait plutôt fielleux — qu'il appartient au Boulevard par le côté le moins riche de son œuvre, soit la réduction du personnage au type, l'appel du pied démagogique, la tirade préfabriquée. Les dramaturges n'écrivent pas pour leurs tiroirs : être joués est leur ambition première et s'ils se font caméléons c'est pour avoir les meilleures chances de répondre à l'attente des spectateurs.

Que la demande du public soit déterminante dans l'évolution d'un écrivain, la carrière de Savoir en est un bon exemple : porté par son tempérament naturel vers le drame (*Le Troisième Couvert*, 1906) ou l'analyse forcenée d'un cas pathologique (*La Sonate à Kreutzer*, 1910, avec Lugné-Poe), Savoir paya l'insuccès de ses premières pièces d'un purgatoire de quinze ans avant de retrouver une salle. Il s'orienta alors vers le vaudeville, mais mâtiné de comédie d'intrigue (*Banco !*, 1922 ; *La Nouvelle Héloïse*, 1923 ; *La Grande-Duchesse et le Garçon d'étage*, 1924) où il fit florès avant d'imposer son véritable ton, fait de brutalité sans phrase dans l'évocation des réalités charnelles (*Maria*, 1938), de comique brusque et âcre, de vivacité elliptique dans le dialogue. Dans ses trois « comédies d'avant-garde », il est à la façon d'Achard et de Roussin à la fois, mais avant eux, le véritable inventeur d'un personnage de rêveur ou de pèlerin de l'absolu amoureux dont les mésaventures prennent leur pleine mesure dans le milieu du théâtre ou du spectacle, cadre par excellence du chevauchement du réel et de l'illusoire (dans *Le Figurant de la Gaîté* écrit en 1926 et joué à nouveau en 1949 chez M. Herrand avec G. Philipe dans le rôle-titre, et dans *Le Dompteur ou l'Anglais tel qu'on le mange*, 1930).

Le cas de M. Achard est plus complexe. Ce qui apparaît comme moments successifs dans la production de Savoir est chez lui simultané : il ressortit au

Thérèse Dorny, Louis Jouvet et Robert Le Vigan dans Pétrus *de Marcel Achard, mis en scène à la Comédie des Champs-Élysées en 1933 par Jouvet ; il tient dans cette pièce un type de rôle qu'il affectionne : faux naïf et vrai amoureux, assez fleur-bleue pour émouvoir et assez retors pour mener le jeu.*

André Roussin (à gauche), Fernand Gravey et Suzanne Flon dans La Petite Hutte *du premier, au Théâtre des Nouveautés (1947). Le désespoir pathétiquement comique du héros condamné à réviser son système de valeurs, c'est-à-dire à ne plus mentir. Le Boulevard joue beaucoup de ces variations sur un paradoxe.*

Boulevard par la facture à *la fois* traditionnelle et neuve de ses œuvres, par l'analyse à *la fois* conventionnelle et imprévisible de ses personnages. *Voulez-vous jouer avec moâ ?* (1923) est une parade foraine d'une grande aridité thématique, beaucoup plus proche de la foire Saint-Germain du XVIIIe siècle que de ses contemporains immédiats, Deval et Guitry. Mais *Jean de la lune* (1929) ? Marceline, l'héroïne, n'est-elle pas, à la limite du drame bourgeois, femme dominatrice en face de Jef, femme dominée en face de Richard, un cas psychologique qu'aurait pu traiter un Deval ? Mais la pièce s'appelle *Jean de la lune* et la silhouette du rêveur telle que crayonnée par Achard échappe totalement à la nomenclature du Boulevard : Achard n'a aucun message à transmettre par l'intermédiaire de son personnage ; il a simplement à le faire exister. *Jean de la lune* est une comédie tendre et non une comédie tendue, comme la plupart des pièces de Boulevard, vers le but constant de faire rire ou de mettre en valeur le bien écrire de leur auteur. Les mots d'auteur, non plus, n'y ont pas de place, mais de jolies phrases, en demi-teinte dans l'humour triste : « Dès que tu riras, je croirai que c'est de moi. Dès que tu souriras, je croirai que c'est à lui. » *Domino* (créé en 1932 par les mêmes interprètes que *Jean de la lune* : Jouvet et V. Tessier) exploite une veine voisine : comment l'amour parlé par Domino, fabriquant sur mesure de délicates images-souvenirs de jeunesse vécue avec Corette, finit par faire naître son amour.

Polo, le rêveur de *Colinette* (1942), possède le même pouvoir de rendre l'impossible possible : à force de songer à sa Colinette et à l'imaginer présente, par hallucination, il finit par la faire surgir, en chair et en os. Faisons un rêve, disait Guitry, mais c'était un rêve de mâle décidé à ne rêver que le temps d'exalter son plaisir. Ici il s'agit d'autre chose que d'une façon de parler : le rêve est vraiment onirique et use de tous ses pouvoirs. On n'est pas loin de Georges Neveux et d'un certain surréalisme. Polo est l'antiséducteur, l'anti-Guitry, et Achard aussi : si une complicité s'établit, ce n'est pas de l'auteur au spectateur, mais du personnage au spectateur, à condition que le spectateur se laisse tirer hors de son siège.

Patate (1957), *Turlututu* (1962) par contre sont plus secs ; ils n'offrent guère de surprise dans l'exploitation conjointe du double tempérament de leurs héros, tandis que la Rosalie de *Mademoiselle de Panama* (1942) possède une vie intérieure irréductible à son comportement, ce qui la fait presque sortir de la juridiction du Boulevard. Techniquement les pièces d'Achard innovent peu, encore qu'il soit l'auteur du *Corsaire* (avec Jouvet et M. Ozeray) : il s'y souvient de Pirandello mais en substituant aux rapports du théâtre et de la vie ceux du cinéma et du réel ; la fiction jouée en studio interfère avec le tournage du film ; le cinéma donne sens à la vie car il est plus vrai, mieux vécu qu'elle.

Entre l'imaginaire et le réel passait jusqu'ici une frontière dont le net tracé permettait à la fois l'instauration de l'illusion scénique et la prise sur le monde connaissable, psychologique et social. En s'estompant ces frontières ouvrent le théâtre à une interrogation sur lui-même et sur son langage dont les premiers Roussin portent témoignage. *Am-stram-gram* (1941) par exemple est une pièce sur l'aptitude du théâtre à « raconter des histoires », donc à vider de leur degré minimal de crédibilité intrigue et personnages : les personnages ne sont pas ce qu'ils paraissent être puisqu'ils ne cessent de dire autre chose que ce qu'ils sont (« réalité » première que le spectateur, lui, saisit dès l'abord). Mais, au fait, de quelle réalité peut-il bien s'agir ? D'une réalité de théâtre, bien sûr : Roussin, dans *Les Glorieuses* (1960), se révèle un maître dans l'art de construire une pièce gigogne, la comédie représentée n'étant que le commentaire de la vraie pièce que l'auteur a l'intention d'écrire et qui ne sera pas écrite puisqu'elle l'est déjà et qu'on vient de la voir se dérouler sous nos yeux ! C'est la figure de la prétérition élevée au rang de fondement structural de toute une pièce. Circularité parfaite de composition qui provoque une sorte de vertige.

Le vertige que produit la différence de l'identique, on le subit dans *Bobosse* (1950) où l'on voit le même personnage affronté à la ville comme à la scène à la même mésaventure de brouille conjugale sans cause ; la réalité se surimprime au théâtre, fait prendre conscience de son artifice et de la distance qui sépare le personnage du comédien, le tout grâce à une mise en abîme parfaite de l'acte II dans l'acte I. Le personnage n'est qu'un être de mots, ce qui jette la suspicion sur toute tentative du théâtre de saisir le réel, mais en même temps exalte le pouvoir du langage : le faire est l'ennemi du dire et le seul faire non susceptible de dégradation est celui que crée le dire, dans l'imagination. Dans *Un amour qui ne finit pas* (1963), peut-être la meilleure pièce de Roussin, le propos est le suivant : le véritable amour est celui qui reste la propriété de celui qui aime, sans que l'objet aimé s'en mêle et sans qu'aucune relation charnelle vienne gâcher la pureté et l'exaltation — entretenues à coup de *déclarations* d'amour — d'un amour absolu. Là-dessus Roussin brode avec beaucoup de finesse psychologique des variations sur le thème du vrai et du faux, de la sincérité et du mensonge, qu'on rencontrait déjà dans *La Petite Hutte* (1947) et surtout dans une pochade, *L'École des dupes* (1949), qui en propose comme le système : comment tromper une femme en lui disant la vérité ! Toute parole est véridique au théâtre : dire — à condition de bien dire — suffit à retourner toutes les situations. Qui sait le mieux parler sait le mieux persuader, donc mentir. Autre variante : dans *On ne sait jamais* (1969) dont l'âpreté hargneuse évoque Anouilh, les personnages s'enferrent à force de parler : ils sont fragiles à proportion qu'ils affirment leur force. Négation subtile d'un théâtre qui ne vit que de mots et de la complaisance aux mots.

Roussin, en véritable écrivain de théâtre, développe bien d'autres thèmes, qu'on peut considérer comme moins riches. La grande tradition humaniste et moralisatrice de la comédie classique, le *castigat ridendo mores* des Anciens, mène Roussin à une sorte de travers qu'on pourrait nommer le syndrome de Molière : la comédie est faite pour instruire et corriger mais le réformateur sait qu'il sera en butte à mille avanies. Tel est le propos de *Jean-Baptiste le mal-aimé* (1944).

Réformateur et satirique, et de surcroît comique, Roussin l'est encore dans *La Voyante* (1963) qui s'attaque aux privilèges exorbitants de l'institution médicale et dans sa trilogie familiale (*La Sainte Famille, Les Œufs de l'autruche, Lorsque l'enfant paraît,* 1946-1951). Il s'y fait l'écho de la revendication féministe, dénonce les hypocrisies bourgeoises, en somme refait le chemin de Bourdet et de bien d'autres, signe que la thématique du Boulevard est inusable... ou que son pouvoir éducateur est nul.

Roussin, pendant une vingtaine d'années, a servi de relais entre un théâtre de pur divertissement et un théâtre plus ambitieux qui cherche moins à faire rire qu'à frapper fort, sans négliger aucune des recettes par quoi le Boulevard assure l'efficacité de ses effets : grossissement, simplification, symétries, langage d'auteur, rôles taillés sur mesure pour une vedette. F. Marceau est le représentant de ce théâtre ambitieux, dans ses trois meilleures pièces. *L'Œuf* (1956) propose une philosophie de la vie dérisoire et désespérée : la démesure guette ceux qui prétendraient exister par eux-mêmes et le Destin veille. Pas de salut hors du système, hors de l'œuf qu'est le monde : le tout est de savoir y pénétrer. Dans la même perspective, *La Bonne Soupe* (1958) donne une leçon de vie brutale et sans appel : pour réussir il faut se prostituer. Parabole plus que fable, *Un jour*

Elvire Popesco et Victor Francen au cours d'une répétition.

j'ai rencontré la vérité (1967) s'élève bien au-dessus du Boulevard : il y est question des mirages pirandelliens du théâtre, avec des variations assez vertigineuses sur le jeu des doubles (que Marceau mettait déjà en œuvre dans *La Bonne Soupe*) : de l'apparence à la vérité, du mensonge à la réalité. Avec une conclusion plus morale qu'esthétique : quand la vérité apparaît dans sa nudité, l'homme qui la rencontre se trouve lui aussi nu et démuni. Le philosophique, chez Marceau, déborde le social.

Ce qui le déborderait chez Marcel Aymé serait plutôt le fantastique ou le fantaisiste. Social, il l'est sans doute, et férocement, dans sa charge contre la justice (*La Tête des autres*, 1952) ; dans sa peinture d'un amour frénétique mais tardif de la chair fraîche qui pousse l'héroïne (dans *Lucienne et le Boucher*, écrit en 1932 mais joué en 1948) à faire saigner la chair... de l'autre ; dans sa satire de l'« american way of life », où un homme vaut ce qu'il gagne et où la course au rendement étouffe la quête du bonheur (*La Mouche bleue*, 1957). Mais déjà, dans cette pièce — également dans *Le Minotaure*, satire du snobisme —, la fable, comme apologue et comme invention libre, l'emporte sur le sérieux des intentions. Plus encore dans *La Convention Belzébir* (1966) tout entière construite sur une vision inversée du monde : il y est fait obligation de tuer ses semblables mais en respectant tout un code civil du meurtre. Les rapports sociaux les plus banals, les réactions psychologiques les plus attendues prennent, de ce renversement de leur image, un air absurde assez décapant. Même procédure dans *Les Oiseaux de lune* (1955) qui reposent sur un emploi farceur de la littéralité : tous les gêneurs sont « volatilisés » par Valentin, métamorphosés en oiseaux : la fantaisie sert de révélateur à la satire. Comme aussi dans *Clérambard* (1950), sorte de « Monsieur Trouhadec saisi par la sainteté » : on y trouve la même frénésie que dans *Lucienne*, mais une frénésie du bien, propre à se mettre à dos tous les bien-pensants. M. Aymé est sans illusions sur l'humaine engeance : livrés à leurs instincts, les hommes sont des fauves, bridés par la loi, des hypocrites, touchés par la grâce, des anarchistes ou... des poètes.

Mort ou résurrection ?

On aura senti la difficulté qu'il y a à « tenir » la notion de Boulevard et la gêne à jouer les douaniers du théâtre levant et abaissant leurs barrières au gré de règlements connus d'eux seuls. Il n'en reste pas moins qu'à travers ses avatars multiples concernant tant la forme adoptée que les thèmes abordés, le Boulevard se définit globalement en 1900 comme en 1970 comme un théâtre du langage traitant de problèmes privés, projeté vers le public que l'on s'efforce de se concilier — et vite — par des effets rhétoriques et dramatiques, le tout servi par des vedettes, d'avance appréciées des spectateurs.

Dans ces conditions, peut-on dire que le Boulevard ait évolué sensiblement ? Sans doute, avec les mutations sociales, un certain nombre de postulats moraux, dont la transgression a nourri le vaudeville puis le Boulevard des origines, n'ont plus cours. Ce qui était déjà vrai des années 30 l'est encore plus des années 60 et suivantes. Du coup le personnel dramatique change : le cocu, par exemple, ne fait plus recette. Mais le principe du personnage « typisé » (pour reprendre le mot de Balzac) demeure. On a toujours affaire à des types réduits à quelques traits différentiels schématiques pour ne pas dire caricaturaux. Par exemple le cancre chevelu mais bourré de talent et bon cœur sous ses allures de voyou, la jeune bourgeoise qui proclame sa liberté sexuelle avec cynisme mais lorgne du côté du mari (dans *Tchao*, 1969, de M.-G. Sauvajon). Si le personnage est complexe (comme la Peau de vache de Barillet et Grédy ou la Douce-Amère de J. Poiret dans les pièces du même nom), cette complexité est relative : elle est donnée d'entrée et non évolutive ; les péripéties sont choisies pour en exercer encore et encore les ressorts comiques, non pour mettre le personnage hors de soi, au risque de faire perdre au spectateur le fil conducteur.

Aussi ne s'étonnera-t-on pas que le Boulevard aille chercher de plus en plus du côté de l'intrigue de quoi se ressourcer. On a toujours cultivé la surprise au Boulevard et l'inversion des schémas prévisibles ; on le fait davantage encore et avec davantage de subtilité. Déjà Roussin disait : « La pièce qui surprend le plus en ne déconcertant jamais est des meilleures. » Aujourd'hui le paradoxe est roi : ici on fait le faux aveu d'un mariage pour mieux se ménager la tranquillité d'une liaison (*Fleur de cactus*, 1964, de Barillet et Grédy) ; là on bichonne l'amant de

Jacqueline Maillan dans La Facture *de Françoise Dorin, Palais-Royal, 1968, mise en scène de Jacques Charon. Maillan, actrice-fétiche du Boulevard au service d'une pièce intelligente d'une nouvelle venue au théâtre. Comme quoi le Boulevard est capable de renouvellement et d'invention.*

sa femme pour parvenir à sauver son foyer (*Le Canard à l'Orange,* 1971, de Sauvajon) ; là encore un homme entretient deux familles avec trois enfants de chaque côté et se partage le plus bourgeoisement du monde entre ses deux existences irrégulières (*Un homme comblé,* 1964, J. Deval).

Surprise et paradoxe relatifs qui s'épuisent dès que la situation est posée. Aussi certains dramaturges se plaisent-ils à démystifier la surprise et à cultiver l'artifice pur et avoué : dès les premières scènes de *Fleur de cactus* on sait que les deux jeunes finiront par partir ensemble et les deux vieux aussi. Tout le talent de Barillet et Grédy consiste à faire durer la pièce à coup de propositions purement imaginaires. Comme dans les jeux d'enfants : on dirait que vous êtes ma femme et qu'Untel est votre amant, qu'est-ce qui se passerait ? Rien de tout cela ne tient debout et pourtant la pièce marche : ce caractère ludique, gratuit du Boulevard constitue la pointe avancée de son besoin de surprise. Le Boulevard, dans ses meilleurs cas, se prend de moins en moins au sérieux.

Ce qui réduit considérablement son aptitude à exploiter l'actualité : un Bourdet et un Pagnol le faisaient, dans la satire et avec mordant ; on s'y essaie aujourd'hui aussi, mais sans y croire et en surbordonnant le thème à la prestation de la vedette. Ainsi l'actualité sociale, avec les grèves, les revendications ouvrières et féministes a-t-elle fait une entrée fracassante au Boulevard avec *Potiche* (1980) de Barillet et Grédy : on y assiste à la transformation de la femme au foyer en chef d'entreprise. A en juger par le dénouement, totalement irréaliste, le thème en lui-même ne compte guère : il n'est que l'occasion d'exercer la maîtrise de Jacqueline Maillan, « cette Rosa Luxembourg du C.N.P.F. » selon le mot de Matthieu Galey.

Du philosophique se glisse parfois, il faut le reconnaître, dans le Boulevard. Ainsi *La Facture* (1968, Françoise Dorin) reprend, peut-être sans le savoir, l'histoire de Polycrate et de son anneau, telle que racontée par Hérodote : il y a du danger à être insolemment heureux (la fameuse *ubris* des Grecs) et, en même temps, impossibilité à se débarrasser de ses richesses. Aussi toutes les mésaventures qui permettraient à Noëlle (J. Maillan) de payer son tribut au bonheur tournent-elles, catastrophiquement, à son avantage ! Construire une pièce sur un schéma mythique aussi particulier, même en le réduisant à ses apparences comiquement paradoxales, dénote un esprit d'invention dont Dorin a donné d'autres preuves.

Elle est la seule, en effet, à avoir pris la relève des Guitry, Marceau et Roussin en tirant toutes les conséquences de l'état des lieux : la thématique amoureuse traitée au premier degré (comme une course au plaisir avec obstacles), l'innocence d'une intrigue, de personnages, d'un langage qui se donnent pour vrais, l'inscription d'un monde faux dans les catégories du vraisemblable, tout cela apparaît à F. Dorin, quand elle prend la plume en 1967, comme définitivement inexploitable. Déjà Guitry et Roussin, on l'a dit, avaient souligné la part de jeu qui entre dans l'exercice théâtral, mais jamais ils n'avaient, comme va le faire systématiquement F. Dorin, pris le théâtre dans son fonctionnement et le théâtre de Boulevard lui-même dans ses conventions comme sujet même de leurs pièces. *Comme au théâtre,* sa première pièce, en est la démonstration parfaite : François, le héros, y met au jour le mécanisme de la comédie de Boulevard (un homme, une femme, un lit) en se faisant passer pour l'auteur de la pièce et, par dédoublement instantané, en inventant son personnage et le personnage de l'autre, au fur et à mesure, en toute lucidité et ironie. Tout y est jeux de miroir, sans autre image à réfléchir que celle de l'auteur en train d'écrire : ainsi François est-il un pseudo-personnage inventé par le « vrai » auteur (pas *de* la pièce, mais *dans* la pièce) qui le renvoie à sa qualité de comédien, de faux-semblant. Rapports de la réalité et du théâtre, vieux débat pirandellien devenu exercice d'école. Ici on serait plus proche de Genet : le théâtre vide le réel de son contenu, par son artifice ; il déréalise tout ce qu'il touche, mais il n'y a pas moyen au théâtre d'échapper au théâtre.

Comme au théâtre, en tant que théorie du Boulevard, en constitue comme la limite, ce qui est paradoxal pour une première pièce. Par la suite F. Dorin essaiera de concilier cette technique de décomposition spectographique de la dramaturgie avec des intentions plus directement moralistes (dans *Le Tout pour le tout,* 1978, par exemple). Mais plus que son savoir-faire, l'intéressant chez F. Dorin est qu'elle conjugue deux des traits majeurs du Boulevard : l'impossibilité d'échapper à l'auteur (et c'est Guitry), l'impossibilité — puisqu'il s'agit de théâtre et d'un théâtre dont la facticité est avouée — d'établir le départ entre le vrai et le faux. Toute parole (surtout toute parole de femme) est mensongère, mais personne (et surtout pas les hommes) ne peut en décider (c'est Guitry encore, mais aussi Roussin).

Peut-être est-ce là une problématique trop tortueuse et F. Dorin est-elle un cas isolé promis à l'essoufflement (comme *L'Age en question*, 1980, le faisait craindre). On préfère les artisans impeccables du genre Camoletti (dont le *Boeing-Boeing*, 1960, a tenu des années) et les auteurs-acteurs (comme J. Poiret) ou encore les auteurs qui écrivent pour un acteur (ou une actrice) dont la forte personnalité et l'individualité très marquée sont propices à contrebalancer et à masquer ce que les personnages incarnés par ces acteurs ont de conventionnel :

Les trois hôtesses de l'air de Boeing-Boeing *de Marc Camoletti à la Comédie-Caumartin (1960), une des pièces du Boulevard les plus fêtées. Sa réussite tient peut-être à la simplicité de son mécanisme qui repose sur un quiproquo permanent.*

— Pas terrible, la mise en scène...

SEMPÉ

quand Barillet et Grédy écrivent *Folle Amanda* (1971), « la pièce est tellement sur mesure que la principale préoccupation des auteurs a été de confectionner un échantillonnage de ce que peut exprimer Maillan sur une scène », Maillan, « le Stromboli de notre théâtre hexagonal » (J. Mara). C'est encore plus vrai de *Lily et Lily* (1986) destiné par les mêmes auteurs à la même Maillan. Le texte, ira-t-on jusqu'à dire, consciemment ou non, est second par rapport à la vedette qu'il servira ; la distribution se fait, *in petto,* au moment même de la rédaction.

Et ce, pour des raisons où l'économique conditionne l'esthétique. En effet les grandes salles (700 à 1 000 places) qui sont les piliers du Boulevard ne peuvent survivre que si elles touchent un public important et, pour ce faire, il y faut une vedette, fabriquée souvent par d'autres médias que le théâtre (cinéma, télévision, cabaret). Les trois composantes de l'exploitation commerciale du théâtre : un lieu, une vedette, un public se conjuguent pour orienter l'œuvre à écrire vers le Boulevard, c'est-à-dire vers un spectacle de distraction, car « pour l'écrasante majorité des spectateurs le plaisir et le divertissement sont les motivations principales de la sortie au théâtre » (Busson, *Théâtre en France,* 1986). Ces besoins du public sont déterminés par sa nature : il est constitué pour l'essentiel d'industriels, de patrons, de commerçants, « fractions dominantes conservatrices » de la société et ces « fractions dominantes font de la sortie au théâtre une occasion de dépense et d'exhibition de la dépense » (Pierre Bourdieu). Le pouvoir de remplir les salles que détiennent les vedettes les rend financièrement exigeantes (François Périer demande 10 % de la recette avec un minimum assuré de 10 000 F par soirée). Des recettes importantes s'imposent que seul peut assurer un public bourgeois aux goûts littéraires fixés dès le banc des écoles et immuables depuis. L'enquête sociologique réalisée à la demande du ministère de la Culture en 1985-1987 est à cet égard fort éclairante : sur 100 spectateurs, 28 citent des œuvres de Boulevard comme pièces vues dans l'année, 17 des comédies musicales ou des spectacles proches du café-théâtre ; ce qui fait, pour le théâtre de divertissement, 45 % du total. Les 7 % de Français qui vont au théâtre, y vont, du moins la presque moitié d'entre eux, pour se distraire. Distraire, vocation première du théâtre de Boulevard ! Rien d'étonnant donc que dans les dix hommes (ou femmes) de théâtre les plus connus, on trouve cinq amuseurs dans les sept premiers (Darry Cowl, S. Guitry, J. Maillan, P. Mondy, J. Le Poulain) précédant Shakespeare, Racine et Sartre !

Malgré tout, le Boulevard se porte mal : depuis que le théâtre a appris à faire silence, à casser le langage d'auteur au profit du langage scénique, le théâtre de Boulevard campe sur des positions défensives : il exalte le langage mais « les gens ne savent plus bavarder, ils ne savent plus pratiquer cet art délicat de la conversation » (F. Dorin) ; il exalte le comédien mais il ignore la mise en scène dans toutes ses dimensions scénographiques et techniques, ce qui n'est pas propre à attirer un public nouveau, plus amateur d'images que de discours. La relève de Guitry a été assurée par Roussin et celle de Roussin par F. Dorin, mais depuis ? *Le Sablier* (1984) de Nina Companeez s'inscrit bien dans la grande tradition moraliste du Boulevard mais le résultat est banalement prétentieux. Engoncé dans le double carcan d'une esthétique immuable et d'une thématique faite exclusivement pour flatter le public, le Boulevard a été florissant lorsqu'il a été servi par des personnalités (Achard, Marceau, Aymé) qui lui étaient, au vrai, marginales. F. Dorin séduit quand elle va chercher du côté du théâtre intellectuel de quoi rajeunir sa technique. Les auteurs de pur Boulevard, certes, ne sont pas rares mais ils se résolvent à être de simples amuseurs ; et ils sont concurrencés par d'autres spectacles (les variétés) qui ne visent pas plus haut mais ont l'avantage d'une plus grande rentabilité.

Aussi les théâtres de Boulevard disparaissent-ils les uns après les autres, victimes des lois du marché : « La pierre angulaire de tout l'édifice, celle qui marque de son sceau toute réussite et qui conditionne les stratégies d'ascension sociale, le profit, est devenue une denrée trop rare pour que la mécanique continue à fonctionner normalement » (A. Busson). La perte de vitalité du Boulevard est incontestable : « On a vu, ni plus ni moins, capituler le grand

Boulevard traditionnel (ne restent debout, très prospères il est vrai, que cinq théâtres là où il y en avait dix : le Palais-Royal, les Variétés, Antoine, les Nouveautés et la Madeleine) », écrit Pierre Laville en 1982.

On assiste aujourd'hui à un retour de fortune de Guitry et des vaudevillistes classiques (Labiche, Feydeau) mais ces œuvres ne sont-elles pas reçues comme des curiosités ethnologiques, des documents exhumés des ruines du passé sur l'étrange comportement de nos grands-parents à l'égard d'un sentiment aussi élémentaire que l'amour et en face d'un être aussi peu mystérieux que la femme ? Le Boulevard, au yeux des jeunes notamment, n'est pas sorti du temps du mépris. Sans doute eût-il été hors de propos — et trop facile — dans cette présentation du Boulevard, de tirer à boulets rouges sur lui et d'en souligner les carences comme les petitesses ; qu'il suffise de citer cette phrase de Jean Jourdheuil parlant de « cette institution qui n'a pas l'air d'en être une et qui se nourrit avec une franchise dont il faut lui savoir gré des vices de son public, le Théâtre de Boulevard »... Il est plus utile de percevoir, à travers l'apparent statisme des thèmes et des formes, des signes, même infinitésimaux, de mutation. Il se peut que le Boulevard, dans son acception stricte, soit en passe de disparaître : déjà tout le pan du Boulevard sérieux s'est effondré. Mais peut-être le Boulevard possède-t-il une chance de renouveau dans l'annexion à son fonds permanent des productions artistiques les plus contemporaines, telles que la bande dessinée. Lauzier, avec son *Amuse-Gueule* (1986) est en train d'en faire la démonstration. En se dénaturant le Boulevard prouvera qu'il est toujours vivant.

Michel CORVIN

Ci-contre, Le Bal des voleurs *de Jean Anouilh, Théâtre de l'Atelier, décor d'André Barsacq. Paris, B.N., A.S.P.*

L'ÉTAT
INTERVIENT

Aux élections législatives du 3 mai 1936, le Front populaire, coalition des partis de gauche, triomphe. Il obtient la majorité absolue à l'Assemblée nationale. Léon Blum, député socialiste S.F.I.O. de l'Aude, est chargé de former le gouvernement qui entre en fonction le 6 juin et conservera le pouvoir durant un an. Le gouvernement Blum réalise d'importantes réformes. Les plus spectaculaires concernent l'organisation du travail salarié et des loisirs. Sur la proposition du ministre de l'Éducation nationale, le jeune député radical-socialiste du Loiret Jean Zay, une réforme de l'enseignement, dont le point capital est la prolongation de la scolarité obligatoire jusqu'à quatorze ans, est adoptée dès le mois d'août. Jean Zay l'accompagne d'une politique nouvelle concernant les beaux-arts qui dépendent de son ministère : musées, théâtre, cinéma. La très courte durée d'existence du gouvernement Blum en limitera la portée.

Le brillant fleuron de l'Éducation nationale

Jusque-là les rapports entretenus entre l'État et le théâtre étaient des plus lointains. Le subventionnement des seuls théâtres nationaux — l'Opéra, l'Opéra-Comique, l'Odéon, la Comédie-Française — était reconduit d'une manière presque automatique d'une année sur l'autre. Quant aux entreprises privées, à deux ou trois exceptions près, elles étaient ignorées.

Dès son arrivée au gouvernement, Jean Zay rompt avec cette pratique. Cela lui vaut une remarque ironique d'Anatole de Monzie qui, à elle seule, résume la position courante des hommes politiques : « Pourquoi vous occupez-vous du théâtre ? Un ministre de l'Éducation nationale ne doit pas s'occuper du théâtre... Qu'est-ce que c'est que ça, le théâtre ? » « Les beaux-arts, répond Jean Zay, sont la récompense et la couronne du ministre de la rue de Grenelle et le théâtre en est le plus brillant fleuron. Quant à la Comédie-Française, Napoléon y voyait "l'orgueil de la France" dont l'Opéra ne serait que la vanité. » Ces propos ont le mérite de positionner le sujet : le pouvoir politique doit-il s'occuper du théâtre ? Est-ce là une tâche pour le ministre de l'Éducation nationale ?

Jean Zay porte d'abord ses efforts vers la Comédie-Française dont la médiocrité des productions en fait négliger l'existence. Il veut remplacer Émile Fabre, en place depuis 1915. Le poste d'administrateur général est, d'abord, proposé à Jean Giraudoux puis à Louis Jouvet, qui le refusent. Ce dernier suggère d'appeler un auteur : Édouard Bourdet. Lequel accepte, après que Jean Zay lui eut promis un appui inconditionnel. « L'ère des interventions ministérielles dans la vie intime de la Comédie-Française était close » (Jean Zay). Un relèvement important de la subvention est décidé qui passe de 1 557 000 francs en 1935 à 5 657 000 francs en 1937, soit 3,5 fois plus. Par décret, Édouard Bourdet obtient la responsabilité du choix des pièces nouvelles, jusque-là confié au seul comité de lecture, le droit de distribuer les rôles, au besoin sans tenir compte des « chefs d'emploi », suivant, notion nouvelle, les exigences de l'œuvre et non des comédiens (Pierre-Aimé Touchard). Sur le conseil de Jouvet sont adjoints à Édouard Bourdet quatre metteurs en scène, chefs de file du théâtre d'alors : Gaston Baty, Jacques Copeau, Charles Dullin, Louis Jouvet. Soit trois des quatre membres du Cartel, le quatrième, Georges Pitoëff, un étranger, étant écarté.

Puis Jean Zay tente de ranimer l'activité moribonde de l'Odéon, augmente ses subventions, lui désigne une orientation de théâtre populaire. Dans cette même optique il projette la transformation du Théâtre du Trocadéro. Devenue salle du Palais de Chaillot, elle sera inaugurée en juillet 1937 pendant l'Exposition internationale de Paris où, dans le cadre du théâtre d'essai dirigé par Raymond Cogniat, se produisirent Jean-Louis Barrault, Louis Ducreux, Marcel Herrand, Sylvain Itkine, Jean Marchat. Entre-temps, le gouvernement Blum est remplacé par le ministère Chautemps dont Jean Zay demeure ministre de l'Éducation nationale (il le sera jusqu'à la guerre, en septembre 1939, date à laquelle il démissionne pour rejoindre les troupes françaises. Arrêté par le gouvernement de Vichy, après la défaite française, jugé, condamné, Jean Zay sera assassiné en juin 1944 sur ordre de la Milice).

Jean Zay s'attaque aussi à la réforme de l'Opéra de Paris. Jacques Rouché, nommé en 1915 et responsable de la gestion sur ses deniers, disait qu'elle lui avait coûté une vingtaine de millions de francs 1936, soit environ deux milliards de francs 1987. Le ministre de l'Éducation nationale met fin à cette situation inacceptable pour une scène nationale. Il impose une refonte du statut de l'Opéra-Comique, en déclin, crée la Réunion des théâtres lyriques, dont il confie la direction à Jacques Rouché et lui fait voter un crédit de 40 millions de francs. Il lui adjoint la gestion des théâtres antiques : Orange, et Vienne, exhumé par d'importants travaux archéologiques.

La radiodiffusion paiera

Les théâtres nationaux figuraient seuls dans le budget de la Direction des beaux-arts dépendant de l'Éducation nationale. Le ministre des Finances, en cela fidèle à une vieille tradition, se refusait à ouvrir de nouveaux crédits (une ligne budgétaire). Pour d'autres interventions il fallait inventer des sources de financement. Jean Zay tourne la difficulté en s'adressant au ministère... des Postes. En effet, ce dernier gérait la balbutiante « radiodiffusion ». Jean Zay remarque que, pour se développer, la radio a puisé et puisera plus encore largement dans le patrimoine, le répertoire du théâtre auquel elle emprunte aussi ses artistes. Elle exploite un fonds sans avoir contribué à le créer ni à le développer. Il faut, en conséquence, que les Postes aident ceux qu'elles pillent. De plus, les recettes obtenues par les taxes frappant la radio sont quadruples du budget total des beaux-arts. Jean Zay demande de prélever sur le budget de la radio un crédit à reverser à l'Éducation nationale, pour les beaux-arts, afin d'aider les théâtres et les concerts indépendants. L'Assemblée nationale suivra et votera des crédits qui aideront (insuffisamment, écrira Jean Zay) les théâtres du Cartel, plusieurs entreprises « méritoires » (parisienne comme les Quatre Saisons, provinciale comme le Rideau gris à Marseille) à qui seront donnés des « encouragements » ; ainsi que les représentations populaires de Chaillot et des théâtres municipaux de province.

Pour le suffrage artistique du public

En juillet 1938, Jean Zay rédige une proposition de réorganisation des théâtres de province « pour l'établissement d'une collaboration confiante et loyale entre toutes les scènes, pour la mise au point et la répartition des œuvres dramatiques et lyriques les plus dignes d'être offertes au suffrage artistique du public dans l'ensemble du pays ». Il suggère la création d'un Office central des théâtres de province avec des objectifs définis, « afin d'organiser la France théâtrale au point de vue artistique, administratif et financier ». Ce programme concerne des théâtres qui seraient « animés ou réanimés », selon une hiérarchie partant de l'importance des villes d'implantation (plus de cent mille habitants, plus ou moins de cinquante mille, etc.). Il fixerait la proportion, elle aussi hiérarchisée, d'œuvres nouvelles, régionales ou du répertoire. Il permettrait d'employer des chômeurs, de résorber, pour partie, la crise de la production. Et le peuple « recevrait d'une façon sûre une éducation artistique » (M. Ruby). Ce projet, sans suites immédiates — priorité est alors donnée à l'industrie de guerre puis à la guerre — est à rapprocher du rapport de Charles Dullin daté de la même époque (Charles Charras), l'automne 1938. Commandé par un proche collaborateur d'Édouard Daladier, alors président du Conseil, chargé de la Défense nationale et de la Guerre, Dullin élabore une stratégie de décentralisation — le mot est enfin prononcé — dans une perspective où la renaissance artistique s'inscrit dans la volonté de produire un théâtre populaire. Il va au-delà de ce que propose Zay puisqu'il traite de la production, de l'interprétation, de la mise en scène, du répertoire. Il propose de doter les théâtres de troupes fixes composées d'environ vingt-cinq acteurs.

Le rapport de Charles Dullin rédigé par l'administrateur du Théâtre de l'Atelier, Jacques Teillon, avait pour objet « une étude de décentralisation *sans subventions* ». Il établissait l'existence en France de six cent quarante-neuf salles de spectacles aménagées pour des représentations théâtrales, dont quatre-vingt-une dans la Seine, tandis que Jean Zay en retenait cent soixante *pour subventionnement*. Les deux chiffres semblent irréalistes. Confusion semble être faite entre les salles susceptibles d'accueillir des représentations et les théâtres équipés. L'ascétisme du « tréteau nu » cher à Jacques Copeau semble alors prévaloir.

Le rêve toujours recommencé de la décentralisation

Le projet de Jean Zay prend en compte une particularité de la situation française dénoncée dès le début du siècle par Copeau puis par Dullin et tant d'autres, l'extrême concentration de l'activité théâtrale. Non seulement, à cette époque, la capitale abrite l'essentiel de la production nationale mais elle draine vers elle ceux qui prétendent se consacrer au théâtre. Là, en effet, se font les carrières. La production parisienne règne sur la province. Qu'il se soit agi, autrefois, de l'ambitieux Théâtre national ambulant de Firmin Gémier, en 1911, ou des « tournées » privées (Balpêtré, Barret, Karsenty, etc.) le processus est toujours identique. Leurs producteurs exportent vers les villes de province les plus prestigieux des spectacles créés précédemment à Paris, repris pour l'occasion avec des vedettes en tête d'affiche. Cette tendance s'infléchit légèrement, on l'a vu, avec les « Copiaus » pour diverses raisons où intervenaient des préoccupations esthétiques, morales, le public populaire étant chargé d'une fonction en quelque sorte salvatrice. Dans l'expérience des « Copiaus », la troupe *partait de Paris* s'implanter en province, y produisait des spectacles, les jouait ensuite dans la région d'implantation (Beaune et alentour) en s'inventant un répertoire neuf.

Deux troupes, après la dissolution, naquirent des Copiaus : la Compagnie des Quinze et les Comédiens-Routiers. La Compagnie des Quinze (1930) émanait directement des Copiaus, sous la direction de l'un d'entre eux, Michel Saint-

Denis, neveu de Copeau. Point d'attache... Ville-d'Avray, près de Paris ! La troupe circule en province avec *Noë, Le Viol de Lucrèce, Bataille de la Marne* d'André Obey. Parmi les membres de la troupe, Jean Dasté, dont nous reparlerons. Née en 1931 sans bénéficier comme la précédente du patronage du fondateur du Vieux-Colombier, la troupe des Comédiens-Routiers était animée par Léon Chancerel, ancien Copiau, cependant. La compagnie rassemblait d'anciens scouts marqués par leur participation aux spectacles d'Henri Ghéon, auteur-animateur des Compagnons de Notre-Dame, d'inspiration catholique et qui avaient beaucoup travaillé pour et avec les mouvements de jeunesse confessionnels. A eux se joignirent des professionnels. Pendant une dizaine d'années, renforcés par l'activité du Centre Dramatique fondé à Paris par Chancerel en 1937, à l'exemple du Vieux-Colombier, les Comédiens-Routiers reprendront à leur compte l'esprit du répertoire des Copiaus et adapteront des farces du Moyen Age, des comédies de Molière, avec des techniques de représentation utilisées dans les mouvements de jeunesse : chœurs parlés, chantés, jeux dramatiques, mimodrame. A cette pratique se formeront Jean-Pierre Grenier, Olivier Hussenot, Sylvain Dhomme, Hubert Gignoux, le marionnettiste Yves Joly.

Hors du contexte parisien et de ses dérivés apparaissent aussi des troupes nullement inscrites dans leurs orientations, sans arrière-pensée militante, avec la seule volonté de faire du théâtre. A Marseille c'était, dès 1930, le Rideau gris, suscité par Louis Ducreux et Henri Fluchère, le premier élève du second, qui pendant une douzaine d'années allait jouer des œuvres nouvelles ou déjà créées à Paris, dans des mises en scène originales : *Orphée*, de Jean Cocteau, *Le temps est un songe*, d'Henri-René Lenormand, *L'Opéra des gueux*, de John Gay et *Macbeth* de Shakespeare, traduits par Henri Fluchère, par ailleurs auteur de plusieurs pièces d'inspiration surréaliste. Venu à Paris, dans le cadre de l'Exposition internationale de 1937, le Rideau gris présente *La Duchesse d'Amalfi* de John Webster et *L'Inconnue d'Arras* d'Armand Salacrou. Avec succès. Jean Zay subventionne la troupe. Parmi les acteurs Madeleine Robinson, Sylvain Itkine, Jean Mercure et André Roussin, metteur en scène de plusieurs spectacles, puis auteur. Le Rideau gris disparaît en 1943, lorsque ses deux animateurs principaux, Louis Ducreux et André Roussin, se séparent pour faire carrière séparément. A Paris.

C'est également d'une entreprise lycéenne que naissait, en 1931, à Bordeaux, l'embryon de ce qui deviendra en 1936 la compagnie la Roulotte, d'abord troupe d'amateurs, puis professionnelle, conduite par André Clavé. Elle s'installera à Paris (1942) et jouera *George Dandin*, de Molière, et *La Farce des jeunes filles à marier*, de Jean Vilar, élève de Charles Dullin, qui a rejoint la troupe avec Hélène Gerber. La Roulotte présentera en Bretagne *La Fontaine aux saints*, de John Millington Synge, *On ne badine pas avec l'amour*, d'Alfred de Musset. En 1943, Jean-Pierre Grenier et Olivier Hussenot rejoignent André Clavé que quittent Jean Vilar et Hélène Gerber pour fonder la Compagnie des Sept.

Le projet de Jean Zay, puis le rapport de Charles Dullin prennent en compte la situation précaire dans laquelle les troupes se débattent. Absence de moyens matériels, de salles fixes, instabilité des recrues lassées des conditions misérables dans lesquelles les représentations doivent avoir lieu. Les troupes jouent la plupart du temps dans des lieux et devant des publics délaissés par les compagnies reconnues professionnellement. Lorsqu'un spectacle semble promis au succès, ses artisans doivent le présenter à Paris afin d'y obtenir une reconnaissance officielle. La critique dramatique, en effet, se déplace rarement en province. En de rares occasions, au hasard d'une rencontre, Jouvet ou Dullin ont assisté à telle représentation, encouragé telle troupe. Le bilan reste confidentiel. Il faudra bien des années pour découvrir l'importance de leur entreprise. Là, en grandeur réelle, se sont préparés les hommes qui inspireront les entreprises novatrices de la fin des années 40. Dans la Compagnie des Quatre Saisons (André Barsacq, Jean Dasté, Maurice Jacquemont), le Théâtre Ambulant de la Saison nouvelle, l'Équipe, les Comédiens-Routiers dispersés bientôt par la guerre de 1939, qui tenteront, en zone occupée ou en zone libre, de renaître malgré les restrictions économiques imposées par la défaite française et surtout les divers interdits imposés par le nouveau régime.

Antigone *de Jean Anouilh, Théâtre de l'Atelier, 1944. Mise en scène et décors d'André Barsacq : de simples rideaux et un praticable en forme d'amphithéâtre. Esthétique de stylisation délibérée ou manque de moyens dû à la guerre ? Paris, B.N., A.S.P.*

Le 17 juin 1940, le maréchal Pétain forme un nouveau gouvernement et signe un armistice avec l'Allemagne. Une partie du territoire est occupée par les troupes ennemies ; dans la seconde, dite zone libre, le chef de l'État réside à Vichy. Bien que dépendant en théorie de l'autorité du gouvernement de Vichy, les théâtres relèvent de services allemands spécialisés dans la propagande (Propagandastaffel). Ces derniers désignent d'abord, comme interlocuteur, le président de l'Association des directeurs de théâtre puis, après janvier 1941, un triumvirat formé de Gaston Baty, Charles Dullin et Pierre Renoir. C'est lui qui, cas par cas, négocie avec les militaires la situation des théâtres.

A quoi s'ajoute la politique de Vichy. Dans les théâtres comme ailleurs les autorités de tutelle imposent d'éliminer les « personnages tarés » (Patrick Marsh), avec l'aide, plus ou moins sincère, de personnalités en vue. André Barsacq, directeur du Théâtre des Quatre Saisons et qui prendra la tête de l'Atelier (que quitte Dullin pour diriger le Théâtre Sarah-Bernhardt rebaptisé Théâtre de la Cité — Sarah Bernhardt était juive), au cours d'une conférence de presse organisée par la Propagandastaffel en janvier 1941, souhaite « que les répercussions de la Révolution nationale parviennent jusqu'au théâtre, et notamment que des mesures rigoureuses soient prises pour créer une fédération corporative du spectacle qui règle, par exemple, les conditions dans lesquelles peut avoir lieu la nomination d'un directeur du théâtre » (P. Marsh). Revendication ancienne, antérieure à la guerre, certes. Dans le « Rapport Dullin » l'auteur ne suggérait-il pas que l'État décrète que tout théâtre doit être exploité et dirigé artistiquement

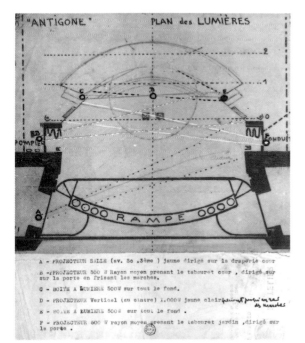

A - PROJECTEUR SALLE (av. Sc .3ème) jaune dirigé sur la draperie cour
B - PROJECTEUR 500 W Rayon moyen prenant le tabouret cour , dirigé sur sur la porte en frisant les marches.
C - BOITE A LUMIÈRE 500W sur tout le fond.
D - PROJECTEUR Vertical (au centre) 1.000W jaune clair...
E - BOITE A LUMIÈRE 500W sur tout le fond .
F - PROJECTEUR 500 W rayon moyen prenant le tabouret jardin ,dirigé sur la porte .

Barsacq utilise pour Antigone *d'Anouilh six projecteurs, dont l'un situé dans la salle. Nous sommes en 1944, pendant la guerre, où la lumière électrique est rationnée. Quoi qu'il en soit, on est encore loin, à cette date, de l'usage intensif et complexe de l'éclairage qui caractérisera les mises en scène effectuées dans de vastes salles à partir de Vilar. Paris, B.N., A.S.P.*

par le détenteur du bail de ce théâtre après obtention d'une licence l'autorisant à exercer la profession ? Mais la conjoncture est tout autre. Il y a d'abord le corporatisme prôné par le gouvernement de Vichy. Il y a surtout les lois nouvelles décidées par le gouvernement français qui, dès juillet 1940, avant que les autorités allemandes n'imposent leurs propres mesures racistes, interdisent aux juifs l'exercice de certaines professions. La Comédie-Française rouvrira ses portes en septembre 1940, après avoir éliminé de ses effectifs les éléments juifs. En juillet 1941 est créé un « Comité d'organisation des entreprises de spectacle » (C.O.E.S.) Dirigé par René Rocher, directeur de l'Odéon, il dispensera les autorisations, décidera des interdictions. Par le C.O.E.S., sont appliqués à Paris, en juin 1942, les décrets racistes adoptés par le gouvernement de Vichy. Désormais les Juifs ne pourront plus tenir d'emploi artistique. Les Noirs sont également visés. Absurdité de la situation, avec des nuances, empire colonial exige. « L'engagement des nègres (sujets français) pour la scène est [donc] autorisé à la seule condition que la représentation garde un caractère civilisé » (P. Marsh). A condition, également, de ne pas « abuser » de cette autorisation.

En même temps que l'élimination des théâtres des éléments non aryens, une censure des œuvres s'établit, au double filtre des censeurs de Vichy et des censeurs de la Propagandastaffel. Pour lutter contre ce que le critique dramatique Lucien Rebatet appelle « la condition malsaine du théâtre français » sont interdites les pièces de Jean-Jacques Bernard, Henry Bernstein, Romain Coölus, Georges de Porto-Riche, Edmond Sée, celles traduites par des Juifs, *Six Personnages en quête d'auteur,* de Luigi Pirandello par Benjamin Crémieux, par exemple. Et naturellement, les œuvres « suspectes » : *Judith,* de Jean Giraudoux.

A ces mesures s'ajoute la censure destinée à la protection des bonnes mœurs, au nom de la « révolution nationale » prônée par le maréchal Pétain et le gouvernement de Vichy. Le nouvel ordre moral puritain suscite, tout de même, des réactions hostiles. Ainsi l'auteur H.-R. Lenormand proteste-t-il contre la loi qui, si elle était appliquée, ferait interdire les représentations de *Tartuffe, Dom Juan, Lorenzaccio.* Les Allemands ne s'embarrassent pas de telles précautions. Ils publient une liste — dite liste Otto — qui énumère les œuvres interdites, en particulier celles *publiées* par les « réfugiés politiques ou écrivains juifs qui, trahissant l'hospitalité que la France leur avait accordée, ont, sans scrupules, poussé à une guerre dont ils espéraient tirer profit pour leurs buts égoïstes ».

Et la vie continue

La Révolution nationale veut aussi encourager la nouvelle génération à occuper le devant de la scène, elle doit remplacer « ceux qui avaient été corrompus par la décadence de la IIIe République » (P. Marsh). Nombre de « corrompus » ont disparu des théâtres pour des motifs passés sous silence : prisonniers de guerre (Hubert Gignoux, qui dans les stalags ne renoncera pas au théâtre), déportés (Clavé, Itkine), clandestins entrés dans la Résistance ou émigrés. La création d'écoles est encouragée. Il s'en ouvre une au Théâtre de la Cité, une autre au Théâtre des Mathurins. Professeurs : Madeleine Renaud, Jean-Louis Barrault, Charles Dullin, Fernand Ledoux, Pierre Renoir. Gaston Baty fonde à la Comédie des Champs-Élysées un théâtre d'essai où seront présentées les pièces de jeunes auteurs. Au Théâtre de l'Athénée, le Rideau gris de Marseille présente

Le Soulier de satin de Paul Claudel, mise en scène J.-L. Barrault, Comédie-Française, 1943. L'œuvre majeure du plus grand auteur dramatique français de l'époque, écrite depuis déjà une vingtaine d'années, connaît enfin, grâce à Barrault, un immense retentissement. Elle est jouée, avec l'accord de l'auteur, en trente-trois tableaux, durant cinq heures seulement. Ici, « devant Mogador » : J.-L. Barrault dans le rôle de Rodrigue.

Am-stram-gram d'André Roussin. Au Théâtre des Mathurins, le Rideau de Paris, dirigé par Marcel Herrand et Jean Marchat, crée *La Fille du Jardinier,* de Charles Exbrayat, *Le Voyage de Thésée,* de Georges Neveux ; à l'Atelier, la Compagnie des Quatre Saisons, *Sylvie et le Fantôme,* d'Alfred Adam, *Le Rendez-vous de Senlis, Eurydice, Antigone,* de Jean Anouilh. Aux Noctambules, la Compagnie des Quatre Chemins présente *Le Bout de la route* de Jean Giono, exaltation des vertus régénératrices du retour à la terre. Le Rideau des Jeunes met en scène au

Théâtre de l'Œuvre, en octobre 1941, *L'Annonce faite à Marie,* de Paul Claudel, précurseur de la vogue Claudel de l'époque dont l'apogée sera *Le Soulier de satin* présenté par Jean-Louis Barrault à la Comédie-Française, en 1943, un événement parisien. Principaux acteurs : J.-L. Barrault, André Brunot, Pierre Dux, Marie Bell, Madeleine Renaud, musique d'Arthur Honnegger, décor de Lucien Coutaud.

Une partie, donc, des « provinciaux » monte à Paris. D'autres continuent les tournées en province : le Jeune Colombier, la Compagnie du Regain, la Compagnie ambulante des Quatre Saisons (Barsacq-Dasté), la Roulotte, la Saison nouvelle, parfois en zone libre seulement, quelques-uns d'une zone à l'autre après autorisation. Avec parfois, l'aide de « Jeune France », association fondée le 11 octobre 1940, dans le but de créer « un mouvement (...) qui rénove la grande tradition de la qualité française en matière d'art et de culture en réalisant (...) des groupes d'artistes et d'artisans capables d'un rayonnement dans les divers publics » (Denis Gontard). Bien que se défendant de vouloir constituer les arts et la culture en service de propagande, l'association, dans sa brochure de présentation, montre qu'elle s'inscrit dans l'orientation alors de mise : « En retrouvant l'unité de notre génération, dans un combat nouveau, dans une ferveur neuve, à la suite du Maréchal, nous referons l'unité du pays. » Le fondateur, Pierre Schaeffer, animait le Théâtre de l'Arc-en-Ciel puis, pendant quelques mois, après l'armistice, Radio-Jeunesse. Nommé par le secrétaire d'État à l'Éducation nationale et à la Jeunesse, qui subventionne « Jeune France », il élabore un vaste projet s'appuyant sur l'existence de maisons régionales « Jeune France » qui accueilleront diverses manifestations, la direction générale siégeant à Lyon-Vichy (responsables pour la zone occupée, Paul Flamand, zone libre, Roger Leenhardt). Pour le théâtre, Pierre Schaeffer s'entoure de Léon Chancerel, Jean Doat, Jean-Pierre Grenier, Olivier Hussenot, Jean-Marie Serreau. Si l'ambition première est grande, « relever le niveau culturel de la jeunesse », elle n'est pas dénuée d'ambiguïté. La politique de Vichy derrière laquelle « Jeune France » se range, quoique apologétique des vertus nationales, prône, en même temps, depuis le discours de Pétain à Montoire (octobre 1940) la collaboration avec l'occupant nazi.

Dès l'hiver 1940 « Jeune France » ouvre plusieurs centres, à Rennes, Le Mans, Aix-Marseille, Toulouse, Bordeaux, Tunis, réalise un spectacle *Portique pour une jeune fille de France,* pour la fête de Jeanne d'Arc (mai 1941), joué surtout dans la zone sud et organise des tournées du Théâtre ambulant de la Saison Nouvelle, de la Roulotte, de Regain. L'association, suspecte d'abriter des résistants, sera dissoute en mars 1942.

Jeanne avec nous

Jusqu'à quel point l'« État français » a-t-il marqué de son empreinte le répertoire joué pendant les quatre années d'occupation ? Directement, peu. Indirectement, pour une large part. La censure limite le choix des pièces. Juifs, rouges, émigrés politiques, les auteurs suspects ont été éliminés. Peu d'œuvres exalteront l'idéologie nazie ou ses variantes d'extrême droite. L'anglophobie, alors de mise, autorise le recours à notre héroïne nationale, Jeanne d'Arc, dont on jouera *Le Mystère de la Charité de Jeanne d'Arc*, de Charles Péguy (juin 1940), *Jeanne d'Arc au bûcher*, de Paul Claudel, musique d'Arthur Honegger, avec Mary Marquet, *Sainte Jeanne* de George Bernard Shaw (décembre 1940). *Jeanne avec nous,* de Claude Vermorel (janvier 1942), marque un tournant. La petite Jeanne de France peut aussi être soupçonnée d'apologie de la résistance contre l'occupant, qu'il soit anglais ou allemand. Ce n'était pas le cas pour les œuvres de Péguy et de Claudel, dont le solide catholicisme paraissait le fondement essentiel. Ainsi Jacques Copeau, dans sa brochure publiée en 1941, *Le Théâtre populaire,* s'interrogeant sur l'avenir du théâtre, qu'il souhaite populaire, appelait, pour faire œuvre saine et naturelle, au « renouvellement des forces internes ». Et il élargissait la question : « Je crois qu'il faut se demander s'il [le théâtre] sera marxiste ou chrétien (...) il faut qu'il apporte à l'homme des raisons de croire, d'espérer, de s'épanouir. Le devoir des Français — la réfection de la France — impose un théâtre de la nation, un théâtre d'union et de régénération. »

Dans cet « esprit nouveau » le Comité national des sports organise deux représentations, au stade Roland-Garros, devant des milliers de spectateurs, de la nouvelle pièce d'André Obey : *800 Mètres.* Direction artistique : Jean-Louis Barrault. Le spectacle comporte *Les Suppliantes,* d'Eschyle. Musique : Arthur Honegger, jouée par la Société des concerts du Conservatoire, dirigée par Charles Munch. Source d'inspiration : la finale du 800 mètres aux jeux Olympiques de Colombes en 1924. Acteurs principaux : Fernand Ledoux, Jean-Louis Barrault, Alain Cuny, Jacques Dufilho, Jean Marais. *Comoedia,* un hebdomadaire artistique créé le 21 juin 1941, patronne la manifestation et porte l'accent, dans plusieurs articles, sur l'exaltation de l'effort physique, le culte du corps, thèmes chers à l'idéologie nazie portés à leur paroxysme avec les jeux Olympiques de Berlin (1936) dont Hitler fit un drapeau. Il s'agissait de faire vertu de la pureté de la « race aryenne ». *800 Mètres* ne va pas jusque-là. En revanche la conception du spectacle — de masse — s'y apparente singulièrement. Copeau, dans sa brochure, prenait ses distances avec le théâtre de masse alors souvent cité en modèle, que l'Allemagne national-socialiste affectionnait. « Ceux qui ont assisté aux mises en scène que Hitler a multipliées dans son empire comme autant d'occasions d'enflammer la foi national-socialiste sont d'accord pour louer leur éclat grandiose et le saisissement qu'elles procurent. » Mais Copeau voit leur esprit plus proche de la parade, du défilé, de la fête, que de celui du théâtre. « Le théâtre *pour* les masses n'est pas forcément un théâtre de masses. »

Durant les années d'occupation l'État, par l'intermédiaire du Comité d'organisation des entreprises du spectacle, réglemente l'exercice des métiers du théâtre. Ainsi dans l'*Annuaire général du spectacle* de 1944, le C.O.E.S. se félicite-t-il d'avoir imposé l'établissement d'une licence directoriale réservée aux professionnels ; l'établissement d'une carte de circulation, obligatoire, pour le contrôle des tournées ; d'une carte d'identité professionnelle pour les acteurs, administrateurs, techniciens et travailleurs manuels des professions théâtrales. Les salles de spectacle relèvent de la juridiction spéciale du C.O.E.S. et ne peuvent changer de spectacle sans autorisation officielle. L'aide, sous forme de subvention, est attribuée parcimonieusement, au coup par coup.

Émile COPFERMANN

Cinquième partie

Le théâtre
de tous les possibles

1951-1988

Page 392, une des stations (la nuit de Walpurgis classique) du spectacle-parcours de K.M. Grüber, Faust-Salpêtrière, *décors de Gilles Aillaud et Eduardo Arroyo, chapelle de la Salpêtrière, Paris, 1975.*

Ci-contre, Les Précieuses ridicules *de Molière, mise en scène de M. Sarrazin, Grenier de Toulouse, 1949. De gauche à droite, S. Delanoix, J. Duby, S. Turck.*

LA DÉCENTRALISATION

Le 6 juin 1944, les troupes alliées débarquent en Normandie. Paris s'insurge le 19 août, est libéré le 25. Le Gouvernement provisoire de la République française présidé par le général de Gaulle s'installe à Paris le 1ᵉʳ septembre, suivi le 2 par l'Assemblée consultative, cela en application des décisions prises le 21 avril 1944 par le Comité français de libération nationale à Alger en accord avec le Comité national de la Résistance qui, en métropole, regroupe la plupart des mouvements de résistance à l'ennemi et a établi, en mars 1944, une charte. Ce qu'on appellera la « campagne de France » s'achève le 31 décembre 1944. Une partie du pays a été libérée par les Forces françaises de l'intérieur (F.F.I.) : le massif Central, le Sud-Ouest. Plusieurs poches de résistance allemande subsistent à Dunkerque et le long de l'Atlantique, dont la reddition sera obtenue en même temps que la capitulation du IIIᵉ Reich, le 8 mai 1945.

Tandis que se préparent les premières consultations populaires (élections et référendum sur la nature de la future Assemblée, constituante ou législative), une « épuration » des « collaborateurs » des Allemands ou du gouvernement de Vichy se déroule qui prend plusieurs formes : les représailles spontanées de la population, la mise en jugement devant des « tribunaux populaires » ou des cours martiales constitués par les comités de libération et les F.F.I., le jugement par la « Haute Cour de justice » devant laquelle seront appelés certains membres des gouvernements de Vichy. Enfin des « chambres civiques » pourront frapper d'« indignité nationale » les personnes n'ayant pas commis d'actes punissables de sanctions pénales mais qui ont « forfait gravement à l'honneur ».

Sur fond de crise politique

Pendant que s'opère le rapatriement des prisonniers de guerre, des rescapés des camps d'internement et d'extermination nazis, une crise politique s'esquisse opposant principalement de Gaulle à l'Assemblée élue en octobre 1945 à propos des attributions respectives du chef de gouvernement, qu'il est, et de ladite assemblée (qui élabore la Constitution ?). Le départ de De Gaulle ouvre l'ère du « tripartisme » gouvernemental (parti communiste, parti socialiste, Mouvement républicain populaire) en janvier 1946. Une partie seulement des projets de réformes inclus dans la charte du Comité national de la Résistance (qui coïncident avec les positions de De Gaulle affirmées dans son discours de Chaillot, en septembre 1944) a été adoptée : nationalisations (Houillères nationales, grandes banques, gaz et électricité, etc.) ; institution des comités d'entreprise ; loi étendant les assurances sociales à tous les salariés. Les domaines de l'enseignement et de la culture ont été négligés. Situation de pénurie oblige, l'économique et le social ont eu priorité.

Arts et lettres

Dès novembre 1944, un décret avait réorganisé les « beaux-arts ». Dépendante de l'Éducation nationale, une Direction générale des arts et lettres naissait, coiffant six services — des directions —, sous l'autorité de Jacques Jaujard. Jeanne Laurent est nommée sous-directrice de la Direction des spectacles et de la musique. Entrée en juillet 1939 comme sous-chef du Bureau de la musique, des spectacles et de la radiodiffusion aux anciens Beaux-Arts, poste qu'elle occupera pendant cinq ans, Jeanne Laurent sait ce que contiennent les dossiers

Louis Jouvet, et Christian Bérard, le décorateur de La Folle de Chaillot, *lors du spectacle au Théâtre de l'Athénée en 1945.*

du théâtre. Elle va tenter ce que ses prédécesseurs avaient négligé, faire coïncider l'intervention de l'État avec les initiatives locales ou régionales.

1945. A Grenoble, ville-carrefour de la Résistance pendant la guerre, suite aux projets de démocratie culturelle caressés durant la clandestinité, une maison de la culture est fondée, au fonctionnement de laquelle Jean Dasté et la Compagnie des Comédiens de Grenoble s'associent. Le but de la troupe, qui joue dans la région, était, dira Jean Dasté, de continuer en province un effort de rénovation dont jusqu'ici Paris avait bénéficié, de rompre avec un théâtre commercial et, suivant l'orientation donnée par Jacques Copeau, de retrouver, avec un public neuf, le sens universel et social du théâtre. Dasté propose à la Direction générale des Arts et Lettres la création d'un Centre permanent. Mais la municipalité recule lorsque Paris, prêt à soutenir le projet, exige des engagements précis en matière de crédits. Jeanne Laurent suggère à Dasté de s'installer à Saint-Étienne où les Jeunes Comédiens de Grenoble ont reçu un chaleureux accueil du public et le soutien des pouvoirs locaux. Un accord est conclu avec la ville en juillet 1947. Il donne naissance à la Comédie de Saint-Étienne.

En octobre 1946, les représentants des municipalités de Colmar, Mulhouse, Strasbourg, auxquels se joindront ceux de Metz, se réunissent et fondent un syndicat intercommunal ayant pour but de « procurer aux théâtres des villes adhérentes et, en général, aux villes de la région de l'Est, des représentations théâtrales de qualité élevée, notamment par la création d'une troupe stable ». Administration en régie directe, le syndicat est un établissement public doté de la personnalité civile et de l'autonomie financière. Ses ressources proviendront de la contribution des villes fondatrices (sur la base de 2 francs par habitant) et des subventions de l'État (en 1946, pour les deux tiers). Il doit choisir un directeur artistique, à charge pour ce dernier de monter huit spectacles par an, dans le théâtre municipal de Colmar, siège du Centre, qui lui est loué par la ville, et de les jouer un maximum de fois. Le directeur artistique devra créer une école d'art dramatique et la faire fonctionner. Sur la proposition de Jeanne Laurent, le Syndicat intercommunal des villes de l'Est choisit, pour prendre la direction du Centre dramatique de l'Est (C.D.E.), Roland Piétri, qu'il conserve un an. Ensuite André Clavé, connu pour son activité d'animateur de la Roulotte et qui revient de déportation. Sous l'impulsion de Clavé, l'école d'art dramatique se développe et trouvera sa véritable dimension lorsque Michel Saint-Denis, appelé par le successeur de Clavé, Hubert Gignoux, en prendra la responsabilité et que le C.D.E. s'installera à Strasbourg (1954).

La Folle de Chaillot *de Giraudoux, mise en scène de Louis Jouvet, Théâtre de l'Athénée, 1945. A gauche, au milieu de deux autres « folles », Marguerite Moreno dans le rôle-titre. Au milieu, Jouvet dans le rôle du chiffonnier. Décor de Christian Bérard.*

Toulouse, mars 1945. Maurice Sarrazin, Jacques Duby, Pierre Nègre, rejoints par Simone Turck, jouent *Le Carthaginois* d'après Plaute. Accueil peu enthousiaste du public local. Lauréat à Paris du concours des Jeunes Compagnies (créé en 1945 par la Direction générale des arts et lettres en même temps que l'aide à la première pièce), et de retour à Toulouse, le Grenier de Toulouse rencontre le succès. Le Centre dramatique du Sud-Ouest est fondé en 1949.

Une autre troupe sera distinguée à trois reprises par le concours des Jeunes Compagnies (en 1946, 1947 et 1948) : les Jeunes Comédiens de Rennes. Pendant neuf années, ce groupe de comédiens amateurs s'était manifesté régulièrement dans la région bretonne. Plusieurs de ses membres, parmi lesquels Georges Gouvert et Guy Parigot, envisagent de devenir des acteurs professionnels. Au cours d'un stage d'art dramatique organisé par les services de l'éducation populaire (dirigés par Jean Guéhenno), dépendant du secrétariat à la Jeunesse et aux Sports, qui a mis en place des centres régionaux d'art dramatique (C.R.A.D.) ouverts aux non-professionnels, ils rencontrent Hubert Gignoux. Prisonnier de guerre pendant cinq ans, Gignoux avait, dans les camps, réalisé plusieurs spectacles, dont quelques-uns de marionnettes, qui l'ont conduit à animer, après la fin de la guerre, les Marionnettes des Champs-Élysées. Le travail de défrichage et le projet de centre dramatique élaboré par les Jeunes Comédiens de Rennes rencontrent les propres projets de Gignoux et les conduisent à la création de la Comédie de l'Ouest, en 1949, dont le siège est à Rennes. Mais Hubert Gignoux, quittera Rennes pour Strasbourg.

Enfin, s'inspirant de l'activité des Centres dramatiques dont la réputation grandit — soutenus par Dullin et Jouvet, plusieurs d'entre eux ont même été applaudis par la critique et le public parisiens — et dont les principes coïncident avec la conviction de Gaston Baty selon laquelle l'avenir du théâtre passe par la province, l'ancien membre du Cartel propose l'établissement d'un centre dramatique à Aix-en-Provence. Quoique en retrait de l'actualité théâtrale, le prestige de Baty reste alors entier. Il l'aidera à surmonter d'innombrables difficultés — absence de salle, aide parcimonieuse de la ville — pour qu'enfin voie le jour, en mars 1952, la Comédie de Provence.

Il aura ainsi fallu près de six ans pour que soient enfin matérialisés puis développés des principes énoncés durant près d'un demi-siècle. Ils sont les suivants : création en province de troupes permanentes, dans des lieux fixes avec des zones de rayonnement, grâce à l'aide des pouvoirs locaux, des pouvoirs régionaux et de l'État. Toutes ne vont pas bénéficier des mêmes conditions d'existence, d'un même statut qui, d'ailleurs, se modifiera au fil des ans. Concessionnaires de théâtres municipaux (Centre dramatique de l'Est, Comédie de l'Ouest, Grenier de Toulouse) plus ou moins bien équipés, dont elles ne disposent pas totalement (gratuitement, mais trois jours par semaine pour Rennes !), le statut provisoire qu'elles ont souvent accepté va parfois durer des années (à Aix la Comédie de Provence joue dans la salle du casino municipal). Leur régime juridique n'est pas identique : société coopérative ouvrière de production (Comédie de l'Ouest, Comédie de Provence, Comédie de Saint-Étienne), syndicat intercommunal (Centre dramatique de l'Est), entreprise privée (Grenier de

"Aller au public populaire"

Toulouse). En outre, l'appui local et régional varie selon des gradations où la politique et les traditions — goût prononcé pour l'opérette ou le théâtre de Boulevard — pèsent lourdement. Et pourtant, peu à peu, avec des bonheurs divers, des résultats appréciables sont obtenus. Un public nouveau se révèle, conquis par un répertoire où la présentation d'œuvres classiques prédomine. Les Centres n'ont pas d'esthétique commune. En revanche leur sont communes des méthodes de recrutement du public, appuyées par le rôle que jouent, véritables relais, les associations, les syndicats, les mouvements de jeunes ou les mouvements culturels.

La réussite est confirmée par les rapports établis par le Comité central d'enquête sur le coût et le rendement des services publics (Denis Gontard). En juillet 1951, le Comité, examinant la concession accordée au directeur de la salle de Chaillot, va ainsi conclure : « Le succès des Centres dramatiques de province prouverait qu'il faut aller au public populaire en portant les spectacles dans les quartiers populaires et qu'il est possible de lui présenter des œuvres, classiques ou modernes, d'une grande qualité. Il s'agirait de réaliser une prospection systématique de la banlieue et de la grande banlieue avec un répertoire différent de celui de l'actuel Théâtre populaire. » Le remplacement du titulaire alors en poste est envisagé. Jeanne Laurent va le chercher à Avignon où se déroule le cinquième festival d'art dramatique, avec les représentations du *Prince de Hombourg,* d'Heinrich von Kleist, *La Calandria,* du cardinal Dovizi da Bibbiena et *Le Cid,* de Pierre Corneille, avec Gérard Philipe. Le candidat de Jeanne Laurent se nomme Jean Vilar.

Jean Vilar

Le festival d'art dramatique d'Avignon a constitué un tournant décisif dans la vie professionnelle de Jean Vilar. Jusque-là les œuvres qu'il était parvenu à présenter, *La Danse de Mort* (1942) puis *Orage,* de Strindberg, *Césaire* de J. Schlumberger (1943), *Dom Juan,* de Molière (1944), *Meurtre dans la cathédrale,* de T.S. Eliot (1945), *Le Bar du Crépuscule,* d'A. Koestler (1946), l'avaient été devant des auditoires réduits, avec des moyens matériels dérisoires, conditions habituelles du théâtre dit d'avant-garde. La première « semaine d'art d'Avignon » (le mot festival n'est pas encore employé), en 1947, obtient le soutien et des crédits de la municipalité et de la Direction des arts et lettres. L'impasse financière apparaît pourtant immédiatement : les recettes obtenues par le faible nombre de représentations ne permettront pas d'amortir les dépenses engagées. Pourtant, en installant dans la cour d'honneur du palais des Papes une scène plein ciel, ouverte, dessinée par Jean Vilar et Maurice Coussonneau, l'entreprise, à coup sûr, se destine à recevoir de larges auditoires. D'année en année ils vont heureusement grossir, conquis par le caractère festuel de ce qui devient célébration du théâtre. La volonté du metteur en scène — du régisseur, pour reprendre l'expression de Jean Vilar — de s'affranchir des règles anciennes, de s'ouvrir à un public neuf s'impose à travers une utilisation épurée des moyens scéniques (éclairage, costumes, espace, musique) où l'utilitarisme (les dimensions de la « salle » et de la scène contraignent à choisir la simplification) produit une forme esthétique.

Jean Vilar et Gérard Philipe lors du premier « week-end artistique » de Suresnes (17-18 novembre 1951). Le Théâtre de Suresnes, spacieux et disposant d'un grand sous-sol, convient au projet de Vilar : un programme sans concession, un brassage social avec débats, repas et bal. Si le Tout-Paris se donne rendez-vous dans cette banlieue perdue, le « Festival de Suresnes » accueillera une quantité non négligeable de Suresnois, jeunes, militants communistes, étudiants, employés. Prix du week-end, 3 repas compris : 1 200 francs. A la même époque un fauteuil d'orchestre à 800 francs n'est pas rare.

Paradoxalement, ce n'est pas à Avignon que se trouvent réunies les conditions spécifiques ayant abouti à la création des Centres dramatiques. Certes le festival est un lieu de création dramatique. Mais durant quelques jours, plus tard quelques semaines, dans l'année. La troupe n'est pas permanente, elle se constitue pour la durée du festival. Elle joue dans un lieu fixe, la cour d'honneur.

Précédant l'ouverture au palais de Chaillot encore occupé par l'Organisation du traité de l'Atlantique Nord (O.T.A.N.), peu de temps après la fin du festival d'Avignon, le Théâtre national populaire organise du 17 novembre au 2 décembre 1951 le petit festival de Suresnes, avec une reprise, *Le Cid,* et une création, *Mère Courage,* de Bertolt Brecht, inaugurant une formule qui va du concert aux dialogues public-comédiens, sans omettre les spectacles de music-hall. Un service d'autobus a permis aux Parisiens de se joindre aux banlieusards.

Le Théâtre national populaire, populaire, peut-être, mais national ?

Bilan : 15 000 spectateurs. Soit autant qu'en aurait rassemblé en deux mois le Théâtre du Vieux-Colombier jouant tous les soirs ouvrables à guichets fermés. Ce seront ensuite le festival de Clichy, des tournées à Caen, en Allemagne, en Alsace, à Lyon, en Belgique, au Luxembourg, la quinzaine de Gennevilliers. A Pâques, l'année suivante, le T.N.P. joue sous un chapiteau, porte Maillot. Ainsi, en quelques mois et avant qu'il ait réellement ouvert ses portes, un vaste mouvement favorable s'est dessiné du côté du public, constitué en grande partie des membres d'associations culturelles, de mouvements de jeunesse et d'éducation populaire, de sections syndicales.

Enfin à Chaillot, le T.N.P. reprend, en mai 1951, *Le Prince de Hombourg* et crée *Nucléa* qu'Henri Pichette vient d'achever, un long poème en alexandrins dans lequel des critiques s'acharneront à relever l'influence de Rimbaud et de Victor Hugo. La pièce, sous forme d'allégorie, dénonce les menaces de guerre — atomique —, thème à l'ordre du jour politique. Ce n'est ni le dispositif scénique, ni les sculptures d'Alexandre Calder, ni l'usage, pour la musique, d'une technique nouvelle, la stéréophonie dirigée, qui sont en cause lorsqu'une controverse s'installe, mais l'arrière-plan politique. Vilar est-il un partisan ? Déjà en décembre 1951, un sénateur, M. Debû-Bridel, réclamait un abattement de principe sur le montant de la subvention sous prétexte des liens qu'entretiendraient des « organisateurs pleins de talent » avec un « certain parti politique ». Et le rapporteur du budget de préciser : « Effort artistique national, vraiment national ; élargi à toute la France ? Oui, mais pas limité à un petit coin de banlieue, et surtout, que derrière cet effort national n'apparaisse aucune activité politique quelle qu'elle soit... » *(Journal officiel)*. Jean Vilar répond sans détour, en revendiquant la responsabilité du choix des pièces inscrites au répertoire du T.N.P. et en affirmant sa non-appartenance à un parti politique : « Le Théâtre national populaire s'est une fois pour toutes, ainsi que je l'ai indiqué dans notre programme, fixé pour tâche de donner au public populaire des œuvres théâtrales de valeur, interprétées par une compagnie de haute tenue, dans une présentation de qualité. Ce but peut paraître étrange à ceux dont l'activité n'est par d'ordre strictement artistique. Pour moi, ce but me suffit (...). Les pièces que j'ai choisies l'ont été en raison de leur seule qualité artistique (...). S'il m'était interdit de monter *Mère Courage* sous prétexte qu'on peut y voir une satire de la guerre et de ses horreurs, il me serait interdit demain de monter *Le Prince de Hombourg*, sous prétexte qu'on y fait l'éloge de la raison d'État ; après-demain *La Mort de Danton*, parce que certains y verraient l'apologie de la Révolution, d'autres celle de la monarchie. »

Autre reproche : l'aide de l'État. Les théâtres subventionnés, en particulier le Théâtre national populaire, font une concurrence déloyale aux salles non subventionnées, affirment les directeurs de théâtres privés par l'entremise de leur organisation corporative. Une campagne hostile se développe. Fin octobre 1952, Jeanne Laurent doit quitter la Sous-Direction des spectacles et de la musique, appelée à d'autres fonctions. Moyen détourné, pour l'administration, de l'écarter du théâtre.

A Avignon, Gérard Philipe et sa partenaire, Maria Casarès, au cours d'une répétition du Cid *de Corneille, l'année de la fondation du T.N.P. de Vilar, en 1951.*

En devenant directeur du T.N.P. Jean Vilar s'engage à respecter un cahier des charges. Mais les principes qui le guident sont à définir par lui. Dans ses premiers textes, une ligne se dessine clairement. « Le théâtre à rampe, le théâtre à herses, le théâtre à loges et à poulailler ne réunit pas, il divise. Or n'est-ce pas ce but immédiat d'un théâtre populaire d'adapter nos salles et nos scènes à cette fonction "je vous assemble, je vous unis" ? A cette inquiétude d'assembler, en ces temps divisés, des hommes et des femmes de toutes pensées confessionnelles et politiques s'ajoute le souci de faire et de bien faire, et cela pour un public ordinairement privé de ces joies. Pour lui, où que ce soit, notre scène s'offrira dans sa nudité formelle : nul colifichet, nulle tricherie esthéticienne, nul décor... » Et il nomme la doctrine qu'il veut sienne, celle de *service public* : « Le T.N.P. est un service public : il impose, me semble-t-il, à celui qui en a la charge, l'oubli voire l'indifférence à l'égard de certaines querelles. Il est désormais question, et pour trois ans [durée du premier contrat de Jean Vilar], d'apporter à la partie la plus vive de la société contemporaine, et particulièrement aux hommes et aux femmes et aux enfants de la tâche ingrate et du labeur dur, les charmes d'un plaisir dont ils n'auraient jamais dû, depuis le temps des cathédrales et des mystères, être sevrés. Nous allons aussi tenter de réunir, dans les travées de la communion dramatique, le petit boutiquier de Suresnes et le haut magistrat, l'ouvrier de Puteaux et l'agent de change, le facteur des pauvres et le professeur agrégé (...). On sent bien qu'il n'est pas question pour nous d'éduquer un public. La mission du théâtre est plus humble, encore qu'aussi généreuse. Comment la définir ? Depuis toujours, nous, artisans de la scène, en cherchons le sens » (*Revue des Amis du Théâtre populaire,* 1952).

Et dans une note de 1953, Jean Vilar précise : « Dieu merci, il y a encore certaines gens pour qui le théâtre est une nourriture aussi indispensable à la vie que le pain et le vin. C'est à eux, d'abord, que s'adresse le Théâtre national populaire. Le T.N.P. est donc, au premier chef, un service public. Tout comme

En 1965, l'inauguration du Théâtre de la Commune couronne l'effort entamé depuis plusieurs années par Gabriel Garran, à Aubervilliers. Ici, la salle, fonctionnelle et moderne, construite par René Allio, où le jeu d'orgues est suspendu au-dessus du public « dans une cabine de verre visible comme une tour de contrôle ».

le gaz, l'eau, l'électricité. Autre chose : privez le public — ce public que l'on nomme « grand » parce qu'il est le seul qui compte — de Molière, de Corneille, de Shakespeare : à n'en pas douter, une certaine qualité d'âme en lui s'atténuera. Or le théâtre, s'il n'est pas à la fois et populaire et pathétique, n'est rien. Notre ambition est donc évidente : faire partager au plus grand nombre ce que l'on a cru devoir réserver jusqu'ici à une élite. Enfin, la cérémonie dramatique tire aussi son efficacité du nombre de ses participants. »

Théâtre service public, donc. Encore faut-il que sa définition soit celle de l'État. Dans sa thèse de droit, *L'État et le Théâtre,* Jack Lang montre l'existence d'au moins deux positions, en la matière. Celle du doyen Hauriou, en 1916, selon laquelle « la juridiction administrative condamne la conception qui consisterait à ériger en service public, comme à la période de la décadence romaine, les jeux du cirque ». Et le doyen ajoute : « La définition du service public par l'intention subjective de l'administration qui organise l'entreprise serait éminemment dangereuse s'il devait en résulter que l'administration peut ériger en service public toutes sortes d'entreprises. » Ainsi en vient-il à spécifier de la sorte le

Un Horace *(Corneille) « démystifié » dans la mise en scène d'Hubert Gignoux, Centre dramatique de l'Est, Strasbourg, 1963. De gauche à droite : Horace, Procule, Curiace. Collection H. Gignoux.*

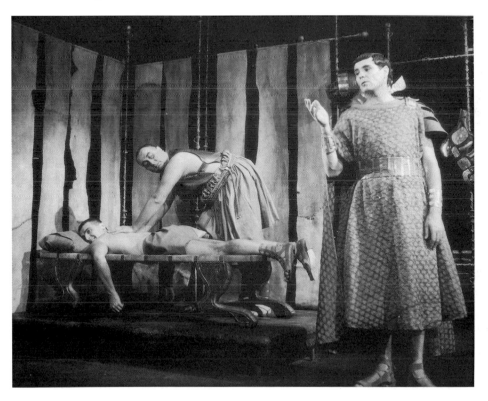

service public : « Un service technique rendu au public par une organisation publique d'une façon régulière et continue, pour la satisfaction d'un besoin public ». Il la complète par cette nuance : « pourvu que la satisfaction du besoin public n'ait rien de contraire aux bonnes mœurs ». Donc qu'elle distingue entre le bien et le mal. Car les spectacles ont un inconvénient majeur : « exalter l'imagination, habituer les esprits à une vie factice et fictive, au grand détriment de la vie sérieuse, et exciter les passions de l'amour, lesquelles sont aussi dangereuses que celles du jeu et de l'intempérance ».

A cela Jack Lang oppose une autre position de juriste qu'il cite, pour laquelle le Parlement a compétence pour ériger en service public la satisfaction d'un besoin d'intérêt général quelconque. « Par exemple, s'il lui plaisait de faire un service public des jeux, des courses, de la loterie, de la prostitution, l'immoralité des jeux, des courses, de la loterie, de la prostitution ne serait qu'une objection politique, non un obstacle juridique. » Notion fluctuante, donc. En conséquence de quoi Jack Lang propose une définition médiane : le service public est une entreprise dont l'activité est destinée à satisfaire un intérêt général, reconnu comme tel par l'État. Les théâtres entrant dans ce cadre peuvent exercer plusieurs fonctions : conserver les œuvres du passé, consacrer des œuvres de valeur, expérimenter des formes nouvelles trouvant une légitimation culturelle et ce selon des régimes différents. Pour le T.N.P., à sa naissance, ce sera la concession. La gestion est assurée par un particulier. Directeur, il est personnellement responsable. Son budget doit être approuvé par arrêté des ministères des Finances et des Affaires culturelles. Créé sur l'initiative de l'État, placé sous l'autorité directe d'un ministre de tutelle, présentant un intérêt général, le théâtre (service public) tire ses ressources en majeure partie de l'État. En termes de gestion pure, il fonctionne normalement à perte. Le prix des places pratiqué est inférieur au prix de revient réel. Le déficit est couvert par des subventions, suivant le principe de continuité (donner un minimum de représentations). Dans sa réponse à M. Debû-Bridel, Jean Vilar avait bien précisé les fondements du principe du subventionnement : « ... La subvention qui m'est versée vise seulement à combler la différence qui existe entre le prix des places qui nous est imposé par le décret de M. le Secrétaire d'État aux Beaux-Arts (...) et le prix qui devrait être pratiqué dans le cadre d'une exploitation commerciale normale. En somme le Théâtre national populaire bénéficie d'une subvention du genre de celle qui est attribuée aux producteurs de blé ou de lait, en compensation du prix social que leur impose l'autorité administrative. »

Émile COPFERMANN

Ci-contre, Les Chaises d'E. Ionesco. Se détachant sur un décor de Jacques Noël, Jacques Mauclair (le metteur en scène) et Tsilla Chelton tirent de leur imagination intarissable de quoi peupler de présences muettes la solitude des Chaises *d'Eugène Ionesco, Studio des Champs-Élysées, 1956.*

UNE ÉCRITURE PLURIELLE

UNE DRAMATURGIE A L'ANCIENNE ?

Les Mouches, *Huis clos* et *Antigone* ont, dans les années 1943-44, brutalement fait sortir le théâtre du no man's land poétique et raffiné où il s'était réfugié et, prenant à bras le corps les problèmes de l'époque, ont donné aux spectateurs d'alors l'impression qu'une nouvelle dramaturgie était née : le contenu masquait ce que le contenant pouvait garder de conventionnel. Surtout l'obligation, pour cause d'occupation étrangère, d'occulter leur véritable propos amena Sartre et Anouilh à élever leurs fables à la parabole et leurs spectateurs à pratiquer une double lecture, l'une littéraire et intemporelle, l'autre déterminée par l'actualité. Dédoublement bien propre à faire miroiter les significations et à prêter aux œuvres une richesse qui s'est évanouie du jour où leur type d'écriture n'a plus laissé voir que ses rides. S'il serait injuste de faire le procès de ce théâtre au nom d'une dramaturgie que les années 50 allaient entièrement bouleverser, on le peut du moins au nom de la contradiction interne dont il est la victime inconsciente. Sartre, de même que Camus, est l'héritier d'une culture d'avant-guerre faite de rationalité, de cohérence, d'harmonie, mais aussi l'inventeur d'une philosophie de l'absurde : il ne pourra donc que parler sa philosophie en une langue qui lui est étrangère comme s'il la traduisait, de loin. Chez Sartre la dichotomie de la thématique et de la théâtralité est d'autant plus dommageable qu'il a souligné fortement la primauté, au théâtre, de la situation, théoriquement faite, par ses virtualités contradictoires, pour mettre à l'épreuve le personnage affronté à la nécessité du choix entre des impératifs de même valeur. Malgré cette primauté tout se joue par le discours, non dans le discours.

Les pièces de Sartre et de Camus sont des études de cas, commentaires d'un avant (la situation) ou préparation d'un après (l'action) mais rarement marche coextensive de la parole et de l'action. Ce n'est certes plus une parole-action comme dans le théâtre classique ; ce pourrait être une parole-situation, mais le faire est déjà acquis puisque ses virtualités sont prévisibles. Sartre serait-il si directement redevable à la rhétorique latine et ses pièces ne seraient-elles que des argumentaires sur le modèle de la *disputatio* ?

Si l'on a malgré tout l'impression qu'une action existe, c'est qu'elle est constituée de microsituations qui procèdent par mutations brusques, le dialogue se greffant sur elles, immédiatement, pour en exprimer tout le suc, plus moral chez Camus, plus philosophique chez Sartre. La situation devient prétexte à dégager des significations, par la force des choses, conceptuelles et abstraites, malgré l'habillage de figures. Pis, l'auteur — Sartre ou Camus — s'adresse directement au spectateur par-dessus la tête de son personnage : le corps théâtral (c'est-à-dire tout ce qui procède de la fiction) est sublimé, hypostasié. Pourtant Sartre veut proposer une dramaturgie du sujet : qui mieux que le personnage-héros pourrait l'être ? En fait le héros sartrien est bien le sujet, grammatical, des propositions qu'il énonce. Mais le maître du je, chez Sartre, est Sartre lui-même.

C'est pourquoi les pièces de Sartre peuvent se résumer en quelques thèmes où le théâtre ne sert guère que de caisse de résonance. *Les Mouches* (Ch. Dullin) ou : la liberté autodestructrice d'Oreste ; *Les Mains sales* (1948) ou : la lutte entre l'idéalisme et la compromission, en politique ; *Le Diable et le Bon Dieu*

Huis clos *de J.-P. Sartre à la création (1944), au théâtre du Vieux-Colombier avec Gaby Sylvia, Michel Vitold et Tania Balachova (mise en scène de Raymond Rouleau). Alternativement traqués et traqueurs, les personnages de Sartre disent un monde sans espoir où chaque mot est comme un coup d'épée : le langage-action porté à la perfection.*

(1951, Théâtre-Antoine, L. Jouvet) ou : ni bien absolu ni mal absolu ne sont possibles ; réplique, de plus, des deux pièces précédentes puisqu'« à la liberté aristocratique d'Oreste et de Hugo, Goetz substitue la liberté pour tous » (A. Simon). Mais quand il est directement politique — et virulent — Sartre écrit, pour son temps, le théâtre le plus efficace : *Morts sans sépulture* (1946, Théâtre-Antoine), *La Putain respectueuse* (1946), *Nekrassov* (1955) et même *Les Séquestrés d'Altona* (1959).

Faut-il donc passer condamnation sur ce théâtre ? Malgré la belle violence rhétorique de *Caligula* (1945 mais écrit en 1939), il est difficile d'y déceler une dramaturgie originale, encore que, dans cet exercice impossible de la liberté absolue, les mots soient tendus comme des épées et que la démesure imprévisible de Caligula installe sur la scène une menace physique, faite de brutalités directes mais surtout d'une cruauté diffuse où plane, sur tous les personnages, l'appel de la mort. Mais Sartre ? Il fait preuve, déjà, d'une bien plus grande imagination créatrice et théâtrale ; il s'approche même de Genet avec son *Kean* (1953), adaptation très libre de Dumas : les jeux de miroir du personnage et du comédien, de l'être et du paraître encore, sont mieux qu'un exercice pirandellien.

Pierre Brasseur (Goetz) et Jean Vilar (Heinrich) dans Le Diable et le Bon Dieu *de Jean-Paul Sartre. La dernière mise en scène de Jouvet à Paris, Théâtre Antoine, 1951.*

Surtout avec *Huis clos* (1944, Vieux-Colombier, R. Rouleau), Sartre a fondé sur l'exploitation du phénomène théâtral le sens même de sa pièce.

N'écoutons pas les personnages parler d'enfer et laissons-nous porter par ce que nous voyons : ce lieu étrange et familier à la fois, avec son mobilier imposé, ses objets simplement décoratifs, sa porte qui mène à des espaces similaires, ce jour artificiel, cette existence sans vie réelle (on ne dort pas, on ne se brosse pas les dents), cette continuité pleine et sans coupure, cette temporalité intransitive qui impose une présence permanente, mais c'est le théâtre, saisi dans sa pureté, avec toutes ses caractéristiques d'espace et de temps, telles que la dramaturgie classique les propose ! A cela s'ajoute le pouvoir évocateur des récits, capables d'élargir le temps et l'espace et de créer, par simultanéité imaginaire (là Sartre

L'État de siège *d'A. Camus, mise en scène, J.-L. Barrault au Théâtre Marigny en 1948.
Malgré un décor et des costumes de Balthus, une musique d'A. Honegger et une distribution
prestigieuse (P. Bertin, M. Renaud, P. Brasseur, M. Casarès, J.-L. Barrault), la pièce était
nourrie d'un symbolisme trop vague pour ne pas irriter les esprits, politiquement très alertés,
de l'après-guerre.*

innove mais en prolongeant les pouvoirs illusionnistes du théâtre classique), le
dédoublement du personnage. S'ajoute aussi l'allusion à un régisseur-dieu qui a
disposé les personnages de telle sorte que de la situation ne puisse résulter que
l'affrontement. Conflit pur : la simple présence de l'autre fait que chacun pour
chacun est un bourreau et une victime, tandis que le silence serait rupture de la
convention théâtrale et possibilité de salut par changement de statut. Mais
puisque le silence est impossible au théâtre tout va se jouer dans et avec l'espace :
on s'enferme dans l'ici et maintenant du seul lieu scénique ; les relations d'amour
sont des relations d'espace (Garcin « se penche » sur Estelle), le chevauchement
des territoires provoque les heurts. Quand toute issue est condamnée (au propre
et au figuré), que Garcin cesse de se dédoubler imaginairement, la répétition —

théâtrale et existentielle — commence ; mais la répétition de non-actes, comme au théâtre : le couteau ne tue pas. Tout est déjà écrit, clos dans les pages du Livre. Les seuls actes qui restent possibles sont des actes de théâtre : regards et paroles. L'Enfer, c'est le Théâtre !

Faire de la forme même du théâtre classique le contenu d'une pièce contemporaine est loin de manquer d'originalité. Est-ce encore le cas quand on ne retient de cette forme qu'une certaine tension de langage, qu'on renchérit sur le statisme des échanges dialogués à perte de répliques où chacun vient à son tour exposer ou masquer ses mobiles, bref quand on enferme tout le théâtre dans le psychologique et tout le psychologique dans le discours ? Tel est pourtant le parti de Montherlant. Il ne lui a pas mal réussi pendant une quinzaine d'années (*La Reine morte* date de 1942), signe qu'il répondait à un appétit de beau langage et à un besoin de débats balancés, stylés comme au prétoire, contrepoids indispensable, pendant la guerre, à la violence brute et sans phrases, après la guerre, à un désarroi qui balayait, avec les valeurs d'antan, les signes de bonne éducation. Montherlant se veut provocateur à rebours et fait profession d'archaïsme. Son *Port-Royal* (1954, Comédie-Française, J. Meyer) fait partie des pièces dont « soit bannie toute la mécanique foraine, réduites à un exposé psychologique nuancé et sobre, voire au simple déroulement d'un épisode sans intrigue et qui n'ait rien de mouvementé ». Néanmoins il est de la génération de Sartre et Camus et se partage le même public : à trente ans de distance, les images dramaturgiques qu'ils projettent se confondent et portent témoignage sur l'homogénéité du théâtre d'après-guerre, la vaguelette de l'« absurde » n'ayant contrarié le grand flot du théâtre de texte qu'à partir des années 60. Montherlant n'est pas une survivance d'une époque révolue : il y a chez lui du lyrisme à la Claudel mais sans la démesure visionnaire, du philosophique à la Sartre mais sans la vigueur dialectique, du moralisme à la Anouilh mais sans le mordant satirique.

On est également mieux placé aujourd'hui pour ne pas identifier l'écrivain à ses personnages, pour ne plus s'irriter de leur élitisme dégoûté qui renvoie les autres (les jeunes, les femmes, les politiques, bref tous ceux qui sont « du monde ») à leur médiocrité. Bien qu'il soit difficile de ne pas entendre la voix de Montherlant à travers la leur, on prête moins d'attention à des aphorismes dignes souvent d'un Café du Commerce haute époque ; on est moins sensible — ou plus du tout — à ce théâtre voué à l'exaltation du caractère « pour quoi l'on est toujours haï de ceux qui n'en ont pas ». Là encore contenu et forme ont partie liée : le caractère — moral — des héros de Montherlant résulte de leur statut psychologique de personnage. Mais quand le personnage comme entité dramaturgique a sombré, il a entraîné dans son désastre l'intérêt qu'on pouvait porter aux nuances de sa personnalité. Montherlant, après l'échec de *La Mort qui fait le trottoir* (1958), a accusé le public d'incapacité à *suivre* son personnage, Don Juan, dans toute sa mobilité contradictoire. Peut-être ne s'est-il pas avisé qu'à cette époque déjà le personnage n'avait plus lieu, n'avait plus de lieu au théâtre, sous cette forme.

Que les thèmes soient politiques, religieux ou philosophiques, la commune obsession des pièces de Sartre, Camus et Montherlant est de lier la revendication de la liberté à la présence de la mort. Si la liberté peut difficilement s'exprimer autrement qu'en discours, la mort emprunte une voie plus théâtrale (remarquablement servie par des acteurs comme P. Brasseur, S. Reggiani, J. Vilar, M. Vitold, M. Casarès, F. Périer), celle de la peur. Signe d'époque sans doute, et marque d'une prise de risque extrême : affirmer l'homme malgré tout ce qui le nie et parce que tout le nie. La scène dans *Morts sans sépulture* comme dans *Le Malentendu* (1944, Mathurins, M. Herrand), comme dans *Port-Royal* sue la peur.

Les mots, à ce compte, n'offrent plus cette sécurité de métal que leurs auteurs, ces grands rhétoriciens, semblent leur donner : ils sont des masques, et révélateurs d'une fragilité, à proportion même de l'assurance qu'ils manifestent. A ce titre le choix d'un G. Philipe pour incarner Caligula était un coup de génie : sa gracilité, son innocence, l'aigu de sa voix et la mobilité de sa gestuelle disaient l'enjeu de la pièce contre les mots de la pièce elle-même. Le sous-texte de ces œuvres ne se satisfait pas de leur profondeur psychologique — même quand elle est, chez un Montherlant, affichée et commentée par l'auteur lui-même — ni non plus de leur intention d'élever la fable à la parabole et d'en appeler à une réflexion tranquille sur l'impossible condition humaine : le sous-texte est une présence physique muette, faite d'échanges insoutenables, de regards et d'affrontements, sans contact, des corps.

C'est à l'époque, difficile et exaltante à la fois, de la fin de la guerre et de l'immédiat après-guerre que les théâtres de Sartre et Camus doivent d'avoir échappé à la pure rhétorique. C'est l'époque aussi qui leur fournit le thème central de la liberté face à soi-même et à l'histoire ; c'est l'époque encore qui souffle à Anouilh de traiter dans son *Antigone* (1943, Atelier, A. Barsacq) de la liberté de dire non au pouvoir (*Becket ou l'Honneur de Dieu* reprendra ce thème quatorze ans plus tard). La pièce a séduit — et continue de le faire — par sa clarté discursive, l'équilibre de sa double argumentation, sa force d'émotion, ses anachronismes comiques. Signe d'une habileté dont Anouilh avait déjà donné des preuves bien avant guerre (*L'Hermine* date de 1931) et qu'il continuera à prouver, longtemps, à travers des dizaines de pièces dont la lucidité hargneuse ou narquoise n'a pas toujours besoin de recourir à une dramaturgie originale pour faire mouche. Il est un peu court cependant d'en rendre comptable le seul tempérament de leur auteur : Anouilh est proche des Bourdet, Aymé, Marceau... Comme eux il règle son compte à la société d'avant-guerre dont il est à la fois le fils et le juge ; l'existentialisme n'y est pour rien (encore que dans *L'Alouette* [1952] s'affirme un humanisme athée assez sartrien) ; ce serait plutôt l'existentialisme qui puiserait aux mêmes sources que les écrivains du Boulevard quand il théorise la fin d'un système de valeurs et de vie.

Anouilh a également une ambition propre : ériger la statue de l'amour absolu et impossible d'être absolu (*Ardèle* [1948], et maintes autres pièces) ; mais comme il faut bien vivre, cette exigence vaut démission : elle mène à accepter toutes les compromissions et lâchetés, la seule pureté consistant à ne pas être dupe. *Ornifle* (1955), sorte d'hommage à Molière en forme de combiné de *Dom Juan* et de *Tartuffe*, développe, longuement, toutes les leçons de vie nécessaires à cette chasse au bonheur sans joie. Il y a ceux aussi qui refusent de vivre à ces conditions et se sabordent. Bien des pièces d'Anouilh pourraient s'appeler « Le Jeu de l'orgueil et de l'argent », chacun de ces termes étant à

prendre comme métaphore, le premier de la fidélité à soi-même, souvent incon-
fortable, le second de l'aliénation. Quand le second détruit le premier, cela
donne une pièce simplement grinçante (*La Valse des toréadors*, 1952, Comédie
des Champs-Élysées, R. Piétri), quand le premier l'emporte, c'est une « pièce
noire » (*L'Hermine*, 1932, *La Sauvage*, 1938, Mathurins, G. Pitoëff). Dans ce
jeu de bascule réside la tonalité propre à Anouilh : procès impitoyable du
mensonge et conjointement constat qu'il n'y a pas de vie sociale (à l'échelle du
couple ou de l'histoire) sans mensonge. Rigorisme et fatalisme mêlés.

Moraliste, Anouilh est aussi un homme de théâtre : il manifeste une jubilation communicative à jongler avec lui et à en exploiter tous les jeux : emboîtement d'une pièce dans une autre, la première disant ce que la seconde n'ose
avouer, tout en lui servant de tremplin (*La Répétition ou l'Amour puni*, 1950,
Marigny, J.-L. Barrault) ; fabrication à vue de personnages sous la houlette d'un
comédien-metteur en scène (*Le Rendez-vous de Senlis*, 1941), ce qui produit une
sorte de dédoublement de la fable ; jeu dans le jeu où l'imaginaire débusque le
réel (*Le Boulanger, la Boulangère et le Petit Mitron*, 1968 ; *Pauvre Bitos*, 1958) ;
jeux de miroirs du théâtre dans le théâtre (tout proches de l'autoportrait dans
Cher Antoine [1969]) ; flash-back théâtral faisant revivre à Jeanne, dans
L'Alouette (1953), toute son histoire, temps et espaces confondus. Anouilh sait
qu'au théâtre l'imagination peut tout et il ne se fait pas faute de la solliciter
comme, par exemple, dans *Becket*. Sa culture est vaste et il est passé maître
dans l'art de s'emparer de situations léguées par de grands anciens et de les
détourner au profit de son message personnel. Qu'il innove ou qu'il se coule
dans un moule dramaturgique tout fait, Anouilh possède un tour de main de
grand professionnel : écriture constamment tendue et pleine, « scènes à faire »
menées jusqu'à leur climax, dans la rosserie ou le pathétique, choix des effets
les plus percutants. Il cultive aussi la dissonance : entre le schématisme, parfois,
de la fable et des personnages réduits à l'état de pantins, et la richesse de leurs
discours poussée à la surenchère parodique ; entre la farce à l'emporte-pièce et
la grimace douloureuse. D'où un mélange détonant de haine désopilante, de
tendresse amère, d'égoïsme désintéressé ou de conformisme libertaire. Comme
il le fait dire à Adolphe dans *Le Boulanger* : « Il n'y a que les vaudevilles qui
soient tragiques et qui ressemblent à la vraie vie. »

Dans ses meilleures pièces, Anouilh réussit la gageure d'être tout en muscles,
en étant tout en mots. Avec le risque qu'aux yeux d'un spectateur d'aujourd'hui
refusant une théâtralité aussi directive malgré ses miroitements contradictoires
les muscles ne paraissent être que des mots. Ce théâtre plie sous le poids d'un
langage trop fort, qui l'écrase. Ne reste alors que le souvenir d'une thématique
obsessionnelle jusqu'à la caricature et d'un didactisme, roublard à force de
détachement cynique. En regard d'un théâtre bien construit, bien disant, riche
d'une morale et d'une philosophie ardues certes, mais toniques pour l'esprit, de
haute tenue toujours, qu'il soit signé Sartre, Camus ou Montherlant, Anouilh
fait figure de franc-tireur avec son insolence grinçante et sa dramaturgie éclectique qui emprunte à Marivaux comme au Boulevard. Anticonformiste mais
prudent, Anouilh aime choquer la famille d'esprit à laquelle il appartient ; il
sera aussi le metteur en scène de *Victor* de Vitrac et le défenseur des *Chaises*
d'Ionesco, ce qui signe sa marginalité relative.

PORTRAIT-ROBOT DU NOUVEAU THÉÂTRE

Anouilh remplit toujours les salles, mais il a changé de public : la jeunesse qui vibrait en écoutant *Antigone* a bifurqué à partir des années 50 dans deux directions, celle d'un théâtre dit « nouveau » ou d'« avant-garde », et celle d'un théâtre politique, l'un et l'autre délibérément fermés à tout héritage de dramaturgie classique. Mais aujourd'hui, trente-cinq ans après qu'avec Genet, Adamov, Ionesco et Beckett est apparue en France une dramaturgie nouvelle, trente ans après qu'elle a connu le succès, quinze ans après qu'elle s'est imposée comme un nouveau classicisme, il s'est tracé d'elle une sorte de portrait-robot dont les traits, nécessairement simplifiés et grossis, constituent autant de signes de reconnaissance d'une tendance et d'une époque. Examinons-les, quitte à corriger, chemin faisant, les poncifs et à nuancer les évidences.

Le théâtre dont les coups d'envoi ont été donnés par *La Cantatrice chauve* (1950, N. Bataille), *L'Invasion* (1950, J. Vilar), *En attendant Godot* (1953, R. Blin) et déjà, antérieurement, par *Les Bonnes* (1948, L. Jouvet) et *Akara* de Weingarten (1948), s'est d'abord joué confidentiellement dans de petits théâtres privés de la rive gauche presque tous disparus aujourd'hui (la Huchette, le Quartier Latin, les Noctambules, Babylone). Après avoir attendu quatre ans que R. Blin trouve une salle pour son *Godot*, Beckett a commencé à faire sa percée avec *Fin de partie* au Studio des Champs-Élysées, en 1957 : on ne dira jamais assez ce que le nouveau théâtre doit à l'obstination, au talent de metteur en scène et d'acteur de R. Blin sans qui le théâtre de Beckett serait resté dans ses tiroirs. Il faut joindre à l'éloge les Bataille, Serreau, Mauclair, Planchon... à qui Ionesco, Adamov et d'autres doivent d'être sortis peu à peu de l'ombre. Dans les années 60, en grande partie grâce à l'accueil de J.-L. Barrault au Théâtre de France, Ionesco avec son *Rhinocéros* puis son *Piéton de l'air* est consacré comme un maître. Rapidement, grâce à Barrault encore, Genet et Beckett s'imposeront définitivement (*Oh ! les beaux jours* en 1963 et *Les Paravents* en 1966), tandis qu'Ionesco entre au Français avec *La Soif et la Faim* (J.-M. Serreau, 1966).

L'ère du classicisme commence pour ces dramaturges qu'on a artificiellement groupés en école et abusivement placés sous le vocable impropre de « théâtre de l'absurde ». Ce n'est pas parce qu'Ionesco a dit : « J'en veux à Sartre mais je ne peux nier que j'ai été nourri par lui » qu'il faudrait établir une filiation entre des écrivains qui, pour l'essentiel, procèdent par des voies divergentes. En philosophie la notion d'absurde est un concept exploitable mais, s'agissant de théâtre, elle est diluée, édulcorée, finalement inutile. Mais si absurde signifie simplement incompréhensible, alors ce théâtre l'a été puisqu'il sape les bases de la communication, théâtrale ou non, refuse de transmettre un message intelligible, sinon celui d'un pessimisme généralisé qui emprunte le masque simiesque de la dérision. On n'y reconnaît plus ni le langage du théâtre, ni ses personnages, ni son action, ni les catégories dramaturgiques et les procédés rhétoriques que des siècles de pratique avaient portés à une sorte de perfection. On est désarçonné en face d'un théâtre inclassable, ni comique ni tragique, qu'il est plus facile de qualifier, comme le fit J.-J. Gautier, de « pas sérieux ».

Cette composition graphique due à Charles Massin et Henry Cohen (Gallimard 1964) pour illustrer la dernière scène de La Cantatrice chauve *montre qu'en atomisant le langage Ionesco fait aussi exploser la fiction et les personnages : répétition, grossissement, cacophonie, telles sont les nouvelles « valeurs » d'un théâtre de la dérision.*

*Le langage
en procès*

A quoi donc s'amuse cet Ionesco ? A démolir le langage à coup de répétitions, d'énumérations, de chaînes de mots, d'automatismes, de proverbes truqués, de jeux de sonorités, d'enchaînements absurdes de calembours. Ionesco à la fois joue avec le langage et lui règle son compte : d'une part, il exploite tous les possibles linguistiques, à la Queneau, et il dénonce de l'autre « la crise de la pensée » dont le langage figé, désagrégé, n'est que le signe : « Ils ne savent plus parler parce qu'ils ne savent plus penser » dit-il de ses personnages. L'esprit petit-bourgeois n'est pas en cause, même si Ionesco choisit son personnel dans les familles et les couples les plus ordinaires, mais l'humanité d'aujourd'hui tout entière. Les mots prolifèrent et s'annulent et, en même temps, nous asphyxient. Si tout le langage se réduit, comme dans *Jacques ou la Soumission* (1955), au seul vocable « chat », si toutes les phrases ne sont faites que de la répétition, à n'en plus finir, de ce seul mot, « c'est facile de parler », certes, mais « ce n'est plus la peine ». « Chat », phonème unique porteur de tous les sens mais, en

D'abord créée au Théâtre des Noctambules en 1950, La Cantatrice chauve d'E. Ionesco est photographiée en 1952 [avec de gauche à droite, Cl. Mansart, S. Mozet, N. Bataille (le metteur en scène), Paulette Frantz] au Théâtre de la Huchette où la pièce continue près de 40 ans plus tard sa triomphale carrière et dépasse la 10 000ᵉ représentation !

fait, prometteur de toutes les démissions, car quel piège et quelle régression animale que l'amour de Jacques et de Roberte ! Quant à la bouillie verbale qui clôt *Victimes du devoir* (1953) [« Avale ! Mastique ! Avale ! »] elle a le même effet d'engourdissement incantatoire que le « c'est par ici, c'est par là » de la *Cantatrice*. Ionesco mène son personnage, par la débauche verbale, à une sorte d'hypnose : il s'anéantit dans et par le langage, comme par exemple dans toute la série des « il vient, il viendra, le voilà, il est là » qui termine *Les Chaises* (1952).

Silence alors, indifférenciation généralisée des concepts et des sentiments, réduction à l'organique et au pulsionnel, tel est le lot tragique qui résulte de la crise du langage chez Ionesco et qu'on retrouve avec une touche plus ludique ici, plus poétique là, voire plus didactique là encore chez Weingarten, Obaldia, B. Vian ou Tardieu.

La ruine du langage entraîne celle de la communication : « Personne n'entend personne », dit Adamov ; à quoi répond chez Tardieu : « La parole est inutile et nul ne vous entend. Vous savez bien : il n'y a personne. » Incommunicabilité provisoire en fait : le refus des postulats de communication normale (principe d'identité, appel à une mémoire commune, principe de causalité), la fragmentation et l'éclatement du discours (par emploi de dialogues décalés chez un Dubillard) poussés jusqu'au babélisme chez un Arrabal (*Concert dans un œuf*, 1958) ne signifient pas qu'il n'y ait d'autres moyens de communication. Par le rythme et par le geste. Le rythme : l'accélération dramatise l'action sans avoir besoin de mots, de même que Roberte fait le récit complet de l'acte sexuel, dans *Jacques ou la Soumission*, sans utiliser le moindre mot équivoque : l'histoire de cheval qui sort du désert, traverse la ville et s'en va y suffit. La dévaluation du langage entraîne, par compensation, la revalorisation du matériau verbal : son corps sonore fait sens par le simple jeu des intonations et de l'articulation avec les silences. Tardieu a bâti là-dessus plusieurs de ses pièces : *Conversation-Sinfonietta* (1951) et *La Sonate et les Trois Messieurs ou Comment parler musique*, notamment (J. Poliéri, 1955). Préoccupation familière à Beckett aussi, auteur de *Cascando* (1963) et de *Parole et Musique* (1962), et de cette phrase à double entente : « Mon œuvre est l'affaire de sons fondamentaux rendus aussi pleinement que possible » ; familière à Billetdoux, disant : « L'expression idéale est d'ailleurs la musique », et à Adamov faisant dire à Pierre dans *L'Invasion* : « Ce qu'il me faut ce n'est pas le sens des mots, c'est leur volume et leur corps mouvant. » Chez Vauthier, tout le cycle des *Bada* (1952, Théâtre de Poche, A. Reybaz), ainsi que *Le Personnage combattant* (1956, J.-L. Barrault), est une partition vocale : le personnage-instrumentiste fait alterner les « mouvements », du lent au vif, du pianissimo au tonitruant, tandis que dans un commentaire parallèle au texte dialogué, Vauthier, en chef d'orchestre attentif et goguenard, dirige et contrôle.

Quant au geste il est d'abord l'inscription, dans l'espace, de l'invisible, l'incarnation du pensé ; il permet de « matérialiser des angoisses, des présences intérieures » (Ionesco) ; il est aussi la transcription visuelle d'une métaphore, sa cristallisation. Alors que prises au sens figuré les images verbales n'ont plus aucun pouvoir d'évocation, si on les prend au sens propre, au pied de la lettre pourrait-on dire, elles deviennent images scéniques : la « littéralité » montre au lieu de dire. L'objet de langage, sitôt né d'une métaphore et dégagé de sa matrice verbale, est doté d'autonomie, logique dans son illogisme. Puisque « le théâtre n'est pas le langage des idées » (Ionesco), en imposant à sa victime son « Mastique, avale », Nicolas d'Eu *(Victimes du devoir)* fait *voir* le terrorisme policier, de même que Beckett signale la dépendance de Lucky en le montrant « attaché » à Pozzo. Nagg et Nell sont deux « débris » (*Fin de partie*, 1957) tout juste bons pour la poubelle ; N., l'anonyme de *La Parodie* (1952, R. Blin) est « balayé » par le service de nettoiement. Il en va de même des boiteux de *Tous contre tous* (J.-M. Serreau, 1953) : « Si je choisis la boiterie, c'est qu'elle me permettait une représentation littérale du drame : comme toujours je voulais rendre visibles les motifs cachés. » Plus de distance dès lors entre le geste et le mot. Comme l'a bien vu Audiberti, disant de lui-même : « Ma manière d'écrire (…) est celle d'un manipulateur de ces objets solides que sont les mots » ; Audiberti est un gesticulateur de mots : sa débauche verbale, son incroyable faconde font de lui le créateur d'un univers où tout est vrai puisque tout est dit et où tout ce qui est dit est théâtral puisque tout est objectivé.

Processus plutôt que procédé, la littéralité engage de proche en proche la signification globale de l'œuvre et débouche sur le symbolique, tout en le maintenant au niveau du concret. « Je me sens soulevé », dit Béranger qui quitte le sol dans *Le Piéton de l'air* (1963), mais la suite de la phrase dit : « et submergé par la joie ». Présentation conjointe donc du sens propre et du sens figuré, du

Jeu du double sens

Moderne pièce « à machines », Le Piéton de l'air, mise en scène Jean-Louis Barrault, Odéon-Théâtre de France, 1963, exalte le thème icarien de l'envol, cher à Ionesco ; il contrecarre l'autre postulation, négative celle-là, d'un enlisement dans l'humide et le fangeux.

scénique et du verbal. Symbolisme et littéralité sont à aborder du même pas : l'image fait sens. Sont « littérales » à un niveau seulement verbal les pommes de terre au lard que refuse Jacques, mais l'élargissement symbolique s'impose d'emblée : elles sont le symbole de tous les conformismes sociaux et familiaux. Autre symbolisme du mot dont la littéralité est à peine esquissée : « Aurions-nous peur de ne plus pouvoir nous relever ? » demande M. Rooney à sa femme après lui avoir proposé de s'écrouler sur un talus (dans *Tous ceux qui tombent*, de Beckett, 1957). Se relever renvoie à toute une symbolique moralo-religieuse et l'on connaît les implications chrétiennes de la chute. Sont « littéraux » à un niveau imagé les neuf doigts et les trois nez de Roberte II, mais Jacques traduit immédiatement son constat : « Vous avez neuf doigts à votre main gauche ? Vous êtes riche, je me marie avec vous. » Quant aux rhinocéros qui envahissent la scène (dans la pièce du même nom, 1950, Théâtre de France, J.-L. Barrault), ils sont le symbole, moins de la bestialité qui sommeille en l'homme que du panurgisme qui nous pousse à nous fondre dans « le gros animal » (dirait Platon), dans la masse. Ils sont le symbole de la « massification », selon Ionesco.

Le symbolique, cependant, déborde la littéralité : il atteint un tel degré d'universalité que son caractère métaphysique, abstrait ont dit ses détracteurs, frappe dès l'abord. On a assez glosé sur l'eschatologie christique qui sous-tendrait *Godot* et Beckett a ouvert le maximum de fausses pistes pour égarer son lecteur !

Les noms sont symboles (Krapp : l'ordure [*La Dernière Bande*, 1960, R. Blin] ; Clov, Nagg et Nell : le clou ; Hamm : le marteau [*Fin de partie*]) ; le noir des costumes (du nouveau locataire dans la pièce du même nom, ou de l'homme en noir de *Jeux de massacre* [1970, Ionesco]) est symbole de deuil ; comme le noir, sur scène, dans *Comédie* (1964, J.-M. Serreau) est symbole de néant. La nourriture est symbole dans *Godot* à la fois de dépendance et du lien sacré du Sauveur aux hommes. Les objets sont symboles (la machine à coudre, le piano chez Adamov). A ce degré d'extension le symbole est trompeur et va à l'encontre de la littéralité puisqu'il idéalise et irréalise. Mais, outre que le symbolisme (hormis dans les petites pièces de Tardieu) reste ouvert à des interprétations multiples, il est contrebattu par la confusion entretenue à dessein par un Ionesco ou un Weingarten (dans *Alice dans les jardins du Luxembourg*, 1970), ou un Copi (*La Journée d'une rêveuse*, J. Lavelli, 1968). Et pour ce qui concerne les images-symboles, le statut de non-réalité du visible va de pair avec le statut de réalité de l'invisible. C'est l'ambivalence du fantastique. Par là on échappe au danger de réduction de l'ambiguïté du sensible à l'univocité du symbolique et les images du rêve opposent la résistance de leur matérialité insolite à tout décryptage décisif.

Un paysage de fin du monde

Malgré qu'ils en aient, les dramaturges des années 50 n'ont pu empêcher que leur théâtre ne donne de la condition humaine l'image la plus désolée qui soit. Les mots-thèmes qui caractérisent leurs personnages égrènent le chapelet du désespoir : solitude, échec, souffrance, culpabilité sans cause, mutilation, angoisse, menace, persécution, solipsisme, castration... Et la mort est au bout. A Adamov écrivant : « J'ai toujours eu l'impression d'une impossibilité de communiquer, d'un isolement, d'un encerclement », Beckett répond : « J'exploite l'impuissance, l'ignorance. » Beckett est tenu pour le champion de la déréliction ; ses personnages vont par couples : de l'aveugle et du paralytique, de l'ataxique et du podagre ; ils sont réduits à l'anonymat et à l'état larvaire ; infirmes et grabataires, ils représentent une sous-humanité de veille de fin du monde. Beckett s'acharne sur eux avec une application morbide mais froide : morbide car ses « héros » ne cessent de progresser, d'une pièce à l'autre, vers davantage d'immobilité et de dégradation ; deux titres situés aux deux bouts de sa production résument ce traitement : *L'Innommable* et *Immobile-froide* car ce démantèlement de l'humain n'est même pas sadique : la mort de l'homme n'est l'occasion d'aucune exaltation luciférienne. Beckett se contente de voir le mauvais côté des choses : *Tous ceux qui tombent* est la moitié sombre de la phrase biblique : « L'Éternel soutient tous ceux qui tombent. » Et le désespoir beckettien est parfaitement signifié par cette maxime shakespearienne de *Godot* : « Elles accouchent à cheval sur une tombe, le jour brille un instant, puis c'est la nuit à nouveau (...). Du fond du trou, rêveusement, le fossoyeur applique ses fers. » Nous ne naissons pas pour mourir — ce qui demanderait du temps pour que la dégradation fasse son œuvre —, nous sommes déjà morts, à la naissance.

Le monde de Beckett est vide ou plutôt il se vide progressivement (d'objets, de nourriture, d'êtres vivants, de nature) ; ce qui rend d'autant plus efficaces, scéniquement, les quelques accessoires que le dramaturge sauvegarde. Le monde d'Ionesco procède de même ; il est vide, mais par trop-plein : l'asphyxie par prolifération vaut l'angoisse par expansion du néant. On touche là au paradoxe de l'objet dans le théâtre d'Ionesco : il n'est pas support de jeu comme chez Beckett mais recours obligé pour donner le spectacle concret du rien ; il est le signe, inversé, de son absence : il est présence apparente mais réalité de vide ; on le montre (comme le couteau de Lichtenberg) pour faire sentir qu'il n'existe pas. « La pièce, dit Ionesco, c'était les chaises vides (...) comme si un vide solide, massif, envahissait tout, s'installait (...). C'était à la fois la multiplication et l'absence, à la fois la prolifération et le rien. »

Le plaisir d'amour n'est qu'un souvenir-regret ; le corps n'est pas le lieu du désir et même quand il l'est (à la fin de *Jacques*), il ne provoque que le spasme génital : fécondité et prolifération cancéreuse s'équivalent. L'amour n'est qu'un traquenard, chez Tardieu et Duras aussi ; l'amitié un leurre, la vitalité se réduit à l'agitation (chez Adamov).

Et pourtant l'on rit : des grimaces du langage chez Ionesco, des grimaces de clowns chez Beckett, de la fantaisie des uns et des autres : Obaldia avec son « génousien » (langage inventé que parlent les personnages de *Génousie*, 1960), Copi avec ses travestis, Weingarten, ses chats qui parlent, Dubillard, ses abouliques obstinés. On rit pour se protéger d'un destin si méchant qu'il s'incarne en des personnages grotesques et l'on emboîte le pas à des dramaturges — Beckett et Adamov en particulier — qui sont les premiers à tourner en ridicule leurs créatures et à exercer leur ironie sur tout ce qu'elles peuvent dire de sérieux. La dérision emprunte alors des traits traditionnels, de caricature, de grossissement, d'antiphrase (comme la pancarte « L'amour vainqueur » dans le décor de *La Parodie*) et d'emphase. Ces figures de rhétorique sont parodiques car elles

Un drôle de rire

établissent une distance entre ce qui est dit ou vu et ce qui doit être entendu ou perçu. Naturellement un dramaturge habile aide le spectateur à percevoir l'écart. Adamov, lui, ne sut pas le faire ; le public le lui fit bien sentir.

Les existentialistes posent l'absurde et le commentent ; les dramaturges nouveaux, eux, le vivent et se demandent comment y échapper : la dérision est leur réponse. Elle est le résultat d'un dédoublement : la situation est tragique, la façon dont elle est transmise parodique. Dédoublement et duplicité : aucun personnage n'est univoque, donc propre à attirer sympathie ou pitié : « dérisoire et pathétique », dit Ionesco du Béranger de *Tueur sans gages* (1959). Il ne suffit pas de dire que le tragique est comique et le comique tragique, ou, avec J.-M. Domenach que « le tragique naît de l'impossibilité même du tragique » ; il s'agit plutôt d'une « synthèse théâtrale nouvelle » (Ionesco) : tragique et comique sont des notions qui n'ont plus cours ; la dérision les remplace, située à l'intersection de l'insoutenable et du fou rire mécanique. On ne rit que de son semblable quand, pour une raison ou une autre, il cesse de l'être. Or, les personnages d'Ionesco, de Beckett et d'Adamov ne sont pas de ce monde : ils appartiennent à une infrahumanité qui singe la vraie ; on ne rit pas de l'agitation de ludions dans un bocal, pas davantage de personnages qui n'ont gardé de l'humain que le comportement gestuel et verbal. Personnages-silhouettes, personnages sans intériorité, ils sont proches de la marionnette. Mais, en simplifiant, la marionnette révèle : les traits grimaçants et grossiers qu'elle offre provoquent un spasme défensif, le rire. Mais quel rire ? « Le rire sans joie (...) le rire qui rit du rire (...) le rire qui rit — silence s'il vous plaît — de ce qui est malheureux » (Beckett). Dérision, déréliction, deux mots qui se font écho.

Le personnage : l'accouchement difficile à l'existence

Ce personnage auquel on revient sans cesse est un nœud de contradictions : issu d'un univers familier (couples, vieillards, employés, bourgeois) il n'est cependant pas identifiable. Situé hors de l'histoire, sans ancrage social ni politique, il n'a pas d'identité ou plutôt son identité est flottante, non objectivable. Cela pour la raison que le spectateur n'a plus de point de vue privilégié qui lui permettrait de prendre de lui une connaissance externe et globale. Enfermé dans sa subjectivité, le personnage se voit et voit le monde au gré de ses pulsions et de ses rêves. Il se métamorphose et métamorphose ses partenaires (dans *La Soif et la Faim* ou *L'Homme aux valises* d'Ionesco, 1975). Cet enfermement le mène à l'autisme ou, à l'inverse, à l'éclatement, à l'imaginaire : il n'est plus alors que la projection d'un rêve. *Si l'été revenait* (1969) est le récit des rêves effectués par quatre dormeurs ; mais, prudent, Adamov indique par une tripartition de l'espace le statut de chacun. Un pas plus avant et l'on obtiendra des personnages hallucinés ou nés de l'hallucination et qui resteront invisibles (dans *Les Chaises*). Les uns et les autres sont voués à disparition, quand la parole qui les fait naître (comme la May de *Pas*, de Beckett, 1978) cessera son babil : ils sont de l'étoffe dont on fait les songes.

Le personnage a perdu son autonomie d'individu : archétype (« métaphores de ce qu'ils devaient représenter », dit Genet), il incarne une tendance, voire une tension et se distribue en couples, symétriques ou dissymétriques, antithétiques ou complémentaires, de toute façon interdépendants dans leurs rapports

Beckett, chez lui, saisi par Cartier-Bresson.

réversibles. Il a perdu aussi sa stabilité et sa cohérence car il n'obéit plus au principe de non-contradiction : dans *Jacques*, Ionesco nous oblige à percevoir la différence de l'identique (rien ne permet de distinguer Roberte I de Roberte II) et dans la *Cantatrice* l'identité de la différence (les deux Martin sont des « conjoints » alors qu'ils se croyaient étrangers l'un à l'autre). Le personnage est au centre d'un système d'oppositions qui le dépassent et l'annulent. Ainsi dans *Amédée* (1954), Madeleine est-elle décrite très bourgeoisement dans son costume et ses occupations, tandis que des champignons poussent dans la salle à manger et que le cadavre démolit la cloison de ses pieds monstrueux : on décèle là le souci d'ancrer l'imaginaire scénique dans le quotidien et en même temps de souligner la qualité imaginaire du scénique par l'aspect très quotidien du réel : l'imaginaire déteint sur le réel : les coups de sonnette des invités inexistants (dans *Les Chaises*) sont entendus des spectateurs !

Mais de quel réel peut-il s'agir encore puisque nous sommes au niveau des symboles et des emblèmes ? Le personnage est everyman, n'importe qui, dans la banalité mais aussi dans l'exemplarité. Ce qui réintroduit la notion de héros : héros adamovien, séparé de lui-même ; héros beckettien qui n'arrive pas à se séparer de l'autre, de son double : des deux côtés même quête de l'unité et de l'identité impossibles. Le héros ionesquien est plus simple : il est l'Homme. Alors que les autres sont masqués, le visage seul de Jacques est fragile et nu ; Béranger, Jean, le Personnage (de *Ce formidable bordel !* 1973) focalisent sur eux l'humanisme de leur auteur. Ils se savent différents, sinon uniques, à tout le moins supérieurs d'être victimes et lucides, et ils ne cessent d'importuner Dieu de questions sans réponse. Plus encore qu'Adamov, Ionesco transmet à ses héros le soin de parler pour lui et de dire ses angoisses.

Par cette réinsertion, dans le magma des voix confuses, d'un ego privilégié est également rétabli, chez Ionesco tout du moins, l'espoir d'une parole vraie : l'incommunicabilité est un pis-aller. A partir du moment où le personnage communique au spectateur son sentiment d'incommunicabilité, il commence à faire des phrases, à se faire le commentateur de lui-même et le message pointe le bout de l'oreille. Everyman-Béranger est ce personnage-là (dans *Tueur sans gages, Rhinocéros, Le Roi se meurt* [1962]). *Notes et contre-notes* (1962) le confirme puisque Ionesco y appelle de ses vœux le « renouvellement de l'expression [qui] résulte de l'effort de rendre l'incommunicable à nouveau communicable », de « rendre au langage sa virginité ». Mais déjà, bien avant, Ionesco faisait dire à la vieille dans *Les Chaises* : « C'est en parlant qu'on trouve les idées, les mots, et puis nous, dans nos propres mots, la ville aussi, le jardin, on retrouve peut-être tout, on n'est plus orphelin. »

Une "suite sans suite" ?

De toute façon l'humanisme ionesquien était trop masqué dans les années 1950-1955, la dérision beckettienne trop patente, la démolition de toutes les conventions théâtrales trop provocatrice chez tous pour que ce théâtre n'ait pas donné l'impression immédiate de ne pas en être. Ses procédures de composition scénique étaient particulièrement efficaces à cet égard : voilà un théâtre sans action, répétitif et circulaire, sans progression ni concentration, sans conflit identifiable, sans articulation de ses éléments : il brise le système d'attente du spectateur en lui refusant le sens, dans sa double acception de signification élaborée et d'évolution vers une fin prévisible. Morcellement, fragmentation, discontinuité, piétinement sont des mots qui définissent aussi bien *La Cantatrice* que *Godot*, *Comédie* que *Les Bonnes*, *Les Nègres* (1959, R. Blin) que *Fin de partie*, *La Leçon* que *Les Retrouvailles* d'Adamov (1955). Sans cesse l'action est décentrée : dans le continuum, relatif, du discours scénique s'insèrent des histoires, des récits qui sont autant de greffes cancéreuses du passé dans le présent, de l'ailleurs dans l'ici, du narratif dans le dramatique (dans *Cendres* [1959], *Oh les beaux jours !* [1963], *Fin de partie* notamment). Sans doute a-t-on remarqué, chez Ionesco, en guise de dénouement, une résolution-catastrophe par éclatement convulsif, mais on a été surtout sensible chez Beckett au refus de tout temps et à une immobilité affichée : rien à faire et rien à dire, ou dire qu'on n'a rien à faire, à ces quelques aveux d'impuissance se réduirait Beckett.

Voire. On n'a pas pris garde que cette « suite sans suite », cet « enchaînement fortuit, sans relation de cause à effet » (Ionesco) répondaient à l'exigence même du message : à l'existence répétitive telle que perçue de l'extérieur, ou à la poussée de l'inconscient, structuré, on le sait depuis Freud, selon le mode de la répétition, répond, par isomorphisme rigoureux, une composition théâtrale elle-même répétitive. Le contenu ne se dégage pas de la forme, il est la forme elle-même : « *Here form is content, content is form* », dit Beckett. Au lieu d'action il vaudrait mieux parler de figures de tension : l'écartèlement de Krapp entre le passé et le présent, entre sa parole émise et sa parole enregistrée (dans cette pièce pour homme seul et magnétophone nommée *La Dernière Bande*), l'attente jamais satisfaite de Vladimir et Estragon comporte une dynamique qui n'a plus besoin des béquilles de l'intrigue pour se manifester. Outre que l'intensification de la situation initiale (chez Ionesco) est une forme de progression, que la marche vers le néant est irréversible (chez Adamov), que des stimuli (coups de sifflets ou de projecteurs, aiguillon) font « avancer » l'action (chez Beckett et Adamov), la composition par association d'idées ou de sons, traduisant le cheminement d'une pensée analogique, est beaucoup plus révélatrice de la toute-puissance du rêve, avec ses procédures de déplacement, de condensation et de dénégation. C'est le cas chez Adamov (*Le Professeur Taranne*, 1953, Comédie de Lyon, R. Planchon) et chez Ionesco, lui qui écrit : « C'est dans le silence du rêve (...) que le sens du mouvement émerge dans toute sa pureté. »

En attendant Godot, *à la création (1953, au Théâtre de Babylone) avec Lucien Raimbourg, Jean Martin, Pierre Latour et Roger Blin (à droite, en Pozzo) le metteur en scène. Mise en scène* princeps — *par sa richesse de jeu et sa rigueur — d'une œuvre-somme qui, venant après les premières pièces de Genet, Ionesco et Adamov, complète, et en ouvrant quelles perspectives !, le paysage du théâtre nouveau.*

Crise du langage, du personnage et de l'action, onirisme et désespérance, dérision, littéralité et symbole sont les maîtres mots qui définissent la dramaturgie des années 50, du moins à un premier niveau. Il serait bon de dépasser ces évidences, d'élargir certaines de ces notions en les liant les unes aux autres : ainsi de la littéralité, de l'espace, de l'objet et du personnage envisagés sous l'angle de leur fonctionnement rhétorique. Si la forme équivaut au contenu, tout, de la pièce, est métaphorique : la disjonction des dialogues signale l'éclatement des rapports humains, la circularité et la monotonie de l'action disent que l'humanité tourne en rond ou piétine ; le corps mutilé ou progressivement dégradé chez un Beckett ou un Adamov révèle, avant la parole et en opposition souvent avec elle, l'échec du personnage : « Le corps lui-même est un objet quasi psychique » (Adamov). L'espace aussi devient une catégorie mentale : comme « il est immense à l'intérieur de nous-mêmes » (Ionesco), il se fait l'émanation-révélation du personnage, épinglé sur les quelques mètres carrés du microcosme scénique. Les états de conscience sont concrétisés, visualisés, spatialisés. Quant au temps mortifère qui nous ronge, quoi de plus concret, pour en rendre compte, que le temps même de la représentation : le spectateur meurt à toute vitesse durant *Le Roi se meurt* ; Béranger se fait dire par le garde : « Tu vas mourir dans une heure et demie, tu vas mourir à la fin du spectacle » ; mais le garde nous parle, tout autant.

Ces métaphores de l'espace et du temps producteurs de mort ne sont donc pas de simples figures de style : elles sont, littéralement, la seule façon pour le théâtre d'être honnête avec lui-même et de dire avec ses moyens propres, et eux seuls, ce qu'il pense : en métamorphosant les idées en sensations, il a gagné sa place comme art et comme philosophie ; il se fait la chambre d'écho des voix universelles — et banales.

Rien dans ce théâtre qui bourre sa dramaturgie de signes n'est plus le décalque du réel ; tout y subit transformations et décalages intentionnels, tout y joue le jeu du sens. Et le moyen, peut-être le plus radical, d'interdire le retour sournois de tout réalisme mimétique — qui se glisse dans tous les interstices du personnage (voix, gestes, psychologie) — est de renvoyer le théâtre au théâtre en jouant de tous les clins d'œil possibles. C'est un procédé facile mais efficace pour casser l'illusion scénique et Beckett en use surabondamment : par le titre de ses pièces (*Comédie, Fin de partie*) ; par un constant dédoublement du personnage qui se fait le narrateur de sa propre histoire (Hamm) ; par des jeux de mots ou de scène (« nous sommes servis sur un plateau » ; « ne serait-on pas au lieu dit la Planche ? », remarquent Vladimir et Estragon, jouant alors sur la double acception de ces termes du vocabulaire scénique). Moins visible mais plus riche est l'emploi comme contenu des constituants mêmes du théâtre : le sens de la pièce découle de leur exploitation technique. Ainsi la répétition est-elle inscrite au cœur du fonctionnement théâtral ; on y recourra donc jusqu'à satiété : de là naîtra l'idée de la répétition et de la monotonie existentielles ; ainsi l'espace est-il la première catégorie d'un théâtre concret : on montrera donc pendant de longues minutes Clov en train de « prendre la mesure » de son enclos scénique par un trajet minutieux de géomètre ; *Pas* n'est même fait que de ce travail d'arpenteur. H., dans *Comédie*, appelle de ses vœux l'extinction des projecteurs, l'employé dans *La Parodie* se plaint de ne pas bien voir, *Une voix sans personne* (J. Poliéri, 1956) est un titre de Tardieu, les voix des invisibles, chez Adamov, sont constamment comminatoires : mais le noir, la voix non incarnée, c'est la négation du théâtre dont les exemples cités font comme clignoter la présence-absence de telle sorte qu'ils apparaissent, selon le mot d'Ionesco, comme autant de « tentatives d'un fonctionnement à vide du mécanisme du théâtre ».

En ce sens il suffirait au théâtre de se montrer pour ce qu'il est : un espace clos, des comédiens qui font semblant d'être des personnages, des gestes et des mots sans motivation qui meublent le temps de la représentation et il aurait atteint son but : jeter le doute sur la possibilité de représenter le monde. Son paradoxe malgré tout et son butoir résultent de son incapacité à se passer de la parole. Combat dérisoire, qui consiste à emprunter les armes de l'ennemi, et qu'on sait truquées, pour tenter de le vaincre. Comme l'avait dit Wittgenstein, « on ne peut sortir du langage au moyen du langage ». Et, en termes de théâtre : « Je meurs, vous entendez, je veux dire que je meurs, je n'arrive pas à le dire, je ne fais que de la littérature », dit le roi Béranger. Dire avec les mots et en même temps contre les mots, telle est une des apories du théâtre contemporain. « C'est cela de la littérature », commente la reine Marguerite ; sur quoi le médecin conclut : « On en fait jusqu'au dernier moment. Tant qu'on est vivant, tout est prétexte à littérature. » Donc à non-théâtre : le théâtre nouveau, pour une large part, passe son temps à commenter l'impossibilité d'être théâtre. Sinon lorsque le rideau sera baissé et qu'il n'y aura plus rien à entendre.

La logique mise à mal

Ou plus rien à voir. C'est ici le paradoxe du vide, de la non-présence. Contrairement à ce que dit Robbe-Grillet, les personnages de Beckett ne sont pas des « être-là ». Ils sont justes assez présents pour dire qu'ils n'existent pas ou, si l'on préfère, qu'ils n'ont qu'une existence théâtrale, provisoire, fantomatique, projections sur le mur de la caverne aux Idées que Beckett se garde bien de monnayer en concepts : « À moi. De jouer » est le premier mot du personnage Hamm et un de ses derniers : « Puisque ça se joue comme ça [le jeu de l'existence sans doute] jouons-ça comme ça. » Chateaubriand disait avoir « bâillé sa vie ». Hamm, lui, bâille littéralement le récit qu'il en fait. La mise au jour de la théâtralité ne cherche à souligner ni les conventions du théâtre, ni son artifice, ni ses procédures techniques de fonctionnement, mais son inexistence. A l'inverse de Pirandello, Beckett ne cesse de dire que le théâtre n'est rien : c'est dans la mesure où il croit être quelque chose, par les paroles proférées, par les objets montrés, par les personnages animés, qu'il peut, dans cet écart, révéler le fin mot des illusions vitales qui sont encore des illusions scéniques. C'est pourquoi la philosophie de l'existence, chez Beckett, repose sur la même contradiction : de même que le personnage n'est rien tout en étant intensément présent (et d'autant plus intensément qu'il n'est que présent, sans projet ni désir) de même l'homme n'a de chance d'exister que s'il tend vers le néant : le mieux-être, c'est le moins être, comme le dit M. Rooney : « La perte de mes yeux m'a donné un coup de fouet. Si je pouvais devenir sourd et muet je serais foutu de me traîner jusqu'à mes cent ans. » Il est un peu trop simple de dire que Beckett annule le temps : il en constate l'existence inexplicable, incontournable : « Les grains s'ajoutent aux grains et un jour, soudain, c'est un tas, un petit tas, l'*impossible* tas (...) » ; la marche régressive vers le néant n'est jamais acquise : « Fini, c'est fini, ça va finir, ça va peut-être finir », déclare Clov, mais dire qu'on a fini est bien la preuve qu'on n'en a pas terminé, puisqu'au théâtre en finir c'est s'en aller ! Or la phrase de Clov est la première de la pièce. Ce langage a le pouvoir de cerner le vide, de dire l'ailleurs et l'avant avec une force d'autant plus convaincante que ce vide, cet ailleurs sont confrontés, en opposition permanente, avec l'ici et maintenant de la présence scénique : rien de plus concret que le jeu avec les objets, de plus animé que l'agitation incessante qui mobilise ces impotents que sont Hamm et Clov. Contradiction féconde résumée par ces seuls mots d'Hamm — qu'il faut prendre au pied de la lettre pour leur restituer toute leur portée a-logique : « Je n'ai jamais été là (...). Absent, toujours. Tout s'est fait sans moi. Je ne sais pas ce qui s'est passé. »

Le nouveau tragique qui s'inscrit dans ce théâtre vient de ce qu'on n'y meurt plus ou de ce qu'on s'y installe dans un au-delà de la mort. C'est sa façon à lui de rendre immortelle la mortalité de l'homme.

OÙ LA FICHE SIGNALÉTIQUE SE DIVERSIFIE

Une place pour les poètes

L'importance accordée au matériau verbal débouche-t-elle sur l'invention d'une nouvelle poétique théâtrale qui aurait participé au renouveau de la dramaturgie des années 50 ? Sans doute, mais en élargissant quelque peu l'acception du terme. Il est alors loisible de placer sous la rubrique « Poésie » les noms d'Audiberti, Césaire, Schehadé ou Vauthier. Avec le risque de se voir objecter, à juste titre, que si la poésie consiste à laisser l'initiative aux mots, le théâtre a toute chance de ne pas y trouver son compte, et d'autre part que, les mots ne sortant plus tout à fait d'un chapeau comme à l'époque dada, il faudrait d'abord se soucier de la personnalité de chacun, avant tout groupement catégoriel. Certes.

Entre le groupe des écrivains engagés (Kateb Yacine, A. Césaire, É. Glissant) et les autres il y a un abîme. Quand Yacine exhale (*Le Cadavre encerclé*, 1958, J.-M. Serreau) le chant profond d'un être affronté aux forces essentielles (l'amour, la mort), la poésie est le truchement le plus adéquat pour rendre sensible la puissance désespérée de la violence révolutionnaire : c'est un Algérien de la colonisation qui parle. Même richesse, mais plus directement dramatique, dans *La Tragédie du roi Christophe* (1967, J.-M. Serreau) de Césaire : roi de Carnaval,

Jean-Marie Serreau, à l'audace inlassable dans la présentation — financièrement risquée — d'œuvres nouvelles et politiquement engagées, mit en scène La Tragédie *du roi Christophe d'Aimé Césaire avec Douta Seck dans le rôle-titre (Odéon, 1965). Superbe création de l'acteur noir : Christophe en proie à ses propres démons et à la servilité envieuse d'hommes qu'il voudrait remodeler.*

Christophe n'en vit pas moins la passion exemplaire des peuples incapables encore de définir leur identité sans copier les maîtres qu'ils rejettent. La poésie ici est celle de la négritude où d'obscures forces nocturnes doublent le schéma dramatique. L'appartenance de Césaire et de Glissant à la race noire n'explique pas leur qualité de poètes mais elle situe leur usage des mots à un niveau de révolte où le cri n'est pas un jeu.

En regard Audiberti, Schehadé, Vauthier et Billetdoux ne risquent-ils pas de paraître quelque peu futiles et de voir leurs différences s'estomper ? Il n'en est rien : entre l'éclaboussement sonore d'Audiberti, la danse imprécatoire de Vauthier, la conciliation des contraires par le verbe chez Schehadé, le tâtonnement initiatique où les mots forcent les portes de l'impossible chez Billetdoux, il n'y a guère de commune mesure. Sinon que chez tous, sous les apparences de la parabole (Schehadé), de la tranche de vie (Billetdoux, Vauthier), de la fantaisie sans frontières (Audiberti), se lit le même désir de construire un monde second où les questions, des plus simples aux plus obscures, recevraient une réponse, simplement à n'être pas posées dans les termes qui ont cours dans ce monde-ci.

Car ce monde-ci, tel que vu par Audiberti, Vauthier ou Billetdoux, n'est guère réjouissant : la gouaille et le volcanisme rabelaisien d'Audiberti — beaucoup plus contrôlés qu'il n'y paraît — laissent les personnages nus face à une évidence sinistre : la méchanceté est reine et se cache aussi bien sous les habits de cour (*Le mal court*, 1947) que sous ceux d'un médecin de campagne (*La Fête noire*, 1949) ; Bada, l'artiste, est un mari insupportable, violent, braillard et mesquin, comme aussi Marc qui en est la réincarnation (*Les Prodiges*, 1970) ; les personnages de Billetdoux se révèlent incapables d'entrer en communication avec autrui, mais du moins le tentent-ils et ne sont-ils pas loin d'y parvenir (dans *Va donc chez Törpe*, 1961, ou *Comment va le monde, môssieu ? Il tourne, môssieu*, 1964).

Sa revanche contre le monde des hommes, Audiberti la prend dans l'imaginaire : il suffit de rêver et de mélanger les régimes diurne et nocturne pour que tout s'envole vers un univers pacifié (*La logeuse*, 1960, *L'Effet Glapion*, 1959) ; sa revanche, Audiberti, et c'est ce qu'il a de plus original, la prend aussi en se projetant dans un monde préchrétien tout bruissant de forces premières où les animaux et les arbres donnent aux hommes des leçons, inquiétantes souvent, de vitalité sans frein (*La Hobereaute*, 1958) : la poésie audibertienne intègre la vie et la mort, le sexe et l'innocence dans un même grand cycle non justiciable des catégories, prosaïques, du Bien et du Mal.

Vauthier, lui, met en scène le Poète lui-même, en proie à nul autre démon qu'à celui qui vaticine à travers lui et qui emprunte la voix, soit de la boursouflure lyrique *(Capitaine Bada),* soit de l'introspection douloureuse (*Le Personnage combattant*, 1956, J.-L. Barrault), soit de la poussée des fantasmes (*Le Rêveur*, 1961, G. Vitaly). Les mots, à ce compte, cernent un manque : la création artistique se situe en deçà ou au-delà des mots qu'elle nous livre. Peut-être dans ces pièces Vauthier ne nous en montre-t-il que ce qu'il est possible de saisir : des soubresauts, une inquiétude, un air d'absence à quoi seul l'auteur, tapi dans les marges de son œuvre, pourrait donner leur vrai nom : père tutélaire de ses personnages, il ne les laisse jamais seuls. Sur scène c'est au personnage éponyme de jouer ce double rôle : du poète qui parle, presque pour rien, et de l'auteur qui le regarde, le juge et qui possède le secret. M. Maréchal, dans *Bada*, s'y entendait admirablement.

Le monde de Billetdoux, à l'inverse, n'a apparemment rien de poétique : les mots n'y chantent pas ni ne s'y bousculent. Et pourtant il l'est puisqu'il est autre : par un système de décalages imperceptibles on se retrouve au bout du compte dans un lieu sans identité ou dans un pays sans nom qui s'appelle toujours auberge ou Texas mais qui n'est en fait que le point de convergence d'un espoir fou ou d'une quête impossible. L'auberge de *Törpe* est ce paradis où la mort vaut amour, le Texas de *Comment va le monde ?* cette terre promise où, du désert, surgira la ville. La parabole chez Billetdoux ne se monnaye pas

La création du Mal court *de J. Audiberti en 1947 au Théâtre de Poche, mise en scène Georges Vitaly. La pièce se déroule dans un XVIIIe siècle de fantaisie. De gauche à droite, R.-J. Chauffard, Georges Vitaly, Suzanne Flon, Lucien Guervil.*

en leçons ; elle résiste comme récit, dans son étrangeté, bien que tissue de personnages communs et de situations familières. Là est sa marge poétique.

Même impossibilité, avec Schehadé, de réduire la poésie à un concept, mais chez lui, à la différence de Billetdoux, l'insolite s'installe d'entrée de jeu, plus mystérieux ici (*Monsieur Bob'le*, 1951, *La Soirée des proverbes,* 1954), plus fantaisiste là (*Histoire de Vasco,* 1956 ; *Le Voyage,* 1961, J.-L. Barrault, metteur en scène de ces trois dernières pièces comme de plusieurs de celles de Vauthier et de Billetdoux. Son rôle de propagandiste infatigable du théâtre contemporain ne saurait être trop souligné). Le monde de Schehadé échappe à toutes les lois : de la pesanteur, de la laideur, de la violence, de la psychologie, même quand on y pense et qu'on y meurt. Une sagesse impalpable venue de très loin parcourt, *mezzo voce, Monsieur Bob'le ;* une intensité poignante dirigée vers on ne sait quel secret fait de tous les personnages de *La Soirée des proverbes* les fantômes du temps et les incarnations des désirs les moins formulables. Tout cela Schehadé le dit à côté des mots, mais avec les mots aussi, les plus légers qui soient, les plus émancipés de toute attache au banal : magicien, Schehadé transforme les serpents en serpentins et les souricières en sourires.

Théâtre du silence et de l'absence qui se manifeste par les mots et la présence scénique, voilà une contradiction qui en appelle une autre, corollaire : théâtre du dedans, il ne veut s'exprimer que par le corps. Tension et déchirement dont Arrabal porte sans doute, le mieux, témoignage. Le dedans, c'est la mégalomanie de ce petit homme, prisonnier de son enfance et lié d'amour-haine à sa mère, hanté par ses fantasmes érotiques et religieux, fasciné et écœuré par la bonté ; c'est l'héritage hispanique de la démesure, du grotesque, du cérémoniel et du baroque, en un mot c'est un moi envahissant, à peine transposé dans *Les Deux Bourreaux* (1966, V. Garcia. Signalons que la première pièce jouée d'Arrabal, *Pique-Nique en campagne,* a été créée par J.-M. Serreau en 1959), ou *La Bicyclette du condamné* (1966) et qui lui fait dire : « Je suis presque toujours le principal personnage de mes pièces. » Le dehors, c'est, dans l'incapacité — volontaire ou non — de dire ce dedans, le recours à un langage insignifiant (aux deux sens du terme) à force de platitude, à une instabilité caractérielle des personnages sans cesse en métamorphose, en échange de rôles et de pulsions (dans *Le Couronnement*, 1965, *Le Cimetière des voitures,* 1966, V. Garcia), c'est le terrain déblayé pour que l'essentiel — l'amour et sa complice la mort, l'esprit d'enfance, l'indifférenciation du bien et du mal, les jeux de rêve, la pitié — se manifeste dans des corps que l'on torture ou dégrade, dans des objets dont la profusion est irréductible à la simplification du symbole.

Il y a chez Arrabal un besoin de palper, un appel au voyeurisme, pour l'amour ou le sadisme et pour l'amour sadique, qui semblent prendre le relais du langage déficient et imposer au théâtre un autre système de références : le merveilleux dans le quotidien, à coups d'images de foire et de grand-guignol (*Le Grand Cérémonial,* 1966, G. Vitaly), la pesée sur les nerfs du spectateur à coups de situations chocs. Le théâtre se fait « panique » par grand brassage de tout, dans un apparent bric-à-brac qui n'exclut pas « une ordonnance rigoureuse, une solide charpente architecturale ». Quand Arrabal dit de *L'Architecte et l'Empereur d'Assyrie,* 1967, J. Lavelli) : « C'est l'apologie du bon sauvage. C'est une pièce contre la civilisation », il définit exactement son propos d'ensemble : faire que le corps, la primitivité brute, soit le support de nouvelles valeurs : la pensée sans langage, l'esprit de corps si l'on peut dire. Ce que tente l'architecte en mangeant l'empereur : il n'est pas cannibale mais, obsédé par le désir de communication, il le réalise par une sorte de transsubstantiation eucharistique : le corps est esprit. Matérialisme mystique, spiritualité coprolalique, tous les alliages de contraires qu'on voudra rendraient compte de cette esthétique de la « confusion » dont Arrabal n'a pas pris conscience dès l'abord mais qui est inscrite pourtant, déjà, dans *Oraison* (1966, V. Garcia) ou *Le Cimetière des voitures* ; l'esprit d'enfance à la limite de la débilité mentale, la fascination devant les tabous transgressés en disent plus que tout raisonnement, sur cette espèce de syncrétisme moral, religieux et esthétique. Qu'est le personnage dès lors ? « un désir qui prendrait corps à travers les images ». Désir et délire où s'exprime la mission de l'artiste qui est « d'illuminer la nuit, d'éclairer les régions secrètes de nous-mêmes, de prévoir le mystère de l'avenir ».

Exercice de thérapie personnelle, le théâtre d'Arrabal l'achemine vers un langage direct, non verbalisable, du corps. Peut-être réalise-t-il, mais un peu tard, ce qu'Artaud avait rêvé, si tant est que l'image ne perde pas l'essentiel de

Victor Garcia dans cette mise en scène du Cimetière des voitures d'Arrabal (Théâtre des Arts, 1967, avec Jean-Claude Drouot dans le rôle d'Emmanou) donne libre cours à son sens bouillonnant de l'invention scénographique : il transforme le plateau d'un théâtre policé en décharge publique ; la civilisation des emballages perdus n'est pas loin de considérer l'Homme, le vrai, comme un déchet.

son pouvoir à cesser d'être virtuelle. On sortirait alors du théâtre-représentation où la parole — médiate — s'interpose entre la scène physique et le spectateur pour déboucher sur le théâtre-action, sur le happening.

Le baroque est espagnol chez Arrabal, flamand chez Ghelderode, mais chez l'écrivain belge la violence, la distorsion des corps procède non d'un poids de sadisme personnel, réel ou fantasmé, mais d'une culture picturale : le théâtre de Ghelderode, ou comment parler peinture, pour reprendre, en le parodiant, un titre de Tardieu. Chez lui les situations-matrices sont des instantanés à la Brueghel ou à la Ensor, si riches de matière et d'expression, de couleurs et de formes que le discours scénique se contente de s'en faire l'animation et le prolongement (dans *Hop Signor !* ou *Fastes d'enfer*, A. Reybaz, 1947 et 1949), un peu comme ces dérives de commentaires qu'un Diderot consacre aux toiles de Greuze. Le sous-texte stanislavskien des toiles flamandes, Ghelderode le rédige et le met en scène, mais sans avoir besoin de le théâtraliser ; elles sont déjà, de soi, d'une expressivité telle dans le débordement vital comme dans la cruauté

Hop Signor ! de Ghelderode avec Catherine Toth (metteur en scène) et André Reybaz en sculpteur infirme, au Théâtre de L'Œuvre (1947). Image émouvante d'un couple qui fut pour beaucoup — contre vents et marées de toutes sortes — dans la diffusion d'un théâtre nouveau, pendant plus d'une décennie.

morbide qu'il n'est nul besoin de se référer à Artaud — qu'il ne connaissait pas — pour rendre compte d'une expérience totalement visionnaire : visionnaire parce que Ghelderode évolue dans un monde de visions à la fois mythiques (le passé qu'il évoque est une reconstitution culturelle) et physiques (il *écrit* les toiles peintes ou imaginaires dont il nourrit son regard) : Ghelderode est un œil qui parle. Il fait hurler les mots comme Ensor fait hurler les couleurs et de cette rencontre inopinée de discordances verbales naît une « composition » originale. Mais le tableau est aussi, au théâtre, le mot qui désigne une séquence animée où prime le mouvement. Et Ghelderode est bien l'homme-orchestre de toutes les fascinations spectaculaires, qu'elles viennent des techniques scéniques (lumières, décors) ou des formes marginales de la représentation (music-hall, cirque, théâtre forain). « Le théâtre au possible », jusques et y compris tous ses faux-semblants.

Mais, ce faisant, Ghelderode rend volontairement irréalisable ce qui constitue le soubassement philosophique de son théâtre : la quête de l'identité. Elle est sans cesse entreprise et niée par les jeux de rôle auxquels ses personnages se livrent : le roi d'*Escurial* en échangeant son costume avec son bouffon Folial ne parviendra pas à savoir qui il est. Tous les rituels ne sont que des simulacres et les moyens d'une simulation, verbale toujours, qui, sous couvert d'exprimer le corps, l'opprime. En effet, comme le langage continue, dans les années 50 et 60, à être considéré comme l'attribut de la psyché et que toute vie, au théâtre, est médiatisée par la parole, si l'on dévalue l'une et l'autre, il ne va plus rester du corps, sur la scène, qu'une dépouille mortelle. Ceci pour expliquer que le corps soit systématiquement dégradé, voué à la mort, chez Ghelderode comme chez Adamov ou Beckett. Écartèlement du corps et de la parole particulièrement sensible dans *Comédie* : les trois personnages enfermés dans des jarres d'où émerge leur seul visage, lui-même terreux et presque méconnaissable, ne tiennent que le discours du corps, du désir, mais leur corps, lui, est déjà rendu à la poussière du tombeau, à l'anonymat de la pierre. La mort et ses substituts sont à l'horizon de toute quête de l'identité.

Peut-être est-ce, de la part d'Arrabal ou de Ghelderode, oublier l'état des lieux : le théâtre contemporain a trop travaillé à la spatialisation du moi pour qu'il soit possible d'inverser la tendance et de redonner au corps son autonomie. Là où Ionesco, Beckett ou Vian (avec son Schmürz des *Bâtisseurs d'empire* [1959], exemple typique de concrétion des états de conscience) matérialisent l'esprit, là où Arrabal cherche à faire parler au corps son langage propre et où Ghelderode dresse un constat d'échec généralisé, Dubillard quant à lui emprunte une voie médiane encore plus escarpée : pour lui le problème est de passer d'une relation d'inclusion (je suis dans un corps) à une relation d'équivalence (je suis un corps), pour faire que le chez-soi devienne le soi. Saisir l'esprit à travers le corps, mieux, aboutir à une coïncidence impossible entre le dedans et le dehors, faire que l'autre soit le même, par rupture du principe d'identité, telle est l'entreprise philosophique autant que théâtrale de Dubillard.

Le Jardin aux betteraves (1969) est l'histoire d'un quatuor mis en boîte (dans l'écrin d'un espace scénique en forme d'étui à violon géant) dans une autre boîte (une Maison de la culture) et qui se pose, du dehors (en tant qu'exécutants peu doués et en tant qu'individus en proie à des problèmes sentimentaux sans rapport avec l'art), la question de savoir comment être à l'intérieur de l'art, c'est-à-dire comment être l'artiste lui-même. Guillaume, premier violon du quatuor, essaie, par volonté démente, de réaliser cette synthèse dans les limites de sa propre personne ; il est et en même temps il n'est pas Beethoven comme Beethoven est à la fois contenant (comme buste placé sur la scène) et contenu (comme musique) : le génie de Beethoven est contenu dans son buste, dans sa tête, mais comment savoir ce qui est dedans si on est dehors ? Cette tentative d'identification se paie au prix de la désintégration du moi, de son effacement dans l'autre. Saisir l'intérieur de l'extérieur, cette impossibilité logique, *La Maison d'os* (1960) l'explicite de façon très claire : « Le dedans d'une chose sitôt qu'on y entre, on ne peut plus, monsieur, regarder cette chose du dehors. ». Aussi les personnages de Dubillard sont-ils constamment ailleurs, comme l'auteur-acteur Dubillard qui a fait de son art une « défense du somnambulisme » (A. Bosquet). Ce Buster Keaton de la scène est un solitaire et il ne dialogue qu'avec ses héros,

Le moi dans l'autre

avec d'autres lui-même. Félix (dans *Où boivent les vaches*, R. Blin, 1972), pour se voir, se dédouble : « Laissez-moi tranquille avec moi-même. Assis moi-même là-bas en face de moi-même. La solitude des créateurs. »

Aussi l'image majeure, le mot-image de Dubillard sont-ils ceux de la boîte (à ses différentes échelles : étui, valise, buste, œuf, bidon, carcasse de crabe), jeu d'emboîtements à n'en plus finir pour poser la question essentielle : comment se connaître pensant si l'on ne peut que se penser comme autre. Dubillard se collette avec la poursuite indéfinie de soi : plus il entasse les mots, plus il s'éloigne du but, inaccessible à proportion même de l'affirmation de soi comme sujet. Théâtre métaphysique au sens propre du terme, et d'autant plus angoissant, dans la drôlerie, qu'il s'est voulu pleinement physique, circonscrit dans le *hic et nunc* du corps et de la scène. Totalement monologique puisqu'il passe son temps à instaurer un je-sujet, le théâtre de Dubillard peut être tenu pour le théâtre impossible de la connaissance de soi, pôle d'attraction, comme le trou noir des astronomes, autour de quoi tout tourne.

Que le théâtre de Dubillard soit difficile d'accès, au plus profond, est incontestable, mais le jeu en vaut la chandelle, car le problème de l'identité a taraudé, pendant une génération, tout le pan de la philosophie, de la psychanalyse et de la littérature qui ne basculait pas du côté du marxisme. Cette quête, quand on la sait vouée à l'échec — et comment en irait-il autrement à l'heure de Beckett et de Lacan ? —, n'a rien de réjouissant et pourtant cette course-poursuite du héros après son ombre a, chez Dubillard, quelque chose de burlesque. Elle a, chez Copi, quelque chose de plus âpre, de grotesque et de baroque à la fois, avec tout ce que ces qualificatifs impliquent de poussées de l'imaginaire émergeant à la réalisation scénique à coup de fantasmes et de métamorphoses monstrueuses. Héritier très direct d'Artaud, les métaphores chez lui deviennent des gestes, les frontières sont abolies entre rêver et faire, et l'enfermement décisif de tout discours comme de toute image dans la subjectivité incontrôlable du parleur (peut-on parler de personnage s'il échappe à toute identification ?) fait du théâtre de Copi (*Eva Péron*, 1969, *L'Homosexuel ou la Difficulté de s'exprimer,* 1971) le lieu de tous les possibles : dans une profusion d'autant plus attachante que Copi, en grand maître de l'humour froid, touche à l'essentiel (la mort, la vieillesse, l'échec) sous le masque du pitre. Désespéré comme un clown et aérien comme un poète, Copi, jamais, ne prend la pose : son charme est là.

R. Pinget a fait aussi de l'interrogation sur soi la matière de ses pièces : le titre même de l'une d'elles, *Identité,* suffirait à le prouver. Éditée en 1971, donc venue trop tard pour être rangée dans le « bataillon de l'absurde » — expression qui a fait florès malgré son impropriété —, cette œuvre exploite un problème esthétique familier au théâtre nouveau depuis quinze ans : l'identité consiste seulement à occuper la scène, le seul être est l'être-là. Mais, à la différence de ses pairs, il n'y a pas chez Pinget de traitement parallèle et analogique de la raréfaction de l'être et du tarissement de la parole. Ici on parle pour aboutir au silence, on parle pour évincer la parole. *Abel et Bela* (1971), sans doute la pièce la plus riche et la plus séduisante de Pinget, pose d'autres questions. Abel et Bela ? L'un est l'aller dont l'autre est le retour, tous deux mêmes et différents. L'indifférenciation du personnage, sous les espèces trompeuses du clown, n'est-ce pas sa mort qu'elle promet, ou plutôt sa transfiguration en figure mythique

Sur la scène du Théâtre du Rond-Point (1983), dans une mise en scène de Marguerite Duras, le personnage Madeleine se confond avec l'actrice Madeleine Renaud pour donner à cette méditation sur la douleur et la mort qu'est Savanah Bay *de M. Duras une profondeur inoubliable. Incarnation, en quel que sorte, de la conscience de Madeleine, Bulle Ogier lui donne une réplique sensible.*

du Personnage ? Ce Personnage ne saurait être impliqué dans aucune fable, il est la fable puisqu'il est le mot. Mais le « mot est le plus puissant véhicule de la mort », dit Bela. Certes, car pour devenir figure mythique il faut mourir.

Peut-on faire de l'interrogation sur l'identité le point nodal de l'écriture théâtrale sans déboucher sur le métaphysique ? Il semble bien que ce soit le propos de M. Duras. Chez elle l'absence, le rien ne sont pas majuscules ; les petits riens de l'existence — l'existence en somme — n'arrivent pas à sortir du néant, à se fixer et par là à assurer la conscience de soi ; ils ne forment pas écran, donnée pleine sur quoi pourrait prendre appui le travail de la mémoire : « Il n'y a rien de vrai dans le réel, rien. » Ce rien n'a d'autre réalité que les mots qu'on en dit, dans une liberté indéfinie du jeu, de l'aléatoire. Jeux de théâtre parfois : « J'étais une comédienne », dit Madeleine de *Savannah Bay* (1983). Et tous les possibles sont ouverts au théâtre à proportion même de leur caractère indécidable. La répétition avec variations, trait frappant de l'écriture durassienne (des *Viaducs de Seine-et-Oise*, 1960, à *L'Amante anglaise*, 1968, Cl. Régy, ou

Un néant fait de petits riens

du *Barrage contre le Pacifique*, 1950, à *L'Eden-cinéma*, 1977, Cl. Régy), est un signe privilégié de cette instabilité de la fiction — qu'elle soit ou non affichée comme théâtrale : en se disant, en se redisant, elle s'invente, autre.

La mémoire dès lors n'est pas cette faculté défaillante dont on vit dans l'angoisse les déformations, mais une puissance d'imagination qui donne au néant un corps par les images qu'elle suscite et les histoires qu'elle raconte. La quête de l'identité, qui tente de rassembler les morceaux épars d'un je, est vouée à l'échec, car passé et présent, mensonge et vérité sont inextricablement mêlés du fait que mémoire et oubli ne font qu'un. Suzanna Andler (dans la pièce du même nom, 1968) assiste à elle-même, comme étrangère, et son acharnement à se connaître en se disant l'écarte sans arrêt du sujet. Dire le passé, c'est le lire, sans doute, et le transformer en texte avec tout ce que cela comporte : de fiction — comme production à n'en plus finir de récits contradictoires ; d'absence — comme présence entre les fils du récit des blancs de la conscience, du trou qu'est la conscience de soi. Le comble de la dépersonnalisation est peut-être atteint dans *L'Eden-cinéma*, où les personnages se *regardent* parler, à la troisième personne, extérieurs à eux-mêmes, comme dans un récit où, faute d'un point de vue fixe et constant, le théâtre risquerait de perdre son âme s'il ne restait précisément le regard, pesant, pressant ou affectueux, où d'autres relations que celles des mots s'instaurent. Dans *India Song* (1972) le discours du passé est confié à des voix anonymes étrangères à la fable, interprétant les mouvements muets de personnages qui glissent sur l'écran de leur mémoire. « Texte théâtre film » est le sous-titre d'*India Song*, signifiant par là à la fois la présence constante de l'auteur, la réduction des êtres à des images et le caractère aléatoire d'un commentaire fait de paroles rapportées, c'est-à-dire « déjà jouées » et cependant ouvertes à la « lecture intérieure » du spectateur.

Par deux fois M. Duras s'est colletée avec la matière même du langage dans *Le Shaga* (1968) et *Yes, peut-être* (1968) : elle s'y maintient rigoureusement à l'orée du sens par l'emploi d'un langage inventé ou torturé, et cependant le sens naît, « une action souterraine de sens ». Exercice de salubrité langagière, passablement démystificatrice à l'égard de « l'homme au bidon » et de « l'héros », donc des mâles, avec cette mise en garde : « Faut faire attention quand on parle peut-être ? (...) Le mot est toujours le mot. » Le langage ne va pas sans risque ; sans doute est-il chance de communication : « Parler (...) pour moi est une sorte d'aubaine », dit l'homme du *Square* (1957, Cl. Martin), mais il dit aussi : « Peut-être qu'on ne devrait jamais parler. » Au vrai la recherche du contact se situe dans un va-et-vient permanent entre la parole et le silence ; mieux, les personnages semblent entrer en communication par le silence ; la parole est alors apologie du silence et de l'immobilité : les dialogues décalés, le monologisme entraîné par le ressassement des idées fixes sont comme l'équivalent du silence. La parole est encore cache-misère burlesque (dans *Les Eaux et Forêts*, 1965), masque aussi, de la solitude irrémédiable (pour la mère des *Journées entières dans les arbres*, 1965, J.-L. Barrault), de l'amour qui refuse de s'avouer (dans *La Musica*, 1965). Mais le langage en lui-même n'est pas en cause chez M. Duras, ni comme trace de l'autre en soi (ainsi chez Ionesco et Tardieu) ni comme échec au néant (ainsi chez Beckett et Dubillard) ; il est le support de toute fiction, l'aliment de toute mémoire : vide comme elles, mais comme elles indiscutablement présent : sur la page comme noir sur du blanc, sur la scène comme voix dans un corps.

Le langage chez N. Sarraute aussi est masque, plus systématiquement, plus didactiquement. Pour elle, en se situant au niveau du « prédialogue », seul capable de « rendre sensible, visible » ce domaine des « sensations pures que le langage pétrifie », le théâtre « peut communiquer le ressenti », mais en négatif ; ce prédialogue n'est perceptible qu'en contrepoint d'une parole qui, elle, est faite d'inanités mondaines (*Isma ou Ce qui s'appelle rien*, 1970), ou bien est aspirée par le silence qu'elle ne cesse cependant de rompre (*Le Silence*, 1967, J.-L. Barrault), ou bien encore se condamne au mensonge par incapacité congénitale à faire le départ entre le vrai et le faux (*Le Mensonge*, 1967, J.-L. Barrault) : un homme qui parle est un menteur qui ne joue pas ; mais comme nous sommes au théâtre, un comédien qui joue est un acteur qui ne ment pas. Tourniquet à n'en plus finir qui piège à la fois le langage et le théâtre.

Assez curieusement, constate-t-on, mort et langage, être et paraître, jeux avec le théâtre, interrogation sur le personnage vont de pair. Chez un Pinget qui n'a pas réussi à imposer sa manière, chez un Genet aussi qui, pour n'avoir jamais sacrifié aux tics de ses contemporains, semble faire cavalier seul : son esthétique, située sur les franges d'une philosophie du mal comme valeur, est aussi plus systématiquement rationalisée (avec l'intervention d'un metteur en scène-pédagogue en la personne d'Archibald, par exemple, dans *Les Nègres*) et elle recourt à une langue somptueuse dont le moindre piège n'est pas précisément cette somptuosité. Genet joue à égarer ses spectateurs en construisant sa première pièce jouée, *Les Bonnes*, sur un rapport de domination faussement social ; en touchant à la guerre d'Algérie dans *Les Paravents* (R. Blin, 1966) ou en semblant traiter des problèmes de colonisation dans *Les Nègres*. Il n'en est rien, on le sait. Seules l'image, l'apparence, la fête, l'« architecture de vide et de rien » l'intéressent. Et le mal. Et la mort.

Genet est un théologien qui cultive le mysticisme inversé et le blasphème de séminariste ; ses trois vertus théologales sont l'homosexualité, le vol et la trahison. Le mal, posé en absolu, atteint à l'être du non-être et se traite comme un Dieu : « Mal, merveilleux mal, toi qui nous restes quand tout a foutu le camp, mal miraculeux, tu vas nous aider. Je t'en prie, et je t'en prie debout, viens féconder mon peuple » *(Les Paravents)*. Genet est happé par « le vertige d'un néant qui se donne pour de l'être » (Sartre) et par le vertige de la mort, sa plus parfaite incarnation. La mort concrète, bien sûr, l'accessoire criminel, le criminel lui-même, le bourreau, le prêtre qui officie. Mais Genet ne s'attarde pas sur le détail macabre ; il le transforme aussitôt en images survoltées de la laideur et de l'abjection et s'en sert comme tremplin pour ériger le mal en mythe. Comme Genet n'a pas l'étoffe d'un grand bandit, son idéal du mal se réalisera par le langage, le beau langage : lui seul atteint à l'essence et établit une relation magique entre la mort, le mal et l'absolu. Genet procède à l'ordonnance solennelle d'une cérémonie qui recherche ses modèles mythiques et les découvre quelquefois aux confins de la mort.

Pour ce faire le théâtre de Genet épouse préférentiellement la forme du jeu.

Le jeu
de la mort

Genet par Alberto Giacometti. Giacometti — « l'homme que j'ai le plus admiré », disait Genet — a peint ce portrait en 1955. L'Atelier d'Alberto Giacometti (1957) est issu des conversations entre les deux artistes durant les nombreuses séances de pose. (Paris, musée national d'Art moderne.) © ADAGP 1989.

« C'est le faux, le toc, l'artificiel qui, dans la représentation théâtrale, attirent Genet », cette phrase de Sartre sur *Les Bonnes* est valable pour tout son théâtre. Dans les *Lettres à Roger Blin* (1966), Genet revient sur cette idée que toute pièce est une « mascarade ». Pour *Haute Surveillance*, « toute la pièce se passera comme dans un rêve » ; pour *Les Nègres* (dont le sous-titre, « clownerie », est révélateur) il s'agit — il y insiste — d'une pièce écrite par un Blanc pour des Blancs. Au cas où le public ne serait que noir, un Blanc en costume de cérémonie, voire un mannequin, serait indispensable pour maintenir éveillée, tout au long, la conscience de l'artifice. Sans cesse le spectateur est tenu au courant du simulacre : meurtre sans victime, massacre peut-être, mais massacre lyrique. De son côté, c'est dans le sens de la dérision, très systématiquement, que P. Chéreau avait choisi de monter *Les Paravents*, lors de la reprise de 1983, à Nanterre.

Nous savons cependant, aussi, que sous le masque blanc des Noirs se cache

Les Nègres *de Genet, mise en scène Roger Blin, Théâtre de Lutèce, 1959. Le dispositif scénique d'André Acquart, par ses multiples niveaux et son dépouillement tubulaire, ainsi que ses costumes et ses masques, par leur débordement baroque, aident les comédiens de la Compagnie des Griots à glisser constamment du jeu sérieux, où fonctionne l'illusion scénique, à la « clownerie » et à la mise en perspective de soi comme autre.*

la négritude. Le vicaire Diouf, le traître, c'est-à-dire le saint, est déguisé, devant nous, en femme et personne n'ignore que c'est un Noir qui tremble sous le masque blanc. L'exécution rituelle des Blancs, l'exercice du mal qui est l'exercice de la liberté, est aussi, pour les Noirs, le signe de la difficulté à être Noirs sans les Blancs : attachés à la servitude les Noirs aiment à détruire les signes blancs de cette servitude. Mais ces signes une fois détruits, y aurait-il pour le théâtre la possibilité d'offrir des suites non simulées ? De cela Genet ne se soucie pas. De même que le syndicat des gens de maison fera plus pour les vraies bonnes que sa pièce, de même c'est la lutte anti-impérialiste, non *Les Nègres*, qui aidera à la libération des Noirs : il importe seulement de comprendre qu'à travers sa lutte simulée contre la servitude le Noir accède à son signe ; et il y a accédé par le jeu, l'artifice.

Dans *Le Balcon*, assurément, le théâtre de l'apparence s'exprime avec le plus de netteté. Théâtre fastueux où chaque personnage endosse son rôle ; théâtre de panoplie où les éléments « en chair et en os », si l'on peut dire, sont exclus. Grâce aux miroirs est offerte moins l'image que l'apparence d'un bordel. Chaque acteur joue son apparence contre la fonction qu'il est censé incarner. Jeu subtil de contradictions. Par les ornements seuls, par les dentelles l'évêque et le juge entrent en eux-mêmes. C'est à la condition que les hauts dignitaires deviennent leurs propres spectres qu'il peut être donné une signification à chacun de leurs actes. Dans ce bordel de luxe nous ne trouvons ni évêque, ni général, ni juge vrais. Ainsi chacun abandonne-t-il sa fonction sociale, se refuse-t-il à l'action pour revêtir peu à peu, de façon ordonnée, répétée elle-même comme une pièce de théâtre, la rigueur ornementale de la scène et du symbole. La seule perspective d'existence authentique est celle de l'effacement et de l'invisibilité.

« Tous, vous, moi, les acteurs nous devons longtemps macérer dans la ténèbre, il nous faut travailler jusqu'à l'épuisement afin qu'un seul soir nous arrivions au bord de l'acte définitif. » Cet acte définitif n'est autre que la folie ou la mort, dont *Les Paravents* présentent la lente ascèse. C'est aussi la pièce dont Genet disait à R. Blin : « Je crois qu'une seule représentation suffit » ; l'unique représentation incarne la représentation théâtrale en soi, dans l'objet glorieux de son signe, de sa lisibilité. Saïd mort ne viendra pas rejoindre les autres morts qui, eux, sont encore prisonniers du théâtre car visibles ; la vraie mort est absente. Le signe, chez Genet, dans la plénitude de son acception, est un manque, non une marque, paradoxe insoutenable au théâtre ! Voilà pourquoi le maléfice et l'incantation propres à Genet ne peuvent que détruire « la pompe désuète, le décorum de théâtre, au profit d'autres et moins prévisibles fêtes ».

Les acteurs ne viennent pas divertir le public ni l'instruire : ils le refusent ; ils restent seuls sous les projecteurs en dehors de toute complicité avec la salle. Genet de même. Ayant prononcé sa propre destitution par la glorification du mal qui est cette audace à poursuivre « une destinée contraire à toutes les règles », il prononce celle de son théâtre qu'il voue, une fois l'étincelle produite, à l'oubli définitif ; il ne cessera pas pour autant, comme signe suprême du théâtre, de resplendir à travers des procédures presque toujours strictement scéniques : Genet prend l'apparence, dans tous ses détours (costumes, objets, espaces) au pied de la lettre : elle est de n'être rien. Vertigineux maëlstrom.

Le réel pris au piège du théâtre

Entre un théâtre qui dise le réel et ses enjeux mais dans une forme vieille et un théâtre qui s'échappe vers le métaphysique en forgeant ses propres outils, n'existe-t-il pas une troisième voie où la réalité du monde contemporain, sociale et politique, serait saisie, mais sans que le théâtre perde rien de la spécificité acquise dans les années 50 ? Adamov s'y est engagé en la posant dès le départ (dans l'Avertissement à *La Parodie*, 1950) comme presque inaccessible. En souhaitant que « la manifestation du contenu coïncide littéralement, *concrètement, corporellement* avec le contenu lui-même », il ne semble pas s'écarter de ses pairs de l'époque, mais définir simplement la littéralité. En fait il postule — c'est là la difficulté — la double liaison du physique et du psychique, du psychique et du social, à la poursuite d'une « scandaleuse unité » (B. Dort). La littéralité chez lui prend sa source à la fois dans le psychique et dans le social : Zenno est persécuté parce qu'infirme et infirme parce que persécuté (dans *Tous contre*

Cette affiche de Jacques Noël pour la pièce d'Adamov, mise en scène de Roger Blin et de Jean-Marie Serreau, 1950, évoque parfaitement le mécanisme absurde qui écrase l'homme et le condamne à la chaise d'infirme, elle-même instrument de torture.

tous). Mais il manque encore à toutes ses pièces du début, selon Adamov lui-même, de quitter la généralité des majuscules pour s'ancrer dans la particularité de l'événement : ne plus décrire la Persécution, mais une persécution, ne plus parler de l'Aliénation métaphysique mais de l'aliénation sociale, telle que la vivent Arthur et Victor dans *Le Ping-Pong* (1955, Noctambules, J. Mauclair), Marpeaux l'ouvrier et même ceux qui croient en être les bénéficiaires, dans *Paolo-Paoli* (1957, R. Planchon). Le théâtre de la totalité vivante auquel aspire Adamov n'exclura ni la psychologie ni le recours aux rêves vécus ou racontés : « Mes visées, dit-il, ce serait, dans l'idéal, d'arriver dans une pièce à une assimilation étrange, insolite pour nous, du monde onirique et du monde social, politique enfin (...) ». Du coup le temps est réintégré dans ce théâtre, et le temps sera historique ou il ne sera pas, car « le théâtre c'est l'art du temps et de la progression dans le temps ».

Toutes les pièces d'Adamov, à partir de *Paolo-Paoli*, vont osciller, comme par un jeu de balancier, entre l'onirique pur *(Si l'été revenait)* et l'historico-politique à la limite du document (*Off Limits,* 1969) quand ce n'est pas de la fresque didactique (*Le Printemps 71*, 1961, R. Planchon) ou de la bouffonnerie iconoclaste (*M. le Modéré*). *La Politique des restes* (joué en 1967 mais écrit en 1962) est peut-être la pièce qui réussit le mieux, selon Adamov, le mixte désiré : ce Johnnie assassin de Noir est un fils de l'apartheid ; s'il tue et si finalement il est déclaré non coupable, c'est parce qu'il est d'une civilisation où la vie d'un Noir ne compte pas ; mais aussi parce qu'il est un cas pathologique, possédé par l'obsession d'avoir à ingérer tous les détritus qui passent à sa portée, donc aussi ceux que laissent traîner les Noirs. Sa maladie est sociale autant que personnelle ; l'encerclement par les objets (choses ou individus réduits au rang d'objets) est transcrit, littéralement, par une névrose dont les conséquences, elles, s'inscrivent dans le politique.

Néanmoins Adamov n'a pas réussi à imposer sa formule au public. Sans doute était-elle trop délibérée. Jusqu'à la surcharge dans *Le Printemps 71*. Pour éviter d'engluer la fable dans l'anecdotique et le pittoresque, pour éviter aussi de réduire les personnages à n'être que les supports d'un manichéisme trop voyant où la réflexion politique serait banalisée par l'opposition sentimentale des bons et des méchants, Adamov écrit, en contrepoint des tableaux historiques, une série de guignols : leur schématisme dégage les concepts politiques avec sécheresse mais netteté, et leur traitement caricatural signale le point de vue de l'auteur sans qu'il ait besoin d'intervenir directement et sans que les personnages aient à fournir de « longues et fastidieuses explications sur les faits ». Ils sont la voix de l'Histoire, mais perçue de l'extérieur.

Tout le problème d'un théâtre réaliste est là : qui parle et à qui ? On n'ose plus mettre sur scène des personnages prête-noms qui servent de relais entre l'auteur et le spectateur ; le théâtre à thèse est mort, moins à cause de la thèse elle-même qu'à cause des moyens qu'il utilise : de la thèse on ne supporte plus l'exposé, le langage. Il faudra donc que ce théâtre parle un vrai langage scénique : ce peut être celui que les dramaturges des années 50 avaient inventé. Ainsi G. Michel : dans toutes ses pièces (*Les Jouets,* 1963, *La Promenade du dimanche,* 1967, etc.) il adopte le système ionesquien de la répétition obsessionnelle des situations et des mots, mais avec un détachement froid d'entomologiste si patent que le spectateur est comme provoqué à pallier la discrétion de l'auteur et à faire jouer son propre jugement : sur l'égoïsme, la solitude, la peur, l'aliénation par les objets, bref sur tous les cancers de la société contemporaine.

Sans auteur encombrant et sans personnage autocommentateur de ce qu'il vit, ce théâtre confie aux éléments techniques de la scène (bruits, lumière, objets, mouvements, rythme) le soin de dire, par la bande, ce qu'il a à dire ; encore qu'il ne suffise pas de faire de la scène le carrefour des arts pour empêcher que la parole de l'auteur ne se faufile insidieusement et délivre, en clair, un message qui ne procède d'aucune dramaturgie. C'est le cas, souvent, malgré la générosité de son propos, du théâtre de G. Cousin (*L'Aboyeuse et l'Automate,* 1961, *Opéra noir,* 1967) : la situation est forte et intolérable, mais tout est dit dès les premières répliques (comme dans le théâtre de G. Foissy) du caractère insoluble des oppositions, de l'impossibilité d'échapper à la faim, à la misère, à la haine. C'est aussi le cas d'A. Benedetto, malgré la variété des formes spectaculaires adoptées (théâtre de rue, grosses têtes, chœurs parlés, jeux de clowns) : les envolées lyriques et les développements didactiques laissent voir la main de l'auteur et font passer le scénique au second rang. Occitan et libertaire, Benedetto songe d'abord à en découdre avec son ennemi privilégié, le Pouvoir, qu'il soit incarné par le Capitalisme, les corps constitués ou les exploiteurs de tout poil. L'humour cependant (*Emballage,* 1969) rétablit les distances.

Pour sauvegarder les décalages nécessaires, la parabole et l'allégorie ont été, et sont encore volontiers exploitées. Dans la parabole l'histoire qu'on raconte est le double (à construire par le spectateur, mais on l'y aide) d'une autre fable et d'une autre situation, elles très réelles. Ce que font J.-C. Grumberg avec *Amorphe d'Ottenburg* (1970) ou Rezvani avec *Capitaine Schelle Capitaine Eçço* (1971) ; l'allégorie est plus délicate à manier : elle anime des abstractions, mais trouver des équivalents terme à terme entre l'abstrait (les avatars du minerai de fer de Lorraine, la fermeture des lignes secondaires de chemin de fer dans le Sud-Est) et le concret (les douloureuses aventures d'une jeune fille nommée elle aussi Minette, la stratégie dérisoire d'un gros pantin incarnant le Capitalisme monopoliste d'État) relève du tour de force, sinon de l'artifice (dans *Splendeur et Misère de Minette, la bonne Lorraine* [1969] de J. Kraemer et *Le Petit train de Monsieur Kamodé* [1969] d'A. Benedetto). Dans le théâtre à symboles (Ionesco) l'histoire racontée a une portée humaniste et vaut pour la situation de l'homme en général, dans le théâtre de parabole et d'allégorie, elle vaut pour la situation de l'homme en société. Naturellement — et dangereusement — plus la parabole développe dans l'axe de sa fable les conséquences de la situation initiale, plus le déchiffrement, par équivalence ou analogie d'une situation à l'autre, devient difficile. Et se pose à nouveau la question de savoir pour qui ce théâtre est écrit. Ce qui est un comble, s'agissant d'un théâtre à vocation sociale et politique.

A. Gatti, tout déterminé qu'il est aussi à écrire un théâtre politique, c'est-à-dire à concevoir l'art comme « l'acte de conscience qui dit non », se soucie beaucoup plus du travail de la conscience que de la réponse négative à opposer aux violences et aux injustices de toutes sortes. C'est pourquoi presque tout son théâtre se situe délibérément dans la tête de personnages-spectateurs qui ne vivent pas au premier degré telle ou telle expérience (les camps de concentration, une grève, le jugement et l'exécution de Sacco et Vanzetti) mais reçoivent dans leur existence quotidienne et actuelle ou dans leur mémoire le choc en retour de ces événements primordiaux (*La Deuxième Existence du camp de Tatenberg,* 1962 ; *La Vie imaginaire de l'éboueur Auguste G.,* 1962, Théâtre de la Cité, Villeurbanne, J. Rosner ; *Chant public devant deux chaises électriques,* 1966, T.N.P.). Installant le commentaire (porté souvent par un élan oratoire quelque peu boursouflé) à la place que jadis la fable occupait, Gatti ne triche pas avec le spectateur : il le fait monter sur scène, d'entrée de jeu. Le dialogue s'instaure alors entre le réel de jadis et l'imaginaire d'aujourd'hui, entre le collectif et le particulier, la fable originelle — et jamais racontée pour elle-même — servant d'embrayeur aux dérives et aux illuminations de la conscience. Aucune des composantes scéniques n'a plus de stabilité : espace et temps s'interpénètrent et s'épaulent pour produire une totalité réflexive qui se projette sur l'écran de la scène animée. Et non l'inverse. Le réalisme de Gatti, on le voit, tourne carrément le dos au naturalisme.

Chant public devant deux chaises électriques, *d'Armand Gatti, mis en scène par l'auteur. Décor et costumes d'Hubert Monloup. T.N.P., 1966.*

Ce qui nous amène au cœur d'un débat, très vivace aujourd'hui, sur la juridiction exacte du réalisme au théâtre. On connaît le bien mal nommé « théâtre du quotidien » représenté par M. Deutsch, J.-P. Wenzel et quelques autres (*La Bonne Vie,* 1975, du premier, *Loin d'Hagondange,* 1975, du second). En fait ce théâtre n'a rien d'une copie du réel : il repose essentiellement non sur la situation, mais sur le dialogue. Dialogue indirect, naissant, sous-jacent ou éclaté, tel qu'on le rencontre aussi et surtout chez M. Vinaver : il est fait de bribes qui, bavardes ou retenues, parlent le vide (on voit par là l'implication politique de cette absence de paroles) et disent autre chose que les mots (*Par-dessus bord,* 1973, *Les Travaux et les Jours,* 1980). Le réel est informe et le dialogue, à son image, tâtonnant : « Le réel, c'est ce que l'écriture se donne pour besogne de former. » Là est la tension de l'écriture et sa contradiction dynamique : il s'agit, par une sorte de prudence et de retenue de l'écrivain à l'égard de l'écriture, de ne pas forcer la forme qui naîtra d'elle-même — du moins le semble-t-il — du seul ressassement de la parlerie quotidienne. Le réel, peut-être, est au bout, comme résultat d'un processus d'assemblage, de collage des banalités, où la part du spectateur est presque aussi importante que celle du dramaturge : par le spectateur la poussée vers le sens s'accentue et s'accomplit. L'écriture de l'inachevé ouvre un « accès vers le réel » : au spectateur, par un travail complémentaire d'écoute et de construction, d'en franchir les portes. En trente ans de carrière (des *Coréens*, 1956, aux *Voisins*, 1986) Vinaver a imposé sa voie propre qu'on pourrait nommer une dramaturgie de l'écriture : sa théâtralité réside dans la seule stratégie verbale.

Ce théâtre donc, tout à fait novateur dans le traitement du dialogue, n'a rien à voir avec le « populisme régressif » que stigmatise M. Deutsch. Il peut aussi bien déboucher sur une comptabilité onirique du réel comme dans *Le Palais de justice* (Vincent-Chartreux, 1981) que sur l'invention d'une nouvelle langue orale. Le dialogue n'est plus échange mais parole neutre, pas nécessairement rêveuse ou solipsiste ; elle cesse d'être adressée au spectateur, projetée vers lui avec tout ce qu'il faut de clins d'œil aux modes et aux conventions pour qu'il garde sur elle une situation dominante. La parole de ce nouveau dialogue parle pour elle-même, ce qui ne l'empêche pas de faire sens : désormais le sens est transversal, parcourant de biais les paroles et les attitudes.

Depuis 1980 environ, et très sensiblement avec Vinaver, le texte conquiert (ou reconquiert) son autonomie et se délivre du spectacle. B. Chartreux, qui est à la fois critique et créateur (*Vichy Fictions*, 1980), dit à ce sujet : « Pour la vitalité même du théâtre il convient de renverser la tendance, d'affirmer l'autonomie du texte à représenter, d'affirmer que le travail de l'écriture doit naître de la confrontation (confrontation non intégration) de l'art de la scène à des partenaires (partenaires et non tributaires) solides, étrangers, voire rétifs, le texte bien entendu pouvant être l'un de ceux-là. » Les instances canoniques du théâtre — traditionnel ou non — que sont la situation, le personnage et le dialogue ne suffisent plus à définir une structure dont le dynamisme soit autre que formel. Le dynamisme pour les dramaturges d'aujourd'hui est ailleurs : il se présente sous forme de tension, dans l'écriture elle-même, et ce dans la mesure même où elle est non théâtrale, récit. La meilleure chance pour un texte de théâtre d'être texte c'est de cesser d'être théâtral ! Cela revient, par un travail de dépouillement assez terroriste, à jeter par-dessus bord toute la défroque dramaturgique : l'intrigue, l'espace homogène et le temps progressif, la prise en charge du sens par un émetteur privilégié, auteur ou personnage. Tout cela, dira-t-on, Ionesco et Dubillard le faisaient déjà. Mais avec un très grand respect des catégories théâtrales si l'on compare, par exemple, avec *Dernières Nouvelles de la Peste* (1983) : ici, en séquences juxtaposées, se succèdent des échanges dialogués entre des anonymes, des coulées de narrations sans rapport avec ce qui précède, des morceaux de sermons, des bribes d'intrigues très réalistes alternant avec les

Du texte de théâtre au théâtre de texte

vaticinations d'un prophète nu, les litanies de la Sainte Vierge, des extraits du *Journal de l'année de la Peste* de Defoe, des « conférences » tirées de Borgès et de Mao Tsé-toung, sans parler d'une prosopopée de la Peste elle-même interpellant les greffiers pour leur signifier qu'au bout du compte c'est à elle que les hommes doivent la civilisation et le bonheur ! Que le théâtre se collette avec cette masse opaque qui le refuse d'entrée, qu'il réussisse à déceler dans cet apparent fourre-tout la ligne directrice d'une tension dramatique qui équivaille parfaitement à la menace mortelle de la maladie ! Alors le théâtre naîtra vraiment du texte et non d'un appareillage tout constitué ; à lui d'y « trouver les moyens de son spectacle,[de] les travailler avec ses moyens propres et [d']inventer pour l'ensemble sa propre autonomie ».

Faire du théâtre de texte signifie aussi qu'au lieu d'écrire pour la parole — ce qui est toujours plus ou moins le cas lorsqu'on envisage une prestation scénique —, on écrit... pour l'écrit. Il n'y a pas de moyen plus radical de séparer le texte et la scène et, espère-t-on, de meilleure chance de provoquer, par ce déplacement même d'un art (et d'une technique) dans un autre, une reconstruction du théâtral. Le geste de Marcel Duchamp se contentant d'« exposer » un urinoir et en faisant du coup une pièce de musée, par transmutation d'un objet utilitaire en objet d'art, pourrait servir de modèle au parti pris par des dramaturges d'aujourd'hui de tourner le dos au théâtre, à charge pour les praticiens de la scène d'utiliser à des fins spectaculaires l'étonnement du spectateur convié à nul autre spectacle qu'à celui de la parole proférée.

Longtemps on a pris le théâtre pour un canton de la littérature ; depuis 1950 environ (encore qu'un Francisque Sarcey en ait fait son leitmotiv avant 1900 !), on n'a apprécié le texte dramatique que s'il était spécifique, c'est-à-dire comportait des « matrices de représentativité », toutes prêtes à enfanter sur la scène prochaine les embryons contenus dans le blanc de la page. Désormais on revient au texte : il ne se veut ni littérature ni théâtre, mais simplement écriture offerte au retraitement de l'homme de scène et à l'intervention d'un spectateur sans lesquels, strictement, il n'existe pas.

Solipsiste et autobiographique ce nouveau théâtre ne croit pas aux vertus d'un conflit ouvert ni d'une fable progressive, comme c'était encore le cas d'un Dubillard, pour résoudre les problèmes de la quête de l'identité : il sort délibérément du *hic et nunc* de la scène physique pour le jadis et ailleurs de la scène mentale ; il préfère interroger la mémoire ou la reconstituer à coups d'imaginaire. On a donc affaire à un théâtre décentré : ce que l'on voit n'a qu'une incidence indirecte, biaisée, sur ce qui est enfoui dans les replis de la narration. Ce théâtre au passé est aussi un théâtre de monologue même si plusieurs acteurs sont en scène : ils y sont en parallèle, chacun se racontant et se fabriquant à l'aide de cette rhapsodie, ironique et inventive parfois, complaisante souvent.

Mais le personnage, du moins, ne survivra-t-il pas au naufrage des données fondamentales de la dramaturgie ? Pas davantage : n'ayant plus de statut dramaturgique préétabli, il se dilue comme entité, qu'elle soit collective ou individuelle, réaliste ou symbolique ; il est mis constamment en danger, à distance, par une accentuation de l'écart entre l'énonciateur et l'énoncé : l'énoncé n'est plus approprié. On aboutit alors à une réduction des énonciateurs qui, d'ordinaire, au théâtre, sont au nombre de trois : l'énonciateur-auteur, responsable des indications scéniques ; l'énonciateur-personnage, dispensateur du dialogue ; l'énonciateur-praticien qui se dédouble en metteur en scène et en comédien qui dit « je » à travers le « il » du personnage. On n'en a plus désormais qu'un seul : le comédien, avec sa voix et son corps ; autour du jeu se concentrent toutes les pratiques théâtrales anciennement séparées.

Une nouvelle théâtralité naît, paradoxale, de la tension entre un texte qui se réinvente au contact du récit et d'un jeu qui prend le risque de confier au seul comédien, pour un résultat éblouissant ou calamiteux, la métamorphose de l'écrit en objet scénique. Les textes de Valère Novarina, par exemple, ont connu la chance d'être dits et joués, pour le meilleur, par A. Marcon. D'autres ont été moins heureux et ne se sont pas remis de n'être que du théâtre virtuel...

Iphigénie Hôtel *de Michel Vinaver, mise en scène A. Vitez, 1977, Centre Georges-Pompidou. Dans ce téâtre, ni discours proféré ni vision panoramique. La mise en scène fait en sorte que la parole soit surprise à l'état naissant, et que le personnage apparaisse en gros plan.*

« Ôtez toute chose que j'y voie », cette revendication paradoxale de Monsieur Teste, qui tue l'objet même de son désir, pourrait bien être prise comme mot d'ordre de cette nouvelle écriture théâtrale dont le plus récent Beckett (celui des années 70 et suivantes) est comme le détenteur : plus de personnage, plus de fable, plus de dialogue, plus d'enjeu. Quoi donc alors ? Le dénuement beckettien n'est-il pas synonyme de dépérissement et d'autoannulation du fait théâtral ? Au vrai ce théâtre de texte (proprement *illisible*, ne serait-ce que par son absence totale de ponctuation) se livre à l'exploration de la parole pour elle-même hors de toute situation, exigeant pour sa manifestation (au sens fort de surgissement, de parousie) la médiation d'un comédien et la présence d'un spectateur, tandis que le théâtre traditionnel est tout constitué *avant* même que le spectateur n'intervienne. Le spectateur classique ne peut qu'*assister* au déroulement de quelque chose qui se joue sans lui ; chez Beckett c'est le spectateur (dans sa rencontre avec le comédien qui parle) qui rend audible la parole beckettienne : cette parole est matière verbale — non pas harmonie, jeux de sonorités, ce qui serait encore la saisir par le biais de ses qualités littéraires, mais respiration, tessiture vocale inscrite dans un volume spécifique, celui de la scène. Ainsi de *Cette fois* (1982) : « Bribes d'une seule et même voix, la sienne, A B C lui arrivent des deux côtés et du haut respectivement (...). Respiration audible, lente et régulière. » Dans cette théâtralisation de la parole on peut dire que Beckett remplace l'intentionalité, c'est-à-dire la vectorisation, la direction vers, l'enjeu ouvert de la fable, par l'intensité de l'écoute : c'est un théâtre pour l'oreille, une oreille qui reçoit non des idées mais des sons et des sons travaillés comme une partition musicale.

S'amusant, à ses dépens, à jouer le metteur en scène snob, Beckett livre en fait, dans *Catastrophe* (1982), une des clés de son esthétique : quand A, l'assistante, propose de mettre sur la bouche du protagoniste un petit bâillon pour faire plus beckettien, le metteur en scène se récrie, outré : « Quelle idée ! Cette manie d'explicitation. Petit bâillon ! que des points ! Plus d'i ! Petit bâillon ! Quelle idée ! » « Que des points ! Plus d'i », quel programme ! Il n'y aura plus alors sur la scène beckettienne que des traces infimes de lumière sur un visage, que la vertigineuse perception du presque vide saisi par l'œil dans la profondeur de champ presque infinie de la boîte scénique. Beckett, ce n'est plus qu'un point et ce n'est plus qu'un mot, mais quel concentré de vie (quel extrait, quelle essence, comme on le dit d'un parfum) et, sur la scène, quel concentré de jeu : et quel plaisir !

Michel CORVIN

Ci-contre, Enkidou sur sa fabuleuse monture. Photo de répétition de Gilgamesh, *mise en scène V. Garcia, Théâtre national de Chaillot, 1979.*

L'AGE DE LA REPRÉSENTATION

ESSAIS DE LIBÉRATION

Au lendemain de la Libération, le théâtre français rêve de l'entre-deux-guerres. Il en retrouve les hommes, les structures, les pratiques. Dullin continue de se battre contre un édifice trop grand et l'indifférence des édiles municipaux, place du Châtelet : dans un Paris libéré mais encore en guerre, il donne, avec *Le Roi Lear*, en avril 1945, une sorte de testament de son art. Rue de la Gaîté, Gaston Baty monte, pour Marguerite Jamois, un *Lorenzaccio* (octobre 1945) qui met en péril leur collaboration mais qui triomphe, en dépit ou à cause des libertés qu'il prend avec le texte de Musset. Enfin, de retour d'Amérique du Sud, Louis Jouvet se réinstalle au Théâtre de l'Athénée et y crée, en décembre 1945, *La Folle de Chaillot*. Jean Giraudoux est mort depuis une année. Sa *Folle de Chaillot* incarnée, dans des décors et des costumes de Christian Bérard qui marient joyaux et vieux chiffons, par une fastueuse Marguerite Moreno plus que septuagénaire est acclamée : Paris a reconquis ses idoles d'avant le déluge. Et la Comédie-Française brille encore de l'éclat dont elle a, comme par miracle, réussi à se parer pendant les années noires de l'Occupation : le « théâtre total » y est toujours de mise. André Gide y prend le relais de Claudel : auréolé par *Les Enfants du paradis*, Jean-Louis Barrault présente sa traduction d'*Antoine et Cléopâtre* (1945). Marie Bell y est Cléopâtre, après Prouhèze (*Le Soulier de satin* [1943]) et Phèdre... Tout semble « comme avant, mieux qu'avant ».

Le changement est pourtant à l'œuvre. En 1947, Baty abandonne le Théâtre Montparnasse pour se consacrer à sa vieille passion : le théâtre de marionnettes ; malgré le succès de son *Cinna*, Dullin est chassé du Sarah-Bernhardt devenu, les lois raciales de l'Occupation aidant, Théâtre de la Cité ; quant à Jouvet, s'il recommence à faire les beaux soirs de l'Athénée en reprenant ses succès d'avant 1940, il n'en inquiète pas moins son public en créant *Les Bonnes* de Jean Genet. Jean-Louis Barrault et Madeleine Renaud quittent, avec quelques autres sociétaires, la Comédie-Française et s'installent, au début de la saison 1946-47, au Théâtre Marigny.

Ces péripéties font grand bruit. Elles appellent l'indignation ou l'enthousiasme. On en cause... Le sentiment d'un changement s'impose progressivement. Peut-être celui-ci est-il plus profond qu'on ne l'imagine alors. Trois autres événements, plus discrets, nous l'indiquent. En janvier 1947, le Centre dramatique de l'Est, constitué sur la base du syndicat intercommunal fondé, en octobre 1946, par les villes de Strasbourg, de Mulhouse et de Colmar, donne sa première représentation à Colmar : *Le Survivant* de Jean-François Noël, un auteur d'origine lorraine ; Roland Piétri en signe la mise en scène et les décors sont d'un Alsacien, Gustave Stoskopf. Certes, la pièce avait déjà été créée à Paris, sous l'Occupation, et Roland Piétri est codirecteur (avec Claude Sainval) de la Comédie des Champs-Élysées. Certes, *Le Survivant* reçoit un accueil assez tiède... Il n'empêche : c'est l'acte fondateur de la décentralisation. Un nouveau paysage théâtral français en sortira.

Le 13 janvier 1947, le Vieux-Colombier affiche une conférence, intitulée *Tête-à-Tête*. Rien de plus banal, en apparence. Mais le « conférencier » s'appelle Antonin Artaud. Il sort de l'asile de Rodez. C'est un revenant et un annonciateur.

Selon le témoignage de Gide, « de son être matériel, plus rien ne subsistait que d'expressif. Sa grande silhouette dégingandée, son visage consumé par la flamme intérieure, ses mains de qui se noie, soit tendues vers un insaisissable secours, soit tordues dans l'angoisse, soit le plus souvent enveloppant étroitement sa face, la cachant et la révélant tour à tour, tout en lui racontant l'abominable détresse humaine, une sorte de damnation sans recours, sans échappement possible que dans un lyrisme forcené dont ne parvenaient au public que des éclats orduriers, imprécatoires. Et certes l'on retrouvait ici l'acteur merveilleux que cet artiste pouvait devenir : mais c'est son personnage même qu'il offrait au public, avec une sorte de cabotinage éhonté, où transparaissait une authenticité totale » (*Combat* du 14 mars 1948). Dans une lettre à André Breton, qui était aussi au Vieux-Colombier, Artaud conclut : « On a pu voir le soi-disant con-férencier que je n'étais pas du tout, en tout cas le prétendu homme de théâtre, renoncer à son spectacle, plier bagage et s'en aller ; car, en effet, je m'étais rendu compte que c'était assez de mots, assez même de rugissements, et que ce qu'il fallait, c'étaient des bombes, or je n'en avais pas entre les mains ni dans les poches. » Artaud est mort un peu plus d'un an après (le 4 mars 1948), connu d'un petit nombre. Aujourd'hui, il touche au mythe. Cette inoubliable séance du Vieux-Colombier est devenue légendaire : ne préfigure-t-elle pas ce qui sera la tentation du théâtre, vingt ans plus tard ?

En décembre de la même année, une douzaine de comédiens se réunissent sur la scène des Noctambules, un petit théâtre de la rive gauche où Vilar a joué *La Danse de mort* de Strindberg (la reprise de 1945, après sa présentation de 1943, dans une salle de concerts de la rue Vaneau) et où Maurice Clavel a fait, avec *Les Incendiaires* (1946), « une entrée discrète de tigre royal (...) sur la scène française » (Jean Anouilh). Ils donnent la première pièce d'un jeune poète, Henri Pichette. *Les Épiphanies* se veulent, délibérément, une œuvre de rupture : « Rup-ture, dans la forme, avec le dialogue normal, avec l'enchaînement normal des scènes, rupture aussi dans le contact avec le public, car on ne s'adresse plus à sa raison ou à son sens critique, mais à sa sensibilité, à sa disponibilité émo-tionnelle, à son impressionnabilité. Rupture encore dans les décors, décors abstraits [ils sont signés Matta], synthétisant le climat de chaque acte. Rupture enfin dans la musique d'accompagnement [elle est de Maurice Roche] » (*Gérard Philipe*, souvenirs et témoignages par Anne Philipe et présentés par Claude Roy). Deux de ses principaux acteurs sont, déjà, célèbres : Gérard Philipe (le Poète) et Maria Casarès (l'Amoureuse). Un troisième (le Diable) s'appelle Roger Blin. Georges Vitaly qui vient de présenter *Le Mal court* d'Audiberti (juin 1947) les a dirigés (il y joue aussi). Jean-Jacques Gautier a beau les accuser de « diffuser à loisir les vieilles, petites, fausses originalités injurieuses et ordurières d'un monsieur qui n'a fait tout cela que pour qu'on parle de lui », la salle des Noctambules est pleine. Plus que le poète Pichette, ce que les spectateurs applaudissent, c'est l'exploit de ces jeunes comédiens, c'est un théâtre en liberté où l'ivresse des mots est relayée par la beauté et l'aisance des corps. Un théâtre de chair et de verbe, dans un jaillissement presque adolescent. On en aura souvent la nostalgie, par la suite.

Ajoutons que le théâtre français ne fait pas cavalier seul. 1947, c'est l'année où, en Italie, Paolo Grassi et Giorgio Strehler fondent le premier *teatro stabile*, le Piccolo Teatro de Milan, et où Brecht retrouve l'Europe et met en répétition, en Suisse (à Chur, mais avec le concours du Schauspielhaus de Zurich) son adaptation d'*Antigone* (avec Helene Weigel ; première le 15 février 1948)...

Un monde nouveau s'annonce. Il ne prendra vraiment forme que quelques années plus tard — disons : autour de 1951. Alors, le Festival d'Avignon en sera à sa cinquième édition. Il s'est implanté, non sans difficultés du côté de certains notables locaux. Il a conquis un public : les quelque quatre mille spectateurs de la « Semaine d'art » de 1947, dont près de deux mille entrées gratuites, sont devenus plus de dix mille. Il s'est donné un style et même un rituel, en accord avec un lieu : la cour d'honneur du palais des Papes — « capable(s) de se mesurer sans trop déchoir à ces pierres et à une histoire » (Vilar). Il s'est constitué un répertoire, tout neuf pour l'époque, où, à Shakespeare (ni *Richard II* ni *Henry IV* n'avaient encore été joués en France), à Corneille et à Büchner répondent des créations de Claudel, de Supervielle, de Montherlant et de Gide... En 1951, il connaît une véritable mutation. Gérard Philipe y rejoint Vilar. C'est comme la rencontre du héros et du roi. Du reste, *Le Prince de Hombourg* de Kleist (encore un classique inconnu) et *Le Cid* qui sont au programme racontent aussi cette histoire-là. Au lendemain de ce Ve Festival, Jeanne Laurent, directrice des spectacles au secrétariat d'État aux Beaux-Arts, propose à Vilar la direction d'un théâtre national : le palais de Chaillot. Après avoir un peu hésité, celui-ci accepte, mais le Théâtre de Chaillot devra retrouver le nom qu'il avait sous Gémier : ce sera le Théâtre national populaire — bientôt, le T.N.P. Et Vilar signe son contrat le jour même de l'enterrement de Louis Jouvet, le 21 août 1951. On peut y voir un symbole. Une nouvelle ère commence. A Chaillot, Vilar va acclimater Avignon. Et le T.N.P. devient un exemple : l'incarnation du « théâtre service public ». La décentralisation y gagne son second souffle. Et le théâtre, une nouvelle ambition. Une dignité accrue et un pouvoir d'attraction renouvelé, aussi.

Ailleurs, tout bouge. Sur la rive droite de la Seine, au Marigny, Jean-Louis Barrault et Madeleine Renaud ne se contentent pas de recrépir leur répertoire de sociétaires de la Comédie-Française en rupture de ban et de réussir des spectacles, comme leurs *Fausses Confidences*, où l'élégance l'emporte sur le risque, et la comédienne Renaud sur le mime Barrault. S'ils présentent des écrivains déjà consacrés (de Giraudoux à Montherlant), ils imposent aussi, enfin, le génie dramatique de Paul Claudel, dans toute son étendue, de *Partage de midi* (1948), qui attendait depuis plus d'un demi-siècle, à *Christophe Colomb* (1953) qui, lui, s'était perdu dans le tohu-bohu des années 20. Bientôt, Barrault osera même davantage : dans le Petit Marigny qu'il ouvre en 1954, il crée Schehadé (*La Soirée des proverbes,* 1954) et Jean Vauthier (*Le Personnage combattant,* 1956), et ce sera là que le Domaine musical de Pierre Boulez prendra son envol.

Sur la rive gauche, les petits théâtre fondés à la diable, au lendemain de la guerre, s'affirment ou prennent un cours nouveau : le Théâtre de Poche, la Huchette ou les Noctambules multiplient les créations. D'autres, comme le Quartier Latin, viennent s'y ajouter. Et c'est la brusque irruption de nouveaux auteurs, en rupture avec la dramaturgie poético-philosophique qui, de Sartre à Audiberti, en passant par Camus, avait pris le relais de Giraudoux et des

Madeleine Renaud joua pendant près de vingt ans Araminte des Fausses Confidences. *Jean-Louis Barrault fut un Dubois inspiré par la* commedia dell'arte. *Leurs* Fausses Confidences *ont ouvert le nouvel âge de Marivaux dans le théâtre français. Ici, Théâtre Marigny, 1946.*

écrivains du Cartel. 1950 voit les débuts de Ionesco et d'Adamov. En mai, *La Cantatrice chauve*, montée par Nicolas Bataille, prend son départ, timidement, à 18 heures, aux Noctambules, devant des salles de huit ou dix spectateurs. En novembre, c'est le tour de *La Grande et la Petite Manœuvre* d'Adamov, mise en scène par Jean-Marie Serreau, avec Roger Blin dans le rôle principal, dans le même lieu, à la même heure (l'affiche porte : « Avant le dîner au Quartier latin ») ; deux jours plus tard, le 17 novembre, à 18 h 30, Vilar crée *L'Invasion* d'Adamov, cette fois sur la rive droite, au Studio des Champs-Élysées. Le succès est douteux ; la critique, à l'exception de Jacques Lemarchand, hostile. Mais ce qu'on appellera, vite, le « théâtre de l'absurde » ou le « nouveau théâtre » est né. L'après-guerre a pris fin. A peine deux ans plus tard, Jean-Marie Serreau et un groupe d'amis (Maurice Jarre, le musicien du T.N.P., Renée Cosima, Max Barrault, frère de Jean-Louis, l'acteur Philippe Grenier, le décorateur François Ganeau, la comédienne Éléonore Hirt et le metteur en scène Maurice Cazeneuve qui avait été de la première « Semaine d'art » avignonnaise) construisent une nouvelle salle : c'est le Théâtre de Babylone — « un magasin transformé en théâtre avec une scène de 4 mètres de profondeur et de 6 de large, contenant 230 personnes environ » (Roger Blin). Ils veulent y présenter, dit Serreau, « des pièces qui donnent à rire, des œuvres dramatiques qui donnent le goût de la liberté et entraînent au combat ». Le Babylone ouvre, en 1952, avec des œuvres de Max Aldebert, de Pirandello, de Maurice Cazeneuve, ainsi que *Mademoiselle Julie* et *La Maison brûlée* de Strindberg. Le 3 janvier 1953, Roger Blin y crée *En attendant Godot* de Samuel Beckett. Il fermera ses portes en novembre 1954, sans que Serreau ait pu y mettre en scène *Homme pour homme* de Brecht (pourtant, à la construction, il y avait aménagé « une *casquette* sur le côté cour de la scène, c'est-à-dire une petite plate-forme qui permettait d'accéder de dessous du plateau, de façon que Galy Gay — le héros d'*Homme pour homme* — puisse passer la tête au moment où il est condamné à mort et enterré »). Le Babylone aura vécu trois saisons à peine. Il n'empêche : fin 1954, rien n'est plus comme avant. La première mutation du théâtre français de la seconde moitié du siècle a eu lieu.

L'ILLUSION POPULAIRE

Lorsque Vilar accepte, en 1947, de tenter l'aventure d'Avignon, c'est pour rompre avec le « huis clos » du théâtre parisien. Il a commencé « par *La Danse de mort,* œuvre de désespoir total, physiologique et moral. Pire que le huis clos : la prison ». Maintenant, son ambition c'est qu'il y ait « au moins une forme de théâtre qui, dans cette génération, sera *autre chose* » (il le souligne). Son but est, de son propre aveu, « assez ambitieux, louable, je pense. Assez précis : redonner au théâtre, à l'art collectif du théâtre, un lieu autre qu'un huis clos ; ce faisant, offrir aux écrivains une scène qui fût autre que celle de Sardou, ou de Bataille, ou d'Antoine ; faire respirer un art qui s'étiole dans des anti-chambres, dans des caves, dans des salons ; réconcilier enfin Architecture et Poésie dramatique ».

Le « Roi et le Prince » d'Avignon, Jean Vilar et Gérard Philipe, assistant à une répétition dans la cour du Palais des Papes, 1958.

Copeau parlait, à la fondation du Vieux-Colombier, d'un « essai de rénovation de l'art dramatique ». Vilar veut plus. Le théâtre est lourd de ses propres pesanteurs. Il est prisonnier de son public bourgeois. Il est divisé, morcelé, aliéné. Il faut lui restituer sa transparence. Le rendre à son légitime propriétaire : le peuple. En faire le bien commun de la nation — d'une nation démocratique. C'est de Libération qu'il s'agit — comme en 1944-45.

Vilar commence par des refus. Il bannit de la scène les accessoires : un trône suffit au *Cid*, un arbre et un banc au *Prince de Hombourg*. Il proscrit la décoration telle qu'on l'entendait à l'époque : la bimbeloterie d'un Jean-Denis Malclès ou les pesantes constructions d'un Wakhevitch. On pense, bien sûr, au « tréteau nu » de Copeau et à la scène du Vieux-Colombier (où, précisément, Vilar a inauguré sa collaboration avec Léon Gischia, par *Meurtre dans la cathédrale* de T.-S. Eliot, en 1945). Mais ce n'est pas une estrade que veulent Gischia et Vilar : c'est un *espace*. Quelque chose comme une page blanche où inscrire le théâtre.

Cet espace, ils le trouvent dans la cour du palais des Papes, à Avignon. Ou plutôt, ils l'y inventent. Car ils ne prennent pas la cour telle quelle. Rien de plus étranger à leur projet que le théâtre en plein air, dans un lieu historique, façon Orange. D'abord, ils effacent le mur : la façade du palais sera plongée dans l'ombre et on ne l'en tirera, par fragments, qu'aux moments voulus. Puis, ils construisent une scène. Celle-ci est presque abstraite : c'est « un plateau rectangulaire adossé au mur du fond et devancé d'une passerelle à deux pentes ». Elle ne comporte ni rampe, ni parois. Elle est ouverte côté cour et côté jardin. Elle est à peine surélevée par rapport au public : elle plonge vers lui. Par la suite, elle deviendra plus complexe et comportera plusieurs plans, inclinés vers les spectateurs, qui seront autant d'aires de jeu différentes, adaptées aux pièces représentées. Mais elle refusera toujours l'illusion. Cette scène est un podium. Le lieu où s'exalte et se consume une action arrachée à l'ombre des murs et des bas-côtés. Il surgit des profondeurs de l'histoire ou du mythe, le temps d'une représentation. Il brille sous les rayons des projecteurs qui le parcourent, le morcellent ou le révèlent dans sa totalité. Il est offert au public, non comme le double d'un lieu réel mais comme un espace privilégié où notre destin deviendrait lisible. Les premiers spectateurs d'Avignon l'éprouvèrent bien ainsi : « Vilar joue *(Richard II)* sur un plateau entièrement nu, sans la moindre indication de décor, sauf, pour la scène du jardin, une branche plantée dans le trou central d'un tabouret. Et le spectateur le plus simple se trouve, dès lors, de plain-pied avec Shakespeare. Il comprend tout, tout lui est évident. Il sait parfaitement où sont les personnages, il se déplace en même temps qu'eux dans le temps et dans l'espace, il est en communication directe avec eux, et avec le dramaturge, toutes les barrières peintes sont tombées, l'action va droit son chemin, sans une minute d'arrêt, sans un mur de bois ou de silence où se cogner. C'est la tragédie en liberté » (René Barjavel, en 1948).

Vilar reconstruit cet espace dans le ventre du palais de Chaillot : « On supprime le rideau et la rampe, on installe un vaste proscenium de 18 mètres de large, on escamote le cadre de scène, laissant le plateau s'ouvrir largement sur le public. Au lointain bien souvent des tentures noires qui ne créent point seulement quelque fond apte à faire ressortir les couleurs des costumes, mais

La rencontre de deux générations d'acteurs : Jean Vilar (Robespierre) et Michel Bouquet (Saint-Just) dans La Mort de Danton *de Büchner, régie Vilar, T.N.P., reprise.*

surtout un impalpable espace, un *no man's land* d'où surgit l'acteur pour entrer dans la zone illuminée de l'action » (Denis Bablet). Et il confie au décorateur, Léon Gischia, et au chef électricien, Pierre Savron, le soin d'inventer et d'ordonner les éléments plastiques nécessaires à la compréhension de l'action dramatique : « Pour construire mes décors et mes costumes, rappelle Léon Gischia, je me fabriquais les personnages de la pièce de la grandeur de cartes à jouer. Puis je faisais, selon les intrigues, des groupements. Je voyais par terre comment cela fonctionnait. Comme un jeu. Mais le théâtre est un jeu : un jeu dont les règles doivent être expliquées d'avance. Dans les tragédies shakespeariennes, il fallait expliquer tout de suite aux spectateurs, par la couleur, à quelle armée les personnages appartenaient, caractériser les étrangers. » Le reste, ensuite, à vrai dire l'essentiel, c'est l'affaire du texte et des acteurs.

On le sait : Vilar refusait les termes de mise en scène et de metteur en scène. Il se qualifiait de régisseur et signait ses spectacles : « régie de Jean Vilar ». Peut-être y entrait-il quelque fausse modestie. C'était surtout l'expression d'un sentiment plus profond. La représentation vilarienne ne propose ni un faux-semblant de réalité, ni une lecture ou une interprétation d'une pièce. Elle se veut une rencontre : rencontre d'acteurs et d'un texte, dans un lieu, une sorte de « ring », selon le mot de Gischia, où tout parle intelligiblement aux yeux comme à l'oreille ; rencontre de ce spectacle-là et d'un public, dans un théâtre accueillant et familier.

Le T.N.P. fut avant tout un ensemble de comédiens. A la lecture, aujourd'hui, des premières distributions d'Avignon, on s'étonne : Vilar avait donc, déjà, rassemblé autour de lui des acteurs comme Michel Bouquet, Robert Hirsch, Jorris Meaulne (qui deviendra Jean-Pierre Jorris), Sylvia Monfort, Françoise Spira... et même Jeanne Moreau qui était la deuxième suivante de la reine dans le *Richard II* inaugural ! Ils avaient vingt ans à peine, venaient de tous les horizons et étaient encore des inconnus. A leurs côtés, il y avait Alain Cuny,

La cour du Palais des Papes, à Avignon.

Germaine Montero ou Michel Vitold qui, pour jeunes qu'ils étaient, faisaient figure de mentors. Par la suite, il y aura une troupe du T.N.P. et elle sera l'une des plus cohérentes et des plus durables que nous ayons connues. Sans doute, le T.N.P. n'eut-il pas, à proprement parler, de compagnie fixe : les contrats n'y étaient valables que pour une saison. Mais l'existence de sa troupe, ouverte et fluctuante, n'en était pas moins forte : c'était celle d'un groupe de comédiens qui « se sentent liés ensemble par un sentiment de protestation contre l'état existant alors du théâtre » (Vilar, *Bref*, décembre 1962). Outre les fondateurs, Bouquet, Cuny, Monfort ou Spira, ceux-ci s'appellent Daniel Sorano, Georges Wilson, Philippe Noiret ou Charles Denner, Maria Casarès, Monique Chaumette ou Christiane Minnazoli... d'autres encore, dont les fidèles Georges Riquier et Jean-Paul Moulinot.

C'était là des comédiens fort divers. Vilar ne leur imposa pas *une* manière de jouer. A la différence de ce qu'avait fait, par exemple, Jouvet. En dehors de la discipline de l'ensemble (discipline d'autant plus nécessaire que les acteurs se partagent bien d'autres tâches que l'interprétation : ils doivent faire face, sur tous les fronts : sur le plateau comme dans les coulisses, à la scène comme devant les comités d'entreprise), son unique exigence était celle-ci : « Le comédien digne de ce nom ne s'impose pas au *texte*. Il le sert. Et servilement. » Aussi, les comédiens du T.N.P. restent-ils, en quelque sorte, à mi-chemin de l'incarnation : ils se tiennent à distance du personnage. Ils figurent celui-ci, ils en disent, voire en chantent les répliques, ils ne s'y enferment pas. Il n'y a ni abandon ni métamorphose. Évoquant une répétition de *Ruy Blas* (1954), Vilar notait : « Hier, Gérard a à demi joué, à demi indiqué tout son troisième acte. Ne paraissant jamais aller à la recherche de l'émotion, obéissant au chant profond du poème sans cependant se laisser gagner par celui-ci, éclairant l'idée ou le thème ou tel vers, sans heurts, sans faux effets (ô merci), il respectait ainsi — le savait-il ? — le style aisé, que celui-ci s'envole ou retourne aux réalités, du poète. L'interprète, indiquant donc plus que jouant, était beau. » Et quand il veut évoquer « un certain style de jeu — le nôtre — », Vilar se contente de le qualifier, prudemment, « d'ennemi des passions ou du moins d'un jeu trop expressif et passionné ».

Parmi les comédiens du T.N.P., privilégions-en trois : Gérard Philipe, Maria Casarès et Vilar lui-même. Ils dessinent, à eux seuls, la figure de ce comédien-médiateur, libre et franc, dont rêvait Vilar. Philipe, c'est le Prince : sa jeunesse, son charme, son élégance naturelle et son lyrisme font qu'il demeure lui-même, avant d'être, vertigineusement, le Prince de Hombourg, Rodrigue ou Lorenzo. Il joue moins ses rôles qu'il ne les chante. Vilar, c'est le Roi : à l'opposé du « cantabile » de Philipe, il joue « staccato ». Le regard qu'il porte sur les autres et sur lui-même fait partie de son interprétation. Sa maîtrise est en dents de scie. Ce roi-là a sans cesse besoin d'être reconnu ; son pouvoir n'est jamais qu'une conquête. C'est un comédien critique. Quant à Maria Casarès, elle personnifie, en quelque sorte, le jeu : lyrique comme Philipe mais divisée et variable comme Vilar. Qu'on se souvienne de sa princesse travestie dans *Le Triomphe de l'amour* (1955) de Marivaux : elle y mettait aussi bien les abandons d'un amour éperdu qu'un féroce amusement à duper les autres pour s'assurer de la passion de celui qu'elle aimait. Peut-être, à ces trois comédiens, faut-il en ajouter un quatrième :

Daniel Sorano — qui fut Sganarelle et Figaro. Avec lui, le chant, l'intelligence critique et le plaisir du jeu reprennent pied sur terre. Son burlesque est carnavalesque. C'est un comédien plébéien.

Au-delà du spectacle

Au T.N.P., le spectacle n'est pas tout : il s'inscrit dans une entreprise plus large. Vilar s'est toujours assigné « trois obligations majeures : un public de masse, un répertoire de haute culture, une régie qui n'embourgeoise pas, ne falsifie pas les œuvres ». Il conçoit son théâtre comme un « relais » : un « relais » entre « le fait culturel et le public populaire ».

C'est la grandeur et la limite de l'expérience du T.N.P. Elle prescrit au théâtre une véritable mission éducative. Le T.N.P. doit réaliser ce que l'Université a manqué : l'accession du peuple à la culture. D'où sa double exigence d'un « répertoire de haute culture » et d'un « public de masse ». Ce répertoire, Vilar l'a, pour une bonne part, réalisé. Il était déjà préfiguré, lors de la première saison du T.N.P., par la présence de trois pièces heureusement contrastées : *Le Cid, Le Prince de Hombourg* et *Mère Courage et ses enfants* de Brecht — soit un classique français consacré, un classique étranger inconnu (à l'époque, en France) et une création (rappelons qu'alors on ignore, pour ainsi dire, Brecht). Par la suite, Vilar a toujours cherché à maintenir un tel équilibre. Il y a réussi pour ce qui est des classiques. A côté d'œuvres de référence comme *Antigone* de Sophocle, *Cinna, L'Avare, Dom Juan, Phèdre, Le Mariage de Figaro, Ruy Blas* ou *Les Caprices de Marianne,* que de découvertes ou de réévaluations : *Le Triomphe de l'amour* et *L'Heureux Stratagème* de Marivaux, *Turcaret* de Lesage, *Le Faiseur* de Balzac, *Marie Tudor, Lorenzaccio* (restitué pour la première fois à un protagoniste masculin et donné dans sa presque intégralité), *Ubu...* pour le domaine français. Et, pour l'étranger, *La Tragédie du roi Richard II, L'Alcade de Zalamea* de Calderon, *Les Rustres* de Goldoni, *La Mort de Danton* de Büchner, *Eric XIV* de Strindberg, *Ce fou de Platonov* (dont ce fut, je crois bien, la première mondiale — malheureusement dans un texte tronqué et affadi), *Lumières de Bohême* de Valle-Inclán... toutes pièces délaissées ou ignorées, « abandonnées, comme disait Vilar, aux bibliothèques ». Le bilan est impressionnant : il élargit le répertoire français tel que la Comédie-Française de l'époque le concevait ; il le double d'un répertoire étranger, pour l'essentiel en friche. Aujourd'hui encore, il dessine un domaine classique que la plupart des hommes de théâtre se contentent de revisiter. Du côté des modernes ou des contemporains, la réussite est sans doute moindre. Vilar n'a cessé de déplorer que les dimensions de la salle de Chaillot ne lui permettent guère d'y jouer des œuvres récentes : il en avait fait, douloureusement, l'expérience dès sa première saison, avec *Nucléa* d'Henri Pichette. Seuls, Claudel (*La Ville*), Brecht (*Mère Courage* et *La Résistible Ascension d'Arturo Ui*) et Sean O'Casey (*Roses rouges pour moi*) en triomphèrent. C'était insuffisant. Vilar tenta donc d'adjoindre à Chaillot un autre lieu : le Théâtre Récamier, considéré comme le « théâtre d'essai » du T.N.P. Il y présenta Armand Gatti (*Le Crapaud-Buffle*), Boris Vian (*Les Bâtisseurs d'empire,* dans une « régie » de Jean Négroni), Beckett (*La Dernière Bande,* dans une « régie » de Roger Blin), Pinget, Obaldia... Le choix était bon, mais le Récamier ne put aller au-delà de deux saisons. Le public de Chaillot n'y vint guère. Il n'était pas prêt à se risquer jusqu'à la création contemporaine. Le « répertoire de haute culture » vilarien en restait aux grandes œuvres du passé.

Quant au « public de masse », c'est sur lui, sur sa définition et sur son existence, qu'achoppe l'entreprise de Vilar. Comme tout le mouvement de la décentralisation (cf. Émile Copfermann, p. 395). Certes, le T.N.P. réussit à attirer des foules à Chaillot et dans ses lieux de passage, souvent précaires. De novembre 1951 à août 1963, il donne 1 790 représentations à son siège, auxquelles s'ajoutent 400 en province, 384 au Récamier, 80 dans d'autres lieux parisiens, 151 en banlieue et Ile-de-France et 576 à l'étranger (ce qui fait 3 381 représentations) — pour un total de 5 186 957 spectateurs. Soit une moyenne de plus de 1 500 spectateurs par représentation. Et la plupart des spectacles du T.N.P. se jouent devant des salles combles, de 2 000 personnes, parfois au-delà de la jauge de la grande salle de Chaillot (pour *Arturo Ui*, une moyenne de 2 412 sur 88 représentations).

Une partie du travail du T.N.P., et non la moindre, fut consacrée à faire venir ce public au théâtre. On mit en place « une nouvelle forme de relation avec le public ». On institua de nouveaux usages (suppression des pourboires, gratuité des vestiaires et des programmes, accueil en musique... : ils firent école), de manière à « le faire se sentir chez lui au T.N.P. ». Avec succès. En 1962-63, dernière année de la direction de Vilar, les abonnements des collectivités atteignirent 160 000 places — « 160 000 places vendues ferme avant même l'ouverture de la saison ». Mais ce public, de masse à n'en pas douter, était-il ce public « populaire » que Vilar voulait atteindre ? Il se composait pour l'essentiel de jeunes, d'employés, d'étudiants et d'enseignants, de cadres moyens. C'était un public de travailleurs, assurément. Mais non un public qui reflétât la composition de la cité. Les ouvriers y demeuraient une petite minorité : les 6 % que n'ont jamais dépassé les établissements de la décentralisation. Ici s'arrêtait la symbiose entre le théâtre et la cité. Sartre avait beau jeu de reprocher au T.N.P. de n'être pas un « théâtre populaire » : « En fait, le T.N.P. n'a pas de public populaire, de public ouvrier. Son public, c'est un public petit-bourgeois, un public qui, sans le T.N.P. et le prix relativement bas de ses places, n'irait que fort peu au théâtre — mais pas un public ouvrier. Il y a des ouvriers qui viennent au T.N.P. ; le T.N.P. a donné des représentations pour des ouvriers, mais le T.N.P. n'a pas de public ouvrier. » Et Vilar de lui répondre : « Il faut poser le T.N.P. en fonction des structures sociales qui lui sont données. Ce n'est pas au T.N.P. à refaire la société ou à faire la révolution. Le T.N.P. doit prendre le public populaire comme il est ; dans le public populaire, il y a de tout, même des gens qui ne sont pas du peuple. »

Entre l'utopie vilarienne et la réalité du T.N.P., il y a solution de continuité. L'utopie, c'est celle d'un théâtre populaire qui soit aussi un « théâtre universel » (Vilar). D'un théâtre qui ne fasse qu'un avec la cité et l'histoire. D'un théâtre transparent, aussi, où les spectateurs pourraient, en quelque sorte, lire leur destin à livre ouvert. La réalité, c'est celle d'une entreprise engagée dans une époque et une société précises, avec tout ce que cela comporte de pesanteurs politiques, économiques et sociales. Vilar le constate, amèrement : « Nous som-

Utopie et réalités

mes impuissants, oui, à résoudre tous les problèmes qui se posent à un théâtre social, à un théâtre politique, à un théâtre populaire, à un théâtre de masse en butte d'autre part à tant d'intérêts contraires ou ennemis. N'allons-nous pas à contre-courant de l'actuelle société ? »

En 1963, après douze ans à la tête du T.N.P., Vilar annonce qu'il ne demandera pas le renouvellement de son mandat de directeur. Il fait état de « motifs strictement personnels ». Mais personne ne s'y trompe. Dans une note rédigée alors, mais restée à l'époque inédite, il met le doigt sur la plaie : « On voudra bien admettre qu'il est extrêmement ingrat d'être responsable pendant douze ans d'un théâtre populaire et d'une culture populaire par le théâtre au sein d'une société qui, de toute évidence, ne l'est pas. Ce travail à contre-courant a une limite dans le temps. J'avais à dire si je souhaitais, si je sollicitais le renouvellement de mon mandat. J'ai répondu : non. »

La grande aventure vilarienne se solde par une réussite et par un échec. En 1963, le T.N.P. est plus florissant que jamais. Les abonnements affluent (32 000 souscriptions collectives émanant de 361 associations), au point de rendre difficile l'accès de Chaillot aux spectateurs individuels. Les trois créations de la saison : *La Vie de Galilée* de Brecht, *Lumières de Bohême* de Valle-Inclán et *Thomas More ou l'Homme seul* (un titre symbolique...) de Robert Bolt, qui sont des œuvres modernes, inédites en France, font chaque soir le plein, avec une moyenne de plus de 2 000 spectateurs (pour *Galilée*, près de 2 600). A lui seul, le T.N.P. draine environ un huitième de l'ensemble du public parisien (430 000 sur 3 610 000 spectateurs annuels). Son exemple et ses méthodes se sont imposés à toute la décentralisation. Ils vont même contaminer la Comédie-Française. « Depuis longtemps, le théâtre populaire selon Vilar a essaimé : dans la banlieue parisienne, en province (non seulement avec les Centres dramatiques nationaux, mais aussi avec de jeunes compagnies professionnelles toujours plus nombreuses) et à l'étranger... A Paris même, on ne compte plus les directeurs de théâtre (y compris municipaux) que tente la seule *formule*, comme ils disent, capable des les sauver du marasme où les a plongés le *commerce du spectacle* » (« Vilar quitte Chaillot, le théâtre populaire continue », éditorial de *Théâtre populaire,* n° 49). Certes, Vilar n'a obtenu de l'État ni la transformation de son contrat (il reste un concessionnaire personnellement responsable) et du cahier des charges du T.N.P., ni une augmentation substantielle de ses subventions. Mais les raisons de son départ ne sont pas, note-t-il, « des questions d'argent et de crédits ; j'ai trop appris à vivre sans ces monstres nécessaires ».

C'est peut-être le succès même du T.N.P. qui scelle l'échec de l'utopie vilarienne. Celle-ci postulait une transparence de l'acte scénique et la possibilité d'un « théâtre universel » dans lequel communieraient le texte, les acteurs et les spectateurs, l'individu et l'histoire, l'artiste et la cité. Or, le T.N.P. n'était et ne pouvait être qu'une institution soumise aux aléas de sa situation et de la politique gouvernementale. Sans doute, au-delà de « l'illusion lyrique » (l'expression est de Guy Leclerc) de ses débuts, n'incarna-t-il cet esprit de la Libération qui avait présidé à sa fondation que deux saisons durant : en 1960 et 1961, au moment où il fut le seul établissement théâtral, voire la seule grande institution, à en appeler à la conscience du spectateur face aux périls politiques de l'heure (la guerre d'Algérie, les fatigues de la démocratie et le danger d'une fascisation).

Le Mahabharata, « *récit théâtral* » *tiré par Jean-Claude Carrière de la mythologie indienne, mise en scène Peter Brook, Festival d'Avignon, 1985, puis à Paris.*

Le Massacre à Paris *de Marlowe, mise en scène Patrice Chéreau, TNP/Villeurbanne, 1972.*

Richard II *de Shakespeare, adaptation et mise en scène Ariane Mnouchkine, décor de Guy-Claude François, costumes de Jean-Claude Barriera et Nathalie Thomas, Cartoucherie, 1981.*

Le Tartuffe de Molière, mise en scène Roger Planchon (2ᵉ version), TNP/Villeurbanne, 1973. Décor d'Hubert Monloup : l'hôtel particulier d'Orgon est en pleine réfection, la statue équestre du Roi-Soleil à demi déballée. Elmire (Nelly Borgeaud) et Tartuffe (R. Planchon).

Avec *Antigone, La Résistible Ascension d'Arturo Ui, L'Alcade de Zalamea, La Paix* d'Aristophane dans une adaptation de Jean Vilar (même si ce fut un insuccès de texte) et *Roses rouges pour moi,* le T.N.P.fut bien, politiquement *et* artistiquement, ce théâtre populaire et démocratique où la cité puisse se ressaisir, se voir et s'entendre... Mais les périls passés et la paix rétablie unilatéralement par le pouvoir, le T.N.P. retrouvait ses contradictions. La cérémonie théâtrale selon Vilar risquait de se dégrader en un style, au lieu d'atteindre à une morale (on connaît la belle formule de Vilar : « Mais ce n'est pas un style. C'est une morale »). Elle n'y a pas manqué : fanfares, oriflammes, costumes coloriés, coups de projecteurs... ont tourné à la marque de fabrique. Et le public de se retrouver dans la condition de simple consommateur d'un produit dûment estampillé et d'une rassurante familiarité... Vilar s'est donc replié sur Avignon. Là, il pouvait encore, un mois durant, faire du théâtre une fête civique. Un espace de liberté et de rencontres. Le lieu de l'individu et de la cité. Mais cela aussi avait quelque chose de trompeur : Avignon restait enfermée entre ses remparts, captive de son Festival, prisonnière de l'été et des vacances. Comme un mirage de la cité idéale. Ou le songe d'un théâtre universel.

UN « THÉÂTRE LITTÉRAL »

Dans les « petits théâtres » des années 50, on partage les refus initiaux du T.N.P. : celui du décorativisme ou, selon le vocabulaire de l'époque, de « tout esthétisme », comme celui de l'illusion réaliste. On professe le même respect du texte. Du reste, Vilar a été présent à la naissance de ce qu'on appellera plus tard le « nouveau théâtre », avec la création de *L'Invasion* d'Arthur Adamov qu'il a, paradoxalement, menée de front avec la préparation du Vᵉ Festival d'Avignon. Mais les conditions de travail, ici et là, diffèrent du tout au tout. Et c'est bien d'un autre théâtre qu'il s'agit.

Les difficultés matérielles rencontrées pour monter Ionesco, Adamov ou Beckett prescrivent la forme des spectacles. Les théâtres où on les crée sont minuscules, mal équipés, plus ou moins délabrés — ce qui leur vaudra le sobriquet de « pissotières de la rive gauche », quoique certains, le Studio des Champs-Élysées (pour *L'Invasion*) et le Nouveau Lancry (pour *Les Chaises,* puis *La Parodie*), soient situés sur la rive droite. Leurs directeurs ont beau n'avoir rien du « marchand de soupe » ou du « tenancier de garage » boulevardiers, ils ne produisent pas pour autant les spectacles. Quelques-uns, dont Fernand Voiturin, aux Noctambules, s'y ruineront tout de même. C'est à l'auteur ou au metteur en scène qu'il revient de trouver l'argent : les quelque 20 000 francs (anciens) par soir qui couvriront les frais, incompressibles, de location et les dépenses, variables, du spectacle. Il faut donc rogner sur ces dernières. Ici, le théâtre est « pauvre », par nécessité non par vocation. Alors, on fait de nécessité vertu : le décor est réduit au minimum, voire à rien. Jacques Noël peint des

Le pied du cadavre envahissant dont on ne sait « comment s'en débarrasser ». Amédée *de Ionesco, Théâtre de l'Alliance française, 1957, mise en scène Serreau, qui figure à droite sur la photo. Reprise.*

montants de portes sur des panneaux de toile : ils tiendront lieu de portes... On se rattrape sur les accessoires : l'interprète du Vieux dans *Les Chaises* d'Ionesco, Paul Chevalier, construit lui-même les trente-deux chaises qui peuplent la scène, tandis que Tsilla Chelton, la Vieille, met au clou son manteau de fourrure pour pouvoir payer la location du théâtre. On fait le tour des chiffonniers ou on dégarnit son propre appartement... Parfois cela ressemble au « déménagement direct de la boutique d'un brocanteur jusqu'au plateau de la scène » (à propos du *Personnage combattant*)... Et plus ces accessoires sont usagés, déformés, brisés, plus ils conviennent. La scène tourne à la décharge. A moins qu'elle ne reste, comme dans *En attendant Godot*, ostensiblement, vide — à l'exception, notable, d'un arbre (ou d'un semblant d'arbre).

Toutefois, les servitudes matérielles ne sont pas seules en cause. C'est, effectivement, une autre poétique de l'espace et de la représentation que, plus ou moins confusément, les pionniers du « nouveau théâtre » opposent à la transparence idéale du théâtre selon Vilar. Il s'agit de retrouver l'évidence non du verbe ou de la culture, mais, bel et bien, de la réalité. D'une réalité méconnaissable, décapée jusqu'à l'os, mais concrète et irréfutable — *méta-physique* pour reprendre, dans son sens propre, le qualificatif cher à Artaud. En effet, il n'est pas question — cela, est aussi, matériellement exclu — de reproduire sur la scène une réalité qui existerait par ailleurs. Il faut l'y faire surgir, dans son dénuement et dans son inexorabilité. Sur une scène donnée pour telle.

Rappelons-nous les répliques qu'échangent Pozzo et Vladimir, dans *En attendant Godot* : « *Pozzo :* Où sommes-nous ? — *Vladimir :* Je ne sais pas. — *Pozzo :* Ne serait-ce pas au lieu dit la Planche ? — *Vladimir :* Je ne connais pas. — *Pozzo :* A quoi est-ce que ça ressemble ? — *Vladimir (regard circulaire) :* On ne peut pas le décrire. Ça ne ressemble à rien. Il n'y a rien. Il y a un arbre. » Cela tient du manifeste. La scène ne fait allusion à aucune réalité connue : on ne peut ni décrire ni savoir où l'on est, mais elle reste le plateau : c'est « un lieu dit la Planche ». « Il n'y a rien » et pourtant « il y a un arbre » — cet arbre qui a fait que *Godot* n'a pu être créé au Théâtre de Poche (Blin : « Nous pouvions jouer au Poche mais sans arbre. La directrice m'avait dit : "D'accord, mais l'arbre ! Oh ben l'arbre, tant pis, on mettra une branche en ombre portée sur la scène" ») — et, au second acte, cet arbre sera « couvert de feuilles ». C'est-à-dire que tout est concret, réel. Cependant, cette réalité-là est irréductible à aucune autre qui lui serait extérieure, pas même à celle du plateau qui, néanmoins, la fonde.

C'est toute la représentation qui aspire à un tel statut : les mots, ici, sont comme des choses. Adamov parlait d'un « *théâtre littéral* ». Il faut, disait-il, faire de la scène « le lieu même (...) le lieu concret de l'action ». Tout doit y être visible, même « les motifs cachés de l'action ». Et de préciser : « Le théâtre tel que je le conçois est lié entièrement et absolument à la représentation (...). Je crois que la représentation n'est rien d'autre que la projection dans le monde sensible des états et des images qui en constituent les ressorts cachés. Une pièce de théâtre doit donc être le lieu où le monde visible et le monde invisible se touchent et se heurtent, autrement dit la mise en évidence, la manifestation du contenu caché, latent, qui recèle les germes du drame. »

Une telle ambition contraste évidemment avec la pauvreté des moyens dont disposent ces « petits théâtres ». Mais elle n'est pas contradictoire avec elle. Il s'agit de refonder le théâtre dans sa réalité matérielle minimale. Et aussi dans ce qui lui est propre : le jeu des métamorphoses. Bref, de transmuer la représentation en manifestation.

Prenons l'exemple du plus constant héros de cette aventure : Roger Blin. Il est devenu acteur par hasard. Il se destinait à la peinture ; il s'intéressait au cinéma. Il fut surréaliste — et l'on sait que les surréalistes n'aimaient guère le théâtre. Mais il rencontra Artaud et Jacques Prévert. Il fut l'assistant du premier et l'un des assassins sourds-muets des *Cenci* (1935). Il suivit « beaucoup des

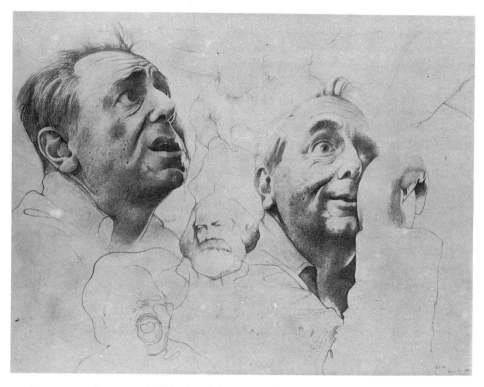

En souvenir d'Arthur Adamov, par le peintre Cueco, 1972.

représentations du groupe Octobre autour de Prévert » : « Ils étaient tous mes amis, j'étais depuis longtemps un de leur *groupies* fanatiques. » Mais il n'est « entré dans le groupe que sur la fin » et n'a « participé qu'à deux ou trois spectacles ». Il ne commença à mettre en scène qu'en 1949. C'était à la Gaîté-Montparnasse (il en fut le gérant et dut, par la suite, supporter les conséquences de sa faillite) ; sa seconde réalisation fut *La Sonate des spectres* de Strindberg, une pièce qu'Artaud avait voulu monter et qu'Adamov, qui l'avait traduite, admirait entre toutes. Ensuite, il réalisa plus de trente spectacles, pour la plupart des créations, dont quatre de Beckett et deux de Genet. Il demeura en marge des institutions : il pouvait travailler au Théâtre de France-Odéon, dirigé par Jean-Louis Barrault et Madeleine Renaud, et, aussitôt après, se retrouver au Théâtre de Poche. Il n'eut jamais que le statut d'une « jeune compagnie ». Il resta imperturbablement un débutant. En 1983, encore, il est passé de l'Odéon où il monta *Triptyque* de Max Frisch, avec la troupe de la Comédie-Française, au petit Atelier de l'Épée-de-Bois, à la Cartoucherie de Vincennes, où il présenta, confidentiellement, *Rue noire,* une première pièce d'Any Diguet.

Roger Blin revendiquait cette versatilité et l'absence de tout esprit de système : « Il n'y a rien de commun entre les auteurs que j'ai montés, et c'est cette différence même que j'aime (...). Je ne me suis jamais préoccupé de marquer

Le Professeur Taranne *d'A. Adamov, mise en scène R. Planchon, Théâtre de la Comédie, Lyon, 1953. Henri Galiardin dans le rôle de Taranne. Collection J. Adamov.*

mes mises en scène d'une espèce de permanence Blin. S'il y a malgré tout dans le travail que j'ai fait un style, une constance formelle, c'est au spectateur de les découvrir, mais cela ne m'intéresse pas. Je ne fais pas de spectacle Blin. Le Blin là-dedans, c'est une certaine énergie que je mets à la disposition de l'auteur. » Toutefois, à travers ses spectacles, pour divers qu'ils aient été, on retrouve une constante : le désir d'un théâtre *immédiat* — j'entends d'une représentation où le texte et le spectacle ne feraient qu'un, et qui se suffise à elle-même. Évoquant une « espèce de retraite » qu'il avait faite, après son bachot, « à Clamart chez des curés », Roger Blin raconte : « Un soir, un des curés de la boîte nous a fait un sermon dont je me souviens encore. Il nous parlait du péché, dans le noir, avec simplement quelques bougies allumées devant lui. A chaque période de son discours, il éteignait une bougie. Après avoir soufflé la dernière, il a parlé de la mort et de l'enfer. Cela m'a donné le dégoût définitif de la religion. » Et il ajoute : « Et le goût de la mise en scène, sans doute. »

On peut rapprocher cette anecdote de l'incident qui aurait décidé Adamov à se consacrer au théâtre : « Un aveugle demandait l'aumône ; deux jeunes filles passèrent près de lui sans le voir, le bousculèrent par mégarde ; elles chantaient : *J'ai fermé les yeux, c'était merveilleux...* » Ici et là, les mots, les choses et les gestes font ensemble une réalité autonome, qui parle par elle-même — avec, pour Blin, un élément de jeu en plus : le curé comme comédien.

Ce théâtre n'en appelle à rien d'autre qu'à lui-même. Il se veut *littéral.* Dans le programme de *La Sonate des spectres* montée par Blin, Adamov écrivait déjà : « L'intrigue peut sembler obscure, mais l'insolite n'exprime ici ni fantaisie, ni recherche, il est le signe évident d'un monde qui représente le lieu même du drame. » On ne peut que se souvenir d'Artaud qui, dans son projet de mise en scène de cette *Sonate,* prévoyait : « Toute la pièce est comme un monde fermé autour duquel la vie circulaire est arrêtée par une brisure nette. »

Deux des plus belles réalisations de Blin figurent les pôles extrêmes d'un tel théâtre : *En attendant Godot* de Beckett et *Les Nègres* (1959) de Jean Genet. L'une est dépouillée jusqu'à une apparence d'indigence ; l'autre surchargée jusqu'au baroque. Au plateau nu de *Godot* répondent les échafaudages des *Nègres* ; aux défroques sombres de ses clochards, les parures et les ornements chamarrés de la cérémonie (sous-titrée « clownerie ») selon Genet... Pourtant, toutes deux exaltent et interrogent le théâtre (on pourrait dire : le monde comme théâtre et le théâtre comme monde). C'est un jeu qu'elles nous livrent : celui dérisoire des clochards de *Godot* ou celui, éperdu, de ces comédiens noirs, les Griots, qui, pour un public de Blancs, font semblant d'être des nègres qui se déguisent parfois en Blancs. Blin parle même de sa mise en scène de *Godot* comme d'« un long travail de mise au point d'une espèce de ballet, d'une circulation très rigoureuse déterminée par les douleurs feintes ou réelles des personnages, par leurs relations et par le texte ». Mais ce jeu renvoie, hors scène, hors théâtre même, à une réalité : l'existence nue et sans réplique des personnages (ou des êtres) de *Godot* ou le combat révolutionnaire de ces Noirs qui se donnent en spectacle comme « nègres ». En fait, ce théâtre littéral doit, pour s'accomplir, se nier lui-même. Enfermé sur soi, il ne peut s'ouvrir que sur sa propre négation : la mort, pour Beckett, ou la révolution, pour Genet.

Au-delà de leurs difficultés matérielles, les hommes de ces « petits théâtres » — je me suis arrêté à Blin, mais il faudrait citer Jean-Marie Serreau, Jacques Mauclair, Sylvain Dhomme, André Reybaz... — se heurtent à une contradiction fondamentale : celle du « nouveau théâtre » qui fait de l'incommunicabilité l'objet de sa communication et qui, comme le dit Michel Corvin (p. 415), « passe pour une bonne part son temps à commenter l'impossibilité d'être théâtre ». Peut-être même furent-ils, comme Artaud, amenés à douter que « la vie soit représentable en elle-même et qu'il vaille la peine de courir sa chance dans ce sens ».

Leur quête d'un impossible « degré zéro » (pour reprendre l'expresion de Barthes qui fit fortune à l'époque) du théâtre est, cependant, fructueuse. Elle impose l'existence d'un nouveau secteur, d'un « tiers théâtre », plus durable et plus structuré que les manifestations avant-gardistes des années 20. Les jeunes compagnies vont se multiplier et, bientôt, elles bénéficieront d'une aide modeste de l'État : d'abord par l'intermédiaire du concours des Jeunes Compagnies (créé en 1946), puis, à partir de 1964, par le canal d'une commission consultative auprès de la Direction du théâtre, de la musique et de l'action culturelle (« une aide aux animateurs » qui deviendra, en 1974, « aide aux compagnies dramatiques », et se trouvera diversifiée et décentralisée, après 1981). Ce fut un lieu de

Roger Blin (Hamm) et André Julien (Clov) dans Fin de Partie *de Beckett, mise en scène*
R. Blin.

formation pour bien des praticiens : des comédiens comme R.-J. Chauffard, Jean Martin, Jacques Mauclair, Michel Piccoli, Laurent Terzieff, Tsilla Chelton, Éléonore Hirt ou Yvonne Clech y ont fait leur apprentissage, de la manière la plus artisanale qui soit. Et ces promoteurs y ont cultivé une curiosité et un goût de la découverte qui les pousseront à explorer les confins de la littérature dramatique : le théâtre breton ou noir francophone pour Serreau qui créa Paol Keineg (*Le Printemps des Bonnets rouges*, 1971) et Aimé Césaire ; les premières pièces jouées en France de Athol Fugard et d'Adrienne Kennedy pour Blin... Enfin, cette quête consomme la rupture avec le souci de la « pièce bien faite » et institue entre le texte et le spectacle un nouveau rapport : un rapport d'identité et non de reflet. La voie est libre pour toutes les recherches.

En janvier 1960, Jean-Louis Barrault monte *Rhinocéros* d'Ionesco au Théâtre de France-Odéon. C'est un triomphe. La consécration. C'est aussi l'acte de décès de cet utopique « théâtre littéral ». Godot est arrivé, mais ce n'est plus Godot... Il s'est remis à « signifier ». Et le spectacle à illustrer.

LA SCÈNE CRITIQUE

A la fin de juin 1954, le Berliner Ensemble présente *Mutter Courage und ihre Kinder (Mère Courage et ses enfants)* au Théâtre Sarah-Bernhardt. C'est la première fois que la troupe de Brecht, fondée en 1949, vient à Paris et même en Occident. Ses trois représentations de *Mère Courage* sont loin de remplir la salle. Mais elles « éblouissent » quelques-uns de leurs spectateurs. « Éclairé par les premières expériences du T.N.P. », Roland Barthes avoue avoir connu là « une illumination subite » : « Cette illumination a été un incendie : il n'est plus rien resté devant mes yeux du théâtre français. » La publication des premiers volumes de la traduction française du *Théâtre* et une livraison de *Théâtre populaire* consacrée à Brecht (janv.-févr. 1955) aidant, le retour du Berliner Ensemble au Festival de Paris, avec *Le Cercle de craie caucasien*, l'année suivante, est triomphal. Les théories de Brecht divisent les hommes de théâtre et la critique. Ses spectacles font, presque, l'unanimité. C'est qu'on y découvre « un mélange d'abstraction et d'hyperréalisme », comme disait Claude Planson qui fut à l'origine de l'invitation du Berliner Ensemble, où se conjuguent, miraculeusement, la transparence selon Vilar et la littéralité du « nouveau théâtre ». Mais ce n'est pas seulement une affaire de style : ce que certains, dont l'équipe de *Théâtre Populaire*, y reconnaissent, c'est une nouvelle conception du théâtre, fondée non sur l'adhésion du spectateur à la souffrance et à l'idéologie des héros, mais sur une distance ». Le théâtre, en déduit Barthes, doit cesser d'être magique pour devenir critique, ce qui sera encore pour lui la meilleure façon d'être « chaleureux ». On parle alors d'une « révolution brechtienne ». Tous les praticiens, dont Vilar, n'y consentent pas. Ils n'en sont pas moins atteints. Brecht (il meurt en août 1956) va hanter la scène française des années 60.

D'autre part, la situation politique se détériore. La belle unanimité de la Libération a fait place aux querelles de la IVᵉ République finissante. La « guerre froide » a isolé le parti communiste. Après les conflits d'Indochine, puis de Tunisie et du Maroc, la guerre d'Algérie divise profondément la société française. Le grand théâtre unitaire dont rêvait Vilar n'est plus de saison. Le T.N.P. lui-même s'engage courageusement, je l'ai dit, dans la lutte qu'une partie de la gauche mène contre la poursuite de la guerre en Algérie. La notion de « théâtre populaire » cède devant celle d'un « théâtre politique ». Là encore, on appelle Brecht à la rescousse.

Roger Planchon fut l'homme de ce nouveau tournant. A dix-neuf ans, ce Lyonnais qui récitait Rimbaud ou Michaux d'une « voix furibonde, dans des caves ou des cafés, et qui lisait Artaud » (« J'ai été possédé par Artaud, j'ai compris qu'à travers lui je pouvais lire le monde — expérience d'adolescent ») avait monté une parade burlesque 1900, *Bottines, collets montés* (1950), où il soumettait « quelques petites comédies réalistes de Courteline et de Labiche » à « une opération chirurgicale » et, sur le succès de ce spectacle, fondé une compagnie professionnelle. En 1952, ce Théâtre de la Comédie s'est aménagé un local : une petite salle de 120 places, au cœur de Lyon, rue des Marronniers. En dehors des centres dramatiques récemment créés, c'est la première compagnie à avoir en province un siège fixe et une activité permanente de création et de diffusion. Planchon et ses camarades y montent des spectacles burlesques, dans la lignée de *Bottines, collets montés* (*Rocambole,* pour l'inauguration de la salle), des classiques étrangers peu joués, voire inédits (*La Nuit des rois* et *Les Joyeuses Commères de Windsor, Faust* de Marlowe, *Hamlet* de Kyd, du Calderon) et même Adamov (en 1953, ils créent *Le Sens de la marche* et *Le Professeur Taranne*). Quand le Berliner Ensemble est à Paris, en 1954, ils travaillent à la réalisation de *La Bonne Ame de Se-Tchouan*. Planchon ne voit donc pas *Mutter Courage*, cette année-là. Il se rattrape un an après : il assiste aux représentations du Berliner Ensemble au Sarah-Bernhardt et rencontre Brecht : « Je me suis présenté avec pour toute recommandation les photos de notre spectacle : *La Bonne Ame de Se-Tchouan*. Je suis resté cinq heures avec lui. Il me disait ce qui lui plaisait et ce qui ne lui plaisait pas dans notre travail, et nous discutions. De cet entretien et de la vision des réalisations du Berliner Ensemble s'est imposée en moi la conviction que là était la vérité et qu'il ne fallait pas hésiter à copier hardiment... »

Ce qui frappe Planchon, dans les spectacles du Berliner Ensemble, c'est la présence de ce qu'il appellera plus tard une « écriture scénique » : « Ce qu'il y a de plus extraordinaire dans ce qu'a pu m'apporter Brecht, c'est que, lorsque j'ai commencé au théâtre, nous pensions tous que faire une mise en scène, c'était faire une œuvre très partielle... On hésitait toujours : *Est-ce qu'on surcharge la pièce ?... ou est-ce que, en définitive, on l'appauvrit ?* La leçon de Brecht, théoricien du théâtre, c'est d'avoir déclaré : une représentation, c'est à la fois une écriture dramatique et une écriture scénique ; mais cette écriture scénique — il a été le premier à le dire, cela me paraît très important — a *une responsabilité* égale à l'écriture dramatique et, en définitive, un mouvement sur une scène, le choix d'une couleur, d'un décor, d'un costume, etc., ça engage une responsabilité complète. L'écriture scénique est totalement responsable, de la même façon qu'est responsable l'écriture en soi, je veux dire l'écriture d'un roman ou l'écriture d'une pièce » (Entretien avec Arthur Adamov et René Allio, avril 1960).

Sans doute peut-on penser que, loin de mettre l'accent sur l'essentiel de l'apport brechtien, Planchon ne fait là que reprendre ce qui a constitué la nouveauté de la mise en scène moderne — par opposition à la « régie » telle qu'on la concevait il y a un siècle. Il n'empêche que c'est à partir de cette notion « d'écriture scénique responsable » que le travail de Planchon va se développer et marquer de son empreinte la scène française. Le rapport de la représentation au texte s'en trouve, ouvertement, modifié. Le spectacle ne revendique plus une transparence idéale, ni une coïncidence qui irait jusqu'à une fusion des mots et de la scène : il se constitue dans une réflexion, voire une distance volontaire, entre eux. Il se veut *critique*.

L'ascension de Roger Planchon et de son équipe (dont Robert Gilbert qui deviendra l'associé permanent de Planchon) est régulière — même si elle est, parfois, difficile. En 1957, le Théâtre de la Comédie s'installe au Théâtre municipal de Villeurbanne et y devient le Théâtre de la Cité. En 1959, celui-ci est promu troupe permanente de la décentralisation et subventionné à ce titre par l'État, puis en 1963 déclaré Centre dramatique national. Enfin, en 1973, après que Georges Wilson, le successeur de Vilar, eut quitté Chaillot, il obtient le sigle du T.N.P. et se voit assigner non plus une tâche de décentralisation à vocation populaire mais « une mission créatrice au rayonnement national ». Alors, Planchon et Gilbert appellent auprès d'eux, à la direction de ce nouveau T.N.P., Patrice Chéreau. Le Théâtre de la Cité de Lyon-Villeurbanne est devenu l'une des grandes institutions théâtrales françaises. C'est aussi l'une des rares, sinon la seule, à s'être développée continûment, sous l'impulsion du même homme.

Planchon monte, en fait, peu de pièces de Brecht. Il reprend et remanie, à trois reprises, *La Bonne Ame de Se-Tchouan* ; il crée, en 1956, *Grand'Peur et misère du IIIᵉ Reich*, rue des Marronniers, puis, une fois à Villeurbanne, *Schweyk dans la Deuxième Guerre mondiale* (1961). Plus tard, il parlera de réaliser un montage de textes de Brecht, comprenant notamment *La Décision*, cette « pièce didactique » de 1930, mais devant le refus des héritiers d'autoriser la représentation de celle-ci, il renoncera à son projet. Sans doute Planchon a-t-il souffert d'une « intimidation » par Brecht : il n'a que rarement osé prendre vis-à-vis des textes de celui-ci la distance qu'il avait apprise de lui.

Le répertoire de Planchon prolonge celui des premières années du Théâtre de la Comédie. On y retrouve une alternance de burlesques *(Les Trois Mousquetaires),* de classiques peu joués, pour la plupart des élisabéthains (*Henry IV, Troïlus et Cressida, Richard III* de Shakespeare, *Edouard II* de Marlowe sur lequel il revient plusieurs fois) et d'œuvres contemporaines, relevant peu ou prou du « nouveau théâtre » (*Comment s'en débarrasser, La Leçon, Victimes du devoir* de Ionesco et, en création, *Paolo Paoli* d'Adamov et *Aujourd'hui ou les Coréens* de Michel Vinaver)... Toutefois, à Villeurbanne, il s'enrichit de deux autres composantes : de grands classiques français et des pièces de Roger Planchon lui-même (la première, *La Remise,* est créée au cours de la saison 1961-62) qui vont, assez vite, se tailler la part du lion. Cette coexistence de classiques consacrés et de ses propres œuvres est significative. Elle marque bien que, pour Planchon, il n'y a pas de solution de continuité entre ce qu'il appelle l'écriture scénique et l'écriture dramatique : le metteur en scène est auteur, mais l'auteur est, aussi, metteur en scène.

Dès *George Dandin*, le troisième spectacle du Théâtre de la Cité (1958-59 — qui sera repris maintes fois, jusqu'à une nouvelle réalisation en 1987 préludant à un film), et *La Seconde Surprise de l'amour*, le quatrième dans la même saison, Planchon met en place son système de représentation. Il désarticule le texte : il isole certaines répliques et traite, à part, les monologues de Dandin, à la façon, précisa-t-il, des monologues intérieurs des romans de Faulkner. Par la suite, il pratiquera même des interpolations dans le texte et déplacera des scènes pour les situer ailleurs dans l'action : ainsi, dans son récent *Avare* (1986), faisait-il débuter la pièce non par la scène entre Valère et Élise mais par celle d'Harpagon et de Frosine (II, V). Il brise ou subvertit l'unité de lieu. Son premier *Dandin* se déroule bien « devant la maison de George Dandin, à la campagne » et respecte donc, en apparence, la didascalie de Molière. Mais, en fait, la scénographie de René Allio regroupe trois lieux. Côté cour, il y a, en effet, la maison de Dandin, solidement architecturée sur deux étages. Une autre bâtisse, en coupe, occupe le côté jardin : c'est une grange ou la ferme où habitait autrefois Dandin et qui, maintenant, est dévolue aux domestiques. Entre les deux, il y a la cour où l'on met le linge à sécher et où se trouvent aussi une table et quelques chaises. Toute l'aventure de Dandin est dite d'emblée par cet espace : il est parti de la ferme, a fait édifier, pour Angélique et lui, cette maison de maître, et il se retrouve seul dans la cour, séparé de tous et écartelé entre le paysan qu'il a été et l'homme

Les Trois Mousquetaires *d'A. Dumas adaptés par R. Planchon et C. Lochy lors d'une tournée à Prague (1966). Les dialogues étaient traduits par des bulles mobiles.*

de qualité qu'il voudrait devenir. En revanche, pour *La Seconde Surprise de l'amour*, Planchon rompt avec le salon obligé selon Marivaux : c'est toute une propriété que nous explorons. L'action passe, successivement, d'une salle d'armes à un jardin d'hiver, d'un couloir au salon et jusque dans la chambre à coucher de la Marquise... Dehors et dedans. L'apport du scénographe, René Allio (qui travailla avec Planchon une dizaine d'années), est fondamental. Ses décors constituent le milieu même qui, pour reprendre l'expression d'Antoine, « détermine les mouvements des personnages ». Toutefois, ils sont plus synthétiques qu'illusionnistes. Ils posent moins une atmosphère qu'une histoire sociale dont les personnages apparaissent comme les témoins et les produits et qui les contraint aussi dans leurs choix privés. Sans modifier le texte, Planchon introduit même dans le déroulement de l'action des « scènes intermédiaires » (selon la terminologie brechtienne) non stipulées par l'auteur, qui ne doivent leur existence qu'à la scénographie : ainsi, par exemple, du moment de l'angélus, dans *Dandin*, où, réunis autour de la table de la cour, Dandin et ses gens ôtent leurs chapeaux et communient en silence, passagèrement, dans la paix du soir, le respect des usages religieux et l'appartenance au monde de la terre... Dans *La Seconde Surprise,* en changeant brutalement de lieu, au cours des scènes X-XII du IIIe acte et en nous montrant la Marquise dans un lit défait et le Comte rajustant son habit, Planchon suggère que l'héroïne s'est donnée à celui-ci, avant de tomber, pour de bon, dans les bras du Chevalier. A l'époque, cette précision fit scandale : on y vit un crime de lèse-Marivaux. Elle n'était qu'une façon de mettre de la chair sur les mots de Marivaux.

La tentation de la totalité

La mise en scène de Planchon opère en contrepoint du texte. Elle ne l'illustre pas, elle ne cherche pas à le faire resplendir. Elle n'en propose, à proprement parler, ni une image ni une interprétation. Elle interpose, entre le spectateur et lui, un milieu qui en constitue le contexte, sans viser à l'illusion. Dans un compte-rendu du premier *Tartuffe* de Planchon (1962), Raphaël Nataf notait que, « à l'opposé de l'esthétique naturaliste, Allio crée un lieu qui représente la maison d'Orgon, sans jamais risquer de se confondre avec elle ». Ce milieu est à la fois concret et abstrait. Il restitue le détail de la vie quotidienne : des objets de toutes sortes peuplent le plateau, ils ont l'épaisseur et le poids du réel. Les personnages se mesurent à eux ; ils s'en servent et y sont asservis. On mange sur scène : Hortensius (de *La Seconde Surprise*) croque des pommes, pour tromper sa faim et son inquiétude sur sa position ; le Richelieu des *Trois Mousquetaires* se fait cuire un œuf sur le plat... « Dans les costumes d'*Henry IV* dominent (...) le rugueux, le lourd, l'usé, le dépareillé (la pelisse maculée et rembourrée de Falstaff, les sinistres plaques de fer sur cuivre des soldats...) » [André Gisselbrecht]. Mais ce milieu est aussi l'expression d'un moment historique, d'un certain état de civilisation. Il figure celui-ci ; il en signifie les lignes de force. A un *contenu* concret répond un *contenant* abstrait. C'est dans un cyclorama recouvert de dessins de Watteau que se déroulent les débats et les ébats de *La Seconde Surprise*. La maison bourgeoise d'Orgon, du *Tartuffe*, s'inscrit dans un « grand boîtier vert sombre losangé d'or », à claire-voie, où sont insérés des cadres « remplis par des reproductions en noir et blanc de peintures de l'époque, pour la plupart des sujets religieux ». Et le plancher de scène est une superbe marqueterie de bois d'essences diverses, resplendissante comme le parquet d'un château. Ce qui est dire à la fois la richesse du grand bourgeois qu'est Orgon, les fastes d'une époque de parade, et la convergence suspecte de la religion et de la sensualité dans un goût de l'extase qui anticipe le plaisir de la pâmoison... Plus tard, lors de son second *Tartuffe* (1973), où Hubert Monloup a succédé à René Allio, Planchon mettra encore davantage les points sur les *i* de l'histoire : c'est dans un hôtel particulier en pleine réfection, au milieu des gravats, que se joue cette fois l'action. Orgon change de style : du Louis XIII, il passe au Louis XIV. Une statue équestre du Roi-Soleil est là, à demi déballée, prête à remplacer un Christ pâmé sur la Croix. Louis XIV a pris, personnellement, le pouvoir. Nous sommes au tournant du siècle. C'est proprement le contenant de *Tartuffe*. Et, au milieu de ce chantier historique, les personnages ne cessent d'aller et de venir, de déplacer sièges et tables, de manger,

Le Tartuffe *de Molière, mise en scène R. Planchon, scénographie René Allio, Théâtre de la Cité, Villeurbanne, 1962. La maison du bourgeois Orgon s'inscrit dans un grand boîtier vert sombre losangé d'or, où sont insérés des fragments de peintures religieuses du début du XVIIe siècle.*

de boire, de changer de vêtements, de vaquer à mille et une occupations quotidiennes... L'écriture scénique prolifère : elle n'est pas loin de l'emporter sur l'écriture dramatique.

Planchon veut *tout* montrer. Sur la lancée du Berliner Ensemble, il avait pratiqué un « théâtre critique ». Il passe progressivement de celui-ci — qui suppose l'adoption d'un point de vue — à un « théâtre de la description » : « un théâtre rigoureusement descriptif, commente Michel Vinaver à propos de *Troïlus et Cressida* (1964), un théâtre dont l'effet, non dirigé, résiderait dans la détonation qui ne peut manquer de se produire au sein de chaque spectateur, de par le mélange explosif de la réalité décrite et de la réalité vécue ». Le décor, en l'occurrence celui d'André Acquart pour *Troïlus et Cressida*, n'est plus « un de ces décors commentaires comme nous les aimions autrefois, c'est un décor-machine-à-jouer ». Et, de préférence à Brecht, Planchon cite, dorénavant, Aristote. Il a recours aussi à Stanislavski. C'est qu'il tente d'unir, sur la scène, la tranche de vie, le constat épique, des images oniriques et la fresque cinématographique. Il lorgne vers Piscator : son *Schweyk dans la Deuxième Guerre mondiale* (1960-61), sur un plateau tournant, était plus piscatorien que brechtien. Dans les années 70, il se tournera vers Robert Wilson et son « théâtre d'images »... Planchon devient l'homme des sommes. Il affectionne les « œuvres complètes » : il monte des spectacles composés de plusieurs pièces du même auteur (en 1978, un diptyque Shakespeare rassemble *Antoine et Cléopâtre* et *Périclès, prince de Tyr*), voire d'auteurs différents. En 1980, dans une même scénographie d'Ezio Frigerio et, pour l'essentiel, avec les mêmes comédiens, il présente *Athalie* de Racine et *Dom Juan* de Molière qui, ainsi réunis, « sous l'œil d'une divinité dans l'architecture de cette coupole vaticane (...) deviennent deux machines de guerre tournées contre le pouvoir religieux confondu avec le pouvoir royal » (Michel Corvin) : le spectacle de la Contre-Réforme et de l'oppression louis-quatorzienne. Enfin, se tournant vers le cinéma et la télévision, il travaille à une tétralogie qui, regroupant trois pièces de Molière, se terminerait sur un quatrième film : *Petit Louis,* « un tableau de l'année où Louis XIV atteignit ses quatorze ans, c'est-à-dire sa majorité ». Il réalise même des collages qui, autour de l'œuvre d'un auteur ou de textes issus d'une même période, tentent de nous restituer la totalité de cet auteur ou de l'idéologie de l'époque : *A. A. Théâtres d'Arthur Adamov* (1975), *Ionesco. Jeux de massacre* (1983) ou *Folies bourgeoises* (1975) qui juxtaposait des fragments de pièces parues dans *La Petite Illustration* à la veille de la Première Guerre mondiale.

Après les événements de 1968 où le Théâtre de la Cité se transforme, un temps, en forum de la décentralisation, un spectacle de Planchon, *La Mise en pièces du « Cid »* (son titre exact était : *La Contestation et la Mise en pièces de la plus illustre des tragédies françaises, « Le Cid » de Pierre Corneille, suivie d'une « cruelle » mise à mort de l'auteur dramatique et d'une distribution gracieuse de diverses conserves culturelles*) fut comme le reflet de ce qui s'était passé au Théâtre de la Cité, dans l'Odéon « occupé » ou au Festival d'Avignon contesté... et comme une autocritique de Planchon. « Collage de propos empruntés à Corneille, *Elle* ou Edgar Faure, collage d'images et d'engins nés de la main du peintre Jim Léon », assemblage de citations « du Living à *Hair*, de Grotowski à Vilar, Béjart ou Planchon »... cette *Mise en pièces du « Cid »* est la dérision

Bérénice *de Racine, mise en scène R. Planchon, décor et costumes de R. Allio, Théâtre Montparnasse, 1970. Denis Manuel (Antiochus) et Francine Bergé (Bérénice), dans l'intimité des tentures, au milieu d'un univers de glaces et de reflets.*

de ce théâtre de la totalité que Planchon n'a cessé et ne cessera plus de poursuivre. Un feu de joie où celui-ci se consume, par son excès même.

Néanmoins la leçon a été entendue. Planchon a naturalisé Brecht. Il a fait passer, à sa manière, le « théâtre critique » dans la pratique française — dans celle de nos classiques d'abord. La décentralisation s'en est nourrie. En témoignent aussi bien les nouvelles réalisations d'hommes de théâtre déjà confirmés, comme Hubert Gignoux à Strasbourg (depuis 1957, après avoir dirigé le Centre dramatique de l'Ouest pendant près de dix ans) ou Guy Rétoré au Théâtre de l'Est parisien, que le travail de nouveaux animateurs qui revendiquent ouvertement leur filiation brechtienne, comme Gabriel Garran à Aubervilliers. Citons en exemple *Horace* de Corneille par le Centre dramatique de l'Est (1962) : choisissant de « condamner Horace dès le début » et assimilant l'idéologie de celui-ci à celle « des fanatiques de l'Algérie française », Hubert Gignoux en fit « le drame des vertus civiques fourvoyées » — ce qui lui attira ce compliment de Dürrenmatt : « Pour la première fois m'apparaît clairement ce qu'est l'interprétation critique d'un classique. » Quant à Garran, il va, pour *L'Étoile devient rouge* de Sean O'Casey, au deuxième Festival d'Aubervilliers (1962), jusqu'à s'inspirer directement de Piscator : trois écrans sont inclus dans la représentation ; sur l'un est projeté un film concernant la pièce, sur l'autre un film consacré à la répression du mouvement ouvrier et sur le troisième un film tourné dans des entreprises d'Aubervilliers...

Enfin, ce n'est pas seulement l'exemple de Planchon metteur en scène qui orientera le théâtre français du début des années 60 : c'est aussi l'existence, à Villeurbanne, d'une troupe de plus en plus aguerrie, capable de répondre aux demandes les plus diverses (de la tragédie classique à la comédie musicale). Les comédiens rassemblés au Théâtre de la Comédie avaient pu, parfois, sembler maladroits : c'est qu'ils étaient différents. Certains d'entre eux (parmi lesquels Jean Bouise, Colette Dompietrini, Gérard Guillaumat ou Isabelle Sadoyan) vont devenir les interprètes idéaux d'un théâtre que l'on pourrait dire plébéien, par contraste avec le populaire selon Vilar. Et Planchon n'aura de cesse qu'il ne fasse jouer à Villeurbanne les plus prestigieux des acteurs parisiens, voire les comédiens de Boulevard ou des vedettes du cinéma, qu'il s'efforcera d'arracher à leurs emplois habituels... Un de ses plus proches collaborateurs, Lyonnais lui aussi, Jacques Rosner présidera même, pendant neuf ans, aux destinées et à la réforme du Conservatoire national supérieur d'art dramatique. Peut-être Planchon a-t-il, parfois, cédé à l'hypertrophie de ce qu'il appelait l'« écriture scénique ». Il reste un prodigieux brasseur de textes et d'images scéniques. Il a fait de la mise en scène une mise à l'épreuve de notre réalité comme de notre héritage culturel. Tout le théâtre français porte sa marque.

LA REPRÉSENTATION EN ACTE

Les années 60 sont des années d'effervescence. De 1952 à 1960, la décentralisation a semblé marquer le pas : aucun nouveau Centre dramatique national n'a plus été créé depuis celui du Sud-Est, confié en 1952 à Gaston Baty. Certes, de jeunes compagnies se sont affirmées, comme le Théâtre de la Comédie de Planchon ou la Guilde de Guy Rétoré à Ménilmontant, mais elles restent fragiles. L'essentiel de la création dramatique, textuelle plus que scénique, se concentre encore dans les petits théâtres de la capitale. Vers 1960, la situation change. C'est, pour une part, le fruit de la nouvelle politique du ministre de la Culture, André Malraux. En 1959, celui-ci sauve la troupe de Planchon, en la décrétant « troupe permanente ». Il institue ainsi une nouvelle catégorie administrative. Une quinzaine de compagnies bénéficient dès lors d'une aide accrue de l'État et d'un début d'institutionnalisation. Certaines d'entre elles brûlent les étapes. Promues troupes permanentes, elles deviennent très vite des Centres dramatiques nationaux : la Comédie de Bourges de Gabriel Monnet (troupe permanente en avril 1961, Centre dramatique en janvier 1963), le Théâtre de la Cité de Planchon (Centre dramatique en janvier 1963) et le Théâtre de l'Est parisien de Rétoré (troupe permanente en 1960, Centre dramatique en 1963). Les lieux d'implantation de ces nouveaux théâtres changent aussi. Jusqu'alors, les Centres dramatiques étaient l'apanage des grandes villes (Toulouse, Strasbourg ou Rennes). Maintenant, les nouvelles troupes de la décentralisation s'établissent dans des villes de moindre envergure, comme Beaune ou Longwy, ou à la périphérie des grosses métropoles. Planchon est à Villeurbanne ; Rétoré à Ménilmontant, dans l'est de Paris. C'est l'époque où, les municipalités communistes aidant, de nombreux groupes se créent ou trouvent refuge dans la banlieue « rouge » parisienne. Prenons l'exemple de Gabriel Garran. Celui-ci n'est pas venu au théâtre par le Conservatoire ou par une quelconque école de comédiens. Il est « tombé » sur lui, à « la convergence de trois emprunts simultanés et parfois contradictoires : une action militante, ma passion pour le cinéma et des responsabilités pédagogiques ». Il a tâtonné quelques années avec des comédiens amateurs et « vécu d'expédients » avant d'affronter sa première expérience professionnelle, au Théâtre de Lutèce, avec *Sisyphe et la Mort* de Robert Merle, en 1957, dans « les conditions financières les plus invraisemblables ». Ensuite, il monte trois spectacles, dont l'adaptation par Adamov de *Vassa Geleznova* de Gorki, au Théâtre du Tertre : ce n'est pas la consécration, ni la richesse, mais Garran est remarqué. Il pourrait suivre le chemin qui mène des petits théâtres aux grands, voire faire comme Jean-Marie Serreau : pratiquer l'alternance entre les uns et les autres. « Sous le choc du Berliner Ensemble, la découverte de Brecht, de Piscator et de la Volksbühne, l'influence d'une revue comme *Théâtre populaire* », il choisit autre chose : une implantation dans la banlieue parisienne, à partir d'un groupe-école théâtre, le groupe Firmin-Gémier, subventionné par la municipalité d'Aubervilliers, et d'un festival qui mêle professionnels et amateurs. Il refuse, aussi, le répertoire habituel de la décentralisation — ce qu'il appelle « le Corneille-Labiche-Pirandello » : ce sont des œuvres plus contemporaines et plus directement politiques (à l'époque, on disait « engagées ») qu'il entend monter. En juin 1961, il donne *La Tragédie optimiste* de Vichnievski, dans un gymnase d'Aubervilliers où René Allio a dressé un tréteau de 24 mètres sur 15. Il récidive les années suivantes, avec *L'Étoile devient rouge* de Sean O'Casey, *Charles XII* de Strindberg et *Coriolan* de Shakespeare. En 1965, il s'installe au Théâtre de la Commune qu'a aménagé pour lui Allio : c'est le premier nouveau théâtre de banlieue depuis longtemps. Instrument de travail moderne, malgré les contraintes liées au fait qu'ont été conservés les murs et, donc, la forme architecturale de l'ancienne salle des fêtes. En 1972, Garran constatait que le Théâtre de la Commune avait présenté (en sept ans) « vingt-huit spectacles, dont vingt-cinq sont de notre siècle et parmi eux vingt-deux créations d'œuvres inédites. Plus de 500 000 spectateurs ont franchi notre seuil ».

L'exemple de Garran n'est pas isolé. J'ai déjà parlé de l'action entreprise par Rétoré qui a transformé la Guilde, fondée dans une salle de patronage, 109, rue Pelleport (1950), en Théâtre de l'Est parisien, installé dans un cinéma de 1 320 places, le Zénith, rue Malte-Brun. Cette troupe permanente deviendra vite un Centre dramatique, puis une maison de la culture, avant d'accéder, en 1971, à la dignité suprême, sinon de tout repos, de Théâtre national. Cela grâce au travail artistique de Rétoré et de son équipe, sans doute, mais en raison, aussi, de l'attachement du public du T.E.P. à ce qu'il reconnaît comme *son* théâtre :

en 1965-66, il comprend 27 000 abonnés et 180 000 spectateurs, faisant ainsi le plein des installations existantes. Il faudrait encore citer Pierre Debauche et le Théâtre des Amandiers de Nanterre, Raymond Gerbal et le Théâtre Romain-Rolland de Villejuif, José Valverde et le Théâtre Gérard-Philipe de Saint-Denis, voire (mais nous y reviendrons) Patrice Chéreau passagèrement fixé au Théâtre de Sartrouville... tous protagonistes de ce que Philippe Madral appelait, dans un petit livre qui fit le point sur cette décentralisation de la décentralisation, le « théâtre hors les murs » (1969).

Le public répond : Centres dramatiques et troupes permanentes connaissent une fréquentation moyenne de 400 spectateurs par soir (avec, lors de la saison 1964-65, un maximum de 761 au Théâtre de la Cité et un minimum de 176 au Théâtre populaire des Flandres). Sans doute, la composition de ce public n'est-elle guère différente de celle du public du T.N.P., dans le feu des années 50. La part des ouvriers y demeure minime. En 1966-67, le T.E.P. affiche un pourcentage de 11 % pour ce qui est des « agents, contremaîtres, ouvriers qualifiés, ouvriers spécialisés, apprentis ». Ce chiffre ne sera pas dépassé. Au T.E.P. même, il retombe vite au niveau des 6 % qui sont de règle dans ce domaine. C'est dire que le public n'a guère évolué, du point de vue de sa composition socioprofessionnelle. Mais il s'est diversifié géographiquement : les spectateurs du T.E.P. proviennent pour plus de 50 % des quatre arrondissements de l'Est parisien. Il en va de même dans la banlieue et en province : le théâtre est plus proche de ses spectateurs. Leur dialogue se fait plus serré, plus continu.

Les diverses expériences du « théâtre service public » » semblent légitimer de grandes espérances. Et la politique gouvernementale les consacrer, par l'institution des maisons de la culture.

Le retour d'Artaud

Pourtant, ce secteur est déjà en crise. Je le constatais, dès 1966 : « Maintenant qu'ils ont gagné la première manche de leur combat (celle de l'implantation et de la consolidation de leur entreprise avec l'aide de l'État et pour un public virtuellement le plus large possible), les animateurs des nouveaux théâtres publics et les tenants d'un théâtre populaire ont à décider du sens de leur action. » Ils se trouvent « à l'heure du choix » : un choix entre un théâtre de célébration culturelle et un théâtre que je qualifiais alors « d'éveil de la conscience critique ». En fait, ils ne firent pas ce choix. Peut-être était-il impossible de le faire à une époque où, la guerre d'Algérie liquidée et le pouvoir personnel de De Gaulle à son zénith, l'idéologie du théâtre populaire qui remontait au Front populaire ou à la Libération était de moins en moins de saison.

L'héritage du Cartel, la leçon de Vilar (qui, rappelons-le, quitta, à la surprise générale, la direction du T.N.P., en fin de saison 1962-63) et la « vulgate » brechtienne ne suffisent plus. Il faut trouver autre chose. Les praticiens ne se satisfont plus de communiquer un texte, un message ou une vision du monde. Ils revendiquent la possibilité de s'exprimer eux-mêmes. A se rapprocher du public, ils ont pris goût à la proximité. Ils veulent descendre parmi les spectateurs. Leur parler, directement. Et transformer la représentation en acte. Ou en faire un objet énigmatique qui serait proprement une création et qui, au lieu d'informer ou de cultiver son public, l'ébranlerait, le bouleverserait.

D'autres paroles sur le théâtre se font entendre. D'autres spectacles apparaissent. Un autre climat se prépare, dans l'ombre des petits groupes ou sous les projecteurs des festivals. En 1961, une troupe américaine, la première compagnie « Off Broadway » à venir en Europe, donne trois spectacles au Vieux-Colombier, dans le cadre du Théâtre des Nations : *The Connection* où l'on assiste à l'attente d'un groupe de drogués, comme si on en était, fait sensation. Cette troupe s'appelle le Living Theatre. Après 1964, elle s'établit en Europe et revient, pour des séjours prolongés, en France où elle présente, entre autres, *The Brig* et *Mysteries and Small Pieces* (à l'Odéon, dans le cadre du Théâtre des Nations, en 1966), son *Antigone* d'après Brecht (en 1967), avant de s'installer à Avignon, en 1968, pour créer un spectacle au Festival (ce sera le controversé *Paradise now*), sur l'invitation de Jean Vilar. L'Open Theatre, fondé en 1963 par Joe Chaikin, un transfuge du Living, passe aussi par Paris : il y essaie *The Serpent*, avant d'en donner une version définitive à New York (1969)... Ici et là, ce qui est au centre, ce n'est plus le texte, ni même le spectacle comme réalisation scénique d'un texte, c'est le processus d'élaboration de ce spectacle, c'est l'acteur engagé dans une démarche de libération personnelle, c'est le groupe qui devrait être l'instrument de cette libération, c'est la rencontre qui se produit ainsi entre acteurs et spectateurs. *The Serpent* s'intitule « une cérémonie écrite par J. C. Van Itallie en collaboration avec l'Open Theatre sous la direction de Joe Chaikin ».

L'enseignement de Grotowski semble aller dans le même sens. Quelques hommes de théâtre français le découvrent, dès 1963, lors d'un congrès de l'Institut international du théâtre, à Varsovie. Une critique, Raymonde Temkine, s'en fait l'ardente propagandiste. En juin 1964, Grotowski est membre du jury du IIe Festival de théâtre universitaire de Nancy et y expose son travail. Et, en 1966, à l'Odéon-Théâtre des Nations, le Théâtre-Laboratoire de Wroclaw donne son *Prince Constant* que Gilles Sandier définit ainsi : « C'est le Golgotha vu du siècle d'Auschwitz. Et joué par des yogi. » Il ajoute : « L'acteur se livre à nous dans une offrande indécente et provocante de ses muscles, de ses os, de sa bave, de son visage, de ses cuisses, et du reste. Cette oblation frénétique et rituelle d'un être dont le corps devient à lui seul tout le théâtre a quelque chose d'insoutenable (...). Tout est transe, mais une transe réglée par une grammaire, exprimée dans une magistrale stylistique : l'extrême de l'artifice des formes et des gestes exprime la plus provocante frénésie, le plain-chant naît du cri. » Cette fois, c'est vraiment le corps de l'acteur qui est à lui seul tout le théâtre. Sous le regard du public (une cinquantaine de spectateurs, au plus) et sous celui d'un spectateur « constant » : Grotowski lui-même qui assiste à chaque représentation. Bientôt, le vocabulaire grotowskien, relayé par Joe Chaikin comme par Peter Brook (qui préface *Vers un théâtre pauvre*), aura conquis droit de cité : on parlera de « théâtre pauvre », de « l'acteur saint » opposé à « l'acteur courtisan », du théâtre comme « don de soi » (« On doit se donner totalement, dans son intimité nue, avec confiance, comme l'on se donne en amour. C'est la clef. Le dépouillement, la transe, l'excès, la discipline formelle elle-même — tout cela peut être réalisé à condition que l'on se donne pleinement, humblement et sans défense. Cet acte culmine dans un sommet. Il apporte l'apaisement. »)...

Ces paroles et ces images nouvelles ont une source commune : *le Théâtre*

Roger Blin, dessin d'Antonin Artaud, 1946.

et son double d'Antonin Artaud. Peu importe que Julian Beck et Grotowski se soient ou non directement inspirés d'Artaud (ils prétendent y avoir trouvé une confirmation plutôt qu'une incitation) et que, comme le rappelle précisément Grotowski, « le paradoxe d'Artaud » ce soit « le fait qu'il est impossible de réaliser ses vues » : on a, alors, le sentiment qu'une ère nouvelle commence — l'ère d'Artaud (que l'on oppose à Brecht). C'est encore Artaud que rencontre Genet, dans les lettres qu'il adresse à Roger Blin, lors de la création des *Paravents* par la Compagnie Madeleine Renaud-Jean-Louis Barrault (1966) — une création qui valut à l'Odéon l'assaut de commandos d'extrême droite et à André Malraux une interpellation à l'Assemblée nationale : il rêve d'une « fête », d'une « déflagration poétique » où la scène et la salle « soient prises par le même embrasement », où « nulle part l'on ne réussisse à s'à demi dissimuler » et qui ne souffre pas la répétition, qui soit unique ; il veut une scène qui soit « un lieu où non les reflets s'épuisent, mais où des éclats s'entrechoquent ».

D'autres protagonistes font leur entrée : les troupes universitaires. Certes, ce n'est pas nouveau : les Théophiliens et, surtout, le Théâtre antique de la

Sorbonne, fondés vers le milieu des années 30, ont contribué à la redécouverte d'un répertoire négligé. Le groupe du Théâtre antique est encore en activité (avec Jean-Pierre Miquel, de 1956 à 1963). Et bien des théâtres étudiants ont vu le jour, dans les villes universitaires, au cours des années 50. Mais voilà que certains d'entre eux sortent de leur domaine réservé. Deux facteurs y contribuent : la reprise des activités, en 1960, de la Fédération nationale du théâtre universitaire et la fondation, en 1963, du Festival, alors universitaire, de Nancy. Ces troupes ne se donnent plus pour objectif de revivifier un répertoire classique : elles affirment d'emblée leur volonté de faire « un travail de recherche dans les répertoires contemporains français ou étrangers ». C'est ce que se proposent, entre autres, le Groupe théâtral du lycée Louis-le-Grand (où Patrice Chéreau rencontre Jean-Pierre Vincent), l'Association théâtrale des étudiants de Paris (qu'anime Ariane Mnouchkine) et le Théâtre 45 fondé par des normaliens

Le Groupe du Théâtre antique de la Sorbonne fut créé en 1936 à l'initiative de quelques étudiants — parmi lesquels Roland Barthes ne fut pas le moins actif — et sous l'égide de Paul Mazon, professeur de grec ancien à la Sorbonne. Leur ambition était de redonner vie à la tragédie antique, en rendant notamment toute son importance au chœur, sans idée de reconstitution archéologique. Jean Dasté réalisa les masques et Maurice Jacquemont se chargea de la mise en scène. Le Groupe, qui monta treize spectacles, donna, de 1936 à 1968, des représentations annuelles à Paris, en province et dans les Festivals internationaux.
Ici, Les Perses *d'Eschyle, Lyon, Théâtre Antique de Fourvière, 1946 : le chœur et la Reine Antossa.*
En 1986, une représentation-souvenir des Perses *: le premier et le plus fameux spectacle du Groupe connut, avec une distribution groupant à peu près toutes les générations qui se sont succédé, un très vif succès (Grand Amphithéâtre de la Sorbonne).*

d'Ulm et de Sèvres qui deviendra l'Aquarium, sous l'impulsion de Jacques Nichet. Le Festival de Nancy leur sert de tremplin : dès 1965, le Groupe de Louis-le-Grand y présente un *Héritier de village* de Marivaux, dirigé par Chéreau, et, l'année suivante, la troupe de l'Aquarium, *Monsieur de Pourceaugnac*. Et ce Festival, qu'anime Jack Lang, est, très vite, plus qu'une simple rencontre de troupes universitaires. Dans les spectacles qui y sont donnés par des groupes européens et américains (d'Amérique du Sud et d'Amérique centrale surtout) est déjà présent, à l'état latent, le « mouvement étudiant » qui éclatera au grand jour en 1968. Lieu d'échanges et de proclamations, parfois tumultueux, le Festival de Nancy devient un ferment de la vie théâtrale française. Le complément du Festival d'Avignon qui peine, malgré l'afflux du public, à réussir sa mutation, après que Vilar a quitté le T.N.P. En 1967, le Festival de Nancy décide de ne plus se limiter aux troupes universitaires : il sera « Festival mondial ». C'est une consécration : le théâtre des étudiants a réussi sa percée. Le paysage théâtral français va s'en trouver transformé.

C'est l'époque de toutes les expérimentations et de toutes les utopies. De toutes les contradictions, aussi. Un désir est partagé par tous : il faut réactiver le théâtre. Plus que des auteurs, ce sera l'œuvre des praticiens. Au premier chef, des acteurs. Ceux-ci ne se veulent plus des interprètes : ils revendiquent un statut de créateur. Qu'ils l'aient lu ou non, tous les jeunes hommes de théâtre pourraient se réclamer des affirmations d'Artaud : « Je dis que la scène est un lieu physique et concret qui demande qu'on le remplisse, et qu'on lui fasse parler son langage concret (...). Pour moi le théâtre se confond avec ses possibilités de réalisation quand on en tire les conséquences poétiques extrêmes, et les possibilités de réalisation du théâtre appartiennent tout entières au domaine de la mise en scène, considérée comme un langage dans l'espace et en mouvement. » Mais, sur cette base utopique commune, leurs efforts vont diverger du tout au tout. Pour les uns, l'objet de cette réactivation, c'est le théâtre lui-même : on ne tente pas de sortir de la représentation, on renchérit sur ses artifices. Puisque sur la scène, tout est jeu, on exaltera ce jeu : le spectacle aspire à la cérémonie ou au rite. Pour les autres, il s'agit, au contraire, d'aller au-delà du théâtre, de nier celui-ci au profit de la vie, d'intervenir directement sur le public, comme si la scène n'était là que pour être supprimée. Alors, on rêve d'action directe, de prise à partie des spectateurs. Ou de fête : une fête où s'annulerait toute différence entre acteurs et spectateurs.

La messe et le meeting

Le Mariage de Gombrowicz monté par Jorge Lavelli (1963) fut, sans doute, le premier spectacle à donner une impression de nouveauté radicale. D'origine argentine, Lavelli était en France depuis 1960 : il a assisté au Festival d'Avignon et a suivi des représentations du Berliner Ensemble au Théâtre des Nations : Brecht l'a plus impressionné que Vilar. C'est à l'Université du Théâtre des Nations (qui a été, au début des années 60, une pépinière de jeunes praticiens) qu'il réalisa sa première mise en scène française : un travail d'atelier sur *Le Tableau* d'Ionesco. *Le Mariage* surgit — comme s'il sortait du néant : « Sur le plateau du Théâtre Récamier, une lumière de voûte souterraine éclairait un amas de ferrailles rouillées. Un jeune homme avançait vers ce qui était peut-être la maison de son enfance ; il marchait dans son rêve ; il marchait dans un pays que la guerre avait couvert de ruines, tandis qu'autour de lui se levait une procession de larves ; vieillards et vieillardes aux seins dessinés sur le vêtement, visages et crânes blanchis ; fille à la bouche saignante sur son masque, aux cuisses obscènes » (Colette Godard et Dominique Nores). Ce fut la stupeur. Et une grande perplexité. Lavelli n'avait pas essayé d'éclaircir *Le Mariage*, d'y appliquer la grille d'une lecture politique ou existentielle. Il avait pris la pièce en bloc et cherché à en donner un équivalent scénique concret. Sa mise en scène est essentiellement plastique, rythmique. Il s'agit de rendre l'opacité de cet univers de régression, la prolifération des ruines et le poids des corps. Il déclarait avoir voulu « transformer cette projection onirique en une sorte de messe solennelle ». Le texte, la présence corporelle des acteurs déformés par des postiches, la matérialité brute du décor (des ferrailles, une carcasse de voiture rouillée, et sur le mur du fond lépreux, des plaques de métal ainsi que d'inutiles échelles : une décharge...), la musique de Diego Masson composent un monde qui relève de la vision autant que de l'intellection. Le spectateur le reçoit en plein visage : il l'accepte ou il le refuse. Il ne le discute pas. Deux ans plus tard, Lavelli présente une autre pièce de Gombrowicz, *Yvonne, princesse de Bourgogne*, d'abord au Théâtre de Bourgogne, puis à l'Odéon. C'est encore « un cauchemar criblé de rites ». « Un cérémonial de l'enfer », « un Goya dans du Lévitan », commente Gilles Sandier. Bientôt, Lavelli s'assagira. Mais il ne démordra pas de sa conception du théâtre comme un rituel scénique auquel contribuent, à parts égales, la parole, les corps, la musique et l'espace. Comme célébration de la fin d'un monde. Ce n'est pas un hasard si, par la suite — en 1969, avec

Le Conte d'hiver *de Shakespeare, mise en scène J. Lavelli, costumes M. Bignens, Avignon, 1980. Maria Casarès dans le rôle du Temps.*

Orden de Bourgeade et Arrigo, à Avignon et en 1975 avec l'*Idoménée* de Mozart et le *Faust* de Gounod — Lavelli sera l'un des premiers metteurs en scène de théâtre à passer au lyrique : l'opéra ne tourne-t-il pas, toujours, autour d'une « mise à mort » (*Opéra et mise à mort,* c'est le titre d'un livre de Lavelli et Satgé).

Un autre Argentin, issu également de l'université du Théâtre des Nations, Victor Garcia, propose un répertoire (Arrabal est le dénominateur commun de ces « nouveaux baroques » — l'expression est de Lavelli) et des visions comparables. Toutefois, son *Cimetière des voitures,* sur un montage de textes d'Arrabal, créé au Festival de Dijon en 1966 et repris à Paris en 1968, rompt, à la différence de Lavelli, avec le dispositif du théâtre à l'italienne. L'action de la cérémonie ne se joue pas seulement sur le plateau, elle empiète sur le public, elle l'encercle. Le spectacle se termine par le chemin de croix d'Emmanou (à Dijon, Marcel Bozonnet ; à Paris, Jean-Claude Drouot), crucifié sur une moto, autour de la salle. En outre, les carcasses de voitures ne sont pas, là, de simples ojets décoratifs : ce sont des lieux de jeu, les acteurs les habitent, grimpent dessus, s'en servent et en sont captifs. Le spectacle est partout. Il investit non seulement tout l'espace du théâtre, mais aussi tout son volume : certains comédiens jouent suspendus à des chaînes, à mi-hauteur du bâtiment. Ce que Garcia subvertit, c'est l'édifice théâtral même. En 1970, pour *Le Balcon* de Genet à Sao Paulo, il utilise trois salles superposées et évidées. Les spectateurs sont installés dans ce qui était les loges ; le trou central est occupé par une énorme cage où coulisse une plate-forme : c'est le lieu du *Balcon.* La cérémonie, ici, détruit, au propre et au figuré, le théâtre. Elle s'autodévore.

Ailleurs, le théâtre essaie d'aller vers son public. De faire entrer celui-ci dans son jeu. Ou de se mêler à la vie de ses spectateurs. C'est le cas, par exemple, du « théâtre éclaté » d'Armand Gatti. Certes, Gatti est d'abord un écrivain. Mais son écriture n'est pas indifférente à sa réalisation scénique. D'une part, mélangeant le réel et l'imaginaire, elle suppose une démultiplication de l'espace ou la coexistence dans un même lieu d'espaces différents — donc, une reconsidération de la scène traditionnelle. D'autre part, constituant un appel au spectateur dont la position est, parfois, intégrée dans le spectacle, elle prescrit une transgression de la séparation scène/salle ou la possibilité de médiations concrètes entre comédiens et spectateurs. D'une certaine manière, les recherches de Planchon (par exemple pour *Schweyk* ou *Troïlus et Cressida*) anticipaient ou recoupaient les préoccupations de Gatti — à la différence de celles de Vilar qui leur étaient fondamentalement étrangères. Cela explique, pour une part, l'insuccès rencontré par Vilar lorsqu'il eut le courage d'ouvrir le Récamier-T.N.P., en 1959, avec *Le Crapaud-Buffle,* la première pièce de Gatti à être jouée. Et, *a contrario,* la réussite de *La Vie imaginaire de l'éboueur Auguste G.* mise en scène par Jacques Rosner, au Théâtre de la Cité, en 1962. Autour de l'Auguste G. de quarante-six ans qui, blessé par une charge de police, agonise sur un lit d'hôpital, Rosner a fait figurer la ronde des « présents superposés, entrecroisés, en dialogues ou en conflits » des quatre Auguste G. (de l'enfant qu'il a été à l'Auguste G. sans âge qu'il ne deviendra pas) — une ronde qui culmine dans un marathon de danse. Et c'est significativement sur la promesse d'un film — le film que réalisera son fils et où celui-ci fera mourir son père dans la révolution — que se termine le spectacle : le théâtre, ici, aspire au cinéma. Ensuite, Gatti

Les Bonnes *de Genet, mise en scène Victor Garcia, Théâtre des Ambassadeurs, 1971. La danse de mort ancillaire de Genet transposée par Garcia en un rituel magique.*

dirige lui-même son *Chant public devant deux chaises électriques* au T.N.P., en 1966 : « Los Angeles, Boston, Hambourg, Lyon, Turin : et dans chacune de ces villes des spectateurs qui vont assister à un spectacle sur Sacco et Vanzetti. Non seulement ces spectacles vont se dérouler parallèlement, mais surtout, peu à peu, l'histoire de Sacco et Vanzetti va être prise en charge par les spectateurs eux-mêmes. » Il transforme donc « la scène de Chaillot en une espèce d'immense billard électrique où s'inscrit le chemin de croix des héros *vu* par les *spectateurs* des quatre coins du monde » (B. Poirot-Delpech). Cette fois, Gatti réussit presque l'impossible : faire entrer le spectateur dans la représentation ainsi transformée en une expérience globale où il éprouve la totalité du monde (réalité et imaginaire mêlés).

Bien d'autres metteurs en scène, ces années-là, se mesurent au défi de Gatti : Maurice Sarrazin, à Toulouse, et Guy Rétoré, Roland Monod (au Théâtre Quotidien de Marseille) et Gisèle Tavet (aux Célestins de Lyon)... avec, parfois, la collaboration de Gatti. Mais le public de la décentralisation ne les suit pas toujours et l'équipement de leurs théâtres est rarement assez souple pour donner corps aux « selmaires » selon Gatti (« une création parallèle à une réalitée donnée (...). Souvent le spectateur traduit ou réinvente ce qu'il voit : cette invention, traduction ou réinvention est un selmaire. Parfois la réinvention est collective, il s'agit alors d'un selmaire général »). En outre, le climat politique est loin de faciliter de telles entreprises. En 1968, le T.N.P. programme *La Passion du général Franco*, dans une mise en scène de Gatti. Le spectacle est répété, il va être créé quand, à la demande du gouvernement espagnol, l'autorité de tutelle du T.N.P. en interdit la présentation dans un théâtre national (pour attaques contre un chef d'État étranger). C'est le seul cas de censure directe d'un théâtre du secteur public. La pièce ne verra le jour que huit ans plus tard, sous le titre de *La Passion du général Franco par les émigrés eux-mêmes*, dans un entrepôt, en dehors du T.N.P.. L'aventure scénique de Gatti est une utopie brisée. Ensuite, Gatti essaiera, par le canal de la vidéo, de donner la parole à ceux dont et auxquels il voulait parler. Et il sortira des théâtres.

La Tribu des Carcana en guerre contre quoi ? *Au Festival d'Avignon 1974, Armand Gatti et sa tribu sont descendus dans la rue, comme en 1968.*

Entre la cérémonie et l'intervention directe, le théâtre semble écartelé. De cet écartèlement, Patrice Chéreau tire la matière de ses premières réalisations. En 1959, il entre dans le groupe amateur du lycée Louis-le-Grand. Il y fait ses classes, « passant progressivement du travail littéraire à la pratique scénique. Il traduit une pièce de Kleist et en conçoit le décor pour son condisciple Jean-Pierre Vincent, s'initie à la régie, joue la comédie » (Odette Aslan). Dès 1964 (il a tout juste vingt ans), il dirige *L'Intervention* de Victor Hugo et joue dans les *Scènes populaires* d'Henri Monnier que monte Vincent. Très vite, Chéreau, Vincent et leur groupe vont accéder à la notoriété. Certes, leur *Héritier de village* est assez mal accueilli à Nancy, en 1965. Mais, l'année suivante, avec *L'Affaire de la rue de Lourcine* de Labiche, Chéreau s'impose. En 1967, ses *Soldats* de Lenz remportent le prix du concours des Jeunes Compagnies. Pendant trois ans (1966-1969), il dirige le Théâtre municipal de Sartrouville et y monte, notamment, deux *Pièces chinoises* de Kuang Han-ching et le *Dom Juan* de Molière (en coproduction avec le Théâtre du VIIIᵉ de Lyon dirigé par Marcel Maréchal qui en est le Sganarelle). Mais les dettes s'accumulent : Chéreau est obligé de déposer son bilan. Il y acquiert, aussi, la conviction que, comme il le déclare dans « Une mort exemplaire », un article qui, en 1969, fit sensation, « en aucun cas, le théâtre populaire n'aura répondu aux exigences que l'on formait à son endroit ». Après *Richard II*, en 1970, il quitte la France : Paolo Grassi lui a offert de travailler au Piccolo Teatro de Milan.

A la différence de ses aînés de la décentralisation qui ont défendu l'idée d'une certaine mission du théâtre, Chéreau se veut d'abord un artiste. « Je suis metteur en scène, pas tribun », aime-t-il à déclarer. Et, à l'occasion, décorateur ou acteur — avant de devenir auteur de films. Cela avec une sorte de rage, de « violence » (ce mot revient souvent dans ses propos). Certes, Chéreau changera, évoluera, au point que l'on peut discerner, dans son travail, plusieurs styles, plusieurs époques. On n'en a pas moins l'impression qu'il poursuit, à travers des œuvres et des manières diverses, un même objet. Et que cet objet pourrait bien être le théâtre même. Le sens et la possibilité du théâtre.

Ses premiers spectacles, ceux du groupe de Louis-le-Grand, ont été qualifiés de « brechtiens ». La matérialité des objets et des accessoires chère au Berliner Ensemble et la lumière claire et égale dont usait Strehler dans la *Vita di Galileo* de Brecht se retrouvent, par exemple, dans la plus « épique » de ses réalisations : celle de *Fuenteo vejuna* de Lope de Vega (1965). Et le propos manifeste de *L'Héritier de village* comme de *L'Affaire de la rue de Lourcine* relève du « théâtre de critique » selon Planchon. Toutefois, ici et là, Chéreau souligne le fait du jeu : le déguisement, le travestissement sont au centre de ses réalisations. Dans *L'Intervention*, il s'intéresse moins à la fable sociale imaginée par Hugo qu'à la fascination que le beau monde exerce sur des ouvriers prêts à trahir leur condition pour jouer le jeu de ce monde-là. Ce thème est présent dans bien des pièces montées par Chéreau : dans *L'Héritier de village* se rencontrent deux comédies, celle des personnes de qualité en quête d'argent et celle des paysans singeant « les personnages auxquels ils se croient destinés par leur nouvelle fortune » ; dans *L'Affaire de la rue de Lourcine*, des petits-bourgeois se conduisent comme des assassins, mais alors que, pour Labiche, ce n'était qu'un cauchemar dû à l'alcool, chez Chéreau, ils vont jusqu'au crime. Dans *Richard II*, tout repose sur l'opposition entre un roi (Chéreau interprète le rôle) qui, le visage fardé et entouré de mignons travestis, joue sa vie comme un opéra (sur la bande-son, la Callas chante *Suicidio*), et un Bolingbroke (Gérard Desarthe) fermé sur soi, rebelle à toute théâtralité... Ce n'est pas seulement un choix de répertoire. Tout son travail de mise en scène s'articule autour de ce qu'on peut appeler la double figure du théâtre. Chéreau ne cesse d'exalter et de dénoncer celui-ci. Il renchérit sur ce qu'il peut avoir d'artificiel, de clinquant, d'excessif : d'où sa prédilection pour la scène à l'italienne dont il souligne le cadre comme les contraintes et exploite les ressources en machinerie, son goût pour les maquillages voyants et les costumes de parade, sa façon de pousser le jeu des comédiens au paroxysme (il y a quelque chose de forcené dans la manière dont ses comédiens luttent, s'affrontent dans des parties de bras de fer)... Cependant, loin de la pousser jusqu'à la cérémonie ou de la hausser jusqu'au mythe, il critique cette théâtralité avouée : il en montre l'envers — ou l'extérieur, le dehors. Les rouages de ce que, après Planchon et Allio, il nomme une « machine à jouer ». Dans *Les Soldats*, celle-ci est, de son propre aveu, « une boîte, la grande salle ruinée d'un château où la génération précédente aurait inscrit les résultats triomphants de ses spéculations humanistes : une énorme salle baroque peinte en trompe-l'œil, un faux ciel, une fausse architecture à l'antique, le lyrisme d'un enthousiasme qui n'a plus cours et qui n'offre plus à Marion que les quatre

Dom Juan *de Molière, mise en scène et décor de P. Chéreau, Théâtre de Sartrouville, 1969. C'est la comédie d'un « traître à sa classe », d'un « progressiste ». Elle se donne sur le dos du peuple, présent sous le plateau, où des ouvriers actionnent une « machinerie primitive ». (Sganarelle : Marcel Maréchal ; Dom Juan : Gérard Guillaumat.)*

murs d'une prison où lancer ses cris et son émoi ». Les dessous du plateau de *Dom Juan* (dont le décor est signé Chéreau) et les ouvriers qui, de là, font marcher « les lourdes pièces » de cette « machinerie primitive » sont même à vue : c'est littéralement sur le dos du peuple que Dom Juan donne sa comédie — la comédie d'un « intellectuel traître à sa classe et progressiste » —, avant que la machine ne se retourne contre lui, comme dans « ces grands spectacles euphoriques (comédies-ballets, pièces à machine) qu'il [Molière] aime aussi faire pour cette Cour qui souvent le paie pour la divertir et qui souvent aussi l'abandonne comme on fait des domestiques » — et Chéreau d'intituler son texte sur *Dom Juan* : « Le théâtre de l'ambiguïté et de la mauvaise conscience » !

Peut-être les deux spectacles les plus significatifs, sinon les meilleurs, de Chéreau, pendant cette période, sont-ils *Le Prix de la révolte au marché noir* (Aubervilliers puis Sartrouville, 1968-69) et *Splendore e Morte di Joaquim Murieta*, qui marque son entrée au Piccolo Teatro (1970). Le premier a été monté à la hâte, dans la foulée de mai 1968, sur un texte écrit par un jeune Grec, Dimitri Dimitriadis ; le second est une commande du Piccolo et Chéreau n'appréciait qu'à demi la pièce de Pablo Neruda. Néanmoins, peut-être même en raison de leurs imperfections, ils montrent en clair comment Chéreau construit son théâtre sur deux niveaux. D'une part, il y a le vieux jeu : dans le *Prix*, les scènes de Shakespeare que les étudiants d'une troupe universitaire essaient de monter en contrepoint à la révolte qui gronde dans la rue et dont la famille royale, passant par là, donnera une parodie involontaire et accomplie ; dans *Murieta*, la légende de Murieta que présente une troupe des vieux comédiens misérables dans une église délabrée... Ce sont là, proprement, les ruines du théâtre. Des ruines resplendissantes et dérisoires. D'autre part se profile une pratique différente de la scène, au plus près de la vie, de la réalité quotidienne : celle des étudiants qui surgissent à la fin du *Prix de la révolte* ou celle du public des travailleurs chiliens qui reprennent en charge, avec les mots et les gestes qui leur appartiennent, la légende de Murieta. Ce que Chéreau, parlant du *Prix de la révolte*, formulait ainsi : « Ce spectacle — qui décrit la mort d'une certaine forme de théâtre — pose (...) en creux la nécessité de trouver autre chose, peut-être un nouvel *usage* du théâtre. »

Chéreau est à la fois traditionnel et novateur. Il joue sur le statut de la représentation. Il en célèbre les faux-semblants mais les montre comme tels. Sa théâtralité est à double tranchant. Et sa situation, dans l'institution théâtrale, est à l'avenant : il s'y inscrit, il « pratique en toute naïveté l'idéologie ordinaire des théâtres populaires », mais c'est pour constater que « la décentralisation tout entière [n'est] qu'une vaste entreprise de *déclassement* » : loin de transformer ses spectateurs en militants (elle les travestit seulement ainsi), elle n'en fait, au mieux, que des « *amateurs* de théâtre ». Son discours, il le reconnaît au lendemain des événements de 1968, ne peut être qu'« ambigu » : c'est le « discours indirect » de l'artiste, et son travail qu'osciller entre le théâtre comme cérémonie et le théâtre comme acte. Quitte à faire, en fin de compte, de cette oscillation son propos même.

LA REPRÉSENTATION REPRÉSENTÉE

Les événements de 1968 mettent à rude épreuve le théâtre qui les a, pour une bonne part, préfigurés. Quelques jours avant que n'éclate le mai étudiant, le Festival de Nancy « investit la ville tout entière : brasseries, cafés, bistrots, gymnases » et certains de ses épisodes sont tumultueux. Deux spectacles y offrent l'image contrastée de la fête que se donneront les révoltés de mai : *Le Roi de la chandelle* d'Oswaldo de Andrade par l'Officina de Sao Paulo, dirigé par José Ceslo Correa, est une « mise en pièces » du théâtre par lui-même, dans un excès « tropical » ; *Fire* et les sketches de rue du Bread and Puppet, évoquant la guerre du Vietnam, constituent l'exemple accompli et, nous le saurons par la suite, éphémère, d'un théâtre d'invention politique qui conjugue le mythe et l'actualité immédiate. Par ailleurs, la troupe des Écoles normales supérieures, devenue l'Aquarium, a travaillé sur *Les Héritiers,* l'étude de Pierre Bourdieu qui sera l'une des bibles des étudiants contestataires. Sa première « création collective », *L'Héritier ou les Étudiants pipés,* est présentée au début de mai. Cette fois, la scène et la rue se trouvent à l'unisson. En retour, la rue va déstabiliser la scène. A Paris, l'Odéon est occupé et transformé, quelques jours, en lieu de libre expression : Jean-Louis Barrault, auquel Malraux reprochera d'avoir cédé devant l'émeute, y perdra son Théâtre de France. Deux mois après, le Festival d'Avignon et Vilar se trouvent « contestés » par une coalition réunissant quelques rescapés de l'Odéon et le Living Theatre, invité à y créer son nouveau spectacle : *Paradise now.* Des troupes théâtrales inscrites au programme, seul le Living peut jouer, et c'est la danse qui, avec Béjart, occupera la cour du palais des Papes. Enfin, réunis, sur leur propre initiative, en « comité permanent » au Théâtre de la Cité de Villeurbanne, les directeurs des théâtres populaires et des maisons de la culture procèdent à une autocritique qui tient du psychodrame. Ils proclament, dans leur déclaration du 25 mai 1968, qu'« à l'impasse radicale dans laquelle se trouve aujourd'hui la culture, seule une attitude radicale peut s'opposer avec quelque chance de succès ». Ils affirment le théâtre « comme forme d'expression privilégiée parmi toutes les formes d'expression possibles, en tant qu'il est une œuvre humaine collective proposée à la collectivité des hommes », mais ils subordonnent sa « création permanente » à l'action culturelle et politique (ou à ce qu'ils appellent « entreprise de politisation ») : la mission qui lui est assignée est de fournir à son « non-public, à travers les relais de tous ordres qui, de proche en proche, nous permettent d'accéder à lui (...), un moyen de rompre son actuel isolement, de sortir du ghetto, en se situant de plus en plus consciemment dans le contexte social et historique, en se libérant toujours mieux des mystifications de tous ordres qui tendent à le rendre *en lui-même* complice des situations réelles qui lui sont infligées ». Cette radicalisation de l'idéologie du théâtre populaire annonce ou consacre sa fin. Le « comité permanent » de Villeurbanne, qui voulait se poser en interlocuteur du gouvernement dans la définition d'une nouvelle politique du théâtre, ne durera guère plus d'un été.

Pourtant, quelque chose a bougé. En mai, des théâtres, des troupes ou des groupes sont sortis de leurs bâtiments et se sont rendus dans des usines occupées. Ils y ont donné de brefs spectacles, sur les lieux mêmes du travail. Certes, dans la majorité des cas, il ne s'agissait que de divertir les grévistes et les rares improvisations tentées en rapport avec l'actualité ne suffisent pas à mettre en cause leurs pratiques antérieures » (Philippe Ivernel). Mais l'expérience, même si elle verse parfois dans le folklore d'une agit-prop imaginaire, n'est pas stérile. Elle provoque la naissance de nouveaux groupes en rupture avec les institutions : ceux-ci s'établissent au contact de leur public, ils s'immergent dans des micro-sociétés. Là où ils s'identifient à des particularismes locaux, ils subsisteront quelques années : moins à Paris et dans sa banlieue qu'en province, moins au nord qu'au sud de la France où ils s'emploient à défendre ou à revivifier l'idée d'Occitanie (le travail d'André Benedetto, à Avignon, fait figure d'exemple). C'est ainsi que se créent Lo Teatre de la Carriera, installé à Arles, dont le souci est de « mêler traditions et actualité dans des images qui touchent la sensibilité du public autant qu'elles visent à l'armer » (*La Guerre du vin* [1970], *Tabo* sur la crise du bassin minier à Alès [1973], la *Pastorale de Fos* [1974] qui reprend les formes d'une célébration traditionnelle de la Nativité à Marseille, *La Liberté ou la mort* [1976], « une version occitane de la Révolution française de 89 »), le Théâtre de l'Olivier qui s'attache à la réalité paysanne et parcourt les campagnes, le Centre dramatique occitan de Toulon... Le cas de Grenoble est particulièrement intéressant : la ville a connu un développement industriel accéléré, sous une mairie de gauche ; elle héberge une université, un Centre dramatique et une maison de la culture. En 1967, la troupe universitaire y devient le Théâtre Partisan (Georges Lavaudant le dirigera à partir de 1971). De 1969 à 1972, y apparaissent trois groupes : le Théâtre de la Falaise (qui ne fait guère que vulgariser le travail habituel des troupes de la décentralisation), le Théâtre de la Potence et le Théâtre Action. Ce dernier réussit, pendant près de trois ans, à conjuguer intervention, animation et création (par exemple, avec *Le Grand Tintouin*, un spectacle sur les problèmes de l'enseignement). Puis, tout rentre dans l'ordre : Lavaudant passe, avec le Théâtre Partisan, au Centre dramatique national des Alpes. Et les groupes rivalisent « dans un pseudo-professionnalisme, en concurrence avec le Centre ». Celui-ci s'en trouve renforcé et rénové. Mais il n'y a plus d'alternative : le théâtre d'intervention a fait long feu. Le même phénomène se répète dans bien des villes.

Même une fois les troupes ou les groupes nés sur la lancée de Mai disparus ou absorbés par l'institution, le bilan de ce qu'on n'appelait pas encore le « tiers théâtre » n'est pas négatif. Il en reste une nouvelle vitalité, une exigence critique et une utopie. Une nouvelle vitalité car « faire du théâtre » n'apparaît plus comme une activité mystérieuse, réservée à un petit nombre d'élus. Les barrières entre professionnalisme et amateurisme sont tombées. Et la notion de création collective exerce une véritable fascination. D'où la profusion de nouvelles jeunes compagnies. Il est difficile de donner des chiffres, ces compagnies échappant, par définition, à la comptabilité officielle et leur durée étant souvent éphémère. Relevons néanmoins que, de 1971 à 1985, le nombre des compagnies ayant déposé un dossier de demande de subvention auprès du ministère est passé de 80 à 655 (250 en 1977, avec un maximum de 760 en 1983). Une exigence critique aussi : sans doute, la mutation, rêvée à Villeurbanne, d'un théâtre fondé sur la représentation en un théâtre d'intervention ne s'est-elle pas et ne pouvait-elle pas s'être produite (Mai n'a pas été notre « Octobre théâtral »), mais elle n'en a pas moins conduit bien des praticiens à s'interroger sur leur pratique. Si le théâtre d'après 1968 ne croira plus qu'il peut, à lui seul, transformer la société, il aura pris conscience qu'il ne peut pas ne pas se transformer lui-même. Une certaine innocence est révolue. Une utopie, enfin : celle de la fête — à défaut de la révolution. C'est le plus clair de l'héritage de Mai : une fête a eu lieu. Elle a été théâtrale plus que politique. Peut-être le théâtre offre-t-il un moyen de la retrouver. Et de la regarder en face.

Les reflets
de la fête

A la fin de 1970, le Théâtre du Soleil présente à la Cartoucherie de Vincennes, après l'avoir créé à Milan, *1789*. Le spectacle tient les promesses de ce triple héritage de 1968. Au-delà de toute attente. Le public ne s'y trompe pas : il s'y reconnaît, il accourt, il exulte. *1789* sera vu par 281 370 spectateurs. Certes, le Théâtre du Soleil n'est pas une jeune compagnie, née des événements de Mai. Il a sa source, je l'ai dit, dans l'Association théâtrale des étudiants de Paris, fondée en 1959 par Martine Franck (qui sera le photographe du Soleil) et Ariane Mnouchkine (Planchon en est le président d'honneur) et il a présenté son premier spectacle, *Les Petits-Bourgeois* de Gorki dans une adaptation d'Adamov, en 1964, à la M.J.C. de Montreuil. Il a déjà derrière lui de grands succès : *La Cuisine* de Wesker (1967 — avec plus de 60 000 spectateurs), un *Songe d'une nuit d'été* (1968) qui eut ses détracteurs comme ses admirateurs passionnés, et une première « création collective » — ce qui, commente Mnouchkine, « me semblait la quintessence de la création individuelle de chacun » —, *Les Clowns*, qui, après un départ difficile à Aubervilliers, a triomphé au Festival d'Avignon de 1969. Il a une identité : ce groupe de comédiens s'est formé par un travail « choral » d'ensemble qui déborde largement le spectacle du moment. Il a une singularité : les petits théâtres dans lesquels il a débuté ne le satisfont pas et, pour *La Cuisine*, il s'est installé au Cirque de Montmartre, l'ancien Cirque Médrano et y est resté pour Shakespeare. Ensuite, il songe à un gymnase ou à l'un des bâtiments des Halles que l'on s'apprête à détruire. A Milan, *1789* est créé au Palazzo Lido, le petit palais des sports. Il a un animateur qui se refuse à être un chef de troupe sur le mode traditionnel et dont personne, pourtant, ne conteste l'autorité — et c'est une femme : Ariane Mnouchkine. Il a même, peut-être, un modèle ou un annonciateur : l'*Orlando furioso* de Luca Ronconi et du Teatro Libero de Roma qui, dans un pavillon Baltard, a jeté le public au beau milieu d'une mêlée de comédiens empanachés, de scènes à l'italienne et de chariots ailés, au début de l'été 1970. *1789* n'en fait pas moins figure de révélation. La Révolution française n'y est pas matière à célébration ou à nostalgie. Elle y est vécue comme une fête. Et le public est de la partie. Ariane Mnouchkine a inventé un lieu : la Cartoucherie de Vincennes. Entre la ville et le bois, entre Paris et la banlieue. Par la suite, d'autres troupes (dont l'Aquarium) étant venues s'y établir, elle deviendra un lieu de jeu, une sorte de cité du théâtre... Les bâtiments du Soleil rappellent, par leurs structures métalliques apparentes, les Halles de Baltard, mais ils sont moins monumentaux, plus souples, plus malléables. A chaque spectacle, leur aménagement se trouvera modifié. Comme si l'on reconstruisait, à chaque fois, un nouveau théâtre. Ce n'est pas un temple, un édifice de cérémonie. Rien qu'un espace (il faudrait dire un volume) de jeu, propre à toutes les métamorphoses, où comédiens et techniciens opèrent à vue. Le public s'y sent chez lui : les acteurs du Soleil le convient à boire et à manger ; lieu et parcours l'introduisent dans le spectacle avant même que l'on ait commencé à jouer. Pour *1789*, le dispositif scénique est constitué par cinq tréteaux de bois reliés par des passerelles. Le public peut se situer en dehors de lui, assis sur les gradins qui le surplombent, ou en dedans, debout entre les tréteaux, comme dans un champ de foire ; il peut aussi aller et venir ici et là. Le spectacle occupe, presque toujours, tout le dispositif : les cinq tréteaux ensemble, les passerelles parfois, et même l'espace intermédiaire où se tiennent les spectateurs debout. « Nous ne sommes plus *devant* un spectacle, nous sommes dedans, sollicités à la fois de tous les côtés » (Denis Bablet). Enfin, *1789* ne représente pas les deux premières années de la Révolution française qui vont de la convocation des États généraux à la fusillade du Champ-de-Mars, en juillet 1791, et qui culminent dans la fête célébrant la prise de la Bastille : il les *raconte*. Les comédiens n'incarnent pas tel ou tel personnage, célèbre ou anonyme : ils passent de l'un à l'autre, et le public avec eux. Ils évoquent les débuts de cette Révolution,

1793, création collective du Théâtre du Soleil, mise en scène A. Mnouchkine, Cartoucherie de Vincennes, 1972. Ici des Sans-Culottes se racontent la Révolution. Les spectateurs deviennent d'emblée membres de la section de Mauconseil.

d'abord de la manière la plus naïve, qui emprunte aux contes et au théâtre de marionnettes, à grand renfort de tableaux vivants : c'est « une vision rétrospective » (« le Théâtre du Soleil joue un spectacle donné par les bateleurs de 1789 qui, à tout moment, doivent être susceptibles de porter un jugement critique sur le personnage qu'ils incarnent »), puis ils créent l'événement : c'est la fête de la prise de la Bastille ou la nuit du 4-Août. Alors, le public est appelé, littéralement, à vivre cet événement. A y *participer*. A en faire *sa* fête. Mais, sur la fin, la distance se rétablit : « la Révolution est finie » (c'est le sous-titre que le Soleil voulait donner à *1789*. En définitive, il a choisi l'inverse : « la Révolution doit s'arrêter à la perfection du bonheur — Saint-Just »). C'est une utopie de la Révolution que le Soleil fait partager à ses spectateurs. Toutefois, il en dit aussi l'échec. Du moins, la fragilité. L'événement redevient spectacle. Et les comédiens se transforment, à leur tour, en spectateurs : des bourgeois qui applaudissent à la fusillade du Champ-de-Mars.

L'objet des « créations collectives » du Théâtre du Soleil qui vont des *Clowns* à *L'Age d'or* (1975, 1977), c'est l'histoire. Une histoire commune au Soleil et à ses spectateurs : non celle des grands hommes mais celle du peuple, des petites gens. Et racontée au passé, au présent et au futur. *1789* a les couleurs du conte, de la légende. *1793*, sous-titré « la cité révolutionnaire est de ce monde », qui lui succède deux ans après, nous introduit dans l'intimité de l'assemblée d'une section du quartier des Halles, la section de Mauconseil : ici, « des sans-culottes *se* racontent la Révolution ». Avec eux les spectateurs partagent l'existence quotidienne de cette Révolution et prennent connaissance de la distance qui sépare ce petit monde de sectionnaires des grands événements historiques : là encore, mais différemment de ce qui se passait pour *1789*, ils sont dedans *et* dehors ; ils peuvent déchiffrer l'histoire mais, au moment même où ils ont le sentiment d'y participer, ils mesurent tout ce qui les en sépare, tout ce qui sépare cette modeste section des assemblées ou des conseils où se décide l'histoire — jusqu'à une ultime fin de non-recevoir : la sèche énumération des morts et des départs aux armées sur quoi se clôt *1793*. L'histoire dont nous parle le Soleil, c'est aussi l'illusion de l'histoire. *L'Age d'or* (1975), qui ne traite plus du passé mais de notre société d'aujourd'hui, décrit celle-ci, à l'inverse, du point de vue d'un futur utopique : un âge d'or figuré, à la Cartoucherie, par un paysage fabuleux de petites collines recouvertes de tapis-brosse mordoré et surmontées par des guirlandes de lumières. Ici, tout est à la fois fictif et vrai. Acteurs et spectateurs partagent une même expérience : celle de notre existence de tous les jours recréée à distance, par l'effet d'une nouvelle « vision rétrospective ». Le petit groupe du Soleil (il compte une cinquantaine de personnes et n'a jamais mieux mérité son nom) appelle la communauté de son public à jeter un regard sur elle-même, sur sa réalité d'aujourd'hui. Par le truchement du théâtre — d'un théâtre montré comme tel. Cela commence, dès la nef d'entrée, par la « peste à Naples » en 1720 : il y a là un beau Prince, deux Pantalons et un Arlequin. Comme dans la *commedia dell'arte*. Puis, du passé nous gagnons le futur, dans la nef voisine, où les acteurs vont jouer notre présent : le Prince a disparu, Pantalon s'appelle Marcel Pantalon : c'est un industriel ; Arlequin est devenu Abdallah, un travailleur nord-africain immigré... Presque tous les comédiens portent des masques. Ils utilisent pour raconter le monde moderne thèmes

et techniques empruntés à la *commedia dell'arte* ou à d'autres formes traditionnelles du spectacle, dont les théâtres d'Extrême-Orient (Ariane Mnouchkine, qui
a fait un long voyage en Asie vers 1962, cite en exemple « le théâtre chinois »)
et les clowns... Mais ils n'ont rien « reconstitué ». Pour « raconter la réalité
sociale de 1975, tenter d'en faire comprendre les ressorts », ils ont choisi « de la
recréer par les moyens du théâtre » : « Nous voulons montrer le farce de notre
monde, créer une fête sereine et violente en réinventant les principes de théâtres
populaires traditionnels ». *L'Age d'or,* qui est sous-titré *Première Ébauche,* devait
être le point de départ d'une « comédie de ce temps » (ici, Mnouchkine se réfère
à Copeau). Le spectacle est chaleureusement accueilli : il touchera, tournée
comprise, près de 140 000 spectateurs (la moitié, toutefois, de ceux de *1789*).
Les comédiens du Soleil, dont Philippe Caubère (Abdallah), Mario Gonzalez
(Pantalon et un jeune homme), Jean-Claude Penchenat (le Prince de Naples),
Joséphine Derenne (Viviane Volpina et un noir M'Boro), etc., des anciens de la
troupe et de nouveaux venus, ont réussi à marier tradition et invention. Certains
sketches sont éblouissants, notamment « le Chantier » qui se termine par la
mort d'Abdallah : poussé par le vent, celui-ci tombe du haut d'une grue — cette
chute est jouée à même le sol. Mais cette « Première Ébauche » n'aura pas de
suite. Déjà, le Soleil a dû en rabattre de son projet initial : il avait conçu un
spectacle qui se jouerait simultanément sur tous les monticules de tapis-brosse
et où le public pourrait aller et venir à son gré. Cela se révéla pratiquement
impossible. *L'Age d'or* resta donc linéaire ; comédiens et spectateurs durent se
déplacer de conserve, de lieu en lieu, selon un parcours obligé. Jamais encore
ses acteurs n'avaient atteint à une telle invention ni à une telle virtuosité, au
point d'être méconnaissables d'épisode en épisode et de tout faire de rien (ils
n'utilisent pour ainsi dire pas d'accessoires et suggèrent tout par leur gestuelle
— jusqu'à la chambre d'un marchand de sommeil où s'entassent des immigrés
que dessine, à elle toute seule, Joséphine Derenne-M'Boro). Toutefois le Soleil,
lui, « n'a pas maîtrisé, ni pénétré la réalité d'aujourd'hui comme il l'avait fait
pour celle de la Révolution » (Denis Bablet).

Alors, Ariane Mnouchkine se tourne vers le cinéma. Elle avait réalisé, en
1974, un film d'après « *1789* — un spectacle du Théâtre du Soleil ». Cette fois,
elle « écrit » et « met en scène *avec* le Théâtre du Soleil » un *Molière* de plus
de quatre heures. La « création collective » s'efface devant le « leadership »
d'Ariane Mnouchkine. La fête où se conjuguent passagèrement le théâtre et le
monde cède la place à un inventaire et à une exaltation du théâtre. Le héros —
Molière en l'occurrence — revient au premier plan et a même le privilège d'une
mort spectaculaire, sur fond de *Roi Arthur* de Purcell. En 1979, Mnouchkine
adapte et dirige *Méphisto, le roman d'une carrière,* d'après le roman de Klaus
Mann. La grande nef de la Cartoucherie est occupée par deux scènes qui se font
face et entre lesquelles les spectateurs prennent place sur des bancs au dossier
basculable. Cette fois, il s'agit de la carrière d'un comédien allemand, dans les
années qui ont précédé puis suivi l'avènement du nazisme, et de la destinée du
petit groupe d'amis ou de camarades qui l'entoure. A la scène officielle, toute
d'or et de pourpre, où cet Hendrik Höfgen (inspiré à Klaus Mann par Gustaf
Gründgens) célèbre son ascension, répondent les tréteaux de l'agit-prop communiste ou de cabaret antinazi. Et ce face-à-face est rythmé par les phrases de

l'accession de Hitler au pouvoir. Mais ce spectacle sur les rapports du théâtre, du pouvoir et de l'histoire reste laborieux. Il n'a pas la souveraineté des précédentes réalisations du Soleil. Ni leurs fulgurantes inventions. Entre la vie trop privée de ses personnages et la grande fresque historique, il hésite plus qu'il ne les conjugue. Le statut même du théâtre y demeure ambigu — partagé entre la reproduction d'une époque et le plaisir du jeu.

Il faudra que le Soleil et Ariane Mnouchkine abordent Shakespeare (en 1981) pour réconcilier le théâtre et l'histoire dans une nouvelle fête, aux couleurs d'un passé légendaire et de l'Extrême-Orient. Par ce long et fécond détour (les *Shakespeare : Richard II*, 1981, *La Nuit des rois*, 1982, *Henri IV, première partie*, 1984), ils pourront revenir à ce qui était l'ambition de *L'Age d'or* : recréer le monde contemporain « par les moyens du théâtre ». Ce sera, en 1985, *L'Histoire terrible mais inachevée de Norodom Sihanouk roi du Cambodge*, puis, en 1987, *L'Indiade ou l'Inde de leurs rêves*. Certes, une distance subsiste : l'éloignement dans l'espace et dans les codes de jeu. Et ces spectacles ne sont plus des « créations collectives » : ils reposent sur des textes d'Hélène Cixous, écrits pour et en fonction du travail d'Ariane Mnouchkine et des comédiens du Soleil. Mais ces « moutures modernes des drames historiques shakespeariens » nous racontent bien l'histoire de notre temps. *Sihanouk* et *L'Indiade* montrent « passionnément l'utopie et l'impossibilité de la réconciliation » (Jean-Yves Pidoux : « Le soleil de la tragédie », dans *Théâtre/Public*, n° 75). Ce sont des *tragédies épiques* contemporaines.

C'est aussi la fête qui est au cœur du travail de Jérôme Savary. En 1970, après avoir mis en scène confidentiellement Arrabal, Savary crée le Grand Magic Circus et donne, la saison suivante, ses *Chroniques coloniales ou Aventures de Zartan, frère mal aimé de Tarzan*. Ce spectacle tient du Bal des quat'zarts et de l'Odéon occupé en 68. C'est comme le double de *1789*. Un double dérisoire, grotesque, volontairement minable. Très vite, Savary trouve son public, ses « fans » même : ce « public, lit-on dans un compte-rendu de l'époque, composé en majeure partie d'étudiants, joue le jeu avec enthousiasme, participe aux *tombolas*, s'arrache les saucisses chaudes, entonne en chœur les refrains des chansons de Madame Louise *tragédienne exotique, terreur des vieux messieurs*, court après la poulette blanche, fétiche de la troupe qui se perd continuellement dans les pieds des spectateurs, et danse jusqu'à l'aube avec les acteurs ». Il met au point sa formule : quelque chose comme un *Hara-Kiri* du théâtre. Des spectacles qui se veulent « bêtes et méchants » mais qui n'en rayonnent pas moins d'une sorte de candeur, de la nostalgie d'une vraie fête. Dès lors, les succès s'enchaînent : *De Moïse à Mao* (1978), *Good bye Mr. Freud* (1974), et du théâtre délabré de la Cité universitaire (il en utilisait aussi la pelouse), Savary passe aux salles du Boulevard.

La France ne lui suffisant plus, il se tourne vers l'Allemagne. Il y débute par *Léonce et Léna* de Büchner à Hambourg. Très vite, on lui propose Offenbach : c'est une rencontre, et presque une identification. Il épouse la fortune de ce compositeur qui, à défaut d'être Mozart ou Hoffmann, s'est contenté d'être le plus grand amuseur du Second Empire finissant. Une fois dissous le Grand Magic Circus (1982), Savary devient un extraordinaire entrepreneur de spectacles. Un « showman » à la manière de Broadway. Il monte Molière comme

Offenbach, de l'opéra (dont Rossini et Mozart) aussi bien que du théâtre ou des revues, un peu partout dans le monde, à un rythme endiablé (une bonne demi-douzaine de réalisations par an). Il réussit même le tour de force de recréer le fameux « musical » américain, *Cabaret* (1986), et d'imposer sa nouvelle version jusqu'en Amérique. Et, après avoir vitupéré le théâtre subventionné, il prend la direction d'un Centre dramatique national (d'abord Montpellier-Carcassonne, puis le Théâtre du VIIIᵉ à Lyon, enfin (1988) celle du Théâtre National de Chaillot. La fête selon Savary s'est banalisée en produit de supermarché. On n'y reconnaît plus l'animateur du Grand Magic Circus qu'à une grimace de dérision qui perce, parfois, sous les strass et les paillettes, ou à un frisson de mélancolie qui, au beau milieu d'un french cancan, trouble, un moment, la danse... Chez lui, le spectacle a presque tout dévoré.

Le Bourgeois gentilhomme *de Molière accommodé à la manière de J. Savary, entre le Grand Magic Circus et un Centre dramatique national, Théâtre de l'Est Parisien, 1981.*

*Une critique
à la seconde
puissance*

On peut refuser cette inflation du spectaculaire et faire du théâtre le lieu d'une double interrogation sur l'histoire et sur le théâtre lui-même. Tel est le choix de Bernard Sobel. Ne l'intéressent que « les œuvres dans lesquelles les auteurs, tout en parlant à leurs spectateurs des problèmes les plus brûlants, mettent en cause l'instrument de leur discours : le théâtre ». Là-dessus, Sobel n'a jamais varié. Et sa carrière a quelque chose d'unique. Il ne se destinait pas à la scène. C'est la rencontre de Brecht et du Berliner Ensemble (où il a travaillé quatre ans) qui l'y a amené. Après avoir été dépêché par Helene Weigel auprès de Vilar lorsque celui-ci réalisait *Arturo Ui* et avoir monté, avec des ouvriers de Flins, *Les Fusils de la mère Carrar*, il fonde, en 1963, l'Ensemble théâtral de Gennevilliers. C'est d'abord une troupe d'amateurs. Et Sobel gagne sa vie à la télévision comme réalisateur (il continuera à y tourner des films, pour la plupart à partir de représentations théâtrales). En 1970, avec *Homme pour homme* où Alain Ollivier interprète Galy Gay, l'Ensemble de Gennevilliers devient professionnel. Il a maintenant le statut d'un Centre dramatique national et dispose, depuis 1986, de deux salles au confort spartiate mais techniquement bien équipées. Son équipe, sinon sa troupe puisqu'il a renoncé à celle-ci comme presque toutes les entreprises du service public, est restée, pour une large part, celle de l'origine.

Sobel s'est d'abord réclamé d'une stricte orthodoxie brechtienne : le répertoire de l'Ensemble de Gennevilliers reflète alors, toutes proportions gardées, celui du Berliner Ensemble, et sa première préoccupation, c'est de mettre en évidence la « fable » des pièces jouées, leur « histoire réelle, qu'on essaie de rendre étonnante ». Après une dizaine d'années d'exercices brechtiens, Sobel, sans rien en renier, déplace sa problématique. Cela se passe vers 1974, à l'occasion du *Dom Juan* de Molière. Il essaye toujours de « tenir le texte de Molière à distance », mais il ne le fait plus, à l'exemple de Brecht, « en le *réarrangeant* comme si un marxiste du temps de Molière avait écrit la pièce ». Dans *Homme pour homme*, c'était « la fable » qui l'avait amené « à trouver les éléments formels » du spectacle. Pour *Dom Juan*, il privilégie « la position à partir de laquelle Molière rend compte du contenu factuel » ; il s'interroge sur les « codes de représentation » mis en œuvre ; il en souligne la complexité et, parfois, les contradictions. Par exemple, les paysans de *Dom Juan* sont, sans doute, « des personnages au pittoresque décoratif » destinés à faire rire, mais cela n'empêche pas qu'ils puissent être dotés de traits réalistes, ainsi quand « Pierrot se dresse avec violence face à ce grand seigneur qui lui vole sa promise » — il faudra donc que l'acteur « pratique l'art de la citation et de la rupture ». Depuis, Sobel ne cessera de tenir le théâtre pour le lieu d'une telle interrogation sur les façons, conscientes ou inconscientes, claires ou masquées, dont les hommes se sont représentés dans leur propre histoire. Cela n'est pas une entreprise de tout repos. Le public de l'Ensemble devenu le Théâtre de Gennevilliers est souvent mince. Entre le militant communiste et l'artiste, Sobel semble, parfois, déchiré. Il est, toujours, délibérément déroutant : ne choisit-il pas, en 1986, de monter *La Ville,* la pièce en apparence la plus réactionnaire de Claudel, car il y trouve « une vision accablante de ce que peut être la fin du pouvoir de la bourgeoisie » et ne tient-il pas Robert Wilson pour le véritable continuateur de Brecht ? Mais, au-delà de quelques spectacles ratés ou indéchiffrables, l'apport de Gennevilliers reste considérable : son répertoire témoigne d'une curiosité insatiable et Sobel a le don d'illuminer certains textes, inconnus, délaissés ou rebattus, de nous les rendre proches, neufs et aigus, sans actualisation abusive, ni spectacularisation excessive (ainsi, en 1987, de *Nathan le Sage* de Lessing, qui n'avait jamais été joué en France). Par là, Gennevilliers a été et continue à être une fructueuse école de « dramaturgie » : bien de nos praticiens lui sont redevables (à commencer par Chéreau). Et *Théâtre/Public*, la revue qui y est publiée depuis 1974 (cela en fait le plus ancien périodique théâtral français), sous la direction, maintenant, d'Alain Girault, et qui mène ses investigations bien au-delà des spectacles de Gennevilliers, y contribue aussi.

C'est également une interrogation sur les pouvoirs du théâtre qui fonde le travail de Jean-Pierre Vincent et de la constellation de praticiens, notamment de « dramaturges » (entendons ce mot dans le sens qu'il a pris en Allemagne et non dans celui, originaire, d'auteur dramatique), réunie, peu à peu, autour de lui. Vincent a commencé, je l'ai rappelé plus haut, à travailler avec Chéreau, d'abord au Groupe théâtral du lycée Louis-le-Grand, puis à Sartrouville. En 1968, il rencontre Jean Jourdheuil qui vient de présenter, avec le Théâtre universitaire de Nancy, *Les Horaces et les Curiaces* de Brecht. Tous deux vont faire équipe et fonder une compagnie qui prendra, un peu par antiphrase, le nom de Théâtre de l'Espérance (1972-1974). Ensuite, Vincent est appelé à la direction du Théâtre national de Strasbourg (1975-1983). Jean Jourdheuil ne l'y suit pas et continuera à travailler pour son compte, dans une méfiance croissante à l'égard des usages dominants. A Strasbourg, Vincent s'entoure de collaborateurs plus ou moins issus du mouvement étudiant de 68 (on sait que la capitale alsacienne avait été le premier siège du « situationnisme » universitaire), parmi lesquels Bernard Chartreux, Michel Deutsch, André Engel et Dominique Müller. Et il fait du T.N.S. un bastion expérimental du théâtre français — à l'exemple de la Schaubühne de Peter Stein, à Berlin-Est.

Le spectacle fondateur de la compagnie Vincent-Jourdheuil est *La Noce chez les petits-bourgeois* de Brecht. Son spectacle fétiche aussi, puisque, créé en 1968, il est repris plusieurs fois jusqu'en 1973. Sa réalisation entend modifier « la façon de monter les pièces de Brecht sur les scènes françaises » par l'« activation du caractère ouvertement politique (polémique) de son théâtre, des principes théorico-pratiques qui le rendent possible, et de l'humour qui est lié à sa conception de la politique au théâtre ». Elle prend valeur de programme. Le travail de Vincent consistera, déclare celui-ci, en « une sorte de *critique pure de la représentation*, c'est-à-dire une mise à l'épreuve de tout ce qui pouvait sembler normal, naturel, évident à tout le monde, aussi bien au public qu'aux artistes, dans le fait de représenter une *pièce de théâtre* ». Ce que Philippe Lacoue-Labarthe définit, par ailleurs, comme « une déconstruction du spectaculaire ».

On retrouve ici le « théâtre de critique » cher à Planchon. Mais, alors qu'il s'agissait, chez ce dernier, d'une critique externe, d'une critique historique de la vie quotidienne, avec Vincent, cette critique se fait interne au théâtre : elle opère à la seconde puissance, sur les formes et les figures de la représentation. Lorsque Vincent et Jourdheuil montent, à deux reprises (1971 et 1972), *La Cagnotte* de Labiche, ils ne cherchent pas à retrouver une certaine réalité (fût-elle onirique, comme dans *L'Affaire de la rue de Lourcine* montée par Chéreau, où jouait

Ci-dessus, dans un dispositif d'Italo Rota qui évoque l'amphithéâtre, Maria Casarès est l'Hécube d'Euripide monté par Bernard Sobel. Ici la proximité et le lointain se rejoignent : la cérémonie et le document ethnologique se conjuguent, réflexion politique et émotion tragique vont de pair. Gennevilliers, 1988.

Un Dom Juan *« critique » à Gennevilliers, 1974. Bernard Sobel s'interroge sur les « codes de la représentation » et les acteurs pratiquent « l'art de la citation et de la rupture ».*

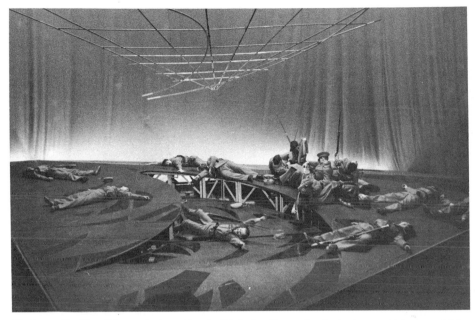

Ci-dessus, La Tragédie optimiste *d'après Vichnievski, ou la révolution soviétique revisitée par le Théâtre de l'Espérance, Compagnie Vincent-Jourdheuil, Le Palace, 1974.*

Vermeer et Spinoza *de Gilles Aillaud, mise en scène Jourdheuil-Peyret, 1984, Théâtre de la Bastille. Dans cet espace d'utopie hollandaise, à gauche l'atelier du peintre Vermeer, à droite l'atelier du philosophe polisseur de lentilles, au fond le chameau, signe du caractère oriental et nomade de Spinoza.*

Vincent) des personnages au-delà des stéréotypes labichiens : ils accentuent, au contraire, ces derniers pour aboutir à « une représentation fantasmagorique de Paris » selon les petits-bourgeois de l'époque. Ils ne montrent ni ce qui était, ni ce à quoi Labiche réduit la réalité, mais une mécanique scénique où le théâtre et le monde labichiens se masquent et s'avouent. Les tribulations des « héros » de *La Cagnotte* coïncident avec l'effondrement, à vue, de la Bourse. Cela peut frôler la parodie. Ensuite, Vincent passe au crible les systèmes de représentation qui sous-tendent les œuvres d'auteurs aussi différents que Büchner *(Woyzeck)*, Vichnievski *(La Tragédie optimiste)*, Molière *(Le Misanthrope)* ou même Zola *(Germinal* est son premier spectacle au T.N.S. : il unit une reproduction scrupuleuse des gestes les plus simples et les plus concrets de l'existence des mineurs à l'évocation ironique de l'idéologie populiste ou scientiste zolienne)... Ses « dramaturges » lui fournissent des textes qui sont comme des collages de « discours » qui ont prévalu à des périodes ou dans des lieux cruciaux de notre histoire récente : *Vichy-fictions,* composé de *Violences à Vichy* par Bernard Chartreux et de *Convois* par Michel Deutsch (1980), ou *Palais de justice* (1981), un spectacle collectif de l'équipe du T.N.S., qui restitue (il s'intitule expressément « remake ») une journée d'audiences au tribunal de Strasbourg... On parle, à leur propos, de « théâtre du quotidien ». Le terme est ambigu : il est trompeur si l'on entend par là une reproduction à l'identique de la vie quotidienne ; il se justifie s'il veut dire la théâtralisation de ce qui, généralement, échappe au théâtre — à savoir les gestes et les paroles que l'on dit naturels ou insignifiants et qui n'en constituent pas moins les nœuds et les indices de nos idéologies du réel. Le T.N.S. en devient, délibérément, expérimental : il travaille *sur* le théâtre. Rappelons que Vincent et Jourdheuil avaient, un moment, baptisé leur Théâtre de l'Espérance, un TEX POP (théâtre expérimental populaire).

Des collaborateurs de Vincent, André Engel et son dramaturge, Bernard Pautrat (qui travaille, par ailleurs, avec le metteur en scène allemand, Klaus Michael Grüber), un peintre comme Nicky Riéti (car le T.N.S. est aussi un lieu de rencontres entre des peintres relevant de l'hyperréalisme et la scène : c'est le cas, aussi, de Jean-Paul Chambas), poussent l'expérience plus loin. Ils confrontent la fiction qu'est tout spectacle avec des lieux réels, hors du bâtiment théâtral. Ils font jouer *Baal* de Brecht dans les haras de Strasbourg (1976) ou invitent le public du T.N.S. à passer un « week-end à Yaïck » (1977) dans un entrepôt où ils ont reconstitué quelques appartements, le café et la place d'une petite ville soviétique (le texte du *Pougatchev* d'Essenine est retransmis, ici et là, par le canal d'un film de télévision). Tout est donné pour réel : les spectateurs font le voyage avec Baal ; ils passent du manège à la cour des haras, à travers l'écurie et entre les stalles des chevaux, comme Baal vagabonde de la ville à la forêt ; ils sont reçus, en qualité de membres d'une croisière touristique, chez des habitants de Yaïck qui parlent russe... Mais ils savent aussi que rien de tout cela n'est vrai, que ce n'est que du théâtre. Les voici donc interpellés (ou critiqués) dans leur statut même de spectateurs. Chacun se trouvant, selon André Engel, appelé à « se justifier d'être ce qu'il est » : il lui faut « entendre et regarder afin de comprendre pourquoi il est là ». C'est un point-limite. Peut-il être répété ? Dans *Kafka-Théâtre complet* (1979), Engel, Pautrat et Rietti isolent chaque spectateur dans la chambre d'un grand hôtel reconstitué pour l'occasion et lui

Le Misanthrope *de Molière, mise en scène J.-P. Vincent, Théâtre national de Strasbourg, 1977, décor de J.-P. Chambas. C'est le côté Versailles de la représentation : le Roi pourrait surgir. Les personnages sont rassemblés et écrasés par son absence.*

réservent un entretien privé avec un groom de l'établissement ; pendant ce temps, le public de la représentation suivante pénètre dans la cour de l'établissement ; de leurs chambres, les spectateurs précédents assistent à sa réception par la troupe des grooms et ce nouveau public peut également apercevoir ces specta-teurs qui le regardent des fenêtres de l'hôtel... Tout est faux-semblant ; tout devient décor. Jusqu'à ces deux publics qui jouent, en quelque sorte, l'un pour l'autre et font ainsi partie du spectacle. Depuis lors, Engel se trouve contraint à la surenchère ou au refus. Ses spectacles-parcours, dont *Dell'Inferno* (1982), avec des textes de Dante et de Virgile, dans une usine désaffectée de la banlieue nord de Paris, se mettent à ressembler à de sombres et fastueux « son et lumière ». Et, quand il regagne l'édifice théâtral, c'est pour en pétrifier les formes sous la neige et dans le gel (*Penthésilée,* en 1981) ou les noyer sous le brouillard et la fumée (*Venise sauvée* de Hoffmansthal, Avignon, 1986). Le jeu s'en est retiré. Restent l'illusion d'un dépaysement radical et le constat d'une impuissance face à un univers où les hommes ne sont guère plus que des choses.

L'entreprise strasbourgeoise de Vincent est riche de toutes les contradictions dont elle s'est nourrie et que, loin de les gommer, elle a aiguisées. On n'y trouve ni l'affirmation d'un style ni la formulation d'une mission. Elle tient dans la confrontation d'individus, de pratiques et de tendances différentes sinon oppo-sées. Toutefois, elle s'articule autour d'une interrogation commune adressée au théâtre : dans l'état actuel du monde et de la société, jusqu'où celui-ci peut-il aller ? Est-il encore en mesure de nous apprendre (sinon de nous enseigner) quelque chose ? Quelle nécessité peut-il y avoir à monter sur scène aujourd'hui ? Ou faudrait-il faire du théâtre ailleurs ?... Vincent a réactivé toutes ces questions diffuses dans l'après-68. Il les a *appliquées,* avec une rigueur quasi expérimentale. Son travail au T.N.S. constitue, proprement, le *moment critique* du théâtre des années 70. Un examen de ses pouvoirs. Peut-être Vincent espérait-il pouvoir poursuivre cet examen au plus haut niveau : celui du répertoire et de la troupe de la Comédie-Française, lorsque, en 1983, il en devint l'administrateur général. C'était compter sans les pesanteurs d'une pareille institution et oublier que les temps avaient changé. Il proposait des expériences là où l'on attendait des spectacles de large consommation et, au mieux, une rénovation. En 1986, il ne demanda pas le renouvellement de son mandat à la tête de la Comédie-Française.

Un ''théâtre minimal''

A l'opposé, c'est-à-dire dans une relative solitude et avec les moyens réduits d'une jeune compagnie domiciliée sinon implantée en banlieue parisienne, le Studio-Théâtre de Vitry (fondé en 1967), Jacques Lassalle poursuit la quête de ce qu'il appelle un « théâtre minimal ». Il récuse, lui aussi, le « projet de totalisation chimérique d'un grand théâtre de l'Histoire » ; ce qu'il choisit, c'est « une dramaturgie du fragment, sans doute plus ténue, mais plus apte à fonder, par sa réduction apparente au champ du privé, un espace de vérité au-delà de tous les faux-semblants de notre société ». Jacques Lassalle a la formation d'un comédien classique : il a été élève du Conservatoire de Nancy puis de Paris. Mais il a refusé la carrière traditionnelle qui s'offrait à lui. Il est reparti de la base, soit d'une troupe d'amateurs en banlieue. Et il est devenu metteur en scène et parfois, aussi, auteur (*Jonathan des années 30, Un couple pour l'hiver, Un dimanche indécis dans la vie d'Anna, Avis de recherche...*). On a parlé également, à son propos, de « théâtre du quotidien ». Il est vrai que c'est avec *Travail à domicile* de Kroetz au Petit T.E.P. (1976-77) que Lassalle a accédé à la notoriété et que ses réalisations de pièces de Vinaver, qu'il a contribué à ramener à l'écriture dramatique, demeurent mémorables (notamment la création de *Théâtre de chambre* en 1978). Toutefois, Lassalle se situe aux antipodes de tout naturalisme. Son premier souci n'est pas de meubler le plateau en y multipliant les objets réels ni d'inciter les comédiens à « charger » leurs personnages. Au contraire : comme le note Yannis Kokkos, le scénographe avec lequel il a travaillé pendant une dizaine d'années, ce qu'il veut évoquer, c'est moins « la pomme et l'assiette » que ce qui « est entre la pomme et l'assiette » — entre le mot et le geste, entre le décor et les comédiens... Le théâtre de Lassalle est un théâtre de la discrétion et du secret. Il n'affirme rien : il laisse supposer, découvrir. Il en appelle au regard du spectateur. Il « propose d'abord un certain type d'écoute, de disponibilité, de présence à soi et aux autres. Quelque chose comme une sociabilité différente vécue dans le temps *suspendu* de la représentation, entre la veille et le sommeil, le collectif et le singulier, la mémoire et l'oubli ». Et, en fin de compte, c'est à l'acteur qu'un tel théâtre fait confiance : un « acteur qui, étant conscient de l'article premier — je suis devant les autres —, parvient à le dépasser et à atteindre à une nudité d'être, à une probité qui, à son tour, me bouleverse, m'oblige à me reconsidérer dans le monde » (Lassalle). On conçoit ce qu'une telle recherche qui prend, en quelque sorte, à rebours la

Remagen, d'après L'Excursion des jeunes filles qui ne sont plus *d'Anna Seghers, 1978, Vitry. Jacques Lassalle joue sur le souvenir et le décor de Yannis Kokkos est à la fois concret et irréel. Le jeu que Lassalle inspire à ses comédiennes opère un va-et-vient entre leur propre personnalité et le personnage qu'elles interprètent.*

théâtralité comporte de hasardeux. Les spectacles de Lassalle sont fragiles. Parfois, ils peuvent frôler la grisaille ou l'ennui. Mais lorsque l'œuvre et les comédiens s'accordent sur un projet qui n'est pas sans analogie avec celui d'un cinéaste comme Robert Bresson, ils sont lumineux et éveillent bien des échos aux textes. Ce fut le cas de *Remagen* (1978), une suite de variations scéniques sur la nouvelle d'Anna Seghers : *L'Excursion des jeunes filles qui ne sont plus,* de ses *Fausses Confidences* (1977) et de sa *Locandiera* à la Comédie-Française, en 1981 : les pièces pourtant rebattues de Marivaux et de Goldoni y baignaient dans ce qu'il nomme, heureusement, « la lumière toujours un peu tremblée d'une première fois ». En 1983, Lassalle succède à Vincent à la tête du T.N.S. Il peut alors réunir dans *Tartuffe* un comédien-virtuose comme François Périer et un monstre sacré de l'écran, Gérard Depardieu (un Tartuffe, paradoxalement, presque angélique), mais aussi monter un *Woyzeck* acéré et subtil où les élèves sortant de l'École du T.N.S., Groupe XXII, se partageaient à égalité les rôles du protagoniste et de Marie… Et choisir, de préférence aux classiques du répertoire, des « œuvres rares », pièces peu connues d'auteurs célèbres (*L'Heureux Stratagème* de Marivaux ou *La Clé* de Labiche) ou jamais jouées en France (*Emilia Galotti* de Lessing). Il poursuit sa recherche d'un « théâtre à contre-jour, ce théâtre de la confidence entre chien et loup ». Mais les pesanteurs de l'institution, au T.N.S., ne risquent-elles pas, en fin de compte, de l'entraver ?

Le Tartuffe, *mise en scène Jacques Lassalle, Théâtre national de Strasbourg, 1984. Ici François Périer (Orgon) et Gérard Depardieu (Tartuffe).*

LE COUPLE DU SIÈCLE

Les vies « croisées » de Madeleine Renaud et de Jean-Louis Barrault défient le temps et les classifications d'une histoire du théâtre. Née avec le siècle, dans une famille bourgeoise de Passy, Madeleine Renaud semble promise à la plus tranquille des carrières. A vingt et un ans, elle fait ses débuts officiels à la Comédie-Française. Elle y est une *ingénue*. Elle en devient sociétaire, dès 1928, avec Marie Bell et Marie Marquet. Or, cette Agnès ne se contente pas de prendre du galon dans son emploi et d'accéder à Suzanne ou à la Jacqueline du *Chandelier*. Elle conquiert son indépendance et se transforme, la soixantaine passée, en interprète de Beckett (dont elle crée, en 1963, *Oh ! les beaux jours*), de Marguerite Duras et de Genet (*Les Paravents* en 1966)... A plus de quatre-vingts ans, elle n'a toujours pas quitté la scène.

C'est le jour même de ses vingt et un ans que Jean-Louis Barrault monte sur les planches, le 8 septembre 1931 : il tient un petit rôle, auprès de Charles Dullin, à l'Atelier. Il est, lui, du côté de l'avant-garde. Son premier spectacle : *Autour d'une mère* (1935), une « action dramatique » d'après *Tandis que j'agonise* de Faulkner fait événement.

Artaud le célèbre : « Notre émotion devant lui a été grande comme si avec son entrée de *cheval-centaure* Jean-Louis Barrault nous avait ramené la magie » *(Le Théâtre et son Double)*. Barrault rencontre alors Decroux, Prévert (dans le groupe « Octobre »)... Il monte *Numance* de Cervantès, dans des décors d'André Masson, joue le *Hamlet* de Jules Laforgue et adapte *La Faim* de Knut Hamsun (il y est « l'homme » et Roger Blin est son « double »). En 1940, il épouse Madeleine Renaud et entre à la Comédie-Française. Il y débute en Rodrigue du *Cid*, sous la direction de Jacques Copeau et y met en scène *Phèdre* (en 1942, avec Marie Bell). Il accède, également, au sociétariat. En 1943, il y crée *Le Soulier de satin* d'un jeune auteur de soixante-quinze ans, Paul Claudel. Il en est aussi le Rodrigue, et Madeleine Renaud, Doña Musique, aux côtés de Marie Bell (Prouhèze) et d'Aimé Clariond (Camille). La soirée dure près de quatre heures. On n'avait jamais vu rien de tel chez Molière. C'est un triomphe. Le couple Renaud-Barrault brille au firmament du théâtre officiel.

En 1946, une nouvelle aventure commence : celle de la Compagnie Renaud-Barrault. Elle va mener ce couple célèbre et leurs camarades aux quatre coins de Paris : du Théâtre Marigny (1946-1957) à l'ancien Palais de glace, tout proche, transformé en Théâtre du Rond-Point (depuis 1981), en passant par le Sarah-Bernhardt, le Palais-Royal, l'Elysée-Montmartre, le Théâtre Récamier et la Gare d'Orsay, avec une halte de neuf ans dans un théâtre national, l'Odéon rebaptisé Théâtre de France. Et aux quatre coins du monde, car la Compagnie Renaud-Barrault est devenue, à l'étranger, synonyme de la scène française, pendant que, à Paris, Barrault assurait la direction du Théâtre des Nations puis créait la Maison internationale du Théâtre.

La Compagnie elle-même connaît bien des vicissitudes et des difficultés financières. En 1968, Barrault affronte tour à tour la contestation (l'Odéon-Théâtre de France est « occupé ») et le pouvoir (le ministre

Malraux qui lui reproche d'avoir cédé devant l'émeute lui donne brutalement congé). Il se replie alors sur l'Elysée-Montmartre, un lieu voué au
catch, et y crée un *Rabelais*, dans un dispositif en forme de croix qui
mêle comédiens et spectateurs et dont se souviendra, à la Cartoucherie,
le Théâtre du Soleil *(1789)*. Aujourd'hui encore et malgré son succès, le
Théâtre du Rond-Point ploie sous les dettes.

Barrault a toujours rêvé de « théâtre total ». Entendons d'un théâtre
qui réconcilie le mot et l'image, le verbe et le corps, la poésie et l'espace,
et qui soit comme « le chant total de l'être ». Il n'a sans doute pas réussi
à le promouvoir, quoique l'acteur soit parvenu, parfois, à unir le mime
et la déclamation et le metteur en scène à faire travailler ensemble de
grands peintres (dont Masson et Balthus), des musiciens de premier ordre
(de Honegger ou Milhaud à Boulez) et les meilleurs de nos comédiens
(de Madeleine Renaud, évidemment, à Maria Casarès, d'Alain Cuny à
Laurent Terzieff). Toutefois, c'est, effectivement, une somme du théâtre
contemporain qu'il a réalisée, au long de plus de cinquante ans de
carrière. Madeleine Renaud aidant, il a pratiqué l'alternance entre les
classiques et les modernes. Entre les reprises et les créations. Entre la
prudence et l'audace, aussi. A l'affiche du Palais-Royal, une saison, *La
Vie parisienne* jouxtait *Le Soulier de satin* . Avec la création de *Rhinocéros*

*Élève d'Étienne Decroux, Barrault n'abandonna jamais le mime. Dans les débuts de la Compagnie Renaud-
Barrault, au Théâtre Marigny, il reprend le personnage de Deburau du film* Les Enfants du Paradis, *dans une
pantomime de Jacques Prévert, sur une musique de Joseph Kosma :* Baptiste. *Il déclare, comme toujours, son
amour à Madeleine Renaud (1946).*

de Ionesco en 1960 à l'Odéon, puis avec les réalisations par Roger Blin de *Oh ! les beaux jours* et des *Paravents* (qui ont provoqué l'intervention de commandos d'extrême droite), il a établi l'avant-garde des années cinquante dans le répertoire. Et c'est sa mise en scène des *Fausses Confidences*, comme l'interprétation d'Araminte par Madeleine Renaud, dès la première saison du Marigny, qui a ouvert la voie à un nouvel usage de Marivaux. Bien des dramaturges lui sont redevables sinon de leur découverte du moins de leur consécration : Duras, Dubillard, Sarraute, Schehadé et Vauthier entre autres. La Compagnie Renaud-Barrault a constitué un lieu d'asile et de travail pour nombre de metteurs en scène : Roger Blin d'abord, Jean-Marie Serreau, Maurice Béjart, Jorge Lavelli, Claude Régy... Elle n'a cessé d'être, proprement, un carrefour du théâtre français. Sa Place de la Concorde, en quelque sorte.

Comme Madeleine Renaud reste, avec une « grâce métaphysique » (François Regnault), la Winnie de *Oh ! les beaux jours* de Beckett qu'elle a jouée vingt ans durant, Jean-Louis Barrault fait corps avec l'œuvre de Claudel. Pendant près de quarante ans, il est revenu sur son *Soulier de satin*. Il a créé *Tête d'or*, le *Partage de midi* et *Christophe Colomb*. Incarné ce « théâtre à l'état naissant ». De Claudel à Beckett, le parcours scénique du couple Renaud-Barrault ne couvre pas moins d'un siècle.

S'il a élu, passagèrement, domicile dans bien des grandes maisons de théâtre (de la Compagnie Renaud-Barrault à la Comédie-Française, en passant par le Théâtre national de Chaillot) et s'il a enseigné au Conservatoire (Lassalle y a fait aussi un passage remarqué, de 1981 à 1983), Claude Régy est, lui, resté un franc-tireur. Il n'a que rarement monté des textes classiques, et s'est consacré presque exclusivement à la création contemporaine. Il a été et il demeure le metteur en scène par excellence de Nathalie Sarraute et de Marguerite Duras. Il fut l'introducteur de Pinter en France (après Roger Blin qui présenta *Le Gardien* en 1960). Par la suite, il s'est tourné vers la nouvelle dramaturgie allemande — en l'occurrence Botho Strauss et Peter Handke. C'est qu'il s'intéresse, avant tout, à la rencontre entre un texte (pas forcément dramatique) et des comédiens. Il parle même, parfois, de « non-représentation » — célébrant, par exemple, Maeterlinck dont il a réalisé *Intérieur* (1985), comme « un très grand précurseur de la non-représentation ». Et il précise : son « travail sur l'écriture, sur la manière de délivrer le texte (...) aboutit à une révolution invisible : la représentation ne se déroule plus sur le plateau : c'est-à-dire que ni la mise en scène ni l'acteur ne doivent jamais penser qu'ils sont l'objet de la représentation. Ce qui m'importe, c'est de retrouver la nappe souterraine qui a, en fait, suscité l'écriture (...). Et cette nappe qui a précédé l'écriture, on essaye tout simplement qu'elle puisse se répandre dans l'imaginaire des spectateurs, dans leur sensibilité, pour que ce soient eux, en fait, qui fassent le spectacle... »

La scène devient un « espace mental ». Le texte est comme passé à la loupe. Et l'acteur, appelé à se dépouiller de tous ses masques, voire de son individualité, pour se révéler dans son *être* même. Il n'a plus à jouer un personnage : il doit d'abord être une personne. Grotowski l'avait déjà exigé, mais là où il faisait appel au mythe, Régy, lui, ne connaît que le texte : la littérature. Il s'agit, comme l'indique Marie-Claire Pasquier, de « mettre à nu notre vulnérabilité : la sienne [celle de Régy], celle des comédiens, celle des spectateurs, dans une sorte de conscience commune, ouverte, fluide ». Peut-être une telle quête frise-t-elle le paradoxe : elle veut un théâtre nettoyé de toute théâtralité et devenu un lieu nu, sans feinte ni masques. Alors, la scène ne serait plus que « le chemin de l'écriture ».

Un tel rêve, à la limite de l'impossible, un homme de théâtre aura réussi à le vivre intégralement : c'est Jean-Marie Patte qui, tout en ayant été un fascinant Roi-Soleil jeune dans le film de Rossellini : *La Prise du pouvoir par Louis XIV* (1966), poursuit, à l'écart de toutes les institutions, de toutes les modes et de toutes les coteries, la plus solitaire des démarches. Il est acteur : un acteur tout ensemble secret, détaché et impérieux ; il écrit souvent ses textes, mais il ne craint pas d'en emprunter à la littérature dans ce qu'elle a de plus hautain (de Sophocle — il a réalisé deux Œdipe — et Sénèque, à Mallarmé et à Kafka, en passant par Marlowe, Corneille — *Rodogune* — et Goethe) et de mêler ceux-ci à ceux-là ; il joue parfois seul, parfois avec des comédiens qui font un peu partie de sa famille... Il a signé une cinquantaine de spectacles, presque tous confidentiels. Quelquefois, l'impossible arrive : dans le dénuement d'une représentation épurée de tout spectaculaire, son « théâtre de lecture » resplendit de la présence sensible du comédien faisant corps avec le texte ; il s'impose avec la force d'une évidence et ne s'efface plus de notre mémoire. Ce fut le cas, par exemple, de *Crépuscule*, un « drame en deux soirs de Jean-Marie Patte » (1983).

Les pouvoirs du jeu

Antoine Vitez n'a pas de tels doutes, ni une telle pudeur. Pour lui, lire un texte, mettre en scène et libérer l'acteur ne font qu'un. Son travail n'a jamais visé qu'à promouvoir un grand jeu de théâtre. Il y est presque parvenu : il a redonné un visage au Théâtre national de Chaillot qui l'avait perdu depuis le départ de Vilar. Mais ce n'est plus le même, quoique, physiquement, Vitez et Vilar aient comme un air de famille : de civique, il est devenu ludique. Toutefois, il reste tendu par la volonté de comprendre : chez Vitez, jouer c'est connaître.

La carrière de Vitez est singulière. S'il a bien commencé à s'occuper de théâtre, très jeune, vers 1950 (il avait alors dix-neuf ans), il n'a réalisé son premier spectacle qu'en 1966 : *Électre* de Sophocle à Caen. Entre-temps, il a tourné autour de la scène, dans ses marges : du cours de Tania Balachova où il est élève à celui de Jacques Lecoq où il enseigne ; des marionnettes à des engagements occasionnels comme acteur ; de l'écriture de poèmes à la traduction de romans soviétiques ; de la rédaction d'articles à des montages de textes... Il dit lui-même : « Mes démarches étaient toujours biaises. » Ensuite, très vite, il monte *Les Bains*. Le saut est énorme, entre la tragédie antique et la pièce bouffe de Maïakovski : il préfigure tout son travail futur. Mais c'est avec sa nomination au Conservatoire de Paris, à la tardive rentrée de 1968, que Vitez prend son essor. Au lieu de la réalisation de spectacles achevés, fermés sur eux-mêmes, il y découvre et y enseigne le théâtre comme « le lieu d'un exercice perpétuel, comme l'exercice du dessinateur et du peintre, le cahier de croquis. Je m'y entraîne constamment la main. Neuf heures de mise en scène par semaine. Neuf heures de réflexion sur les signes théâtraux et les acteurs ». Il va rester au Conservatoire une douzaine d'années : ce fut son atelier et sa tribune.

Là, Vitez multiplie les *propositions*. Au théâtre, tout commence par l'acteur — et celui-ci joue plus qu'il n'interprète : « L'acteur, pour moi, nous dit Vitez, c'est l'acteur de la *commedia dell'arte*, exactement l'acteur défini par Meyerhold, l'acteur maître du jeu de leurres qu'il construit, celui qui pratique l'effet d'*estrangement* [ici Vitez re-traduit, avec bonheur, le mal nommé « effet de distanciation » — en allemand *Verfremdungseffekt*], c'est-à-dire la joie de vivre sur la scène. La gaîté. » Ses élèves au Conservatoire inventent, en virtuoses, des variations sur des textes : ils jouent Strindberg comme s'il s'agissait de Feydeau, et Feydeau comme Strindberg, ils rapprochent Guitry et Claudel, ils permutent sexes et personnages, ils commentent en jouant et jouent en commentant... Bientôt, il y aura une famille d'acteurs vitéziens : des acrobates du texte.

Par ailleurs, Vitez crée le Théâtre des Quartiers d'Ivry (1972) et lui adjoint une école : l'Atelier théâtral d'Ivry. Parallèlement, il participe à la brève mais ambitieuse direction du Théâtre national de Chaillot par Jack Lang (1972-1974). Ici, il monte *Les Miracles* d'après l'Évangile selon saint Jean (1974) ; là, il propose, dans une double version, une farce de Molière, *La Jalousie du barbouillé*... Bref, il ne cesse de jouer, et de faire jouer, sur tous les modes et sur tous les tons. Entre le Conservatoire, Ivry et Chaillot, voire la Comédie-Française (il y dirige, en 1976, un mémorable *Partage de midi*), il fait circuler œuvres, textes et comédiens (ses détracteurs disent aussi : tics), dans un va-et-vient contagieux. A la fin de 1980, il accepte, cette fois à part entière, la direction de Chaillot. Ce grand bâtiment n'est plus guère un théâtre : Vitez va le réanimer. Le 15 mars 1981, il pose « quelques principes, à savoir : qu'il est urgent de restituer au Théâtre national de Chaillot sa place dans la création artistique moderne ; que le rôle du directeur, s'il est metteur en scène et acteur, est d'être sur la scène ; que la vocation de Chaillot est d'allier la recherche à la production ; qu'il ne saurait y avoir une recherche isolée du public mais qu'inversement la soumission au goût supposé du grand nombre ne saurait suffire ; on présentera un programme varié, dominé par l'idée de l'alternance et de la nouveauté, par l'esprit critique et la passion de la raison ». Et il lance le slogan : « un théâtre élitaire pour tous ». En moins de dix ans, il refera, en effet, du mausolée de Chaillot un lieu théâtral vivant.

Vitez n'est pas l'homme d'un répertoire structuré autour d'un choix idéologique ou esthétique. Il monte des auteurs contemporains comme des classiques, étrangers aussi bien que français, célèbres ou méconnus, des textes écrits pour la scène ou d'autres qui ne lui étaient pas destinés... Pour sa première saison à Chaillot (1981-82), il dirige le *Faust — première partie* de Goethe (il en joue aussi le protagoniste), *Tombeau pour cinq cent mille soldats* d'après le roman de Pierre Guyotat et *Britannicus* de Racine (« trois voyages en Enfer », commente-t-il), dans un dispositif commun de Yannis Kokkos, un scénographe qui devient son collaborateur constant. A ce triptyque, il ajoute un diptyque composé de l'opéra de Monteverdi, *Orfeo*, et d'une tragédie française du XVIᵉ siècle, connue seulement des érudits : *Hippolyte* de Robert Garnier, dans un décor unique de Claude Lemaire. Enfin, il fait représenter, dans ce qu'il intitule un cycle de « formes brèves », « un fragment de la vraie vie » avec un texte journalistique de Tahar Ben Jelloun, *Entretien avec M. Saïd Hammadi, ouvrier algérien*. En 1979, à Ivry, il avait déjà fait jouer *La Rencontre de Georges Pompidou avec Mao Zedong* sur le sténogramme officiel de cette entrevue. C'est que, selon Vitez, on peut « faire théâtre de tout ». Sa curiosité est innombrable, polymorphe. Et insatiable, son goût du paradoxe, de la confrontation inopinée, surprenante. C'est aussi qu'il se refuse à voir dans un spectacle un aboutissement, une œuvre close, définitive : « Nous tuons le théâtre en fabriquant des objets trop beaux, trop solides, trop consistants, quand nous devrions bien savoir qu'ils seront détruits après quelques représentations. » Pour l'un de ses derniers spectacles à Ivry, il choisit Molière et monte d'un coup quatre de ses pièces, non des moindres : *L'École des femmes, Le Tartuffe, Le Misanthrope et Dom Juan*. Alors que d'autres metteurs en scène y auraient vu l'occasion d'élever, lentement, un monument à la gloire de notre classique national et de faire, de surcroît, œuvre testamentaire (Jouvet, par exemple, a mis près de vingt ans pour en réaliser trois et est mort avant d'aborder *Le Misanthrope*), Vitez prend cette tétralogie d'un bloc et la met sur pied en quelques mois. Avec une troupe de

Le décor unique de la tétralogie moliéresque d'A. Vitez (L'École des femmes, Le Tartuffe, Dom Juan, Le Misanthrope). *Il rappelle à la fois les constructions baroques et la toile de fond ruinée du Théâtre du Conservatoire où Vitez était encore professeur. Décor de C. Lemaire, 1978.*

treize comédiens, pour la plupart jeunes et issus de ses cours du Conservatoire, dans un décor unique et à l'aide d'un nombre restreint d'accessoires élémentaires (une table, deux chaises, des flambeaux, un bâton...), il tente de retrouver le « théâtre forain » qui avait nourri Molière... Avec succès : au-delà d'inégalités ou de complaisances de détail, « ces représentations audacieuses constituent, somme toute, tant par l'éblouissante mise à nu du texte que par la primauté accordée au jeu physique dans l'espace théâtral, un retour exemplaire à la tradition » (Gilles Sandier). C'est que « le théâtre, c'est la fuite du temps même. C'est l'inégalité, l'imperfection, l'inachèvement ». Vitez revient aussi sur ses propres spectacles, non pour les corriger ou les perfectionner, mais pour les changer, voire les contredire. Il monte deux fois *Faust,* à Ivry puis à Chaillot. Le premier (1972) est délibérément subjectif : une sorte de monologue intérieur d'un Faust qui poursuit sa jeunesse comme l'Aschenbach de *La Mort à Venise* l'adolescent Tadzio (on pense aussi, bien sûr, à Louis Aragon dont Vitez fut le secrétaire) ; le second joue sur tout l'appareil du théâtre, il frôle le baroque. Et trois fois l'*Électre* de Sophocle : la première sent encore le Groupe de théâtre

La troisième Électre *de Sophocle par A. Vitez, scénographie de Y. Kokkos, Théâtre National de Chaillot, 1968. Une rencontre de la Grèce antique et de la Grèce moderne, comme dans la poésie de Ritsos et les films d'Angelopoulos.*

antique de la Sorbonne, elle est hiératique et noblement tragique ; la seconde (avec des « parenthèses de Yannis Ritsos » — 1972-73) qui se donne entre les spectateurs, sur une estrade basse en forme de croix, est fragmentaire et délibérément violente : la tragédie y a « des résurgences de comédie bourgeoise » (Jean-Pierre Sarrazac), Strindberg n'est pas loin ; la troisième (à Chaillot, en 1986) flirte avec le néoréalisme, mélange les époques et les styles, et fait référence aux films d'Angelopoulos... Parfois, il porte à la scène des textes qui sont, fondamentalement, étrangers : ainsi de *Vendredi ou la Vie sauvage* d'après le roman de Michel Tournier, en 1973, dans le cadre d'un « Théâtre national des enfants » imaginé par Jack Lang, ou de *Catherine* (1975-76) qui reprend, littéralement, des passages des *Cloches de Bâle* d'Aragon. *Vendredi* se souvient des jeux qu'improvisent les enfants : ici « un groupe d'acteurs s'empare d'une histoire et se donne à tâche de la raconter. Et non seulement de la raconter, mais de montrer les choses et les êtres inscrits dans le texte, un peu comme dans les anciens livres où l'on illustre tantôt un objet, tantôt une action ». Et dans *Catherine*, Vitez invente ou réanime ce qu'il appelle, en sous-titre du spectacle, le « Théâtre-récit » : « Ce qui est montré n'est pas exactement l'histoire que raconte le livre, mais quelques-unes de ses actions, dont les acteurs, changeant

Hamlet *de Shakespeare, version intégrale, mise en scène A. Vitez, Théâtre National de Chaillot, 1983. Le scénographe Yannis Kokkos reconstruit la boîte primordiale du théâtre.*

continuellement de rôle, ne sont perçus par nous que dans la continuité des figures qu'ils incarnent en tant que convives d'un repas ordinaire dont le déroulement seconde les scènes » (Danièle Sallenave). Par la suite, ce « théâtre-récit » proliférera, notamment du côté de Micheline et Lucien Attoun, dans leur cellule de recherche, de création et de mise à l'épreuve de textes nouveaux : Théâtre ouvert (c'est dans ce cadre que *Catherine* a été créée, au Festival d'Avignon).

Le grand jeu avec le théâtre d'Antoine Vitez a ses temps forts et ses temps faibles. Il est parfois menacé de maniérisme ou d'autocomplaisance. Mais, la curiosité et l'imagination de Vitez et de son équipe aidant (j'ai cité le scénographe Yannis Kokkos, il faut y ajouter le musicien Georges Aperghis et le responsable des lumières, Patrice Trottier, au moins), il n'en constitue pas moins, au cœur même du système théâtral français, menacé de sclérose institutionnelle ou hanté par une mégalomanie du spectaculaire, un ferment d'invention. Le Théâtre national de Chaillot n'est sans doute plus ce qu'il a été : le lieu d'une grande fête civique. Il reste l'espace privilégié d'un théâtre en liberté — de cette « activité perpétuelle et continue » où un spectacle ne cesse de « dériver d'un autre, une farce d'une tragédie, ou bien une pantomime d'un drame »... dont se réclame Vitez. Sa réalisation du *Soulier de satin* de Claudel, monté pour la première fois dans son texte intégral (Avignon puis Chaillot, 1987), l'illustre bien : ce spectacle géant qui couvre près de douze heures n'a rien d'une célébration claudélienne, d'une grand-messe catholique ou néowagnérienne. Pariant sur l'improvisation et l'hétéroclite, avec une troupe de comédiens qui sont tous, plus ou moins, ses complices, Vitez en fait une fête du théâtre — de son théâtre dont il dit, avec un clin d'œil à Brecht, qu'il est destiné à « rendre le monde digeste ». C'est là, aussi, une utopie, moins éloignée qu'on ne pourrait le croire, de prime abord, de l'autre grande utopie théâtrale de ces dernières années : l'utopie communautaire (« une projection de l'utopie phalanstérienne », suggère, malignement, Vitez) d'Ariane Mnouchkine à la Cartoucherie.

C'est encore une utopie que poursuit Peter Brook : l'utopie d'un théâtre comme lieu de vérité. Quand cet Anglais d'origine russe, né en 1925, se fixe en France (1970), il a déjà, derrière lui, toute une carrière : des scandales (une *Salomé* de Strauss avec des décors de Salvador Dali, à Covent Garden, dès 1949), de grands succès commerciaux dans le West End de Londres, d'éclatantes réalisations shakespeariennes (dont un *Roi Lear* avec Paul Scofield, en 1962, qui a fait le tour du monde) et une activité expérimentale qui l'a conduit d'une « Saison du Théâtre de la Cruauté » (1962), avec des textes d'Artaud et des scènes des *Paravents* de Genet (en création mondiale), à une présentation mémorable du *Marat/Sade* de Peter Weiss (1966). Il a aussi monté des spectacles à Paris : *La Chatte sur un toit brûlant* de Tennessee Williams, avec Jeanne Moreau (1956), *Le Balcon* de Genet, avec Marie Bell (1960), *La Danse du sergent Musgrave* de John Arden, avec Laurent Terzieff (1963)... Mais « il traverse alors une très forte crise d'identité ». Admirateur de Gurdjieff, il se souvient qu'« un groupe est le commencement de tout. Un homme seul ne peut rien faire, rien attendre ». Barrault lui offre de diriger un « workshop » dans le cadre du Théâtre des Nations. Brook accepte sa proposition à condition que l'atelier soit étalé sur

Le mirage de l'innocence

une période plus longue et qu'il soit international, car « pour qu'une troupe puisse être un miroir du monde il faut qu'elle se compose d'éléments très divers ». Cet atelier auquel prennent part, entre autres, Delphine Seyrig, Sami Frey, Joe Chaikin et Victor Garcia, est installé aux Gobelins, dans un bâtiment du Mobilier national : il présentera, à titre d'exercice, *Gaspard* de Peter Handke. En 1970, avec Micheline Rozan qui vient du T.N.P. de Vilar, Brook fonde le Centre international de recherches théâtrales (C.I.R.T.). Ce Centre est conçu « non comme une compagnie pour certaines heures de la journée, mais comme une expérience sociale dans laquelle l'acteur cherche à assumer la responsabilité d'un adulte mûr. C'est seulement de cette façon qu'un acteur sait vraiment ce qu'il fait quand il établit le contact sous la protection des images conventionnelles dans des conditions qui sont neuves et libres ». Il s'agit aussi de libérer l'acteur. Mais « l'acteur pour se libérer a besoin d'un maître, et le maître ne peut avancer que grâce au groupe ».

En 1974, avec l'aide de l'État, le C.I.R.T. s'installe aux Bouffes du Nord. Dans ce théâtre à l'italienne ruiné où il n'y a plus de séparation entre la scène et la salle et où l'aire de jeu empiète sur celle du public, dans cet « espace vide », pour reprendre le titre de son livre (1968 ; traduction française publiée en 1977), et néanmoins lourd de passé, Brook trouve *son* lieu. Il l'ouvre avec *Timon d'Athènes* (1974). Il ne cessera plus d'y travailler, y conjuguant spectacles et exercices. Dans un apparent éclectisme, puisque son répertoire rassemble des pièces de Shakespeare, un simple conte africain *(L'Os)*, un poème persan transformé en « récit théâtral » par Jean-Claude Carrière *(La Conférence des oiseaux)*, une immense épopée indienne *(Le Mahabharata)*, *Ubu*, *La Cerisaie* de Tchekhov, et même une adaptation de la *Carmen* de Bizet, *La Tragédie de Carmen*... Et avec le plus éclatant succès : presque toutes les productions du C.I.R.T. sont reprises et connaissent de longues tournées.

Les spectacles de Brook aux Bouffes dispensent un sentiment d'évidence. Le spectateur y est de plain-pied avec l'action scénique. Celle-ci occupe tout le théâtre : elle l'habite. Non seulement Brook emploie l'ancienne scène et l'aire de jeu qu'il a dégagée sur ce qui était le parterre, mais il utilise encore l'édifice entier. La propriété de Ranevskaïa, dans *La Cerisaie*, c'est le bâtiment même des Bouffes : « deux volées d'escaliers à la rampe rustique permettent aux acteurs d'accéder aux étages-balcons », où se font les préparatifs du départ... et l'abattage de la cerisaie a lieu juste dernière le public, dans les couloirs d'accès où résonnent « les trois coups lents de la hache (...) qui inversent dans le temps et dans l'espace les trois coups d'un lever de rideau et marquent la fin de la représentation » (Béatrice Picon-Vallin). Cette illusion de type naturaliste est cependant contredite par le refus que Brook oppose à toute reproduction du milieu. Il ne reconstruit pas plus la « chambre des enfants » de *La Cerisaie* que le camp des *Iks*. Il se contente d'aménager le sol : « Pour les *Iks*, il y aura de la terre, pour *Ubu*, à la fin, une petite flaque d'eau, et pour *Carmen* une terre rougeâtre est répandue sur le plateau ». Un tapis, le même, suffit pour susciter le lieu où le conteur persan de *La Conférence des oiseaux* donne vie à ses créatures fabuleuses et pour suggérer l'intimité et la splendeur perdues de la maison familiale de *La Cerisaie*. Les accessoires scéniques, les objets, sont aussi en nombre réduit, mais chacun d'eux (les mêmes, souvent, dans des spectacles

La salle des Bouffes du Nord où Peter Brook a trouvé le lieu idéal d'un théâtre à la fois immédiat et légendaire.

différents) est utilisé jusqu'à la corde : dans *Ubu aux Bouffes,* quelques briques figurent, successivement, des « choux-fleurs à la merdre », un chemin de montagne, le « crochet à Nobles », une « caverne en Lituanie » ou les échasses des guetteurs... selon l'usage qu'en fait le comédien.

Car tout, chez Brook, repose sur l'acteur. C'est à lui qu'il revient de prendre en charge et de résoudre les contradictions inhérentes à toute représentation, afin d'atteindre à ce que Brook appelle un « théâtre immédiat ». Il doit remettre au présent ce qui est « imitation ou description d'un événement passé », conjuguer la liberté de l'improvisation (celle-ci est à la base des exercices brookiens) avec les servitudes des répétitions et faire de la représentation « un retour à la vie que la répétition avait niée, mais qu'elle aurait dû sauvegarder » ; il doit encore, à travers « la bipolarité improvisation-texte », ramener « à la lumière du jour un *homme enfoui* » et « dépasser son moi pour révéler ce qu'il porte d'universel au fond de lui » (G. Banu) ; il doit même surmonter les différences entre les langues et les cultures pour donner vie à un idiome œcuménique, tel qu'il a été préfiguré dans *Orghast* (« langage inventé, rêvé, issu d'une vertigineuse poussée géologique, car en le créant on aspire à parvenir au magma primordial, celui d'avant les différences » — 1971, à Persépolis, Iran)... Brook réunit autour de lui des comédiens d'origines et de langues différentes. Il les soumet aux exercices les plus divers : si son enseignement emprunte beaucoup à Stanislavaski et à Grotowski, il s'en éloigne par la pratique du récit épique et par un recours systématique aux théâtres traditionnels ; il combine le studio et le voyage (un des épisodes décisifs dans la constitution du C.I.R.T. a été le voyage en Afrique qui a précédé la présentation de *Timon d'Athènes*)... Et Brook ne s'enferme pas non plus dans son propre groupe : des spectacles comme *Ubu* ou *La Conférence des oiseaux* sont joués par des comédiens qui en font partie, déjà, de longue date, mais *La Cerisaie*, elle, est interprétée par des acteurs pour la plupart étrangers au groupe. Il va jusqu'à travailler avec des chanteurs, pour *La Tragédie de Carmen* ; là, il double les répétitions avec ces derniers d'improvisations de comédiens familiers (« Deux comédiens improvisent la scène cependant que ténor

La Cerisaie *de Tchékhov, mise en scène P. Brook, Bouffes du Nord, 1981. Sont assis Michel Piccoli (Gaiev), Natasha Parry (Ranevskaia). Debout, J. Debarry, Niels Arestrup (Lopakhine).*

et mezzo la chantent *off* »), et il réussit à faire de ces jeunes chanteurs lyriques des interprètes simples, concrets, corporels (car le spectacle progresse par une série d'affrontements, de corps-à-corps) et à retrouver, dans l'opéra, « la concentration, la vérité et l'intimité du théâtre direct » (fût-ce, par ailleurs, au prix d'une réduction contestable de l'œuvre de Bizet). Enfin, Brook n'hésite pas à sortir de la caverne magique des Bouffes du Nord : au Festival d'Avignon de 1985, son *Mahabharata* est créé dans la carrière de Boulbon, une sorte de cirque taillé dans la pierre, qui domine le Rhône : commençant avant le crépuscule et s'achevant à l'aube, il épouse (et il inverse) le rythme même de la vie... ; il constitue aussi une synthèse de près de dix ans de travail aux Bouffes...

Au-delà de l'hétérogénéité des œuvres et des spectacles présentés, au-delà aussi de la diversité des méthodes de travail employées, il y a, chez Brook, une volonté obstinée de promouvoir un « théâtre nécessaire », de retrouver un théâtre *naturel*. Un théâtre qui, comme il le dit lui-même, ne soit pas seulement « un miroir de la vie », mais « un miroir qui concentre » et où « entre acteurs et public n'existerait qu'une différence de situation et non pas une différence fondamentale ». « Son rêve ultime », commente Georges Banu, reste à jamais « de redécouvrir la merveille de la vie organique. » C'est ce qui le sépare de la plupart des praticiens. Brook veut ignorer la crise de la représentation. « Au nom de l'art comme nature », il refuse tout ce qui dans l'art participe de l'artifice. Son théâtre est innocemment théâtral. La fascination qu'il exerce sur un large public international vient de là : c'est un théâtre apaisé, réconcilié avec lui-même. Ses limites aussi : le théâtre peut-il, aujourd'hui, tenir encore lieu de vérité ?

En 1972, Patrice Chéreau revient de son bref mais fécond exil italien. Il partage la direction du Théâtre de la Cité - T.N.P. avec Roger Planchon et Robert Gilbert. Paradoxalement, c'est ce « théâtre populaire » dont il avait salué la « mort exemplaire » qui prête sinon son nom du moins son sigle à leur commune entreprise. Si Chéreau contribue à son rayonnement (ses spectacles y obtiennent de grands succès), il ne la sert pas par principe : « Je ne crois plus à rien de ce qui a fait le *combat* théâtral jusqu'à présent — je veux dire la recherche du public, l'animation culturelle » (1973). Il se sert d'elle pour faire son œuvre : l'œuvre d'un artiste. Il installe à Villeurbanne son équipe : Richard Peduzzi pour les décors, Jacques Schmidt pour les costumes et André Diot pour la lumière. Il y fait venir ses acteurs de prédilection, parmi lesquels Maria Casarès, Roland Bertin, Gérard Desarthe, Daniel Emilfork et François Simon... quelques-unes de ses stars fétiches aussi (dont Alida Valli). En une dizaine d'années (de 1972 à 1981), il y réalise six spectacles, de dimensions imposantes, et en assure plusieurs reprises (sa *Dispute* de Marivaux connaîtra trois versions). Par ailleurs, il monte *Les Contes d'Hoffmann* d'Offenbach (1974) et crée, dans sa version intégrale, *Lulu* de Berg (1979), à l'Opéra de Paris. Et il consacre une année à la réalisation du *Ring*, la tétralogie de Wagner, à Bayreuth, pour son centenaire (1976). En 1982, quand il prend, avec Catherine Tasca, la direction du Théâtre des Amandiers à Nanterre, il exige et obtient les coudées franches : un nouvel organisme,

*Pour un
"théâtre
allégorique"*

sous forme de S.A.R.L., se substitue à la maison de la culture et à l'ancien Centre dramatique, et il bénéficie d'une subvention de l'État de l'ordre de 30 millions de francs, soit l'équivalent de celle d'un Théâtre national.

Son action porte, dès lors, sur trois domaines : la réalisation de spectacles, bien sûr, la mise sur pied d'une cellule de production cinématographique et la création d'une école de comédiens. Comme Brook, quoique différemment, Chéreau s'est forgé *son* instrument : l'ensemble de Nanterre-Amandiers est, de son propre aveu, « devenu un endroit de création et de production formidable, dont la situation en dehors de Paris permet beaucoup de tranquillité et de concentration. Mais il n'en demeure pas moins très lourd et exige beaucoup de sacrifices qui ne sauraient se prolonger durablement. Mais pour une période limitée, c'est une expérience importante, nécessaire, à travers laquelle je souhaite modifier quelques règles, quelques comportements, et puis partir... » (Entretien avec Monique Le Roux, dans *Cargo/Spectacle* d'octobre 1987).

A l'inverse de Brook, Chéreau ne récuse pas les artifices du théâtre : il les utilise et les montre, les célèbre ou/et les dénonce comme tels. Il n'a jamais changé là-dessus : « Il faudrait toujours tenter de maintenir un regard sur le monde extérieur, de ne pas prendre la fausse vie recréée sur le plateau — même si on essaie de la fabriquer la plus réelle possible — pour la vraie vie. Koltès formule d'une phrase magnifique ce que j'avais l'impression de penser depuis longtemps : *le théâtre au moins est le seul endroit où l'on dise que ce n'est pas la vie.* » Son but, c'est « un *théâtre allégorique* [s.p.n.] où les idées incarnées déclencheraient enfin l'émotion ».

La dualité du théâtre reste sa préoccupation centrale. Mais, au lieu de la ressentir comme une impuissance ou un écartèlement, Chéreau tente maintenant de l'exposer et de la résoudre — du moins de la rendre productive — dans le spectacle même. D'une manière ou d'une autre, toutes ses réalisations de la période villeurbannoise citent la représentation. *La Dispute* se construit sur un double lieu scénique : dans la salle, une estrade aménagée en cabinet de physique du XVIIIe siècle, et, sur le plateau, le château, bordant la forêt, où ont été élevés, à l'écart du monde, les enfants faisant l'objet de l'expérience du Prince. Les séparant, la fosse d'orchestre d'où montent des vapeurs sulfureuses : le Prince, Hermiane et leur cour jetteront une planche étroite, bancale, pour la franchir (c'est le « saut du fossé » selon l'expression marivaudienne) et gagner ainsi le plateau où ils resteront néanmoins en position de spectateurs-voyeurs, avant d'interrompre, indignés, le terrible spectacle qui est leur œuvre. Peer Gynt est un menteur, un mythomane : « il croit à ses rêves, il vit dans l'imaginaire » (Gérard Desarthe). Son épopée est une exploration de son propre théâtre : il la termine sur « une scène désormais vide, vidée des rêves de l'imaginaire, vidée des réalités prosaïques du réalisme [où] il rencontrera les signes du symbolique ». Le *Ring* de Chéreau à Bayreuth, « spectacle *oblique* qui traverse les systèmes esthétiques et idéologiques comme les strates historiques » (Alain Satgé), constitue une investigation systématique de la théâtralité bourgeoise du XIXe siècle et il s'achève, après l'effondrement de cette machine théâtrale qu'est le Walhalla, par l'interrogation muette qu'adresse au public festivalier la foule des ouvriers et des comparses de cette grande aventure qui s'est jouée sans eux.

De plus en plus, Chéreau réalise, comme Planchon, des « sommes ». *La*

Dispute n'est qu'un acte unique, assez bref, de Marivaux, mais, composé tardivement, cet acte est un reflet de toute son œuvre et une réflexion sur celle-ci. François Regnault le dilate en le doublant d'un prologue habilement composé d'autres textes de Marivaux et Chéreau découpe cette *Dispute* en une succession de sept « nuits » — qui en font une autre création (ou une dé-création) du monde. *Peer Gynt* (avant de le choisir, Chéreau pensait à *Faust*) se joue sur plusieurs continents, brasse la Norvège, le désert africain, l'océan et le royaume souterrain des Trolls... pendant plus de sept heures, sur deux soirées, etc. Ce n'est pas seulement une affaire de longueur. Comme pour le *Ring*, Chéreau met en scène, à chaque fois, la théâtralité d'une époque ou d'un état de la société : celle des Lumières dans *La Dispute*, celle de la révolution à l'aube des années 20 dans *Toller*, celle de la dictature dans le *Lear* de Bond... C'est par là, et de plus en plus, que son théâtre prend un caractère *allégorique*. Ses spectacles sont autant de « tombeaux » de l'imaginaire occidental. Peut-être le Chéreau d'alors trouva-t-il dans l'opéra une matière sans doute rebelle (il le maîtrisa au moins à Bayreuth, avec l'aide de Pierre Boulez) mais privilégiée : celle d'un théâtre doublement mythique. Quitte à se retourner vers le cinéma quand il voulait se raconter lui-même et décrire le monde contemporain.

Par les villages de Peter Handke, mise en scène Claude Régy, 1983, Théâtre National de Chaillot. Avec Régy, le texte est passé à la loupe, le théâtre nettoyé de toute théâtralité. Le comédien doit se révéler dans son être même. Ici, décor de Roberto Plate.

Une des stations du long voyage de Peer Gynt *(Ibsen). Ici Peer (Gérard Desarthe) se mesure au Sphinx et rencontre le Docteur Begriffenfeldt (Roland Bertin), directeur de l'asile d'aliénés du Caire. Mais la quête est plus imaginaire que réelle. Chéreau en fait une épopée de théâtre dans un décor à transformations de Richard Peduzzi, T.N.P., Villeurbanne, 1981.*

Toutefois, avec son installation à Nanterre et la mise au point d'un nouvel instrument réunissant le théâtre, le cinéma et une école, Chéreau revient à l'expérimentation. Il rompt avec le dispositif scénique frontal dont on pouvait croire qu'il lui était consubstantiel : une grande partie des *Paravents* de Genet (1983) se joue dans la salle, aménagée comme un cinéma des années 30 du côté de Barbès qui ne serait plus fréquenté que par des Arabes. « Pour *Les Paravents*, on jouait partout ; pour *Quartett* (de Heiner Müller), on jouait aussi dans la fosse, dans la salle, sur le plateau »... Parfois même, l'aire de jeu que peuplent des décombres de notre monde (une arche d'autoroute interrompue, par exemple) repousse les spectateurs contre les murs : théâtre et réalité sont alors indiscernables... Le travail de Chéreau avec les élèves de son école constitue aussi pour lui « une remise en question fréquente comme une mise en danger plus grande ». Il lui rappelle que « le théâtre reste toujours capable de rendre crédible une fiction avec des comédiens, quelques costumes, trois chaises et cinq tables, de faire croire à tout sans y rajouter rien d'autre » (Entretien avec Monique Le Roux). Enfin, il se tourne résolument vers la création contemporaine : il monte coup sur coup trois pièces de Bernard-Marie Koltès, *Combat de nègre et de chiens* pour inaugurer Nanterre-Amandiers, *Quai Ouest* (1986) et *Dans la solitude des champs de coton* (1987) — et lors de la reprise de cette dernière, il en devient aussi l'interprète. C'est qu'il y voit des « métaphores du monde contemporain ». Et la possibilité d'un nouveau « théâtre allégorique », tourné non vers le passé mais en prise directe sur notre société (celle-ci étant ressaisie dans ses marges). Sans doute peut-on s'interroger sur la réussite, voire la validité d'une telle dramaturgie allégorique du présent. Une chose du moins est sûre : Chéreau est au bout de son long combat avec la fascination du théâtre. Il a maintenant le pouvoir de regarder celui-ci en face — et au-delà de lui. Pour y consentir, pour l'éprouver, pour le changer — ou pour rompre avec lui.

LE ROI NU

Pendant les années 50 et 60, le T.N.P. et la volonté de promouvoir un « théâtre populaire », puis le Théâtre de la Cité et sa conception du « théâtre comme critique » furent déterminants. Certes, le secteur commercial du théâtre n'en était pas supprimé pour autant, mais il ne faisait, au mieux, que se survivre : on n'en attendait plus rien de nouveau. Au début des années 70, le Théâtre du Soleil a, aussi, constitué un pôle d'attraction. Maintenant la pratique théâtrale française n'a plus de centre. Elle s'est élargie, diversifiée, mais aussi dispersée, énervée. Jamais elle n'a été si florissante ; jamais elle n'a paru si menacée.

Les entreprises théâtrales se sont multipliées. Quelques théâtres du centre de Paris ont été fermés, désaffectés ou détruits (par exemple, l'Ambigu), malgré la législation protectrice. Mais d'autres bâtiments ont vu le jour, en banlieue ou en province, parfois à grands frais. A Paris même, une opération d'envergure, la construction d'un nouveau T.E.P., rebaptisé Théâtre de la Colline, sur le lieu de l'ancien, a été menée à bien, après une dizaine d'années de tergiversations. Si le nombre des Théâtres nationaux est resté, depuis 1972, fixé à 5, celui des Centres dramatiques qui était de 16 en 1960 est passé à 28, sans compter les 6 C.D.N. pour la jeunesse récemment créés. Cependant ce sont les compagnies professionnelles ou semi-professionnelles qui ont connu le plus grand développement : on en compte aujourd'hui plus d'un millier, de taille et d'importance diverses, inégalement réparties sur le territoire (138 d'entre elles, classées « hors commission », sont en principe stables). C'est évidemment à Paris et dans la région parisienne qu'elles sont les plus nombreuses, mais elles y sont aussi les plus éphémères. En 1982, une région privilégiée, la région Rhône-Alpes, en comptait 75, relativement bien implantées. Ajoutons-y, au moins pour Paris, la réanimation de théâtres municipaux de quartier, avec le soutien de la municipalité. Quant aux théâtres privés, une cinquantaine, tous parisiens, leur nombre et leur importance dans l'ensemble de la production ont diminué. Pourtant certains d'entre eux ont retrouvé une réelle vitalité : en 1978-79, ces salles avaient perdu 42 % de leur public par rapport à la saison 1960-61 ; de 1982 à 1985, elles en ont regagné une bonne partie, et le nombre de leurs représentations est redevenu comparable à celui des années 60, alors qu'il avait baissé de plus de 20 % (11 251 en 1983 contre 11 500 en 1965 et seulement 9 433 en 1980). Elles avaient souffert de la concurrence des cafés-théâtres qui ont été jusqu'à rassembler près de 500 000 spectateurs par saison. Or, ceux-ci sont maintenant sur le déclin. Mais ce résultat positif tient surtout à l'action de l'Association de soutien pour le théâtre privé, fondée en 1964 et réorganisée en 1972 puis en 1982, qu'alimentent des subventions de l'État et des collectivités locales ainsi qu'une taxe parafiscale sur les recettes des théâtres.

L'aide de l'État et des collectivités locales s'est considérablement accrue. Le secteur public est financé aux trois quarts par des fonds publics. Depuis 1960, le volume de ceux-ci a quintuplé pour les Théâtres nationaux et a été multiplié par près de neuf pour les Centres. L'accroissement est encore plus considérable pour les compagnies indépendantes — quoiqu'il porte sur des sommes bien moindres : 734 % d'augmentation en volume de 1971 à 1984. C'est évidemment pendant les premières années du gouvernement socialiste et de la présence de Jack Lang au ministère de la Culture que cet afflux de fonds publics a atteint son plus haut niveau. La Direction du théâtre a vu alors ses crédits augmenter de plus de 75 % : « Cet effort sans précédent non seulement remet à flot tout le secteur mais encore donne un salutaire coup de fouet à la création dramatique dans son ensemble » (Alain Busson). Mais le budget de 1985 marque un coup d'arrêt. Et, de 1986 à 1988, la politique de la majorité libérale, si elle ne renverse pas, dans ce domaine, les choix de base, laisse planer un doute sur l'urgence, la nécessité, voire la légitimité, d'une large aide de l'État au théâtre.

A la multiplication des entreprises répond le foisonnement des tendances et des formes. J'ai essayé d'en indiquer les grandes lignes. Une telle analyse est forcément incomplète. Il lui manque le recul nécessaire. Si l'on peut, en effet, esquisser, à partir du travail de quelques réalisateurs, une histoire de la crise de la représentation dans le théâtre français depuis la fin des années 60, pareille esquisse ne fait pas tableau : elle estompe l'effervescence et la profusion des

Antoine Vitez dans le rôle du Commandeur de Dom Juan *de Molière. Costume de Claude Lemaire, Festival d'Avignon, 1978.*

Les Paravents *de Jean Genet, mise en scène Roger Blin, décors et costumes d'André Acquart, Théâtre de France, 1966. En haut, Madeleine Renaud dans le rôle de Warda.*

Le Soulier de satin *de Claudel, mise en scène A. Vitez, décor Y. Kokkos, Festival d'Avignon, 1987.*

Patrice Chéreau, acteur. Dans la solitude des champs de coton, *de Bernard-Marie Koltès, mise en scène Chéreau, Nanterre, Amandiers, 1988.*

Hamlet *de Shakespeare, mise en scène de D. Mesguich, Centre dramatique des Alpes, Grenoble, 1977. Côté jardin, un petit théâtre, où sont dites par les comédiens les interventions du spectre (par ailleurs invisible), ainsi que des extraits du « déjà dit » ou du « à dire » du texte de la pièce, opérant une fonction de redoublement. L'espace est sans cesse remodelé par les projecteurs à vue et par des nuages de fumée.*

expériences, elle en atténue la diversité, voire le caractère contradictoire... Enfin, elle polarise autour du metteur en scène toute l'activité théâtrale, alors que la primauté de celui-ci se trouve, aussi, remise en cause (mais le phénomène est plus apparent que profond : c'est la concentration entre les mains d'un seul homme de tous les pouvoirs scéniques qui fait question, non l'existence d'une écriture ou d'un discours scéniques relativement autonomes). Accessoirement, elle tend à circonscrire à l'espace national français ce qui est d'ordre international, du moins occidental. Avec la multiplication des festivals, l'existence, depuis 1972, du Festival d'Automne à Paris (qui est non seulement international mais pluridisciplinaire), la présence à l'Odéon, depuis 1982, du Théâtre de l'Europe dirigé par Giorgio Strehler... le théâtre français n'est plus isolé : il est sans cesse réactivé par des réalisations étrangères. Et lui-même, grâce à des tournées de plus en plus nombreuses, s'inscrit dans un contexte international : d'un strict point de vue économique, certains spectacles — *Le Mahabharata,* par exemple — ne seraient guère concevables s'ils étaient limités au domaine francophone.

A cet égard, il faut mentionner, au moins, l'impact des spectacles de Robert Wilson. C'est en 1971, au Festival de Nancy, avec *Le Regard du sourd,* qu'on découvrit cet Américain : Aragon dit alors n'avoir « rien vu de plus beau dans ce monde depuis que j'y suis né ». Ensuite, Robert Wilson fut présent presque chaque année au Festival d'Automne. Il nous fit reconnaître, entre autres, ce que Planchon appelle « la possibilité d'une écriture scénique indépendante du texte » : « Oui, un théâtre d'images sans texte avec une architecture et une cohérence forte peut exister et présenter un intérêt extrême » (« A propos de Harold Pinter et du dialogue au théâtre »). Une bonne part des réalisations françaises de la fin des années 70 est redevable à ce « théâtre d'images » de Wilson : Chéreau y a trouvé une confirmation, Planchon s'est laissé séduire, Georges Lavaudant s'en est nourri, au moins autant que de Carmelo Bene auquel il fit, plus ouvertement, référence (son *Palazzo Mentale*, créé à Grenoble en 1976 et repris en 1986, pour son accession à la codirection du T.N.P. de Villeurbanne, est, d'un bout à l'autre, bob-wilsonien)... au point de justifier la légendaire repartie de Roger Blin : « *Le Regard du sourd* n'est pas tombé dans l'œil d'un aveugle » !

Par ailleurs, la mise en scène théâtrale s'est étendue à un domaine qui lui était longtemps demeuré fermé : le théâtre lyrique. Aujourd'hui, tous les réalisateurs de renom (à l'exception de Roger Planchon et d'Ariane Mnouchkine) font le détour par l'opéra. Lavelli a ouvert et Chéreau a montré la voie — même si ce dernier estime que le mode de travail dans le lyrique appelle davantage l'exploitation que la recherche d'un savoir scénique. Mieux, ils rêvent d'un

Le Théâtre de l'Aquarium s'installe en 1973 à la Cartoucherie de Vincennes, où il crée collectivement des spectacles engagés sur des thèmes d'actualité : ici, en 1976, La Jeune Lune tient la vieille lune toute une nuit dans ses bras, *sur les occupations d'usine. A partir des années 80, l'Aquarium s'attache davantage à des recherches sur les styles d'écriture contemporaine.*

Sheryl Sutton dans Le Regard du sourd, *spectacle de Bob Wilson, créé au Festival de Nancy en 1971, dont le héros est un adolescent noir de 15 ans, sourd et muet. Aragon écrira, dans une lettre ouverte à André Breton : « Je n'ai jamais rien vu de plus beau en ce monde. »*

« théâtre porté par la musique » (l'expression est de Chéreau, mais c'est Mnouch-kine et le Théâtre du Soleil qui, depuis les *Shakespeare,* s'en approchent le plus). En revanche, le théâtre s'est trouvé contaminé, ou confirmé, dans sa tentation du « grand spectacle », par certaines pratiques opératiques — de la pléthore scénographique à l'impérialisme des stars.

Toute l'activité théâtrale connaît ainsi une intense fermentation qui touche, parfois, à la fébrilité. La mise en crise de la représentation va de pair avec son exaltation. Le théâtre d'images n'exclut pas un regain d'intérêt pour une dramaturgie du texte (le travail du Théâtre ouvert de Lucien et Micheline Attoun, depuis 1970, n'y a pas peu contribué). Et le règne des metteurs en scène se conjugue tant bien que mal avec un retour en force des comédiens — soit en qualité de vedettes médiatisées propres à attirer le public, soit comme matière même du spectacle (les « one man (ou) woman show » ne se comptent plus). Jamais autant de spectacles n'ont été présentés : le nombre annuel des créations dépasse aisément le millier. Jamais ils n'ont été aussi hétéroclites.

Cette profusion n'est pas qu'un signe de bonne santé. Elle dérègle les échanges qui font vivre le système théâtral, en bloque la respiration. La disparité des entreprises, au lieu de favoriser leur complémentarité, en accentue les désé-quilibres mutuels. Chaque domaine a, de plus en plus, tendance à se refermer sur lui-même : entre les jeunes compagnies, les Centres dramatiques et les Théâtres nationaux, il n'y a plus guère de points de passage. Les liaisons se font horizontalement, non verticalement. Le format du spectacle correspond, sou-vent, à la catégorie de l'entreprise qui le produit. Dans le cas des tournées, tout se passe entre lieux d'accueil du même type. Il y a des circuits haut de gamme, gamme moyenne ou bas de gamme. Bien peu de spectacles réussissent à forcer les barrières. Le T.N.P. de Villeurbanne reçoit régulièrement Chaillot ou Nan-terre, rarement un petit Centre, plus rarement encore une jeune compagnie — sauf à enfermer ces « petites formes » dans le ghetto de semaines expérimentales.

Jean Jourdheuil le remarquait (« Le théâtre immobile » dans *Libération* des 29 et 30-31 mai 1987) : « Le club supposé haut de gamme entend être et demeurer un club fermé. La baisse sensible des coproductions avec les compagnies de moindre notoriété en est un indice » et il notait aussi, entre le haut de gamme et le bas de gamme, « une absence quasi totale de communication et de solidarité (à quelques exceptions près, Ariane Mnouchkine notamment) ».

En revanche, la frontière entre le secteur public et le secteur privé est moins étanche qu'elle ne l'était il y a une trentaine d'années (qu'on songe à la position du T.N.P. de Vilar). On peut s'en réjouir, et célébrer cette nouvelle fluidité. On peut aussi le déplorer, remarquer que c'est surtout par le haut que ces secteurs communiquent, et parler de contamination, car ce sont leurs vices plus que leurs qualités qu'ils se transmettent. Prenons comme exemple une production du T.N.P. : son *Avare*, avec Michel Serrault dans le rôle titulaire, a été conçu pour une exploitation double — d'abord, à Villeurbanne, dans le cadre et avec les prix habituels du T.N.P., puis au Théâtre Mogador, comme un grand spectacle construit autour d'une vedette des médias, avec des prix de places élevés (le double ou le triple de ceux du secteur public) et pour un public quatre fois plus nombreux que celui du T.N.P.... Il était inévitable que la réalisation même de cet *Avare* par Roger Planchon s'en ressente et ait quelque chose de bâtard ou/et de spectaculairement provocant.

La place prise par les festivals dans le fonctionnement du système mérite aussi d'être relevée. Ces festivals rassemblent un large public (Avignon réunit, chaque année, près de 120 000 spectateurs), ils opèrent, semble-t-il, un large brassage de spectacles de toutes sortes et, parfois, de toutes nationalités, ils font événement et paraissent apporter de l'eau au moulin d'un théâtre divers et vivant. Mais il faut y regarder de plus près. Souvent, ces festivals se reproduisent entre eux et constituent ainsi un autre circuit : un circuit super-haut de gamme. De plus, à l'intérieur de chacun d'eux, les différences entre catégories subsistent : loin de les aplanir ou de les redistribuer, la structure même du festival les consacre et les accentue. Même à Avignon qui reste le plus « populaire » et le plus inventif des festivals français, les lignes de démarcation sont flagrantes : le « off » et le « in » ne communiquent guère ; à l'intérieur du « in », il y a de plus en plus un domaine, voire un spectacle privilégié, monumental : ce fut en 1985 *Le Mahabharata*, en 1987 *Le Soulier de satin* (dans sa version intégrale, car les « nuits » l'emportèrent sur les soirées partielles)... A la fin des années 60, Avignon a été un lieu de découvertes et de combats. Aujourd'hui, malgré les efforts et parfois les trouvailles de sa direction, il ne consacre plus guère que ce qui est déjà. Après avoir fait bouger le théâtre, les festivals le figent.

En outre, l'élévation du coût des spectacles, notamment de ceux qui aspirent au haut de gamme (leurs budgets rivalisent avec ceux de petites productions cinématographiques : 6 millions de francs, par exemple, pour le *Cyrano de Bergerac* monté par Savary à Mogador, en 1983 et on pourrait en mentionner d'autres, supérieurs), renforce encore le partage du système théâtral en chasses gardées. Ajoutons-y la circonstance aggravante que cette élévation des coûts est loin d'entraîner une augmentation proportionnelle de la production théâtrale. Le « modèle de Baumol », comme l'ont remarqué des économistes (Dominique Leroy et Alain Busson), s'applique ici : il établit que, dans certains secteurs, contrairement à l'évolution générale, le progrès va de pair avec un accroissement des prix de revient et une relative réduction de la productivité. Enfin, la pression ou la fascination des grands médias n'est pas non plus un facteur de changement : pour l'instant, la télévision ne popularise pas le théâtre, elle lui sert au mieux de caisse de résonance — c'est-à-dire qu'elle contribue à le perpétuer tel quel et donc constitue un facteur de régression. Sous son apparente fébrilité, le théâtre français « coincé entre la médiatisation et le divertissement obligatoire » (Jourdheuil) est, de plus en plus, menacé d'immobilité.

C'est aussi que la pratique du théâtre s'est prise elle-même pour objet. Elle a renoncé à l'idée d'une mission qui lui serait extérieure : la mission d'éducation dont se réclamaient Vilar comme les militantismes marginaux des révoltés de 68, et au critère d'une large adhésion du public. Refusé même de tenir compte des publics et de leurs différences dans le choix et l'élaboration du spectacle. L'éphémère promotion de la notion de « non-public » a eu, à cet égard, des effets désastreux : elle a substitué un faux-semblant à un mythe moteur. J'ai essayé de le montrer : tout le théâtre français des années 70 tourne autour de la *représentation*. Tantôt, il en entreprend une critique radicale, il la déconstruit ou la saccage ; tantôt, il s'y complaît, s'y reflète, la célèbre ou l'exalte. A quelques exceptions notables près (dont celle du Théâtre du Soleil), il isole cette

La Liberté ou la Mort, *mise en scène Robert Hossein, Palais des Congrès, 1988. Après avoir dirigé à Reims le Théâtre populaire, de 1971 à 1978, Robert Hossein a drainé à Paris un vaste public vers des spectacles comme* Le Cuirassé Potemkine, Les Misérables, Un Homme nommé Jésus, L'Affaire du courrier de Lyon.

problématique, la coupe de toute autre et s'y limite. Cela nous a valu une foule de spectacles inventifs et aigus, et une sorte d'inventaire de toutes les façons de faire du théâtre. Un fourmillement de recherches comme, sans doute, la scène française n'en avait jamais connu. Mais, dans la première moitié des années 80, alors même que l'État et les collectivités locales accroissent considérablement leur soutien, cette inventivité se fige dans de grandes réalisations anthologiques ou se défait dans une poussière de mini-productions. Comme si cet âge de la représentation se trouvait vidé de sa substance. Et avec lui, l'illusion d'une autosuffisance du théâtre. Alors, le roi est nu : il n'a plus ni vêtements ni idéologie de rechange. Il est livré, au poids de sa chair, à la loi du marché. Et celui-ci est féroce et instable : les médias y jouent les gros agents de change.

Les chiffres de la fréquentation théâtrale sont éloquents (enquête réalisée à la demande du ministère de la Culture, en décembre 1986 et janvier 1987). De 1973 à 1987, la fréquentation globale des salles est tombée de près de 40 % : 7 % des Français vont au théâtre au moins une fois par an, contre 12,1 % en 1973 (10,3 % en 1981). L'inégalité devant l'accès s'en est trouvée renforcée : si l'on estime qu'un cadre supérieur sur deux va au théâtre, cette proportion tombe à un sur dix pour les ouvriers ou pour les agriculteurs — et, ces dernières années, cette fréquentation a décliné chez les ouvriers, les artisans et les commerçants alors qu'elle a augmenté chez les « cols blancs ». On constate aussi un vieillissement du public : la baisse affecte davantage la génération des 15-19 ans et, plus encore, celle des 23-29 ans. Enfin, le public des théâtres est dans sa majorité largement occasionnel : seuls 7 % des spectateurs y vont plus d'une fois par mois, 72 % s'y rendent moins d'une fois par trimestre... De tels résultats n'incitent guère à l'optimisme. Toutefois ils sont moins décourageants qu'ils ne le paraissent. Comparée à ceux de la déroute des spectateurs des cinémas, ces derniers temps (17 millions de moins au premier semestre 1987 qu'à celui de 1986 — soit une chute de 20 % en un an, chute qui atteint les 45 % si l'on confronte les chiffres des entrées pour le seul mois de juillet), la baisse demeure modeste. De plus, d'autres chiffres viennent sinon corriger les précédents, du moins atténuer leur portée, voire la renverser. Parmi les « publics potentiels », seuls 7 % estiment qu'ils vont suffisamment au théâtre. 52 % déplorent ne pouvoir y aller davantage. Trois spectateurs sur quatre s'avouent ainsi « en manque » : leur idéal serait de voir dix spectacles par an !

Il existe donc un désir du théâtre. Dans sa prolifération et tout menacé qu'il soit par ses cloisonnements, ses pesanteurs et son immobilisme, le théâtre français est en mesure d'y répondre. Encore faut-il qu'il reconnaisse ce désir et s'en nourrisse. Qu'il renonce à être ce « coin à part » que brocardaient déjà Zola et Antoine lorsqu'ils évoquaient l'opulente scène bourgeoise du XIXe siècle finissant. Au-delà de son autosatisfaction ou de sa rage de destruction, il retrouve, parfois, le plaisir d'un jeu convivial fondé sur le texte, ouvert sur le monde et adressé, directement, au spectateur... Alors, la représentation ne fait plus question : elle redevient nécessaire. Et responsable.

Bernard DORT

CHRONOLOGIE

Comme la chronologie du volume I, cette chronologie ne peut être exhaustive. A partir des années 1880, les formes (tragédie, comédie, drame) ne sont plus indiquées entre parenthèses, la notion de genre disparaissant et les auteurs ne sous-titrant plus leurs pièces.

msc : mise en scène

1789-1887

Dates	Événements politiques Pouvoir et théâtre	Représentations et vie théâtrale	Œuvres dramatiques (principales éditions) Textes théoriques et autres
1789	Réunion des États généraux (5 mai). Le Tiers se prononce Assemblée nationale (17 juin). Serment de Jeu de paume (20 juin). Assemblée constituante (9 juil.). Prise de la Bastille (14 juil.). Déclaration des droits de l'homme (26 août). Fermeture de l'École royale de chant et de déclamation.	La Comédie-Française devient le Théâtre de la Nation. M.J. Chénier, *Charles IX* (T), avec Talma.	M.J. Chénier, *De la liberté des théâtres en France* (brochure).
1790	Constitution civile du clergé.	Achèvement de la salle Richelieu, arch. Victor Louis. Fête de la Fédération (14 juil.), Paris. Fêtes de la Fédération à Lille, Besançon, Rouen. Fabre d'Églantine, *Le Philinte de Molière* (C) Flins des Oliviers, *Le Réveil d'Épiménide*.	M.J. Chénier, *Charles X*, tragédie, précédée d'une *Épître dédicatoire à la Nation française*.
1791	L'Assemblée proclame la liberté des théâtres (janv.) Fuite du roi, arrêté à Varennes (20-21 juin). Monarchie constitutionnelle (sept.). Disparition de la censure préalable. Beaumarchais propose une loi pour la création d'une société des auteurs.	Scission du Théâtre de la Nation. Un groupe d'acteurs, mené par Talma, s'installe au Palais-Royal (donnant naissance au Théâtre-Français de la rue de Richelieu) : ils fondent le Théâtre de la Liberté et de l'Égalité. Fabre d'Églantine, *l'Aristocrate* (C). Sade, *Le Comte d'Oxtiern* (D), Théâtre-Molière. Collin d'Harleville, *M. de Crac dans son petit castel* (C). Grand succès comique. La Harpe, *Mélanie* (D) [poursuivi par la censure depuis 1770]. Ouverture du Théâtre de Monsieur, rue Feydeau et du Théâtre du Marais.	

Dates	Événements politiques Pouvoir et théâtre	Représentations et vie théâtrale	Œuvres dramatiques (principales éditions) Textes théoriques et autres
1792	Chute de la royauté. Avènement de la République (septembre). La Convention « girondine ». Première Terreur. Schiller est fait citoyen d'honneur de la République française.	Fête en faveur des Suisses de Châteauvieux. Le Théâtre français de la Liberté et de l'Égalité devient le Théâtre de la République. Ducis, *Othello,* adapté de Shakespaere (T). Beaumarchais, *La Mère coupable* (D), Théâtre du Marais. Collin d'Harleville, *Le Vieux Célibataire* (C), Théâtre de la Nation. M.J. Chénier, *Caïus Gracchus* (T). *Les Brigands* de Schiller, adaptés par Lamartelière, Théâtre du Marais.	
1793	Exécution de Louis XVI (21 janvier). Le Comité de Salut public. Exécution de Marie-Antoinette, Bailly, Philippe-Égalité. Un décret de la Convention instaure des représentations gratis « par et pour le peuple ». Arrestation des auteurs du Théâtre de la Nation et fermeture de ce théâtre. Création d'un Institut national de musique.	Fête de la Raison à Notre-Dame. Laya, *L'Ami des lois* (C), attaque contre les Jacobins. Théâtre de la Nation, devenu le rendez-vous des modérés. Graves incidents dans la salle qui entraînent, à terme, la fermeture du théâtre. M.J. Chénier, *Fénélon* (T).	
1794	Exécution des Hébertistes, de Danton et de Fabre d'Églantine. Décrets de Prairial : aggravation de la Terreur. Chute de Robespierre. Organisation de la censure sous la responsabilité du Comité d'Instruction publique.	Réouverture du Théâtre de la Nation, devenu le Théâtre de l'Égalité. Fête de l'Être Suprême, organisée par David (Paris).	
1795	Désarmement des « terroristes ». Élections au Corps législatif. Poussée de la droite. Installation du Directoire. Réorganisation de l'Institut national de musique, qui prend le nom de Conservatoire.	Ducis, *Abufar ou la Famille arabe* (T). Échec.	Pixérécourt, *Observations sur les théâtres et la Révolution.*
1796	Bonaparte général en chef de l'armée d'Italie.	Arnault, *Oscar, fils d'Ossian* (T). Maillot, *Madame Angot ou la Poissarde parvenue* (C).	
1797	Traité de Campo-Formio entre la France et l'Autriche.	Lemercier, *Agamemnon* (T). Picard, *Médiocre et rampant* (C).	
1798	Coup d'État du 22 floréal contre les Jacobins. Bonaparte s'embarque pour l'Égypte.	Kotzebue, *Misanthropie et repentir* (D). Pigault-Lebrun, *Les Rivaux d'eux-mêmes* (C), Théâtre de la Cité. Arnault, *Blanche et Montcassin et les Vénitiens*. Pixérécourt, *Le Château des Apennins et le Fantôme vivant* (M.), *Victor ou l'Enfant de la forêt* (M). Talma joue Néron de *Britannicus*.	

Dates	Événements politiques Pouvoir et théâtre	Représentations et vie théâtrale	Œuvres dramatiques (principales éditions) Textes théoriques et autres
1799	Coup d'État du 30 prairial : épuration du Directoire. Bonaparte rentre à Paris. Coup d'État du 18 Brumaire. Constitution de l'an VIII : le Consulat.	Incendie de l'Odéon. Réunification des deux troupes issues de la scission du théâtre de la Nation en 1791.	
1800		Lemercier, *Pinto ou la journée d'une conspiration* (C). Pixérécourt, *Coelina ou l'Enfant du mystère* (M). Talma joue Oreste d'*Andromaque*.	
1801	Paix de Lunéville entre la France et l'Autriche. Concordat avec le Pape.	Mlle Duchesnois joue Hermione et Phèdre. Pixérécourt, *la Femme à deux maris* (M).	
1802	Bonaparte consul à vie. Paix d'Amiens entre la France et l'Angleterre.	Mlle Duchesnois joue Roxane de *Bajazet*. Caignez, *Le Jugement de Salomon* (M).	
1803	Rupture de la Paix d'Amiens.	Mlle George joue *Phèdre* (jusqu'en 1807), Roxane (jusqu'en 1814) et Hermione (jusqu'en 1816). Pixérécourt, *Les Mines de Pologne* (M), *Tékéli* (M), Théâtre de la Gaîté.	
1804	Exécution du Duc d'Enghien. Sacre de Napoléon.	Daguerre et Prévost présentent les premiers « panoramas ». A Lyon, débuts du théâtre de Guignol de Laurent Mourguet.	
1805	Alliance austro-anglo-russe. Trafalgar. Austerlitz. Traité de Presbourg.		
1806	Remise en vigueur du calendrier grégorien. Blocus continental. Iéna - Prise de Berlin.	Mlle Duchesnois joue Ériphile dans *Iphigénie*. Caignez, *L'Illustre Aveugle* (M). Hapdé, *Le Pont du Diable* (M). Martainville, *Le Pied de mouton* (F).	
1807	Friedland - Traité de Tilsitt. Décret réduisant à huit le nombre des théâtres à Paris : outre les 4 nationaux, sont autorisés le Vaudeville, les Variétés, l'Ambigu-Comique et la Gaîté.	A Paris, ouverture du Cirque-Olympique de Franconi. Spontini, *La Vestale* (O), livret de De Jouy, avec Caroline Branchu.	
1808	Création de la noblesse impériale.	Hapdé, *La Tête de Bronze* (M). Aux fêtes données par Napoléon à Erfurt, Talma joue devant un parterre de rois.	
1809	L'Autriche entre en guerre. Capitulation de Vienne. Annexion des États pontificaux. Décret autorisant la réouverture de la Porte Saint-Martin, « Opéra du peuple ».	Hapdé, *Le Colosse de Rhodes* (M). Pixérécourt, *La Citerne* (M).	B. Constant, *Réflexions sur le théâtre allemand et la tragédie de Wallenstein* préface à sa propre adaptation du *Wallenstein* de Schiller.

Dates	Événements politiques Pouvoir et théâtre	Représentations et vie théâtrale	Œuvres dramatiques (principales éditions) Textes théoriques et autres
1810	Mariage de Napoléon et de Marie-Louise. La France annexe la Hollande.	Ciceri est nommé décorateur en chef de l'Académie Impériale de Musique et de Danse. Pixérécourt, *Les Ruines de Babylone* (M). Représentation publique d'un spectacle monté par Sade à l'asile de Charenton.	
1811	Naissance du Roi de Rome.	Méhul, *Les Amazones* (O), livret de De Jouy.	
1812	Campagne de Russie. A Moscou, Napoléon signe le décret portant réorganisation de la Comédie-Française. Incendie de Moscou. Passage de la Berezina. La Grande Armée est détruite.		
1813	Défaite de Napoléon à Leipzig.	A Paris, ouverture du Théâtre des Funambules.	Traduction en français du *Cours de littérature dramatique*, professée à Vienne par Schlegel en 1811. Sismondi, *Littératures du Midi de l'Europe*.
1814	Invasion de la France. Napoléon abdique. Louis XVIII entre à Paris. Napoléon à l'île d'Elbe.	Pixérécourt, *Le Chien de Montargis* (M).	Mme de Staël, *De l'Allemagne* publié à Paris (saisi en 1810).
1815	Retour de l'île d'Elbe — Waterloo. Abdication de Napoléon. Règne de Louis XVIII : 1815-1824. Début de la Terreur blanche. La « Chambre introuvable ».	Mlle George joue Clytemnestre dans *Iphigénie*. Caignez et Daubigny, *La Pie voleuse ou la Servante de Palaiseau* (M). Pixérécourt, *Christophe Colomb* (M).	
1816	Dissolution de la « Chambre introuvable ». Gouvernement du parti constitutionnel.	Ouverture de l'Odéon, arch. Picard. *Hamlet* est joué en « pantomime avec musique » (P). Pixérécourt, *Le Monastère abandonné ou la Malédiction paternelle* (M).	
		Création parisienne de l'*Italienne à Alger* (O) de Rossini, aux Italiens. Arnault, *Germanicus* (T), avec Talma, Mlles Duchesnois et George, Théâtre-Français. « Bataille » dans la salle.	
1818	Congrès d'Aix-la-Chapelle. Retrait des troupes d'occupation.	Pixérécourt, *Le Belvéder ou la Vallée de l'Etna* (M).	Pixérécourt, *Guerre au mélodrame*.

Dates	Événements politiques Pouvoir et théâtre	Représentations et vie théâtrale	Œuvres dramatiques (principales éditions) Textes théoriques et autres
1819	Mesures libérales pour la presse (lois de Serre). Victoire de la Gauche aux élections.	Création parisienne du *Barbier de Séville* (O) de Rossini aux Italiens. Delavigne, *Les Vêpres siciliennes* (T), avec Joanny. Desaugiers et Gentil, *Les Petites Danaïdes* (F), parodie des *Danaïdes* de Salieri. Pixérécourt, *La Fille de l'Exilé* (M) ; *Les Chefs Écossais* (M), avec Marie Dorval.	
1820	Assassinat du duc de Berry. Les Ultras s'en servent pour imposer des lois répressives.	A Paris, ouverture du Gymnase-Dramatique. A partir de 1824, il obtiendra le patronage de la duchesse de Berry. Débuts de Mlle Mars à la Comédie-Française. Création parisienne du *Turc en Italie* (O) de Rossini. Scribe, *L'Ours et le pacha* (C).	
1821	Mort de Napoléon.	Delavigne, *Le Paria* (T). De Jouy, *Sylla* (T), Décors de Ciceri. Scribe, *Michel et Christine* (C).	François Guizot, *Vie de Shakespeare*.
1822	Loi contre la presse. Congrès de Vérone : la France chargée d'intervenir en Espagne.	A l'Opéra, début de l'éclairage de scène au gaz. Le baron Taylor fonde le Panorama-Dramatique (dioramas inventés par Daguerre). Au Théâtre de la Porte Saint-Martin, des acteurs anglais viennent jouer. Émeutes dans la salle. Aux Italiens, création parisienne de *La Cenerentola* (O) de Rossini. Merle et Carmouche, *La Lampe merveilleuse* (F).	Manzoni, *Lettre sur l'unité du temps et du lieu dans la tragédie* (en français). 1823-1825, Stendhal, *Racine et Shakespeare*.
1823		Débuts de Frédérick Lemaître dans *L'Ermite du Mont Pausilippe* (M) de Caignez, à l'Ambigu. Daubigny, *Les Deux Sergents* (M). Delavigne, *L'École des Vieillards* (C), Théâtre-Français. Lacoste, Antier et Chapponier, *L'Auberge des Adrets* (M). Triomphe de Frédérick Lemaître dans le rôle de Robert Macaire.	
1824	La « Chambre retrouvée ». Mort de Louis XVIII.	Rossini directeur du Théâtre-Italien (Paris). Ancelot, *Fresque* (T). Triomphe.	
1825	Sacre de Charles X. Règne de Charles X : 1825-1830. Le baron Taylor nommé commissaire royal auprès de la Comédie-Française.	Pour la première fois, Ciceri utilise le « cyclorama ». Aux Italiens, création parisienne de *Sémiramide* (O) de Rossini. Boieldieu, *La Dame blanche* (O), livret de Scribe. Pichat, *Léonidas* (T). Talma joue le rôle-titre.	Mérimée, *Théâtre de Clara Gazul*.

Dates	Événements politiques Pouvoir et théâtre	Représentations et vie théâtrale	Œuvres dramatiques (principales éditions) Textes théoriques et autres
1826		Mort de Talma. Empis et Picard, *L'Agiotage* (C). Scribe, *Le Mariage de raison* (C).	1826-1827 Nerval traduit le *Faust* de Goethe.
1827	Spéculation, crise agricole, faillites, chômage. Dissolution de la Chambre. Victoire de l'opposition.	Réouverture du Cirque-Olympique modernisé après sa destruction par un incendie. Nouvelle tournée d'acteurs anglais (Kean, Kemble, Miss Smithson), cette fois bien accueillie. A l'Opéra, version française du *Moïse* (O) de Rossini avec Adolphe Nourrit. Triomphe. Aux Funambules, Deburau dans *Le Bœuf enragé* (P). Ducange, *Trente ans de la vie d'un joueur* (M). Mély-Janin, *Louis XI à Péronne* (T).	V. Hugo, Préface de *Cromwell*.
1828	Ministère Martignac. Abolition de la censure.	Débuts de Maria Malibran à l'Opéra de Paris. Auber, *La Muette de Portici* (O), livret de Scribe et Delavigne, avec Adolphe Nourrit. Frédérick Lemaître joue Méphisto dans une adaptation du *Faust* de Goethe par Stapfer. Delavigne, *La Princesse Aurélie* (T). Scribe et Rougemont, *Avant, pendant, après* (D).	
1829	Ministère ultra de Polignac. Constitution de la Société des auteurs et compositeurs dramatiques. Interdiction de *Marion Delorme* de Hugo.	Ciceri invente le « panorama mobile ». Delavigne, *Marino Faliero* (T). Dumas, *Henri III et sa cour* (D). Mise en scène du baron Taylor, décors de Ciceri. Avec Mlle Mars et Joanny. Rossini, *Guillaume Tell* (O), avec Adolphe Nourrit. Vigny, *Le More de Venise* (T). Mlle Mars joue Desdémone, Joanny Othello. Comédie-Française.	A. de Vigny, *Lettre à Lord... sur la soirée du 24 octobre 1829 et sur un nouveau système dramatique*. Sert de préface à l'édition du *More de Venise*.
1830	Chute de Charles X après les Trois Glorieuses. Escamotage de la Révolution. Louis-Philippe roi des Français : 1830-1848 (Monarchie de juillet). Prise d'Alger par les Français. Suppression de la censure théâtrale (elle sera rétablie en 1850).	Auber, *Fra Diavolo* (O), livret de Scribe. Deburau dans *Ma mère l'oie ou Arlequin et l'œuf d'or* (P). Dumas, *Christine* (D). Hugo, *Hernani* (D). Mlle Mars joue Doña Sol. « Bataille » du 25 février au 26 avril, Comédie-Française. Musset, *La Nuit vénitienne* (C), Odéon. Fiasco.	

Dates	Événements politiques Pouvoir et théâtre	Représentations et vie théâtrale	Œuvres dramatiques (principales éditions) Textes théoriques et autres
1831	Ministère Casimir Périer. Révolte des canuts lyonnais.	Aux Italiens, le Malibran chante le rôle-titre dans *l'Otello* de Rossini. Dumas, *Charles VII chez ses grands vassaux* (D) ; *Antony* (D) ; *Napoléon Bonaparte ou Trente ans de l'histoire de France* (D) (Frédérick Lemaître joue Napoléon) ; *Richard Darlington* (D), Porte Saint-Martin. Meyerbeer, *Robert le Diable* (O), livret de Scribe et Delavigne, avec Adolphe Nourrit dans le rôle-titre. Mise en scène de Duponchel, décors de Ciceri. Hugo, *Marion Delorme* (D). Hugo assure la mise en scène. Porte Saint-Martin.	
1832	Insurrection républicaine écrasée au Cloître Saint-Merri. Mort de Casimir Périer. Soult, Broglie, Guizot, Thiers au ministère.	Delavigne, *Louis XI* (T). Grand succès. Dumas, *Teresa* (D) avec Bocage ; *La tour de Nesle* (D), avec Mlle George et Frédérick Lemaître. Hugo, *Le Roi s'amuse* (D), Théâtre-Français. Une seule représentation : interdiction après coup, procès. Saint-Hilaire, *Dick-Rajah* (M). Mise en scène de Harel. Scribe, *Dix ans de la vie d'une femme* (D), avec Marie Dorval.	Musset, *Un Spectacle dans un fauteuil*.
1833		Marie Dorval et Frédérick Lemaître dans *Les Cenci* (M), adaptés de Shelley par le marquis de Custine. Auber, *Gustave III* (O), livret de Scribe. Avec Cornelie Falcon et Arnolphe Nourrit. Hugo, *Lucrèce Borgia* (D), avec Mlle George et Frédérick Lemaître ; *Marie Tudor* (D). Mlle George joue le rôle-titre. Porte Saint-Martin.	Hugo, Préfaces de *Marie Tudor* et de *Lucrèce Borgia*.
1834	Grèves et insurrections à Lyon. A Paris, massacre de la rue Transnonain.	Reprise à l'Opéra du *Don Juan* de Mozart (O). Mise en scène de Duponchel. Dumas, *Catherine Howard* (D), avec Lockroy. Pixérécourt, *Latude ou trente-cinq ans de captivité* (M). Scribe, *La Passion secrète* (D).	Musset, deuxième livraison d'*Un spectacle dans un fauteuil*, qui comprend *Lorenzaccio*. 1834-1836 A. Dumas (père), *Œuvres complètes, Théâtre*, 6 vol., Charpentier.
1835	Attentat Fieschi contre Louis-Philippe.	Le Théâtre de la Gaîté détruit par un incendie. Création parisienne de *Norma* (O) et *I Puritani* de Bellini, avec Giulia Grisi et Giovani Rubini. Delavigne, *Don Juan d'Autriche* (T). Succès. Halévy, *La Juive* (O), livret de Scribe. Hugo, *Angelo, tyran de Padoue* (D) avec Mlle Mars et Marie Dorval, Comédie-Française. Vigny, *Chatterton* (D). Marie Dorval joue Kitty Bell et Joanny le Quaker. Comédie-Française. Succès mitigé.	

Dates	Événements politiques Pouvoir et théâtre	Représentations et vie théâtrale	Œuvres dramatiques (principales éditions) Textes théoriques et autres
1836	Ministère Thiers, puis Molé.	Mort de la Malibran. Delavigne, *Une famille au temps de Luther* (D). Dumas, *Kean ou Désordre et génie* (D). Frédérick Lemaître joue le rôle-titre. Théâtre des Variétés. Meyerbeer, *Les Huguenots* (O), livret de Scribe. Scribe, *La Camaraderie ou la courte-échelle* (C).	J. Janin commence sa critique dramatique aux *Débats*.
1837		Aux Italiens, création parisienne de *Lucia di Lammermoor* (O) de Donizetti. A l'Opéra, triomphe personnel de Duprez dans une reprise de *Guillaume Tell* (O) de Rossini. Dumas, *Caligula* (T), Comédie-Française. Échec.	
1838		Débuts de Rachel à la Comédie-Française, dans Camille d'*Horace* et Roxane de *Bajazet*. Reprise de *Hernani*. Marie Dorval joue Doña Sol. Berlioz, *Benvenuto Cellini* (O). Hugo, *Ruy Blas* (D), avec Frédérick Lemaître dans le rôle-titre. Inauguration du Théâtre de la Renaissance. Pixérécourt et Brazier, *Bijou, enfant de Paris* (M). Souvestre, *Interdiction* (D), avec Bocage.	Musset, *De la tragédie* « Reprise de *Bajazet* », article célébrant les débuts de Rachel. Hugo, Préface de *Ruy Blas*. 1838-1839 : A. de Vigny, *Œuvres complètes*, dont les œuvres dramatiques.
1839	Longue crise ministérielle. Barbès et Blanqui arrêtés.	Aux Italiens, débuts de Pauline Viardot dans Desdémone de *l'Otello* de Rossini. Delavigne, *La Fille du Cid* (T). Berlioz, *Roméo et Juliette* (O).	
1840	Ministère Thiers. Grèves importantes.	Construction du Cirque d'Été. Rachel dans Hermione d'*Andromaque*. Donizetti, *Les Martyrs* (O) et *La Favorite* (O). Scribe, *Le Verre d'eau* (C). Balzac, *Vautrin* (D). La pièce est interdite.	1840-1841 : première édition collective du *Théâtre* de Hugo, Furne. Traduction du *Second Faust* de Goethe par Nerval.
1841		A l'Odéon, reprise du *Dom Juan* original de Molière jusqu'alors remplacé par la version de Thomas Corneille. Adam, *Giselle* (B), livret de Gauthier, chorégraphie de Coralli. Carlotta Grisi danse le rôle-titre. Scribe, *Une Chaîne* (C).	1841-1843 : Pixérécourt, *Théâtre choisi* avec *Dernières réflexions sur le mélodrame*, Nancy. Introduction de Charles Nodier.
1842	La France occupe l'archipel des îles Marquises.	Aux Funambules, Deburau dans *Marchand d'habits* (P). Scribe, *Le Fils de Cromwell* (D). Balzac, *Les Ressources de Quinola* (C).	

Dates	Événements politiques Pouvoir et théâtre	Représentations et vie théâtrale	Œuvres dramatiques (principales éditions) Textes théoriques et autres
1843		Rachel joue Phèdre et la *Lucrèce* (T) de Ponsard. Les frères Cogniard, *Les Mille et une nuits* (F) *Léonce* (D) avec Marie Dorval. Hugo, *Les Burgraves* (D), Comédie-Française. Échec.	
1844		Clairville et d'Ennery, *Les Sept châteaux du Diable* (F). Labiche, *Deux papas très bien* (C). Sue et Dinaux, *Les Mystères de Paris* (M).	
1845	Dispersion des Jésuites en France en accord avec le pape.	Robert-Houdin inaugure son Théâtre des Soirées Fantastiques. Les frères Cogniard, *La Biche au bois* (F). Débuts parisiens de Lola Montès.	
1846	Crise en Europe. Disette. Troubles à Paris.	Scribe, *La Loi salique* (T), Gymnase.	E. Delavigne, *Œuvres*, 6 vol., Didier.
1847	Émeutes de la faim à Buzançais, à Mulhouse. La Monarchie de Juillet ébranlée par des scandales.	Mort de Mlle Mars. A la Comédie-Française, reprise du *Dom Juan* original de Molière. Geoffroy joue Dom Juan, Samson Sganarelle. Décors de Ciceri. Frédérick Lemaître dans *Le Chiffonnier de Paris* (M). Dumas, *Le Chevalier de Maison-Rouge* (D). Musset, *Un Caprice* (écrit en 1837). Grand succès à la Comédie-Française. *Hamlet* adapté par Dumas et Meurice au Théâtre Historique.	
1848	Manifestations à Paris. Démission de Guizot, fusillade du boulevard des Capucines. Proclamation de la République. Suffrage universel. Juin : l'armée écrase le soulèvement des ouvriers parisiens. Décembre : Louis-Napoléon élu président de la République.	Clairville et Cordier, *La propriété c'est le vol*, « folie socialiste » (C). Scribe, *Le Puff ou Mensonge et vérité* (C), Gymnase. Musset, *Le Chandelier* (écrit en 1835), Théâtre Historique ; *Il ne faut jurer de rien* (C) ; *André del Sarto* (D) ; *Il faut qu'une porte soit ouverte ou fermée*, (C), Comédie-Française. Balzac, *La Marâtre* (D).	
1849	Élections à L'Assemblée législative. Majorité conservatrice de « blancs » et de « bleus » mais 200 « démocsoc ». Hugo élu. Manifestations populaires à Paris et Lyon.	Mort de Marie Dorval. A l'Opéra de Paris, première utilisation de l'électricité pour des effets de scène. Son usage ne se généralisera qu'à partir de 1880. Meyerbeer, *Le Prophète* (O), livret de Scribe. Scribe et Legouvé, *Adrienne Lecouvreur* (D). Rachel joue le rôle-titre. Musset, *On ne saurait penser à tout* (C). Sand, *François le Champi* (C), Odéon.	

Dates	Événements politiques Pouvoir et théâtre	Représentations et vie théâtrale	Œuvres dramatiques (principales éditions) Textes théoriques et autres
1850	Une loi électorale restreint le suffrage universel. Rétablissement de la censure théâtrale.	Rachel reprend le rôle de la Tisbe dans *Angelo, tyran de la Padoue*. Labiche, *Un Garçon de chez Véry* (C).	1850-1857 : A. Dumas (père), *Œuvres complètes*, 17 vol.
1851	Décembre : coup d'État de Louis-Napoléon Bonaparte et plébiscite en sa faveur. Exil de Victor Hugo.	Gounod, *Sapho* (O), avec Pauline Viardot. Labiche et Michel, *Un chapeau de paille d'Italie* (C). Palais-Royal. Triomphe. Sand, *Claudie* (C), Porte Saint-Martin. Musset, *Les Caprices de Marianne* (publ. 1833). Balzac, *Mercadet ou le Faiseur* (C).	
1852	Légalisation de la censure de la presse. 2 décembre, rétablissement de l'Empire. 1852-1870 : Second Empire.	Ouverture du Cirque d'Hiver. Dumas fils, *La Dame aux Camélias* (D). Labiche, *Maman Sabouleux* (C) ; *Edgard et sa bonne* (C).	
1853		Première tournée à Paris de la grande tragédienne italienne Adélaïde Ristori. Dumas fils, *Diane de Lys* (D). Sand, *Mauprat* (D), Odéon. Ponsard, *L'Honneur et l'argent*.	Musset, *Comédies et proverbes*, éd. complète revue et corrigée par l'auteur, 2 vol.
1854	La France et l'Angleterre déclarent la guerre au tsar.	Augier, *Le Gendre de Monsieur Poirier* (C).	
1855	Exposition universelle à Paris, où des troupes théâtrales étrangères se produisent. Une section pour la photographie.	Augier, *Le Mariage d'Olympe* (C). Dumas fils, *Le Demi-monde* (C). Labiche, *Le Précieux* (C). Offenbach, *Oyayaye ou la Reine des îles*, « anthropologie musicale ». Verdi, *Les Vêpres siciliennes* (O), livret de Scribe d'après Delavigne.	
1856	Fin de la guerre de Crimée.	Aux Italiens, création parisienne de *La Traviata* (O) de Verdi.	Duranty : revue *Le Réalisme* (nov. 1856-mai 1857).
1857	Élections du Corps législatif. Succès républicain à Paris.	Dumas fils, *La Question d'argent* (C). Aux Italiens, création de *Rigoletto* (O) de Verdi.	
1858	Attentat d'Orsini. Loi de sûreté générale (février).	Mort de Rachel. Les frères Cogniard, *Turlututu, chapeau pointu* (F). Dumas fils, *Le Fils naturel* (D). Offenbach, *Orphée aux Enfers* (O). Scribe et Legouvé, *Les Doigts de fée* (C).	Scribe, *Œuvres complètes*, Paris.
1859	Mac-Mahon, maréchal. Amnistie générale des condamnés politiques dont Blanqui (août).	Dumas fils, *Un Père prodigue* (C). Gounod, *Faust* (O). Labiche, *Voyage autour de ma marmite* (C).	
1860	Cession à la France de la Savoie et de Nice.	Labiche et Martin, *Le Voyage de Monsieur Perrichon* (C). Théâtre de marionnettes de Lemercier de Neuville (Paris).	

Dates	Événements politiques Pouvoir et théâtre	Représentations et vie théâtrale	Œuvres dramatiques (principales éditions) Textes théoriques et autres
1861	Politique gallicane, mesures contre l'opposition cléricale.	Aux Italiens, création parisienne de *Un bal masqué* (O) de Verdi. Création parisienne de *Tannhäuser* (O) de Wagner. Fiasco. Labiche, *La Poudre aux yeux* (C). Sardou, *Les Pattes de mouche* (C). Musset, *On ne badine pas avec l'amour* (C) (écrit en 1834).	
1862		A la Comédie-Française, débuts de Sarah Bernhardt dans *Iphigénie*. About, *Gaétana* (D). Émeute. Labiche, *Les Trente-sept sous de Monsieur Montaudoin* (C) ; *La Station Champbaudet* (C). Sardou, *Les Ganaches* (C).	
1863	Élections au Corps législatif : l'opposition l'emporte dans la plupart des grandes villes. Duruy à l'Instruction publique (juin).	Triomphe de Pauline Viardot dans *Orphée* (O) de Gluck. Elle décide de se retirer en pleine gloire. Bizet, *Les Pêcheurs de perles* (O). Feuillet, *Montjoie* (C). Labiche, *Célimare le bien-aimé* (C).	
1864	*Lorenzaccio* de Musset interdit par la censure impériale.	Dumas fils, *L'Ami des femmes* (C). Labiche, *La Cagnotte* (C) ; *Moi* (C) ; *Le Point de mire* (C) ; *Un mari qui lance sa femme* (C) avec Sarah Bernhardt. Offenbach, *La Belle Hélène* (O), livret de Meilhac et Halévy, avec Hortense Schneider. Sand, *Le Marquis de Villemer* (C), Odéon. Gounod, *Mireille* (O).	Hugo, *William Shakespeare*. G. Sand, *Théâtre de Nohant*, Michel Lévy.
1865	Entrevue de Biarritz : Napoléon III-Bismarck.	Création parisienne de *Macbeth* (O) de Verdi. Meyerbeer, *L'Africaine* (O), livret de Scribe.	
1866		Les frères Goncourt, *Henriette Maréchal* (D). Manifestations au Théâtre-Français. Labiche, *Un pied dans le crime* (C). Offenbach, *La Vie parisienne*, livret de Meilhac et Halévy. Sardou, *La Famille Benoiton* (C). Thomas, *Mignon* (O).	
1867	Concessions libérales. Envoi de troupes à Rome contre Garibaldi.	Dumas fils, *Les Idées de Madame Aubray* (C). Gounod, *Roméo et Juliette* (O). Offenbach, *La Grande Duchesse de Gerolstein* (O), livret de Meilhac et Halévy, avec Hortense Schneider. Verdi, *Don Carlos* (O).	
1868	Condamnation et dissolution de la section française de la 1ʳᵉ Internationale. Loi libéralisant le régime de la presse.	Offenbach, *La Périchole* (O), livret de Meilhac et Halévy, avec Hortense Schneider. Pailleron, *Le Monde où l'on s'amuse* (C).	

Dates	Événements politiques Pouvoir et théâtre	Représentations et vie théâtrale	Œuvres dramatiques (principales éditions) Textes théoriques et autres
1869	Élections de mai-juin : poussée « radicale ».	Coppée, *Le Passant* (C). Sarah Bernhardt joue en travesti le rôle de Zanetto. Meilhac et Halévy, *Froufrou* (C). Sardou, *Patrie* (D).	
1870	Dépêche d'Ems. Guerre contre la Prusse (juillet). Sedan. Déchéance de l'Empire. Siège de Paris. Capitulation de Metz.	Delibes, *Coppelia* (B), chorégraphie de Saint-Léon. Sand, *L'Autre* (D).	
1871	Armistice avec la Prusse (janvier). Thiers chef de gouvernement (février). La Commune de Paris (18 mars-17 mai). La Semaine sanglante (21-29 mai). 1871-1939 : IIIe République.		
1872	Dernières exécutions de communards.	Clairville, *La Reine Carotte* (F) ; *La Griffe du Diable* (F). Labiche, *Doit-on le dire ?* (C). Sardou, *Rabages* (C) ; *Le Roi Carotte* (C). Reprise de *Ruy Blas* avec Sarah Bernhardt.	
1873	Thiers démissionne. Mac-Mahon président (mai) : coalition de « l'ordre moral ».	Zola, *Thérèse Raquin* (D), Théâtre de la Renaissance.	
1874	Nombreuses mesures d'ordre moral dont la censure.	Sarah Bernhardt joue Phèdre. Sardou, *La Haine* (D). Verne et Dennery, *Le Tour du monde en quatre-vingt jours* (F). Reprise à la Comédie-Française du *Demi-monde* (C) de Dumas fils, Grand succès.	
1875	Vote des lois constitutionnelles.	Bizet, *Carmen* (O), livret de Meilhac et Halévy. Labiche, *Les Trente millions de Gladiator* (C).	
1876	Élections législatives (mars) : victoire républicaine.	Mort de Frédérick Lemaître. Aux Italiens, création parisienne de *La Force du destin* (O) et de *Aïda* de Verdi.	
1877	Dissolution de la Chambre et nouvelles élections. Les Républicains gardent la majorité.	Reprise de *Hernani*, avec Sarah Bernhardt. (Doña Sol) et Mounet-Sully (Hernani). Triomphe. Labiche, *La Clé* (C). Échec. Labiche cesse d'écrire pour le théâtre.	
1878		Débuts de Lucien Guitry au Gymnase *(La Dame aux camélias)*. Becque, *La Navette* (C).	Labiche, *Théâtre complet*, Club de l'honnête homme.
1879	Démission de Mac-Mahon. Élection de Jules Grévy (janv.).	Reprise de *Ruy Blas* avec Sarah Bernhardt (La Reine) et Mounet-Sully (Ruy Blas). Zola, *L'Assommoir* (D), Ambigu. Triomphe.	

Dates	Événements politiques Pouvoir et théâtre	Représentations et vie théâtrale	Œuvres dramatiques (principales éditions) Textes théoriques et autres
1880	Amnistie des communards. Le 14 juillet, fête nationale. Ministère Jules Ferry (septembre). Première loi sur l'enseignement primaire : gratuité.	L'éclairage se généralise dans les théâtres. Dumas fils, *Denise* (C). Sardou, *Divorçons* (C) ; *Daniel Rochat* (C). Le Théâtre des Marionnettes de Nohant s'installe à Passy chez Maurice Sand.	
1881	Vote des libertés de presse et de réunion. Ministère Gambetta (nov. 81-janv. 82).	Mounet-Sully joue Œdipe dans *Œdipe-Roi* (T) de Sophocle. Offenbach, *Les Contes d'Hoffmann* (O). Pailleron, *Le Monde où l'on s'ennuie* (C). Zola, *Nana* (D), Ambigu-Comique. Grand succès.	
1882	Guesde et ses amis créent le Parti Ouvrier (Parti Ouvrier Français). Deuxième loi sur l'enseignement : obligation et laïcité.	Becque, *Les Corbeaux* (D), Comédie-Française. Échec. D'Ennery, *Le Voyage à travers l'impossible* (F) d'après Verne. Sardou, *Fedora* (D) avec Sarah Bernhardt. Louise Michel, *Nadine* (M), Théâtre Populaire (Bouffes du Nord). Tumulte et succès.	Hugo : publication de *Torquemada*. 1882-1893 A. Dumas (fils) : *Théâtre complet*, 8 vol., édition enrichie de nombreuses préfaces et notes inédites de la main de l'auteur.
1883	Nouveau ministère Ferry (février).	Delibes, *Lakmé* (O). Zola et Busnach, *Pot-Bouille* (D), Ambigu.	
1884	Lois sur l'organisation municipale, sur le divorce, sur les libertés syndicales.	Création parisienne de l'*Hériodiade* (O) de Massenet. Massenet, *Manon* (O). Sardou, *Théodora*, avec Sarah Bernhardt.	Becq de Fouquières, *L'Art de la mise en scène*, Charpentier. *L'Assommoir, Nana, Pot-Bouille*, sous la signature de W. Busnach, avec préface de Zola, Charpentier.
1885	Réélection de Grévy (décembre). Déroulède prend la direction de la « Ligue des patriotes ».	Becque, *La Parisienne* (C), La Renaissance. Dumas fils, *Francillon* (C).	
1886	Création des Bourses du travail. Boulanger ministre de la guerre (janv. 1886-mai 1887).		Hugo, *Le Théâtre en liberté*.

Dates	Événements politiques Pouvoir et théâtre	Représentations et vie théâtrale	Œuvres dramatiques (principales éditions) Textes théoriques et autres
		1887-1951	
1887	Crise du Boulangisme. Démission de Jules Grévy. Sadi Carnot, président de la République.	Antoine fonde le Théâtre-Libre : Zola, *Jacques Demour* ; Goncourt, *Sœur Philomène* ; Bergerat, *La Nuit Bergamasque*. Sarah Bernhardt dans *La Tosca* de Sardou. Incendie de l'Opéra-Comique. Débuts de Segond-Weber à la Comédie-Française dans *Hernani*.	
1888		Gémier débute au Théâtre de Belleville. Tolstoï, *La Puissance des ténèbres* et Icres, *Les Bouchers*, msc Antoine, Théâtre-Libre. Les Goncourt, *Germinie Lacerteux*, d'après le roman du même nom, avec Réjane. Tumulte. Ginesty, adaptation de *Crime et châtiment* de Dostoïevski, Odéon. Louise Michel, *Le Coq rouge*, Folies-Voltaire puis Batignolles. Gounod, *Roméo et Juliette* (O).	1888-1898, Lemaître, *Impressions de théâtre*.
1889	Fin du Boulangisme. Exposition universelle.	Inauguration du Moulin-Rouge. Edgar Poe, *Le Cœur révélateur*, adapté par Laumann, Théâtre-Libre.	
1890	Essor du Parti ouvrier français (Guesde). Scission d'Allemane qui fonde le Parti ouvrier socialiste révolutionnaire.	Ibsen, *Les Revenants* et Goncourt, *La Fille Élisa*, msc Antoine, Théâtre-Libre. Débuts de Marguerite Moreno à la Comédie-Française dans *Ruy Blas*. Louise Michel, *La Grève*, Théâtre de la Villette.	*Le Théâtre Libre*, brochure d'Antoine.
1891	Grève et fusillade de Fourmies (1er mai).	Paul Fort fonde le Théâtre d'Art : Quillard, *La Fille aux mains coupées*, Maeterlink, *Les Aveugles*, *Le Cantique des Cantiques* (adaptation de Roinard). Ibsen, *Le Canard sauvage*, msc Antoine, Théâtre-Libre. Courteline, *Lidoire* et *Le Père Goriot*, adapté de Balzac, au Théâtre-Libre. Sardou, *Thermidor*, Comédie-Française. Porto-Riche, *L'Amoureuse*, Odéon, avec Lucien Guitry et Réjane. Grand succès. Zola, *Le Rêve* (O), Opéra-Comique. Massenet, *Le Mage* (O). Première représentation de *Lohengrin* de Wagner à Paris.	P. Quillard, « De l'Inutilité absolue de la mise en scène exacte », in *Revue d'art dramatique* (1er mai).

Dates	Événements politiques Pouvoir et théâtre	Représentations et vie théâtrale	Œuvres dramatiques (principales éditions) Textes théoriques et autres
1892	Fédération des Bourses du Travail. Affaire de Panama. Attentats anarchistes.	Gémier entre au Théâtre-Libre. De Curel, *L'Envers d'une sainte* et *Les Fossiles*, Théâtre-Libre. Feydeau, *Champignol malgré lui*, Nouveautés. Succès. Ibsen, *La Dame de la mer*, msc Lugné-Poe, Escholiers. Saint-Saëns, *Samson et Dalila* (O). Marlowe, *La Tragique Histoire du Docteur Faust*, Théâtre d'Art.	
1893	Jaurès élu à Carmaux, Millerand à Paris. Procès de Panama.	Strindberg, *Mademoiselle Julie* ; Hauptmann, *Les Tisserands* ; Courteline, *Boubouroche*, msc Antoine, Théâtre-Libre. Maeterlink, *Pelléas et Mélisande*, msc Lugné-Poe, Bouffes-Parisiens. Fin du Théâtre d'Art et fondation par Lugné-Poe de la Maison de l'Œuvre : Ibsen, *Rosmersholm, Un Ennemi du peuple* ; Hauptmann, *Les Ames solitaires*, Bouffes du Nord. Sarah Bernhardt dirige le Théâtre de la Renaissance. Sardou, *Madame Sans-Gêne*, avec Réjane, Vaudeville. Massenet, *Werther* (O), Opéra- Comique.	
1894	Assassinat de Sadi Carnot. Casimir Périer, président de la République. 1894-1899 : Affaire Dreyfus.	Hauptmann, *L'Assomption de Han- nele Mattern* ; Strindberg, *Père*, msc Antoine, Théâtre-Libre. Faillite du Théâtre-Libre. Ibsen, *Solness le constructeur* ; Strindberg, *Les Créanciers*, H. de Régnier, *La Gardienne* ; Björnson, *Au-delà des forces humaines*, montés par Lugné-Poe, L'Œuvre. Réjane joue *Maison de poupée* d'Ibsen au Vaudeville. Feydeau, *Un fil à la patte*, Palais- Royal.	
1895	Félix Faure président de la République. Constitution de la CGT.	Débuts de Suzanne Després à l'Œuvre. Ibsen, *Brand, Le Petit Eyolf* ; Kalidasa, *L'Anneau de Sakountala*, msc de Lugné-Poe, L'Œuvre. Prévost, *L'Age difficile* et *Les Demi-Vierges*, Gymnase. Succès. Rostand, *La Princesse lointaine*, avec Sarah Bernhardt, Renaissance. J. Lemaître, *Le Pardon*, Comédie- Française. Coppée, *Pour la couronne*, Odéon. M. Pottecher fonde le Théâtre du Peuple à Bussang.	A. Appia, *La Mise en scène du drame wagnérien*, Paris, Léon Chailly.

Dates	Événements politiques Pouvoir et théâtre	Représentations et vie théâtrale	Œuvres dramatiques (principales éditions) Textes théoriques et autres
1896	Ministère Méline. Succès socialistes. Création d'Universités populaires.	Ibsen, *Les Soutiens de la société*, *Peer Gynt*, msc Lugné-Poe, L'Œuvre. Jarry, *Ubu-Roi*, msc Lugné-Poe, L'Œuvre, avec Gémier. O. Wilde, *Salomé*, msc Lugné-Poe, L'Œuvre. Création de *Lorenzaccio* avec Sarah Bernhardt (publ. 1834). Le mime Séverin crée *Chands d'habits !*, Théâtre-Salon.	Jarry, « De l'inutilité du théâtre au théâtre », in *Mercure de France* (septembre).
1897		Ouverture du Théâtre-Antoine. Rostand, *Cyrano de Bergerac*, Porte Saint-Martin, avec Coquelin. Triomphe. La Duse à Paris, dans les rôles de Sarah Bernhardt. Ibsen, *J.G. Borkmann*, msc Lugné-Poe, L'Œuvre. Création du Théâtre civique de Louis Lumet.	Jarry, *Ubu-Roi*, Mercure de France.
1898	Zola, « J'accuse » (13 janv.) ; procès et condamnation de Zola. Fondation de la Ligue des droits de l'homme.	D'Annunzio, *La Ville morte*, avec Sarah Bernhardt, Renaissance. Ouverture du Théâtre Sarah-Bernhardt avec *Hamlet*. Sarah joue le rôle-titre. Gogol, *Le Revizor* ; R. Rolland, *Aërt* et *Les loups*, msc Lugné-Poe, L'Œuvre. Shakespeare, *Mesure pour mesure*, Cirque d'Été, msc Lugné-Poe. Albert Carré directeur de l'Opéra-Comique, reconstruit place Boïeldieu.	
1899	Mort de Félix Faure. Loubet, président de la République. Révision de l'Affaire Dreyfus. Déroulède arrêté. Dreyfus gracié. Développement des Universités populaires.	Curel, *La Nouvelle Idole*, Courteline, *Les Gaîetés de l'escadron* (Succès), Théâtre-Antoine. Feydeau, *La Dame de chez Maxim's*, Nouveautés. Succès. R. Rolland, *Le Triomphe de la Raison*, L'Œuvre (Bouffes-Parisiens). Création du Théâtre de la Coopération des Idées, direction Henri Dargel.	M. Pottecher, *Le Théâtre populaire*, Ollendorf. A. Jarry, *L'Almanach du Père Ubu*, répertoire des pantins.
1900	Condamnation de Déroulède. Congrès socialiste international de Paris. Leygues, ministre de l'Instruction publique, refuse l'organisation d'un congrès international sur le théâtre populaire.	Rostand, *L'Aiglon*, Théâtre Sarah-Bernhardt, avec Sarah Bernhardt dans le rôle-titre. Triomphe. Renard, *Poil de carotte*, avec Suzanne Desprès, Théâtre-Antoine. Débuts de Marcelle Géniat à la Comédie-Française dans *Les Femmes savantes*. Verhaeren, *Le Cloître*, avec De Max, L'Œuvre. Charpentier, *Louise* (O), Opéra-Comique. Triomphe.	E. Rostand, *Œuvres complètes*, 1910-1925. 6 vol.

Dates	Événements politiques Pouvoir et théâtre	Représentations et vie théâtrale	Œuvres dramatiques (principales éditions) Textes théoriques et autres
1901	L'État se borne à financer l'Opéra et la Comédie-Française.	Gémier dirige la Renaissance : Fabre, *La Vie publique.* R. Rolland, *Danton*, aux Escholiers. Capus, *La Veine*, Variétés. Succès. Hervieu, *L'Énigme*, Comédie-Française. Sardou-Saint-Saëns, *Les Barbares* (O). Bruneau-Zola, *l'Ouragan* (O), Opéra-Comique. Inauguration de l'Opéra populaire au Théâtre du Château d'Eau. De Max dans *Prométhée* d'Eschyle aux Arènes de Béziers. Gide, *Le Roi Candaule*, msc Lugné-Poe, L'Œuvre.	Claudel, *L'Arbre*, Cinq drames : *L'Échange, Le Repos du Septième jour, Tête d'or II, La Ville II, La Jeune Fille Violaine II.* Mercure de France. Maeterlinck, *Théâtre*, 1901-1902, Bruxelles-Paris.
1902	Ministère Combes. Politique du bloc des gauches à la Chambre.	*La Terre*, d'après Zola, msc Antoine, Théâtre-Antoine. Mirbeau, *Le Portefeuille* ; R. Rolland, *Le 14 juillet*, Tristan Bernard, *Daisy*, msc Gémier. Renaissance. Bernstein, *Le Détour* ; Willy, *Claudine à Paris*, Gymnase. Lavedan, *Le Marquis de Priola*, Comédie-Française, avec Le Bargy. Grand succès. Débuts de Suzanne Desprès à la Comédie-Française et d'Yvonne de Bray au Théâtre Sarah-Bernhardt. Debussy, *Pelléas et Mélisande* (O), Opéra-Comique.	
1903	Jaurès, vice-président de la Chambre.	Courteline, *La Paix chez soi*, Théâtre-Antoine. Succès. France, *Crainquebille*, Renaissance (direction L. Guitry). Succès. Mirbeau, *Les Affaires sont les affaires*, Comédie-Française. Grand succès. Sardou, *La Sorcière*, Théâtre Sarah-Bernhardt. Débuts d'Isadora Duncan à Paris. Ouverture du Théâtre du Peuple de Belleville et du Théâtre du Peuple d'Henri Beaulieu.	R. Rolland, *Le Théâtre du Peuple, essai d'esthétique d'un théâtre nouveau*, Albin Michel. A. Antoine, « Causerie sur la mise en scène », in *La Revue de Paris* (1er avril).
1904	Accord colonial franco-anglais : amorce de l'Entente cordiale. L'enseignement est interdit à toute congrégation.	Shakespeare, *Le Roi Lear*, msc Antoine, Théâtre-Antoine. Grand succès. Feydeau, *La Main passe*, Nouveautés. Bataille, *Maman Colibri*, Vaudeville. Bernstein, *Le Bercail*, Gymnase. Massenet, *Le Jongleur de Notre-Dame* (O). Opéra-Comique.	A. Appia, « Comment réformer notre mise en scène », *La Revue*, Paris (1er juin). Mirbeau, *Farces et moralités* (pièces en 1 acte).

Dates	Événements politiques Pouvoir et théâtre	Représentations et vie théâtrale	Œuvres dramatiques (principales éditions) Textes théoriques et autres
1905	Démission de Combes. Constitution de la S.F.I.O. Loi de séparation de l'Église et de l'État.	Fabre, *Les Ventres dorés*, msc Gémier, Odéon. Courteline, *La Conversion d'Alceste*, Comédie-Française. Lavedan, *Le Duel*, Comédie-Française, avec Le Bargy et Bartet. Grand succès. T. Bernard, *Triplepatte*, Athénée. D'Annunzio, *La Gioconda* et *La Fille de Jorio*, L'Œuvre, avec Suzanne Desprès. Gorki, *Les Bas-fonds*, msc Lugné-Poe, L'Œuvre. Bruneau-Zola, *L'Enfant-Roi* (O). Opéra-Comique.	
1906	Fallières, président de la République. Ministère Clemenceau. Réhabilitation de Dreyfus.	1906-1914 : Antoine directeur de l'Odéon. Gémier directeur du Théâtre-Antoine. Feydeau, *Le Bourgeon*, Vaudeville. S. Guitry, *Nono*, Mathurins. Massenet, *Ariane* (O). Neichtauser achète le Théâtre des Marionnettes à Lyon.	
1907	Conférence de la Paix à La Haye (échec). Triple Entente : France-Angleterre-Russie.	Shakespeare, *Jules César*, msc Antoine, Odéon. Adaptation d'*Anna Karénine* de Tolstoï, msc Gémier, Théâtre-Antoine. Bernstein, *Le Voleur*, Renaissance. Feydeau, *La Puce à l'Oreille*, Nouveautés. Flers et Caillavet, *L'Éventail*, Gymnase. *Tartuffe* de Molière, msc Antoine, Odéon. Réjane dirige le Théâtre-Réjane.	
1908		Feydeau, *Occupe-toi d'Amélie*, Nouveautés. Bernstein, *Israël*, Théâtre-Réjane, et *Samson*, Renaissance. Bataille, *La femme nue*, Renaissance. A l'Opéra, saison d'opéra russe : *Boris Godounov* de Moussorgsky, avec Chaliapine. Triomphe.	
1909	Briand succède à Clemenceau.	Sarah Bernhardt joue *Le Procès de Jeanne d'Arc*. Bataille, *Le Scandale*, Renaissance. Bernstein, *La Griffe*, Porte Saint-Martin. Lenormand, *Les Possédés*, Théâtre des Arts. Les Ballets russes de Diaghilev au Châtelet.	R. Rolland, *Théâtre de la Révolution* (*Le Quatorze-juillet*, *Danton*, *Les Loups*), Albin Michel.

Dates	Événements politiques Pouvoir et théâtre	Représentations et vie théâtrale	Œuvres dramatiques (principales éditions) Textes théoriques et autres
1910	Grèves des cheminots. Progrès des socialistes aux élections législatives.	Jacques Rouché fonde le Théâtre des Arts : Molière, *Le Sicilien ou l'amour peintre*, Georges de Bouhelier, *Le Carnaval des enfants*, msc Durec. Shakespeare, *Coriolan*, msc Antoine, Odéon. *César Birotteau* d'après Balzac, msc Gémier, Théâtre-Antoine. Rostand, *Chantecler* ; Porte Saint-Martin. T. Bernard, *Le Costaud des Épinettes*, Vaudeville. *Athalie*, Comédie-Française, avec Mounet-Sully. Berlioz, *La Damnation de Faust* (O). Ballets russes dont *L'Oiseau de feu* de Stravinski (Fokine-Golovine). Châtelet.	J. Rouché, *L'Art théâtral moderne*, Édouard Cornély. Capus, *Théâtre complet*, 1910-1913, 8 vol. Hervieu, *Théâtre*, 1910-1922, 4 vol. Rostand, *Œuvres complètes*, 1910-1925, 6 vol.
1911	Constitution d'une Fédération communiste anarchiste. Grèves. Occupation de Fez par les Français.	1911-1913, construction du Théâtre des Champs-Élysées par les frères Perret. Shakespeare, *Roméo et Juliette*, msc Antoine, Odéon. Maeterlinck, *L'Oiseau bleu*, Théâtre-Réjane. Bourget, *Le Tribun*, Vaudeville, avec L. Guitry. Guitry, *Un Beau Mariage*, Renaissance. T. Bernard, *Le Petit Café*. Palais-Royal. Copeau-Croué, *Les Frères Karamazov*, avec Dullin et Ghéon, *Le pain*, msc Durec, Théâtre des Arts. D'Annunzio-Debussy, *Le Martyre de saint Sébastien* (O), avec Ida Rubinstein, Châtelet. Ballets russes dont *Le Spectre de la rose* (Vaudoyer-Weber) avec Nijinsky et *Petrouchka* (Stravinski-Benois). Châtelet. Chabrier, *España* (O).	D'Annunzio, *Le Martyr de saint Sébastien*, Paris.
1912	Cabinet Poincaré (janvier). 1re guerre des Balkans (octobre). Jaurès, « Guerre à la guerre ».	Claudel, *L'Annonce faite à Marie*, msc Lugné-Poé, L'Œuvre. Fabre, *Les Sauterelles*, Vaudeville. Guitry, *La Prise de Berg-op-zoom*, Vaudeville. Feydeau, *Le Dindon*, Vaudeville et *Mais n'te promène donc pas toute nue*, Fémina. Lavedan, *Servir*, Théâtre Sarah-Bernhardt, avec L. Guitry. Ballets russes, dont Cocteau-R. Hahn, *Le Dieu bleu*, Debussy, *L'Après-midi d'un faune*, première chorégraphie Nijinsky, Châtelet. Scandale.	

Dates	Événements politiques Pouvoir et théâtre	Représentations et vie théâtrale	Œuvres dramatiques (principales éditions) Textes théoriques et autres
1913	Poincaré président de la République. 2ᵉ guerre des Balkans (juin-août).	Le Théâtre des Arts de Jacques Rouché ferme ses portes. Ouverture du Théâtre du Vieux-Colombier fondé par Copeau (22 octobre) : Heywood, *Une femme tuée par la douceur* ; Musset, *Barberine* ; Renard, *Le pain de ménage* ; Molière, *L'Amour médecin* et *l'Avare* avec Dullin dans le rôle d'Harpagon. Msc. Copeau. Inauguration du Théâtre des Champs-Élysées. Shakespeare, *Hamlet*, msc Lugné-Poe, avec Suzanne Desprès dans le rôle-titre. Théâtre-Antoine. Bernstein, *Le Secret*, Bouffes-Parisiens. Grand succès. Ballets russes : Debussy-Nijinsky-Baskt, *Jeux* ; Stravinski-Roerich, *Le Sacre du printemps*, chorégraphie Nijinsky. Scandale. Théâtre des Champs-Élysées.	Copeau, « Un essai de rénovation dramatique : le théâtre du Vieux-Colombier », *N.R.F.*, Paris (1ᵉʳ septembre). D'Annunzio, *La Pisanelle ou la mort parfumée*, in *Revue de Paris* (15 juil.)
1914	Attentat de Sarajevo (28 juin). Assassinat de Jaurès (31 juillet). Guerre franco-allemande (3 août).	Claudel, *L'Échange*, msc Copeau, Vieux-Colombier, et *L'Otage*, msc Lugné-Poe, L'Œuvre, avec Ève Francis. Synge, *Le Baladin du monde occidental*, msc Lugné-Poe, L'Œuvre. Guitry, *La Pèlerine écossaise*, Bouffes-Parisiens. Flers et Caillavet, *La Belle Aventure*, Vaudeville, avec Victor Boucher. Jacques Rouché, directeur de l'Opéra. Rabaud, *Marouf* (O), Opéra-Comique. Ballets russes : Rimski-Korsakov, *Le Coq d'Or* ; Stravinski, *Le Rossignol*.	
1915		Fermeture des théâtres.	
1917	Les USA déclarent la guerre à l'Allemagne. Ministères Briand, Clemenceau.	Jacques Copeau à New York, au Garrick Théâtre, avec Louis Joubert ; Charles Dullin les rejoint. Shakespeare, *Le Marchand de Venise*, msc Gémier, Théâtre-Antoine, dans le cadre de la « Société Shakespeare ». Ballets russes de Diaghilev : *Parade* de Cocteau-Satie-Picasso. Scandale. Apollinaire, *Les Mamelles de Tirésias*, Théâtre René-Maube. Les Pitoëff à Genève.	
1918	Armistice.	Émile Fabre administrateur de la Comédie-Française (jusqu'en 1936). Shakespeare, *Antoine et Cléopâtre*, msc Gémier, Théâtre-Antoine.	

Dates	Événements politiques Pouvoir et théâtre	Représentations et vie théâtrale	Œuvres dramatiques (principales éditions) Textes théoriques et autres
1919	Traité de Versailles et Pacte de la Société des Nations.	Dullin rentre en France : cours au Conservatoire syndical de Gémier. Retour de Copeau et du Vieux-Colombier à Paris. Jouvet régisseur et directeur des ateliers. Saint-Georges de Bouhélier, *Œdipe*, msc Gémier, Cirque d'Hiver. *La Grande Pastorale*, première msc de Baty, Cirque d'Hiver. Maeterlinck, *Intérieur*, Comédie-Française. Lenormand, *Le Temps est un songe*, msc Pitoëff en tournée au Théâtre des Arts. Ballets de Diaghilev : De Falla-Picasso, *Le Tricorne*.	De Curel, *Théâtre complet*, 1919-1924, 6 vol. Courteline, *Théâtre*, 3 vol.
1920	Deschanel, président de la République. Ministères Briand, Poincaré. Briand fait voter une subvention de 100 000 F pour la création du Théâtre National Populaire.	Mort de Réjane. Fondation du Théâtre National Populaire, direction Gémier. La Comédie Montaigne-Gémier, metteur en scène Baty : Lenormand, *Le Simoun*, avec Gémier. Deuxième tournée du Théâtre Pitoëff au Théâtre des Arts : Lenormand, *Les Ratés*, msc Pitoëff. Au Vieux-Colombier : Shakespeare, *Un Conte d'hiver* ; Vildrac, *Le Paquebot Tenacity* ; Romains, *Cromedeyre-le-Vieil* ; Molière, *Les Fourberies de Scapin*. Bataille, *L'Animateur*, Gymnase. Ballets Diaghilev, Stravinski-Matisse, *Le Chant du rossignol* ; Stravinski-Picasso, *Pulcinella*. Arrivée à Paris des Ballets suédois de Rolf de Maré, chorégraphie Borlin. Création du Groupe Art et Action par Louise Lara et Édouard Autant.	J.-R. Bloch, « Le Théâtre du peuple : critique d'une utopie » in *Le Carnaval est mort*, NRF. E.G. Craig, *De l'art du Théâtre*, NRF.
1921	Ministère Briand. Hitler président du Parti Nazi.	Dullin fonde l'Atelier. Clôture de la Comédie Montaigne-Gémier. Hébertot directeur des Théâtres des Champs-Élysées (Grand Théâtre et Comédie). Baty réunit les Compagnons de la Chimère. Schlumberger, *La Mort de Sparte* ; Beaumarchais, *Le Mariage de Figaro* ; Molière, *Le Misanthrope*, msc Copeau, Vieux-Colombier. Bataille, *La Possession*, Théâtre de Paris, avec Yvonne de Bray. Géraldy, *Aimer*, Comédie-Française. Cocteau, *Les Mariés de la Tour Eiffel*, Théâtre des Champs-Élysées. Ballets suédois : *L'Homme et son désir*, Claudel-Milhaud, Théâtre des Champs-Élysées.	Appia, *L'Œuvre d'art vivant*, Genève-Paris (Atar). Baty, « Sire le Mot », *Les Lettres* (1er novembre). Brieux, *Théâtre complet de Brieux*, 1921-1930. Lenormand, *Théâtre complet*, 1921-1930, 10 vol., Albin Michel.

Dates	Événements politiques Pouvoir et théâtre	Représentations et vie théâtrale	Œuvres dramatiques (principales éditions) Textes théoriques et autres
1922	Briand démissionne. Poincaré président du Conseil.	Jouvet quitte le Vieux-Colombier. Directeur de scène aux Théâtres des Champs-Élysées. Installation de la Compagnie Pitoëff à la Comédie des Champs-Élysées : Lenormand, *Le Mangeur de rêves* ; Shaw, *Candida* et *Androclès et le lion* ; Tchekhov, *La Mouette* ; Strindberg, *Mademoiselle Julie* ; Shakespeare, *Mesure pour mesure* ; msc Pitoëff. Premiers spectacles de la Chimère. Curel, *Terre inhumaine*, Théâtre des Arts, avec Ève Francis. J.-J. Bernard, *Martine*, msc Baty, Mathurins. Gide, *Saül,* msc Copeau, Vieux-Colombier. Pirandello, *La Volupté de l'honneur* ; Cocteau, *Antigone*, msc Dullin, Atelier.	Bataille, *Théâtre complet*, 1922-1929, 12 vol. Moussinac, *La décoration théâtrale*, Rieder.
1923	Français et Belges occupent la Ruhr.	Gémier directeur de l'Odéon. Mort de Sarah Bernhardt. Fermeture de la Chimère. Pirandello, *Six Personnages en quête d'auteur* ; Molnar, *Liliom*, msc Pitoëff, Comédie des Champs-Élysées. Romains, *Knock*, msc Jouvet, Comédie des Champs-Élysées. Achard, *Voulez-vous jouer avec moâ ?*, msc Dullin, Atelier. Flers et Croisset, *Les Vignes du Seigneur*, Gymnase, avec Victor Boucher. Copeau, *La Maison natale*, Vieux-Colombier. Goldoni, *La Locandiera*, msc Copeau, Vieux-Colombier. O'Neill, *L'Empereur Jones*, msc Baty, Odéon. Ballets suédois : Cendrars-Milhaud-Léger, *La Création du monde*, Théâtre des Champs-Élysées.	Copeau, *Critiques d'un autre temps*, NRF.
1924	Doumergue président de la République. Ministère Herriot.	Fin du Vieux-Colombier. Copeau part en Bourgogne. Mort de De Max. Jouvet dirige la Comédie des Champs-Élysées : Achard, *Malborough s'en va-t-en guerre*, msc Jouvet. Baty dirige le studio des Champs-Élysées : Gantillon, *Maya* ; Lenormand, *A l'ombre du mal*, msc Baty. Pirandello, *Chacun sa vérité*, msc Dullin, Atelier. Ramuz et Stravinski, *Histoire du Soldat*, msc Pitoëff, Théâtre des Champs-Élysées. Claudel, *Tête d'or*, Groupe Art et Action. Ballets Diaghilev : Cocteau-Milhaud, *Le Train bleu.* Ballets suédois : Satie-Picabia-Borlin, *Relâche.* Fin des ballets suédois.	Becque, *Œuvres complètes*, 1924-1926, 7 vol. (posth.).

Dates	Événements politiques Pouvoir et théâtre	Représentations et vie théâtrale	Œuvres dramatiques (principales éditions) Textes théoriques et autres
1925	Ministère Painlevé. Création des SS (mai) en Allemagne. Pacte de Locarno (octobre). Guerre du Rif.	Fondation du Théâtre des Jeunes Auteurs : G. Marcel, *La Chapelle ardente*, msc Baty. Mort de Lucien Guitry. Strindberg, *Mademoiselle Julie*, msc Baty, Comédie des Champs-Élysées, avec Marguerite Jamois. Crommelynck, *Tripes d'or*, msc Jouvet, Comédie des Champs-Élysées. Pirandello, *Henri IV*, et Shaw, *Sainte Jeanne*, msc Pitoëff, Théâtre des Arts. Pagnol, *Les Marchands de gloire* ; S. Guitry, *Mozart*, Théâtre Sarah-Bernhardt. Balanchine devient chorégraphe des Ballets russes.	Gémier, *Le Théâtre*, Bernard Grasset. D. Amiel, *Théâtre complet de Denis Amiel*, 8 vol. J. Renard, *Œuvres complètes*, 1925-1927 (posth.).
1926	Ministère Poincaré (jusqu'en 1929).	Pirandello, *Tout pour le mieux*, msc Dullin, Atelier et *Comme ci (ou comme ça)*, msc Pitoëff, Théâtre des Arts. Romains, *Le Dictateur*, msc Jouvet, Comédie des Champs-Élysées. Cocteau, *Orphée* et Romains, *Jean Le Maufranc*, msc Pitoëff, Théâtre des Arts. Pellerin, *Têtes de rechange*, msc Baty, Studio des Champs-Élysées. J.-R. Bloch, *Le Dernier Empereur*, Théâtre des Jeunes Auteurs, Odéon. Lenormand, *L'Amour magicien*, msc Baty, Studio des Champs-Élysées. Shakespeare, *Hamlet*, msc Pitoëff, Théâtre des Arts, avec Pitoëff dans le rôle-titre. Ballets Diaghilev : Moussorgsky, *Une nuit sur le Mont Chauve*, Nijinska-Gontcharova.	Baty, *Le Masque et l'encensoir, introduction à une esthétique du théâtre*, Bloud et Gay.
1927	Fin du contrôle allié en Allemagne. Création des « Croix-de-Feu ».	Constitution du Cartel : Jouvet-Dullin-Pitoëff-Baty. Fondation du Théâtre Alfred-Jarry par Artaud, Vitrac et R. Aron : Vitrac, *Les Mystères de l'amour*, msc Artaud, Théâtre de Grenelle. Elmer Rice, *La Machine à calculer*, msc Baty, Studio des Champs-Élysées. Evreïnoff, *La Comédie du bonheur*, msc Dullin, Atelier. Ibsen, *Brand*, msc Pitoëff, Théâtre des Mathurins. Bernstein, *Le Venin*, Gymnase, avec Y. de Bray, Gaby Morlay, Charles Boyer. Bourdet, *Vient de paraître*, Michodière, avec Victor Boucher. Ballets Diaghilev : Stravinski-Cocteau, *Œdipus Rex*, oratorio.	

Dates	Événements politiques Pouvoir et théâtre	Représentations et vie théâtrale	Œuvres dramatiques (principales éditions) Textes théoriques et autres
1928	Pacte Briand-Kellog contre la guerre.	Aristophane, *Les Oiseaux*, et Ben Jonson, *Volpone*, msc Dullin, Atelier. Giraudoux, *Siegfried*, msc Jouvet, Comédie des Champs-Élysées. Tolstoï, *Le Cadavre vivant*, msc Pitoëff, Théâtre des Arts. An-ski, *Le Dibbouk*, msc Baty, dernier spectacle du Studio. Baty s'installe au Théâtre de l'Avenue : Shakespeare, *Le premier Hamlet*, avec M. Jamois dans le rôle-titre. Pagnol, *Topaze*, Variétés. Vitrac, *Victor ou les enfants au pouvoir*, msc Artaud, Comédie des Champs-Élysées. Jacques Rouché fait appel à Serge Lifar à l'Opéra.	Baty, *Visage de Shakespeare*, in *Masques*, XIIIe cahier.
1929	Pacte radical hostile au gouvernement. 1er mai sanglant à Berlin.	Giraudoux, *Amphitryon 38* ; Achard, *Jean de la Lune*, msc Jouvet, Comédie des Champs-Élysées. Molière, *Le Malade imaginaire*, msc Baty, Théâtre de l'Avenue. Tchekhov, *Les Trois Sœurs* ; O'Neill, *Le Singe velu*. Msc Pitoëff, Théâtre des Arts. Pagnol, *Marius*, avec Raimu et Pierre Fresnay. Lugné-Poe quitte L'Œuvre. Mort d'Ève Lavallière. Mort de Diaghilev.	
1930	Fin de l'occupation étrangère en Allemagne.	Ouverture du Théâtre Pigalle, dont la construction, en 1929, est financée par Henri de Rothschild. Jouvet y monte *Donogoo* de Romains, et Baty *Feu du Ciel* de Pierre Dominique. Création de la Compagnie des Quinze (Saint-Denis). Ibsen, *Maison de Poupée*, msc Pitoëff, L'Œuvre. Salacrou, *Patchouli ou les désordres de l'amour*, msc Dullin, Atelier. Baty s'installe au Théâtre Montparnasse : Brecht, *L'Opéra de quat'sous*, msc Baty, avec Lucien Nat (Mackie) et Marguerite Jamois (Polly). Cocteau, *La Voix humaine*, Comédie-Française. J. Strauss, *La Chauve-Souris* (O), Théâtre-Pigalle.	Lugné-Poe, *La Parade*, I *Le Sot du Tremplin*, Gallimard. Bloch, *Destin du théâtre*.

Dates	Événements politiques Pouvoir et théâtre	Représentations et vie théâtrale	Œuvres dramatiques (principales éditions) Textes théoriques et autres
1931	Paul Doumer président de la République. Inauguration de l'Exposition coloniale à Vincennes.	Giraudoux, *Judith*, msc Jouvet, Théâtre Pigalle. Salacrou, *Atlas-Hôtel* et F. Porché, *Tsar Lénine*, msc Dullin, Atelier. Shaw, *La Charrette de pommes*, msc Pitoëff, Théâtre des Arts. Pellerin, *Terrain vague*, msc Baty, Théâtre Montparnasse. Obey, *Noé* et *Le Viol de Lucrèce*, Compagnie des Quinze, Vieux-Colombier. A L'Œuvre, la Compagnie du Marais avec Raymond Rouleau. Passeur, *La Chaîne*, Théâtre-Antoine. S. Guitry, *Franz Hals ou l'Admiration*, Madeleine. Pagnol, *Fanny*. Fondation de la Fédération du Théâtre Ouvrier Français (FTOF). Création de la troupe du Rideau Gris, Marseille (Louis Ducreux, puis André Roussin (→ 1943) et de celle de La Roulotte (Bordeaux, André Clavé).	*La Scène ouvrière*, revue de la FTOF (fév. 1931-fin 1932). Lugné-Poe, *La Parade II Acrobaties. Souvenirs et impressions de théâtre (1894-1902)*, Gallimard.
1932	Assassinat de Doumer. A. Lebrun président de la République. Ministère Herriot. Aux élections allemandes, le Parti nazi arrive en tête.	Création du Groupe Octobre et du Théâtre International Ouvrier de Léon Moussinac. Aristophane, *La Paix*, msc Dullin l'Atelier. Gide, *Œdipe* ; Angermayer, *Plus jamais ça !* Msc Pitoëff, Théâtre de l'Avenue. Anouilh, *L'Hermine*, avec P. Fresnay, Compagnie des Quinze, Vieux-Colombier. Pirandello, *Comme tu me veux*, msc Baty, Théâtre Montparnasse, avec M. Jamois. Géraldy, *Christine*, Comédie-Française. Les Ballets russes de Monte-Carlo : Kochno-Chabrier-Balanchine-Bérard, *Cotillon*.	Baty et Chavance, *Vie de l'art théâtral des origines à nos jours*, Plon. Artaud, *Le Théâtre de la cruauté* (premier manifeste), NRF, (1er octobre).
1933	Incendie du Reichstag. Daladier président du Conseil.	Tchirikov, *Les Juifs*, msc Pitoëff, Vieux-Colombier (direction Tedesco). Shakespeare, *Richard III*, msc Dullin, Atelier, avec Dullin dans le rôle-titre. Giraudoux, *Intermezzo*, msc Jouvet, Comédie des Champs-Élysées. Deval, *Tovaritch*, Théâtre de Paris, avec Elvire Popesco. Bernstein, *Le Messager*, Gymnase. Shakespeare, *Coriolan*, Comédie-Française. Scandale. *Crime et châtiment* d'après Dostoïevski, msc Baty, Théâtre Montparnasse. Mort de Gémier. Groupe Octobre : *La Bataille de Fontenoy* et *L'Avènement de Hitler*.	Artaud, *Le Théâtre de la cruauté* (second manifeste), brochure, Éd. Denoël. Lugné-Poe, *La Parade III Sous les étoiles. Souvenirs de théâtre (1902-1913)*, Gallimard.

Dates	Événements politiques Pouvoir et théâtre	Représentations et vie théâtrale	Œuvres dramatiques (principales éditions) Textes théoriques et autres
1934	Hitler, chancelier du Reich. Émeutes de droite (6 février). Démission Daladier. Grève générale de la CGTU (9 février). Ministère Doumergue d'Union nationale. Assassinat de Dolfuss en Autriche. Premiers meetings antifascistes.	Jouvet dirige l'Athénée où il met en scène *La Machine infernale* de Cocteau. Il est nommé professeur au Conservatoire. Ibsen, *Le Canard Sauvage*, msc Pitoëff, Vieux-Colombier, avec Lugné-Poe. Shakespeare, *Comme il vous plaira*, msc Copeau, Atelier. Bruckner, *Les Races*, L'Œuvre (direction Paulette Pax) avec Raymond Rouleau. Salacrou, *Une Femme libre*, L'Œuvre. Bourdet, *Les Temps difficiles*, Michodière. Le Groupe Octobre : *Actualités 34*. Ballets russes de Monte-Carlo : Ravel-Nijinska-Gontcharova, *Boléro*.	Baty : *Guignol, pièces du répertoire lyonnais ancien, choisies, reconstituées et présentées par Gaston Baty*, Coutant-Lambert.
1935	Accords Laval-Mussolini. Ministère Flandin, Bouisson, Laval (juin). Guerre d'Éthiopie. Lois antisémites de Nuremberg (septembre).	Giraudoux, *La Guerre de Troie n'aura pas lieu*, msc Jouvet, Athénée. Calderon, *Le Médecin de son honneur*, msc Dullin, Atelier. Musset, *Les Caprices de Marianne*, msc Baty, Théâtre Montparnasse. Pirandello, *Ce soir on improvise*, et Bruckner, *La Créature*, msc Pitoëff, Mathurins (direction Pitoëff). Anouilh, *Y'avait un prisonnier*, Ambassadeurs. *Autour d'une mère*, premier spectacle de J.-L. Barrault, Atelier. *Les Cenci*, d'après Stendhal et Shelley, msc Artaud Folies-Wagram. Groupe Octobre : *La Famille Tuyau de poêle*. Sarment, *Madame Quinze*, Comédie-Française.	P. Brisson, *Au hasard des soirées*, Gallimard.
1936	Victoire du Front Populaire (avril-mai). Gouvernement Blum. Jean Zay, ministre des Beaux-Arts, augmente les subventions de la Comédie-Française et de l'Odéon. Hitler occupe la Rhénanie et l'Italie annexe l'Éthiopie. La Rocque crée le P.S.F. et Doriot le P.P.F. Début de la Guerre civile espagnole.	Comédie-Française, fin de l'administration Fabre. Édouard Bourdet, nouvel administrateur, fait appel au Cartel. Molière, *L'École des femmes*, msc Jouvet, Athénée. Ferrero, *Angelica*, msc Pitoëff, Mathurins. *Madame Bovary*, adaptée de Flaubert, msc Baty, Théâtre Montparnasse. Vitrac, *Le Camelot*, msc Dullin, Atelier. Bourdet, *Fric-Frac*, Michodière. Raynal, *Napoléon unique*, Porte Saint-Martin. Molière, *Le Misanthrope*, msc Copeau, Comédie-Française. Groupe Octobre : *Le Tableau des merveilles*, adapté de Cervantès, msc Barrault. Dernier spectacle du Groupe Octobre. Fin de la FTOF. *Les Perses* d'Eschyle par le groupe de Théâtre Antique de la Sorbonne.	

Dates	Événements politiques Pouvoir et théâtre	Représentations et vie théâtrale	Œuvres dramatiques (principales éditions) Textes théoriques et autres
1937	Jean Zay fait transformer le Théâtre du Trocadéro qui devient la salle du Palais de Chaillot. Il accorde des crédits pour la radio-diffusion de pièces de théâtre, ainsi que pour aider le Cartel et certains théâtres de province. Expression internationale des Arts et Techniques à Paris : y participent le Cartel, le Théâtre des Quatre saisons (A. Barsacq), Le Rideau de Paris (M. Herrand et Jean Marchat).	Refonte du Statut de l'Opéra-Comique. Réunion des Théâtres lyriques sous la direction de Jacques Rouché. Giraudoux, *Électre*, msc Jouvet, Athénée. Shakespeare, *Jules César*, msc Dullin, Atelier et *Roméo et Juliette*, msc Pitoëff, Mathurins. Claudel, *L'Échange*, msc Pitoëff, Mathurins, avec Ludmilla dans le rôle de Marthe. Comédie-Française : Copeau, msc de *Bajazet* et d'*Asmodée* de Mauriac ; Jouvet, *L'Illusion* de Corneille ; Dullin, msc de *Chacun sa vérité* de Pirandello et de *George Dandin* de Molière ; Baty, msc du *Chandelier* de Musset. Anouilh, *Le Voyageur sans bagages*, msc Pitoëff, Mathurins. Bernstein, *Le Voyage*, Gymnase. Cocteau, *Les Chevaliers de la table ronde*, L'Œuvre. Lenormand, *Les Ratés*, msc Baty, Montparnasse. Riéti-Lifar-Liger, *David triomphant*, ballet, Opéra. Roussel-Pitoëff, *Nino*, Opéra-Comique. Ballets de Monte-Carlo : Glück-Fokine, Andreu, *Don Juan*.	Baty, *Le Théâtre Joly*, Coutant-Lambert. P. Brisson, *Du meilleur au pire*, Gallimard.
1938	Ultimatum de Hitler à l'Autriche. Daladier remplace Blum. Accords de Munich.	Martin du Gard, *Le Testament du Père Leleu*, msc Copeau, Comédie-Française. Labiche, *Un chapeau de paille d'Italie*, msc Baty, Comédie-Française. Aristophane, *Plutus*, et Salacrou, *La Terre est ronde*, msc Dullin, Atelier. Anouilh, *La Sauvage*, msc Pitoëff, Mathurins et *Le Bal des voleurs*, Théâtre des Quatre-Saisons (A. Barsacq). Cocteau, *Les Parents terribles*, Ambassadeurs, avec Y. de Bray et Jean Marais. Honegger-Lifar-Colin, *Cantique des Cantiques*, ballet, Opéra. Ballets de Monte-Carlo : Offenbach-Massine-De Beaumont, *Gaîté parisienne*. J.-R. Bloch, *Naissance d'une cité*, Vélodrome d'Hiver. Baty, *Dulcinée*, msc Baty, Montparnasse.	Artaud, *Le Théâtre et son double*, Gallimard. Jouvet, *Réflexions du comédien*, Nouvelle Revue Critique. P.A. Touchard, *Dionysos, apologie pour le théâtre*, Le Seuil.

Dates	Événements politiques Pouvoir et théâtre	Représentations et vie théâtrale	Œuvres dramatiques (principales éditions) Textes théoriques et autres
1939	Hitler annexe la Tchécoslovaquie. « Pacte d'acier » Hitler-Mussolini. Pacte germano-soviétique. Victoire de Franco. Fin de la Guerre civile espagnole. La guerre (3 sept.)	Ibsen, *Un Ennemi du peuple,* msc Pitoëff, Mathurins. Mort de Pitoëff. Giraudoux, *Ondine,* msc Jouvet, Athénée. M. Maurette, *Manon Lescaut,* msc Baty, Montparnasse. Raynal, *A souffert sous Ponce Pilate,* Comédie-Française. Bernstein, directeur des Ambassa- deurs. Fin des Ballets de Monte-Carlo. K. Hamsun, *La Faim,* msc Barrault, Atelier.	
1940	Pétain signe l'armistice (22 juin). De Gaulle à Londres. Appel du 18 juin. Gouvernement à Vichy (Laval, Darnand, Weygand). Pétain, chef de l'État. L'Italie a déclaré la guerre à la France. Organisation de la Résistance. Arrestation de personnalités : Blum, Daladier, Gamelin.	Copeau, administrateur de la Comédie-Française, engage Barrault pour *Le Cid* de Corneille. Il monte *La Nuit des rois* de Shakespeare. Dullin quitte l'Atelier pour le Théâ- tre de Paris : Molière, *L'Avare.* Barsacq à L'Atelier. Le Rideau de Paris (Herrand- Marchat) aux Mathurins. Cocteau, *Les Monstres sacrés,* Théâtre-Michel. Anouilh, *Léocadia,* Michodière. Racine, *Phèdre,* msc Baty, Mont- parnasse, avec Marguerite Jamois.	
1941	Débuts du Service du Travail Obli- gatoire. Arrestation de 5 000 juifs à Paris. Les Allemands envahissent Bul- garie, Yougoslavie, Grèce. Ils attaquent l'URSS (juin). Pearl Harbour. L'Allemagne et l'Italie en guerre contre les USA. Création de la LVF. Création du Comité des Entreprises de spectacles (COES) par le gou- vernement de Vichy avec, à sa tête, René Rocher.	Jouvet quitte Paris. Longue tournée en Amérique latine jusqu'à la fin de la guerre. Dullin au Théâtre de la Cité (ex- Sarah-Bernhardt). Jacques Hébertot fonde le Théâtre Hébertot : Cocteau, *La Machine à écrire.* Vaudoyer, administrateur de la Comédie-Française. Baty monte *La Mégère apprivoisée,* de Shakespeare, Montparnasse. Barsacq monte *Le Rendez-vous de Senlis* et *Eurydice* d'Anouilh, Atelier. La Compagnie des Quatre Chemins monte *Le Bout de la route* de Giono, Noctambules. A l'Opéra : *Boléro,* ballet, Ravel- Lifar-Leyritz. André Obey, *800 mètres* et Eschyle, *Les Suppliantes,* direction artistique Barrault. Stade Roland- Garros. Baty, représentant des metteurs en scène au Comité d'organisation des Entreprises de Spectacles, supervisé par la Propagandasttafel.	

Dates	Événements politiques Pouvoir et théâtre	Représentations et vie théâtrale	Œuvres dramatiques (principales éditions) Textes théoriques et autres
1942	Débarquement allié en Afrique du Nord. Occupation de la « zone libre ». La flotte se saborde à Toulon. Darlan assassiné à Alger.	Shakespeare, *Macbeth*, msc Baty, Montparnasse. Baty passe la direction du Théâtre Montparnasse à Marguerite Jamois. Lope de Vega, *Les Amants de Galice*, msc Dullin, Théâtre de la Cité. Achard, *Colinette*, Athénée et *Mademoiselle de Panama*, Mathurins-Herrand. Rojas, *La Célestine*, compagnie J. Darcante, msc J. Meyer, Montparnasse. Racine, *Phèdre*, Comédie-Française, avec J.-L. Barrault. Vermorel, *Jeanne avec nous*, Comédie des Champs-Élysées. Montherlant, *La Reine morte*, Comédie-Française. A l'Opéra : Poulenc-Lifar-Brianchon, *Les Animaux modèles*. A l'Opéra-Comique : Roland Petit, premier danseur. Les nouveaux Ballets de Monte-Carlo, direction Marcel Sablon.	M. Achard, *Théâtre complet 1942-1943*, 2 vol.
1943	Stalingrad. Débarquement allié en Italie. Création du Conseil National de la Résistance. Création du C.F.L.N. à Alger (co-présidence-Giraud/De Gaulle)	Mort d'Antoine. Sartre, *Les Mouches*, msc Dullin, Théâtre de la Cité. Strindberg, *Orage*, Jean Vilar et la Compagnie des Sept, Théâtre de Poche. Ibsen, *Solness le Constructeur*, Mathurins-Herrand, avec M. Casarès. Giraudoux, *Sodome et Gomorrhe*, Hébertot. Montherlant, *Fils de personne*, Saint-Georges. Roussin, *Am-Stram-Gram*, Athénée. Claudel, *Le Soulier de satin*, msc Barrault. Grand succès devant un parterre d'officiers allemands.	P. Brisson, *Le Théâtre des années folles*, Genève, Éditions du Milieu du monde. A. Gouhier, *L'Essence du Théâtre*, Aubier-Montaigne. P. Sonrel, *Traité de Scénographie*, Librairie théâtrale. Début de publication du *Théâtre complet* de Salacrou, 1943-1956. 7 vol, Gallimard. E.G. Craig, *De l'Art du théâtre*, Odette Lieuter.
1944	Débarquement allié en Normandie. Libération de Paris, de Strasbourg. Contre-offensive allemande dans les Ardennes. Assassinat de Jean Zay par la milice. Création d'une Direction des Arts et Lettres. Jeanne Laurent sous-directrice de la Direction des Spectacles et de la Musique.	Molière, *Dom Juan*, msc Vilar, Noctambules. Sartre, *Huis-Clos*, msc Rouleau, Vieux-Colombier. Camus, *Le Malentendu*, Mathurins-Herrand avec Maria Casarès. Crommelynck, *Léona*, Ambassadeurs, avec Alice Cocea. Anouilh, *Antigone*, Atelier-Barsacq. Comédie-Française : *Le Bourgeois gentilhomme* avec Raimu ; *Renaud et Armide* de Cocteau ; *Les Fiancés du Havre* de Salacrou, msc Baty. Démission de Vaudoyer. Intérim : André Brunot, Jean Sarment. A l'Opéra : *Guignol et Pandore*, ballet, Jolivet-Lifar-Dignimont. Fin des nouveaux Ballets de Monte-Carlo. Premier spectacle des Marionnettes de Gaston Baty, Pavillon de Marsan.	

Dates	Événements politiques Pouvoir et théâtre	Représentations et vie théâtrale	Œuvres dramatiques (principales éditions) Textes théoriques et autres
1945	Jonction des troupes américaines et soviétiques sur l'Elbe. Mussolini exécuté. Suicide de Hitler. Prise de Berlin. Capitulation de l'Allemagne. De Gaulle président du Gouvernement provisoire. Proclamation de la République du Viêt-nam. Création d'une Maison de la Culture à Grenoble. Jeanne Laurent chef du Bureau des Spectacles au Ministère des Beaux-Arts. Elle mènera la politique de décentralislation théâtrale (jusqu'en 1952).	André Obey administrateur de la Comédie-Française. Barrault monte *Antoine et Cléopâtre* de Shakespeare et *Les Mal-Aimés* de Mauriac. Le Théâtre de la Cité redevient Sarah-Bernhardt : *Le Roi Lear* de Shakespeare, msc Dullin. Retour de Jouvet à l'Athénée : Giraudoux, *La Folle de Chaillot*. Eliot, *Meurtre dans la cathédrale*, msc Vilar, Vieux-Colombier. Musset, *Lorenzaccio*, msc Baty, Théâtre Montparnasse, avec Marguerite Jamois dans le rôle-titre. Camus, *Caligula*, Hébertot. Martens, *les Gueux au Paradis* et Lorca, *La Maison de Bernada*, msc Jacquemont, studio des Champs-Élysées. S. de Beauvoir, *Les Bouches inutiles*, msc Vitold, Carrefours. Fin de la direction Jacques Rouché à l'Opéra. Création des Ballets des Champs-Élysées : Roland Petit.	
1946	De Gaulle démissionne. Naissance de la IVᵉ République. Gouvernement Gouin puis Blum. Création de « centres dramatiques » de province. Premier concours des Jeunes Compagnies. Fondation d'un syndicat intercommunal pour des représentations théâtrales dans les villes de l'Est (financées aux 2/3 par l'État).	Direction Maurice Lehmann à L'Opéra. Valle Inclan, *Divines paroles*, Mathurins-Herrand. Audiberti, *Quoat-Quoat*, msc Reybaz, Gaîté-Montparnasse. Roussin, *La Sainte Famille*, Saint-Georges. Obey, *Maria*, Comédie des Champs-Élysées. Salacrou, *Le Soldat et la Sorcière*, Sarah-Bernhardt. Claudel, *Le Père humilié*, Théâtre des Champs-Élysées. La Compagnie J.-L. Barrault s'installe au Théâtre-Marigny : *Hamlet*, msc Barrault. Lorca, *Yerma*, msc Jacquemont, Studio des Champs-Élysées. Cocteau, *L'Aigle à deux têtes*, Hébertot.	Lugné-Poe, *Dernière pirouette*,. Éditions du Sagittaire. Dullin, *Souvenirs et notes de travail d'un acteur*, Odette Lieuter.
1947	Vincent Auriol président de la République. Gouvernement Ramadier. Révocation des ministres communistes. Institution par Pierre Bourdan ministre de l'Éducation nationale du Comité de lecture de « l'aide à la première pièce ».	P.-A. Touchard administrateur de la Comédie-Française. A. Clavé directeur du Centre dramatique de l'Est. Développement de l'École d'Art dramatique. Fondation de la Comédie de Saint-Étienne, centre dramatique, direction J. Dasté. « Semaine d'Art » à Avignon : Shakespeare, *Richard III*, régie Vilar, interprète du rôle-titre. Racine, *Bérénice*, msc Baty, Comédie-Française. Genet, *Les Bonnes*, msc Jouvet, Athénée. Sartre, *Mort sans sépulture* et *La P... respectueuse*, Théâtre-Antoine.	Claudel : *Théâtre* ; tome I et II, 1947-1948, Bibliothèque de la Pléiade. Gide, *Théâtre complet*, 1947-1949, Neuchâtel-Paris.

Dates	Événements politiques Pouvoir et théâtre	Représentations et vie théâtrale	Œuvres dramatiques (principales éditions) Textes théoriques et autres
1947		Pichette, *Les Épiphanies*, msc G. Vitaly, Noctambules. Avec Gérard Philipe et Maria Casarès. Audiberti, *Le Mal court*, msc G. Vitaly, Théâtre de Poche. Anouilh, *L'Invitation au Château*, Atelier-Barsacq. Molnar, *Liliom*, Grenier-Hussenot, Gaîté-Montparnasse.	
1948	Démission du gouvernement Schumann. Gouvernement Marie, puis à nouveau Schumann, puis Queuille.	Second Festival d'Avignon : Büchner, *La Mort de Danton* et Supervieille, *Schéhérazade*, régies Vilar. Audiberti, *la Fête Noire*, msc G. Vitaly, Hachette. Salacrou, *L'Archipel Lenoir*, Montparnasse, avec Dullin. Montherlant, *Le Maître de Santiago*, Hébertot. Succès. Sartre, *Les Mains sales*, Théâtre-Antoine. Camus, *L'État de siège* et Claudel, *Le Partage de midi*, msc Barrault, Marigny. Ghelderode, *Fastes d'enfer*, msc Reybaz, Noctambules.	Audiberti, *Théâtre*, 1948-1962, 5 vol. Moussinac, *Traité de la mise en scène*, Massin et Cie. Cocteau, *Théâtre*, 2 vol, Gallimard.
1949	La France reconnaît l'indépendance du Viêt-nam et de la Cochinchine. Gouvernement Bidault.	Mort de Dullin, de Copeau, de Bérard. Le Grenier de Toulouse, fondé par M. Sarrazin en 1945 et Les Jeunes Comédiens de Rennes, animés par H. Gignoux obtiennent le statut de Centres dramatiques. Festival d'Avignon : Corneille, *Le Cid*, Gide, *Œdipe*, Montherlant, *Pasiphaé*, régies Vilar. Gracq, *Le Roi pêcheur*, Montparnasse. Claudel, *Le Pain dur*, Atelier-Barsacq, avec Pierre Renoir. Genet, *Haute Surveillance*, msc J. Marchat, Mathurins. Roussin, *Les Œufs de l'autruche*, Michodière et *Nina*, Bouffes-Parisiens. Salacrou, *L'Inconnue d'Arras*, msc Baty, Comédie-Française. Hanoteau, *La Tour Eiffel qui tue*, msc M. de Ré, Vieux-Colombier. Fondation de la Compagnie Jean-Marie Serreau.	Baty, *Rideau baissé*, Bordas. Pitoëff, *Notre Théâtre*, textes et documents réunis par Jean de Rigault, Librairie théâtrale. Lenormand, *Les Confessions d'un auteur dramatique*, tome I (tome II, 1953), Albin Michel.

Dates	Événements politiques Pouvoir et théâtre	Représentations et vie théâtrale	Œuvres dramatiques (principales éditions) Textes théoriques et autres
1954		Ionesco, *Amédée ou Comment s'en débarrasser*, msc Serreau, Babylone. Adamov, *Le Professeur Taranne*, msc Mauclair, L'Œuvre. H.-F. Rey et B. Vian, *La Bande à Bonnot*, msc M. de Ré, Théâtre du Quartier latin. Brecht, *La Bonne Ame de Sé-Tchouan*, msc Planchon, Théâtre de la Comédie, Lyon.	
1955	Chute de Mendès France. Soustelle gouverneur de l'Algérie. E. Faure, Président du Conseil. Dissolution de l'Assemblée nationale (décembre).	Avignon : Hugo, *Marie Tudor*, et Claudel, *La Ville* (créée à Strasbourg) régies Vilar. T.N.P. : Marivaux, *Le Triomphe de l'amour*, régie Vilar. Avec M. Casarès. Ionesco, *Jacques ou la Soumission*, msc R. Postec, La Huchette. Avec Reine Courtois et J.-L. Trintignant. Adamov, *Le Ping-pong*, msc Mauclair, Noctambules. Avec R.-J. Chauffard et Jacques Mauclair. C. Santelli, *La Famille Arlequin*, msc Fabbri, Vieux-Colombier. Buzzati, *Un cas intéressant* (adap. Camus), msc Vitaly, La Bruyère. Brecht, *Homme pour homme*, msc Serreau, L'Œuvre. Claus, *Andrea ou la fiancée du matin*, msc Sacha Pitoëff, avec Héléna Manson et J.-L. Trintignant. Eschyle, *L'Orestie* (adap. Obey), msc Barrault, Marigny. Sartre, *Nékrassov* monté par S. Berriau, Théâtre-Antoine. L'Opéra de Pékin à Paris. Berliner Ensemble : Brecht, *Le Cercle de craie caucasien*, Festival de Paris.	Jean Tardieu, *Théâtre*, 1955-1984, 4 vol. Jean Vilar, *De la tradition théâtrale*, L'Arche, Paris.
1956	Élections législatives : succès du Front républicain (U.D.S.R., S.F.I.O.). Guy Mollet, Président du Conseil. Mendès France, ministre sans portefeuille. Général Catroux, ministre résident en Algérie, remplacé après les émeutes d'Alger, par R. Lacoste. Indépendance du Maroc et de la Tunisie.	Avignon : Beaumarchais, *Le Mariage de Figaro*, régie Vilar. Avec Daniel Sorano. T.N.P. : Tchékhov, *Ce fou de Platonov*, régie Vilar. Reprise des *Chaises* de Ionesco, msc Mauclair, avec Tsilla Chelton et Jacques Mauclair, Studio des Champs-Élysées. Ionesco, *L'Impromptu de l'Alma*, msc M. Jacquemont, Studio des Champs-Élysées. Scarpetta, *Misère et noblesse*, msc J. Fabbri, Théâtre d'Aujourd'hui. Vauthier, *Le Personnage combattant*, msc Barrault, Petit-Marigny. J. Duvignaud, *Marée basse*, msc R. Blin, Noctambules avec Laurent Terzieff. Faulkner, *Requiem pour une nonne* (adap. Camus), msc Camus, Mathurins.	

Dates	Dates	Événements politiques Pouvoir et théâtre	Représentations et vie théâtrale	Œuvres dramatiques (principales éditions) Textes théoriques et autres
1961	1956		Gorki, *Les Bas-fonds*, Compagnie Sacha Pitoëff, L'Œuvre. Vinaver, *Les Coréens*, et Brecht, *Grand'Peur et misère du IIIe Reich*, msc R. Planchon, Théâtre de la Comédie, Lyon. Tennessee Williams, *La Chatte sur un toit brûlant*, msc P. Brook. Avec Jeanne Moreau.	
1962	1957	Algérie : grève générale lancée par le F.L.N. Chute de Guy Mollet.	Roger Planchon s'installe au Théâtre municipal de Villeurbanne qui devient le Théâtre de la Cité. J.-L. Barrault quitte le Théâtre-Marigny et présente *Histoire de Vasco* de Schéhadé, *Le Château* de Kafka, au Théâtre Sarah-Bernhardt. Avignon : Pirandello, *Henri IV*, régie Vilar, qui tient le rôle-titre. T.N.P. : Molière, *Le Malade imaginaire* ; Balzac, *Le Faiseur* ; Racine, *Phèdre*, régies Vilar. Beckett, *Fin de partie*, msc Blin, Studio des Champs-Élysées. Vinaver, *Les Coréens*, msc Serreau, Théâtre d'Aujourd'hui (Alliance française). Adamov, *Paolo-Paoli*, msc R. Planchon, Théâtre de la Comédie, Lyon. R. Merle, *Sisyphe et la mort*, msc G. Garran, Théâtre de Lutèce.	
1963	1958	Comité de Salut Public à Alger (Massu, mai). De Gaulle reçoit les pleins pouvoirs de l'Assemblée Nationale (1er juin). Constitution de la Ve République approuvée par référendum. De Gaulle élu Président de la République.	Avignon : Musset, *Les Caprices de Marianne*, et Gide, *Œdipe*, régies Vilar ; Musset, *Lorenzaccio*, régie G. Philipe. T.N.P. : Mérimée, *Le Carrosse du Saint-Sacrement* (créé à Bordeaux) ; Jarry, *Ubu*, régies Vilar. Audiberti, *La Hobereaute*, msc J. Le Poulain, Vieux-Colombier. Calderon, *La Vie est un songe*, msc Serreau, Épinal, Festival des Vosges. Vinaver, *Les Huissiers*, msc Chavassieux, Théâtre Les Ateliers, Lyon. *Les Trois Mousquetaires* et *George Dandin*, msc R. Planchon, Théâtre de la Cité, Villeurbanne.	
	1959	M. Debré, Premier ministre. De Gaulle : droit à l'autodétermination des Algériens. Arrestation de responsables F.L.N. et découverte du « réseau de soutien » organisé par F. Jeanson. A. Malraux, ministre d'État chargé des Affaires culturelles (→ 1969). Gaëtan Picon, Directeur général des Arts et Lettres (puis P. Moinot). La troupe de R. Planchon est décrétée « troupe permanente », nouvelle catégorie administrative.	Mort de Gérard Philipe. L'Odéon devient Théâtre de France (dir. Barrault-Renaud). Vilar ouvre le T.N.P.-Récamier avec *Le Crapaud-buffle* de Gatti. Fondation de l'Association théâtrale des étudiants de Paris par Martine Franck et Ariane Mnouchkine. Avignon : Shakespeare, *Le Songe d'une nuit d'été*, régie Vilar. T.N.P. : Musset, *On ne badine pas avec l'amour* ; Molière, *Les Précieuses ridicules* et *L'Impromptu de Versailles* ; Dekker-Vinaver, *La Fête du cordonnier*.	

Dates		Dates	Événements politiques Pouvoir et théâtre	Représentations et vie théâtrale	Œuvres dramatiques (principales éditions) Textes théoriques et autres
1959		1963		Valle Inclan, *Divines paroles*, msc R. Blin, Odéon-Théâtre de France. Kateb Yacine, *La Femme sauvage*, msc J.-M. Serreau, Récamier. Gombrowicz, *Le Mariage*, msc J. Lavelli, Récamier. J. Arden, *La Danse du Sergent Musgrave*, msc P. Brook. Avec Laurent Terzieff.	
		1964	La France reconnaît le gouvernement de la Chine populaire. Inauguration de la Maison de la Culture de Bourges par A. Malraux. Une commission consultative auprès de la « Direction du théâtre, de la musique et de l'action culturelle » organise l'« aide aux animateurs ».	Naissance de la compagnie du Théâtre du Soleil, autour d'A. Mnouchkine et d'un groupe de comédiens et techniciens issus du théâtre universitaire. Ouverture du théâtre Romain-Rolland à Villejuif, direction Gerbal. Avignon : Osborne, *Luther*, Dürrenmatt, *Romulus le Grand*, msc G. Wilson ; Corneille, *Nicomède*, msc R. Mollien. Billetdoux, *Il faut passer par les nuages*, msc J.-L. Barrault, Odéon-Théâtre de France. Molière, *Le Tartuffe*, msc R. Planchon, Odéon (créé à Villeurbanne en 1962). Avec M. Auclair. Beckett, *Comédie*, msc J.-M. Serreau, Pavillon de Marsan. E. Albée, *Qui a peur de Virginia Woolf ?*, msc Zefirelli, Renaissance. Shakespeare, *Troïlus et Cressida*, msc R. Planchon, Villeurbanne. V. Hugo, *L'Intervention*, Groupe théâtral de Louis-le-Grand (P. Chéreau, J.-P. Vincent).	Arthur Adamov, *Ici et maintenant*, coll. « Pratique du Théâtre », Gallimard, Paris.
1960		1965	Élections présidentielles : de Gaulle réélu au second tour (55,2 %) contre Mitterrand (44,8 %). Gouvernement Pompidou.	Créations du Théâtre des Amandiers par P. Debauche à Nanterre et du Théâtre de la Commune, aménagé par R. Allio à Aubervilliers (dir. G. Garran). Avignon : Corneille, *L'Illusion comique*, et Shakespeare, *Hamlet*, msc G. Wilson. T.N.P. : Euripide, *Les Troyennes*, msc Cacoyannis. Faye, *Hommes et pierres*, msc R. Blin, Odéon-Théâtre de France. Cervantès, *Numance*, et Duras, *Des journées entières dans les arbres*, msc J.-L. Barrault, Odéon-Théâtre de France. Césaire, *La Tragédie du Roi Christophe*, msc J.-M. Serreau, Odéon, Caen, Grenoble. Marivaux, *L'Héritier de village*, msc P. Chéreau, Festival de Nancy. Shakespeare, *Henri IV et Falstaff*, msc R. Planchon, Villeurbanne. Gombrowicz, *Yvonne, princesse de Bourgogne*, msc J. Lavelli, Théâtre de Bourgogne, puis Odéon.	Marguerite Duras, *Théâtre I* (1965), *Théâtre II* (1968), *Théâtre III* (1984), Gallimard, Paris. Louis Jouvet, *Molière et la Comédie classique* (posthume), coll. « Pratique du Théâtre », Gallimard, Paris.
1961					

Dates	Événements politiques Pouvoir et théâtre	Représentations et vie théâtrale	Œuvres dramatiques (principales éditions) Textes théoriques et autres
1966	La France quitte l'O.T.A.N. Le T.E.P. devient Centre Dramatique National.	Création du Théâtre Gérard-Philipe à Saint-Denis (dir. Valverde). Avignon : Shakespeare, *Richard III*, et Molière, *George Dandin*, msc R. Planchon. T.N.P. : Brecht, *Grandeur et décadence de la ville de Mahagonny*, msc G. Wilson. Genet, *Les Paravents*, msc R. Blin, Odéon-Théâtre de France. Scandale et manifestations de groupes d'extrême droite. Ruzzante, *Ruzzante, retour de guerre*, et Shakespeare, *Henri VI*, msc J.-L. Barrault, Odéon-Théâtre de France. Ionesco, *La Soif et la faim*, msc J.-M. Serreau, Comédie-Française. Arrabal, *Le Cimetière des voitures*, msc V. Garcia, Festival de Dijon (repris à Paris en 1968). Gatti, *Chant public devant deux chaises électriques*, msc Gatti, T.N.P. Living Theatre : *The Brig*, Odéon. Labiche, *L'Affaire de la rue de Lourcine*, msc P. Chéreau, Trois Baudets. Racine, *Bérénice*, msc R. Planchon, Villeurbanne. Première saison de P. Chéreau à Sartrouville (1966-1967). Sophocle, *Électre*, msc Vitez, Maison de la Culture de Caen.	Paul Claudel, *Mes idées sur le Théâtre* (posthume), Gallimard, coll. « Pratique du théâtre », Paris. Jean Genet, *Lettres à Roger Blin*, Gallimard, Paris.
1967	Élections législatives : recul des gaullistes, progrès du P.C. De Gaulle obtient des pouvoirs spéciaux pour six mois, en matière économique. Guerre des Six Jours : De Gaulle met l'embargo sur les ventes d'armes. *La Passion du Général Franco* d'A. Gatti interdite au T.N.P. à la demande du gouvernement espagnol. Seul cas de censure directe d'un théâtre du secteur public.	Le Festival de Nancy devient Festival « mondial » du Théâtre et décide de ne plus se limiter aux troupes universitaires. La troupe universitaire de Grenoble devient le Théâtre Partisan. Avignon : Planchon, *Bleus, blancs, rouges ou les libertins*, msc R. Planchon ; Goethe, *Le Triomphe de la sensibilité*, et Sénèque, *Médée*, msc J. Lavelli. T.N.P. : Brecht, *La Mère*, msc J. Rosner. Sénèque, *Medea*, adap. Vauthier, musique Xenakis, Odéon-Théâtre de France. Albée, *Délicate Balance*, msc J.-L. Barrault, Odéon-Théâtre de France. Kateb Yacine, *Les Ancêtres redoublent de férocité*, msc J.-M. Serreau, T.N.P./Gémier. Lenz, *Les Soldats*, msc P. Chéreau, T.N.P./Gémier. Shakespeare, *Beaucoup de bruit pour rien*, msc Lavelli, Théâtre de la Ville. Wesker, *La Cuisine*, msc A. Mnouchkine, Cirque de Montmartre.	Raymonde Temkine, *L'Entreprise théâtre*, éditions Cujas. Bernard Dort, *Théâtre public*, essais de critique (1953-1966), Le Seuil, Paris.

Dates	Événements politiques Pouvoir et théâtre	Représentations et vie théâtrale	Œuvres dramatiques (principales éditions) Textes théoriques et autres
1967		Montherlant, *La Ville dont le prince est un enfant,* Théâtre-Michel. J. Lassalle fonde le Studio-Théâtre de Vitry. Tchékhov, *La Mouette,* et Pirandello, *Henri IV,* msc S. Pitoëff, Théâtre Moderne.	
1968	Mouvements étudiants de mai. Occupation de la Sorbonne. Manifestations massives des étudiants et des travailleurs dans toute la France. Dissolution de l'Assemblée nationale. Manifestation gaulliste aux Champs-Élysées. Élections législatives (juin) : l'UDR remporte un succès écrasant (358 sièges sur 485). Loi d'orientation de l'enseignement supérieur (novembre). Création du Centre dramatique national de Montpellier (dir. J. Deschamps).	Le Bread and Puppet au Festival de Nancy. Le théâtre envahit la rue. A Paris, l'Odéon est occupé et J.-L. Barrault, auquel Malraux reproche d'avoir cédé devant l'émeute, perd son Théâtre de France. Le Festival d'Avignon et Vilar sont contestés, notamment par le Living Theatre qui crée *Paradise Now*. Création du « Off ». Création du Théâtre de la Cité Universitaire (dir. A.-L. Perinetti), 4 salles. Inauguration du Théâtre de la Ville (dir. Jean Mercure) subventionné par la ville de Paris. Plateforme de Villeurbanne : réunion de trente directeurs de théâtres populaires et Maisons de la Culture sous la direction de R. Planchon. F. Jeanson invente le terme de « non public », cible désormais privilégiée. Shakespeare, *Le Songe d'une nuit d'été,* msc A. Mnouchkine, Cirque de Montmartre. Claudel, *L'Otage,* msc J.-M. Serreau, Comédie-Française. D. Dimitriadis, *Le Prix de la révolte au marché noir,* msc P. Chéreau, Théâtre de la Commune, Aubervilliers. Gatti, *Les 13 soleils de la rue Saint-Blaise,* T.E.P. *Rabelais,* jeu dramatique de J.-L. Barrault, Élysée-Montmartre. Brecht, *La noce chez les petits bourgeois,* msc J.-P. Vincent, dramaturgie J. Jourdheuil, Théâtre de Bourgogne.	Louis Jouvet, *Tragédie classique et théâtre du XIXᵉ siècle* (posthume), Gallimard, coll. « Pratique du théâtre », Paris. Jean Genet, *Théâtre,* tomes IV (1968) et V (1979) des *Œuvres complètes,* Gallimard, Paris. Jack Lang, *L'État et le théâtre,* Librairie générale de Droit et de Jurisprudence, Paris.
1969	Référendum sur la réforme du Sénat : 53,7 % de non. De Gaulle se retire. A. Poher assure l'intérim. Élection présidentielle (juin). Pompidou élu au second tour. Chaban-Delmas, Premier ministre. La S.F.I.O. devient le Parti socialiste. S. Beckett, prix Nobel de littérature. Edmond Michelet, ministre des Affaires culturelles (→ 1970).	Avignon : Euripide, *Les Bacchantes,* msc J.-L. Thamin ; Shakespeare, *La Tempête,* msc M. Berto ; et *Titus Andronicus,* msc J. Guimet ; *Les Clowns,* création collective du Théâtre du Soleil, msc A. Mnouchkine, Gombrowicz, *Opérette,* msc J. Rosner, T.N.P./Gémier. E. Schwartz, *Le Dragon,* msc P. Debauche, Théâtre des Amandiers.	

Dates	Événements politiques Pouvoir et théâtre	Représentations et vie théâtrale	Œuvres dramatiques (principales éditions) Textes théoriques et autres
1969	Création du Centre dramatique national de Normandie, Caen (dir. J. Tréhard).	Brecht, *Tambours et trompettes* (d'après Farquhar), msc J.-P. Vincent, dramaturgie J. Jourdheuil, Théâtre de la Ville. Mrozek, *Tango*, msc L. Terzieff, Lutèce. Gatti, *V. comme Viet-nam*, T.E.P. Dubillard, *Le Jardin aux betteraves*, msc R. Blin, Lutèce. Panizza, *Le Concile d'amour*, msc J. Lavelli, Théâtre de Paris. Adamov, *Off limits*, msc G. Garran, Aubervilliers. *La Mise en pièces du Cid*, Planchon, *L'Infâme*, msc R. Planchon, Villeurbanne. Claudel, *La Sagesse ou la parabole du festin*, msc V. Garcia, Théâtre de la Cité Universitaire.	
1970	Mort du Général de Gaulle. E. Ionesco élu à l'Académie française. A. Bettencourt, ministre des Affaires culturelles (→ 1971).	Pierre Dux, administrateur de la Comédie-Française. Installation du Théâtre du Soleil à la Cartoucherie de Vincennes. La troupe universitaire de l'Aquarium devient troupe professionnelle. J. Savary crée le Grand Magic Circus. Peter Brook se fixe en France et crée avec Micheline Rozan le Centre international de recherches théâtrales (C.I.R.T.). Avignon : E. Bond, *Early Morning*, Sartre, *Le Diable et le bon dieu*, msc Wilson, T.N.P. Gémier : C. Regy, *Les Prodiges*, msc Regy. Shakespeare, *Richard II*, msc P. Chéreau, Nouveau Gymnase, Marseille, puis Odéon. Chéreau quitte la France pour le Piccolo Teatro de Milan. *1789*, création collective du Théâtre du Soleil, msc A. Mnouchkine, Piccolo Teatro de Milan, puis Cartoucherie. Claudel, *Le Pain dur*, msc J.-M. Serreau, Comédie-Française. Montherlant, *Malatesta*, Comédie-Française. Genet, *Les Bonnes*, msc V. Garcia, Théâtre de la Cité Universitaire. Shakespeare, *Le Roi Lear*, msc P. Debauche, Amandiers, Nanterre. *Jarry sur la butte*, spectacle de J.-L. Barrault, Élysée-Montmartre. *Le Marquis de Montefosco*, d'après *Le Feudataire* de Goldoni, msc Vincent-Jourdheuil, Grenier de Toulouse.	
1971	Jacques Duhamel, ministre des Affaires culturelles (→ 1973). Création d'une « Direction des Lettres, Théâtre et Maisons de la Culture ».	Festival de Nancy : Bob Wilson, *Le Regard du sourd*. Mort de Jean Vilar. Paul Puaux prend la direction du Festival d'Avignon : Giraudoux, *La Guerre de Troie n'aura pas lieu*, msc J. Mercure ;	Samuel Beckett, *Théâtre I*, Éditions de Minuit, Paris. Boris Vian, *Théâtre*, 2 vol., UGE, Paris.

Dates	Événements politiques Pouvoir et théâtre	Représentations et vie théâtrale	Œuvres dramatiques (principales éditions) Textes théoriques et autres
1971	Développement des Centres drama-tiques nationaux : Aubervilliers (dir. G. Garran), Besançon (dir. Mairal), Nanterre (dir. P. Debau-che, P. Laville, puis X. Pommeret).	B. Dadié, *Béatrice du Congo*, msc J.-M. Serreau. Création de Théâtre Ouvert (L. Attoun). T.N.P. : Brecht, *Turandot ou le Congrès des blanchisseurs*, msc G. Wilson. Sophocle, *Électre*, avec des paren-thèses de Y. Ritsos, msc Vitez, Amandiers, Nanterre. Anouilh, *Becket ou l'Amour de Dieu*, Comédie-Française. Vauthier, *Le Personnage combat-tant*, Compagnie Renaud-Barrault, Récamier. Gorki, *Les Ennemis*, msc G. Retoré, Théâtre de l'Est Pari-sien. Labiche, *La Cagnotte*, msc J.-P. Vincent, dramaturgie J. Jourdheuil, Théâtre National de Strasbourg. *Zartan ou le frère mal aimé de Tarzan*, J. Savary/Grand Magic Circus, Théâtre de la Cité Universi-taire. V. Havel, *Le Rapport dont vous êtes l'objet*, msc A.-L. Perinetti, Théâtre de la Cité Universitaire. P. Keineg, *Le Printemps des bon-nets rouges*, msc J.-M. Serreau, Tempête, Cartoucherie.	Bernard Dort, *Théâtre réel, essais de critique (1967-1970)*, Éditions du Seuil, Paris.
1972	Référendum sur l'Europe : 68 % de oui ; 39 % d'abstentions. Signature du programme commun de gouvernement P.S. P.C.F. Création des Centres dramatiques nationaux de : Angers (dir Cl. Yersin), Dijon (dir. A. Mergnat), Lyon (dir. M. Maréchal), Grenoble (dir. G. Monnet), Limoges. Les Tréteaux de France deviennent Centre dramatique national iti-nérant (dir. J. Danet). Le Centre dramatique de l'Est devient Théâtre National de Stras-bourg, établissement public (dir. A.-L. Perinetti).	Naissance du Festival d'Automne, relais du Théâtre des Nations (dir. Michel Guy). Jack Lang prend la direction du Théâtre National de Chaillot. Créa-tion du Théâtre National des Enfants (dir. C. Dupavillon). Le sigle T.N.P. est attribué au Théâtre de la Cité de Villeurbanne. P. Chéreau en partage la direction avec R. Planchon et R. Gilbert. Fondation du Théâtre de l'Espérance, Compagnie Vincent-Jourdheuil. Avignon : Sophocle, *Œdipe-roi*, *Œdipe à Colonne*, msc J.-P. Roussillon ; Shakespeare, *Richard III*, msc Terry Hands ; Brecht, *Dans la jungle des villes*, msc Vincent-Jourdheuil-Engel. Marlowe, *Le Massacre à Paris*, msc P. Chéreau, Villeurbanne. Brecht, *Sainte Jeanne des Abat-toirs*, msc G. Rétoré, T.E.P. *Robinson Crusoé*, Grand Magic Circus et Copi, *L'Homosexuel ou la difficulté de s'exprimer*, Cité Inter-nationale. Witkiewicz, *La Mère*, msc C. Régy, Récamier. Avec M. Renaud. C. Higgins, *Harold et Maud*, Réca-mier. Avec M. Renaud. Énorme succès.	Boris Vian, *Théâtre*, 1 vol., UGE, Paris.

Dates	Événements politiques Pouvoir et théâtre	Représentations et vie théâtrale	Œuvres dramatiques (principales éditions) Textes théoriques et autres
1972		Claudel, *Sous le vent des îles Baléares*, msc J.-L. Barrault, Gare d'Orsay. R. Abirached, *Tu connais la musique ?*, msc D. Houdard, Odéon. *1793, la Cité révolutionnaire est de ce monde*, création collective du Théâtre du Soleil, msc A. Mnouchkine, Cartoucherie. Goethe, *Faust*, msc A. Vitez, Ivry.	
1973	Élections législatives. Progrès de la gauche (102 députés). La majorité dispose de 275 sièges. Maurice Druon, ministre des Affaires culturelles (→ 1974).	Guy Caron, directeur du théâtre de la Cité universitaire. Le Théâtre de l'Aquarium s'installe à la Cartoucherie de Vincennes : *Gob ou le journal d'un homme normal*, création collective. Avignon : Audiberti, *Le Cavalier seul*, msc M. Maréchal ; *Onirocri* de et par A. Bourseiller ; *La Madone des ordures* de et par A. Benedetto. *Vendredi ou la Vie sauvage*, d'après M. Tournier, msc A. Vitez, Chaillot. Molière, *Tartuffe* (2ᵉ version), msc R. Planchon, Villeurbanne. Kafka, *Le Gardien du tombeau*, msc H. Ronse. Büchner, *Woyzeck*, msc Vincent-Jourdheuil, Le Palace. Grubber, *Don Juan et Faust* (adap. Grumberg), msc Engel, Le Palace. Claudel, *Conversations dans le Loir-et-Cher*, Sylvia Monfort, Carré Thorigny. Brecht, *Têtes rondes et têtes pointues*, msc B. Sobel, Gennevilliers et *Mère Courage*, msc Vitez, Amandiers, Nanterre. Ionesco, *La Soif et la faim*, Odéon. Vinaver, *Par-dessus bord*, msc R. Planchon, T.N.P./Villeurbanne. Marivaux, *La Dispute*, msc P. Chéreau, Théâtre de la Musique. *De Moïse à Mao*, Grand Magic Circus, Cité Universitaire.	
1974	Mort de G. Pompidou. V. Giscard d'Estaing, Président de la République. J. Chirac, Premier ministre. Alain Peyrefitte, ministre des Affaires culturelles (→ juin 1974). Michel Guy, Secrétaire d'État à la Culture (→ sept. 76). Commission d'« aide aux compagnies dramatiques ».	André-Louis Perinetti prend la direction du Théâtre National de Chaillot. Peter Brook et le C.I.R.T. se fixent aux Bouffes du Nord : Shakespeare, *Timon d'Athènes*. J.-L. Barrault inaugure le Théâtre d'Orsay : Mandiargues, *Isabelle Mora* et *Good bye Mister Freud*, opéra-tango de J. Savary et E. Copi, par le Grand Magic Circus. Avignon : P. Weiss, *Hölderlin*, msc Maréchal-Ballet ; Audiberti, *La Poupée*, msc M. Maréchal. V. Hugo, *Hernani*, Comédie-Française. Molière, *Dom Juan*, msc B. Sobel, Gennevilliers.	*Théâtre/Public*, revue bimestrielle, 84 livraisons à partir de 1974, Théâtre de Gennevilliers.

Dates	Événements politiques Pouvoir et théâtre	Représentations et vie théâtrale	Œuvres dramatiques (principales éditions) Textes théoriques et autres
1974		Shakespeare, *La Tempête*, msc G. Rétoré, T.E.P., et *Périclès*, Comédie-Française. Marivaux, *Le Prince travesti*, msc D. Mesguich, Théâtre du Miroir, Biothéâtre. Vichnievski (d'après) *La Tragédie optimiste*, msc Vincent, Jourdheuil, Chartreux, Lindenberg, Le Palace. *Les Miracles*, d'après l'Évangile de Saint-Jean, msc A. Vitez, Chaillot. T. Dorst, *Toller*, scènes d'une révolution allemande, msc P. Chéreau, Villeurbanne. R. Planchon, *Le Cochon noir*, msc Planchon, Porte Saint-Martin. *Ah Q*, d'après Lu Xun, msc J. Nichet, Aquarium, Cartoucherie. F. Dorin, *Le Tube*, msc F. Périer, Théâtre-Antoine.	
1975	Le cap du million de chômeurs est franchi en France.	J.-P. Vincent prend la direction du Théâtre National de Strasbourg : *Germinal* d'après Zola. Avignon : le nombre des spectacles dépasse les 25. Dont Shakespeare, *Othello*, msc Wilson ; Brecht, *Le Cercle de Craie caucasien*, msc M. Ulusoy ; Molière, *Les Femmes savantes*, msc M. Bluwal. *L'Age d'Or*, création collective du Théâtre du Soleil, msc A. Mnouchkine, Cartoucherie. E. Bond, *Lear*, msc P. Chéreau, T.N.P. Villeurbanne. J. Lassalle, *Un couple pour l'hiver*, msc J. Lassalle, Cité Internationale. *Folies Bourgeoises* et *A.A. Théâtres d'Arthur Adamov*, spectacles de R. Planchon, T.N.P./Villeurbanne. Kuan Han Chin, *Le Pavillon au bord de la rivière*, msc B. Sobel, Gennevilliers. O'Neill, *Une lune pour les déshéri- tés*, msc J. Rosner, Odéon. Tchékhov, *La Mouette*, msc L. Pintilié, Théâtre de la Ville. Claudel, *Christophe Colomb*, msc J.-L. Barrault, Théâtre d'Orsay. Corneille, *Othon*, msc J.-P. Miquel, Odéon. K. Yacine, *Mohamed prends ta valise*, Festival d'Automne, Bouffes du Nord. G. Soria, A. Decary, R. Hossein, *Le Cuirassé Potemkine*, msc R. Hossein, Palais des Sports. M. Maréchal, *Une Anémone pour Guignol*, msc M. Maréchal, Le Palace. F. Dorin, *L'Autre Valse*, Variétés. Benedetto, *Alexandra K.*, Le Palace et *Geronimo*, Cartoucherie, msc A. Benedetto. Racine, *Phèdre*, msc A. Vitez, Quartiers d'Ivry.	Denis Bablet, *Les Révolutions scé- niques au xxᵉ siècle*, Société Inter- nationale d'Art, Paris. Jean Vilar, *Le Théâtre, service public* (posthume), coll. « Pratique du Théâtre », Gallimard, Paris.

Dates	Événements politiques Pouvoir et théâtre	Représentations et vie théâtrale	Œuvres dramatiques (principales éditions) Textes théoriques et autres
1975		*Les Iks,* msc P. Brook, Bouffes du Nord. Musset, *Lorenzaccio,* msc G. Lavaudant, Centre dramatique des Alpes, Grenoble.	
1976	Démission de J. Chirac. R. Barre lui succède et prend également le portefeuille de l'Économie et des Finances. Création du Rassemblement de la République (R.P.R.) présidé par J. Chirac. Françoise Giroud, secrétaire d'État à la Culture (→ 1977).	« Théâtre Ouvert » de L. Attoun devient permanent et itinérant. Avignon : Shakespeare, *Comme il vous plaira,* msc B. Besson, *Dans les eaux glacées du calcul égoïste* (d'après Marx, Maïakovski, Brecht, etc.), msc M. Ulusoy. Claudel, *Partage de midi,* msc A. Vitez, Comédie Française. Marlowe, *Le Juif de Malte,* msc B. Sobel, Gennevilliers. Brecht, *La Vie de Galilée,* msc M. Sarrazin, Grenier de Toulouse ; *Maître Puntila et son valet Matti,* Comédie-Française ; *Baal,* msc Engel, haras de Strasbourg. R. Ehni, *Jocaste,* msc A.-L. Perinetti, Chaillot. Wedekind, *L'Éveil du printemps,* msc P. Romans, Odéon. *Catherine,* théâtre récit d'après *Les Cloches de Bâle* d'Aragon, msc A. Vitez, Amandiers, Nanterre. Ionesco, *Le Roi se meurt,* msc J. Lavelli, Odéon. Goethe, *Parcours sensible,* msc B. Bayen, Gennevilliers. Dürenmatt, *La Visite de la vieille dame,* msc J. Mercure, Théâtre de la Ville. Vigny, *Chatterton,* msc J. Jourdheuil, Théâtre National de Strasbourg. Vauthier, *Ton nom dans le feu des nuées, Élisabeth,* msc Ballet-Maréchal, Marseille. Kroetz, *Travail à domicile,* msc J. Lassalle, T.E.P.	Antonin Artaud, *Œuvres complètes 1976-1986,* nouvelle édition, 22 vol., Gallimard, Paris
1977	J. Chirac, élu Maire de Paris. Élections municipales : la gauche est majoritaire (51,5 %). Rupture de l'Union de la gauche. Michel d'Ornano, ministre de la Culture et de l'Environnement (→ 1978).	Avignon : Shakespeare, *La Tragique Histoire d'Hamlet, prince de Danemark,* msc B. Besson et *Coriolan,* msc Garran ; Claudel, *L'Otage,* msc G. Rétoré. Molière, *Dom Juan,* msc Ph. Caubère, Théâtre du Soleil, Cartoucherie. Villiers de l'Isle Adam, *Le Nouveau Monde,* msc J.-L. Barrault, Théâtre d'Orsay. J.-P. Wentzel, *Loin d'Hagondange,* msc P. Chéreau, Porte Saint-Martin. R. Planchon, *Gilles de Rais,* msc Planchon, Chaillot. Duras, *Eden-Cinéma,* msc Régy, Théâtre d'Orsay. Schiller, *Les Brigands,* msc A. Delbée, Théâtre de la Ville. Shakespeare, *Hamlet,* msc D. Mesguich, Amandiers, Nanterre.	

Dates	Événements politiques Pouvoir et théâtre	Représentations et vie théâtrale	Œuvres dramatiques (principales éditions) Textes théoriques et autres
1977		Tchékhov, *Oncle Vania*, msc J.-P. Miquel, Odéon. Becque, *La Navette*, msc S. Eine, Comédie-Française. Breffort, *Irma la Douce*, msc P. Dury, Théâtre Fontaine. Ibsen, *La Dame de la mer*, msc G. Sigaux, Carré-Sylvia Monfort. P. Bourgeade, *Palazzo mentale*, msc G. Lavaudant, Amandiers, Nanterre. F. Dorin, *Si t'es beau, t'es con*, msc J. Rosny, Théâtre des Arts-Hébertot. Labiche, *Doit-on le dire ?*, msc J.-L. Cochet, Comédie-Française. Vinaver, *Iphigénie-Hôtel*, msc A. Vitez, Centre Georges-Pompidou. L. Guilloux, *Cripure*, msc Maréchal, Marseille.	
1978	Élections législatives : défaite de la gauche. J.-Philippe Lecat, ministre de la Culture et de la Communication (→ 1981).	Transformation de l'ancien Châtelet en Théâtre musical. Avignon : Brecht, *Le Cercle de craie caucasien*, msc B. Besson ; Beckett, *En attendant Godot*, msc O. Krejca, Atelier théâtral de Louvain-la-Neuve ; les Molière (*L'École des femmes*, *Le Tartuffe*, *Dom Juan*, *Le Misanthrope*), msc A. Vitez. *Remagen*, d'après A. Seghers, msc J. Lassalle, Vitry. *Jean-Jacques Rousseau*, texte établi par B. Chartreux et J. Jourdheuil, msc Jourdheuil, Petit-Odéon. Avec G. Desarthe. Brecht, *Tambours dans la nuit*, msc Y. Davis, Gennevilliers. Beckett, *Pas moi, Pas, Histoires*, msc Beckett, Théâtre d'Orsay. Hugo, *L'Intervention*, msc Eva Lewinson, Cité Internationale. Arrabal, *Punk et Punk et colegram*, msc G. Vitaly, Lucernaire. Shakespeare, *Antoine et Cléopâtre* et *Périclès, prince de Tyr*, msc R. Planchon, Villeurbanne. *Ulysse*, d'après Homère, msc A. Bonnard, Cité Internationale. *Les 1001 Nuits*, Grand Magic Circus et Compagnie Renaud-Barrault, Théâtre d'Orsay. *La Sœur de Shakespeare*, montage de J. Nichet, Théâtre de l'Aquarium, Cartoucherie. Vinaver, *Dissident, il va sans dire* et *Nina, c'est autre chose*, msc J. Lassalle, T.E.P.	Nathalie Sarraute, *Théâtre*, Gallimard, Paris. Paul-Louis Mignon, *Panorama du théâtre au XXᵉ siècle*, Gallimard, Paris. Robert Abirached, *La Crise du personnage dans le théâtre moderne*, Grasset, Paris.
1979	Première élection au Parlement européen dans les 9 États de la Communauté. Taux d'abstention : 39 %.	Jacques Toja, administrateur de la Comédie-Française. A l'Opéra de Paris, création en version intégrale de *Lulu* d'A. Berg, P. Chéreau, P. Boulez.	Jean Jourdheuil, *Le Théâtre, l'artiste et l'État*, Hachette, Paris. Bernard Dort, *Théâtre en jeu, essais de critique (1970-1978)*, Éditions du Seuil, Paris.

Dates	Événements politiques Pouvoir et théâtre	Représentations et vie théâtrale	Œuvres dramatiques (principales éditions) Textes théoriques et autres
1979	Création de Centres dramatiques nationaux pour l'enfance et la jeunesse à Caen, Lille, Lyon, Nancy, Saint-Denis et Sartrouville.	Avignon : Musset, *Lorenzaccio*, msc O. Krejca ; *La Conférence des oiseaux*, msc P. Brook. *Mephisto, le roman d'une carrière* d'après Klaus Mann, adap. et msc d'A. Mnouchkine, Cartoucherie. H. Müller, *Hamlet-machine*, msc J. Jourdheuil, Théâtre G.-Philipe, Saint-Denis. F. Delay et J. Roubaud, *Merlin l'enchanteur Gauvin et le chevalier vert ; Lancelot du Lac*, msc Maréchal-Ballet, Marseille. D. Bezace, J.-L. Benoît, *Pépé*, msc J.-L. Benoît, Théâtre de l'Aquarium, Cartoucherie. *Kafka - Théâtre complet*, spectacle parcours d'Engel, Pautrat, Rieti, Strasbourg. *La rencontre de Georges Pompidou avec Mao Zedong*, msc A. Vitez, Ivry.	
1980	Attentat contre la synagogue de la rue Copernic. Création du Centre dramatique national de Reims (dir. J.-P. Miquel).	Jean-Louis Barrault, directeur du Théâtre du Rond-Point. Bernard Faivre d'Arcier prend la direction du Festival d'Avignon : Shakespeare, *Le Conte d'hiver*, msc J. Lavelli ; *La Malédiction* d'après Eschyle, Sophocle, Euripide, msc J.-P. Miquel. Racine, *Athalie* et *Dom Juan* de Molière, réunis par R. Planchon, Villeurbanne. Goldoni, *Les deux jumeaux*, Groupe TSE, Théâtre G. Philipe-Saint-Denis. *Une visite*, d'après Kafka, msc Ph. Adrien, Tempête, Cartoucherie. P. Hacks, *Une conversation chez les Stein sur Monsieur de Goethe absent*, msc G. Lagan. Cité Internationale. Büchner, *Woyzeck*, msc J.-L. Hourdin, et *Flaubert*, montage et msc J. Nichet, Théâtre de l'Aquarium, Cartoucherie. Vinaver, *A la renverse*, msc J. Lassalle, Chaillot. P. Laville, *Le Fleuve rouge*, msc M. Maréchal, Marseille. G. Lavaudant, *Les Cannibales*, msc Lavaudant, Théâtre de la Ville. Claudel, *Conversation dans le Loir-et-Cher*, Carré-Sylvia Monfort. B. Chartreux, *Violences à Vichy* et M. Deutsch, *Convois*, msc J.-P. Vincent, Théâtre National de Strasbourg.	Jean-Jacques Roubine, *Théâtre et mise en scène, 1880-1980*, P.U.F., Paris.
1981	F. Mitterrand élu Président de la République. Pierre Mauroy, Premier ministre. Dissolution de l'Assemblée Nationale.	Antoine Vitez prend la direction du Théâtre National de Chaillot : Goethe, *Faust* ; Racine, *Britannicus* ; *Tombeau pour 500 000 soldats* d'après P. Guyotat, msc Vitez.	Jean Vilar, *Memento* (posthume), coll. « Pratique du Théâtre », Gallimard, Paris. Jean-Pierre Sarrazac, *L'Avenir du drame*, L'Aire théâtrale, Lausanne.

Dates	Événements politiques Pouvoir et théâtre	Représentations et vie théâtrale	Œuvres dramatiques (principales éditions) Textes théoriques et autres
1981	Élections législatives : le P.S. obtient la majorité absolue. Jack Lang ministre de la Culture.	Inauguration du Jardin d'Hiver par Lucien Attoun (« Théâtre Ouvert ») et du Théâtre de la Criée à Marseille (dir. M. Maréchal). Avignon : Euripide, *Médée*, msc J. Gillibert ; Shakespeare, *Le Roi Lear*, msc D. Mesguich. *Parcours*, d'après W. Herzog, msc R. Demarcy, Centre Pompidou. Billetdoux, *Ai-je dit que je suis bossu ?*, msc R. Blin, Petit-Montparnasse. Camus, *Caligula*, Jeune Théâtre National, Odéon. Ibsen, *Le Canard sauvage*, msc L. Pintilié, Théâtre de la Ville. B. Strauss, *La Trilogie du revoir*, msc C. Régy, Amandiers, Nanterre. Marlowe, *Édouard II*, msc B. Sobel, Gennevilliers. *Le Bal*, création collective du Théâtre du Campagnol, Antony. *L'Amour de l'amour*, spectacle de J.-L. Barrault, Théâtre du Rond-Point. Tchékhov, *La Cerisaie* et *La Tragédie de Carmen*, msc P. Brook, Bouffes du Nord. *Les Aviateurs* de et par F. Chopel et G. Marlou, Théâtre-Fontaine. Anouilh, *Le Nombril*, Atelier. Ibsen, *Peer Gynt*, msc Chéreau, Théâtre de la Ville. Avec G. Desarthe. Beckett, *Premier Amour*, msc C. Colin, Théâtre G.-Philipe, Saint-Denis et *Textes pour rien*, msc J.-C. Fall, Tempête, Cartoucherie. *Dorval et moi*, d'après Diderot, msc J. Dautremay, Petit-Odéon. Feydeau, *La Dame de chez Maxim's*, Comédie-Française. Molière, *Monsieur de Pourceaugnac*, msc Ph. Adrien, Ivry. *Palais de justice*, spectacle collectif de l'équipe du Théâtre National de Strasbourg. Kleist, *Penthésilée*, msc A. Engel, Théâtre National de Strasbourg. Goldoni, *la Locandiera*, msc J. Lassalle, Comédie-Française.	
1982	Loi sur la décentralisation : transformation de 22 régions en collectivités territoriales de plein exercice. Création du Centre dramatique national de Béthune (dir. J.-L. Martin-Barbaz).	Patrice Chéreau et Catherine Tasca nommés à la direction du Théâtre des Amandiers de Nanterre. Avignon : Shakespeare, *Richard II* et *La Nuit des rois*, msc A. Mnouchkine ; *Les Possédés* d'après Dostoïevski, msc D. Llorca. Garnier, *Hippolyte*, msc A. Vitez, Chaillot. T. Bernhardt, *L'Ignorant et le fou*, msc A. Ollivier, Studio d'Ivry. R. Demarcy, *L'Étranger dans la maison*, msc R. Demarcy, Tempête, Cartoucherie.	*L'Annuel du Théâtre*, 2 livraisons (saisons 1981-1982 et 1982-1983), L'Aire théâtrale, Les Fédérés, Lausanne. *Acteurs*, revue mensuelle, 54 livraisons à partir de 1982. Michel Vinaver, *Écrits sur le théâtre*, L'Aire théâtrale, Lausanne.

Dates	Événements politiques Pouvoir et théâtre	Représentations et vie théâtrale	Œuvres dramatiques (principales éditions) Textes théoriques et autres
1982		*Dell'Inferno,* spectacle parcours d'A. Engel, usine désaffectée, Nord de Paris. Brecht, *La Vie de Galilée,* et A. Dumas, *Les Trois Mousquetaires,* msc M. Maréchal, Théâtre de la Criée, Marseille. G. Coulonges, *Les Strauss,* msc J.-L. Barrault, Théâtre du Rond-Point. Kopkov, *L'Éléphant d'or,* msc B. Sobel, Gennevilliers. *Correspondances* d'après Vittorini et Kafka, msc J. Nichet, Aquarium, Cartoucherie. Giraudoux, *Intermezzo,* Comédie-Française. Claudel, *L'Échange,* msc A. Delcampe, Odéon. *Sarah ou le cri de la langouste,* msc G. Wilson, Œuvre. Tristan L'Hermite, *La Mort de Sénèque,* et Corneille, *Cinna,* msc J.-M. Villégier, Comédie-Française.	
1983	Élections municipales : recul de la gauche. Dévaluation de 2,5 % du franc. Adoption d'un plan de rigueur. Création des Centres dramatiques nationaux de Saint-Denis (dir. R. Gonzalès), de Gennevilliers (dir. B. Sobel), de Châtenay-Malabry (dir. J.-C. Penchenat).	Jean-Pierre Vincent, administrateur de la Comédie-Française. Jacques Lassalle lui succède à la tête du Théâtre National de Strasbourg. Création du Théâtre de l'Europe, directeur Giorgio Strehler, Odéon. Avignon : B. Chartreux, *Dernières nouvelles de la peste,* msc J.-P. Vincent ; J.-C. Bailly, *Les Céphéides,* msc G. Lavaudant. Gozzi, *L'Oiseau Vert,* msc B. Besson, T.E.P. Spectacle Molière, conçu et msc par J. Le Poulain, Théâtre de Boulogne-Billancourt. Gorki, *Les Estivants,* Comédie-Française. Sartre, *Kean,* msc J.-C. Drouot, Athénée. Duras, *Savannah Bay,* msc de l'auteur, Théâtre du Rond-Point. Avec M. Renaud. Cervantès, *Intermèdes,* msc Jourdheuil-Peyret, Théâtre G.-Philipe, Saint-Denis. *Un homme nommé Jésus,* spectacle de R. Hossein, Palais des Sports. Kafka, *Le Gardien de tombeaux,* msc J.-M. Patte, Théâtre de la Bastille. Audureau, *Félicité,* msc J.-P. Vincent, Comédie-Française. S. Michaël, *Dylan,* et Jouhandeau, *Lettres d'une mère à son fils,* msc J.-P. Granval, Théâtre du Rond-Point. Avec M. Maréchal. B.-M. Koltès, *Combat de nègre et de chiens,* et Genet, *Les Paravents* (avec M. Casarès), mise en scène P. Chéreau, Amandiers, Nanterre. Marivaux, *Le Prince travesti,* msc A. Vitez, Chaillot. Vinaver, *L'Ordinaire,* msc Françon-Vinaver, Chaillot.	

Dates	Événements politiques Pouvoir et théâtre	Représentations et vie théâtrale	Œuvres dramatiques (principales éditions) Textes théoriques et autres
1983		Molière, *Tartuffe,* msc J. Lassalle, Théâtre National de Strasbourg. Avec G. Depardieu et F. Périer. H. Müller, *De l'Allemagne,* msc Jourdheuil-Peyret, Petit-Odéon. Molière, *L'Avare,* msc R. Planchon, Villeurbanne. *Ionesco. Jeux de massacre,* collage de R. Planchon, Villeurbanne.	
1984	Manifestation monstre en faveur de l'école libre et contre la réforme de l'enseignement proposé par A. Savary. Laurent Fabius, Premier ministre. Le nombre des chômeurs dépasse deux millions et demi.	Création du Festival de la Francophonie, Limoges. Avignon : Shakespeare, *Henri IV* (1re partie), msc A. Mnouchkine et *Richard III*, msc G. Lavaudant ; *Les Blouses* de et par J. Deschamps. Tchékhov, *La Mouette,* et Axionov, *Le Héron,* msc A. Vitez, Chaillot. *Lulu au Bataclan,* d'après Wedekind, msc A. Engel. Molière, *Dom Juan,* mise en scène M. Bénichou, Bouffes du Nord. Sarraute, *Enfance,* mise en scène S. Benmussa, Théâtre du Rond-Point. A. Schnitzler, *Terre étrangère,* msc L. Bondy, Amandiers, Nanterre. Claudel, *Le Pain dur,* msc G. Bourdet, Porte Saint-Martin. Tchékhov, *Ivanov,* msc C. Régy, Comédie-Française. Avec Roland Bertin. G. Aillaud, *Vermeer et Spinoza,* msc Jourdheuil-Peyret, Théâtre de la Bastille. Spectacle Maeterlinck-Feydeau, msc Nichet-Bezace, Aquarium, Cartoucherie. Corneille, *La Galerie du Palais,* msc E. Lewinson, Cité Internationale. Pirandello, *Vêtir ceux qui sont nus,* msc J. Rosner, Boulogne-Billancourt. J.-P. Thibaudat, *Romance of Mexico,* msc D. Amias, Ivry.	*Théâtre en Europe,* revue trimestrielle, 18 livraisons à partir de 1984, éditions Beba, Paris. Hubert Gignoux, *Histoire d'une famille théâtrale* (Jacques Copeau - Léon Chancerel - Les Comédiens routiers - La Décentralisation dramatique), L'Aire théâtrale, Lausanne.
1985	« L'Affaire Greenpeace ». M. Rocard, ministre de l'Agriculture, opposé à l'adoption du mode de scrutin proportionnel, démissionne.	Jean Le Poulain, administrateur de la Comédie-Française. G. Violette, directeur du Théâtre de la Ville. Alain Crombecque, directeur du Festival d'Avignon : *Le Mahabharata,* adaptation J.-C. Carrière, msc P. Brook ; Shakespeare, *La Tragédie de Macbeth,* msc J.-P. Vincent ; V. Hugo, *Lucrèce Borgia,* msc A. Vitez. Molière, *L'École des Femmes,* msc B. Sobel, Gennevilliers. Dostoïevski, *Les Possédés,* msc I. Lioubimov, Odéon. M. Duras, *La Musica,* msc Duras, Théâtre du Rond-Point. Pinter, *La Collection,* msc J.-P. Miquel, Théâtre 13.	*L'Art du théâtre,* 10 livraisons de 1985 à 1988, Actes Sud, Théâtre National de Chaillot, Paris.

Dates	Événements politiques Pouvoir et théâtre	Représentations et vie théâtrale	Œuvres dramatiques (principales éditions) Textes théoriques et autres
1985		H. Müller, *Quartet,* d'après Laclos, msc P. Chéreau, Amandiers, Nanterre. Corneille, *Le Cid,* msc F. Huster, Théâtre du Rond-Point. Genet, *Le Balcon,* msc G. Lavaudant, Comédie-Française. H. Cixous, *L'Histoire terrible mais inachevée de Norodom Sihanouk, roi du Cambodge,* msc A. Mnouchkine, Cartoucherie, Théâtre du Soleil. Racine, *Bérénice,* msc K.M. Gruber, Comédie-Française. Avec Ludmilla Mikaël. *Les Heures blanches,* d'après F. Camon, msc D. Bezace, Aquarium, Cartoucherie. Maeterlinck, *Intérieur,* msc C. Régy, Théâtre G.-Philipe, Saint-Denis. Molière, *L'Avare,* msc R. Planchon, Villeurbanne. Avec M. Serrault. L. Bellon, *De si tendres liens,* msc Jean Bouchaud, Studio des Champs-Élysées.	
1986	Succès de la droite aux élections législatives. Jacques Chirac, Premier ministre. François Léotard, ministre de la Culture. Manifestations des jeunes contre la politique scolaire et universitaire (projet Devaquet-Monory). Nombreux attentats. Création du Théâtre National de la Colline, direction J. Lavelli.	Avignon : Shakespeare, *La Tempête,* msc A. Arias ; *Venise sauvée,* d'après Hofmmansthal, msc A. Engel ; N. Sarraute, *Pour un oui ou pour un non, Elle est là, L'Usage de la parole,* msc M. Dumoulin ; Valère Novarina, *Le Drame de la vie.* Pirandello, *Six personnages en quête d'auteur,* msc J.-P. Vincent, Odéon. *Vautrin,* d'après Balzac, msc J.-C. Penchenat, Théâtre du Campagnol, Châtenay-Malabry. S. Guitry, *Le Veilleur de nuit,* msc J. Nerson, Théâtre 13. Musset, *Lorenzaccio,* et Shakespeare, *Hamlet,* msc D. Mesguich, Théâtre G.-Philipe, Saint-Denis. Claudel, *La Ville,* msc B. Sobel, Amandiers, Nanterre. Sophocle, *Électre,* msc A. Vitez, Chaillot. B.-M. Koltès, *Quai Ouest,* msc P. Chéreau, Amandiers, Nanterre. *Héloïse et Abélard, Jours tranquilles en Champagne,* msc D. Bezace, Aquarium, Cartoucherie. Shakespeare, *Le Songe d'une nuit d'été,* msc J. Lavelli, Comédie-Française. J. Sarment, *Léopold le bien-aimé,* msc G. Wilson, L'Œuvre. Labiche, *La Clé,* msc J. Lassalle, Chaillot-Gémier. J.-P. Sarrazac, *Le Mariage des morts,* msc J. Lassalle, Théâtre de la Ville (Escalier d'or). B. Onfroy et M. Lonsdale, *Tant d'amour,* msc Lonsdale, Fondation Deutsch de la Meurthe.	Samuel Beckett, *Catastrophe et autres dramaticules,* Éditions de Minuit, Paris. Jean-Pierre Miquel, *Le Théâtre et les jours,* Flammarion, Paris. Michel Vinaver, *Théâtre complet,* 2 vol., Actes Sud, Arles.

Dates	Événements politiques Pouvoir et théâtre	Représentations et vie théâtrale	Œuvres dramatiques (principales éditions) Textes théoriques et autres
1986		Mishima, *Madame de Sade,* adap. P. de Mandiargues, mise en scène S. Loucachevsky, Chaillot-Gémier. Vinaver, *Les Voisins,* msc A. Françon, Théâtre Ouvert, Jardin d'Hiver. *Elvire-Jouvet 40,* msc B. Jaques, Athénée. D. Sallenave, *Regarde, regarde de tous tes yeux,* msc B. Jaques, Petit- Odéon. H. Broch, *Le Récit de la servante Zerline,* msc K.M. Gruber, Bouffes du Nord, avec Jeanne Moreau. Molière, *George Dandin,* msc R. Planchon, Villeurbanne. Avec M. Serrault. Shakespeare, *Hamlet,* msc C. Dasté, Ivry.	
1987	Mouvements de grève : S.N.C.F., R.A.T.P., E.D.F.. Arrestation des membres d'Action Directe.	Avignon : Claudel, *Le Soulier de satin,* msc A. Vitez, texte intégral. Molière, *George Dandin,* msc R. Planchon, Villeurbanne. B.-M. Koltès, *Dans la solitude des champs de coton,* msc P. Chéreau, Amandiers, Nanterre. Y. Reza, *Conversations après un enterrement,* msc P. Kerbrat, Paris- Villette. Lesage, *Turcaret,* msc Y. Gasc, et Corneille, *Polyeucte,* mise en scène J. Lavelli, Comédie-Française. H. Müller, *Paysage sous surveil- lance,* msc Jourdheuil-Peyret, Mai- son de la Culture de Bobigny. Beaumarchais, *Le Mariage de Figaro,* msc J.-P. Vincent, Chaillot. Sartre, *Kean,* msc R. Hossein, Marigny. Avec J.-P. Belmondo. Lessing, *Nathan le Sage,* msc B. Sobel, Gennevilliers. Pirandello, *Ce soir on improvise,* msc L. Pintilié, Théâtre de la Ville. Ibsen, *Hedda Gabler,* msc A. Françon, Athénée. Claudel, *L'Otage,* msc E. Lewinson, Théâtre Grévin. Shakespeare, *Le Roi Lear,* msc M. Langhoff, Maison de la Culture de Bobigny. *Coïncidences,* création du Théâtre du Campagnol, mise en scène J.-C. Penchenat, La Piscine, Châtenay-Malabry. Ghelderode, *L'École des bouffons,* msc P. Debauche, Chaillot. Marivaux, *Le Jeu de l'amour et du hasard,* msc A. Arias, Aubervil- liers. Mrozek, *A pied,* msc L. Terzieff, Théâtre 13. Molière, *Le Misanthrope,* msc J.-L. Barrault, Théâtre du Rond- Point. *Mystère-Bouffe,* msc F. Tanguy, Théâtre de la Bastille.	François Billetdoux, *Petits drames comiques : catalogue d'un drama- turge,* Éditions Papiers, Paris.

Dates	Événements politiques Pouvoir et théâtre	Représentations et vie théâtrale	Œuvres dramatiques (principales éditions) Textes théoriques et autres
1987		Molière, *Dom Juan,* msc F. Huster, Théâtre du Rond-Point. H. Cixous, *L'Indiade ou l'Inde de leurs rêves,* msc A. Mnouchkine, Théâtre du Soleil, Cartoucherie. Pirandello, *Six personnages en quête d'auteur,* msc B. Boeglin, Maison de la Culture, Grenoble. Ibsen, *Rosmersholm,* msc J. Lassalle, Théâtre National de Strasbourg. Shakespeare, *Titus Andronicus,* msc M. Dubois, Comédie de Caen. J. Mairet, *Les Galanteries du Duc d'Ossonne, vice-roi de Naples,* msc J.-M. Villégier, Comédie de Caen, Théâtre Municipal.	
1988	François Mitterrand élu Président de la République. Michel Rocard, Premier ministre. Jack Lang, ministre de la Culture et de la Communication	Antoine Vitez administrateur de la Comédie-Française. Jérôme Savary prend la direction du Théâtre National de Chaillot.	

Bibliographie

Ouvrages généraux

Les histoires du théâtre et les ouvrages généraux qui couvrent toute la période du Moyen Age à nos jours figurent dans la bibliographie du tome I.

ABIRACHED (R.), *La Crise du personnage dans le théâtre moderne*, Paris, Grasset, 1978.

BABLET (D.), *Le Décor de théâtre de 1870 à 1914*, Paris, Éd. du C.N.R.S., 1965.
  Les Révolutions scéniques du XXᵉ siècle, Paris, Société internationale d'art, 1975.
  La Mise en scène contemporaine, I, 1887-1914, Bruxelles, La Renaissance du livre, 1968.

BRISSON (P.), *Le Théâtre des années folles*, Genève, Éditions du Milieu du Monde, 1943.

DORT (B.), *Théâtre public*, Paris, Éd. du Seuil, 1967.
  Théâtre réel, Paris, Éd. du Seuil, 1971.
  Théâtre en jeu, Paris, Éd. du Seuil, 1979.

JOMARON (J. de), *La Mise en scène contemporaine, II, 1914-1940*, Bruxelles, La Renaissance du Livre, 1981.

MOUSSINAC (L.), *Traité de la mise en scène*, Massin et Cie, 1948.

QUÉANT (G.), *Encyclopédie du théâtre contemporain*, dirigée par G. Quéant avec la collaboration de Frédéric de Towarnicki, direction artistique et réalisation d'Aline Elmayan. Volume I : *1850-1914*, Paris, Les Publications de France, 1957 ; volume II : *1914-1950*, Paris, Olivier Perrin, 1959.

ROUBINE (J.-J.), *L'Art du comédien*, Paris, P.U.F., « Que sais-je ? », 1985.

SOURIAU (É.), « Le Cube et la sphère », in *Architecture et dramaturgie*, communications présentées par André Villiers, Paris, Flammarion, 1950.

TOUCHARD (P.-A.), *Dionysos. Apologie pour le théâtre*, suivi de *L'Amateur de théâtre ou la règle du jeu*, Paris, Éd. du Seuil, 1968.

UBERSFELD (A.), *Lire le théâtre*, Paris, Éditions sociales, 1981 (4ᵉ édition).
  L'École du spectateur, Paris, Éditions sociales, 1981.

VEINSTEIN (A.), *La Mise en scène théâtrale et sa condition esthétique*, Paris, Flammarion, 1968 (2ᵉ édition).
  Du Théâtre Libre au Théâtre Louis-Jouvet. Les théâtres d'art à travers leurs périodiques, Paris, Librairie théâtrale, 1955.

Les Voies de la création théâtrale, 15 volumes parus, Paris, Éd. du C.N.R.S., 1970-1987.

LES TRÉTEAUX DE LA RÉVOLUTION
(1789-1815)

Théâtre et fêtes de la Révolution

BIANCHI (S.), *La Révolution culturelle de l'an II,* Paris, Aubier, 1982.

CARLSON (M.), *Le Théâtre de la Révolution,* Paris, Gallimard, 1970.

DUVIGNAUD (J.), *Les Ombres collectives,* Paris, P.U.F., 1973.

Les Fêtes de la Révolution, colloque de Clermont-Ferrand, Paris, Société des Études Robespierristes, 1977.

HAMICHE (D.), *Le Théâtre de la Révolution,* Paris, U.G.E., 10/18, 1973.

HÉRISSAY (J.), *Le Monde des théâtres pendant la Révolution,* Paris, Perrin, 1922.

KENNEDY (E.), *Traitements informatiques des répertoires théâtraux de Paris pendant la Révolution,* Actes du colloque international des Lumières, Bruxelles, 1983.

OZOUF (M.), *La Fête révolutionnaire, 1789-1799,* Paris, Gallimard, 1976.

POUGIN (A.), *La Comédie-Française et la Révolution,* Paris, 1902.
L'Opéra-Comique pendant la Révolution, Paris, 1891.

STAROBINSKI (J.), *Les Emblèmes de la raison, 1789*, Paris, Flammarion, 1973.

SZAMBIEN (W.), *Les Projets de l'an II,* Paris, Éd. du Moniteur, 1986.

TRUCHET (J.), Préface au *Théâtre du XVIIIᵉ siècle*, t. I, Paris, Bibliothèque de la Pléiade, 1972.

VOVELLE (M.), *Les Métamorphoses de la fête en Provence,* Paris, Aubier-Flammarion, 1976.

L'ÈRE DU GRAND SPECTACLE
(1815-1887)

Le moi et l'Histoire

Le théâtre romantique

DESCOTES (M.), *Le Drame romantique et ses grands créateurs,* Paris, P.U.F., 1955.

THOMASSEAU (J.-M.), *Le Mélodrame,* Paris, P.U.F., « Que sais-je ? », 1984.

WICKS (Ch.B.), SCHWEITZER (J.W.), *The Parisian Stage : Alphabetical Indexes of Plays and Authors,* University of Alabama Press, 1950-1967, 4 vol.

Le Mélodrame, numéro spécial *Europe*, 1988.

Auteurs

Sur Alexandre Dumas

Numéro spécial *Europe*, février-mars 1970.

SARTRE (J.-P.), *Un Théâtre de situations,* Paris, Gallimard, « Idées », 1973.

UBERSFELD (A.), « Alexandre Dumas père et le drame bourgeois », *Cahiers de l'Association des Études françaises,* Paris, Les Belles-Lettres, 1983.

Sur Victor Hugo

BUTOR (M.), « Le théâtre de Victor Hugo », *NRF,* novembre-décembre 1964, janvier 1965.

GAUDON (J.), *Hugo dramaturge,* L'Arche, 1985.

UBERSFELD (A.), *Le Roi et le Bouffon,* étude sur le théâtre de Hugo de 1830 à 1839, Paris, Corti, 1974.
  Ruy Blas, édition critique, Paris, Les Belles-Lettres, 1970.
  Paroles de Hugo, Paris, Messidor, 1985.
  Le Roman d'Hernani, Paris, Mercure de France, 1985.

Sur Alfred de Musset

MASSON (B.), *Musset et le théâtre intérieur,* Paris, Armand Colin, 1973.

Numéro spécial *Revue des Sciences humaines,* n° 108, 1962.
Numéro spécial *Europe,* novembre-décembre 1977.

Sur Alfred de Vigny

Numéro spécial *Europe,* mai 1978.

Textes

HUGO (V.), *Théâtre I et II,* Paris, Laffont, « Bouquins », 1985.

MUSSET (A. de), *Théâtre complet,* Gallimard, « La Pléiade », 1958.

La grande magie

ALLEVY (M.-A.), *La Mise en scène en France dans la première moitié du dix-neuvième siècle,* Paris, Droz, 1938.

COPIN (A.), *Études dramatiques, Talma et l'Empire,* Paris, Perrin, 1888.

DESCOTES (M.), *Le Drame romantique et ses grands créateurs,* Paris, P.U.F., 1955.

DUBEUX (A.), *Julia Bartet,* Paris, Grasset, 1923.

GASCAR (P.), *Le Boulevard du Crime,* Paris, Hachette-Massin, 1980.

GAUTIER (T.), *Histoire de l'art dramatique en France depuis vingt-cinq ans,* Paris, Hetzel, 1858-59, 6 vol.

GINISTY (P.), *Bocage,* Paris, Alcan, 1926.
  La Féerie, rééd. « Les Introuvables », Plan de la Tour, Éditions d'aujourd'hui, 1982.
  Le Mélodrame, rééd. « Les Introuvables », Plan de la Tour, Éditions d'aujourd'hui, 1982.

GOT (E.), *Journal (1822-1901),* Paris, Plon, 1910.

HAREL (F.A.), *Dictionnaire théâtral,* Paris, Barba, 1824 (nouvelle édition 1827).

JANIN (J.), *Rachel et la tragédie,* Paris, Amyot, 1859.

LEGOUVÉ (E.), *M. Samson et ses élèves,* Paris, Hetzel, 1875.

MIRECOURT (E. de), *Rachel,* Paris, Havard, 1854.
  Frédérick Lemaître, Paris, Havard, 1855.

MOSER (F.), *Marie Dorval,* Paris, Plon, 1947.

THOMASSEAU (J.-M.), *Le Mélodrame sur les scènes parisiennes de Cœlina (1800) à l'Auberge des Adrets (1823),* Lille, service de reproduction des thèses, Université de Lille III, 1974.

La tentation du vaudeville

ALBERT (M.), *Les Théâtres des boulevards (1789-1848),* Paris, Société française de Librairie et d'Imprimerie, 1902.

ALLARD (L.), *La Comédie de mœurs en France au XIXe siècle,* Paris, Hachette, 1923.

ARNAOUTOVITCH (A.), *Henry Becque,* Paris, P.U.F., 1927.

AUTRUSSEAU (J.), *Labiche et son théâtre*, Paris, L'Arche, 1978.

BECQUE (H.), *Querelles littéraires*, Paris, Crès, 1924.
  Souvenirs d'un auteur dramatique, Paris, Chevalier et Maresq, 1902.

DESGRANGES (Ch.), *La Comédie et les mœurs*, Paris, Fontemoing, 1904.

GIDEL (H.), *La Dramaturgie de Feydeau*, Paris, Klincksieck, 1978.
  Le Vaudeville, Paris, P.U.F., 1986.

JULLIEN (J.), *Théorie critique*, Paris, Charpentier et Fasquelle, 1896.

LINTILHAC (E.), *Histoire générale du théâtre en France*, Paris, Hachette, 1911.

MARSAN (E.), *Théâtre d'hier et d'aujourd'hui*, Paris, Éditions des Cahiers libres et Hachette, 1911.

SARCEY (F.), *Quarante ans de théâtre*, Paris, Hachette, 1900-1901.

L'AVÈNEMENT DE LA MISE EN SCÈNE
(1887-1951)

Reconstruire le réel ou suggérer l'indicible

BABLET (D.), *Le Décor de théâtre de 1870 à 1914*, Paris, Éd. du C.N.R.S., 1965.

BECQ DE FOUQUIÈRES (L.), *L'Art de la mise en scène*, Paris, Charpentier, 1884.

CARTER (L.A.), *Zola and the Theater*, New Haven, Yale University Press, et Paris, P.U.F., 1963.

CHEVREL (Y.), *Le Naturalisme*, Paris, P.U.F., 1982.

DORT (B.), « Antoine le patron », in *Théâtre / Public*, Paris, Éd. du Seuil, 1967.
  « Un "nouveau" critique : Émile Zola », in *Théâtre réel*, Paris, Éd. du Seuil, 1971.

FORT (P.), *Mes Mémoires. Toute la vie d'un poète, 1872-1944*, Paris, Flammarion, 1944.

KNOWLES (D.), *La Réaction idéaliste au théâtre depuis 1890*, Paris, Droz, 1943.

MARY (G.), *Le Théâtre symboliste. Ses origines, ses sources, pionniers et réalisateurs*, Paris, Nizet, 1973.

PRUNER (F.), *Le Théâtre Libre d'Antoine. I : Le Répertoire étranger*, Minard, Lettres modernes, 1958.
  Les Luttes d'Antoine au Théâtre Libre. Tome 1, Minard, Lettres modernes, 1964.

ROBICHEZ (J.), *Le Symbolisme au théâtre. Lugné-Poe et les débuts de l'Œuvre*, Paris, L'Arche, 1957.

ROUCHÉ (J.), *L'Art théâtral moderne*, Paris, Édouard Cornély, 1910.

ROUSSOU (M.), *André Antoine*, Paris, L'Arche, 1954.

SANDERS (J.B.), *André Antoine, directeur à l'Odéon*, Minard Lettres modernes, 27, 1978.

ZOLA (É.), *Le Naturalisme au théâtre*, Paris, Charpentier, 1881.

Revues

L'Œuvre, directeur A.F. Lugné-Poe, 90 livraisons du 27 février 1909 à février-mars 1930.

Le Théâtre d'Art, 7 numéros, 1891-92, n°⁵ III, V, VI (non datés).

Le Théâtre Libre, 5 brochures rédigées par André Antoine, de 1887 à 1893.

Jacques Copeau : le tréteau nu

COPEAU (J.), *Souvenirs du Vieux-Colombier*, Nouvelles éditions latines, 1931.

    Registres I Appels, textes réunis par M.H. Dasté et S. Maistre Saint-Denis, Paris, Gallimard, 1974.

    Registres II Molière, textes rassemblés et présentés par A. Cabanis, Paris, Gallimard, 1976.

    Registres III, Les Registres du Vieux-Colombier-I, textes recueillis et établis par M.H. Dasté et S. Maistre Saint-Denis, Paris, Gallimard, 1979.

    Registres IV, Les Registres du Vieux-Colombier-II, America, textes recueillis et établis par M.H. Dasté et S. Maistre Saint-Denis, Paris, Gallimard, 1984.

    Le Journal de bord des Copiaus (1924-1929), édition commentée par Denis Gontard, Seghers, 1974.

Ils étaient quatre...

ANDERS (F.), *Jacques Copeau et le Cartel des quatre*, Paris, Nizet, 1959.

BATY (G.), *Le Masque et l'encensoir*, Bloud et Gay, 1926.

    Rideau baissé, Paris, Bordas, 1949.

BATY (G.) et CHAVANCE (René), *Vie de l'art théâtral des origines à nos jours*, Plon, 1932. Réédition sous le titre *Vie de l'art théâtral*, Paris, Odette Lieutier, 1952.

BRASILLACH (R.), *Animateurs de théâtre*, nouvelle édition, Paris, La Table Ronde, 1954.

Catalogue de l'exposition, « Jouvet, Dullin, Baty, Pitoëff, le Cartel », Paris, Bibliothèque nationale, 1987.

HORT (J.), *Les Théâtres du Cartel et leurs animateurs, Pitoëff, Baty, Jouvet, Dullin*, Genève, Skira, 1944.

LIEBER (G.), *Gaston Baty et ses auteurs : le théâtre d'évasion*, thèse de doctorat d'État, soutenue en 1987, à l'Université de Paris-X.

DULLIN (C.), *Souvenirs et notes de travail d'un acteur*, Paris, Odette Lieutier, 1946.

    Ce sont les dieux qu'il nous faut, édition établie par Charles Charras, préface d'Armand Salacrou, Paris, Gallimard, I, 1969.

SUREL TUPIN (M.), *Charles Dullin*, Louvain, *Cahiers théâtre Louvain*, 1985.

JOUVET (L.), *Réflexions du comédien*, Nouvelle Revue critique, 1939.

    Témoignages sur le théâtre, Paris, Flammarion, 1952.

    Le Comédien désincarné, Paris, Flammarion, 1954.

    Molière et la comédie classique, Paris, Gallimard, 1965.

    Tragédie classique et théâtre du XIXe siècle, Paris, Gallimard, 1968.

JOMARON (J. de), *Georges Pitoëff metteur en scène*, Lausanne, La Cité-L'Age d'homme, 1975.

PITOËFF (G.), *Notre théâtre*, textes et documents réunis par Jean de Rigault, Librairie Bonaparte, 1949.

Revues et périodiques

Correspondance, publié par le Théâtre de l'Atelier, série A, 30 numéros, saison 1927-28/saison 1931-32 ; série B, novembre et décembre 1931.

Entr'acte, publié par la Comédie des Champs-Élysées, direction Louis Jouvet, revue-programme, septembre 1927-avril 1934.

Les Cahiers du Vieux-Colombier, 2 numéros : *Les Amis du Vieux-Colombier*, N.R.F., nov. 1920, et *L'École du Vieux-Colombier*, N.R.F., nov. 1921.

La Chimère, bulletin d'art dramatique, 13 numéros, février 1922-juin 1923. *Le Studio des Champs-Élysées*, 8 numéros, 1925-1927. Publiés par Gaston Baty et sa compagnie.

Masques, cahiers d'art dramatique, 26 cahiers, 1 à 15, 1926-1929, les suivants non datés.

En quête de textes

ANTOINE (A.), *Mes souvenirs sur le Théâtre Libre,* Paris, Arthème Fayard, 1921.
   Mes souvenirs sur le Théâtre Antoine et l'Odéon (première direction), Paris, Grasset, 1928.

Cahiers Jean Cocteau, n° 5, « Jean Cocteau et son théâtre », Paris, Gallimard, 1975.

Cahiers Paul Claudel, n° 6, « Claudel homme de théâtre », Paris, Gallimard, 1966.

Cahiers Jean Giraudoux, n° 10, « Du texte à la scène », Paris, Grasset, 1981.

CLAUDEL (P.), *Mes idées sur le théâtre,* préface et présentation de Jacques Petit et J.-P. Kempf, Gallimard, 1966.

COPEAU (J.), « Dialogue avec le metteur en scène », *Correspondance,* n° 19, s.d.

DORT (B.), « Pirandello et le théâtre français », in *Théâtre / Public,* Le Seuil, 1928, pp. 105-129.

GRAVIER (M.), « Fortune de Strindberg sur les scènes de France », in *Théâtre / Public,* janv.-fév. 1987, pp. 79-80.

JACQUOT (J.), *Shakespeare en France, mises en scènes d'hier et d'aujourd'hui,* Le Temps, 1964.

JOMARON (J. de), « Les Pitoëff et Tchékhov », La Comédie-Française, mai-juin 1984.
   « Henri René Lenormand mis en scène par Pitoëff », *Les Voies de la création théâtrale,* VII, Paris, Éd. du C.N.R.S., 1977.

LELIÈVRE (R.), *Le Théâtre dramatique italien en France (1855-1940),* Paris, Armand Colin, 1959.

LENORMAND (H.-R.), *Les Confessions d'un auteur dramatique,* Paris, Albin Michel, I-1949, II-1953.

LIOURE (M.), *L'Esthétique dramatique de Paul Claudel,* Paris, Armand Colin, 1971.

LUGNÉ-POE, *La Parade I. Le sot du tremplin,* Paris, Gallimard, 1930.
   La Parade II. Acrobaties, Paris, Gallimard, 1931.
   Dernière pirouette, Éd. du Sagittaire, 1946.
   Ibsen, Paris, Éd. Reider, 1936.

ROBICHEZ (J.), *Lugné-Poe,* Paris, L'Arche, 1955.

ET PAR AILLEURS...

Un théâtre « pour le peuple »

AMEY (C.), « L'expérience française », in *Le Théâtre d'agit-prop de 1917 à 1932,* tome III, Lausanne, La Cité-L'Age d'homme, 1978.

BERNARD (J.P.A.), *Le Parti Communiste Français et la question littéraire, 1921-1939,* Presses Universitaires de Grenoble, 1972.

BLANCHART (P.), *Firmin Gémier,* Paris, L'Arche, 1978.

COPEAU (J.), *Le Théâtre populaire,* Paris, P.U.F., 1941.

FAURÉ (M.), *Le Groupe Octobre,* Paris, Christian Bourgeois, 1977.

GÉMIER (F.), *Le Théâtre,* entretiens réunis par Paul Gsell, Paris, Bernard Grasset, 1925.

POTTECHER (M.), *Le Théâtre du peuple. Renaissance et destinée d'un théâtre populaire,* Paris, Librairie Paul Ollendorf, 1899.

REBÉRIOUX (M.), *La République radicale ? 1898-1914,* Paris, Éd. du Seuil, « Points », 1975.

RICHARD (L.), « Agit-prop in Francia », *Scena,* anno III, febbraio 1978.

ROLLAND (R.), *Le Théâtre du peuple, essai d'esthétique d'un théâtre nouveau,* Paris, Albin Michel, 1903.

Subversions : de Jarry à Artaud

ARTAUD (A.), *Le Théâtre et son double,* in *Œuvres complètes,* tome IV, Paris, Gallimard, 1964.

BÉHAR (H.), *Roger Vitrac, un réprouvé du surréalisme,* Paris, Nizet, 1966.
Le Théâtre dada et surréaliste, Paris, Gallimard, « Idées ».
Jarry dramaturge, Paris, Nizet, 1980.

CORVIN (M.), *Le Théâtre de recherche entre les deux guerres. Le Laboratoire Art et Action,* Lausanne, La Cité-L'Age d'homme, 1976.

GOUHIER (H.), *Antonin Artaud et l'essence du théâtre,* Paris, Librairie philosophique Vrin, 1974.

VIRMAUX (A.), *Antonin Artaud et le théâtre,* Paris, Seghers, 1970.

Le boulevard en question

BRISSON (P.), *Du meilleur au pire,* Paris, Gallimard, 1937.

CRITICUS, *Le Style au microscope,* Paris, Calmann-Lévy, 1922.

GASTON-GÉRARD, *Devant les tréteaux. Chroniques de Comoedia, 1934-35,* Paris, Hachette, 1936.

DUSSANE (B.), *J'étais dans la salle,* Paris, Mercure de France, 1963.

MIGNON (P.-L.), *Le Théâtre au XXe siècle,* Paris, Gallimard, 1986.

PETER (R.), *Le Théâtre et la vie sous la Troisième République (deuxième époque),* Paris, Éd. Marchot, 1947.

PILLEMENT (G.), *Anthologie du théâtre français contemporain. Le Théâtre de boulevard,* Paris, Éd. du Bélier, 1946.

L'État intervient

BEIGBEDER (M.), *Le Théâtre en France depuis la Libération,* Paris, Bordas, 1959.

DASTÉ (J.), *Voyage d'un comédien,* Paris, Stock, 1977.

GONTARD (D.), *La Décentralisation théâtrale, 1895-1952,* Paris, S.E.D.E.S., 1973.

LANG (J.), *L'État et le théâtre,* préface de Paul Jaquet, Paris, Librairie générale de droit et de jurisprudence, et Paris, R. Pichon et Durand Auzias, 1968.

LAURENT (J.), *La République et les Beaux-Arts,* Paris, Julliard, 1955.

LECLERC (G.), *Le T.N.P. de Jean Vilar,* C. Bourgois, 10/18, 1971.

MARSH (P.), « Le théâtre à Paris sous l'Occupation allemande », *Revue d'Histoire du théâtre,* n° 3, Paris, 1981.

PUAUX (P.), *Avignon en festivals,* Paris, Hachette-littérature, 1983.

RUBY (P.), *La Vie et l'œuvre de Jean Zay,* préface de Jacques Droz, Paris, Imprimerie Beresniak, 1969.

SURGERS (A.), *La Comédie-Française. Un théâtre au-dessus de tout soupçon,* Paris, Hachette-littérature, 1982.

TOUCHARD (P.-A.), *Six années de Comédie-Française. Mémoires d'un administrateur,* Paris, Éd. du Seuil, 1953.

TOUZOUL (M.), TEPHANY (J.), *Jean Vilar mot pour mot,* Paris, Stock, 1972.

VILAR (J.), *Le Théâtre, service public,* présentation et notes d'Armand Delcampe, Paris, Gallimard, 1975.

ZAY (J.), *Souvenirs et solitude,* préface de Jean Cassou, Paris, Julliard-Sequana, 1946. Réédition 1987 : préface de P. Mendès France, introduction et notes d'Antoine Prost, Éd. Talus d'approche.

LE THÉÂTRE DE TOUS LES POSSIBLES...
(1951-1988)

La Décentralisation (voir bibliographie du chapitre **L'État intervient**).

Une écriture plurielle

Collection « Théâtre de tous les temps » (Seghers) : Adamov, Arrabal, Beckett, Césaire, Genet, Ionesco, Tardieu, Vauthier...

ADAMOV (A.), *Ici et maintenant,* Paris, Gallimard, 1964.

IONESCO (E.), *Notes et contre-notes,* Paris, Gallimard, 1962.

JACQUART (E.), *Le Théâtre de dérision,* Paris, Gallimard, « Idées », 1974.

JANVIER (L.), *Pour Samuel Beckett,* Paris, Éditions de Minuit, 1966.

SANDIER (G.), *Théâtre et combat,* Paris, Stock, 1970.

SARRAZAC (J.-P.), *L'Avenir du drame,* Lausanne, Édition de l'Aire, 1981.

SARTRE (J.-P.), *Saint Genet comédien et martyr,* Paris, Gallimard, 1952.
   Un théâtre de situations, Paris, Gallimard, « Idées », 1966.

SERREAU (G.), *Histoire du « nouveau théâtre »,* Paris, Gallimard, « Idées », 1966.

L'âge de la représentation

Études d'ensemble

BRADBY (D.), *Modern French Drama 1940-1980,* Cambridge University Press, 1984.

BUSSON (A.), *Le Théâtre en France. Contexte socio-économique et choix esthétiques,* préface de Henri Bartoli ; « Notes et études documentaires », n° 4805, Paris, La Documentation française, 1986.

COHN (R.), *From « Desire » to « Godot », Pocket Theater of the Postwar Paris,* Berkeley and Los Angeles, University of California Press, 1987.

CORVIN (M.), *Le Théâtre nouveau en France,* Paris, P.U.F., « Que sais-je ? » (n° 1072), 1963.

DEJEAN (J.-L.), *Le Théâtre français depuis 1945,* Paris, Nathan, « Université, information, formation », 1987.

DORT (B.), « Entre la nostalgie et l'utopie : esquisse pour une histoire du théâtre français au XXe siècle », Louvain, *Cahiers théâtre Louvain,* n° 43, 1980.

GODARD (C.), *Le Théâtre depuis 1968,* Paris, J.-Cl. Lattès, 1980.

MERLE (P.), *Le Café-théâtre,* Paris, P.U.F., « Que sais-je ? » (n° 2260), 1985.

ROUBINE (J.-J.), *Théâtre et mise en scène, 1880-1980,* Paris, P.U.F., « Littératures modernes », 1980.

SANDIER (G.), *Théâtre en crise (des années 70 à 82),* Grenoble, La Pensée sauvage, 1982.
   Théâtre et combat. Regards sur le monde actuel, Paris, Stock, 1982.

TEMKINE (R.), *L'Entreprise théâtre,* Paris, Éd. Cujas, 1967.
   Mettre en scène au présent, Lausanne, La Cité-L'Age d'homme, 1977 et 1979.

VESSILIER (M.), *La Crise du théâtre privé,* préface de Henri Guitton, Paris, P.U.F., Publications de l'Université de Paris-I, 1973.

Textes de praticiens

BARRAULT (J.-L.), *Souvenirs pour demain,* Paris, Éd. du Seuil, 1972.

BLIN (R.), *Roger Blin, souvenirs et propos,* recueillis par Lynda Bellity Peskine, Paris, Gallimard, 1986.

BROOK (P.), *L'Espace vide*, écrits sur le théâtre, traduit de l'anglais par Christine Étienne et Franck Fayolle, préface de Guy Dumur, Paris, Éd. du Seuil, « Pierre vives », 1977.

VITEZ (A.), COPFERMANN (É.), *De Chaillot à Chaillot*, Paris, Hachette, « L'Échappée belle », 1981.

Ouvrages ou études sur quelques praticiens

« Brook », études et textes réunis et présentés par Georges Banu, in *Les Voies de la création théâtrale*, XIII, Paris, Éd. du C.N.R.S., 1985.

« Timon d'Athènes » et « Une mise en scène de Peter Brook : *L'Os* et *La Conférence des oiseaux* », par Georges Banu et Richard Marienstras avec un entretien avec Jean-Claude Carrière, in *Les Voies de la création théâtrale*, V et X, sous la direction de Denis Bablet et Jean Jacquot, Paris, Éd. du C.N.R.S., 1977 et 1982.

« Chéreau », études et textes réunis et présentés par Odette Aslan, in *Les Voies de la création théâtrale*, XIV, Paris, Éd. du C.N.R.S., 1986.

AUCLAIRE-TAMAROFF (E.), BARTHÉLEMY, *Jean-Marie Serreau découvreur de théâtres*, A l'arbre verdoyant, 1986.

BABLET (D. et M.-L.), *Le Théâtre du Soleil ou la quête du bonheur*, Paris, S.E.R.D.A.V.-C.N.R.S., « Diapolivre I-Théâtre du XXe siècle », 1979.

COPFERMANN (É.), *Roger Planchon*, Lausanne, La Cité, L'Age d'homme, 1969.

Différent le Théâtre du Soleil, numéro spécial de *Travail théâtral*, février 1976.

« Deux créations collectives du Théâtre du Soleil : *1793* et *L'Age d'or* », par Catherine Mounier, in *Les Voies de la création théâtrale*, V, études réunies par Denis Bablet et Jean Jacquot, Paris, Éd. du C.N.R.S., 1977.

Petites Scènes… Grand Théâtre. Le théâtre de création de 1944 à 1960, ouvrage collectif (catalogue d'exposition), présenté par la Délégation à l'Action artistique de la Ville de Paris, conçu et réalisé par Geneviève Latour, Paris, 1986.

Revues

Cahiers de la Compagnie Renaud-Barrault, 115 livraisons, à partir de 1953, Paris, Julliard puis Gallimard.

Théâtre en Europe, 18 livraisons, à partir de 1984, Paris, Éd. Beba.

Théâtre populaire, 54 livraisons, de 1953 à 1964, Paris, L'Arche.

Théâtre / Public, 84 livraisons, à partir de 1974, Théâtre de Gennevilliers.

Travail théâtral, 33 livraisons, de 1970 à 1979, Lausanne, La Cité.

Index des œuvres

Index des noms propres

Les dates des auteurs cités dans le premier volume et des auteurs contemporains ne sont pas mentionnées.

Table des matières

Crédits photographiques

Tome 1

Alinari-Giraudon, 79, 105. Anderson-Giraudon, 15. A.P.N., 223. Bernand, 431. Bulloz, 113, 121, 122, 125, 140, 203, 227, 243, 377, 378, 395 d., 430. M. Cabaud, 101, 252, 281. J.-L. Charmet, 127, 241, 361, 381. D.R., 89. Explorer, 339, 433. Giraudon, 43, 48, 92, 167 g., 179, 194, 211 (2), 218, 219, 232, 266, 269, 282, 283, 307 h., 319, 322, 327, 342 h., 395 g., 401. Harlingue-Viollet, 111. H. Josse, 250, 253, 427. Larousse, 107, 109 d., 196, 301, 303, 304, 337, 342 b., 396. Lauros-Giraudon, 25, 38, 109 g., 156-157, 160, 239, 251, 325, 328, 376, 425. Réunion des musées nationaux, 275, 393, 405, 439. Roger Viollet, 152, 210, 229, 237, 279, 362, 363, 383, 390. P. Soalhat, 167 d., 169. Zodiaque, 31.

Amsterdam, Rijksmuseum, 12 et 41. Munich, Bayerisches Staatsbibliothek, 21. Paris, Bibliothèque nationale, 17, 33, 37, 57, 59, 61, 65, 75, 86, 99, 103, 117, 126, 128, 129, 131, 136-137 (4), 147, 148-149, 153 b., 155, 185, 191, 208, 213, 216, 225, 234, 245, 256, 259, 271, 273, 295, 307 b., 309, 315, 335, 354, 357, 358, 375, 392, 403, 407, 415, 440. Bibliothèque de l'Opéra (B.N.), 143. Galerie Cailleux, 429. Institut d'histoire des textes, 83, 84. musée des Arts décoratifs, 276. Stockholm, National Museum, 263, 373. Washington, National Gallery of Art, 409.

Hors-texte couleurs

Entre p. 32 et 33 : B.N. ; Edimedia ; Artephot-Nimatallah ; Giraudon. — entre p. 80 et 81 : Lalance ; B.N. ; Giraudon. — entre p. 128 et 129 : J.-L. Charmet ; H. Josse ; Bayeux, musée Baron-Gérard ; Lauros-Giraudon. — entre p. 224 et 225 : H. Josse (3) ; Institut Tessin, centre culturel suédois. — entre p. 272 et 273 : Réunion des musées nationaux ; Washington, National Gallery of Art ; New York, Metropolitan Museum ; Réunion des musées nationaux. — entre p. 400 et 401 : H. Josse ; J.-L. Charmet (3).

Pages de garde : B.N. Phot. de couverture : H. Josse.

Tome 2

Adamov (J.), 468, 469. Agnès Varda c/o Enguérand, 101, 103, 157, 159. Anonyme, 82, 227, 248, 285, 323, 451. Archives Jomaron, 260, 274, 276, 278 (ph. Lipnitzki), 280, 381 (2), 289 g, 291 (2). Archives Pitoëff, 251 h (ph. Bertin), 251 b, 253, 254 et 255 (ph. Marcel). R. Basset, 475. Bernand, 99, 235, 373, 375, 377, 419, 425, 429, 433, 434, 441, 446, 455, 460, 479, 489, 491, 512, 522, 526. Cl. Bricage, 392, 492, 501, 505 (4), 507, 509, 516, 517, 518, 525, 529. Bulloz, 6, 9, 17, 21, 29, 40, 41, 89, 110, 143, 147, 188. H. Cartier-Bresson (Magnum), 423. Cauvin, 244 d. J.-L. Charmet, 37, 198, 329. Collection particulière, 335, 338, 485. Deschamps P.-O., 510. Doisneau-Rapho, 466. *Encyclopédie du Théâtre contemporain*, 163, 171, 185, 201, 305. Enguérand (Brigitte), 437, 487, 533. Explorer, 46, 79. M. Franck (Magnum), 497. Giraudon, 43, 63, 65, 66, 80, 84, 114, 115, 120, 121, 131, 135, 149, 156, 160, 279 d, 295. Le Grenier de Toulouse (Compagnie), 395. Harlingue-Viollet, 220. Larousse, 69, 73, 92 d, 155, 300. Lauros-Giraudon, 27, 34, 45, 68, 127, 146, 151, 166, 212. Lipnitzki-Viollet, 231, 232, 233, 236, 257, 261, 293, 298, 369, 398, 407, 410, 411, 417, 431. J. Lorcey, 352. Paris, A.R.T. (B.H.V.P.), 409, 445 ; Ateliers photographiques du Musée d'Orsay, 207 ; B.N., 22, 23, 31, 49, 56, 64, 95, 98, 105, 128, 148, 157 d, 161, 165, 191, 211, 283, 307, 333, 341 ; B.N., A.S.P., 51, 71, 108, 179, 186, 195, 197, 202, 204, 215, 217 d, 218, 223, 225, 243, 244 g, 259, 262, 263, 264, 265, 266, 271, 273, 279 g,286-287 (4), 289 d, 296 (3), 312, 314, 327, 345, 349, 355, 357, 362, 381, 386, 387 ; Cinémathèque française, 97 ; Musée national d'art moderne, 294, 440 ; Photothèque de la Ville de Paris, 19, 30 ; Réunion des musées nationaux, 302, 321, 342 (Caisse des Dépôts et Consignations). Perlstein (Le Point), 521. R. Pic, 477. Roger Viollet, 48 (2), 61, 86, 92 g, 106, 157 g, 169, 175, 181, 182, 217 g, 241, 247, 284, 313 (2), 339, 363, 367, 370, 397. Strasbourg T.N.S. (ph. Michel Veilhan), 405. P. Thévenin, 275, 484. N. Treatt, 183, 449, 471, 530. Vogue (ph. Cossin), 237. Zucca (B.H.V.P.), 389.

Hors-texte couleurs

Entre les p. 32 et 33 : coll. J. Lorcey ; Paris, B.N. ; Explorer ; H. Josse. — entre les p. 112 et 113 : Lauros-Giraudon ; Versailles, Musée Lambinet (2) ; Étude Briest. — entre les p. 208 et 209 : Paris, Arsenal ; Photothèque de la Ville de Paris ; Musée de la Publicité ; B.N., A.S.P. — entre les p. 272 et 273 : Paris, B.N., A.S.P. (4). — entre les p. 336 et 337 : Philadelphie, Museum of Art ; Cercle d'Art (2) ; collection particulière. — entre les p. 464 et 465 : Cl. Abegg ; N. Treatt ; M. Franck (Magnum) ; Bernand. — entre les p. 528 et 529 : Cl. Bricage ; N. Treatt ; Cl. Bricage ; Enguérand.

Pages de garde : Archives Pitoëff (J.J.) ; Cl. Bricage. Phot. de couverture : Michèle Laurent.

Achevé de composer par
Paris PhotoComposition
et d'imprimer sur les presses
de l'I.M.E. - 25-Baume-les-dames
Dépôt légal : Mars 1989
N° éditeur : 9556